《国外社会科学文摘》编辑部 / 编

巨变中的理论迭代

国外社会科学研究集萃（2015—2017）

SELECTION OF NEW THEORIES ON GLOBAL CHANGES

(2015—2017)

上海社会科学院出版社
SHANGHAI ACADEMY OF SOCIAL SCIENCES PRESS

上海社会科学院院庆60周年
暨信息研究所所庆40周年系列丛书

编审委员会

总　　序

上海社会科学院信息研究所的历史可以溯源到1959年建立的学术情报研究室，1978年10月正式成立学术情报研究所，1992年12月更名为信息研究所。建所以来，信息研究所的研究方向与研究重点一直伴随着时代的变化与信息科学的发展步伐而不断调整，目前已发展成为从事重大战略信息和社科学术信息汇集、分析的专业研究所，现有在编人员45人，设有6个研究室、1个编辑部和3个院属研究中心，承建“丝路信息网”“长江经济网”两大专业数据库和“联合国公共行政网（亚太地区）”，承办“全球城市信息化论坛”和“一带一路上海论坛”。

成立至今的40年里，信息研究所始终紧跟时代步伐，坚持以马克思主义为指导，坚持理论联系实际，以专业的学术情报研究资政建言、服务社会，取得了丰硕的研究成果，为上海社会科学院的智库建设和学科发展作出了积极的贡献。

建所40年是信息研究所发展的一个里程碑，也是一个新起点。未来信息研究所将以习近平新时代中国特色社会主义思想为指导，紧紧围绕党和国家的重大战略布局，优化学科配置和人才队伍，努力建设以重大战略情报信息研究为重点，以专业大数据库建设为依托，以各类论坛、智库报告为载体的新型情报信息研究体系。

值此上海社会科学院建院60周年暨信息研究所建所40周年之际，我们策划了这套院庆暨所庆系列丛书。丛书共8册，内容涵盖科技创新、城市信息化、科学社会主义、国外社会科学等领域，既有信息研究所的传统优势学科，也有近年来新的学科增长点。我们希望以这种形式，总结并展示信息研究所40年的发展历程及最新成就。期待这套丛书能成为本所与社会各界分享研究成果的纽带，也能激励本所员工不忘初心，继续前行，为实现信息研究所的发展目标而不懈努力。

王　振（上海社会科学院副院长、信息研究所所长）

2018年6月

目　录

第一篇　国际政治

第二篇　中国方略

第三篇　全球经济

第四篇　信息前沿

第五篇　系列年度报告

第一篇
国际政治

西方理论主导世界：国际理论中的西方偏见

选自《哈佛国际评论》2014年9月10日
亚历克斯·杨（Alex Young）
王赛锦/译

国际关系学者通常会假设，通过他们的项目，能探索出真理，并能对国际范围及其运作进行比较客观地理解。不过，大多数当代国际关系理论都受到一些偏见的影响：它们是西方国家的作者为西方读者而创造的。国际关系理论向“西”倾斜，这会削弱其解释和产生社会福利的能力。

许多西方偏见基于西方的历史性政治和军事霸权；胜利者书写历史，政治哲学论似乎也是如此。阿米塔夫·阿查里雅（Amitav Acharya）和巴里·布赞（Barry Buzan）在他们2010年出版的《非西方国际关系理论：展望亚洲及全球》（*Non—Western International Relations Theory: Perspectives On and Beyond Asia*）一书中写道，绝大多数国际关系学派都是西方传统哲学的产物：现实主义来源于修西得底斯（Thucydides）、霍布斯（Hobbes）及马基雅维利（Machiavelli）的作品；自由主义源于康德（Kant）、洛克（Locke）、史密斯（Smith）等；马克思（Marx）和恩格斯（Engels）是德国人；即便是强调相对主义和多样性的建构主义和后现代的国际关系也很大程度上源于皮埃尔·博帝奥（Pierre Bordieu）、米歇尔·福柯（Michel Foucault）等法国作家。当然，孙子（Sun Tzu）和阿马蒂亚·森（Amartya Sen）这样的非西方人也为政治科学和国际关系理论作出了重大贡献，但是总体上来讲，西方声音主导了整个国际关系史。

这远非历史遗留那么简单。经济学和心理学逐渐成为国际关系问题的基础。人们越来越多地应用博弈理论来解释和预测国际事务，意味着国际关系理论已经与假设、意识形态、行为经济学的实证研究结果纠缠在一起，与此相关的大量知识都明显带有西方倾向。人们对应用博弈论本身并没什么偏见，但是随着其在现代学术圈中的应用，西方人的特权就明显优于其他背景下的人。社会心理学家本着方便的原则选择受试者，也就是说，西方研究员选用的几乎所有受试者都是西方人。对博弈论和行为经济学的研究生成的大量知识都被认为是揭示人类普世真理的，但事实上，这很大程度上指向特定的文化。1995年，当时加州大学洛杉矶分校的人类学研究生乔·亨里希（Joe Henrich）前往秘鲁，研究原著居民的经济行为。亨里希发现，同样是在模拟博弈论的情境下，他的受试者与北美的受试者表现却大不相同。北美人在博弈中普遍渴望对资源进行公平分配，并要求奖励这种行为；秘鲁原著居民则看起来并不怎么关注公平问题。这并不是说一些文化、种族或区域团体在博弈中就或多或少地比其他的更理智；任何形式的博弈都没有固定的好坏之分。相反，亨里希的发现仅仅是指出，不同的文化背景下有不同的价值观念，相应地就会转换成不同的目标和战略。亨里希在全球不同的国家及文化地区反复进行这一实验，观察跨文化背景下人类的行为。这些发现挑战了长久以来博弈论研究的普遍西方立场——揭示了人类的本质特征。他的工作指出了导致国际关系理论产生偏差的原因之一：研究基于行为经济学和心理学，绝大部分受试者都是西方人，得出的结论是不同背景下人们的行为方式普遍无差别。构成国际关系理论的关于人类本质的概念是西式的，是通过研究西方受试者而得出的，却被错误地用于全球各地的人们。即便存在着这些限制，应用博弈论仍在主要出版物中被广泛用来解释普京的行为以及2013年春俄罗斯入侵克里米亚后所造成的紧张。

此外，国际关系理论很大程度上是西方思想家的产物。2011年，排名《基督教科学箴言报》(*Christian Science Monitor*)前25位的国际关系研究生项目中，美国有19个，英国5个，加拿大1个。无一例外，全部是西方国家。同时，《泰晤士高等教育》(*Times Higher Education*)揭示全球大学社会科学2013—2014年的排名中，新加坡国立大学排名第29，而在这之前排名几乎全被西方所包揽。2013年关于政治及国际研究的《QS世界大学排名》(*QS World University Rankings*)中，前40名里只有7所是非西方的大学。当然，这些是西方出版物上的西方排名，或许也正是西方新闻业带有西方偏见的一个例子；极少数非西方的国际事务项目能登上排行榜，说明他们认同西方排名。即便是上海交通大学发布的世界大学学术排名，自2003年创立以来，也只有2所非西方高校荣登前50名。这些排名也表明西化性的国际关系知识根基深厚，源远流长。

负责国际关系研究及教学的西化学者值得关注，因为他们的研究身份对研究结果会产生很大影响。这也是立场论的争论焦点，一派认为被边缘化或受压制的个体应该拥有获得知识和真理的权利，而这通常是被主流排除在外的。例如，遭受西方政治军事统治长达数世纪的非西方人，很难为国际事务提出新奇且有见地的理解，因为他们没有考虑到各种各样的颇为重要的观点。国际关系理论是西方思想在西方机构里的产物，不可能是一个全球性的理论，更不可能适用于任何情形。

西方偏见的危险在于它排斥那些可供选择的、非西方化的观点。国际关系领域的理论单一化会限制我们发现真理，也会对我们现有的知识产生污染。考虑到知识作为一种经济现象变得日益重要，如同一个有价值的商品，上述问题就显得尤其棘手。知识和信息逐渐成为经济价值及权衡经济成功与否的重要来源。马克思提出了历史唯物主义，他认为，诸如生产能力及技术等物质因素是力量的来源和历史的推动者，但是，我们现在更可能的是生活在所谓信息论的后马克思主义时代，这里，知识的传播成为力量最重要的来源。例子比比皆是。从世界银行2009年的报告中可发现，互联网的高速连接每增加10%，经济增长就会上升1.3%。美国政府情报工作的预算自2006年以来就一直在增加，现在达到每年800亿美元。卡尔·太郎·葛林菲尔德（Karl Taro Greenfeld）最近在《纽约时报》（*New York Times*）上的一篇评论文章里强调，搜集社交媒体上的信息对于构建社会和文化资产至关重要。如果对真理的追求推动了现代历史的进程，而西方人又主导了对国际事务方面的真理的追求，那么，世界上的很多人就无法参与到重要的世界演进及其发力过程之中，这毫无公平可言。有西化倾向的国际关系研究排斥世界上大部分地区对国际系统知识的追求，防止他们接触由此带来的利益。这种排斥似乎并不是一些有意的或恶意的大阴谋。把这个归因于西方的某个人是不对的。相反，这是有机增长及历史自然发展过程所带来的结果。把西方国际关系理论的霸主地位看作感染学术界的疾病更合适一些，它既损害了西方人的利益，也损害了非西方人的利益。国际关系思想的非普遍性使得西方理论家无法很好地理解国际系统，也很难寻到真理。种族主义的把戏具有隐蔽性，对世界各地及各文化圈追求真理的行为都会造成损害。虽然不是有意而为之，罗伯特·考克斯（Robert Cox）却依旧认为："一种理论总是出于某种目的，为了某些人。"国际关系理论是西方人提出来的，也是为了西方人，虽然它本意并非如此。

现在，不同的观点也可能起作用。或许并不是西方偏见，而是国际关系理论受制于区域的狭隘性。如果事实确实如此，那么在我看来，国际关系思想呈现出西化倾向是因为我是个西方人，任职于西方的机构，在西方出版物发表作品。也许中国作家会觉得国际关系理论表现出了中国或东方偏见。这种可能性确实存在但是却很轻微；我们可以忽略它。阿查里雅和布赞关于西方偏见的那本书，强调了来自印度、新加坡、韩国、日本、印度尼西亚、中国的杰出大学教授作出的贡献，而他们也一致认同，西方理论在全球国际关系领域占了绝对主导地位。伊斯坦布尔Bogazici大学的学生很少能读到非西方作家的作品，在他们的政治科学课程里，几乎碰不到土耳其理论家。全球范围内，人们更可能听过意大利政治家和理论家尼可洛·马基雅维里（Niccolò Machiavelli）的名字，而不大可能叫得出印度早期学者慕克吉（Kautilya）的名字。因此，区域狭隘性的假设看起来是错的，西方理论主导全球，不仅仅是在西方。

这个问题或多或少有些清晰了，解决方案却并非如此。两种可行的措施可能会补救西方关系理论主导全球所带来的糟糕境况。第一种是创立出一个全球联合理论。描述国际体系的大量知识要做到精确、诚实、客观，且不能过分关注某种特定的文化传统。其任务是将全球事务方面的学术研究从特定的文化、地区以及群众团体中分离出来，这绝非易事。从立场论的角度创造出一种合理的情况是可能的，但是对国际事务如此整体且全面的理解是不可能做到的，因为所有的思想都是特定背景下的思想家的产物。换言之，文化背景下的人不可能创造出超越文化的思想。第二种可能超越西方偏见的方式，会牵涉全球事务理论的多元化问题。这种解决偏见的方法要求，承认理论必然与文化相交织，但可努力使各种理论家的多种理论为人所知，并具有合理性。不同文化背景下的理论可同时存在，彼此差异很大，但是学者要形成一个传统，即承认不同文化背景下的国际理论以及它们的潜在正确性。理论传统间的"异花授粉"当然可能发生，也可能会开花结果，但是不同文化背景下的理论会共存。第二种解决方案看起来更可行。为了在国际关系理论上实现多元化，学者们必须自己学习而且教授他们的学生不同的观点，这些观点须是拥有不同文化背景的作者所提出的。大学教授在教授下一代时，必须在其大纲中给亚历克西斯·德·托克维尔（Alexis de Tocqueville）、赛义德·贾马尔·札马剌丁（Sayyid Jamal ad-Din）、哲马鲁丁·阿富汗尼（al-Afghani）分配大致相等的时间，或者至少，如果教授选择只布置读西方作者的作品，他也应该相应地选择或宣传自己课程的名字及方式。教育研究机构必须摒弃“西洋崇拜式”的学习方法，而应采取多元化的方式认识我们所生活的这个复杂多样的世界。

讽刺地是，国际关系理论不是全球知识的汇合；相反，它带有特定区域和文化的特征。我们用一个非全球性的理论来处理全球事务。带有偏见的西方国际关系理论忽略了一些有价值的观点，而这些观点可能会让我们更好地认识这个世界是如何运作的。此外，西方理论错误地排除有价值的观点，不公平地给予一些观点特权，在获得知识和好处方面制造了差异。我们必须努力推动国际关系领域向更加包容化、全球化的方向迈进，但是如何做呢？也许答案就在一些全球统一的国际关系理论里，这些理论与文化相分离，独立于任何特定的区域及民族团体；但更可能的是，答案会涉及国际关系理论的多元化。研究者及学生必须承认，西方的国际关系理论不是唯一的选择，也不是一成不变的真理。我们要为多样化而铺平道路，目的是为一个多样的国际世界创造多样的国际理论。

原文标题：Western Theory, Global World: Western Bias in International Theory

回归理性：西方外交政策政治现实主义的复兴

选自美国《国际事务》杂志2015年5月号
大卫·马丁·琼斯（David Martin Jones）
M. L. R. 史密斯（M. L. R. Smith）
胡月瑶/译

懂得国家必须遵守道德律是一回事，而假装懂得国际关系中真正的善良和罪恶则是另一回事。

——汉斯·摩根索（Hans Morgenthau）

1989年柏林墙倒塌后，弗朗西斯·福山（Francis Fucuyama）提出论断说，历史已经终结了。福山的假设对西方外交政策思想产生了微妙而持续的影响。2003年伊拉克战争发生后，这一观点的影响力达到了顶峰。福山认为，西方自由主义民主已经取得了决定性胜利，并因此成为“人类统治形式的终极范式”。这一“意识形态进步”的一个重要结果就是，超级大国之间的大范围冲突“正在退潮”（passing from the scene）。福山的观点得到了新保守主义者查尔斯·克劳塞默（Charles Krauthammer）的赞同和补充，克劳塞默认为，美国应该“领导一个单极世界，并应该慷慨地为世界秩序制定规则，而且应当做好准备去执行它”。正如2011年约翰·米尔斯海默（John Mearsheimer）所观察到的，“过去20年来，美国的宏观战略一直是在上述观念的基础上展开的，这主要是因为，华盛顿的政策制定者们一直对福山和克劳塞默的分析深信不疑”。

推行西方的民主外交政策，还有为推进以规则或道义为基础的全球秩序的努力，成为各党派的共同目标，也得到了美国关键盟友的热情追随。因此，除了美国民主党领袖如比尔·克林顿（Bill Clinton）之外，托尼·布莱尔（Tony Blair）的新工党、澳大利亚约翰·霍华德（John Howard）的自由联盟政府等也通过各种方式促进全球和平。21世纪以来，这样的故事还在上演，只不过主角换成了共和党、保守党和工党，美国换成了乔治·W. 布什（George W. Bush），英国换成了大卫·卡梅隆（David Cameron），澳大利亚换成了陆克文（Kevin Rudd）。正如托尼·布莱尔最欣赏的学者托尼·吉登斯（Tony Giddens）1998年所看到的那样，假如发达国家"没有了敌人"，且大范围的战争已经不再可能，那么我们可以设想，在不久的将来，国内和国际治理问题将可以联系起来。对于布莱尔和布什来说，无论他们采取哪一种态度，是更加强硬的新保守主义，还是更加温和的"自由主义式的帝国主义"（liberal imperialist）——正如某些布莱尔和布什的批评者所指出的那样，坚持"世界运转需要美国同其盟友和国际组织更加紧密的合作"的西方政治精英和民主政府，以及一大批"民主和平论"知识分子，他们都在某种程度上受到上述世界观的影响。这种片面思维支配了西方宏观政策，并日益取代更加谨慎和现实的评估，这些评估是针对国家、国家利益以及由此而引发的人道主义干预行动的，在亚洲、非洲和中东，这些人道主义干预被日益认为有助于形成一种"普适性的规范化倾向"。

尽管美国在2001年后发生的阿富汗和伊拉克战争中陷入泥潭，这暴露出运用武力强制推行历史终结论的尝试力有不逮，然而，同这一尝试相联系的价值观并未寿终正寝，特别是在"我们负有保护的责任"这一醒目的教条之下，刺杀奥萨马·本·拉登（Osama bin Laden）、2010年上演的阿拉伯之春、2011年在联合国的制裁下推翻了卡扎菲（Gaddafi）政权等一系列的"胜利"维持了这一信念。稍有几分遗憾的是，这一战略的结果已经被广泛解读为"灾难性的"。米尔斯海默就是众多悲观解读者之一，他说："自1989年以来，美国每隔2—3年就会发动一场战争，而这一趋势目前还看不到尽头。"

在这样的背景下，有可能恢复一种更加谦抑性、更加谨慎明确的战略思维吗？就像摩根索所说，推动形成一种有关国家利益的现实主义思维，并认识到"普世性的道德规范不能以抽象的普遍范式适用于所有的国家行动，而必须根据每个国家具体的时空条件进行过滤和选择"。要解决这一问题，我们首先需要认识到自由主义范式的有限性，认识到针对战争与和平问题的公理性方式的不足，以及由此而带来的2010年以来国际秩序的脆弱性。然后我们再来考虑，欧洲的传统理论资源，即有关“政治中的最高美德”——审慎，是否及如何有利于指导今天西方的外交政策。审慎原则要求重视“替代性政治行动的后果”，这一传统早在16世纪现代国家刚刚形成的时候就已经同步发生了。

应当说，这一转变的核心在于，重新评估16世纪晚期发展出“国家理由”（reason of state）的理论家们的相关政策，特别是重估曾被忽视的荷兰人文主义者尤斯图斯·利普修斯（Justus Lipsius）的观点，他曾对早期现代国家建构理论贡献良多。利普修斯提出了对非人格化国家（impersonal state）利益的理论关切，这一视角对影响基督徒虔诚的道德主义和近世以来的普世政治范式传统提供了并仍在提供一种有益的批判。

一、历史的超越还是历史的重启？

福山的历史终结理论受到了19世纪历史目的论（historicist teleology）的影响。历史目的论认为，进步的发生源自辩证的冲突过程，这一理论在福山那里的表现形式就是：资本主义和自由市场最终战胜了与其竞争的经济模式和意识形态。随着欧洲共产主义运动进入低谷，自由市场民主模式看来已经成为历史舞台上的唯一角色。而且，资本主义的发展也带来了改善不平等和不公正结果的可能性。在这一进步主义的乐观情绪下，历史将见证，通过加入后国家联盟，如联合国和欧盟，资本主义民主国家将会发生质变。这类超国家组织及其积极推动者将在全球范围内推动形成国际正义、经济再分配和人权保护。

然而，随着西方入侵伊拉克和阿富汗军事行动的展开，历史目的主义开始面临不曾预料且难以抵抗的结果。在国际体系的解放和规范化道路上，一些难以预料但不可否认的障碍出现了。（区域性）政治认同的复兴、俄罗斯在外高加索地区推行的民族统一主义、乌克兰的内战，以及中国作为一个大国在世界舞台上的崛起，再加上中东地区持续不断的混乱，包括“伊斯兰国”的兴起等。种种事实所揭示的并非历史的终结，反倒是“修正主义力量的复仇”和“地缘政治的回归”。历史只不过打了个小盹，它已经重新醒过来，要求各个国家重新评估，自己如何在一个不确定的、无政府主义的国际环境下行动。在这样的国际环境下，只有三样东西是本质性的：外交、联盟和战争。

在这样的现实变化面前，西方国家和地区性组织走进了21世纪的第二个十年，评论家们叹息说："国际秩序是令人惆怅而孱弱的。"在国际舞台上，他们总是被俄罗斯等新兴国家打败，还有那些拥有显著能力、不受抑制地推行其国家利益的国家也总是让他们束手无策。经历过2013—2015年的乌克兰危机，欧洲的政策制定者们几乎认清了这个"虚假的希望"：对话、法律和明智的制裁可以达成解决方案。然而，就像伟大的弗里德里克（Frederick）所说的那样，"有效的战略必须要有全套工具"；而欧洲"外交没有牙齿"，"就像演奏音乐却没有乐器"。最终，正当欧盟刚开始反思"整个地缘政治概念都是老派的、缺乏吸引力的"的时候，地缘政治却已经在家门口发生了。就像英国前首相玛格丽特·撒切尔夫人（Margaret Thatcher）的外交政策顾问查尔斯·鲍威尔（Charles Powell）所说："软实力的虚假教条和迂腐的法律主义让民主社会越来越难以有效应对新的威胁。"

虽然克里米亚入俄破坏了"乌克兰的主权完整性"，并威胁到"整个欧洲的法律秩序"，但伊拉克和叙利亚内战的失败余波也引发了欧洲民主国家内部和外部的安全问题，虽然两者形式不同，但两者同样都明确表明，国际调停的法律解决方案受到了无法修复的破坏。这些国际秩序的新威胁表明，我们需要的不是抽象的规范，而是基于不同情况的具体战略评估，我们需要知道干预行动的好处，以及其实践和道德方面的有限性。

近年来，国际事务的性质和解决方式所发生的戏剧性变化告诉我们，我们在重新认识政治现实主义的理论方面本来可以做得更好，因为政治现实主义认为，"用权力作为核心来定义国家利益"，可以让我们避免"过分的道德主义和政治幼稚病"。以此观之，制定大的外交战略，应当追求系统性的目标，要考虑到在一个危险的世界上，何种充分有效的经济和军事策略是可行的。就像汉斯·摩根索所说："没有所谓不经审视的政治道德。反过来也就是说，不经审视的政治道德就是对那些看似道德的行动的政治后果缺乏审慎。道德伦理是判断一个行动是否同道德律相一致；而政治伦理则要判断其政治后果。"在接下来的分析中，我们将表明，以国家利益、历史特殊论（historically particularist）和审慎计算为基础的政策思想，将比目前盛行的抽象主义和公理规范主义的取向，更加有助于西方民主国家。

二、宏大历史叙事和普世政治规范的有限性

无论是中东、非洲还是中亚和东亚地区，我们都看不到长期稳定的任何前景，这告诉我们，现实条件存在巨大的复杂性。这种复杂性对欧盟国家和美国的应对策略有何启示呢？

首先，我们应当认识到，为不同问题去寻求单一根源、确定单一答案的做法是无效的，有时甚至会适得其反。单一式的解决方案的表现形式是多种多样的，既有追求超越具体形态的普世政治理想、宣扬和平的乌托邦主义，也有愤世嫉俗的保守悲观主义。然而，即使对国际问题进行简单的考量，我们就能否定这种一维的解释。比如，中东地区，或者是范围更广、更加复杂的整个“穆斯林世界”，那里紧张的宗派主义政治、部落分野和激烈竞争造就了差异性相当大的社会形态，这表明任何企图包容一切的理想主义或规范主义解决方案都将面临实践的限制。实际上，无论伊斯兰心脏地带还是整个犹太人离散区域的政治多样性，无不表明试图建立一个抽象的单一根源范式所面临的巨大困难，而这种单一根源范式声称自己神奇地揭示了隐藏在相当不同的问题和冲突之间的内部联系。

其次，一系列政治和国际关系理论主张“不发动战争”，这类普适性政治途径进一步放大了上述误解。就像瑟席勒·法布雷（Cecile Fabre）所说：“普适性政治……一直试图着力捍卫分配正义原则，以及全球治理的规范性原则，但是从来未曾花多少心思去说明那些需要动用军事力量的原则。”过去和现在的大量欧洲外交政策，以及大量探寻国际关系的学术研究都假设，暴力之所以发生，主要是因为沟通不充分，因此解决暴力的方法就在于坦诚的对话。根据詹姆斯·阿霍（James Aho）的观点，社会科学家们越来越诉诸“将真实政治从社会科学家们建构的有关社会冲突的概念体系中彻底解放出来”。他说：“一般而言，他们倾向于避免所谓战略思维的整个主体，并已经花了大量精力去研究减少冲突的基本过程，去防止特定战争和革命的发生。”

非现实主义思维间接影响了欧洲的外交文化，为纠正这方面的误解，我们认为，要实现世界政治的平衡和秩序，应避免公布所谓抽象规范，而应回到更

加审慎的政治现实主义。而要形成现实主义的而非伦理主义的外交政策，我们需要实事求是地分析干预行动的优势，并对更少害处的行动进行审慎评估。主张这一观点的声音，在政策理论界的出现频率越来越高。比如，英国前首席防务大臣大卫·理查德将军（General David Richard）说："如果国际社会对统一行动尚未做好准备，那么阿萨德（Assad）总统取得叙利亚内战的胜利是不是一个更好的选择？因为另一个结果就是混乱。"他充满煽动性地表示："阿萨德对于英国的国家利益并不构成威胁。"他进一步指出，真正的国家利益应该在于"不断消除混乱"。与此相似，自由民主党前领袖帕蒂·阿什东（Paddy Ashdown）表示，当前西方世界相信，国际秩序取决于某种"动力学而非环境"（kinetics rather than context），对这一教条的遵从表明，他们已经忘记了克劳塞维茨（clausewitzian）理论所说的"战争是政治另一种形式的延续"。阿什东假设，要解决中东地区的伊斯兰国问题，可能必须要引入俄罗斯的力量。

除了审慎计算之外，我们所说的以利益为基础、由环境驱动的外交政策路径还需要哪些因素呢？这种路径与那种追求普世范式并试图打造一个道德上可接受的、天下大同的、公正的全球秩序的乌托邦精神又有何不同呢？全球规则体系的核心部分是含糊不清的。仅仅只有当极端严重的侵犯人权现象发生时，动用武力才被视为正当的；而且武力行动还必须面临《联合国宪章》（*Charter of the United Nations*）设定的严格标准，也必须满足2009年联合国大会所采纳的保护责任原则（Responsibility to Protect Doctrine）所规定的条件。西方世界沉迷于由抽象的国际社会所主导的普适性规范价值，难道西方政策界看不到影响所有政治行动的"权变"因素吗？

只要是战略就不可避免地无法满足规范标准，特别是战争条件下——无论是内战还是国家间战争。在后冷战时代，西方的政策制定者忽视了抽象规范和政治现实之间的冲突，而且，就像上文所引述的那些前外交官、政治领袖和士兵们所表达的观点一样，这种忽视已经在阿富汗和伊拉克等地的战争行动中造成了政策混乱，而且弱化了对伊斯兰国、俄罗斯的民族统一行动的应对。

因此，在国家事务中明确避免抽象的灵丹妙药将被证明是及时的。就像汉斯·摩根索可能已经认识到的，理查德和阿什东等人所揭示的政治现实主义"并非没有意识到与此相关的思想方面的抽象标准的存在"。然而，他们却有意地、不无必要地同概念化的、普适性的规范保持距离，而后者将适用于将其他人类活动形式的标准作为政治环境（political sphere）的标准。实际上，“正是在这里，政治现实主义用‘法律—道德’（legalistic-moralistic）主义方式去解决国际政治问题”。

回归到理性主义（reasonableness）的审慎修辞学，将重建已经被理论唯理主义（rationalism）及其先验性的抽象原则打乱了的平衡，这一点在外交政策讨论领域尤其重要。在一个不确定的、充满复杂性的世界里，抽象的唯理主义激情并不合适，而16世纪的怀疑主义者们的理论反而更好，比如蒙田（Michel de Montaigne），他告诫读者，应当抱有“糊涂”而不应根据绝对判断过活。正如史蒂芬·图尔明（Stephen Toulmin）曾经所说，与时俱进的实践伦理和决疑法（casuistry）在21世纪仍然有价值，可以用于解决从战争到安乐死等一系列充满争议的事件。

因此，对现代欧洲早期理论家们的有关思想进行重新评估或许是有价值的。他们率先明确了国家主权的概念，以及抽象道德原则的有限性。这些东西是如何进入政治概念体系的呢，他们又是如何讨论有关武力使用的标准的呢？国际关系理论的当代研究者们总是以不同方式忽略了国家理论中的上述维度。然而，仔细阅读16世纪有关“国家理由”的相关文献，我们发现了现实主义的理性形态，这些东西对于现代西方民主国家及其国内外防务依然具有关联。

在欧洲历史上，1550—1648年，早期欧洲经历了大范围的内外部战争，从葡萄牙到爱丁堡都经历了难辨是非、残忍激烈的传统政治和宗教联盟的分割，在某种程度上，宗教、王朝和内战可以说已经毁灭了欧洲基督教世界。到了17世纪，深受创伤的欧洲形成了某种杰弗里·帕克（Jeffery Parker）所定义的蓬勃发展的“国际性危机”。更关键的是，三十年战争（Thirty Years War 1618—1648年）震动了整个欧洲，并影响了“整个大陆的历史进程”。尽管战争的结果在不同时间和地域有所不同，但最近的深入研究表明，战争的影响是“极端负面”的。例如，由于战争和瘟疫的影响，巴伐利亚地区的人口减少了23%—69%，与此同时，纽伦堡的人口出生率到1850年都尚未恢复到1618年的水平。而且到了1621年，伴随着人口下降还爆发了经济和金融的崩溃，欧洲经历了“西方世界第一次金融危机”。

在被宗教冲突掏空了的欧洲基督教世界的废墟上，国家的某种现代形式开始诞生了；而就像布兰登·西姆斯(Brendan Simms)所说的那样，正是在这样的背景下，欧洲国家追求主权的进程开始了，并由此开始形成现实主义政治的国家实践。同这个过程相伴随的是，对道德主义、超政治权威来源、自然和宗教法的怀疑思想的诞生。由于哲学家、律师、修辞学家和历史学家不断地探索并描述后来我们所知的"国家理由"，在欧洲大陆上，最终形成了一种政治现实主义的观念形态。这一过程最先由像马基雅维利(Niccolo Machiavelli)和弗朗西斯科·圭恰迪尼(Francesco Guicciadini)那样的外交家和政治家们发起，他们在16世纪早期生活于佛罗伦萨；这一运动随后扩展到法国，影响了那里的法学家，像让·博丹(Jean Bodin)，然后又影响了北方的人文主义者，比如约斯特·利普修斯(Justus Lipsius)。

再次，这种新的政治方式在解决具体情境下的复杂政治问题时，彻底排除了抽象伦理的影响。当面临矛盾性的道德和政治事件时，新范式的支持者们所提供的解决方式不再诉诸唯理主义，而是诉诸理性主义和实践经验(实践智慧或审慎智慧)。

那么，这种实践主义的个案分析方式到底有何特点，它对当今国家事务和战略又有何实践价值呢？要重新说明这种审慎的观点，我们首先必须了解16世纪出现的，由于基督教统一信仰解体和忏悔形式分化，在宗教上引起的不同的反应形式。这种新的反应形式以人文主义者和政治家所说的"经典"的方式呈现——亚里士多德(Aristotle)的《修辞学》(*Rhetorica*)和《尼可马各伦理学》(*Nicomachean Ethics*)、西塞罗(Cicero)的《国家篇》(*De Officiis*)及塔西佗(Tacitus)、波力比阿斯(Polybius)和李维(Livy)的历史著作。人们用这些经典去充实政治事件，并为解决政治、经济、战争与和平等问题提供一系列原则性规定。在为解决现实政治问题而向经典求助的过程中，这些人发展出一套有关国家事务的现实主义思想。

三、重回马基雅维利时刻

16世纪意大利文艺复兴时期的城市国家(city-state)富有而又野心勃勃，但军事力量却十分薄弱，面对这些城市国家，正是那群顾问们首先描绘了抽象的基督教道德原则和现实政治之间日益明显的分途，那些共和国或公国要维持延续，不得不有所行动。1494—1527年，“野蛮”的法国人、西班牙人和其他帝国主义者纷纷入侵亚平宁半岛，在这样纷繁复杂的情况下，一批分散的意大利人文主义者不约而同地想到了，（意大利之所以饱受侵略）问题可能就在于国家及其必要的手段的缺乏。在这些鼓吹现代国家的人文主义者当中，圭恰迪尼是领袖人物，他在《利科尔迪》（*Ricordi*）一书中写道：

> 1494年之前的很长时间里，战争中的流血牺牲一直是非常有限的，那时候要围困一个市镇都是非常缓慢而笨拙的……因此对于那些拥有一个国家（state）的人来说，要失去国家显然就是更加不可能的。然而，当法国人来到意大利并点燃了这里的战火，形势发展的速度却可以用一日千里来形容……一个国家只要丢失周边的乡村，它也就离亡国不远了。

如今，这种有关国家以及如何维持一个国家的理念已经发生了明显的分化，然而分化的方向却是一成不变地朝向“忽视”。与圭恰迪尼同时代的马基雅维利是个激进的佛罗伦萨主义者，马基雅维利说，在充满风险的海洋中，统治者要想保存国家，“必须学会不道德，并且要根据实际需要利用或不利用这一点”。这是一个君主或首相进入政治的资本。更为重要的是，要保证和平，一个君主国或共和国必须时刻作好战争的准备；统治者“必须心无旁骛……也不需要懂得所有技巧，只有战争技巧除外，统治者必须懂得战争的组织和原则”。正如J. R. 黑尔（Hale）所说，战争就是马基雅维利“特殊的旋转木马”（particular hobby horse）。马基雅维利论辩说：“没有优良的军事组织，就不可能有优良的法律，也不可能有任何其他优良之物。”换言之，有效的统治和一个共和国的稳定，所要求的美德是另外一种形式的美德。

如果官方公开去提倡马基雅维利主义，可能显得太不近人情了。然而，马基雅维利及其同时代的人文主义先驱者们有关国家的见解，却对后来的欧洲统治者和政治顾问们产生了深远的影响，每当他们面对内战和宗教纷争等类似情况时，他们就会想到马基雅维利的告诫。他们接受了马基雅维利的思想，但是改变了马基雅维利的风格，将其加以粉饰，使其显得更加受人欢迎。经过修改的马基雅维利主义试图调和政治行动和道德要求之间的分歧，一方面强调政治必须依靠道德上可疑的行动；另一方面也承认要保证和平与公共福利必须具有道德美德。

颇有点反讽意味的是，到了17世纪早期，却又是一位耶稣会哲学家贾斯特斯·利普修斯（Justus Lipsius）完成了对政治现实主义的体系化，欧洲各式各样的政治精英们都成为他的读者，比如英格兰的莱斯特伯爵（Earl of Leicester）、法国红衣主教黎塞留（Richelieu）和马萨林（Masarin）。到了17世纪中叶，利普修斯的《政治学》（*Politica*）一书已经有超过90个版本，并被翻译成英语、法语、西班牙语和意大利本地方言。这本书是各类格言、警句的摘要，它们来自诸多经典作家，又经过利普修斯的精心编排。

利普修斯的《政治学》成为现代欧洲早期的统治者们的顾问们的初级读本。同马基雅维利的《君主论》（*Prince*）和《对话集》（*Discourses*）一样，这本书主要是关于国家、国家理由和战争性质的。换句话说，利普修斯教导了现代欧洲早期的政治精英，教他们如何解决相互冲突的忠诚问题，以及我们今天可能名之为"宗教原教旨主义"的东西。更重要的是，不论是信仰天主教的皇帝还是信仰基督教的皇帝以及他们的顾问，虽然双方信仰不同，但都看重利普修斯对于经典文本的修订，利普修斯对经典的洞见很大程度上来自罗马历史学家塔西佗。更准确地说，利普修斯对塔西佗的呈现赋予这样一个观点以信誉，即政治是"一个复杂而无情"的游戏。因此，对于政治顾问们来说，要让政治保持稳定有序，必然要求他们有极高的政治技巧。在这样的条件下，政策建议提供了非常重要但又受到忽视的资源。当然，利普修斯的建议来自对塔西佗的《年鉴》（*Annals*）和他关于朱力欧·克劳迪（Julio Claudian）的《统治》（*Imperium*）一书中的历史智慧的搜集。就像利普修斯所解释说，塔西佗"为你呈现了国王和君主，一言以蔽之，他为我们今天的生活呈现了一幕剧……每一个为国家掌舵的君王手中都应该有一本塔西佗的书"。那么，这些政治现实主义的建议有了怎样的演变？这些智慧又是如何适用于今天的治国理政之中呢？

四、国家权利高于人权

治理国家让统治者懂得他们的利益，懂得伴随着宗教和政治极端主义而来的危险，以及控制极端主义的技巧。古代君主们在内政外交和神学方面所遇到的问题，以及他们解决这些问题的方式对今天依然有借鉴意义，21世纪的第二个十年中，欧洲的民主国家也会面临同样的问题。为了解决这些问题，利普修斯建议承认修辞的重要性，在发明了印刷机的新媒体时代，有必要说服人们以尽可能光明的眼光去看待那些有争议的政策。针对当地和世界上的“观众”，这种将政策“正当化”的行为，可以被描述为某种表演艺术（presentational art）。这一策略要取得效果，需要借用那些最流行的伦理学和法学词汇，这些词汇包括一系列积极的概念，比如法（ius）、法律（lex）、权威（autoritas）、神圣（pax）、良知（conscientia）和美德（virtu），除此之外还有一些重要的信条，比如“人民的利益是至高无上的法律”（salus populi suprema lex esto）“公共利益”（bonum public）等。

用这些词汇去描绘政治，发展出一套装饰性的话语体系。在一个“后中世纪”的世界秩序中，政治和宗教冲突问题需要解决，而要实现合法的目标，也需要对合适的暴力行动进行正当化。当然，这里面也存在一定的问题，因为由同样的词汇可能发展出另外一套相反的话语体系，这会给装饰性的话语带来冲击。与此同时，真正有价值的政策建议同那种修辞性的话语策略虽然同样出于审慎的反思，但两者还是有所不同；另一方面，它们所依托的实践虽然不同，但是又有关系。而这才是理解17世纪政治的核心。每当到了审慎决策阶段，政策顾问专家们来到君主身边或走进共和国的议会，帮助他们做出特定决策，比如宣布战争、烧死异教徒或提高税率。

当然，只要民众们接受了国家给他们的装饰性话语，统治者们后来的正当化行动就是成功的。但是，某项以不言自明的公理或规范性言词的形式表现出来的特定政策，有可能会被指责为自利或虚伪行为，那么这时候就发生了政治沟通的失败。这种情况今天也会发生。16世纪80年代的欧洲就像一个一点就燃的火药桶，宗教战争和王国战争笼罩着它，它们被认为在争夺最高权力（supremacy）。正如利普修斯对这个时代的描述那样：“一个更加美好的世界没有树立在你面前，它笼罩在纷争的战火中，人们为了宗教或意识形态真理而互相残杀。”在这样的环境下，政治家们如果用过于抽象或理想化的形式来描述政治，就会使自己的话语面临反驳与质疑，从而破坏了自己所声称的合法性。

更有甚者，与正统话语体系（即装饰性话语体系）相左的质疑性话语所带来的问题还会引起其他问题，从而产生另外的差异性反应。首先，那些政治真诚受到怀疑的人，可能会用更加强力的方式来重申其目的的纯洁性，并将其挑战者定义为腐败的或误导人心的。其次，原教旨主义的话语和更加现实主义的对话者，将会使人类的政治沟通产生差异，让他们产生相互区分的（通常是不同的）行为标准。正是这些“国家决疑论者”（state casuists）开创了同政治理想主义有着根本差别的特殊政治观，他们在“国家理由”的习语中耕耘，将现代政治早期的教会法、案例道德（case ethics）或诡辩，同取自经典历史学家那里的例子进行结合。

在这样一种政治观念的发展模式下，政治角色被鼓励进行行动，这并非因为他们的行动是“正义的”或“正确的”，而是因为行动是必需的、时势使然的、审慎的。实际上，“如果睁一只眼闭一只眼，并不比通过不合时宜的救济所激起的冒犯更好，那么你所作出的每一个决定，都应当是根据当时的情势而来的。”（利普修斯语）现实主义的政治理念强调治国理政中的因地制宜和实践性，这一理念承认，当面对日常生活的经验事实时，将抽象原则适用于不同的甚至通常是冲突的选择之中会带来问题。

这样一种治国理政的外交理念通常受到诽谤和污蔑，被轻蔑地描述为可笑地沉迷于权力而罔顾道德价值，在关注伦理的当代国际关系理论话语当中，此等论调尤盛，下文将会论及这一点。某种程度上，这样一种误解反映出，英文概念“reason of state”（国家理由）只不过是法文“raison d’ état”和意大利文“ragion di stato”的一个非常片面的理解，但其实并没有完整地反映这个概念的意蕴。这是令人遗憾的，因为在法文和意大利文当中，“国家理由”的概念绝不仅仅是指国家是“理性的”（reason），而是表示国家需要做“正确的”（right）事情，去保存自己并维护公共利益（public good）。

因此，“国家理由”更好的英文表述应该是“国家权利”（right of state），这一概念表明，国家既有权利去保存自己，也有权利去维护政治秩序或法统（constitution）安全。总而言之，加入了政治现实主义的“国家理由”强调政策制定的双重特征：装饰性维度和审慎合法维度，前者取法主流道德和政治价值观，运用道德词汇为政治进行合法化，后者则用审慎分析为政策提供正当性，这个过程发生在庙堂之内而非大众之中。另外，审慎决策过程中所使用的材料，可能会在后来的公众政治沟通（public presentation）中受到压制。

五、或然论、决疑论和平衡审慎

利普修斯（Justus Lipsius）及其同时代的人文主义者在一个新的背景下再造了国家理由这一概念，他们将几种不可融合的因素结合在了一起："伟大的世界精神"——上帝、"主宰一切的"必然性、政治行动必不可少的审慎精神。在希腊化的罗马世界，利普修斯式的忠告将审慎——实践智慧（phronesis）或实践理性（practical reason）作为政治的统治性原则。所谓政治的美德，缺少了审慎是不可能成立的。利普修斯将审慎定义为一种智慧，即在公共和私人领域，如何进行理解和选择，以及应该追求什么、放弃什么的智慧。审慎原则"在所有人类事务上都是有用的，但最有用的还是政府事务"。

这样一种审慎的忠告也吸收了当时流行的伦理决疑论的因素，在反对改革的过程中，决疑论得到耶稣会士和新教牧师们的发展。这种道德理性在中世纪教会中作为道德神学（moral theology）的分支得到发展，而道德神学是用以解决良心问题的。当一个人在行动中，"良心处于多种选择的困境中"时，道德理性就作为解决这一问题的技术方法。在上述活动中，我们看到道德理性和实践理性存在联系，这对国家理性的演化产生了影响。面对"人类和情势"上的道德多样性，决疑论者不仅试图诉诸一般性原则，比如"不得杀人"，而且在解决特定的杀人案件时，还试图去发现可能使罪行减轻的情形。

因此，在16世纪引人注目的政治神学（politico-theology）发展过程中，修辞学、审慎精神和决疑论走到了一起。在这一过程中，伴随着耶稣会士的影响日益增长，决疑论"将自然法和神法的普遍原则用于具体个案，并同其争论对手实现了无缝对接"。在这一过程的影响下，像其他所有方面的实践和行动一样，有关国家的治理、抵抗和忠诚问题，也适用于这一理念。不仅如此，虽然政治争论的声调很激烈，决疑论被视为"名义上是在谴责，精神上是在推进"各自有关神性理解的分歧，天主教和新教之间的宗派分野是"看起来似乎是可以协商解决的"。实际上，天主教和新教一样，"所谓原则和标准、用以评价正常和非常事件的元语言（meta-language），都倾向于导致行动上对与错的分野"。

在政治术语当中，与时俱进地调整政策（就像今天这样）迫使一个或然主义者变成决疑论者。这假设，对于道德或政治困境的正确答案的怀疑允许有一个行动的过程，这个过程使得某个特定的可能的回应是正确的。这有助于形成一种情境伦理（situational ethics），情境伦理“特别关注特定案例和环境的具体细节”。更准确地说，政治或然论要求一种特殊类型的审慎。统治者通过运用审慎原则，控制或管理任性的平民。在面临不同情境的时候，这种审慎必然体现为因地制宜。人们根据审慎原则选择和综合那些变幻莫测的事件，在做决定的时候考虑时间、地点和人物，并根据这些因素的变化而进行细微的调整。然而，审慎原则也拥有两个方面：文明的和军事的。前者针对的是“和平时期的日常政治”；而后者则“适用于战争和非常时期”。前者还可以进一步分为宗教和世俗两方面。

在这里，高贵的决策者们根据时间和人民的需求调整规则。特别是，人民是不可预知的、难以驾驭的，且“受到情绪的影响”，他们“忽视公共利益”。而君主及其政策顾问们则需要为公共利益负责，因此，他们必须贯彻审慎原则，既要“兼顾荣誉，又要注意有效性”。如此一来，既然“通过直线航行无法直接抵达优良政府这个港湾，你就需要转化策略，另辟蹊径”。通过比喻，利普修斯论证说：“酒不会因为同水混合就失其为酒的特性，同样，审慎行事也不会因为配合了一点小小的欺骗就变得不再审慎。”因此，利普修斯观察到，在处理国家事务的时候，同时存在荣誉和某种值得称赞的狡猾——他在这里慎重地引用了马基雅维利（Niccolò Machiavelli）的观点。在这个意义上，“文明的计划”同“确保政治秩序所必需的美德或法律”是有所区别的。

军事上的审慎甚至比民事方面更加需要这方面的实践。利普修斯认为，要做到军事上的审慎，“首先需要有一位君主”。他同马基雅维利一样认为，所有的军事审慎都是关于战争的，而战争有两类：国内战争和国际战争。

利普修斯将各种类型的战争总结为三个方面：战争的开始，战争的进行，战争的结束。如果你忽视了其中的任何一个环节，或在任何一个环节犯了错误，那么你就很有可能得不到好下场。当发动一场战争的时候，我十分严肃地警告你要将此事牢记于心，没有不义和草率，一场战争不会发生。

最后，很多现实主义者都认识到，战争“比那种不靠谱的和平更加安全”，而和平也可能“由于战争而变得更加稳固”。在此基础上更进一步，有效的指挥家更多地“依靠战略而非强力”。利普修斯特别强调，“在战争中，没有任何东西比欺骗更加有效”。

利普修斯的上述原则，并不是为了普罗大众而设，而是为了政治专家而设，只有那些“经历过人类事务”的人，才能在“有关战争与和平这样的大事上看到长远利益”。最后，一个审慎的统治者需要有审慎的顾问，而审慎的顾问则在道德要求与政治环境之间进行调适。这种政治适应性同对国家臣民所要求的忠诚有关，正是臣民保持了审慎政治的实践。

六、箴言而非公理：利普修斯式的决疑论对现代外交伦理的适用性

经过痛苦的教训，到了17世纪，欧洲的政策顾问们终于开始明白，要保护国家利益，不可机械地遵守一般性原则，而可能需要对其进行调适。他们对大众情感和流行的激情小心谨慎，行事以小心审慎为要，以避免影响长期政策目标。对于今天的国际政治来说，这样一种混合型的审慎精神能以何种方式发挥作用呢？

像今天的欧洲外交一样，现代早期的国家治理也面临着一个道德困境，需要在难以预料的或然性多变环境中设计政策。而审慎原则清醒地看到了这种困境，它知道政治实践在道德上具有多样性，而要将抽象的原则统一适用于这种多样性身上会带来很多问题。因此，不像现代政治中的后康德哲学，现代早期政治建议方面的书所考虑的是利普修斯式的箴言，那时候的作者认为，对于统治者来说，利普修斯式的原则比优雅的规范和公理更管用，因为后者只会让统治者在面对政治决策时不知变通地适用干脆简明的道德原则。如果说公理（axiom）是从科学和抽象理性中推导出来的命题，那么箴言（maxim）就是得自经验而指导实践的准则。因此，当君主或共和国在有关公共道德的问题上面临困境时，或者在复杂的环境下进行战争时，实践的而非抽象的推理以及历史知识就可以为他们的决策提供有用的信息。这样的决策建议，或许不一定能完全得到遵从，但它同当代的法律—道德主义路径显然不同，后者单纯从国际法和普适性的角度理解政治，要求将抽象公理适用于所有道德事实，比如单纯从理论角度来看待侵犯人权的问题，将规则（rules）当作定理（theorems）来用。

而审慎主义路径与此不同，它毫无疑问是强调实践导向的，强调确定的、具体时间的具体情况，并相信具体的、特定的知识。国际关系同物理科学不一样，它在实践理性方面可能更加灵活，通过敏锐的直觉和审慎的判断来对待特殊的、通常是不规则的世界。

人们越来越认识到将抽象原则应用于现代战争的困难，这激发了一些当代分析家去重新评估所谓正义战争（just war）的理论和实践。例如，已故的大卫·费舍尔（David Fisher）曾说，当我们处理现代困境的时候，西方外交政策制定者应该更多地取法古典伦理和政治学思想，用16世纪耶稣会士有关正义战争的理论和费舍尔自己的道德结果论（virtuous consequentialism）来进行修正。他表示，在一个"充满困扰和变迁的时代"，西方外交应当将结合了功利主义结果论的现代早期正义战争原则应用于当代的战争选择当中。费舍尔的目的在于"使战争正义"，且仅仅参与"正义的战争"。

但是，费舍尔认为，正义的干预是有条件的，以现实主义或"国家理由"来驱动的国际关系实践不是正义的干预，禁止这种现实主义的干预才是正义的干预。实际上，他提出，今天的正义战争必须符合13世纪晚期由圣托马斯·阿奎那（St. Thomas Aquinas）在其《神学大全》（*Summa theologiae*）中首先确定下来的原则和标准。因此，所有的战争都必须要有一个正当的理由，而且有关当局必须为其发动战争的确当意图提供合法性证明。战争只能被当作最后采取的不得已手段，而且战争带来的好处应该大于其伤害。同时，战争的发动应该有针对性，差别化对待，并应符合比例原则，对非战斗人员的攻击应符合最小伤害原则。最后，战争的最终结果应该是实现正义的和平。

我把这种学说称为经费舍尔修正过的圣托马斯主义，而实践圣托马斯主义的难处，同实践中世纪教会提供的建议所面临的难处一样，都在于我们处在一个不完美的世界，因此我们永远不可能完全满足这些条件。这种学说要求政治行动有普适伦理的一致性，将干预嵌入当今的"保护责任伦理"之中，它假设"干预可以而且应当可以普遍适用，无须考虑环境因素是否允许这样一种干预"。这种道德结果论实际上有可能导致行动滞后、不顾现实的紧急情况，因为政策制定者们不得不在行动前确定他们的干预行动符合法律权能、不得已选择和正义理由等诸多抽象道德标准。要不然就是导致草率行动，而不顾环境条件和时机，"当面对侵犯人权的粗暴行动时，不顾有关国家的主权"。

因此，按照这样一种机械的原则行事，通常看不见特殊情况下的复杂性和偶然性，并通常导致达不到理想的结果。

因此我们可以说，费舍尔指责“国家理由是非道德的”，他的这种指责是错误的。恰恰相反，正如我们所看到的，他企图去解决复杂而不确定世界的原则困境，不过他给出的药方是提出另一个一般性原则，只不过他运用了混合的审慎主义立场而已。但是，经过改造的利普修斯主义的政策建议不会导致圣托马斯式的公理，而是提供基于历史意识的一般性原则和事例。这些原则和事例可以针对性地用于不同的情况，那些困扰国际社会良心的情况，无论是普京的扩张主义，还是未能干预叙利亚内战的伦理和政治后果。

在一个政治动乱的年代，当代利普修斯主义可以给西方民主国家的领导者提供建议，让他们知道审慎的治国所需要的是一种“情境性的道德观”（situational morality），以指导政治行为追求“公共利益”。在国际关系领域，施行弹性的伦理道德原则尤其重要，因为全球性的公共观念经常受到不稳定情绪和被扭曲的想象的塑造。审慎的咨询决策同样认识到，在社交和大众媒体时代，大众非常容易受骗且十分软弱。因为，我们这里所说的审慎是基于现实的，会在各方面与时俱进。这限制了现代民主国家处理国际关系的能力。在这样的环境下维护国家利益，要求针对国际权力转移的具体情况“审慎回应”，目前全球秩序的表现一方面是互联互通；但另一方面却更加碎片化，权力的转移成为常态。针对国际政治的这种不稳定性，审慎回应非常关键，因为“严格遵守道德正确”的原则可能会在实际上反而伤害全球公共利益。与此相反，审慎的政策，要求在维护国际和平稳定过程中，懂得运用权宜之计并进行一定的伪装。实际上，一个政治领导，如果不懂得如何伪装，那么他就不懂得如何统治。在问题不断的政治海洋中，要保证国家这艘大船不沉没，必须要有“明智的计划”，而且必须因时因地地同“道德和法律”区分开。因此，在不同的情况下，政策必然将不同于国际规范。

虽然政治行动有道德与审慎两方面的要求，但只有审慎才可以作为直接指导政治行动的纲领。只有审慎会根据战争或和平的情况进行调整。审慎可以“调整现实，预测未来，且重温历史”。在审慎中，我们能发现国际和政治历史知识，以及外交经验等对政策决定有指导作用的东西，但找不到“法律—道德”公理。利普修斯强调，历史是政治智慧的源泉，“流淌着政治和审慎选择的源头活水”。

然而,某种程度上存在问题的是,在后冷战时代,西方民主国家、政治精英和国际组织已经刻意忽视了政治和外交历史。今天的政治精英似乎未能看到忽视历史所带来的消极后果,而在审慎主义者看来,忽视历史所导致的后果是不言而喻的。忽视历史会导致对对手的误判,比如,无法正确评估像俄罗斯这样的国家在其地区利益方面的长期战略目标。

相反,17世纪的欧洲政治,由于得到历史智慧的滋养,始终清醒地认识到,基于抽象理念而形成的政策会导致失去权力的灾难。同样,今天的利普修斯主义也看到了当前的问题,利普修斯主义者将会非常敏锐地意识到欧洲达到权力平衡所存在的历史性困难,并很可能已经建议北约组织在柏林墙倒塌后向东欧扩展要小心谨慎,因为他们肯定可以认识到俄罗斯在克里米亚和黑海的战略性意义。在这种事情上“假装”道德绝对主义,将只可能重新点燃“冲突与战火”。

一个总统或首相,如果从审慎决策的角度出发,那么他在面对中东、东欧或亚太地区的决策困难时,将认识到处理这方面的事务何为“实际上是必需的”。如此一来,西方政治领导人将得以避免夸夸其谈或“华丽词藻”。今天的西方政治精英和他们的顾问们在战争方面所表现出来的无知,很有可能让一个17世纪的观察家感到惊讶不已。忽视了军事上的审慎,所导致的唯一的结果就是不恰当地使用武力,并导致不可避免的政治失败。

最后,民主地执行外交政策,要求对困难情形的特殊性有非常高的敏感性,并必须随时根据变动的环境来调整政策。正如马基雅维利和霍布斯(Thomas Hobbes)等作家所说的那样,这样一种解决问题的方式认识到了治国理政的独特性或曰“奥秘所在”,也认识到了治国理政同差异性的伦理实践的关系。蕴含在罗马历史当中的国家理由原则,引出保护公共利益的行动性政治美德,正是这种行动性美德,而非费舍尔的抽象道德结果论,更加有利于审慎地解决今天我们“充满困扰和变动的糟糕情况”所引起的问题。现代早期政治现实主义避免外交政策方面的抽象理性主义,而代之以历史为基础的审慎决策,但这样的策略适用于今天吗?它如何解决像“伊斯兰国”(ISIS)这样的问题?因为“伊斯兰国”威胁到欧洲周边的地区稳定,但它越来越被认为同美国没有多少战略关联。

七、国家理由和“伊斯兰国”

“伊斯兰国”的核心战略思想家阿布·巴克·纳吉（Abu Bakr al-Naji）坚持认为，西方就像伊斯兰世界一样，并非铁板一块。他观察到，“渎神”的（kufr——不信真主的，渎神的）西方“受到利益分化的危害”。在一本有关伊斯兰国战略思想的指导手册——《野蛮人的管理：乌玛将经过的最关键阶段》（*The management of savagery: the most critical stage through which the umma will pass*）一书中，纳吉引述19世纪英国政治家帕尔默斯顿（Palmerston）所说“国家之间没有永恒的朋友，只有永恒的利益”来支持自己的观点，即西方将消融在国家和种族界线之中。在纳吉看来，不论是在欧洲还是拉贾（Raqqa，叙利亚北部城市——编注），暴力的目的都是一样的，都是为了消除这种分离倾向和碎片化，并保护“伊斯兰国”的边境安全。

当代利普修斯主义者可能会承认，“伊斯兰国”推动并发展起来的手段能够牵制甚至打败自己，他们会认真对待而非忽视这一点。“伊斯兰国”的战略是高度现实主义的，而且显然不会因为同欧洲开展对话就有所改变，而欧洲的政策精英还寄望于在对话的、普适性的全球公共范围内依靠抽象的原则达到自己的目的。在寻求打击伊斯兰极端主义方面，审慎的国家及其外交界人士应该动用战略性回应方式，这必将不同于任何牵制修正主义俄国（revisionist Russia）的政策设计。

在中东这块土地上，熟悉后奥斯曼帝国（post-Ottoman）历史和1990年以来干预失败的苦涩历史的人都会建议，不要在这里通过直接干预的方式去推动西方的意识形态偏好。随着“伊斯兰国”的崛起，特别是美国政策的依据经历了某种转向：美国开始同伊朗合作。然而，这种做法仍然不够审慎，因为伊朗所寻求的是地区霸权，在这个过程中，伊朗必然与以逊尼派为主的国家如土耳其、沙特阿拉伯和海湾国家为敌，这些国家同样对“伊斯兰国”有敌意，因为他们将之视为伊朗扩张的有效缓冲。所以，同伊朗合作将加剧种族和宗派分裂，而不是更好地解决这些问题。更有甚者，由于伊朗是潜在的核武器拥有者，因此，有人或许可以说，这种地区野心对于西方利益是有威胁的。欧洲国家在中东地区的利益，或许同美国在这里的利益并不一致，欧洲人最希望的是这个地区的稳定，而推动这里的民主并不是最重要的问题。回顾历史的话，我们会看到有点反讽的故事，正是萨达姆时期的伊拉克复兴党政权所采取的路线，来制衡1979年伊朗在神权革命后的扩张主义。

因此，在中东地区再造平衡将需要耐心行事，并采取审慎的伪装性实践策略，这毫无疑问地要卷入一些奇怪的伙伴。正是在这样的情况下，文艺复兴时期的外交就认识到“时间的优势”，这让我们形成了一种确信，伊斯兰国这样的搅动千年的稳定问题不可能在短时间内得到解决。特别是，会有持续性的战略在暗中起作用，破坏这一确信，通过宣传和心理战，在那些深信自己的行动确定不变的人头脑中散布怀疑的种子。

一批评论家已经看到，“伊斯兰国”一直在有效地运用社交媒体推广自己的信息。而西方则未能发展起一套有效的应对措施。这在现代早期国家的政策建议者们看来是不可思议的，如果在那个时候，他们可能会小心翼翼地开展情报收集工作［现代情报活动始于伊丽莎白一世的私人顾问弗朗西斯·沃尔辛厄姆爵士（Francis Walsingham）］，以及搜集各种图像和私人文件，以对付国内外的敌人。毕竟，如果你无法迅速且轻易地毁灭你的敌人，那么去发动间谍活动，去渗透它，经过一定的时间找机会去操纵它、控制它、破坏它，最终达到从内部搞垮它，也不失为一种有价值的替代选择。这时，你所需要的只是耐心和一定程度的长期政治付出。

另外，考虑到摩苏尔地区的新“哈里发国”的战略野心，审慎的建议将会是，中东地区的不稳定会引发欧洲境内的安全问题，而这些安全问题无法通过非干预方式得到解决。“伊斯兰国”吸引着圣战分子加入，来自欧洲和澳大利亚的圣战分子尤为引人注目。西方国家移民社区里的“吉哈德一代”（Generation jihad）在这个新“哈里发国”里找到了和20世纪60年代末乌托邦式反文化运动（counter-culture movement）相类似的事物，这场运动曾让西方学生变得激进。而今天的伊斯兰极端主义培育地方上起来的激进分子，召集圣战战士，它还拥有允许过分暴力的吸引力，这不仅带来了地区不稳定，还威胁到澳大利亚、法国、德国和英国等开放社会的整体性。

一个审慎的决策者因此会认识到，外部条件影响内部和平。国家理由（Raison d’ état）视国家的安全为首要任务。从这个角度来说，民主国家中不同意国家外交政策的少数派，他们有权提出异议，但没有权利以超国家民主的名义使同胞们的政策无效。另外，公民政治权利这一概念假设，公民作为一个世俗民主国家的合法成员，有权表示同意与否，这是合法民主权利的基础。但是，如果一个民主国家的公民，通过参加圣战，将自己投身于像伊斯兰国这样的敌对组织，那么他就必然失去了作为一个公民的政治权利。

在16世纪晚期，早期现代英语国家所面临的跨国性政治—宗教威胁，同当代国家所面临的情况并无不同。在面临外部侵略和内部抵制的情况下，国王的顾问专家们，像弗兰西斯·沃尔辛厄姆、罗伯特·达德利（Robert Dudley）、莱斯特伯爵（Earl of Leicester）等，扩大了叛国法的适用范围，并对那些政治忠诚存疑的臣民进行忠诚度考验，他们可都是学习过利普修斯的《政治学》（*Politica*）的。而现在，"伊斯兰国"的战略及其西方追随者的实践活动已经明显到无以复加的地步，到这个时候英国政府才迟迟宣布采取措施，关闭极端分子的清真寺，并要求那些申请英国签证的人"签署声明保证他们将尊重英国价值观"。即便如此，英国穆斯林委员会（The Muslim Council of Britain）和伊斯兰人权委员会（Islamic Human Rights Commission）仍然认为，这些为了保障国家安全的限制措施是"有关仇恨和含偏见的令人羞耻的表现"。

然而，在一个易于焦虑的持续不稳定秩序当中，国际交流还看不到融合的前景，一个世俗的民主市场国家至少需要有一个共同认可的公共道德标准，通过国家法律的形式表现出来，用以维护国家利益。这种社会联合标准平等地适用于所有公民，且要求有主动的外交政策来维护其在国内外的利益和价值观。无论是漠不关心的态度，还是设定不切实际的普适性一贯标准的法律唯理主义的立场，在理论上公开表达干预方面，都无法解决欧洲目前所面临的持续不断的困扰。

八、结　论

我们将经过改造的"国家理由"理论应用于不断变化的国际关系，这绝不保证秩序的实现，国际关系的现实显然也不会随着国际关系法律的改变而改变。劳伦斯·弗里德曼（Lawrence Freedman）曾非常清晰地表明，在现实世界中，政策制定者们是在一个充满兴衰枯荣的、极易犯错的领域工作，"要获得持久的优良战略表现是极端困难的"，更不要说去长久地维持它。因此，想要找到一个所谓伟大的大师级的战略，就像要追寻一个普适性的伟大乌托邦一样，只是一种幻想。然而，与规范取向的宏大理论叙事所不同的是，审慎的国家治理会因时因地地调整道德和法律标准。

因此，在战略上恰当地评估什么东西构成国家利益，以及如何维持这种国家利益，就成为保护国家的首要问题。在一个国家、准国家（para-states）和失败国家共存的失序世界里，基于抽象的“国际共同体”原则试图发展出普适性指导规范的做法，不可能实现它所设想的一致性，更不用说秩序了。相反，国际政治外交要求对历史、文化和以往的先例进行审慎的评估。到最后，就像费舍尔说的“我们充满变动和困扰的麻烦世界”只是一个不确定和危险的世界。在这样一个危险的世界中，抽象、规范取向的理论建构除了给我们一个宏大的幻象之外不能提供任何东西。因此，现代西方外交与其在这方面表现不佳，还不如重温现代早期政治思想家们在欧洲治国理政的历史上所形成的历史洞见。先贤们对于他们所看到的不完美的世界，建立了一整套思想和知识体系。他们所看到的现实不是别的，正是世界的复杂和偶然性（contingent）。实际上，正是偶然性统治着他们的世界。在这方面我们可以证明，今天的世界依然如此。在世界体系当中，偶然性代表了唯一真实和永恒的规范。

原文标题：Return to Reason: Reviving Political Realism in Western Foreign Policy

美国世纪终结了吗?

选自美国《政治学季刊》2015年秋季号
约瑟夫·奈(Joseph S. Nye)
张建中/译

美国世纪终结了吗?好像许多人认为是这样。最近几年的民意调查显示,在22个被调查的国家中,其中有15个国家的绝大部分受访者认为,中国即将代替美国,或者已经代替美国,成为世界头号强国。在2014年,美国皮尤(Pew)中心的一项民意调查显示,只有28%的美国人认为,美国能够"超越所有其他国家",而在2011年的民意调查中,有38%的人持这一观点。不过,也许是吧,正如马克·吐温(Mark Twain)早年的一句嘲讽名言所说,"对于我死亡的报道,可能已经被过分夸大了"。

在18世纪美国独立之后,英国政治家霍勒斯·沃波尔(Horace Walpole)曾经哀叹,英国已经下降到了撒丁岛的水平。而事实上,英国由于工业革命带来的变革,即将开创它作为一个全球大国的第二个世纪。在20世纪80年代中期,美国麻省理工学院的一位经济学家曾问道,如果大英帝国再持续两个世纪,为什么"经过50年后,我们在全球的地位还会下降?"在苏联解体前夕,美国成为世界上唯一的超级大国,许多畅销书将美国面对的情势,与菲利普二世时期西班牙的衰落相提并论。在一个单极世界中,美国变成唯一的超级大国之后,一位重要的政治学家就预言,美国很快就会走到尽头。由于有这样一些警世的例子,当我们试图回答文章题目提出的问题时,谨记的一点就是,我们要更加谦虚。

一、美国世纪始于何时?

首先，我们需要清楚地了解，我们所说的“美国世纪”（the American century）究竟意味着什么，美国世纪又是从何时开始的。美国世纪开始的时期，可能是在19世纪末，当时美国已经成为世界上最大的工业国。在20世纪初，美国的经济总量已经占据全球经济的1/4，在第二次世界大战前夕，美国依然保持这一优势。因为第二次世界大战在摧毁世界上其他国家经济的同时，反而增强了美国的经济，在战后初期，美国的经济几乎要占到全球经济的一半。之后，随着其他国家经济体的恢复与增长，在世界经济发展过程中，美国所占的不太正常的份额，退回到了战前水平。不过，美国还是占到大约全球经济的1/4，这种情况的部分原因也是美国政策的结果。但是这种“回到正常”的结果，意味着从1945年至1970年，在世界经济发展过程中，美国的份额不断减少，结果导致人们认为美国正在衰落。

如果我们按照一个国家成为世界上最大的经济体来进行定义的话，那么美国世纪的出现，刚好是在20世纪，并且在20世纪中期达到其发展的顶峰，在接下来的几十年内，美国世纪将逐渐终结，一些分析专家预计，中国最终会超过美国，成为世界上最大的经济体。使用调整后的所谓“购买力平价”来计算，世界银行的一个部门认为，中国的国内生产总值（GDP）已经超过了美国。其他以货币汇率预测衡量经济发展的指标也表明，在10年之内，中国将成为世界上最大的经济体。这是否意味着我们即将要看到美国世纪的终结?

其实并非如此。权力是能够影响别人，达到你想要结果的一种能力（ability），通常行使权力的方式有三种：通过强迫（即“大棒”，sticks）；通过收买（即“胡萝卜”，carrots）；通过吸引或劝服。“大棒”与“胡萝卜”就是通常我们所说的“硬权力”（hard power），吸引和劝服通常我们称之为“软权力”（soft power）。权力的所有这些维度都非常重要，这就是为什么不能单单利用一个经济权力维度来定义美国世纪。比如，在19世纪末，当美国成为世界上最大的经济体时，美国并不是全球权力平衡的一个主要国家，直到西奥多·罗斯福（Theodore Roosevelt）和伍德罗·威尔逊（Woodrow Wilson）两位总统将美国一部分经济权力资源投入军事资源上时，美国在国际社会的地位才有所变化。此外，即使当一个国家拥有了主要的权力资源时，它的权力转换能力也许会很差，就像美国在20世纪30年代所表现的那样，当时美国已经是世界上最大的经济体，但它却奉行了孤立政策。因此，当中国的经济总体规模超过美国时，并不见得我们就会自动目睹美国世纪的终结，如果我们考虑到权力的三个维度（经济权力、军事权力和软权力）时，情况确实并非如此（此外，正如我们在后文所看到的，国内生产总值的总体规模，也只是经济权力的一个方面而已）。

一个更为有用的定义和确定美国世纪开始的办法，并不仅仅是依据权力资源，而是要依据美国利用这些资源影响全球权力平衡的方式。在19世纪，美国利用它的经济权力与世界其他国家进行贸易往来，但是在全球权力平衡方面，美国只是一个小角色。美国遵循了乔治·华盛顿（George Washington）的建议，尽量避免陷入与其他国家结盟的困境，以及后来出现的“门罗主义”（Monroe Doctrine），让美国更加关注西半球，这些政策让美国在全球权力平衡方面，只起到有限的作用。当时，美国也没有保留大量的常备军，直到19世纪80年代，美国海军的规模还不如智利海军规模庞大。美国并不是回避军事力量（这一点，墨西哥和其他美洲土著国家均能够证明），但是孤立主义表达了美国对欧洲列强的态度。在1898年，短暂的美西战争（Spanish—American War）结束之后，美国从衰落的西班牙手中接管该国的海外殖民地：古巴、波多黎各和菲律宾，因此，美国正式成为一个全球性帝国主义国家的时间是短暂的。不过，尽管西奥多·罗斯福总统已经组建了美国海军，并且开始涉入全球外交，但是美国外交政策依然主要关注的是西半球。

美国出现的一个巨大变化，是在加入第一次世界大战之后。正如米歇尔·林德（Michael Lind）最近指出：

> 在1914年，美国世纪开始了。而在这一年（2014年），美国世纪结束了。美国的外交政策处于崩溃状态中，美国的经济也不能很好地运作，而且美国的民主制度也正在溃败。以往其他一些国家把美国看作一个成功的典范：审慎的外交政策、民主的资本主义和自由民主制度，而这样的日子可能已经一去不复返了。美国世纪，1914—2014。安息吧。

抛开这段话中一些夸张的言辞不说，1917年，伍德罗·威尔逊总统确实打破了传统，第一次将美国军队派往欧洲作战。此外，他还建议成立一个国际联盟，在全球范围内组织保障集体安全。之后，美国参议院否决了美国成为国际联盟成员国的这一建议，派往欧洲的部队也开始撤回美国，美国“再次回归常态”。尽管美国现在是全球权力平衡中的一个主要力量，在20世纪30年代，美国仍然在执行致命的孤立主义政策。因此，将美国世纪开始的时期确定为在富兰克林·罗斯福（Franklin D. Roosevelt）总统领导下加入第二次世界大战的时间，可能更为精确。正是在“二战”这样一种背景之下，美国开始抵制孤立主义，美国人民也开始督促美国参战。1941年2月，中国传教士夫妇的儿子亨利·卢斯（Henry Luce），在他创办的《生活》（*Life*）杂志上，发表了著名的社论《美国世纪》（*the American Century*）。

同样重要的是，“二战”之后，杜鲁门总统决定美国将永久性地保留海外驻军。1947年，由于当时的英国太过衰弱，以至于不足以支持希腊和土耳其，结果就是美国取代了它的位置。1948年，美国为“马歇尔计划”（Marshall Plan）注入大量资金，1949年创建“北约”（NATO），并且在1950年领导了“联合国”发动的朝鲜战争。美国采取的这一系列行动，都是其遏制战略的一部分。正如美国外交官乔治·凯南（George Kennan）和其他一些人所看到的，在第二次世界大战之后，全球的工业生产能力主要集中在五个地区：美国、苏联、英国、欧洲和日本。出于自身利益的考虑，美国与其中的三个结成联盟，并以此来遏制苏联力量的增长。直到今天，美国仍然保留着在欧洲、日本、韩国以及其他地方的驻军。

1945—1991年，全球力量的平衡一般被表述为两极，主要是美国和苏联两个超级大国在世界上展开竞争。美国和苏联在权力资源和联盟影响范围方面并不平衡，因此，它们开始在非联盟国家中展开竞争，并以此来寻找优势。这两个超级大国还展开了核军备竞赛，以此来平衡双方的权力资源。但是，在1989年，柏林墙倒塌之后，以及之后1991年，苏联解体之后，美国成为世界上唯一的超级大国。

尽管这个术语并不可取，一些国际关系理论家还是将目前的世界格局称为“单极”世界。一些人也许会认为，1991年是第三个“美国世纪”可能开始的时期，当时美国是世界上唯一能够在全球范围内投射军事力量的国家。美国的海军规模相当于排名在它之后的17个国家的海军规模的总和，美国军队在空中占有绝对优势，在外太空探索和网络空间，美国也占有绝对优势，此外，美国的军费预算约占全球军费预算的一半。在这样一种情况下，其他国家要形成联盟来制衡美国的军事力量，就变得异常困难了。

二、美国霸权的神话

在现代历史上，没有哪一个国家像现在的美国这样，拥有绝对的军事优势。一些分析专家将这种优势称为美国“霸权”，并与19世纪的英国霸权相比较。我们常常听到这样的说法，美国“似乎在追随过去全球霸主大英帝国的脚步”。通过历史类比来分析问题，会比较受欢迎，但是有时会产生误导。

在所谓的不列颠治世（Pax Britannica）时期，英国也像现在的美国占尽优势。英国的政策是，维持相当于两支舰队合并的海军力量，此外，英国还拥有“日不落帝国”的称号，并且统治着全球1/4的人口。不过，在相对的权力资源方面，大英帝国与当代美国仍然有非常大的不同。到第一次世界大战爆发时，以军队人数来衡量，英国仅位列第四大国，其国内生产总值也位列全球第四，军费开支位列全球第三。英国的防务成本平均占国内生产总值的2.5%—3.4%，英国统治的绝大多数地区，是由当地军队来管辖。在第一次世界大战期间，英国拥有的军队人数为860万人，其中将近1/3的军队来自海外国家。但是，随着民族主义的崛起，越来越难以让英国代表帝国利益宣战，到第二次世界大战期间，保卫帝国变成了英国的一个负担，而不是一种资产。尽管涉及美帝国说法都是一些随意的谈论，不过，与英国相比，美国还是拥有更大的自由度。英国要面对两个强大邻国：德国和俄罗斯，而美国得益于两大洋的保护，当然，美国周围邻国的力量也不是很强大。

此外，“霸权”这个词以各种不同的方式被混乱使用。霸权意味着国与国之间到底有多大的不平衡，而且是什么类型的权力资源构成霸权，并没有达成一致。一些作者将“霸权”这个词与“帝国”互换使用，但是合法的帝国，并不是霸权的一个前提条件。其他一些作者，将霸权称为“组织国际体系”的能力，但他们也指出这种能力几乎不存在。还有其他一些作者将这个词理解为“首要”（primacy），或拥有最重要权力资源的同义词，并且指出19世纪的英国就是一个霸权国家。不过，即使在1870年，当英国的权力处于巅峰时期，英国的国内生产总值只位列全球第三（位于美国和俄罗斯之后），军费开支也只位列全球第三（位于俄罗斯和法国之后）。同样，在1945年之后，这些谈论美国霸权的人，并没有注意到，美国的军事力量被苏联制衡了40多年。在世界经济发展中，美国拥有非同一般的权力，但是美国的政治与军事行动被苏联限制了。

一些学者将1945年之后的这段时期，描述为美国领导的具有自由特征的等级秩序，在这个等级秩序中，一些弱小国家接近利用美国的权力资源，基本上被制度化了，同时美国还会提供一些公共物品，并让这些国家在一个松散的多边规则和机构体系中运作。正如约翰·伊肯伯里（John Ikenberry）所说："美国提供的全球服务——比如安全保护和支持公开市场——让其他国家更愿意与美国一起合作，而不是抵制美国一统天下。"一些分析专家也指出，即使美国的权力资源在衰落，这种情势对于这些国家也是有利的，因为它们能够从维持这种制度框架中获益。从这个意义上来讲，在权力资源方面，美国世纪（American century）可能比美国首要地位（American primacy）更长久。其他一些学者则认为，随着新兴大国的崛起，现在这种开放自由的制度秩序即将结束。

一些批评家指出，在论及美国霸权的神话方面，总是有许多不实之词混杂到真正的事实当中。从来就没有过一个真正的全球秩序，更多的是一些志趣相投的国家集中围绕在美国和西欧国家周围，这样一种国家联盟，对于非成员国家而言，并不总会带来良性影响。正如亨利·基辛格（Henry Kissinger）所言，全球性世界秩序，从来就没有真正存在过。因为世界上其他一些大国，比如像中国、印度、印度尼西亚，以及苏联集团（Soviet bloc），都算不上以美国为首的世界秩序成员，美国的世界秩序范围确实还占不到全球的一半国家。就全球军事力量平衡而言，美国并不处于霸权地位。经济方面，美国领导并创建了管理全球经济的自由制度和实践规则，但是这些制度规则只能对世界上大约一半的国家产生影响。因此，更为准确地讲，美国的霸权只可以被称为"部分霸权"。

挪威学者盖尔·伦德斯塔（Geir Lundestad）曾经将1945年之后美国主导的部分世界秩序划分为一个"受邀请的帝国"[empire by invitation，该理论认为西欧和日本之所以是美国的势力范围，美国是被这些国家邀请去的；而不是强加于人的帝国（empire by imposition）——译注］。美国的支持者认为，通过加强多边机构的运作，并允许其他国家接近其权力资源，美国在原则上合法化了自由秩序，而这一自由秩序可以让逐渐衰落的美国生存下来。那么中国、印度，以及巴西等其他新兴大国，能够被整合到美国主导的这一世界秩序中来吗？其中一些学者，像阿米塔夫·阿查亚（Amitav Acharya）并不这样认为，他预见出现的是一个基于地方主义和多元叙事的世界秩序。阿查亚提出了一个多剧场影剧院的隐喻来理解这一世界秩序，他指出在这个多剧场影剧院中，不只放映一部电影，在这个共同的建筑结构中，有许多平等的声音发出来，“因此，我们并不是渴望美国主导的自由霸权秩序，我们应该准备‘大胆地进入那些以前没有人探索过的领域’”。

三、部分霸权

正如我们所看到的，“霸权”这个术语是一个太不精确的概念，以至不能用它来定义“美国世纪”。有时它意味着拥有权力资源优势；有时它意味着是为其他国家制定规则的行为；有时它还意味着得到一个国家想要的结果。因为这个术语的模糊性，我们不能用它来确定美国世纪开始或终结的时间。诺姆·乔姆斯基（Noam Chomsky）甚至认为，“‘失去中国’是‘美国衰落’迈出的第一步，而这一步是最重要的一步”，或者正如许多人看到的，这也正是其他国家崛起的时刻。如果曾经存在一个美国霸权，那么时间可以追溯到1945—1970年，在1945年，当时美国的经济几乎占到世界经济的一半，而这正是第二次世界大战的一个结果，到1970年，美国占全球产品的份额，开始下降到“二战”之前全球产品份额的1/4。不过，在这段时间内，美国经常得不到它想要的结果——它眼睁睁地看着苏联获得了核武器；越南分裂为南越和北越；朝鲜战争陷入僵局；菲德尔·卡斯特罗（Fidel Castro）夺取了古巴政权等。因此，按照一个国家占有的所有这三种权力资源的不均衡份额，我并不愿意用“霸权”这个词，而更愿意使用“首要”或“优势”这两个词。

在1945年之后，美国在经济权力资源方面占有优势，但是在政治权力和军事权力方面，世界是两极的，而不是处于一种“霸权”秩序中，苏联平衡了美国的权力。直到在1991年，苏联崩溃之后，单极世界才出现。由于要成为一个提供公共产品的良性霸权国家，美国主导的世界秩序，的确为世界其他国家提供了安全与繁荣这类共享公共产品，但是这些公共产品是只针对成员国使用的俱乐部产品，而不是全球性的公共产品。为俱乐部成员国提供安全与繁荣所采取的措施，对于许多非俱乐部的成员国而言，像印度、印度尼西亚、刚果、伊朗、危地马拉，以及智利等其他国家，并不是良性的公共产品。由于霸权概念的这些模糊性，最好是将“美国世纪”定义为：自第二次世界大战爆发以来的这样一个时期，当时美国在经济权力资源方面，在全球占据首要地位（当然并没有完全控制全球经济权力资源），并且成为全球权力平衡的一个核心力量。因此，“美国世纪”——产生日期：1941年；终结日期：并不确定。

对于我们提出的问题，一个简短的回答是，我们并没有进入一个“后美国世界”（post—American world）。从这篇（或其他任何）文章中，我们并不会看到“未来”，这是因为未来有如此多可能性的依赖于不可预测的事件，而且当人们试图进一步看到未来时，这些不确定事件会起到非常重要的作用。因此，最重要的是，要确定一个时间范围。例如，如果“美国世纪”开始于1941年，那么到2041年，美国在权力资源方面，仍然还会占据首要地位吗，在不同国家的全球权力平衡之间，美国还会起到重要作用吗？我的猜测是肯定的。从这个意义上来讲，美国世纪并没有终结，但是由于跨国力量和非国家力量的出现，在一些重要方面，美国在全球的地位肯定会发生变化。

原文标题：Is the American Century Over?

尴尬的事实：
根本不存在基于规则的世界秩序

选自美国《国家利益》杂志 2016年8月28日
帕特里克·波特（Patrick Porter）
张关林/译

现在没有，将来也不会有，如果假设可能有，那是很危险的。

如果在对外事务的讨论中，有一个被不断提及的概念，这个概念就是“基于规则”的国际秩序。人人受到全球规则体系的约束这一观念（即国际法至上），是“英国国家安全战略”和“澳大利亚国防白皮书”的基本思想，也是美国“国家安全战略”的根本理念。联合国的建立，就是为了终结战乱渊薮，在原地竖起一套法治体系。这件事一直困难重重，尤其在目前日益多极化、争议更多的时代，更为困难，因为主权要求和人权要求频发冲突，观察家们担心，规则这个概念本身正在隐退。“基于规则”这个词已经成为无意义的口头禅，经常会脱口而出，好像不断念咒就能请出神灵似的。

有秩序显然比混乱要强。有规则和程序比任性滥用权力要好，即便道路很难监管，但国家制定大致的行道规则，总是件好事。问题不在于法律。问题在于守法，在于这样的追求：让正式规则来替代权力政治，取代任意判决，让规范和制度来取消政治本身。

如果严格守法，世界就应该严格根据法律行事，而执行法律就会使国家无法制定其对外政策。5年前，国外非政府组织就验证了这样的理念会走向哪里，那时该组织要求加拿大政府在美国总统小布什访问时将他逮捕，以调查小布什虐待战俘的罪行。加拿大出人意料地拒绝了这个要求，认为加拿大与这个超级大国的关系中还存在其他的重要利益。就像试图让世界浓缩成一个庞然大物的其他概念一样，守法理念的价值也是有限的。我们不可能拥有一个基于规则的世界秩序。的确，迷恋规则更是个问题。

"基于规则的国际秩序"是个令人着迷的词语。听起来是多么开明。它是一批国际主义律师、官员和评论家的通用语之一。它滚一下舌头的麻利劲，就像"全球治理""国际社会"这些高调词一样。它是研究生茶余饭后、请愿者慷慨陈词、新闻发布或辩论场所的定制词。这个概念也是对大国极有诱惑的武器，高举这个概念，大国行为就有了全球治安的崇高地位。但这个世界实际的决定是多么不可饶恕，使这个概念备受煎熬，只好自食其言。

联合国前秘书长安南（Kofi Annan）制定的、在伊拉克战争后不断重申的一种理论的核心，就是绝对坚持遵守规则。信奉基于规则的秩序的安南认为，联合国是使用武力"合法性的唯一授予者"。在对非法行为的指责集中在美国的布什政府身上的时候（美国没有获得安理会授权就入侵伊拉克，被视为践踏了广泛认可的规则，把一个已建成的法制秩序转变为无法的世界），安南的理论如日中天。在安南看来，伊拉克的教训是必须通过联合国一起合作。遗憾的是，后萨达姆时代的伊拉克所发生的许多暴力事件，是在联合国安理会2004年6月通过1546号决议之后，该决议一致同意多国部队继续留在那里。伊拉克的叛乱分子已经表明它们认为炸毁了在巴格达的联合国总部的"合法性唯一授予者"是什么玩意。联合国的权威其实并没有守法分子认为的那么重要，这难道没有可能吗？

不过，这个理念已经扩散，普遍认为军事行动只有联合国同意才是合法的。如果前后一致地应用这个理论的话，就会阻止那些在道义和战略上都正确的干预，如越南的干预，目的是终止柬埔寨的种族灭绝行为，坦桑尼亚的干预，目的是反对乌干达的阿明。社会主义知识分子诺姆·格拉斯（Norm Geras）在质疑守法主义的时候说到，既然人是很重要的，国际法就必须在"其他涉及生死的紧迫的道义考虑上"寻找机会。如果它能用于人权，为何不能用于国际安全，或者用于国际秩序本身上呢？

如今的叙利亚就引出了这个问题。英国前国际开发部长安德鲁·米歇尔（Andrew Mitchell）最近谴责俄罗斯—叙利亚轰炸阿勒颇城。他要求国际采取行动终止这种屠杀，他认为只有联合国才能“代表国际社会的权威”。米歇尔不承认俄罗斯是联合国常任理事国，因为它是可以使用否决权的参战一方。问题很明显：规则的一个仲裁人同时是不愿意采取行动反对自己的血腥的入侵者。事实上，米歇尔是在强调，要严格遵守会妨碍他所认为的具有道义紧迫性的干预的那种制度障碍。只要国际机构行使权力的动机与正义的军事行动之间没有交易就行。但愿我们两者皆得才好。

就在克里米亚入俄，乌克兰局势混乱不堪的时候，以极其和平主义的态度讨论国际“规则”的人，认为地缘政治的强取豪夺是一种历史现象，是在有法律约束的21世纪又回到了19世纪。

对规则遵守与共识的最近历史进行这种不顾历史的假设，反映了批评人士的某种莫名的惊讶。从历史角度看，这很正常。如果一个大国在众多民族主义者的压力下，不对显然已成主流的“基于规则”的秩序让步，说明这个秩序必定在一开始就是脆弱的、虚假的。

如果“基于规则”这种陈词滥调无伤大雅倒也罢了。但它并非没有害处，它有三个缺陷。

第一，它对“事情运行方式”的要求在过去和今天都是不合实际的。有些人怀念“二战”后美国遵循的基于规则的自由主义秩序，但与他们的愿望相反，从来也没有出现过遵守规则的黄金时代可供我们回归。正如斯蒂芬·华尔特（Stephen Walt）所说，“过去主要是我们编制规则，如果规则挡道，我们就扔掉或无视它们……存在着规则，但我们没有以此来界定系统。在开始的时候，如果主要国家在需要的时候可以无视规则，把系统界定为‘基于规则’就没有什么道理了”。美国不是一个置身事外的裁判。裁判不能推翻其他政府，谋杀他国统治者，或封锁其他国家。

无论过去还是现在，每个大国，包括安理会常任理事国，都偶尔会严重违反国际法，或拒绝国际法庭的裁决，甚至否认国际法庭的权威。雅克·希拉克（Jacques Chirac）时代的法国，就像格哈德·施罗德（Gerhard Schroeder）时代的德国一样，反对入侵伊拉克，理由是反对单边主义、尊崇安理会的权威。但法国自己却践踏了这个原则，1999年参加北约对塞尔维亚的未经授权的非法轰炸，以拯救科索沃的阿尔巴尼亚人免遭种族灭绝。正如美国一位鹰派所说，“如果真有过他们所说的那种国际秩序的话，也在1999年被欧洲破坏了”。

1985年，法国炸沉绿色和平的船只“彩虹勇士号”，法国同意就此事仲裁，结果却拒绝服从国际法院的判决。美国甚至不批准国际海洋法，却要求中国遵守该法。在20世纪80年代，尼加拉瓜成功地向国际法院状告美国在其港口采掘，华盛顿拒绝赔偿，拒绝承认国际法院的权威。美国驻联合国大使珍妮·柯克帕特里克（Jeane Kirkpatrick）的说法虽然具有煽动性，但却是符合实际的：她说，国际法院是个“半法律”机构，“各国有时接受，有时不接受”。

第二，“基于规则”的理想未来也不可能实现，这是由国际生活的可悲性所决定的。因为根本没有超然物外的不偏不倚的权威以一种没有利害关系的、一以贯之的方式来实施规则。可以有全球治理，但不可能出现全球政府，当国家受到一定程度的压力时，如果这个国家有能力，就会依靠自身的力量。

规则本身，就像标准一样，可能会自相矛盾。我们已经注意到有关事例：安理会的权威与反对针对平民的国际人道主义法就有冲突。请设想这样一种引起争议的说法：有时候国家的非法行为却是正义的。我们西欧各国时不时地违反国际法，但却是有充分理由的。虽然我们倾向于国际授权，但我们的紧迫利益有时会受到威胁，非常之紧迫，以至于我们不会让这些利益听任国际共识来摆布。的确，我们可以凭良心地说，世界秩序本身的福祉要求我们偶尔去打破规则。

强烈要求出现“基于规则的秩序”的奥巴马，却对伊斯兰极端主义者进行了法外的屠杀，并没有始终获得东道国或安理会的预先首肯，这样干既侵犯了主权，又践踏了正当程序。在理论上，他这么做是对的。美国公民无权移居到遥远的国度，无权在不受打扰的情况下敦促同胞去屠杀其他美国人。同样，来自其他国家的武装的伊斯兰极端主义者没有资格攻击美国公民。他们寻找避难的国家或者太弱，或者太不作为，没有逮捕他们。在这种情况下，美国把武装的敌人当作武装的敌人来对待，不依靠他人的允许，是合情合理的。不过，“基于规则”却成了橡皮筋。

这个问题到英国前首相卡梅隆那里，变得尖锐起来，他敦促中国要顺从“基于规则的世界”。而叙利亚使用化武对待平民激怒了卡梅隆，2013年秋，他找到了抛开正式规则的充分理由。为了惩罚和威慑未来的大规模杀伤性武器暴行，卡梅隆进行了惩罚性空袭，他的理由是，“如果我们认为只能有安理会一致通过的应对措施的话，那我们实际上就把我们的对外政策和我们的道义外包给了俄罗斯可能的一票否决。现在我认为这是极其错误的态度”。对于一个喋喋不休谈论法治的政府来说，规则和道义突然之间分道扬镳了，英国可以为了其他有价值的东西而抛弃规则。这个直白的理论并非孤立事件。如果我们不认为英美具有特权的话，既然大国可以有选择地拒绝服从安理会和国际法院，别国为什么不可以？大国可以调用规则，但如果任意调用的话，也就破坏了规则。这就是大国特权。这就是我们生活的世界。

第三，试图打造一个由国际权威执法的规则统一的世界，就会损害西方探索新路的能力。有些人认为，改善规则、改革制度就会很好地解决这个问题，但事实并非如此。这一问题十分棘手。世界是个悲剧场所，在那里并非所有好东西都会相互照应，也不会提供没有左右为难的明确性和一贯性。甚至做好事也需要与压制人民的政权达成妥协。请想想智利独裁者皮诺切特的著名案例，他于1999年在伦敦遭到软禁。英国前首相玛格丽特·撒切尔（Margaret Thatcher）坚决支持皮诺切特，受到广泛指责。批评撒切尔夫人的人没有注意到，1982年撒切尔夫人领导的英国重新从阿根廷手里夺回福克兰群岛时，依靠了智利的秘密支持，尤其是智利的远程雷达提供的阿根廷对英国特混舰队空袭的预警。有一天远程雷达因为维修而关闭，就有两艘英国运输船被阿根廷击沉。所以，在英国的胜利中，皮诺切特是帮了大忙的，而且是冒着很大的风险在帮忙。如果我们听从法律人士的告诫，致力于逮捕和审判压迫型政权的首脑的话，未来我们怎么有信心获得他们的帮助呢？

在战后的初期，汉斯·摩根索（Hans Morgenthau）发现了守法主义愿景，它从和平、法律与犯罪的绝对角度来构想世界。正如摩根索所指出的，“规则”和“秩序”是不同的相互排斥的概念，就像“非法的”和“不道德的”是不同概念一样。“规则”是指严格、不容商量和明确，授权一个凌驾一切的最高裁判来执行规则。而秩序却在没有裁判的情况下依靠妥协、协商和平衡。在一个非常混乱、规则本身相互矛盾的世界中，这些因素有许多需要硬性的价值判断。

我自己的体会是，政府官员都私底下认为他们的主导概念是一个不真实的伪概念。不过他们都认为这还是值得追求的。但追求不可能的事情是否明智呢？假装认为这个世界不是它明显显示的那个样子，是毫无意义的。我们的决策者不要满怀希望地去祈求一个虚假的秩序，这个秩序甚至我们自己的国家在关键时刻也要拒绝的。他们应该思考如何谈判出一个粗糙一点的世界，拟定出他们愿意作出的妥协、愿意容忍的违规，谈出必须有弹性的一些原则。如果说有一条道能通向和平的话，这条道不可能是竞相援引规则之道，也不可能是把对外政策律师化之道。两者都不可能解决权力与秩序的内在矛盾。取而代之的也不一定是“纯粹的无政府状态”。如果可以打造出一个行得通的世界秩序的话，那主要是那些不局限于阅读国际文件的外交家们搞出来的。这个秩序将依靠妥协、调整和相互让步，依靠得到威慑和物质力量支持的不断协商的世界。这个世界也许不很诱人。但至少它是行得通的实在的世界，在这个世界中，深思熟虑的审慎外交有时能取得成功。这也是我们能拥有的唯一的世界。需要反复重申这个意思是很可悲的，不过什么都要显然是不可能的。

原文标题：Sorry, Folks. There is No Rules—Based World Order

战略相关线路图：欧盟在东南亚的安全政策选择

节选自《英国国际战略研究所报告》2016年

萨拉·雷恩（Sarah Raine）

游　忆/译

一、行 动 纲 要

亚洲的战略意义虽然不是欧洲防务和安全实质思维的首要关注，但仍是核心元素。近几年来，欧洲大力加强和亚洲关系的质量和宽度，有意整合防务和安全问题，同时投资于区域合作伙伴，例如东盟。

然而，欧洲对自己在东南亚安全问题上扮演的角色的看法和该区域内的看法大有出入。这影响到欧洲的战略关联和认知，还妨碍了欧洲加入该区域两大重要战略论坛：东亚峰会（EAS）和东盟防长扩大会（ADMM–Plus）。

在这个拥有东盟潜在合作伙伴的市场，本文为欧盟提供一个行动纲要，试图缩小看法上的差距，加强和该区域的战略关联性，并对原有的观点提出挑战。因此本文从欧盟如何更好地发挥当前力量的角度提供了一个新的政治建议，此外还阐释了欧盟加入东盟各种扩大会议的目的和前景。

二、在当前能力范围内工作

欧盟的角色在东南亚安全问题上可能没有它想象中那么薄弱，因为该组织在该区域已经资助了大量活动。2012年，东盟—欧盟行动计划列出22个项目进行政治和安全单独合作。因此，没必要寻求更多的活动，而应该提高活动的针对性。举办的活动能够反过来被该区域的合作伙伴更加有效地推广和看作可持续的。

（一）目标

基于目前广泛的基础，欧盟要加入东盟安全事务，需要从举行研讨会发展到有针对性的活动。欧盟应该冷静思考资助活动的优先顺序。这些活动要么能够在操作细节上传递有效结果，例如为东盟安全作出实质贡献并以此建立机构来证明欧盟的作为；要么就通过获得高级决策者的关注，尤其是东亚峰会成员国，将目标锁定为更具战略性的层次。有一种方法可以将这两件事情结合起来，那就是东盟区域内和其他东亚峰会的非东盟成员合作进行更多联合活动。日本就是一个明显的合作伙伴，澳大利亚也是。为此，欧盟需要就这些内容进行多项对话：话题包括双方与该区域的关系，以及和其他人联合还是加入该区域。

（二）推广

虽然有效开展有针对性的活动有其影响力，本文仍要就提高正在进行的活动的可视性提出几个建议。

其一，严格限制欧盟参与到当地的旗舰项目的数量，目的在于吸引东盟国家的注意力，以及使欧盟各种“一揽子创新”活动获得更多当地关注点不在欧盟的观察者参与进来，增进对欧盟的了解。

其二，想要提高欧盟的防务和安全地位，就要提高可信度，充分利用可能的和合适的统一对话人，其中包括欧盟军事部队（EUMS）和欧盟军事委员会（EU Military Committee）。旨在介绍欧盟与东盟地区论坛（ARF）安全与防务政策的共同点，并加以推广，现在看起来接受度良好。也许在这方面可以做得更多，例如发展一个“参与者网络”以及几年后在东南亚举行后续的活动——名义上是举行欧盟最新的共同安全与防务政策活动，实际上是推广欧盟的贡献和培养在当地的网络。

欧盟也可以考虑在中国南海积极树立一个不针对所有国家、但针对相关方，并对亚洲不带硬实力目的的形象。对此本文提出了一个四点政策，其中就包括支持实时公开海上军事行动记录，将其作为“点名批评”策略的延伸，为违反《南海各方行为宣言》的国家增加声誉成本。

（三）持续

欧盟要维持并强化对东南亚的承诺，塑造可信赖的形象，否则对于东南亚

图1 欧盟成员国

来说，欧盟只是一个虚弱的力量。欧盟需要说服东盟国家，它在保证欧盟成功实施“没有中国就没有贸易”议程中具有重要影响。例如，欧盟想要以一种富有想象力的方式缓解其自认为已陷入的矛盾，也就是被要求不通过参与讨论这些议题的重要论坛（例如，东亚峰会和东盟防长扩大会），作更多努力表现它在和平与安全议题上的实用性。该矛盾更加突出了欧盟的看法，东盟国家不重视东盟地区论坛，这是一个欧盟已经加入了的以东盟为中心的地区论坛。本文对欧盟想要加入东亚峰会和东盟防长扩大会的目的正确性不做评价，但是本文阐述了欧盟想成为该地区合作伙伴的目标需要解决的问题。增加流动性和想象力可以缓解紧张局势。东盟防长扩大会是否邀请欧盟参与其下一次灾难人道主义援助（HADR）行动，认可欧盟在该领域的利益和能力？欧盟加入东盟峰会的敏感性能否解决？

三、与东盟中心机构合作

东盟、欧盟互动对于执行许多东盟地区论坛通过的原则和计划有可能会形成焦点。东盟—欧盟关系比起欧盟参与到该地区的形式，应该主次分明，集中在传递结果和推广实用合作。以这种形式，大量有针对性的行动可以形成有力的证据，证明欧盟对该地区具有战略上的实用性（或没有）。

另一方面,东盟注意力放在其他地方时,欧盟为东盟地区论坛所带来的活力是有限的。加入论坛的策略包括尽可能地邀请国防官员参与东盟地区论坛相关活动,并建立核心力量。建立核心力量涉及加强东盟秘书处的联系,通过侧重安全相关能力的项目及支持东盟地区论坛、东盟防长扩大会和东亚峰会的协调工作,尤其是在具有共同需求方面,例如人道主义援救和赈灾行动。由于东盟地区论坛依然是亚太人道主义援救和赈灾行动的最高平台,欧盟能否提出共同主持一次东盟赈灾行动?

即使本文讨论到的比起在东亚峰会讨论的看起来政治性不足,加入东盟防长扩大会仍然面临巨大挑战。欧盟将会更好地在语言上展现其参与到防务和安全中,反映三个东盟防长扩大会准入标准。欧盟还应坦承加入大会的目的。虽然欧盟可能认为申请观察国席位不能够充分体现自己的地位和贡献,但是欧盟明确加入亚洲最大战略论坛的讨论过程的目的仍然是有道理的。

东亚峰会扩大议程看起来有理有据,相对应的是欧盟的能力和利益,这一点不只体现在联结性和教育上。虽然亚洲国家有时的一些反对声音更像是条件反射而不是经过深思熟虑的,但是在欧盟申请加入过程中双边外交摩擦会影响到东盟—欧盟关系的其他积极方面。

总体来说,欧盟应该认清和东盟政府间的关系本质,有意识地和成员国个体培养有效的亲密关系,这对形成有效的多边合作既是一个跳板也是一个安全网络。

四、新的政治提议

本文为促进欧盟在实质上和概念上加入东南亚安全事务给出一系列建议。本文呼吁任命统一安全联络官作为欧盟的代表团,对接该区域,甚至整个东盟。如果不能在欧盟军事部队内部找到合适人选,那么退而求其次,可以从支援成员国中选择。二者选其一,欧盟联络官可以进入当地关键战略中心,例如,位于雅加达的东盟灾难管理人道主义援助协调中心(AHA Centre),或位于新加坡的樟宜灾难人道主义援助协调中心(the Changi Regional HADR Coordination Centre)。

根据有限地区基于三个关键选择标准,本文为欧盟的加入提出三个建议。

海事安全、反击暴力极端主义（CVE）和灾难人道主义援助都是欧盟的重要利益和专长，而这是欧盟成为当地和大西洋的重要搭档的标志性事件。因此应该考虑进一步扩大这些方面的行动。

本文其他提议包含有明确欧洲周边武器销售的战略政策，更有创造力地参与区域行动以及推广军事行动，例如举行（欧盟可能是作为中间人）欧洲和东南亚海军部长会议。我们提议更多地使用“2+2”形式，促使国防利益与欧盟实施的国际安全政策及其成员国联系起来。在培训条款方面，我们提议增加欧盟和成员国之间深刻的联系，例如通过配合后续活动或讨论将一次性接触转变为动态网络。

我们还应该大胆明确地表明欧盟作为公民社会对长期和平与安全作出贡献的信念。在这一部分，欧盟外长或国家领导人承诺，如果对东南亚当地访问超过一天，访问的第一天将会与非政府组织（NGO）或其他公民社会参与人会面，以此作为对欧盟奉行的价值观的可见支持。根据当地政府和东道主的利益，这样的会面可能会采取多种形式。此外，该承诺更大程度上对目前正在进行的行动会引发巨大战略影响。

五、识别约束

本文着重描述欧盟对东南亚安全问题的积极贡献。欧盟的加入面临的限制和风险也需要了解。本文主要提出四个风险，包括欧盟实质上加入国防和安全事务要面临的外部困难，还有欧盟加入该区域涉及的和威权政府合作关系所要面临的挑战。欧盟已经开始与缅甸合作，由于缅甸在当地所扮演的角色，欧盟的行动也承担了一定程度上潜在的声誉风险。而中国对欧盟加入该区域的态度也被认为是开展此类活动的一个重要的环境因素。

六、结　　论

最后，可供选择的政策其实有很多，大部分正在实施，本文提议增加参与度。所有这些活动都有利于欧盟战略相关路线；无论加入什么区域，这些项目和提议形成的不同效果的差异都不及保证其大量实施和遵守更为重要。这方面的行动记录将会形成自己的战略杠杆。面对不同的合作伙伴，欧盟在亚洲的战略加盟以及被亚洲所认可，都取决于欧洲在创造参与活动方面有多大的政治意愿和毅力。

原文标题：EU—Southeast Asia Report 2016

美国所领导的全球秩序是否正在瓦解？

选自《美国国际战略研究中心报告》2016年12月15日

迈克尔·乔纳森·格林（Michael J. Green）

訾若勍/译

在最近的一次谈话中，美国国家情报局局长詹姆斯·克莱普（James Clapper）对众多政策和情报专业人士说，在他从事情报工作的53年里，当前国际安全环境所面临的是“最复杂和最多样化的全球威胁”。美国所取得的胜利似乎举步维艰、屈指可数，且往往十分短暂。与此同时，全球化引发了气候变化和流行病，单个政府的力量是无法控制的。正当世界领先的民主国家应该团结一致迎接新挑战的时候，不平等现象日益突出，社会福利回报逐渐减少，人们依旧对国内机构怨声载道，新一轮的本土主义和民粹主义浪潮束缚住了这些国家的手脚。

在这个更具挑战性的环境之下，当前美国所领导的全球秩序是否岌岌可危？在过去的70年里，美国利用美国人民的潜能和意志力，奠定了国际的繁荣与稳定，全球双边和多边联盟网络不断发展，人权自由的逐渐延伸，以及激励了新兴国家贸易增长和一体化的全球体制结构。正如普林斯顿的约翰·伊肯伯里（John Ikenberry）所指出的那样，美国是“自由主义的利维坦”，它通过共享领导力而保持领导地位——即使美国在全球的GDP份额已从第二次世界大战后的50%下滑到越南战争后的25%，再到今天的23%［利维坦（leviathan）是希伯来《圣经》中的一种海中怪物，形象原型可能来自鲸和鳄鱼。“利维坦”在希伯来语中有着“扭曲”“漩涡”的含义——译注］。

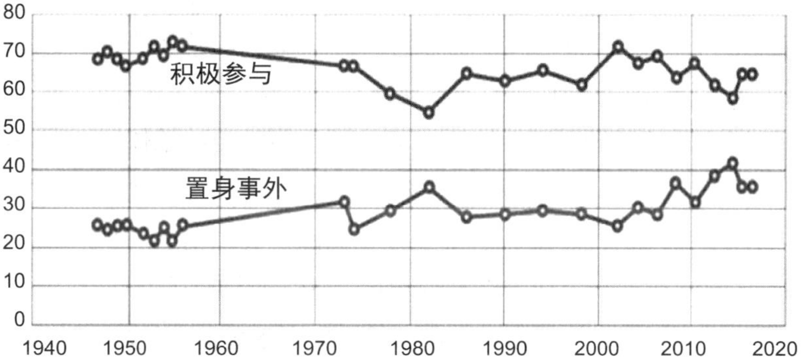

图1　美国应该积极参与全球事务还是置身事外?

在美国所领导的全球秩序中,美国人民的潜能和意志力仍然是最为重要的部分。世界各地的投票表明,包括日本和澳大利亚在内的美国最为亲密的盟友,都感觉到了美国的衰退。对亚洲进行"再平衡"所取得的进展也正在被菲律宾、泰国和马来西亚等国最近的对冲和倒戈所抵消。在这些国家中,其国内的民粹主义和民族主义发挥了一定的作用,同样动摇它们的还有美国对中国南海采取高压政策的迟缓态度,以及两位总统候选人对《跨太平洋伙伴关系协定》(TPP)的突然反对,特别是一名候选人对盟国的直接攻击。当选总统特朗普的这些攻击仅仅是竞选修辞、打造影响力的尝试,还是真实地反映了其对当前联盟体系的漠视,仍然有待观察。

然而,有几个令人信服的理由可以说明为什么美国的领导地位实际上比其国内外所弥漫的报道更具弹性。首先是经济。2001年,高盛集团(Goldman Sachs)发布了第一份"金砖国家"(BRICS)报告,认为在未来几十年,巴西、俄罗斯、印度、中国和南非将主导全球的增长和投资。2008年全球金融危机爆发以后,这一预测似乎可能会加速实现,但是在2015年,高盛停止了"金砖国家"投资基金,因为美国仍然在全球外国直接投资上占据主导地位,美国的创新水平无可匹敌,并且能够在能源上自给自足,而彼时的金砖国家正在同腐败、能源价格偏高和创新遭到扼杀做斗争。

当然,国际投资者对美国经济的信心与美国公众并不一致,美国公众感觉收入分配的差距越来越大,2/3的民众认为,国家正在朝着一个错误的方向行进。然而,相比当前的政治周期,美国人民的国际主义显现出了更强的弹性。最近的民意调查显示，大多数美国人仍支持自由贸易，贸易相关主要利益集团的强硬态度很可能增强了人们在2016年总统大选时对《跨太平洋伙伴关系协定》的反对，但是这未必就说明国民对国际经济参与持有更大程度或不可逆转的反对态度。与此同时，当选总统特朗普对美国盟国的批评可能是对政治体制大为不满的一种衍生。许多民众并不希望与那些正身处战争前线的历史上的民主盟友并肩站立，但是特朗普的表达并不能代表那些迅速高涨的民众情绪。越来越多的美国人认为，倘若日本或韩国受到了攻击，美国应该选择保护它们。只有大约半数的美国人对北大西洋公约组织（NATO）持有积极的态度，然而这一数值从冷战结束一直维持到了现在。

与此同时，美国联盟虽然受到了其国内本土主义和民粹主义政治，以及美国对中国南海、波斯湾和中欧态度不明确的严重影响，但是整体趋势在很大程度上仍然是积极的。在美国主要的条约合作伙伴（甚至包括菲律宾）之中，公众对联盟的支持程度普遍很高，同时，大多数重要的安全关系也正变得更加紧密，彼此合作程度更强。为加强与美国军队的"无缝" 行动，日本修改了《宪法》第九条中的解释；韩国推迟收回战时指挥权，侧重于更有效的联合计划，以应对朝鲜的进一步行动。尽管迟疑了一段时间，当前北约正加强其在波罗的海和波兰东部的军事力量，以对抗越发独断的俄罗斯。美国也正在与印度进行更深层次的国防合作，20世纪50年代在东亚建立起来的双边联盟体系日益网络化，同时，日本、韩国、澳大利亚、印度等国也在深化各自的双边和三边安全合作。

美国盟国越发担心诸如俄罗斯等区域竞争对手采用高压政治的手段来改变现状，因此结成了这些日益网络化、互操作化和一体化的联盟。问题是，加强安全联盟和伙伴关系是否足够。可以说，联盟同军事能力总支出一样，是威慑手段的重要组成。但是，北约28个国家中只有5个达到了联盟所约定的国防占国内生产总值的2%。虽然日本近年来增加了国防开支，但仍不足其国内生产总值的1%。自2011年以来，中国和俄罗斯的国防开支增加了约30%，而美国已将国防开支削减了约1/5 。相比任何潜在的区域对手，美国及其盟国仍然具有显著的质量优势，但是随着这些区域竞争对手在前沿基地、空间和网络方面的不对称作战能力上展示了更为出色的表现，并且其在对灰色地带的意志力考验上的风险承受能力比美国及其盟友更强，因此美国及其盟国不再拥有绝对性的优势。另外一个挑战来自朝鲜的核发展，这威胁了战争以外军事挑衅下美方扩大威慑的可信度及其危机应对的敏捷度。

然而，需要重申的是，在这些越发自信的区域参与者之中，没有任何一个国家渴望或者是有能力雄踞全球的领导地位，甚至在大多数的情况下，它们都不是区域的领导。俄罗斯是一个正处于衰退状态的大国，利用西方联盟的裂缝和自己在网络和辅助军事上的非对称作战能力，俄罗斯在西方政治体系内制造一定的混乱，防止原苏联国家巩固它们与北约的安全和经济关系。同所有崛起中的大国一样，中国搭乘美国全球领导地位的便车。与俄罗斯不同，中国在当前国际经济秩序中占有重要席位，并且直接对抗美国的欲望也是有限的。伊朗仍然属于革命政权，伊朗历来怀揣收复失地的抱负，并且鉴于海湾国家内什叶派人群的不满，伊朗仍然具有破坏海湾国家和睦的可能性。伊朗所构成的威胁越发强烈，除了最近的核协议以外，伊朗正逐渐打破同该地区昔日对手之间的壁垒，包括海湾国家和以色列。事实上，所有这些都将面临更多制衡，甚至是新的集体安全部署的风险。最后，朝鲜的核武器虽然构成了显要的威胁，但朝鲜完完全全侧重于政权的生存，几乎没有影响东北亚未来的能力。

更宽泛地说，西半球可能除了巴西（不太可能会实现）以外并没有重大的霸权主义野心国家，虽然该地区仍然有一些国家民主治理不善，但是普遍来看，与过去截然不同的是，该地区创造了稳健的安全和繁荣。总的来说，法里德・扎卡瑞亚（Fareed Zakaria）关于美国将受益于“其他国家兴起”的假设仍然是可行的。

然而，由于许多国家的国防开支不断增多，不对称作战能力以及应对来自亚洲、欧洲和海湾地区潜在区域挑战者的风险承受能力不断增强，美国的全球领导地位也更加不确定。在这些地区中，没有一个盟国强化其应对强制性行动的措施，也没有主要的盟国认为美国对威慑自己的邻国足够重视。然而，这些地区力量都只是在表面上进行彼此合作，因为它们都从彼此身上看到了潜存的威胁：伊朗支持伊斯兰革命可能破坏周边国家伊斯兰少数民族的稳定；中国的经济增长可能对俄罗斯远东地区造成影响；俄罗斯与美国的意识形态战争可能使中国陷入不必要的冲突；只有伊朗从朝鲜核武器扩散上看到了好处。世界领先的民主国家没有认识到这种共同面临的威胁。问题是，在华盛顿、伦敦或柏林，不再有统一的地缘政治概念来划定“西方”。民主国家处理区域新兴的力量仍然小于各部分的总和。例如，针对中国在东亚问题上的角色，欧洲避免做出正面积极的回应，从而动摇了美国在太平洋地区的盟友，与此同时，日本为讨好俄罗斯、抗衡中国而进行雄心勃勃的游说，这可能会损害跨大西洋联盟的战略。

该问题的一个方面是各区域民主规范和法治的日益扩展，同时这也备受争议。冷战结束之前和之后的几年里，民主型政府在东亚和东欧浮现——从韩国和印度尼西亚到波兰和乌克兰。现今，在亚洲所进行的民意调查表明，人们更认可民主规范和法治。然而，在俄罗斯、土耳其、匈牙利、柬埔寨、泰国、菲律宾以及许多其他国家，威权主义正在回归。它们绘制的基本蓝图已被成功使用。与此同时，自2009年以来，美国和欧洲在对国外治理和民主的支持上，支出有所下降。而民意调查表明，在同一时期内，美国人淡化了对民主的支持，不再将其作为外交政策的优先事项。在2014年对精英观点的调查中，美国国际战略研究中心（CSIS）发现，在亚洲民主促进上，尽管该地区其他地方对这些目标的支持有所增强，但美国专家对其仍持较强烈的怀疑态度。这些趋势可能反映了美国对国内民主化进程的挫败以及中东战争的影响，同时印证了美国和欧洲领导人对民主规范重视程度的减弱。

战后时期，布雷顿森林体系（Bretton Woods System）以及后来的欧盟、五国集团（G5）和七国集团（G7）加强了对社会和经济开放的支持。随着金砖国家的兴起、2008年金融危机的爆发，尤其是二十国集团（G20）的建立，这种体制结构必须随之进行自我扩充和“民主化”。在金融危机期间，二十国集团在重建反贸易保护主义国际共识方面发挥了关键性的作用，但是同时也证明，由于该集团成员过多，意识形态太过多样化，其无法像七国集团那样制订一个积极的全球经济议程。在欧洲，欧盟似乎已经准备就绪，意欲建立一个完整而自由的欧洲，但是英国脱欧说明，在欧洲包括欧洲大陆内作出尝试缺乏民意基础。民意调查显示，在欧洲大陆内进行英国式的全民投票也可能导致“退出”的结果。虽然亚洲的野心没那么强烈，但是由于政治多样性和早期地缘政治对手的回归，亚洲战后制度趋严，收益递减。美国国际战略研究中心2009年在亚洲进行的精英调查发现，人们对该地区多边会议［东盟地区论坛（ARF）、亚太经合组织（APEC）、东亚峰会（EAS）等］能否在实际危机中发挥效用几乎不抱希望。2014年的后续调查表明，对该地区多边主义发展的消极态度日益增长。2016年7月的时候，欧盟和东盟（ASEAN）同时暴露了它们的弱点。令人不安的是，这一致命弱点可能削弱这两个区域组织对抗新兴大国行为的能力。同时，正在涌现的新机构似乎对现有的多边组织提出了挑战。中国2014年宣布筹建的亚洲基础设施投资银行

(AIIB)就是这样一个例子。

然而,现有国际和区域机构的新兴大国所带来的挑战不应被夸大。中国或俄罗斯或许能够通过拉拢单个国家来延缓欧盟或东盟的地缘政治行动,但一直以来,地缘政治行动首先更多地依赖于北约或美国在亚洲的联盟体系。此外,欧盟和东盟(在较小程度上)继续设置进入欧洲和亚洲区域主义的条件,以便将潜在的修正主义国家排除在外。此外,在欧洲没有一个机构能够取代欧盟的地位。在亚洲,区域全面经济伙伴关系(RCEP)是最接近于不包含美国的区域组织,但区域全面经济伙伴关系包括美国的盟国,如日本、韩国和澳大利亚,并且在规则制定和自由化方面仍远远落后于跨太平洋伙伴关系(TPP)的进程。事实上,区域全面经济伙伴关系和跨太平洋伙伴关系均被美国和中国理解为为了2007年亚太经合组织所商定的更广泛的包容一体化努力。同样,中国的亚投行可能同世界银行或亚洲开发银行的形式和运营方式不同,但是其正与这两个机构进行密切的合作。

因此,美国所领导的战后国际秩序基础承受着一定的压力,但远非瓦解。将有新的问题源头令国际体系陷入无序状态,而这些来源在建立战后秩序的时候尚未形成:即全球化和非国家行为体所产生的全球性威胁。有趣的是,小布什政府和奥巴马政府在他们的第一份国家安全战略文件中均指出,全球挑战可以团结地缘政治对手,稳定国际秩序。当然,对于小布什来说,这是反恐怖主义的共同阵线;而于奥巴马而言,它是应对气候变化威胁的共同合作。从某种程度上来看,两届政府都是正确的。由于全球反恐战争,大国关系确实有所稳定。现在中美关系中,气候变化便是几个积极合作的领域之一。小布什政府还在国际合作方面建立了更为深远的国际合作和信任,以应对禽流感的威胁;奥巴马政府为攻克寨卡病毒动员了国际上的支持。与此同时,鉴于目前中美关系的紧张局势,应对全球挑战的合作显然无法从根本上改变地缘政治。迄今为止,这些全球性挑战既没有明显削弱也没有显著加强美国所领导的国际秩序基础。另一方面,如果气候变化引发稀缺水资源的争夺或整个国家的稳定因此而遭受破坏,或者爆发了一场前所未有的国际性流行病,某种致命的病毒从动物传播到人类,迫使国际航班及贸易关闭——将对全球秩序造成灾难性的影响。科技也将加速全球化的影响,再加上核能,特别是生物武器变得更容易获取,且随着物联网的发展,全球经济本身将更容易遭受网络的攻击。

考虑到这些新的可能性，全球秩序会是怎样的呢？说美国所领导的全球秩序由于全球化和科技而摇摇欲坠是不准确的。虽然科技的进步可以实现这些可能性，但是毕竟在很大程度上这些仍然属于假设情况。事实上，信息技术也可以加快其他方向的变革。例如，3D打印可以重新聚集围绕美国方面的经济竞争力；社交媒体的蔓延最终可能在提高自由度上起到决定性的作用，即便威权政府巧妙地利用互联网让这种可能性暂时陷入了僵局。

然而，无论是哪种情形，政策制定者和战略家得出的结论应该是一致的。新自由主义秩序的基础没有瓦解，而是从内部和外部开始松动。最严峻的情况可能是，通过全球化和先进技术的传播，新自由主义秩序被摧毁。解决办法应该是从内部开始强化恢复力。如果说美国的潜能和意志力是核心，那么仍然有很多工作需要做，在这个极具破坏性的选举之后，还需要修复当前局面，重塑国际领导力。美国的双边和区域联盟网络位于下一个同心圆之内，受共同利益和价值观的约束。巩固这一点，必须在美国联盟内部和联盟之间形成更强的联合、协作和共同目标，包括在国防现代化和贸易自由化上作出新的努力，使民主规则和规范获得国际上的一致支持。反过来，非民主国家是否能够阻挡修正主义，这将依赖于曾经被称为"西方"的国家团结一致——但现在包含更多来自远东的民主伙伴。最终，美国所领导的区域秩序将取决于与崛起的中国和印度分享权力——正如它在20世纪同崛起的日本和德国分享权力那样。但是，在对系统运作的规则和规范进行妥协以前，必须加强国际体系的核心。

这一切最终还要取决于领导层。当我们需要杜鲁门（Truman）、阿登纳（Adenauer）和吉田（Yoshida）的时候，他们站了出来。当我们需要里根（Reagan）、撒切尔（Thatcher）、科尔（Kohl）和中曾根弘文（Nakasone）的时候，他们也不负众望。现在，我们需要能够带领公民捍卫和扩大自由和繁荣的领导人，然而颇令人失望的是，在自由民主国家将上台的是交易型的、民粹主义的和无效的国家元首。即便如此，历史表明，领导层的性质不是一成不变的。新的领导可能正是在自由民主国家的公民需要他们捍卫一些基本原则的时候而适时出现的人。我们交由下一任领导层的第一项任务便是践行这一点。

原文标题：Is the foundation of the U.S.—Led Order Crumbling?

我们的外交政策选择：重新思考美国的世界角色

节选自《美国智库凯托研究所报告》2016年7月18日
克里斯托弗·普勒伯尔（Christopher Preble）
艾玛·阿什福德（Emma Ashford）等
张　骐/译

一、为什么我们需要外交政策的替代选项?

冷战的结束使全球迎来了一个单极世界，强化了美国对一个普遍自由的国际秩序的统治。在这样的环境中，美国的外交政策实行起来原本应该更加简单、更加容易，然而，过去15年发生的一系列事件明显表明事情并非如此，这些事件包括"9·11"袭击、美国入侵阿富汗和伊拉克、"阿拉伯之春"、俄罗斯与格鲁吉亚和乌克兰的冲突。当今世界，相比苏联曾经带来的生存威胁，美国人肯定觉得更加安全。但如今的世界无疑更为复杂，非国家行为体的出现、不断变换的盟友关系以及多样的国内政治因素，都使得美国外交政策的形成和实施复杂化，迫切需要对美国的外交政策选择展开一次大辩论。

然而，决策者和政治候选人普遍接受现状，两党都支持广泛的联盟承诺、频繁的军事干预以及更高的国防开支。这种主流观点并不令人吃惊，因为许多候选人都是从少数精英那里获取意见，但这令人感到深深的担忧。争论往往只是集中在美国应该采取哪些具体行动，很少质疑美国是否应该以军事或其他方式介入各种全球性危机之中。

奥巴马总统的当选很大程度上要归功于对布什政府外交政策的否定，但即使是他，也没有改变一个为两党所接受的基本共识，即美国仍是"不可或缺的国家”，其领导地位需要一直保持。很容易明白为什么这个想法仍然存在：冷战期间，美国在保护自由国际秩序方面发挥了极为重要的作用，冷战结束后的20年里，美国获得了单极主导地位，几乎在世界的每一个角落都企图施展影响力。

但是，正如奥巴马总统所发现的那样，美国的“单极时刻”正岌岌可危。奥巴马总统在2016年4月在接受《大西洋月刊》（*The Atlantic*）的杰弗里·戈德伯格（Jeffrey Goldberg）的采访时说：“几乎每一个世界大国都屈服于过度扩张。每当出现问题的时候，我们就派出军事力量去维持秩序，我认为这种想法是不明智的。我们不能那样做。”

美国在世界上的影响力仍然是其他国家无可比拟的，但当中国开始崛起，俄罗斯重新振作，地区性的竞争对手逐渐显露，美国的这种影响力就不再是无人挑战。美国的外交政策不能简单地依赖于近年来我们一直维持的常规政策。美国必须在外交政策上寻求可替代的办法，其中很多办法要更加适应21世纪的复杂情况。

美国是世界上最富有、最安全、最强大的国家，因此，美国决策者可选择的范围极为广泛。但这并不意味着我们能够放弃选择，也不是说这些选择会很容易。当前和未来，美国的外交政策决定都会影响我们以及其他国家的安全。从长远来看，没有对我们的选择进行认真考虑，缺乏对外交政策的辩论，会损害美国的利益。这将使我们无法看到当今世界正在发生的变化，妨碍我们把握新的机遇来推进美国的安全与繁荣。

我们亟须在美国的全球选择上展开辩论，本文寻求推动这一辩论，为当前主要的外交政策担忧提供解决方案。这些选择主要是以克制战略为基础，强调通过和平手段而非军事手段传播时，美国的全球影响力最为强大。美国人很幸运，享有高度的安全，我们很少需要使用自己的军事力量。然而，我们目前的大战略是“主导战略”或者叫“自由主义霸权”，要求拥有规模庞大、在前沿部署的军队。这一战略引诱决策者甚至在美国的关键利益没有直接受到威胁时使用武力。

为了维护美国的力量和安全，克制战略主要是避免美国介入那些没有威胁美国利益的远方冲突之中。克制战略认为美国英国避免动用军事力量，只有在原因非常清楚时才可使用。

尽管克制战略构成了本文各章的基本内容，作者也会对今天最主要的挑战给予现实可行的回应。本文包含的内容将关注区域性的威胁、更为广泛的国家安全挑战，并思考如何执行提出的政策建议。在一些政策领域，例如叙利亚和阿富汗问题上，作者倡议延续当前的政策，或者在进程上作一些相对较小的修正，而在另外一些领域，例如美国和中国台湾、日本甚至北约国家的盟友关系上，作者建议美国的外交政策在未来能有更加剧烈的变化。

二、"主导战略"（Primacy）产生的问题

（1）美国当前的外交政策——"主导战略"（或者"全球霸权战略"）的成本过于昂贵，它建立在有缺陷的假设之上，从根本上将会对美国安全产生相反的作用。

（2）在"主导战略"下，美国更有可能卷入与自身安全无关的战争之中。

（3）美国需要一项新的外交政策选项，维持出色的防卫能力，重点在于推进美国的安全，并希望其他国家在应对本地区挑战时承担更多责任。

美国的外交政策应该让美国保持强大和安全。不幸的是，从第二次世界大战以来，美国外交政策的目标都是维持"主导"或者"全球霸权"，这一目标不切实际，既困难重重又成本巨大，而且常常与美国的安全需求没有关系。在"主导战略"下，巴里・波森（Barry Posen）和安德鲁・罗斯（Andrew Ross）注意到，"只有美国力量占据优势时能保证和平……和平是力量失衡的结果，在这种状态下，美国的力量足够强大，可以随心所欲，能够威胁所有的潜在挑战者，安抚所有的盟友伙伴"。"主导战略"也假定我们必须确保一系列中介利益的安全，例如全球稳定、传播民主，这些对于确保美国的最终安全十分必要。

强调我们自身安全的外交政策应该聚焦于那些关键的美国国家利益，并维持护卫这些利益所需的工具。这样的政策并不需要全球霸权，并反对那种认为只有世界按照美国的想法重塑我们才会安全的观点。此外，该政策也将重视国内外行动对美国士兵、财政状况以及道义原则带来的影响。

这里将概述美国当前外交政策的主要内容，揭露其缺陷，并论证需要有可替代的政策选项。随后将讨论这些替代的政策选项及其所需的军事能力。

“主导战略”是为了维护和扩展美国在国际体系中的统治地位。支持该战略的人士认为，这不仅有利于美国，也有利于世界。该战略取决于付出高昂的成本在全球范围内大规模部署军力，以阻止潜在的威胁，并在潜在竞争对手崛起之前对其实施抑制。“主导战略”还要求建立遍布全球的盟友体系和积极传播自由主义价值观。“主导战略”支持者罗伯特·卡根（Robert Kagan）和比尔·克里斯托（Bill Kristol）认为，这甚至意味着通过军事干预“抵抗以及在可能的时候削弱威权者和敌对的意识形态”。他们非常享受战争，甚至是在“我们无法证明狭隘意义上的美国‘关键利益’处于危险之中”的时候。

“主导战略”的支持者认为仅仅是允许其他国家能够自我防卫或坚持自身的利益，就会非常危险。一些国家尝试这么做但是失败了，随后就迫使美国介入其中，这种介入的成本非常高昂，引发了军备竞赛，打破了地区或国际关系的微妙平衡。“主导战略”试图确保我们的朋友安心，包括德国、日本这些美国的长期盟友，这样它们就不会寻求发挥更大的作用，与此同时，也制止（如果必要的话扼杀）潜在的竞争对手挑战美国的统治。

不幸但可预见的是，理论和历史告诉我们，“主导战略”要么执行起来困难重重，要么维持起来代价高昂。当美国的军队被派往全世界进行战争时，人员的伤亡情况也非常严重。在过去的15年里，有大约7 000名美国士兵被杀害，5.2万人在行动中受伤，有近100万的老兵登记伤残索赔。

“主导战略”的财政负担同样沉重。伊拉克战争和阿富汗战争耗费了美国数万亿美元，其中部分将在未来长期用于支付额外的债务和老兵护理费用。“主导战略”使未来必将有更多的战斗，账单也会随之而来。

我们当然应该拥有强大的国防。但是在“主导战略”下，美国的军事力量被要求阻止威胁形成，在无法阻止的情况下扑灭战火。这种期望要求我们维持世界上最强大、最活跃的军事力量，这也是我们在做的。有一种错误的观点声称《预算控制法案》（*Budget Control Act*）“损毁”了美国的军事预算，这使得许多人相信美国的军事力量已经被掏空，需要进行“重建”。最近的一项盖洛普调查发现只有不足一半的美国人相信美国的军事力量在世界上遥遥领先。但是事实显示美国的军事力量明显遥遥领先。以2016年通胀调整的美元来计算，在小布什总统的两届任期内，包括战争开支和非战争开支在内的军事开支平均每年达到6 060亿美元，在奥巴马政府时期，这一数据达到6 680亿美元。没有一个国家能够匹敌美国在全球的力量投射能力。

截至2016年底，美国2009—2016年的军费开支要比2001—2008年多出5 000亿美元。同时，美国的债务不可持续地迅猛上升到20万亿美元。美国的军费开支至少和排在其身后的10个国家的总和一样多，几乎是中国和俄罗斯军费总和的3倍。尽管并不是所有的钱都花得十分明智，但是这些花费还是买来了无可比拟的能力。没有一个明智的美国人愿意让自己的国家与世界上其他的国家交换位置。美国的军事力量不次于任何国家，一旦有需要，巨大的经济规模可以使我们很快地组建更大规模的军事力量。

美国能够轻易地减少开支并仍能守卫美国的关键利益。要想实现这一点，可以通过以下手段，包括开支时更加精明，撤销例如F-35这样极为浪费的吸金项目，让盟友承担更多的负担。目前，美国给那些富有的盟友提供了安全保证，使得这些盟友无法独立承担自身的防卫，这意味着他们的能力也不足以帮助我们应对共同的安全挑战。

美军参谋长联席会议原主席迈克尔·马伦（Michael Mullen）上将发出警告，债务和赤字不仅给我们的财政状况带来威胁，也会影响我们的国家安全。对于维护美国的安全而言，“主导战略”并不是必需的，而其高昂的成本会伤害我们的经济安全。“主导战略”会带来双倍的伤害，因为这一战略使得美国卷入其他民族冲突的可能性提高，并激发其他国家采取反制美国的行动。

思考一下“主导战略”的三个主要假设：（1）技术使得地理因素毫无意义，与以往相比，美国受制于更多紧急、普遍的威胁；（2）美国的安全保障使紧张的盟友安心，进而为全球的和平与稳定作出贡献；（3）规模庞大、行动活跃的美国军事力量对于国际经济的平稳运行非常重要。

“主导战略”的支持者认为，新的技术和地缘政治不允许美国对远方的威胁采取观望态度。他们相信，“紧密的利益网络”使得所有国家的安全都紧密相连，对其他国家的威胁就是对美国的威胁。基于同样的原因，如果允许海外的动荡和危机进一步恶化，美国的利益会受到不利的影响。因为在世界上任何地方发生的任何问题，都能最终威胁美国的安全或美国的利益，“主导战略”试图在这些问题发生前就进行阻止。但是这一假设的基础只是对世界历史的片面解读，并极度夸大了美国对结果的控制能力，低估了所要付出的成本。这种做法也没有准确理解我们面临威胁的本质。

然而当前的技术还没能使海洋的水都蒸发掉，让大规模的陆军从海底穿行而来。同时，像中国这样的潜在挑战者，面对着更多的紧急问题，这些问题将降低他们把力量投送到周边以外地区的欲望和能力。重要的贸易关系对于中国经济的健康运行非常重要，在海外引发问题会对此构成威胁。

“主导战略”的支持者认为我们不能依靠海洋阻止飞跃而来的核导弹或者虚拟世界中的网络攻击。恐怖分子可以通过陆地、海洋、天空渗透进来，也可能就在国内成长起来。但是，在我们的核武器能够对国家行为体进行有力遏制的同时，我们也会被回击，在前沿地区大规模部署军力并不是应对恐怖分子和黑客的最好手段。困难的是在他们行动之前找到并阻止他们。这个任务应分别交给情报和执法部门，以及像特种部队这样的小规模军事单位。

世界一直充满危险，将来也是如此。我们目前认识到的无数威胁都是我们的先辈所无法理解的，“主导战略”加重了这些难题。“主导战略”呼吁美国在如此多的地方应对如此多的涉及许多人的威胁，使得那些相隔遥远的问题也成了我们自己的问题。

另一个关键的问题是“主导战略”也在无意中提升了冲突的风险。盟友们将更愿意与强大的竞争对手发生对抗，因为他们有信心认为美国将在对抗恶化时提供援救。这是一个典型的道德危机案例，也就是巴里·波森所说的“鲁莽驾驶”（reckless driving）。

当我们的关键国家利益没有受到威胁时，抑制我们进行军事或外交干预的冲动，这样首先就能降低我们的朋友或盟友采取鲁莽行动的可能性。在此类问题上，利比亚和格鲁吉亚是仅有的两个例子。此外，美国的外交政策受到进一步的限制，将会有力地促进盟友们分担防务重任。

“主导战略”并没有阻止竞争对手挑战美国。例如俄罗斯等，已经采取措施抵抗美国在欧洲和亚洲扩大影响的行动。事实上，通过引发安全恐惧，“主导战略”使得那些它声称要避免的问题进一步恶化，包括核扩散问题。美国采取种种行动改变他国政权，讨论要消灭“邪恶轴心”，这就进一步促使一些国家（例如朝鲜）开发核武器以阻止美国。

同时，那些试图抑制安全竞争或敌对意识形态的行为，已经使得许多地区动荡不安，破坏了我们的反恐行动，甚至伤害了那些我们表面上想要帮助的人。在2003年美军废黜了萨达姆之后，伊拉克就陷入了动荡之中，一直没能得到恢复。利比亚的情况也没好到哪里，2011年美国帮助推翻了卡扎菲，但是暴力活动仍然肆虐。“伊斯兰国”起源于伊拉克，目前在利比亚也开展行动。很显然，这些行动产生了反作用，没有让美国变得更加安全。

最后，“主导战略”的支持者认为美国的军事力量对全球经济的运行至关重要。美国设置了游戏规则并惩罚那些违反者。那些支持者还声称“主导战略”能够带来经济回报，他们指出，如果美国不愿意介入其他民族的冲突，战争的风险就会上升，市场就会被搅得动荡不安。但是这种观点夸大了美国地面部队在促进全球贸易方面的作用，特别是要考虑到全球市场在面对地区动荡不安时所具有的弹性和灵活性。此外，“主导战略”的支持者还忽视了一个重要内容，即过去美国军事积极主义事实上已经破坏了市场的稳定，扰乱了一些重要的地区。“主导战略”的替代选项非常精明，其特征在于强调美国海军和空军在全球公域提供安全上的重要作用，避免陆上积极主义的弊端。

总而言之，美国现有外交政策的高成本、高风险是不必要的。这一政策的护卫者曲解了美国的军事力量能在多大程度上为一个相对和平的国际体系作出贡献，他们也高估了美国无限期维持全球军事存在的能力。

美国需要一个新的外交政策替代原有的外交政策，新的政策聚焦于维护美国的力量，促进美国的安全，并期望其他国家在保护自身安全、维护自身利益方面承担主要责任。当我们的关键利益没有直接受到威胁时，我们的领导人应该克制使用美国军事力量的冲动。

三、平衡隐私和安全：网络政策

(1) 美国政府想要轻松获得商业上的加密数据，这不是什么新鲜事。

(2) 决策者应该应对影响巨大的怀疑论观点，该观点认为，不断变化的技术要求政府运行巨大权力时要有新的援助，甚至是特殊的新权力。

(3) 在商用加密上故意制造漏洞以泄漏隐私，并使得商用互联

> 网的使用陷入危险。
>
> （4）执法部门和国家安全机构明显拥有强大的能力来履行自己的使命，没有理由相信高强度加密带来的自由要以严重牺牲安全为代价。

在奥巴马总统的讲话中，经常提到网络威胁，认为它“是对美国经济和国家安全最严重的挑战”。与此同时，越来越多的人担心恐怖分子有能力利用加密通信，这导致有无数声音要求在这样的通信中留出“后门”，方便政府进入其中。在这些问题上存在着相互矛盾的地方，一方面寻求限制网络的漏洞；另一方面要故意创造新的潜在漏洞，这凸显出在网络问题上，许多传统的观点前后矛盾、反应过度。

走向两个极端的辩论凸显了这对美国自由主义者和宪政政府的重要性。上千万的美国人在网上进行个人和集体生活，美国政府通过高强度加密干涉，威胁到了这些人的隐私权、言论权和集会权。政府干涉也威胁限制自由市场的运行：如果在网络的金融安全设施中故意设置漏洞，互联网商业繁荣带来的大量利益将会逐渐减少。此外，如果美国技术被认为会轻易地被政府入侵，美国技术公司流向海外以及消费者转向非美国供应商购买技术的风险就会上升。决策者应该应对影响巨大的怀疑论观点，该观点认为，不断变化的技术要求政府运行巨大权力时要有新的援助，甚至是特殊的新权力。

与此同时，宪法代表了一些联邦政府的核心基础，这些对于保护美国人的自由非常重要。其中最主要的就是“建立共同的国防”，这包括搜集美国敌人的情报，执行法治。虽然我们必须一直对国家安全机构和执法部门进行监控，但要求他们在面对不断变化的技术时提前束缚好自己的手脚，这一点很难做到，付出的代价也很大。

总而言之，决策者应该采取两种方法来制定网络政策，主要是“放手”的方法。第一，民众应该能够用高强度加密保护自己的隐私。第二，民众、监管机构和媒体能够对国家安全机构是否遵守法制进行监控。但是，使用技术来促进合法的情报和执法行动，监督措施没必要对此进行限制。

美国政府想要轻松获得商业上的加密数据，这不是什么新鲜事。20世纪90年代，政府接受了带有密钥托管的加密芯片（Clipper chip）。每个芯片都有一个密钥，这些密钥在一个安全的数据库中，并由政府所持有。如果政府能够证明是出于合法的目的，需要获得由加密芯片加密的通信（例如政府获得了窃听许可），可以从数据库中取出密码。计算机学家和隐私维护者普遍反对加密芯片（以及提出的相似系统），他们注意到，这样的系统会给商用加密带来风险和漏洞。幸运的是，加密芯片没有被采用，在随后的20年里，互联网仍然是运用了高强度的加密协议，例如“安全套接层协议”（Secure Sockets Layer，缩写为SSL）。

2015年11月巴黎发生了恐怖袭击，再加上前美国国家安全局（NSA）雇员斯诺登的泄密事件，再次激发起人们对是否要在商用加密中留出“后门”的争论。部分是为了回应斯诺登的爆料，诸如苹果这样的公司已经逐渐让设备使用不允许公司破解的加密协议（包括所谓的“端到端加密”，end—to—end encryption）。从联邦调查局局长詹姆斯·科米（James Comey）到地方警官，执法部门对这种转变大声抗议，一个芝加哥的警探尖锐地评论道：“大多数恋童癖者这时候都可能想要有一部苹果手机。”

尽管有这种过激的言辞，但20世纪90年代引起人们争论的论点如今更为有力。在商用加密中故意制造漏洞，仍然会给商用互联网的使用带来危险，尽管和20世纪90年代相比，如今互联网对经济的重要性要大得多。据估计在美国，网络安全中留出缺口这一业务平均要耗资650万美元。因此，通过削弱加密留出可渗透的空间，这将耗资巨大。

引人注意的是，当涉及国家安全的考虑时，现任美国国家安全局局长迈克尔·罗杰斯（Michael Rogers）毫不退缩，他已经站出来支持维持商用加密的强度。他的立场也得到了两位前国家安全局局长迈克尔·海登（Michael Hayden）上将和麦克·麦康纳（MikeMcConnel）中将的支持。执法部门和情报部门之间存在这样的分歧表面上让人非常惊讶，但是可能反映出双方在资源和能力上存在不同。根据公开的报告，美国国家安全局已经投入了大量的资源，开发各种手段来挫败或者规避商用加密，也许已经获得了巨大的成功。甚至是执法部门也有各种手段，而不需要通过“后门”来规避加密。举个例子，尽管使用了Tor项目，该项目可以掩盖使用者的地址和身份，但是联邦调查局仍然能够找到并逮捕丝路（Silk Road）网站的运营者，丝路是一家交易非法物品的主要网站。最近，联邦调查局利用从一个销售商那里购买的“零日”（zero day）漏洞，攻击了塞义德·法鲁克（Syed Farook）的苹果手机，塞义德·法鲁克是加利福尼亚圣贝纳迪诺枪击案的凶手，而此前相关的声明说如果没有苹果的帮助无法做到这一点。执法部门和情报机构明显拥有强大的能力来履行自己的使命，没有理由相信高强度加密带来的自由要以严重牺牲安全为代价。

因此，决策者应该抵制那些呼吁限制或削弱商用加密的声音。但是他们也必须认识到情报和执法部门能够规避加密，很大一部分的原因是利用了软件和硬件中存在的漏洞。这就要求情报和执法部门找到漏洞，并让外界无法知道如何利用这些漏洞。

用布鲁斯·施奈尔（Bruce Schneier）的话来说，隐私权的支持者更希望政府“宁可在安全问题上犯错，也要修复我们发现的所有漏洞”，尽管美国国家安全局公开声称他们披露了91%的已发现的漏洞，但这可能是在他们已经利用了一段时间后才披露的。此外，这91%的漏洞可能在质量上不同于那未被披露的9%，这9%中可能包含更为严重的漏洞。尽管这一现实也许令那些隐私权的支持者感到不安，但如果要想政府授权的“后门”得以避免，这种做法可能就是必要的。

尽管有时相关机构出于自己使用的原因，延迟披露这些漏洞的做法是恰当的，但是在一个更普遍的意义上界定何时可以这么做，就比较困难，因为在决定何时应该隐瞒某种漏洞时要考虑多种因素，包括这种软件是否已经被美国公司或政府广泛应用，以及漏洞是否会被轻易地利用。目前，美国政府维持着一个跨部门的“漏洞公平裁决程序”（Vulnerability Equities Process），通过该程序决定哪些漏洞该披露、哪些该隐瞒。据报道，这一程序是2014年春天在美国国家安全委员会的支持下重新启用。决策者应该维持这一程序，并确保它能够恰当地平衡这里所讨论的两相权衡问题，而不仅仅是关注披露漏洞。

例如，在2013年，美国总统的情报和通信技术审议小组建议：“美国的政策应该主要转向确保‘零日’漏洞被迅速地封堵，这样美国政府和其他网络的根本漏洞就能被填补。在极少数的情况下，美国的政策是可以为了搜集非常重要的情报，暂时授权使用‘零日’漏洞。”虽然可以理解，但是这一建议似乎并没有被当前的政府所采纳，在未来也会被同样地拒绝。

被称为“人无我有”（NOBUS，即Nobody But Us）的分析框架，为解决这一困境提供了另一种途径。美国国家安全局原局长海登这样解释道：

> 你从一个不同的角度看待一个漏洞，如果有一个漏洞需要大量的计算能力或其他因素才能应对，你必须判断还有其他什么人能做到这一点。如果这里有一个能使加密弱化的漏洞，但是你仍然需要在地下室里有占地4英亩的超级计算机克雷（Cray）来解决它，你想想“人无我有”，我们不需要迫于道德或法律而寻求解决它，从道德和法律出发，我们可以利用它使美国人免于他人带来的危险。

这不是一个完美的分析框架，因为随着技术的变化，一时“人无我有”的漏洞，未来也可能被别人所掌握。海登提到的克雷超级计算机就是一个生动的例子，因为在2016年，许多可携带的电子设备都比1988年的克雷计算机具有更强大的运算能力。因此，正如斯坦福大学教授赫伯特·林（Herbert Lin）所指出的那样，披露漏洞的核心问题在于一个特定的漏洞能在多长时间里“人无我有”。“人无我有”也不是适用于所有已发现的漏洞。虽然如此，决策者应该鼓励根据这些原则而不是那些隐私权支持者的建议，去细化政策的制定。

这一政策方案既不会让联邦调查局局长科米高兴，也不会让隐私权倡议者开心。但是这避免了对其中一方的过度支持，并着眼于美国人民的自由利益。政府应该允许高强度的加密，即使这会使合法的监控更加困难。与此同时，也必须努力在利用网络漏洞方面保持优势，以保护我们从敌对的系统中获得情报，并在符合宪法和法律的基础上实现法律的执行和国家安全的保障。

原文标题：Our Foreign Policy Choices: Rethinking America’s Global Role

欧盟未来白皮书：对2025年欧盟27国的思考和设想

节选自《欧盟委员会报告》2017年3月1日

邹　祎/译

欧洲目前发生的许多深刻转变是不可避免的、不可逆转的。还有一些转变很难预测，将出人意料地发生。随着英国脱欧进程的发展，人们熟知的“欧盟28国”将变成“欧盟27国”。欧洲要么被这些事件推着走，要么积极塑造这些转变。我们现在必须作出决定。

本白皮书中的5个设想将有助于引导人们对欧洲未来的讨论。这几个设想使我们得以窥探到，在我们共同决策的基础上，欧盟2025年会发展到什么样的状态。

每个设想的起点都是27个成员国作为欧盟的一部分共同向前发展。

对欧洲未来的讨论总是被归结为一个非此即彼的选择——更多的欧洲化还是更少的欧洲化。这种一刀切的讨论方式极具误导性。本文中谈及的未来可能性则包括对现状、范围变化和重点变化的讨论，也包括对“部分跨越还是整体跨越”的讨论。这5种设想有很多重合之处，因此，它们之间既不是互斥的，也并非面面俱到。

毫无疑问，最终的发展结果必然会与本文中的设想有所不同。欧盟27国将共同决定，在如下的5个设想中提取出哪些最有利于推进这项工程、最能体现人民利益的特点。

一、延　　续

欧盟的重点在于将其积极的改革方案付诸行动。在欧盟27国延续现有道路的这一设想中，欧盟的重点在于本着2014年欧盟委员会提出的"欧洲新开始"（New Start for Europe）精神和2016年所有27个成员国商定的《布拉迪斯拉发宣言》（*Bratislava Declaration*），实施并升级现有的改革方案。我们将定期调整工作重点，及时解决新问题并相应地推出新的法律法规。

因此，27个成员国和欧盟机构共同形成行动议程。决策的速度取决于我们是否能克服不同意见，最终就长期重点达成一致看法。我们将定期检视欧盟法律法规是否适用，废止过时法律。

也就是说，在2025年前：欧盟27国将通过加强单一市场，扩大在数字、交通和能源方面的基础设施投资，继续把重点放在就业、增长和投资上。

我们在增加统一货币功能方面取得长足的发展，经受住了来自内部或外部的冲击。我们采取进一步措施，加强金融监管，确保公共财政的可持续性，发展资本市场，助力实体经济。

欧盟委员会对国家援助法律制度进行改革后，90%的国家援助由国家、地区和地方层面的政府负责。

随着各国政府更愿意分享情报，反恐斗争进一步得到升级。我们在研究、产业和联合采购方面进一步加强国防合作。各成员国集中军事能力，加强欧盟在海外行动方面的财政一致性。

在对外政策方面，我们在"用同一个声音说话"上已经取得进展。欧盟27国一如既往地积极寻求与全球合作伙伴签订贸易协定。各个国家自身将欧盟边境管理作为主要责任工作，但同时欧洲边境及海岸警卫队（European Border and Coast Guard）给予相关支持，加强合作。我们需要不断提高边境管理，应对新挑战。如果这一目标无法达成，那么某些国家可能倾向于维持有针对性的内部边境管理。

欧盟27国将在气候、金融稳定和可持续发展等多个领域积极参与制订全球议程。

（一）利弊分析

基于共同的目标，这一积极的行动议程将继续取得实实在在的成果。根据欧盟相关法律规定，公民权利将得到保障。欧盟27国将保持团结，但仍有可能受到一系列重要争议事件的考验。各国只有同心协力、一致履行承诺，才能缩小纸面承诺和民众期望之间的差距。

（二）政策影响

表1 “延续”政策影响

单一市场和贸易	经济和货币联盟	申根、移民和安全	对外政策和国防	欧盟预算	兑现能力
单一市场得到加强，包括能源和数字领域；欧盟27国争取积极的贸易协定	在提高欧元区功能上取得长足发展	逐步提升欧盟边境管理合作；发展共同庇护体系；加强安全问题合作	在外交政策事务上，更能用同一个声音说话；国防合作更紧密	适当改革欧盟预算，以反映27国达成的改革议程	积极的行动议程将带来实实在在的成果；决策过程仍然复杂，难以把控；兑现能力并不一定与期望相匹配

（三）应对措施

（1）鼓励家庭和企业减少能耗、自行生产清洁能源，家庭和企业可更换能源供应商。整体来说，能源费用更便宜，但是总费用中仍有一半是流向非欧盟供应商。

（2）欧洲人可使用互联汽车，但在跨越边境时仍可能遇到一些法律和技术障碍。

（3）高质高速的宽带不仅覆盖到欧洲的市中心，而且覆盖到农村地区。电子商务得到发展，但欧盟境内的跨国物流成本仍然非常高。

（4）大多数情况下，欧洲人可以自由出入境而无须接受边境检查。加强安保措施，因此乘客须大大提前到达机场或火车站的时间。

（5）欧盟与日本、澳大利亚、新西兰、拉美等志同道合的合作伙伴签署有针对性的积极的贸易协定。相关批准程序将会比较漫长，并被一些国家议会和地方议会的讨论和异议所拖延。

二、只作为单一市场

欧盟重新集中发展单一市场。在这一设想中，欧盟27国在许多政策领域无法达成统一意见，欧盟逐渐集中深化单一市场的一些关键领域。而在移民、安全或国防等其他领域，欧盟各国则无法同心协力地合作。

因此，欧盟27国在大多数政策领域内都无法推进工作。在共同关心的许多新议题上，大多数都是一对一的双边合作。同时，欧盟27国大幅减轻监管负担——每提出一个新的倡议就必定撤销两个现行法律。

也就是说，在2025年前：单一市场成了欧盟存在的主要理由。后续进展情况还要取决于各方是否有能力就相关政策和标准达成统一意见。相对于其他领域，零关税的资本和货物自由流动将会更具可行性。

欧盟层面将大力减少监管，因此在消费、社会和环境标准、税收、财政补贴的使用等多个领域，分歧将依然存在、甚至扩大。这导致了“竞次”（与“竞优”相反，指在竞争中不是争优，而是看谁可以在最低限度竞次——译注）的风险。这也导致各方很难就劳动力流动或管制行业准入的基本规则达成统一意见。因此，劳动力和服务的自由流动不能得到全面保障。

欧元使得贸易更加便利，但是日益明显的差异和有限的合作成为主要的薄弱环节。这使得欧元区的完整性和应对新危机的能力受到威胁。

由于在安全和移民事务上合作不足，欧盟内部边境检查站将对过境人员进行更多的系统性检查。

对国际贸易方式的内部分歧使得欧盟很难与其合作伙伴达成相关协议。移民和一些对外政策问题将逐渐以双边合作的方式得到解决。人道主义援助和发展援助将由各国国家层面提供。在气候变化、打击逃税、治理全球化、促进国际贸易等一系列与全球合作伙伴有关的议题上，由于欧盟无法形成统一立场，欧盟将不再作为一个整体参与国际论坛。

（一）利弊分析

欧盟重新集中发展单一市场，也就意味着各成员国面对新出现的问题产生新分歧时，需要以双边的方式逐一解决。欧盟法律规定的公民权利可能将逐渐受到限制。决策可能更容易理解，但集体行动的能力将变得有限。这可能在各个层面拉大期望和结果之间的差距。

（二）政策影响

表2 “单一市场”政策影响

单一市场和贸易	经济和货币联盟	申根、移民和安全	对外政策和国防	欧盟预算	兑现能力
货物和资本的单一市场得到巩固；标准差异继续存在；人员和服务的自由流动无法得到全面保障	欧元区合作有限	没有统一的移民或庇护政策；进一步的安全合作以双边的方式进行；内部边境管理变得更加系统化	对外政策问题日益以双边的方式进行解决；国防合作原地踏步，停滞不前	重新集中于为单一市场需要的基本功能提供资金	决策可能更容易理解，但集体行动的能力将变得有限；共同关心的问题一般以双边的方式解决

（三）应对措施

（1）欧洲境内空气质量差别很大，因为一些国家决定撤销对有害气体排放的标准和限制。多瑙河和莱茵河等跨国河流沿岸的水质也可能有所不同。

（2）由于缺少欧盟范围内的统一规则和技术标准，欧洲人不愿意使用互联汽车。

（3）商人或游客跨越内部边境会更难，并接受更多的定期检查。在国外找工作也会更难，也无法确保养老金权益能转至另一个成员国。在国外生病的人将会面临昂贵的医疗费用。

（4）欧盟27国无法达成新的贸易协定，因为成员国无法明确共同的贸易重点或者某些成员国阻止批准贸易协定。

（5）在领空受到侵犯或遭遇外国力量的大规模网络攻击的成员国，民众很难理解为什么欧盟27国甚至邻国无法同意采取制裁行动。

（6）发展援助重新变得国有化，这导致我们很难与非洲国家建立全面伙伴关系，也会失去在新兴市场的一些经济机会，同时无法从根本上解决难民问题。

三、愿者多劳

欧盟允许成员国在有意愿的基础上在一些具体领域开展更多合作。在这个设想中，欧盟27国继续像今天这样发展，但是某些成员国希望有更多合作，因此在某些具体的政策领域出现了一个或多个积极合作的“愿者联盟”，可能包括国防、内部安全、税收或社会事务等政策领域。

因此，成员国组成新的团体，就加强在某些领域的合作达成具体的法律协定和预算协定。与申根区或欧元区的做法类似，这种合作基于共同的欧盟27国框架建立，并需要明晰权利和义务。其他未加入的成员国保持原有状态，并且保留在将来加入这类团体的可能性。

也就是说，到2025年：一部分成员国决定在现有的法律框架下，在国防事务领域开展更紧密的合作，这也就意味着会有更强大的合作研究和工业基地、更全面综合的能力、更多的联合采购，同时军方更愿意在海外开展联合任务。

一些国家在安全和公平问题上继续前行。它们在警察队伍和情报服务上加强合作；在打击集团犯罪和涉恐行为方面交换一切信息；建立联合检察官办公室，联合调查欺诈、洗钱、贩毒、走私武器等行为；进一步在民事领域建立共同司法区域。

一部分国家，包括欧元区国家，也可能包括其他国家，决定在税收和社会问题方面开展更紧密的合作。税务规则和税率的协调减少了遵从成本和偷税漏税的可能性。统一的社会标准为企业提供了确定性，改善了工作环境。在一些高科技产业、商品和服务上，产业协作得到加强，使用规则也由各国共同树立。

27国还进一步加强单一市场及其4个自由原则。与第三方国家的关系，包括贸易关系，仍然由欧盟代表所有成员国负责。

（一）利弊分析

欧盟27国的团结得到维护，同时对于那些希望进一步合作的国家，它们的愿望也实现了。欧盟法律规定的公民权利在不同的国家有所区别，这取决于公民所在国家是否选择在这方面有所作为。同时这也产生了对透明度和不同层级的决策问责的疑问。在那些希望并选择多做事的国家，期望和结果之间的差距开始缩小。

（二）政策影响

表3 “愿者多劳”政策影响

单一市场和贸易	经济和货币联盟	申根、移民和安全	对外政策和国防	欧盟预算	兑现能力
和“延续”这个设想中的一样，单一市场得到加强，欧盟27国达成积极的贸易协定	一部分国家加强税收和社会标准等领域的合作，除此之外，其他国家和“延续”这个设想中的一样	一部分国家加强安全和司法领域的合作，除此之外，其他国家和“延续”这个设想中的一样	一部分国家加强国防合作、军事协调和设备统一，除此之外，其他国家和“延续”这个设想中的一样	和“延续”这个设想中的一样，同时一些成员国在想要有更多作为的领域追加预算	和“延续”这个设想中的一样，27国达成的积极的行动议程将产生实实在在的成果；一些成员国团体在某些具体领域共同取得更多成果；决策过程更加复杂

（三）应对措施

（1）一部分成员国联合建立警官和检察官总队，调查跨境犯罪。随着数据库的全面互联，安全信息能够即时共享。在某个成员国发现的犯罪证据能自动共享给其他成员国。

（2）在12个同意协调规则和标准的成员国，互联汽车得到普及。这些成员国开发了一套规则，明确了与物联网相关的所有权和责任问题。

（3）一部分成员国共同制定通用的《商业法典》（*Business Law Code*）。这套法典统一了公司法、商法等相关法律，为不同规模的企业在境内外的经营活动提供便利。

（4）无论来自哪个国家，无论居住在何地，21个成员国的工作者能获得日趋相似的额外劳动权利和社会保障。

（5）6个成员国获得了一架用作军事用途的无人机。该无人机可用作海上和陆地监视，也可用作人道主义援助行动。它们建立联合国防项目，目的是保护关键基础设施免受网络攻击。

四、少 但 高 效

欧盟专注于在一些特定政策领域更有作为、更高效，同时在其他领域少做事。在这个设想中，欧盟27国达成共识，认识到需要共同处理特定的重点工作，决定将有限的资源投入更有限的一部分领域中。

由此，欧盟27国能够在选定的重点领域更快速、更果断地行动。就如同今天我们执行的竞争政策或银行监管那样，欧盟27国采取更有力的工具直接执行集体决策。在其他领域，欧盟27国停止行动或减少行动。

在选择新的重点工作方面，欧盟27国力求更好地协调承诺、期望和成果之间的关系。在这方面一个典型的失败案例就是最近的汽车排放丑闻——民众普遍期望欧盟保护消费者免受制造商的欺骗，但事实上欧盟完全没有施加直接影响力的权力或工具。

也就是说，到2025年：欧盟27国在创新、贸易、安全、移民、边境管理和国防等多个领域加强合作；建立新的法律法规和执法工具，从而在关键的新领域深化单一市场；集中加强研发能力，加大对欧盟级别新项目的投资，从而支持低碳化和电子化进程。

比如，在航天高科技产业集群上进一步合作，完成区域能源枢纽的建设。欧盟27国能够快速决定协商或达成贸易协定。警方和司法机关有系统的反恐合作，并建立起一个统一的欧洲反恐机构（European Counter—terrorism Agency）。

欧洲边境及海岸警卫队全面接管外部边境管理工作。所有的庇护申请都将由一个唯一的欧洲庇护机构（European Asylum Agency）处理。联合国防能力得到建立。

相反，在一些被认为附加值较低、无法兑现承诺的领域，欧盟27国则停止或减少行动。这包括区域发展、公共健康、与单一市场功能不直接相关的部分就业和社会政策领域等。

国家援助的管理则下放至各国政府。保护消费者的新标准，对工作环境、工作安全与健康的规定都将从详尽的调和转变为严格的最低限度。成员国有更大的弹性空间，能够在具体领域进行试验。但是，对于欧盟层面管理的领域，欧盟将会使用更大的执行权，确保合法合规。

此外，欧盟逐步巩固欧元区，确保这一统一货币的稳定性。随着欧盟的责任被重新定位，欧盟在世界舞台上的分量也随之改变。

（一）利弊分析

最终，权力划分更清晰，欧盟民众也就更能理解欧盟层面、国家层面和地区层面的职责范围，这也缩小了承诺和成果之间的差距，即使在某些具体领域，民众的期待仍然没有得到满足。欧盟法律规定的公民权利在我们希望加强的领域得到了加强，反之亦然。但是，对于哪些是需要重点推进的领域，或者哪些是需要收缩的领域，欧盟27国很难达成一致。

（二）政策影响

表4 "少但高效"政策影响

单一市场和贸易	经济和货币联盟	申根、移民和安全	对外政策和国防	欧盟预算	兑现能力
通用标准设置为最低限度，但是在欧盟管理的领域，欧盟加强执行力；贸易则仅仅由欧盟层面处理	欧盟逐步巩固欧元区，确保欧元稳定性；欧盟27国在就业和社会保障的部分领域进行收缩	在边境管理、庇护政策和反恐事务上的合作更加系统化	在所有的外交政策事务上，欧盟用同一个声音说话；建立欧洲防卫联盟（European Defence Union）	对欧盟预算进行重新设计，以适应欧盟27国新的工作重点	最初很难就优先级任务或要舍弃的任务达成一致意见；一旦达成了，决策可能更容易理解；在能够发挥更大作用的领域，欧盟行动更快速、更果断

（三）应对措施

（1）欧盟电信管理机构（European Telecoms Authority）有权力释放跨境通信服务的频段，比如欧洲境内互联汽车使用的频段。该机构作为监管方，保护欧盟境内移动用户和网络用户的权利。

（2）建立新的欧洲反恐机构，对嫌犯进行系统性的标记跟踪，防止欧洲城市遭受严重的恐怖主义袭击。国家警察机关能轻易进入欧洲数据库，获取罪犯的生物识别信息。

（3）欧洲边境及海岸警卫队全面接管外部边境的管理工作。

（4）薪资、社会立法和课税水平在各个国家仍然大有不同。

（5）被汽车制造商误导的消费者可以依靠欧盟制裁此类企业并获取相关赔偿。

（6）依靠一个功能完善的欧洲卫星系统，农民可以获得负担得起的实时天气数据和农作物管理数据。

五、抱团做更多

欧盟决定在所有政策领域抱团做更多。在这个设想中，有这样一个普遍共识——不管是现今的欧盟27国，还是欧洲国家作为一个个单独的个体，都不足以应对时代的挑战。因此，各成员国决定在联盟内部分享更多的权力、资源和决策。

因此，成员国之间的合作前所未有地深入方方面面。同样，欧元区得到巩固，人们清楚地认识到，不管其他措施如何有利于成员国，统一货币对所有成员国都有利。在欧盟层面，决策能够更快制定并得到快速执行。

也就是说，到2025年：在国际舞台上，在贸易领域，欧洲作为一个整体发声和行动；在国际论坛上，欧盟拥有一个代表席位。欧洲议会（European Parliament）在国际贸易协定上拥有最终话语权。防务和安全将成为重点工作。作为北约组织的完美互补，欧洲防卫联盟得以建立。安全合作定期开展。欧盟27国继续引领对气候变化的全球性行动，继续加强其作为全球最大的人道主义和发展援助方的作用。

欧盟采取广泛的外交政策，加强在移民事务上多管齐下。欧盟与其周边国家乃至其他国家日益密切的合作和日益增长的投资有利于增加经济机会、管理合法移民和打击非正规移民通道。

欧盟27国有强烈的雄心在能源、数字和服务领域完成单一市场功能。得益于在创新和研究方面的联合投资，一些欧洲版的“硅谷”开始出现，“硅谷”内聚集了大量的风险投资公司、创业公司、大型公司和研究中心。资本市场完全一体化，为整个欧盟地区的中小型企业和大型基础设施项目调集更多资金。

在欧元区，同时也在有意愿加入欧元区的国家，财政、社会和征税事务上的协调合作大大加强，欧盟对金融服务的监管也更加有力。欧盟提供额外的金融服务，促进经济发展，应对来自不同地区、不同经济部门和不同国家的危机。

（一）利弊分析

欧盟层面的决策权力更大、决策速度更快。欧盟法律直接赋予公民更多的权利。但是，社会上仍然有可能存在一部分“离群分子”，他们认为欧盟缺乏合法性，或者认为欧盟从成员国政府手中拿走了太多的权力。

（二）政策影响

表5 “抱团做更多”政策影响

单一市场和贸易	经济和货币联盟	申根、移民和安全	对外政策和国防	欧盟预算	兑现能力
标准得到协调并更有力地执行后，单一市场得到巩固；贸易则仅仅由欧盟层面处理	如同2015年6月发布的《欧盟“五总管”报告》（*Report of the Five Presidents*，欧盟机构的5位最高“总管”——欧盟委员会主席容克、欧洲理事会主席图斯克、欧元集团主席迪塞尔布洛姆、欧洲央行行长德拉吉以及欧洲议会议长舒尔茨联合发布的《完成欧盟货币与经济联盟》——译注）所展望的那样，经济、金融和财政联盟得以建立	如同“少但高效”设想中的那样，在边境管理、庇护政策和反恐事务上的合作更加系统化	如同“少但高效”设想中的那样，在所有的外交政策事务上，欧盟用同一个声音说话；建立欧洲防卫联盟	凭借自己的资源，欧盟预算大幅增加并现代化；欧元区财政稳定作用更具可操作性	欧盟层面的决策更快，执行力更强；一部分人认为欧盟从成员国手中拿走了太多的权力，并加强问责

（三）应对措施

（1）欧盟积极促成贸易协议的达成。欧盟代表27个成员国发起、协商并迅速批准贸易协议。

（2）欧盟范围内的规则得以建立，欧盟相关机构严格执行这套规则，因此，民众能够在全欧洲范围内自由使用互联汽车。

（3）如果民众想要在当地一个由欧盟资助的风力发电项目上有发言权，他们很难找到相关的负责机构。

（4）在某些国家，欧盟大使馆取代了成员国的大使馆，在境外的欧盟公民可获得欧盟各大使馆的领事保护和帮助。非欧盟公民想要入境欧盟，则可通过同样的网络申请签证。

（5）欧洲稳定机制（European Stability Mechanism）取代欧洲货币基金（European Monetary Fund），该机制由欧洲议会控制，肩负起支持欧洲投资银行（European Investment Bank）的新功能，同时为第三代“容克计划”（Juncker Plan，欧委会主席容克2015年宣布的欧盟基础设施投资计划——译注）筹集资金，促进全欧洲范围内的投资。

原文标题：White Paper on the Future of Europe: Five Scenarios for Europe by 2025

亚洲地缘政治的四个方面

选自《印度智库观察家研究基金会报告》2017年5月
亚伯海杰南·莱杰（Abhijnan Rej）
游海平/译

一、摘　　要

随着全球地缘政治进入一个多极时代，有必要评估两极时代的战略思想对处理国际关系是否仍然有效以及有多大效用。冷战时期有一个非常著名"战略三角"概念，本期《时政报告》继续沿用这一概念，并把它引用到21世纪亚洲的"大国四面体"的表述中。作者阐述了"大国四面体"这一概念，并研究了4种战略三角关系，包括印度、中国、俄罗斯和美国，它们构成了大国四面体的4个面。

二、前　　言

2017年，俄罗斯和印度举行了庆祝建立外交关系70周年的活动，而此时国际政治正经历剧烈的动荡。这种剧烈动荡是由国内政治和全球地缘政治再平衡引发的。这让许多人开始质疑西方主导的自由国际秩序的未来。在关于旧模式消亡后将出现何种新模式的正规学术讨论中，产生了一种被称作"后西方秩序"的学说，这一学说谈及的新秩序是由自利的、重新兴起的大国构成。例如，俄罗斯外长谢尔盖·拉夫罗夫（Sergei Lavrov）在2017年慕尼黑安全会议上发表讲话时说：这是一个国际秩序演变的新时代，各国力求将自己的国家利益放在所有其他人所关心的问题之上。

因此，一位富有同情心的国际关系理论家把拉夫罗夫解读为现实主义的代言人。俄罗斯通过使其自身安全或势力最大化来进一步扩大本国利益。现实主义者认为这是“后西方秩序”的前提。但在本质上，这并不是什么新东西。实际上，现实主义者认为，各国一直都是这样做的。这并不是说国际体系的结构妨碍了任何形式的合作。事实上，在国际关系中，即使在无政府状态下，合作关系也可能会自然而然地形成，这是现实主义的基本前提。一个典型的例子是20世纪60年代后期和70年代的美国—中国—苏联的战略三角关系，那时正处于冷战时期。

当世界走向多极化体系时，“多中心”可能是一个更恰当的描述。这自然产生一个问题：战略三角关系在多大程度上可以作为国际关系分析的理论基础？更深层的问题是：一个用于地缘政治分析的常用比喻，比如三角形或者两极，甚至是像亚太安全“四方形”，这些多边形结构在分析国际关系上仍然有用，但我们是否应该用更精确的、更形象的专业术语取代它们？如果是后者，那么又有一个相关的问题：在这个多中心、国际秩序重组的新时代，这些新的、形象的、机械几何图形的比喻，能在多大程度上解释关键国家的行为？本期《时政报告》尝试探讨这些问题的初步答案。笔者专门绘出了一种新的几何图形，使亚洲主要大国的战略三角关系更加形象生动：4个三角形“粘”在一个大国四面体上。

三、战略三角形：一个简缩的背景

战略三角形的提出与美国战略家亨利·基辛格（Henry Kissinger）有密切的关系。基辛格指出：关于中国问题的思考中，哈里·杜鲁门（Harry Truman）的国务卿迪安·艾奇逊（Dean Acheson）的思想就隐含了战略三角形的想法。作为理查德·尼克松（Richard Nixon）的国家安全顾问，基辛格对三角外交的主要目标很清楚：“我们与可能对手的关系应该如此……我们对这两者的选择权总是大于它们对彼此的选择。”

虽然文献中对三角形国际关系的非正式描述很常见，但对战略三角形的特征描述和分析的文章却寥若晨星。这里有一篇迪特莫（Dittmer）的论文，他对战略三角的特征有形象的描述：这是“三个玩家之间的一种交易游戏”，游戏玩法比传统的游戏规则更复杂。他认为，交易可能赚钱也可能亏钱（就价值而言），可能是平等的，也可能不平等（就平衡性而言）。因此，有4种交易可能，分别描述在价值和平衡方面的正负关系。三角形的每一条边（一段双边关系）要么是正相关，要么是负相关，有一个特定的不对称方向。

迪特莫指出，这些变量构成三种不同类型的战略三角关系。第一种是“家庭三角形”战略三角关系，由平等友好的双方和第三方组成，三方之间关系友善。第二种是“浪漫三角”战略三角关系，由一个主体和两个客体组成平等友好的三角关系。在所有三名参与者中，主体与两个客体之间保持友好关系，但两个客体之间有敌意。第三种是“稳定合作”战略三角关系，由亲密无间的双方和第三方组成，与第一种战略三角不同的是，双方都对第三方有敌意。

四、大国四面体

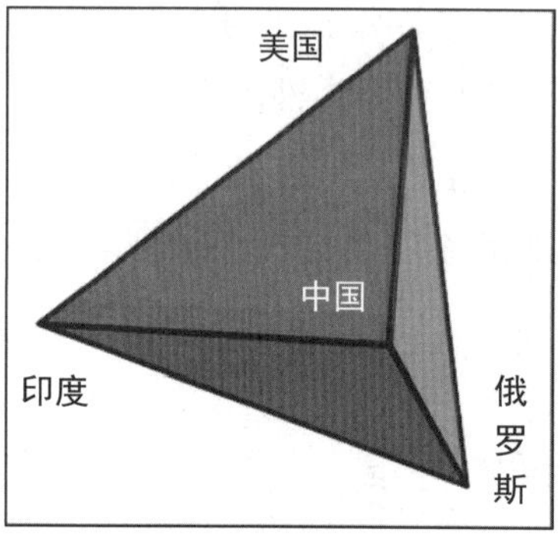

图1　大国四面体

在三维空间中，四面体是最简单的形状，其他形状最终可以分解为四面体。从数学上来讲，四面体存在于三维空间中，有4个顶点、4个面和6条边。大国四面体由以下部分构成（参见图1）：

（1）顶点：美国、中国、俄罗斯和印度。

（2）边：双边关系，既是合作的，也是对立的。

（3）面：战略“三角形”。

点（1）和（3）需要特别说明。要将这四个国家作为顶点，而不是其他国家，如日本或德国。还有一点需要明确说明：这些面是否的确构成了前面一节所讲的战略三角形以及它们所处的条件。这要通过了解前面所讲的概念和最近形成的这些三角关系的历史来完成。

顶点国家的选定源于实践和概念上的地缘政治因素。实际的原因如下：根据众所周知的预测，到2050年，中国、美国和印度将分别成为世界上最大、第二大和第三大经济体。在这些国家，权力可以顺利进行单向交接，这也会成为这些国家的优势。2017年，美国仍是世界上最强大的军事强国；中国的军事实力正在上升，这一点毋庸置疑；印度仍然是一个相对开放的国家；考虑到俄罗斯的经济发展历史，选择俄罗斯做顶点国家稍微有些争议，但它很可能仍将是世界上一个重要的军事大国，尽管它目前还处于一种“混沌状态”。到2050年，俄罗斯预计将成为世界第六大经济体，虽然这根本不可能使它成为一个举足轻重的经济强国。除了经济方面的考虑之外，这四个国家都是核大国，这四个国家都有重要的人口资源，而且这四个国家占据了全球可居住土地的很大一部分。

最后，还有一点理由可以把这四国选为顶点国家。这四个国家都是欧亚大陆事务的主要参与者（美国通过其长期的威慑和历史上对欧亚国家所承担的义务来参与欧亚事务）。在分析地缘政治的时候，麦金德（Mackinder）总是把欧亚大陆放在最前面，置于任何国际体系分析的中心位置。在麦金德的语言表述中，俄罗斯是“轴心”，中国和印度是“内月牙形”，而美国则是“外月牙形”。这四个国家未来的相互作用，将在很大程度上决定欧亚大陆的未来，以及“内外月牙形”与“轴心”之间的力量强弱。

在这一“大国四面体”上，它的四个面（如图1）由以下国家构成：（1）俄罗斯—中国—印度；（2）美国—中国—印度；（3）美国—中国—俄罗斯；（4）美国—印度—俄罗斯。需要重点强调的是：这些三角关系的呈现不是用基辛格的那种概念描述的方式，而是用一种一目了然的几何图形的形式。它们是否符合迪特莫所描述的三种典型的战略三角关系模式，仍有待验证。

五、亚欧地缘政治的四个面

（一）俄罗斯—印度—中国

俄罗斯—印度—中国的战略三角概念有俄罗斯的渊源。在1998年12月，俄罗斯外交部长埃瓦解尼力·普里马科夫（Evgenii Primakov）在新德里发表了这一观点。在普里马科夫的构想中，莫斯科、新德里和北京之间的战略伙伴关系将成为美国单极时代世界力量平衡的一种关键方式。当这个战略三角关系被人们所熟知时，俄罗斯—印度—中国就形成了政治“金砖国家”的核心。

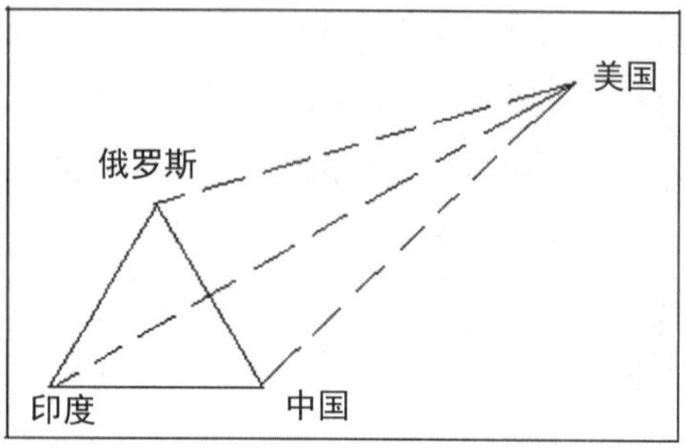

图2 美国成为四面体的顶点

潘特（Pant）认为：三个国家之间双边关系的重要性远低于这三个国家各自与美国的关系。普利马科夫也认为，从概念上讲，如果俄印中战略三角形要想与美国保持力量“平衡”，那么每个国家必须考虑其他三角战略的问题，美国就会成为四面体的一个顶点。换句话说，必须考虑到“大国四面体”的情况（图2应该有助于理解这种情况）。

我们可以用迪特莫的术语来描述“俄罗斯—印度—中国”三角关系运行的历史轨迹：到冷战结束为止，三国之间形成了一种“稳定合作”的战略三角关系。普里马科夫是想要在这三个国家之间建立一个“浪漫三角”战略三角关系。但目前，很难用迪特莫的术语来对俄罗斯—印度—中国三角关系进行归类。

（二）美国—印度—中国战略三角关系

如果俄罗斯—印度—中国三角形是一个典型的麦金德结构——涉及欧亚大陆中心地带和内月牙形（印度、中国）的陆权——那么美中印三角就是一个教科书式的蔓哈尼（Mahanian）故事。印度战略专家莫汉（Raja Mohan）在最近的一本书中探讨了这一问题。莫汉所讲故事的主要内容是一个经典的安全困境，在印度洋和太平洋的支配权问题上，中国和印度之间可能会出现一种两难的局面。在莫汉的叙述中，美国就像印度教神话故事《搅乳海》（*Samudra Manthan*）中的神明一样，将在很大程度上决定该地区的力量平衡，“搅乳海”的字面意思是“翻腾的海洋”。

因此，美国—印度—中国战略三角的形成是意料之中的事情。自21世纪初以来，美印关系好转，尤其是在军事合作领域。随着美国新一届总统的选出，必须密切关注唐纳德·特朗普如何处理中美关系，以及如何把印度作为主要的海外平衡器，看他如何发挥这一平衡器的具体作用。自2017年1月就任总统以来，特朗普未能阐明南亚政策和印度在这方面的作用。但蔓哈尼的印度洋—太平洋地缘政治学表明，用迪特莫的专业术语来说就是：美国—印度—中国之间的战略三角关系是美国和印度之间“稳定合作”，中国成为第三方。

（三）美国—中国—俄罗斯战略三角关系

在国际关系理论中，最受关注的是美国—中国—原苏联的战略三角关系，它导致了美国和中国在1972年达成了双方之间的友好关系。1969年理查德·尼克松当选为美国总统，入主白宫。通过把中国拉向美国一方，尼克松想平衡中国与苏联的力量（这在过去是被低估了），同时获得一个有利时机解决美国在越南的困境。基辛格在回忆录中指出："1969年苏联与中国的关系变化意味着苏联将与中美两国在两条战线上保持紧张关系……苏联将会与美国探讨两国问题的政治解决方案，特别是如果我们成功地打开与中国的关系……"

战略三角关系的行为不是静态的，会随时间变化。迪莫特指出，在1949—1960年，苏联和中国处于"稳定合作"关系，而美国是第三方。然而，在1970—1978年，继尼克松—基辛格的三角外交之后，这种三角关系演变成了"浪漫三角"，美国成为"主体中心"，苏联和中国变成了客体参与者。

许多人都听说过这样的说法：唐纳德·特朗普是理查德·尼克松的影子——这并不一定是一种恭维。然而，如果特朗普计划美俄关系"重启"，就会出现另一个潜在的战略三角关系，这样就会改变俄罗斯和中国的角色。俄中是友好合作的，被称为"互利"关系。美国当然对这一关系有很大影响。迪特莫指出：显然，俄中关系的内在驱动力是"它的地缘政治作用大于美国这样的超级大国"。

罗（Lo）对布热津斯基（Brzezinski）的"大棋盘"国际关系是认同的，他于2008年指出："完美的方案是美国和中国将俄罗斯视为对抗其他国家霸权野心的重要合作伙伴。"考虑到弗拉基米尔·普京对他竞选总统的支持，许多人怀疑特朗普在就任总统后会使俄美关系升温。然而，事实并非如此。特朗普将美俄关系形容为"有史以来的最低点"。特朗普对北约的重新承诺，以及他对叙利亚进行军事打击的决定，使美国在不久的将来有可能重新调整俄罗斯与美国的关系。

（四）美国—印度—俄罗斯三角关系

在特朗普当选总统后不久，印度外交部长指出，考虑到印度、美国和俄罗斯的关系，"美俄关系的改善并不违背印度的利益"。这一声明隐含着这样的意思：用迪特莫的术语来说，就是希望美国—俄罗斯—印度战略三角从"浪漫三角”模式进入“家庭三角形”模式。事实上，印度在寻求一个多极世界的过程中，它已经与两个国家进行了合作，即使俄罗斯与西方的关系远谈不上友好。例如，在2014年克里米亚事件之后，印度拒绝排斥普京，并与其他金砖国家一起抗议澳大利亚提出的因俄罗斯的不妥协而取消俄罗斯G20资格的建议。印度也（含蓄地）支持俄罗斯在叙利亚问题上的立场，同时继续深化与美国的军事合作。然而，莫斯科仍是印度最大的武器供应国，2012—2016年，俄罗斯占印度武器进口总额的68%。

从莫斯科的角度来看，当俄罗斯的重心转向亚洲时，它应该与印度接触，使印度在某种程度上成为一个“转向中国”的国家。俄罗斯和印度的关系仍然相当不平衡，经济贸易方面的关联度很低：2016年，印度贸易总额中只有1%是与俄罗斯的贸易；印度占俄罗斯贸易总额的1.2%。相比之下，美国和印度在同一年的商品和服务贸易总额为1 148亿美元。即便是在双方关系良好的军事领域，巨额的收购成本也抑制了印度收购俄罗斯高端武器平台的热情。俄罗斯决定在2016年与巴基斯坦举行联合军事演习——这意味着“中国—巴基斯坦—俄罗斯”三国合作可能形成——这将明显增加印俄关系的压力。如果这些战略模式继续得到强化，在美国—印度—俄罗斯三角关系中，美国将会向印度和俄罗斯提供更多的援助（尤其是如果美俄关系真的重启的话），这可不是它们之间彼此平等的商品贸易行为。决定这种战略三角模式的关键因素可能是中国。

原文标题：The Four Faces of 21st—Century Asian Geopolitics

G20与《2030年可持续发展议程》——怎样加强政策一致性和问责制

选自《德国国际政治与安全研究所报告》2017年5月
玛丽安·拜斯海姆（Marianne Beisheim）
张关林/译

在中国担任主席国期间，在2016年的杭州峰会上，G20通过了《2030年可持续发展行动计划议程》。2015年联合国大会期间，各国首脑签署了《2030年议程》。2017年，德国是G20轮值主席国，正在计划对G20的《行动计划》进行“汉堡更新”。G20的哪些贡献可以推动实现雄心勃勃的《2030年议程》？G20和联合国的程序，尤其在政策一致性和问责措施方面，如何才能接轨？

G20自称是“发达和新兴的主要国家在金融和经济问题上的国际合作论坛”。研究界认为，这种俱乐部治理形式能够更快、更有效地行动。同联合国这样的多边组织相比，这类俱乐部的成员数量有限，着眼于特定问题，行动比较灵活，因为没有那么多死的制度。因此，G20应该能凭借雄心勃勃的多方承诺来充当先驱。由此可见，G20能够找到政治解决方案，能够调动财政资源或其他能力。

一、G20的可持续发展行动计划

在2016年G20通过的《2030年可持续发展议程行动计划》中，宣布的目标是把“2030年议程”的工作同17个可持续发展目标结合起来。G20的成员是19个重要的工业化国家和新兴国家，以及欧盟。在实现可持续发展方面，这些国家无疑是重要的行为者。它们不仅代表了世界上近2/3的人口，还代表全球GDP的4/5，代表全球贸易的3/4，以及全球二氧化碳排放的约80%。

G20在“行动计划”中宣布，G20要产生附加值，作为全球经济合作的论坛尤应如此。也就是说，要通过帮助调整宏观经济框架，为可持续发展创造一个良好的全球环境。

遗憾的是，这个指导原则在《行动计划》的其他方面没有发挥足够的作用。G20为15个可持续发展领域——如增长、贸易、投资或基础设施建设等——在个体和整体层面勾勒出了要作的贡献和落实的措施。然而，现有G20对每一领域的战略和承诺，究竟在多大程度上促进了可持续发展，是否至少作出了相应的修订，这并不总是十分清楚。此外，G20的承诺不应只关注G20的发展政策，还应致力于G20各国内部落实《2030年议程》的问题。

此外，中国担任主席国期间起草的G20行动计划，在很大程度上强调了创新、行业革命和技术解决方案。要真正转向《2030年议程》，G20还需要确立监管制度，用一种迄今为止最为兼顾各方的方式，来处理可持续发展在经济、环境和社会维度之间出现的相互冲突的目标和利益。

二、提高政策一致性

值得欢迎的是，《行动计划》已被创建为“活文件”，即每个G20主席国都可以也应该继续推进的文件。在G20的集体努力方面，主席国德国应确保所有G20战略和承诺都与《2030年议程》和可持续发展目标相一致。为了实现这一目标，每个G20进程都可以将系统性的可持续性检查纳入工作流程。重点应该是调整世界经济的规则，包括金融市场和国际贸易。正因为联合国没有能力干预这些政策领域，所以G20就可通过活动产生真正的附加值。归根结底，宏观经济政策始终是落实可持续发展计划的关键框架。

例如，为实现这种一致性，G20的“经济增长工作组”就必须修订“强劲的可持续的平衡增长体制”。在2016年的“问责评估”中，“可持续增长”与“持续增长”相提并论了。但是，如果仅仅坚持增长原则，主张放松管制和支持私营部门参与，并不会产生所希望的向可持续发展的转变。尽管评估解决了可持续性的社会问题，但生态问题只有一句话提到，也仅仅作为结构改革的一个选项被提及。

三、G20问责机制

2010年，G20就发展计划达成一致，并成立了“发展工作组”（DWG）。自2012年以来，工作组一直在讨论2014年正式采用的发展政策承诺的问责框架。工作组每3年撰写一份《综合问责报告》《年度进度报告》加以补充。年度报告递交给协调人，重要报告也提交给各国首脑。迄今为止，工作组共发布了两份《年度进展报告》（2014年和2015年）和两份《综合问责报告》（2013年和2016年）。自2013年以来，这个程序得到工作组“问责指导委员会”（ASC）的支持，委员会对如何进一步发展问责机制也提出了建议。

根据G20行动计划的推论，关于G20集体工作的未来问责报告，不能再单独跟踪G20的发展承诺，而要始终包括所有有关可持续发展的相关政策。因此，报告就需要以所有相关的G20进程和工作组的输入和反馈为基础。观察G20工作组的名单——农业、反腐败、发展、就业、增长框架、金融包容性、绿色金融、保健、国际金融架构、可持续性/能源和气候、贸易与投资、数字经济等——很明显它们都是相关的，所以应该使它们的工作同《2030年议程》及其变革目标结合起来。协调人和G20工作组需要在各自的政策领域，为落实行动计划承担责任。这不仅适用于协调人路线的工作小组，也适用于重点在财务和增长、投资和基础设施上的金融路线的工作组。

因此，在《行动计划》附件A中阐述的指令，赋予工作组的全面协调任务远远超出了以前的指令。所以在《行动计划》和《2016年杭州综合问责报告》中，二十国集团要求在各种G20进程之间进行有效分工，如“信息双向交流”。为了有效地刺激行动，G20必须提供更强有力的政治指导和激励措施。除了建立有效的合作形式外，还要考虑重新组织工作组。鉴于工作组授权的扩大和新的协调角色，可以将自己重新命名为“可持续工作组”（SDWG）。

四、G20各国的实施情况

《行动计划》附件B含有各国自愿说明它们落实“本国行动议程”情况的

国家报告。迄今为止，这些报告都相当简短，因此提供的信息很有限。报告没留有相互学习和知识共享的空间，也不为相互问责提供坚实的基础。因此，报告必须有可供分析的深度。但至少那些关键国家也已经提交报告了。不过，G20是否打算继续提供国家报告？如何提供？目前尚不清楚。

不管怎样，不断声明要在每年联合国的可持续发展高级别政治论坛（HLPF）上进行国家自愿评估（VNRs）是没有意义的。相反，主席国德国应努力说服所有G20成员国，到2018年要积极参与高级别政治论坛的“国家自愿评估”，在2030年之前要进行3次。然而，一些G20成员国在这个问题上并没有多少热情。7个成员国尚未登记参加“国家自愿评估”（澳大利亚、加拿大、俄罗斯、沙特阿拉伯、南非、英国和美国）。因此，要在必须由共识所决定的最后宣言中做出这样的承诺，是很困难的。但是，G20和联合国进程的宽泛结合可能会有所帮助，这样不仅可以使报告相互补充，而且还能一以贯之地落实《2030年议程》。

G20应继续利用国家报告，以便更好地跟踪G20《行动计划》在各国的落实情况。问责指导委员会可以起草合适的指导原则。指导原则应确保国家报告着眼于G20的核心问题。考虑到可持续发展的经济、环境和社会层面问题的宏观经济措施，这应该成为核心领域。指导方针也可要求G20各国在报告中谈及问题和权衡交易，尤其当这些问题与其他国家有关的时候，更要谈及。报告的重点不应该仅仅放在G20国家的发展合作上，应该始终考虑各国政策的跨境效应。

五、撰写报告

最后，G20必须写出报告，并在主席国变化的情况下连续撰写报告。一种做法是定期对报告的结论进行同级对话。这些举措应该发生在领导层，因为协调人位置最有利于观察G20工作流程的政策协调性和一致性。

G20可以在选定的课题上进行更详细的同级评审。这可以参照在2013年确定的关于合理使用、逐步淘汰低效的化石燃料补贴的自愿性同级评审。第一批自愿参与这一同级互评的国家是美国和中国，其他国家也打算效仿。这一结果在2016年的G20峰会上得到讨论，许多观察人士认为这样做很有用。

根据工作组和《综合责任报告》的要求，这样的同级对话和评审也应该考虑非G20国家和其他权益方的看法。例如，地区组织代表和社会权益方代表作为客人参与了筹备G20峰会的过程。为了回应对G20参与性有限及透明性和合法性的批评，G20建立了各种专题对话论坛，如二十国的企业、劳工、民事、妇女、青年、科学和思想论坛等。G20如果能让权益方有机会对其问责报告发表评论，就可以增加对话的重要性。还可以请权益方介绍它们自己的报告。例如，多伦多大学在定期汇编一份关于G20国家承诺的某些措施的达标报告。

六、G20能冲在前沿吗？

主席国德国在其网站上肯定地指出："G20保证冲向前沿，树立一个积极的榜样。" 这就是我们对俱乐部治理的期望。然而，现实政治的怀疑论还是引发了一些担忧：G20目前是否有资格充当先锋俱乐部？是否能对其《行动计划》进行志向远大的"汉堡更新"？为什么特朗普或普京、莫迪或埃尔多安应该在G20支持进步立场？

G20的一个优势是同伴压力的增大。G20是由意愿联盟走到一起的，所以主席国德国能说清楚的是：联合宣言和行动计划，只能代表一个由各国自己利益所决定的最小共识，并不足以使G20带头实现各国首脑在2015年批准的"变革世界"(《2030年议程》的标题)的目标。

原文标题：The G20 and the 2030 Agenda for Sustainable Development

欧洲外交政策与欧盟治理危机

节选自《英国皇家国际事务研究所报告》2016年11月
安格拉斯·克雷索格拉斯（Angelos Chryssogelos）
张　铎/译

一、概　　要

2009年以来，欧盟所面对的危机主要是以下三场：欧元区危机、难民潮和英国脱离欧盟，三场危机的背后反映出欧盟在跨政府治理方面出现了一个整体性的危机。内部治理的局限性加上不断变化的国际和地区局势，使欧盟在贯彻外交政策时捉襟见肘，在处理外部挑战和邻国关系时缺乏效率。

治理危机对以下几个方面产生了负面影响：欧洲议会（European Council）被施加了不恰当的压力；欧盟内部事务的消耗损害了政治精英们对外交政策议题的关注；日益反对介入外部事务的政治氛围和公共舆论环境；用于参与国际事务的资源减少；以及各成员国国家利益的商业化。

欧盟的治理困难混合着各成员国对自身国家目标的高度重视及成员国之间逐步下降的信任度。虽然各成员国依然重视欧盟的价值，并力图通过欧盟将自身利益最大化，但各国往往只会关注一些具体问题。

为应对局势的发展，欧盟亟须改变其外交政策的制定程序，找到将长期战略性辩论纳入欧洲议会审议程序的途径，并将其建立在专业化的基础上，以使各成员国均可以提出见解，使之不断丰富和多样化。

同时，要进一步明确并划分欧洲议会和欧洲对外行动机构的人员构成。

前者应作为欧盟外交事务的主要执行者，而后者则是欧盟政治权威的基本贯穿轨迹。

在英国退出欧盟后，欧盟需开辟新的渠道，在相关外交议题上与英国保持沟通。

二、前　　言

欧盟内部长期危机的出现恰好遇上了欧洲外交政策的一个重要里程碑：2009年，《里斯本条约》(*Lisbon Treaty*)正式生效，根据该条约，欧盟将设立外交和安全政策高级顾问(High Representative of the Union for Foreign Affairs and Security Policy)和欧洲对外行动机构(European External Action Service)，用以负责欧盟的所有外交事务。同一年，欧债危机爆发，多个欧元区国家濒于破产，以至于欧盟不得不进行紧急援助，并要求这些国家实施紧缩的货币政策和内部改革。但救助却造成了分裂，债权国和债务国、北欧国家和南欧国家之间的裂痕日益扩大，从而导致整个欧盟在贯彻外交政策时变得有心无力，而与此同时，欧盟却希望将自身打造成为一个行动高效、目标清晰的全球性行动体。

欧盟在2015年的夏天才勉强处理了希腊脱离的危机，难民危机又接踵而来，考验着申根协议(The Schengen)所规定的申根区公民拥有自由行动权利的可靠性，并威胁着欧盟各成员国的团结。这一次，新的分裂在欧盟的边缘国家和中心国家、西欧和东欧之间产生。仅仅一年之后，英国的退出让欧盟危机达到了高潮：这是欧盟内部第一个进行全民公投，并作出退出欧盟决定的国家。

这一系列的危机并没有改变欧盟各成员国力图就欧盟外交政策达成一个基本共同框架的努力。但是，如今欧盟正面临着跨政府治理危机的挑战，这使得欧盟在取得一个更加高效、更加一致的外交政策时困难重重。各成员国虽然也有维持欧盟外交政策框架，并利用其实现自身国家利益的意愿，但仍然因某些外交政策没能直接支持或反映自身的利益诉求，而大幅度缩减了操作空间。

本报告将对跨政府治理危机做出定义，并总结归纳出跨政府治理危机对欧盟外交政策造成的五点影响：欧洲议会被施加了不恰当的压力；欧盟内部事务的消耗损害了政治精英们对外交政策议题的关注；产生了一种日益反对介入外部事务的政治氛围和公共舆论环境；用以参与国际事务的资源减少；以及各成员国国家利益的商业化。上述这一切都令一个混合着各个国家自身外交政策的欧盟公共外交框架难以建立。

本文首先介绍了欧盟近年来取得的若干政治成就，特别是在处理与周边国家关系方面的成绩，请注意，本文所指的周边国家不仅仅是欧盟外交政策所指向的国家，也包括那些对欧盟外交战略拥有较大影响力的国家，比如俄罗斯，或者以土耳其为代表的与欧盟有着长期政治纠葛的中东国家。之后，本文将介绍影响欧盟制定和实施外交政策的政治背景以及这些政治背景的发展变化过程，及其在欧盟各成员国跨政府互动中的呈现方式。最后，本文将总结并提出多种较为务实的途径，以使欧盟在形成和贯彻外交政策时更加高效，并减轻欧盟各成员国目前面对的挑战。

三、现　　状

远在欧元区危机发生之前，欧盟的外交政策就被世人形容为小心翼翼的妥协和缓慢的决策。一方面，每个成员国都认为外交政策要最大限度地体现本国权威，这导致每个国家都热衷于体现自己在整个欧盟外交中的独立性。当每一个成员国都在扩大和丰富本国的国家利益、政策偏好、优先事项和战略传统时，欧盟内的关系就会变得错综复杂。

但与此同时，欧盟各成员国也认识到了合作提升欧洲整体实力、实施一个统一的外交政策的价值。当欧洲成为一个整体时，欧盟的外交政策将是一个把各成员国的国家利益纳入中心的过程，其目标是管控猜疑和对抗，以在最大限度上享用合作带来的成果。《里斯本条约》所规定的外交政策正是通过协调各成员国的政策决策路径，从根本上使各成员国间的合作更加高效。然而，欧盟践行其外交政策的实践表明，这一宏伟的目标还远远没有达到。

自2010年以来，欧盟的外交政策，特别是针对周边国家的外交政策可谓是一片混乱。“阿拉伯之春”期间欧盟在政治上和战略上的毫无作为已经证明了这一点，唯一的一个例外是欧盟在2011年参与了对利比亚的军事打击，但这也不是由欧盟直接主导的行动。在乌克兰危机中，欧盟一度发挥了重要作用，但由于缺乏与俄罗斯打交道的长期实力和战略性思维，反而给危机火上浇油。总而言之，欧盟给人留下了这样一个印象：不同的政治实体表达着不同的声音，在最后一刻才取得了一致，即便是在决定延长对俄罗斯的制裁这样少数几个成功的案例中也是如此。

这种不足更多地源于欧盟的外交政策在传统上的脆弱性，《里斯本条约》只不过是暴露了其中的一部分而已。欧元区危机和难民潮反映了欧盟各国采取共同行动时的局限，它不得不完全依赖于各成员国政府自发的合作。自20世纪90年代起，自愿合作就是欧盟内部的主要运作模式，这造成的结果是，在货币政策或者公民自由行动等领域内，精致的路线图成了政策决策机制的基础，而在处理外部冲突时，这样的决策机制明显就不管用了。

另一方面，更准确地说，是一个整体性危机而不是多个危机性事件造成了今天的局面，这个整体性危机就是欧盟的跨政府治理模式，该模式深度依赖于各成员国的合作行为，但忽略了建立一个共同的政治愿景、一条清晰的决策路径和立法来源。

目前，欧盟缺乏管理公共财政债务和平衡内部财政赤字的能力，这导致欧元区内的危机处理机制沦为跨政府间的讨价还价，其处理结果完全取决于各成员国之间的实力差距，与之类似的是，申根区的设计也是基于各成员国政府间的合作行为，而不是一个强大的超国家机构。正是欧盟内部不愿合作的传统，导致难民危机爆发后，各成员国无法在难民的分配和安置等问题上达成一致，也没能与土耳其就控制难民和西巴尔干走廊（Western Balkans corridor）的管理等议题进行协商。也正是由于缺少一个各国都应遵守的核心救济政策用于安置难民，难民危机最终演化成了对欧洲不同国家的考验。

在《马斯特里赫特条约》（*Maastricht Treaty*）签署生效后，欧盟内部的政策整合与决策就极度依赖于成员国之间合作的深度和各国政策的相互协调，这使得欧洲议会逐渐成了“欧盟的政治执行者”。欧洲议会作为欧盟各国跨政府行为的竞技场，理应为欧盟所有外交和安全政策的方向负起总责，但当面对着诸如欧元区危机以及之后的难民危机时，欧盟的外交政策又极易面临种种压力，塞基欧·法布里尼（Sergio Fabbrin）认为这源于各成员国间“不同国家的特点和国内选举前景”以及“对比和变化的偏好”。

虽然，欧盟外交政策的机构化合作程度要低于欧元区内的状况，但跨政府治理危机依然会在以下两个方面影响欧盟外交政策的实施效率，它们分别是：各成员国的合作意向，各国或国家集团对欧盟的忠诚度。鉴于任何一项政策的达成与实施均依赖于各成员国间的平衡与协商，即使外交政策与其他政策之间没有直接的联系，欧盟内的治理危机仍然对其拥有潜在的影响力。

四、结论：来自过去的阴影

2009年以来，欧盟在种种挑战面前笨拙的表现可以被视为在跨政府治理方面出现了一个整体性的危机。各成员国间政策互动和协调的两个结果便是欧元区和申根区的成立，与欧盟在外交政策方面的跨政府治理状况相比，欧元区和申根区并没有太多的区别。更广泛的现象是，欧元区危机和难民潮通过多种途径互相影响和强化，最终共同对欧盟的外交政策造成一系列的后果。

在许多情况下，欧盟对难民潮束手无策的表现可以回溯到解决欧元区危机时所欠下的账。正是欧盟没有对诸如难民危机等加以重视，这显然表明，近5年来欧洲的政策制定者已被彻底瓦解的政治秩序所包围。此外，欧洲经济的下滑也对难民危机的爆发起到了非直接性的影响，在欧盟减少对联合国驻中东地区办事机构的资金支持后不久，难民就蜂拥而至了。

同样的是，我们也准备在此就欧盟提高其战略判断水平提出若干条建议，从而协助欧盟对类似的危机做出预判。各国的政治领袖应该把更多的时间花在动荡的中东局势上，而不是去参加各种各样的会议和论坛。欧盟应鼓励毗邻中东的欧洲国家率先投入国家资源解决危机，并将事件的发展态势和未来可能出现的挑战告知欧洲其他国家。欧洲对外行动机构则需要配备更好的条件，以应对紧急状况、制定预案及当欧盟周边国家发生危机时积极介入。

从长远看，难民危机对欧盟超国家治理的执行力度，特别是在政策制定者和大众政治的交流互动上造成了负担。这使得各成员国政府在对欧盟共同外交政策框架这一提议表示默许的同时，社会公众却将其视为一种不应承担的成本，从而导致局面更加复杂。可以说，欧盟内部治理的核心模式已经从深度跨政府治理模式走向了失调模式。若欧盟的对外政策不及时作出调整以使其政策制定过程更加高效、更具战略性的话，上述情况必将对欧盟外交产生持续性的不良影响，而在各成员国各自偏好不同，欧盟的民主合法性仍有待商榷的背景下，想要作出改变并非易事。

在跨政府治理已然失调的情况下，对于欧盟各成员国而言，追求共同的对外政策框架就变成了一个短期内的政治估算问题。比以前更复杂的是，弱势政府实施的经济和难民政策在不受社会欢迎的同时又碰上了难以约束的公共舆论环境，所造成的不良后果转化进入了外交政策领域，在这里，各国领袖只顾长袖善舞，以保住自身，毫不理会他国的境遇。难民危机使这种情况更加严重，同时，虽然英国已经决定退出欧盟，但欧盟又无法避免在各类议题上与英国保持沟通，而这同样会令欧盟内部的互动关系日益复杂，并最终影响到外交政策的制定与实施。

原文标题：European Foreign Policy and EU’s Crisis of Governance

全球化的未来

选自《摩洛哥智库OCP政策中心报告》2017年5月
尤里·达杜什（Uri Dadush）
滕智红/译

尽管受到右翼民族主义、左翼民粹主义和保护主义的威胁，但全球化并没有结束。最有可能的情况是，全球化继续以过去10年的速度发展，甚至加速发展，因为世界在金融危机和其后的很多冲击之后会弥补失去的时间。但是，最近几年出现了强烈抵制全球化的现象，全球经济一体化急剧或暂时放缓的风险也不容忽视。政策制定者和企业不仅应当坚持国际化战略，而且必须采取措施缓解保护主义所带来的风险。

本简报评述了全球化近年来的主要特征，试图解释几个世纪以来全球化的持续发展和未来仍将继续的原因，分析了新保护主义的起因和前景，最后以政策影响做结论。

一、全球化的特征

全球化的历史众所周知：在"二战"后，我们看到全球经济一体化进展迅速。从柏林墙倒塌以来，这一进程进一步加快。一些统计数据显示：最重要的是，货物和服务贸易占全球GDP的比例从1990年的不到40%增加到了现在的60%。

同时，全球外国直接投资在GDP中所占的比例增加了2倍；流向发展中

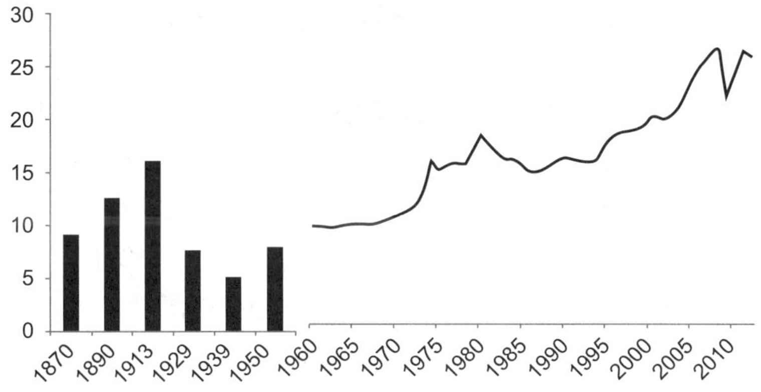

图1　长期贸易强度

世界商品出口占全球GDP的比例（1870—2012年）

资料来源：美国彼得森国际经济研究所的著名经济学家阿文德·萨勃拉曼尼亚（Arvind Subramanian）和马丁·凯斯勒（Martin Kessler）。

国家的国际资本在这些国家GDP中的份额增加了2/3；国际旅游人数是20年前的3倍。

根据联合国统计资料（考虑到很难统计工人的流动情况，我不能确定这些数据的可信度有多大），作为国际人口份额的永久移民数量在过去几十年中并没有显著增加。当然，各大洲的数字差别极大，居住在发展中国家的移民绝对数并没发生太大的变化，而发达国家增长却相当迅速。例如，美国和德国的移民数量是1990年以来的2倍，英国几近3倍，意大利超过3倍，西班牙达到了5倍。虽然美国传统上被视为移民国家，但只有14%的美国人口出生于国外，这一比例与现在的法国和德国没什么不同。发达国家的移民人数增加还反映在或许被低估的有官方记录的海外侨汇上。根据官方的统计，移民寄回祖国的钱是1990年的2倍。这些外国货币的输入极大地帮助了减少贫困、支持国内投资以及促进很多发展中国家融入世界贸易。

这就是全球化近年来的一个显著特征。约占世界人口80%、全球化比例正在增加的发展中国家已成为这一进程的全面参与者，也是当今全球化向多维度发展的主要动力。中国现在是世界上最大的出口国和最大的经济体（按购买力平价折算后的GDP计算），印度是第三大国，美国排在第二位。现在发展中国家的GDP增长一直占世界GDP增长的2/3左右，而它们之间的贸易（南南贸易）是世界贸易增长最快的部分。发展中国家的增长受益于两个因素：

人口增长和仍处于初期的技术赶超进程。这是一个有可能伴随未来几代人的进程（除非出现大灾难）。

发展中国家的全球市场一体化进程与绝对贫困人口（未能获得足够的营养和住所的人口）减少有关。据世界银行统计，绝对贫困人口从1990年的18.5亿人减少到2013年的7.67亿人。大量新兴中产阶级的崛起，为高收入国家的公司和发展中国家的全球化公司开辟了新市场。高收入国家向发展中国家按美元计算的货物出口在1990—2007年增长了11%，在金融危机之前达到顶峰，比向其他高收入国家的出口多了5%。2007年以来，虽然高收入国家向其他高收入国家的出口略有下降，但其向发展中国家的出口继续增长，尽管年增长率只有3.5%，远低于以前。发展中国家，特别是中国，市场巨大而且充满活力，在一定程度上抵消了发达国家的经济放缓。但是，发展中国家，特别是中国，继续保持对发达国家相当规模的贸易顺差，在全球市场一体化进程中，对所有非技术劳动密集型和面向全球市场的企业（我将在下面谈到）都产生了极大的竞争压力。

可以说，全球化最重要的单一指标——世界贸易——从2008—2009年的金融危机以来急剧下降。该指标曾以GDP 2倍的速度增长，下降到与GDP同速增长，让我们一些人相信这意味着全球化的终结——“贸易高峰”论。

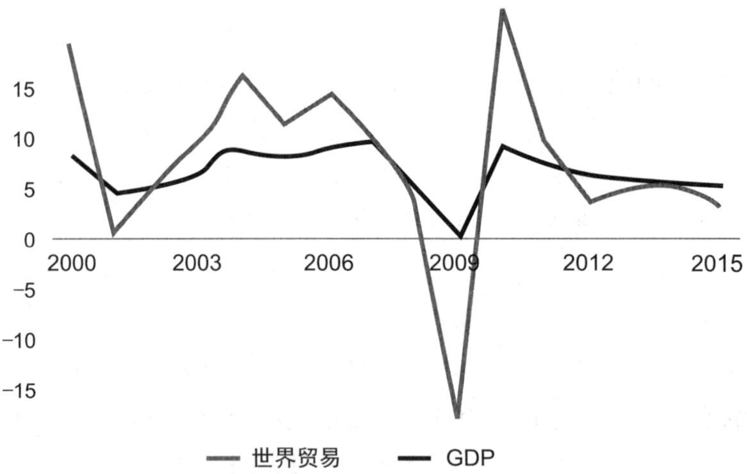

图2 贸易大减缓
世界贸易额和全球GDP每年百分比变化（2000—2015年）

资料来源：国际货币基金组织（IMF）的世界经济展望和世界贸易监测（World Economic Outlook and World Trade Monitor），2016年7月。

这一观点在我看来是错误的。正确的是，世界贸易在危机前的增长暂时受到100年来的积极力量的推动，也就是中国和其他发展中国家加入世界经济主流，这是不会重复的现象。同时正确的还有，世界人口增长明显放缓。世界就业年龄人口还会持续减少，导致GDP和贸易增长更缓慢。

还有可能是，随着近几年自动化和劳动节约型技术的发展，需要对变化的市场作出快速反应，使得离岸外包在某些情况下不如国内生产更有吸引力。但是，贸易放缓的最大原因是周期性的而不是结构性的。金融危机对投资以及严重依赖双方市场贸易和零配件贸易的耐用消费品需求产生了不成比例的抑制效应。迄今为止，几乎没有证据表明世界贸易放缓是受到保护主义措施的重要影响。

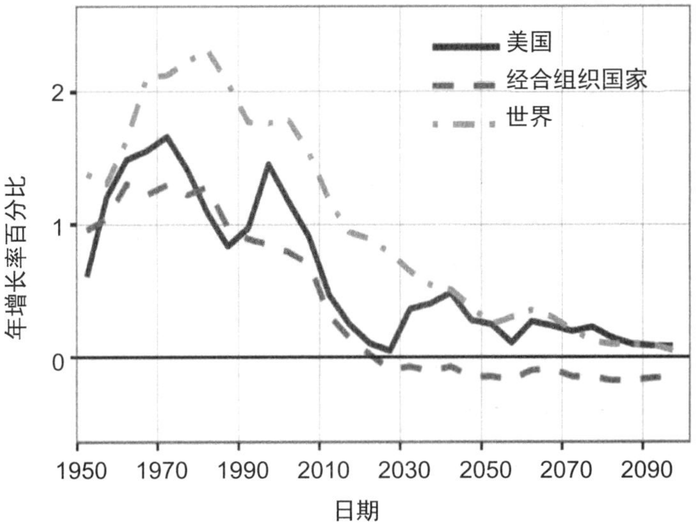

图3　就业年龄人口增长

资料来源：美国联邦储备委员会（Federal Reserve Board），2016年。

2016年2月，麦肯锡公司发布了一项关于帮助消除“高峰贸易”思想的数字全球化报告。他们表示跨境带宽使用量从2005年以来增长了45倍，并且计划——虽然不能维持这一非同寻常的发展速度——在接下来5年中将增长9倍。他们估计约12%的全球货物贸易由最近才出现的电子商务平台完成，跨境数据流动实现了资源再分配，提高了生产力，在过去10年间世界GDP可能由此增长了3%—4%。

虽然无法与危机前可持续基础上的增长速度相比，但是随着经济的复苏，贸易也将再次加快。根据荷兰规划局（the Dutch Planning Bureau）发布的广受关注的世界贸易统计数据，全球商品贸易额在2017年第一季度年增长率达到10%。国际货币基金组织（IMF）在2017年4月公布最新预测，预计世界GDP增速重新回到3%（以市场汇率计算），这与危机前25年的平均值相同，而世界贸易在2017年和2018年预计增长4%。全球金融危机——20世纪30年代以来最大的经济冲击——造成贸易放缓，但并没有阻止全球化的多维度发展。我们将在下文进一步探讨其原因。

二、全球化的持续发展

全球化的推动力量是根本性的，从长远来说，已证明比抵制它的力量更强大。现代全球化可能要追溯到11世纪开始的中国人和阿拉伯人航海技术的改进，并最终使欧洲探险家取得成功。这些欧洲探险家中最著名的是堪称第一个全球主义者、在环球航行中死于1521年的斐迪南·麦哲伦（Ferdinand Magellan）。欧洲人当时可能还没取得全球化的垄断地位。还有一个颇具争议的说法是中国探险家郑和在1425年就穿越了太平洋，他可能是“发现”美洲的第一人，而不是克里斯多弗·哥伦布（Christopher Columbus）。

几个世纪以来全球化的潮涨潮落表明全球化受到3种力量的推动：市场、技术和国家。市场和某些类型的技术，也就是交通、信息和通信技术几乎总会促进全球化的发展。相反，国家则摇摆不定，出尔反尔，但通常最终会勉强顺应它。

市场是全球化最重要的驱动力。正如消费者寻求低价和多样性一样，企业寻求顾客和更低的成本，而投资者寻找更高的回报和多元化，就是边境线也阻挡不了。而人们——当机会有限时——即使意味着离乡背井上万千米，也要寻求更好的生活。因此全球化被视为货物、服务、资本和劳动力市场的国际套利。历史反复表明：当出现套利障碍时，人们不断从周围寻找机会，并且终究会找到出路。比如抵制《英国航海条例》（*Britain's Navigation Acts*）引发了1776年的美国革命（the American Revolution）。当然，出现这些情况是受到追求尊严、个人自主精神的激励，但是经济困难和希望改变命运的想法也起了重要的作用。

交通、信息和通信技术对全球化很重要,因为它们降低了经济学家所称的"贸易成本",因此产生套利。大卫·李嘉图(David Ricardo)时期的全球化是用布料交换酒,海上和陆路交通费用下降是关键;但是随着全球化更多采用任务分享、贸易服务和要求及时交付的复杂的国际价值链运作,信息通信技术成为新的动力。

那国家呢?国家按自己的理解追求利益,这意味着它们遵循理念。有时这些理念是合理的,有时又不是。约翰·梅纳德·凯恩斯(John Maynard Keynes)写道:

> 许多人自以为不受任何学理的影响,却往往当了某个已故经济学家的奴隶。

然后他继续不甚乐观地写道:

> 有些人凭空妄想,其妄想只不过来源于若干年前拙劣学者的思想提炼罢了。

理念很重要。2017年初逝世的诺贝尔奖得主肯尼斯·阿罗(Kenneth Arrow)曾在一篇里程碑式的文章中用数学证明了亚当·斯密(Adam Smith)的推测:在相当普遍的假设下,自由市场使资源得到了有效分配,在某种意义上导致人们在没有减少他人福利的情况下就无法增加任何人的福利。这一由数学推算出的结论,无论在世界层面,还是在孤立生存的偏远村庄层面,都真实地存在。但是,世界层面的套利机会远比村庄层面要多得多,甚至比美国之类的大经济体要多。无数的实证研究(很多由世界银行实施)都表明国际贸易与经济增长在很多方面存在正相关:例如,出口占GDP份额高的国家往往增长更快,并且没有哪个国家在出口没有增长的情况下,经济会迅速和可持续性地增长。

但是,尽管有重要的经验主义和理论依据支撑全球化所带来的经济效益,但历史表明国家会在更短或更长时期内阻碍全球化的发展,而且经常这样做。

有很多可以引用的古代的例子。比如中国在15世纪曾是世界上最大的经济体，之后却闭关锁国。在近代史上，美国国会在大萧条时期还提高了当时在《斯姆特·霍利法案》（*the Smoot—Hawley Act*）下业已高企不下的关税，阻碍了全球化。美国对应税货物的关税率达到了60%，在接下来几年间，由于其他国家的贸易报复和经济萧条加深，美国的贸易额下降了40%。印度从1949年到20世纪90年代早期的“进口替代”时期（the Import—Substitution era）拒绝了全球市场数以百万计的产品。

正如我目前所做的，把国家视为起惯性开关作用的机构，是太低估了国家的作用。要让全球化起作用，国家只是允许但不参与全球化是不够的。国家一直支持全球化，必须有4个条件：要实现和平和安全（像1913—1945年世界很多地方就没有和平）；货物、服务、资本和人口要自由流动；跨境和境内的规章制度要一致；要提供公共保障设施，如跨地区的道路和铁路基础设施，或连通世界的无线电频谱和网络管理。建立这4个条件很难，并且国与国之间必须合作才能建立；当然，现在多数国家，甚至是无意识地，也在不断地与其他国家磋商使全球化起作用。当今是一个相对没有国际冲突的时代，但还有一些情况是与邻国共存但不合作，因此彼此的经济整合也很小。

如果在时断时续的全球化过程中，有一件事能给我们教训的话，那就是市场和科技的力量最终都会战胜国家的孤立状态。因此，从长远来说，全球化的三大力量：市场、技术和国家几乎可以确保全球化会进行下去。

但这是从长远来说，凯恩斯说从长远来说我们都会死去。正如我参加某次贸易会议时，有位企业主管说：“我理解凯恩斯说的话。我只是想要确信我这周不会死。”这把我带到了现在的困境。

三、全球化当前面临的挑战

如何才能解释新保护主义呢？美国作为世界上最富有的经济体和战后体系设计者，为何其总统在就职演说中这样说道：

> 几十年来，我们牺牲美国工业成就了外国工业……在美国的基础设施陷入年久失修和朽败之际，我们在海外慷慨花费上万亿美元。即使我

> 国的财富、实力和信心消失在地平线上，我们也要让其他国家富有。一个又一个工厂关闭并离开了我们国家，丝毫没考虑到成百上千万美国工人失业。我国中产阶级的财富从自己的家园被掠夺，然后重新分配到整个世界。

曾经被取缔的国民阵线的玛丽娜·勒庞（Marine Le Pen）是如何在法国总统竞选中取得1/3选票的？为什么右翼民族主义者开始在匈牙利、波兰盛行，并对奥地利和荷兰构成严峻的挑战？是什么促使英国公投离开欧盟呢？

全球化的力量有阴暗的一面。我认为最重要的方面是，全球化对美国和其他发达国家的低技术工人有破坏性的影响。服装和制鞋公司的蓝领工人比招待员和搬运工更直接经历了新的国际化竞争浪潮。但是，非技术工人的市场，像其他市场一样，总体上是均衡的，因此随着制造部门非技术工人的机会减少，招待员和搬运工的薪水也下降了。

此外，几乎可以肯定的最重要的因素——劳动节约型机器已普及。这些机器比电脑要早几个世纪出现，在信息通信技术革新和部分低薪国家新的竞争的推动下发展。结果是大量非技术和半技术工人，不管是否从事国际竞争，比如银行出纳员、最近的商店服务员、未来有可能是卡车或出租车司机都会被机器所代替。这一“技能偏向型的技术进步”现象得到了广泛的研究。根据麦肯锡公司最近对岗位职责和自动化潜能的全面研究，在美国几乎有1/5的工作时间能用现有技术实现高度自动化，这在可预测的环境中体力劳动和机器操作的时间。机器学习（人工智能的一个方面）之类的创新、物联网、软体机器人和自动驾驶汽车都极大地拓展了机器的能力范围，使机器承担原先只能由人类完成的任务。根据该研究，美国有1/3的工作时间花在数据收集和处理上，而这多数也可以用已有技术自动完成。

很多业务外包，比如客户服务中心和订单处理，以及低成本的定位都是相对新颖的形式。信息通信技术有可能增强发展中国家主办这些活动的能力，也有可能使发达国家愿意这样做。外包在发达国家只是去劳动力过程的一个方面，当然这不是最重要的方面。它在为穷国创造机会的同时，也增加了发达国家非技术和中等技术工人的竞争压力。

这些力量产生的结果是，美国的非技术工人，特别是20—30年前构成工人主力的白人，在扣除物价上涨因素后，现在挣的比以前少了。类似的趋势在其他多数发达国家也很明显，虽然一些国家的劳动力市场流动性不大，比如法国，但是这种现象通过失业而不是工资体现出来。法国有广泛的安全保障网和单一付款人医疗系统，而美国没有。在美国，高中辍学的白人平均寿命在2008年是67岁，相比1990年的70岁下降了。根据布鲁金斯学会最近的研究，50—54岁高中或高中以下学历的白人自2000年以来死亡比例从每10万人中700人，迅速上升到每10万人中900人，比非裔和拉丁裔美国人要高得多。诺贝尔奖得主、布鲁金斯研究报告的作者安格斯·迪顿（Angus Deaton）称他们"死于绝望"。根据基尼系数和不同收入的占比情况，美国已成为继以色列之后最不平等的发达国家，不平等水平与墨西哥之类的发展中国家没有太大不同。

很多经济学家和政治家喜欢区分贸易影响和技术影响，认为非技术工人的工资下降更多是由于后者而不是前者。这种区分对失去工作的人来说几乎没什么意义。而且，技术和贸易显然相互依存，因此很难区分它们产生的结果。我们没有理由相信加剧不平等的技术会改变发展进程。虽然没有人真的相信国家应当停止技术，但是很多人相信贸易应当受到限制。

所有这些又如何体现在政治中呢？正如智利的奥格斯托·皮诺切特（Augusto Pinochet）和新加坡的李光耀（Lee Kwan Yew）表明的那样，国家体制不一定要像西方国家那样才能取得全球化的胜利。但是，像美国和法国那样的国家，其进行全球化的意愿和能力主要取决于支持它的社会和政治舆论。如果支持全球化的社会舆论不一致，或者大部分民众反对的话，这些国家就会改变想法。不管社会精英、跨国公司和跨国机构多么相信全球化，社会舆论往往会反映大众的意愿。最近美国和法国总统竞选的选举地图清楚地按地理区分，那些经济表现良好的地区投票给中间派候选人，而经济表现不佳的地区则推举平民派候选人。当特朗普总统就职几天后就退出了由三大洲的12个国家花10年时间磋商才达成的《跨太平洋伙伴关系协定》时，当他威胁退出《北美自由贸易协定》（NAFTA）和世界贸易组织时，他是在表达他所看到的选民的意志。

由技术和全球化所造成个人和地区的更多不平等只是产生新保护主义的部分原因。巴克莱投资银行（the Barclays Investment Bank）对最近的选举结果所做的一项很有意思的分析强调了另一个重要的原因，也就是很多人越来越担心国家主权让渡给了诸如欧盟、世界贸易组织之类的超国家机构和《跨太平洋伙伴关系协定》之类影响深远而广泛的贸易协定。

当然，这些担心不是现在才有的：20年前甚至更久前，当右翼民族主义死灰复燃和保护主义在多数国家仍处于萌芽期时，对不平等和侵蚀国家主权的担心就伴随我们了。现在的新情况是全球金融危机产生了重大影响，危机进一步发展为酝酿已久的欧元危机，并且经济复苏极其缓慢。这些危机形成了这样的观念——不管正确与否——政策制定者（“精英们”）不仅无能，而且他们所作的选择（例如，先是解除管制，接着帮助银行摆脱困境），即使不是彻底的腐败，也是自私自利的行为。欧盟东扩也是新现象，导致了欧洲移民纷纷涌向英国——多数人相信这是投票支持英国脱欧的民众最不满的地方。最近中东局势不稳定，部分原因是外国势力的错误介入，从而导致了激进主义，并伴随着一波冲突、暴行和恐怖主义行为，最终导致大量难民逃难。在欧洲和美国，这些事件促成了某些人眼中表面上是民族主义意识形态的合法化，但其根源是种族主义和狭隘的宗教主义。这些完全不同的力量相互强化，不断累积不满情绪。

尽管如此，全球化的政治中心继续存在。可以大胆地说，最近的发展是让人欣慰的。埃玛纽埃尔·马克龙（Emmanuel Macron）在法国总统竞选中获胜，奥地利和荷兰温和派的胜利和欧洲资深政治家安格拉·默克尔在北莱茵—维斯特伐利亚州（North Rhine—Westphalia）地方选举中获胜，都消除了对英国脱欧之后欧盟会逐渐分崩离析的恐惧。也许最重要的是，唐纳德·特朗普（Donald Trump）的保护主义意图目前遭到了国会共和党多数派的制止，因为美国担心农产品出口和其他重大的利益受到影响，也需要与墨西哥合作来维持南部边境的治安。我们明白，全球经济一体化一旦建立就很难逆转。强大的企业团体，从零售商到零部件进口商，再到出口商，都在开放市场中取得了大量的既得利益。例如：消费者群体、零售商和炼油厂都强烈游说反对征收边境调节税（并且至今很成功）。

但是技术对低技术工人的持续压力以及更多的低薪竞争，不容我们有任何的骄傲自满。注意这一点很重要：如果美国削减税收和增加基础设施开支的计划通过，美国的贸易赤字会更大而不会更小，预示着可能出现更大的贸易摩擦。而且，美国当前政策无助于解决不平等的问题。削减资本收益和股息税、削减高收入群体的税收和减少医疗保险，只会增加那些我们前面讨论过的受影响最严重的人们的不满。我们没有摆脱困境。

四、政策影响和结论

从事国际贸易的多数企业，即使是小型和中等规模的企业都直接或通过贸易协会对公共政策发表看法。他们主张：公司应该影响政策制定者——与保护主义者描述贸易极大地破坏工作的说法不同——公司要发展能力、支付税收和增加工作岗位都依赖开放的市场。贸易保护主义不仅提高了投入成本和消费价格，而且招致贸易报复，从而对出口构成威胁。在贸易战中，作为全球价值链的组成部分进行运作的能力和把产品销往海外市场的能力都受到严重影响。限制人口流动，不管是临时工、主管，还是永久移民，都影响了公司的效率，让没有这些影响的海外竞争对手占据优势。公司以国际贸易保持开放和可预测为前提，大量投资于全球生产网。如果贸易受到威胁，这些投资价值会急剧下降。极端的情况是，保护主义会迫使一些依赖国际市场的公司把商业活动转移到自己最大的海外市场，而不是增加国内就业。

美国作为全球生产效率最高的经济体，其保护主义的道路走得非同寻常。美国在按多种方式排名的国家竞争力中始终名列前茅，在未来的行业发展中处于有利地位，而且当前已实现了完全就业。美国在全球经济一体化中纠结于双边贸易赤字是不明智的；相反，应当更关注国民储蓄的不足——包括预算赤字——这是国家长期贸易总额和经常账户赤字的根本原因。赤字比过去小很多，反映了家庭储蓄和新的页岩油和天然气技术所创造的能源财富的增加。与过去一样，经常项目赤字还反映了，美国作为外国投资者的最后一块投资热土，仍然具有强大的吸引力。

这还不够。企业当然应该坚持要求开放边境，但是也应该通过社会政策和政府一起采取更多行动来缓解衰退、减少大量不平等。不管在国内还是国外，全球化不应该成为零和游戏。如果像大型零售商沃尔玛和全球餐饮连锁店麦当劳之类的企业，都决定把工资提到高于法定最低工资，那么也许小公司也应当这样做。在美国，企业利益正在推动公司税率大幅削减。美国官方的企业税率是35%，高于国际标准，但是因为慷慨的税收豁免，企业实际纳税与其他发达国家没有什么不同。但是如果削减税收意味着要么出现大量预算赤字，要么是社会开支减少，企业还应当坚持削减税收吗？在美国，有一个还在研究的为税收"埋单"的计划是，取消成上千万人的医疗保健。但是，提供全民医疗保健、教育投资和累进的税收结构是帮助那些最可能反对全球化的群体的核心政策。

除了增加企业支持市场开放、支持保护弱势群体的政策主张外，由于新保护主义产生的风险，企业应该如何重新定位自己呢？在保护主义可能转变成旷日持久的贸易战背景下，需要对产品和服务链进行大审查，为消费者或客户提供同一海关区域内的特权。鉴于美国是美国公司的重要市场，德国市场对德国公司也一样等，这意味着很多企业会大量回流。即使贸易摩擦升级，人们（包括我在内）都不希望这种状态永远持续。

至于现在，持续的全球化出现了更多似是而非的结果。有人很容易得出结论：即使在发展更良性的情况下，美国企业也应当对特朗普政府的请求做出回应，阻止外国投资，回流重要的商业活动；正如一些企业所做的，那些跨国公司也应当对自己政府的要求做出类似的回应。我认为这些回应是错误的。首先，用商业术语说，这样的道路是不可能持续的。其次，因为政策可能会再次发生变化。虽然没有人确切知道，但是很可能下一次竞选将带来方向上的改变。再次，因为这些代价很高的居住设施会刺激更大的需求。这是一个实用主义的时代，但也是一个礼貌说"不"才是最好选择的时代。

总之，这份简报认为我们不是在见证全球化的结束，而最可能的情形是全球化仍将持续，甚至在未来几年加速发展。但是，决策者不应该低估贸易摩擦大升级所带来的风险。他们应该更积极主动地支持开放的市场和社会政策，帮助全球化的输家。

原文标题：The Future of Globalization

第二篇

中国方略

“一带一路”的
经济和政治意义

节选自《美国智库彼得森国际经济研究所报告》2016年

肖恩·迈纳（Sean Miner）

中国承诺修建一个由公路、铁路、港口以及其他基础设施所组成的庞大网络，范围覆盖亚洲、欧洲和非洲，涉及60多个国家，预算达1万亿美元。该计划被广泛认为是中国最重要的外交和经济政策目标之一。本报告从三个领域评价了中国的目标，并概述了可能干扰计划执行的障碍。

第一，当中国的出口型经济发展放缓时，北京的领导层想要大力发展建筑行业，开辟新的出口领域，以便于邻国从中国进口产品。在经济从出口与投资主导型向服务和消费主导型转变过程中，为保持经济高速增长，中国需要确保其产品具有广阔市场。如果接受国缺乏建立自身出口行业的能力，或中国不能持续向其他国家开放市场，则可能引起一些问题。

第二，在启动倡议时，中国希望能巩固与区域内各国的关系。

第三，中国试图向欧洲和美国发出信号，表明其想取代它们，成为亚洲的主导力量，并获得与西方发达国家一样的平等地位。中国发起成立的亚洲基础设施投资银行（亚投行）已经获得来自英国、法国、德国以及其他欧洲国家的支持，这是一个巨大的成功。但中国在遵守有关透明和环境保护的国际发展标准仍需加强。如果中国真的想要获得与美国和欧洲同等的地位，还必须付出更大努力（包括改善内部投资政策，提高经济开放程度），遵守有关发展援助的国际准则。

整个世界，尤其是亚洲，将密切关注中国实施“一带一路”倡议的情况。一些国家想要看到中国犯错。但只要中国能证明其意图是好的，标准是高的，投资对大多数国家来说是有利可图的，那么就可以向世界证明，其应该获得与其他发达国家平等的地位。

一、倡议的经济目标

新丝绸之路对外宣称的目标包括与亚洲、欧洲和非洲国家建立更紧密的联系。中国政府将向其他主权国家提供贷款，而后者将与中国的建筑企业合作。但未对外宣称的经济目标是什么？中国是否只是推动其贸易伙伴的经济增长？

纵观历史，美国曾有类似的经历，它在19世纪上半叶开始实施庞大的基础设施建设，以打开新的西部边疆市场。然而，中国的战略制定者们必须认识到其前进道路上的各种障碍，包括中亚国家的不可预测性。习惯过去由政府大量投资兴建基础设施的建筑公司，现在可能处于尴尬的境地；钢铁企业的产量虽然屡创新高，但需求却不断下滑。“一带一路倡议”的基础设施建设项目距离中国太远，以致无法缓解大多数中国企业当前的困境。并且，即便如此巨大的投资预算（超过1万亿美元）也仅占中国每年5万亿美元固定资产投资的1/5。然而，“一带一路倡议”可以缓解一些问题，足以帮助部分企业维持运转，以便其重新思考自身的经营计划。一种选择是将生产线搬出中国，允许企业充分利用中亚其他地区低廉的劳动成本，并使用新建的基础设施将产品出口至中国或全球各国。

倡议的其他益处则更加明确。例如，中国过去进口的大多数原油和商品都是通过中国南海运输回国的。但通过中东陆路并取道巴基斯坦瓜达尔港的航线将缩短90%的航程。类似这样的经常性项目将带来非常巨大的经济利益。

中国应当解决其他国家的担忧，这些国家认为中国与该地区其他国家之间不断提高的运输能力将导致更加不平衡的贸易流量。在丝绸之路沿途，许多国家从中国的进口量远远高于其出口量。一些国家主要依靠向中国出口原材料来补足差额。这些国家也许并不满足于只是提高对华出口量，尤其是鉴于当前不断下滑的商品价格，它们更愿意拓宽自己的出口产品种类。

中国正努力安抚产生这些顾虑的国家，其中一种方法是将丝绸之路项目的建设与那些可能扩大向中国出口的产业投资联系在一起。由于担心不断扩大的双边贸易逆差，俄罗斯找到一家中国企业与俄罗斯国营纳米科技公司，共同投资俄罗斯的高技术产业。有选择地增大对俄罗斯特定行业的投资，以此减少俄罗斯对中国部分技术的依赖，并生产出可以出口中国的新产品，从而从两个方向减少贸易逆差。

二、贸易和投资自由化

北京可以利用倡议中的基础设施项目，与其他国家签订更多自由贸易协定和投资协议。“区域全面经济伙伴关系”（RCEP）是一个正在谈判中的庞大的区域性贸易协定，涉及日本、印度、韩国、东盟所有国家以及其他国家。目前，中国是该协议的成员国。区域全面经济伙伴关系的谈判只是一个开始，但迄今为止进展缓慢，因为最后期限已过，期望中的自由化程度似乎在减退。

为推动与“一带一路”倡议参与国之间的贸易，中国可采取的最好办法是降低世界贸易组织下的关税。这样做可以降低所有最惠国向中国出口的关税，从而提供更多利益，因为贸易自由化的主要利益来自降低一个国家的贸易壁垒。要想真正成为全球增长的引擎，一个国家应当成为全球商品的净买家，而不是净卖家。2015年，中国的商品贸易顺差创历史新高，达到4 500亿美元。由于加入世界贸易组织以及后来的双边贸易协定，中国在降低与贸易伙伴的关税方面取得了长足进展，但在很多商品上仍然存在关税和非关税壁垒。

“一带一路”倡议内容包括数字丝绸之路，它旨在创建一个推动跨境电子商务、网上银行和媒体的互联网社区。许多国家不能在商品生产方面与中国竞争，但在不断增加的互联网连通性的帮助下，它们可以通过增加服务出口的方式，减少与中国的贸易逆差。

对中国来说，要想在与其他国家的贸易中获得更多利益，它就必须改善自己的贸易环境，包括诸如许可要求、复杂的规章制度以及商品配额等非关税壁垒。减少这些壁垒将进一步帮助中国实现经济转型的目标，即从投资和出口型经济转变为服务和消费型经济。

三、中国的政治和战略利益

中国的长远目标是成为亚洲的主导力量。为实现这个目标，它必须认识到付出与收益一样重要。外交政策必须互惠互利。

中亚地区是俄罗斯传统的势力范围，但现在越来越成为北京的亚洲计划中不可或缺的重要部分。"一带一路"倡议还将涉及其他一些国家的领土(如印度)。中国—巴基斯坦经济走廊包含有振兴巴基斯坦的宏伟计划，但它必须小心翼翼地处理与心怀不满的新德里的关系。中国在与"一带一路"参与国的交往中，必须采取更加成熟的发展政策，避免空口许诺，却又无法履行。

图1　霍尔果斯口岸上的一台崭新起重机

中国必须将"一带一路"倡议的目标与上海合作组织的使命结合起来。后者成立于2001年，当前成员包括中国、哈萨克斯坦、吉尔吉斯斯坦、俄罗斯、塔吉克斯坦和乌兹别克斯坦；印度和巴基斯坦于2016年成为正式成员国。其使命包括地区安全军事合作，以及经济和社会发展合作。中国是上海合作组织的主导国。增强成员国之间的沟通和交流是进一步发展关系的关键。将印度纳入中国的长期计划并不是一件容易的事，但加强北京与新德里之间的联系将是一种明智的长期政策。

四、中国不断上升的全球影响力

站在国际发展援助舞台上时，中国雄心勃勃的“一带一路”倡议应当采用国际通用标准。中国还应更有效地安抚美国以及世界其他国家，以便他国了解其意图。为了提供最公正的发展援助，中国应当开始欢迎更多的外国投资和贸易进入境内。不断增加的互利互惠的贸易流量不仅可以增加基础设施的商业价值，还能增加这些基础设施项目的商业价值。比如，中国的轮船和火车将货物运输到土耳其，卸下货物再空仓返回中国，这并不是一种可持续的基础设施投资。

说到美国，恐怕要奋起直追才行。美国最初拒绝了建立亚洲基础设施投资银行的提议，并在经过5年游说后才同意改革国际货币基金组织，给予中国和其他发展中国家在决策中更大的话语权。美国劝说欧洲不给予中国在世界贸易组织中的自由市场地位。并且，美国还阻止中国加入《服务贸易协定》（*General Agreement on Trade in Services*）的谈判。美国持续向中国发出的负面信号，使中国有理由在取得竞争的胜利后大事庆贺。中国成功建立了亚投行（超过60个国家参加），被看作是在与美国全球软实力较量中的一次决定性胜利。但是，华盛顿应当可以被看作是中国“一带一路”倡议的谨慎支持者，因为它并未阻止国际货币基金组织将人民币纳入特别提款权货币篮子的决定。

为增加“一带一路”倡议的成功机会，中国应加强与当地社会的咨询交流，进行更多调查，包括市场研究和社区关怀。还应放宽其贷款要求，例如必须使用中国商品和工人。这些行动将极大提升亲民友好的形象。对中国来说，最好向所有利益相关者（包括邻国）阐明每个项目的意图。在开展的项目中，中国承包商必须诚实守信，使基础设施工程符合国际标准，并能持续使用，避免影响信誉。

中国的影响力投资：“16+1合作”的前景

选自《欧洲对外关系委员会报告》2016年12月
安吉拉·施坦泽尔（Angela Stanzel）
邹　祎/译

2016年的中国——至少在发展对欧投资方面，可谓是形势严峻。欧盟是中国最重要的经贸伙伴之一，同时也是中国“新丝绸之路”倡议（即“一带一路”倡议——译注）的最终目的地。然而，最近在一些欧盟成员国内，评判中国投资的声音日益增多。中国政府投入了大量精力，力求通过“16+1”合作框架将中东欧国家打造成通往欧洲的切入点。在本期《中国研究》（*China Analysis*，欧洲对外关系委员会出版物）中，阿加莎·克拉茨（Agatha Kratz）撰文称，中东欧地区拥有对“新丝绸之路”项目极具战略性的地理位置、高技能低成本的劳动力和开放的贸易投资环境，因而对中国充满吸引力。

“16+1”是一个相对年轻的合作机制——中国于2012年联合16个中东欧国家提出此框架。自此之后，中国和中东欧国家加强对话和合作，“16+1”已取得一些进展。“16+1”成员国国家元首每年都举行会晤，并签署大量协议。最近在拉脱维亚首都里加举办的第五届“16+1”峰会上，中国总理李克强正式宣布成立规模100亿欧元的投资基金，用于基础设施建设和产能合作项目。为了筹集更多资金，中方要求16个成员国基于自愿的原则注资。但究竟有多少资金能够支持这个由中国主导的基金，还需拭目以待。

本论文合集主要探讨了中国政府在推进该合作机制过程中面临的问题和挑战。主要有三点：

第一，中国和中东欧各国之间的合作程度是不一致的。到目前为止，只有包括波兰、捷克和匈牙利在内的少部分国家真正从中国投资中受益。其他希望获得投资，特别是基础设施项目投资的成员国却仍在观望。一方面，在这种情况下，16国纷纷展开竞赛，希望赢得中国的影响力；另一方面，中国学者发现，一些中东欧国家对中国的合作更加谨慎。贾斯汀娜·茨祖迪克（Justyna Szczudlik）探讨了波兰的情况。波兰渴望扩大与中国的合作，但同时又保持谨慎态度。

第二，该合作机制囊括了16个中东欧国家中的11个欧盟国家，这引起了欧盟机构和其他欧盟成员国的不安。他们担心中国政府利用该机制对欧盟"分而治之"，也担心中东欧国家和中国的合作将损害这些国家与欧盟机构的关系。显然，这有经济上的考虑，例如：与中国达成的投资协议可能有违欧盟的指导方针或损害欧盟政策，同时也有政治上的考虑。

第三，在某种程度上，这种"分而治之"的观念也存在于"16+1"内部。在16国中，中国正加强和某一部分国家的双边关系，向这些国家表达了更多的关注。2016年，捷克迎接了有史以来第一位对捷克进行国事访问的中国国家元首——习近平主席，这也是习近平对中东欧国家的首次访问。罗马尼亚和塞尔维亚2016年也接待了来自中国的高级别企业代表团，其中在罗马尼亚就达成了价值60亿欧元的协议。德拉甘·帕夫利切维奇（Dragan Pavlićević）深入研究了塞尔维亚和中国为释放合作意愿信号所做的努力。一些塞尔维亚人据此认为，塞尔维亚在"16+1"框架中占据着特殊的地位，因此半开玩笑式地将该合作机制称作"15+1+1"机制。事实上，从得利最少国家的角度来看，该机制也可被称作是"1+1+1+1"诸如此类的机制，这使人对整个机制的本质产生顾虑。

本期论文援引的几位作者都认为，加强欧盟—中国关系、特别是经贸关系，将有利于中国与中东欧国家的合作。但是，他们尚未研究欧盟—中国商贸投资合作中的一些关键议题。从欧洲企业的角度来看，互惠互利和市场准入是关键议题，但中国专家学者对这方面的讨论依然很欠缺。对于其中11个欧盟国、甚至是整个中东欧地区来说，对这类议题的广泛讨论将为"16+1"重新注入活力。

原文标题：China's Investment in Influence: The Future of 16+1 Cooperation

分化却不树敌：中国“16+1”的形象问题

选自《欧洲对外关系委员会报告》2016年12月
安吉拉·施坦泽尔（Angela Stanzel）
邹　祎/译

2012年建立的“16+1”倡议的目的是加强中国与11个欧盟成员国以及5个巴尔干国家的合作。中国不断将“16+1”合作机制化，已经成立了一个办公地点在中国外交部的常设秘书处、一些合作联盟和机构。一些欧盟机构对此表示担忧。中国在此框架下不断与11个欧盟成员国加强合作，也被欧盟误判是证明中国能够对欧洲“分而治之”的证据。但是，目前在16国中，中国并非与每个国家都合作得一帆风顺，也并非所有国家都如愿以偿地从中国投资中受益。这会挫伤某些国家的合作热情。中国的“一带一路”倡议（也被称作“新丝绸之路”倡议）以及一个新成立的基金会，可能会给这一合作关系带来新的动力。

本文讨论了中国—中东欧合作所面临的挑战，并提出相应建议。“16+1”合作已经从建立整体机制和框架发展到指引具体方向，对此，2013年发表的《中国—中东欧国家合作布加勒斯特纲要》和2014年发表的《中国—中东欧国家合作贝尔格莱德纲要》中都有相关阐述。人们普遍认为，中国的“一带一路”倡议和“16+1”机制发展有直接联系，在中国建设“一带一路”网络过程中，中东欧这一战略地区极具吸引力，这样的基础设施合作能够加强中国与中东欧国家的关系。

一、分化的认知

上海国际问题研究院龙静撰文称，中东欧国家对“一带一路”建设的回应可概括为以下三种情况：一是政府高层在多边或双边会晤时表示对这项倡议的支持；二是积极开展关于“一带一路”的研究和战略规划，签署谅解备忘录，出台有关具体对接政策的文件；但与此同时，她表示，仍有不少中东欧国家尚未对“一带一路”倡议做出具体承诺。她认为，这表明“16+1”机制仍存在许多挑战，亟须迎面挑战、调整现行的合作机制。对此，主要有三点：

图1 “16+1”机制成员国

首先，由于中东欧16国经济体量、人口、市场潜力等方面存在差异，各国参与“16+1”和“一带一路”倡议的积极性出现分化。龙静根据经济体量的大小将16国分为几组。在她看来，经济体量大的国家（比如塞尔维亚）更有能力接受中国大规模的投资项目。相形之下，中小国家（比如克罗地亚和斯洛文尼亚）在合作机制建立之初曾表示欢迎，但随后却发现开展投资项目并非易事。她认为，这些出现“合作真空”的国家对现有合作机制的热情和期待正逐步减退。各国对现有合作机制的参与度和热情的差异，也导致各国对“一带一路”倡议的认知各有不同。

其次，“政治身份”的不同也决定了各国合作意愿的不同。是否为欧盟成员国、是否在欧元区等方面的身份差异深刻地影响它们的整体战略方向和合作意愿。比如，相较于欧盟成员国，尚未入盟的塞尔维亚更依赖于从欧盟以外的地区获得对经济发展的支持，因此也更乐于与中国合作。

再次，欧盟担心中国试图利用经济手段实施“分而治之”的政策。在龙静看来，地缘政治和冷战思维已经出现，某些国家怀疑中国的“一带一路”倡议隐藏着地缘政治意图。这种疑虑进一步阻碍了中国和中东欧国家的合作。龙静建议中国政府对此作出积极反应。

龙静认为，“16+1”机制目前的进展暴露了中国建立“一带一路”具体合作框架过程中所面临的挑战。“一带一路”要在中东欧地区进入下一阶段的部署，就需要将这项倡议从各国政府的表态支持变为具体合作的开展。龙静表示，中国在“一带一路”合作过程中，应优先考虑加强中国—欧盟关系，消除有关忧虑，从而加强与中东欧国家的关系。

二、作为“丝绸之路”组成部分的“16+1”

上海对外经贸大学的冯敏和宋彩萍建议，中国在和中东欧国家开展“一带一路”合作的过程中，应同时考虑中欧关系、中美关系、中俄关系以及中国与邻国的关系。他们认为，这些外部因素也会影响中国与中东欧国家的关系和合作；中国应加强与俄罗斯、与美国的合作，因为中国在“一带一路”框架下与其他国家的关系越紧密，就越会引起这两个国家的担忧。虽然中俄两国已同意在中国提出的“一带一路”和俄罗斯提出的“欧亚经济联盟”两个倡议中共同合作，但两位作者都认为一旦“一带一路”变得具有可操作性，一些问题将再次浮出水面。同时，美国也担心中国的能源和交通网络将挑战美国的利益。

与龙静一样，冯敏和宋彩萍强调，中国在与中东欧合作时需要考虑到欧盟的担忧。具体来说，为了消除欧盟的疑虑，中国应重点推进《中欧合作2020战略规划》的实施。他们强调，中国和中东欧国家目前正在制订中期合作计划，该计划将使双方合作更加深化、更具战略性。这势必将引起欧盟更多的忧虑，中国需要做出更多努力以消除欧盟的忧虑。

两位作者也认为，中国深化与中东欧地区合作所面临的主要挑战之一是中东欧16国之间的差异性。中东欧各国的国情不同，因此中国很难在不同的国家开展同样的合作活动。他们呼吁中国重视各国的差异性，对接中东欧国家制定的相关政策，由此才能更好地激发合作。具体来说，要规避“一带一路”实施过程中的投资风险，中国应重视中东欧各国的经济和贸易差异、优势和劣势。

三、在欧洲塑造中国形象

此外，龙静建议，中国应与中东欧16国进行非经济领域的“一带一路”合作，实现平衡发展。比如，可以与中小型中东欧国家在法制、文化、教育、科研等领域开展合作，这既可以投其所好，又能增加“一带一路”倡议的能见度。中国应考虑设立专项基金用于资助人文和教育交流。她同时建议加强智库交流，积极召开联席会议、开展联合研究，加深中东欧国家对“一带一路”倡议的理解。此外，中国还需在中东欧国家中加强对中国外交理念与实践的推介，就中国对国际事务的原则立场作好解释，在中东欧国家营造良好的舆论环境。

从官方层面来看，中国共产党几乎和中东欧国家的所有政党都建立了联系，党际交流应该进一步加强。但冯敏和宋彩萍也强调了民间交流和文化交流的重要性。他们批评中东欧国家对中国的了解不深，仅有的了解也主要是通过西方媒体的一面之词而获取的。在未来，应重点促进该地区民众对中国文化和价值观的了解，消除原有偏见，展现中国在中东欧国家的文化软实力。他们强调，只有通过这些方式，中国才能逐步消除一些中东欧民众对中国的负面印象。

和龙静相比，冯敏和宋彩萍更加强调智库交流的重要性，或者被他们称为"智力导航"的重要性。这两位作者认为，智库是权力和知识的结合体，在中国与欧盟的非正式交流中发挥着官方渠道所无法取代的重要作用。2012年9月在北京和2013年5月在华沙分别举办的智库圆桌会议表明，中国和中东欧国家近年来的智库交流不断加强。从2012年起，中国政府每年提供约200万元人民币的"中国—中东欧国家关系研究基金"，用以支持双方的学术交流与合作。但他们同时也认为，毫无疑问的是，双方之间的学术交流起步晚，交流的数量、质量、规模和影响力仍有不足。中国的"一带一路"倡议将进一步促进学术交流，进而促进中国和中东欧国家关系的全面发展。

这三位作者不仅特别关注中国在中东欧16国的形象，还特别关注在整个欧洲的形象。他们认为，中国亟须改善国家形象、加深外界对中国政策的理解。在这方面，第四位作者——中国社会科学院刘作奎的观点值得一提。他认为，"16+1"内部缺乏互信和相关研究。刘作奎认为欧洲对中国的合作形式和"一带一路"倡议存在负面舆论和偏见。他建议中国不应忽视欧洲学者和智库的负面报道（比如，针对中国地缘政治意图的告诫），包括欧洲对外关系委员会（ECFR）的出版物《互联互通战争》（*Connectivity Wars*）。

中国现已成立规模100亿欧元的投资基金用以投资具体项目，因此中东欧16国可能真正能从"16+1"模式中受益更多。日益频繁的学术和智库交流能否改善中国在欧盟的印象，我们还需拭目以待，但毫无疑问，还有很多议题有待讨论。

原文标题：Dividing without Antagonising: China's 16+1 Image Problem

新兴的“一带一路”政治经济学：在中亚及其他地区促进“互联互通”所面临的挑战

节选自《美国战略与国际研究中心报告》2016年10月

亚历山大·库里（Alexander Cooley）

张　骐/译

一、引　言

2013年9月，在哈萨克斯坦阿斯塔纳的纳扎尔巴耶夫大学，中国国家主席习近平宣布，中国将在欧亚大陆建立新的“丝绸之路”经济带，将中国与欧洲、中东和南亚连接起来。中国官员随后透露，这一雄心勃勃的计划将在基础设施的新建和升级上投资数千亿美元，包括高速公路、管道、铁路和电网，以及海上伙伴国家相关港口和物流的升级。陆地带和海洋带被统称为“一带一路”。媒体估计，“一带一路”的投资将在8 000亿—1万亿美元之间，覆盖60多个合作国家的890个项目。

战略和国内因素共同推动了“一带一路”倡议。在国际上，通过投资运输线和物流，中国希望促进其国际贸易和对外经济关系，使邻国的政界对北京更加友好，并推动新的中国领导的金融机构，如亚洲基础设施投资银行（AIIB）和金砖国家新开发银行。在国内，中国官员正在寻求为中国公司提供新的渠道，以在国内经济增长放缓期间寻找新市场（特别是与水泥和钢铁等建筑相关的行业），并赋予地方和地区政府行为者权力。“一带一路”本身正在成为习近平主席任期内标志性的政绩。《南华早报》将这一倡议描述为“中国提出的最为重要、影响最为深远的项目”，而其他评论家将“一带一路”和美国资助的“马歇尔计划”相提并论，后者助推了战后欧洲的重建。

国际社会对“一带一路”的反应和初步研究倾向于关注其地缘政治影响（“地缘玩家”）或其可能的发展后果（“贸易商”）。“地缘玩家”们思考的是这些计划对中国在国际体系中的地位及其在全球治理体系中的作用产生何种影响，包括新兴的金融机构，如亚投行是否会补充或冲击西方主导的发展融资和全球治理体系。与之相反，“贸易商”们已经注意到欧亚大陆和邻近地区对于基础设施投资有急切的需求。麦肯锡咨询公司估计，在未来10年，亚洲需要大约8万亿美元，以弥补区域投资不足，满足预期增长的需求。尽管“贸易商”们很容易认识到这些投资将适合中国公司的需求，而且并非所有的项目都会成功，但他们对于“一带一路”潜在的社会经济影响总体上感到乐观，同时也认为这是西方投资者和金融机构的机会。有趣的是，相关国家政府本身已经采纳了这样的立场：美国政府官员，以“贸易商”的身份出现，表示优先考虑促进整个地区的互联互通和经济合作；与之相反，俄罗斯的决策者倾向于将“一带一路”视为“地缘玩家”，他们对“一带一路”将如何抵御西方的资金来源和区域影响力、促进非西方国家之间的关系表示赞赏。

很少有人注意中国主导项目的到来将如何与当地的政治议程、社会条件以及不同地区的网络展开互动。“地缘玩家”强调或许也过于信任“一带一路”的战略目标、意图以及中国规划者的理解，而忽略了这些项目所要融入的当地环境。与此相反，“贸易商”对“互联互通”持乐观态度，这很奇怪，不符合历史，因为传统上，发展研究领域对关于外部融资的大型投资项目的分配结果、可持续性和长期影响都有很激烈的争论。

本报告推动了对“一带一路”政治经济学的研究议程，包括检验其分析假设，预测意外后果，以及描绘不同伙伴国家中政治和经济因素之间可能的相互作用。特别指出的是，它将质疑一个基本前提，即对交通基础设施的大规模外部投资必然会促进经济发展和政治稳定。

从实证角度出发，我将检验“一带一路”可能如何影响后苏联时期的中亚地区。中亚涉及中国、俄罗斯和美国的战略利益，是许多“一带一路”规划的新线路和区域通道经过的核心地区。最具指导意义的是，中国对中亚经济参与逐渐强化，一批新的大型基础设施项目正在建设之中，这使我们更有信心确定与中国主导的铁路、管道、公路和发电站相关的一些关键问题和挑战。我希望这种分析鼓励学者和决策者对“一带一路”进行细微的调整，区分不同的政治和治理挑战，更全面地评估“一带一路”在特定领域和地点的成本和影响。

二、中亚、“互联互通”和中国的崛起

中亚国家位于欧亚大陆的中心地带，后苏联时期这些国家再次成为外部势力争夺地缘政治和经济利益的场所。20世纪90年代，该地区相对被忽视，它们集中精力克服国家建设所带来的挑战，以及在后苏联时期摆脱原先对苏联的依赖。在21世纪初，外部势力加强了对该地区安全事务和经济事务的参与。“9·11”事件之后，美国与该地区政府合作，确保安全合作和军事力量在该地区的通行，以支持在阿富汗的“永久自由作战行动”，并开发“北方供给网络”；俄罗斯力求通过将中亚国家与莫斯科领导的一些新的经济安全组织相融合，使其在该地区的主导地位机制化，这些组织包括集体安全条约组织（CSTO）、欧亚经济共同体（EurAsEC）以及最近的欧亚经济联盟（EEU）；中国通过推动双边关系以及上海合作组织（上合组织2001年成立，成员包括中国、俄罗斯、哈萨克斯坦、吉尔吉斯斯坦、乌兹别克斯坦和塔吉克斯坦）加强了对这一地区的参与程度，中国许多外交政策和安全优先议题都是通过上合组织传递的。在21世纪初，北京提出上海合作组织在经济上采取举措发挥作用，包括建立自由贸易区，在金融危机期间提供紧急的项目资助，以及成立一个新的上合组织开发银行。然而，这些倡议都没能得以继续，主要是由于俄罗斯的推脱，俄罗斯更希望推动自己在该地区的经济架构。

在基础设施方面，这些外部势力都认识到中亚基础设施的状况很差。内陆地区还是苏联时代的管道、电网、道路和铁路网络，这些是为了满足作为原苏联经济中心的俄罗斯的需求，而中亚内部之间的联系以及东部和南部的基础设施仍然欠发达。此外，公共投资的崩溃、麻烦的新边界的出现，以及失去了掌握技术的苏联人员来管理这些网络，加速了中亚基础设施的衰退。

另一方面，这些外部支持者都在推动自己在该地区促进一体化、建立新联系的战略。如美国试图促进中亚和南亚（特别是阿富汗、巴基斯坦）之间的联系；俄罗斯试图吸引中亚国家远离西方，并将其纳入新的区域组织；北京促进新的开发项目，旨在与新疆自治区建立联系。

三、21世纪初，中国在该地区的崛起

21世纪初，中国在该地区崛起为一个主要的投资者和公共产品供应者。根据国际货币基金组织的数据，中国与中亚之间的官方贸易额从2000年的10亿美元不到，上升到2010年的300亿美元以上，2013年达到500亿美元，鉴于中亚海关官员倾向于低报与中国的贸易，这一数据可能更高。

中国也成为主要的能源投资者，建成了大量新的管道项目。其中包括穿过哈萨克斯坦的阿克套—阿拉山口（Aktau—Alashankou）的石油管道，以及源自土库曼斯坦西部气田的中国—中亚天然气管道，该管道穿越乌兹别克斯坦和哈萨克斯坦，然后接入新疆的“西气东输”管道。中国—中亚天然气管道在地缘政治上具有巨大的意义，因为它使得中亚的天然气生产摆脱苏联时期输入俄罗斯的管道系统，而向东方输送。在哈萨克斯坦的另起的支线别伊涅乌—博佐伊—奇姆肯特（Beineu—Bozoi—Shymkent）以及计划中的D线（目前处于封存状态）也将为吉尔吉斯斯坦和塔吉克斯坦带来天然气，中国石油天然气集团公司已取代俄罗斯天然气工业股份公司（Gazprom）成为该地区主要的天然气出口商，同时还建立了一个地区分配网络。

北京已成为该地区国家的主要外部债权人。在金融危机期间，中国向土库曼斯坦提供了价值80亿美元的能源协议贷款，向哈萨克斯坦提供了价值130亿美元的能源协议，中国事实上成为“最后贷款者”（lender of last resort）和区域开发援助的提供者。在资金短缺的吉尔吉斯斯坦和塔吉克斯坦，中国资助了高速公路项目，中国进出口银行是这些项目最大的单一外部债权人，持有其各自政府的债务分别为49%和36%。

四、“一带一路”在中亚和亚欧大陆的主要项目

在这一地区，和“一带一路”有关的项目主要是以这些先前的项目为基础，并建立新的交通联系。这些项目包括：

（1）中国—中亚天然气管道（D线）：这条穿越土库曼斯坦、乌兹别克斯坦和哈萨克斯坦的天然气管道，A线和B线于2009年12月开始运行（A线和B线的

容量都是300亿立方米)。2015年建成了一条平行的C线,新增容量为250亿立方米。2013年9月,D线计划签署,将增加300亿立方米的容量,该线路将穿越吉尔吉斯斯坦和塔吉克斯坦(中石油追加了新的投资)。

(2)亚欧大陆桥:被称为新亚欧大陆桥或第二亚欧大陆桥(第一个是西伯利亚铁路),大陆桥起源于中国连云港,经过蒙古和哈萨克斯坦,然后进入俄罗斯、波兰和德国。一些路线图表明,最后的路线可能绕过蒙古,穿过哈萨克斯坦。大陆桥旨在大幅减少中国和欧洲之间的货运时间。

(3)中国—中亚—西亚经济走廊:中哈铁路在哈萨克斯坦阿斯塔纳附近延伸出支线,向西南经过乌兹别克斯坦、土库曼斯坦然后进入伊朗。

(4)霍尔果斯—阿克套铁路:2015年,阿斯卡纳宣布和中国合作,建设一条新的穿越哈萨克斯坦的铁路,从里海的石油港口城市阿克套到物流枢纽霍尔果斯。

(5)中国—吉尔吉斯斯坦—乌兹别克斯坦铁路:该计划重新启动先前的一项中国项目,在新疆西部城市喀什与乌兹别克斯坦东部城市安集延(Andijon)之间建立一条新的270千米的高速铁路,中间经过吉尔吉斯斯坦南部城市奥什(Osh)。

此外,与这一地区相邻的一些项目也在计划中。其中包括中国—巴基斯坦走廊;中国—蒙古—俄罗斯走廊;俄罗斯境内莫斯科至喀山的高速铁路。与哈萨克斯坦相邻的边境城市霍尔果斯也正在扩建,以作为一个物流中心和节点城市,支持其中的一些项目。

五、"一带一路"面临的主要挑战

可以将"一带一路"面临的主要挑战分解为意外的政治后果与治理问题。

(一)政治挑战:稳定还是分配导致冲突?

"一带一路"和"贸易商"们的基本假设是基础设施投资将促进经济发展,这反过来又为国内和国际的政治稳定奠定基础。

中国西部地区最为直观地面对这一问题,北京为了促进其西部省份新疆的经济发展,增加了对该地区的投资,实行了从富裕地区向新疆进行财政转移的制度,并推动国家级"互联互通项目",旨在为维吾尔族的流动提供机会。

此外，在过去10年中，一些引人关注的案例表明，中国资助的基础设施可能会卷入当地民族对立和分配不均的矛盾中。例如，在缅甸建设的价值36亿美元的密松大坝项目，缅甸恢复文官统治之后，该项目被议会暂停。民众担心该项目使环境恶化，再加上克钦反叛分子与缅甸政府之间持续冲突，使得该项目被高度政治化。该项目也被批评搅乱了北部掸邦的停火，因为缅甸军队要确保中石油投资的新石油天然气管道路线的安全。中巴经济走廊是"一带一路"已规划的主要线路，穿越喀喇昆仑山公路，经过俾路支省，一直通往瓜达尔港，这是一个容易发生叛乱攻击的地区。在这两个案例中，中国政府明确表示不打算卷入这些"国内争端"；然而，当地的政治行为体可能将中国及其国有公司拖入这些冲突进程之中。

此外，在赞比亚、吉尔吉斯斯坦和斯里兰卡的总统选举中，候选人对中国投资提出了质疑。然而，在以上国家，候选人当选后就选择倾向北京。但一个普遍的观点是，对大规模的基础设施承诺，特别是引人注目的交通项目，通常是政治姿态、民族主义诉求和彼此竞争的政治诉求的主题。

正是在这个问题上，北京在中亚面临两个潜在的重大挑战：增长的大国恐惧症和地区种族社会分化。导致中亚出现大国恐惧症的原因是复杂的，包括苏联时期遗留的不信任一直存在、缺乏与中国广泛的接触或语言培训，以及倾向于对中国活动做负面报道的媒体。正如学者们所指出的那样，在哈萨克斯坦和吉尔吉斯斯坦等媒体开放度较高的国家，利用丑闻和腐败故事批评当地官员的贪污腐败，是一种在政治上最可接受的方式。

这并不意味中亚的社会和政治环境对增加的中国投资怀有敌意。相反，中国被普遍认为是一个重要的投资者。

地方行为体也可以利用某些与"一带一路"有关的项目表达民族诉求和政治要求。计划中的中国—吉尔吉斯斯坦—乌兹别克斯坦铁路使中国经吉尔吉斯斯坦南部直接连接到乌兹别克斯坦，乍看上去似乎增加了关键区域的互联互通。吉尔吉斯斯坦南部已经经历了两次可怕的种族暴力事件，奥什市中占多数的乌兹别克族与吉尔吉斯族发生冲突。最近一次是2010年巴基耶夫政权倒台后，发生了大规模的种族暴力冲突，数百人在南部城市奥什和贾拉拉巴德（Jalalabad）被杀害。尽管该项目在乌兹别克斯坦的部分已于2015年10月完成，但比什凯克似乎将种族关切作为讨价还价的筹码，以获得额外的让步，比如让北京支付更高的过境费，这凸显出一个重要的问题即主要运输通道项目的“互联互通”如何能够缓和种族对立。

最后一个需要考虑的问题是中亚政权本身的政治稳定。中亚除了吉尔吉斯斯坦外都是威权国家，但吉尔吉斯斯坦也容易出现不稳定的局势，先后有两个政权在抗议后倒台。中亚国家大多是威权国家，由执政的家族及其盟友统治。在乌兹别克斯坦，卡里莫夫总统最近逝世，正值该国独立25周年之际，这引起了外界对新一届政府未来政治方向的密切专注。人们同时也再次关注，在哈萨克斯坦长期担任总统的纳扎尔巴耶夫是否制订了继承人计划。在土库曼斯坦，现任总统别尔德穆哈梅多夫在2006年继承了前总统尼亚佐夫个人崇拜式的统治，该国几乎没有任何政治变革的迹象。而在塔吉克斯坦，总统拉赫蒙在过去2年里巩固了权力，并打破了20世纪90年代内战结束后与塔吉克斯坦伊斯兰复兴党达成的协议。中国分析家非常关注该地区的政治继承和政治稳定问题，尤其是因为新疆与哈萨克斯坦、吉尔吉斯斯坦以及塔吉克斯坦接壤。

如果中国投资对相关国家的内部政治影响导致社会和政治紧张，那么“一带一路”还具有重要的地缘政治内涵。引人注目的是，俄罗斯和美国都已公开赞成中国在该地区的计划，但两者的原因却截然不同：美国与欧亚大陆、中亚的决策者都认为“一带一路”可以促进中亚地区的互联互通，并成为俄罗斯主导举措的替代方案；而俄罗斯官员则继续与北京建立战略伙伴关系以抵制西方的影响，他们努力影响中国的区域计划，而不是提出反对。

中俄讨论的核心议题是如何调和俄罗斯主导的“欧亚经济联盟”与“一带一路”之间的关系。“一带一路”和“欧亚经济联盟”在定义上就呈现出不同：“一带一路”旨在通过中亚将中国与欧洲、中东和南亚等地区连接。而“欧亚经济联盟”是一个政治项目，旨在创建一个俄罗斯主导的地区集团，给予后苏联时期成员国内部市场优惠待遇。同等条件下，莫斯科更希望中国资助促进泛俄罗斯项目和通道，如西伯利亚铁路。而在幕后，莫斯科可以试图阻止某些举措，要求中国项目或过境通道采用“欧亚经济联盟”的监管和环境标准，从而使俄罗斯领导的组织具有莫斯科所渴望的国际地位和合法性。但这种象征性的互动不可能取代北京推动与“欧亚经济联盟”成员国白俄罗斯、哈萨克斯坦以及吉尔吉斯斯坦就“一带一路”展开进一步磋商，中国与这些国家的经济关系也在不断加强。此外，由于乌克兰危机之后西方对俄制裁以及俄罗斯高调的“东向”战略，莫斯科现在的影响力已经减弱，这表明俄罗斯将比以前更愿意顺应北京的考量。

与此同时，不管莫斯科和北京之间的谈判如何，一些欧亚国家认为“一带一路”是一个关键的政治倡议，可以防止自身依赖于莫斯科。一个很好的例子是亲西方的格鲁吉亚，近几年来一直积极发展与中国的关系，并热切地表现出自己乐意成为中国在南高加索和里海地区的一个枢纽。同样，尽管有更多的公共策略，哈萨克斯坦需避免完全绑定在“欧亚经济联盟”上，它们将自己促进内部交通基础设施发展和跨国运输的计划（Nurly Zhol）与“一带一路”相结合。

这种经济伙伴关系将在多大程度上影响伙伴国家政府的外交政策立场，仍然是一个悬而未决的问题。最近的一些研究表明，接受更多中国援助和投资或签署双边货币互换协议（BSA）以兑换人民币的国家，更有可能在联合国投票时支持中国。传统上，没有公开承认的“政治条件”包括支持北京的“一个中国”政策、支持中国的领土完整。随着中国在南海的行为日益坚定，中国似乎已将南海政策列入这一关注列表之中。最引人注目的是，常设仲裁法院对中国在南海地位作出裁决后，欧盟未能对裁决采取共同立场，因为根据媒体报道，欧盟成员国中的匈牙利和希腊，也是“一带一路”合作伙伴，它们担心与北京的经济关系受到破坏。

2016年8月30日，中国驻吉尔吉斯斯坦大使馆发生自杀性爆炸事件，此后，中国规划者如何管理“一带一路”对政治稳定和地缘政治的影响成为迫切问题。爆炸发生后，中国外交部发表了一份严厉的声明，要求抓获肇事者并施加“严厉惩罚”，这意味着中国和吉尔吉斯斯坦两国政府进行了密切协调的调查。几个星期后，塔吉克斯坦宣布中国将资助并帮助建设一些新的前哨基地，进一步保护塔吉克斯坦和阿富汗之间的边界。这表明，与“一带一路”相伴随的是中国与中亚国家之间日益增加的安全合作。

（二）治理挑战

“一带一路”在中亚的第二个主要挑战是如何影响该地区的治理和腐败。“发展等于稳定”这一论调几乎完全强调发展的“硬件”，但它忽略了发展所必需的“软件”，即如何克服贪污、非正式的障碍和寻租等困扰该地区的问题。大多数分析人士都容易承认一些腐败是不可避免的，但在进行分析和实际运行时倾向于将其视为无谓损失折扣到总体项目的成本之中。对于这种情况，一个反应可能是简单地将这种投资“泄漏”视为必要的成本,并仍然指出基础设施投资和多元化给该地区可能带来的好处。

但是,对于大规模基础设施项目可能在诸如中亚这样腐败泛滥地区产生不同类型的治理问题,应该进行更加系统、更具分析性的思考。最近的经验表明,治理问题不仅仅局限于“无谓损失”,而且可能使该区域最具破坏性的经济做法和问题加剧。具体来说,三个治理问题尤其迫切:公共物品私有化;繁琐的边界制度一直存在;外国直接投资中的贪腐越发严重。

1. 公共项目,私人寻租

在中亚这些易受国家掠夺和长期寻租影响的国家,引进大型基础设施项目而不附带监督、不设立条件以及运输服务自由化,可能会进一步促进具有掠夺性的精英进行额外寻租。换句话说,地方精英可以利用外部资助的基础设施和发展项目,满足自身的狭隘目的,而这不是投资者所想要的。

正是在这一点上,中国对接受国一直实行的不干涉内政政策可能面临最大的压力。 运输和物流链以寻租为特征,对该领域的比较研究表明,新的基础设施项目如果不对运输服务本身进行改革,例如打破铁路垄断和运输联盟,就不可能提高效率。无条件援助和新的基础设施项目很可能充当地方精英的收入来源,而不是让这些项目行使公共产品的职能,即使捐助者或投资者想要这样做。因此,对于中国来说,这样的结果与他们的意图是相反的,这既不会刺激地区发展,也不必然为中国企业创造更多的市场准入和机会。

2. 边境制度带来的长时间延误

治理挑战还集中在引入新的运输基础设施是否必然会提高边境制度的效率、减少高昂的非正式支出或阻碍跨境商业的其他障碍。总而言之,“一带一路”项目会减少跨境交易成本吗?

如下图所示,毫无疑问,中亚仍然是世界上贸易最不便利的地区之一。根据世界银行商业环境部门的数据显示,除了少数例外,货物在该地区的进出口时间会超过100天,在2006—2014年几乎没有什么改善,尽管所有外部资助的措施和投资都试图改善该地区的互联互通。目前,货物进出中亚的时间是南亚的2倍,是中东和北非的3倍。最令人惊讶的是,即使21世纪初中亚和外部世界之间贸易量有大幅度的提高,该地区的这些瓶颈和非正式障碍仍然存在。

人们曾经希望有一个外部支持的后勤网络能够带来更好的治理,但是希望

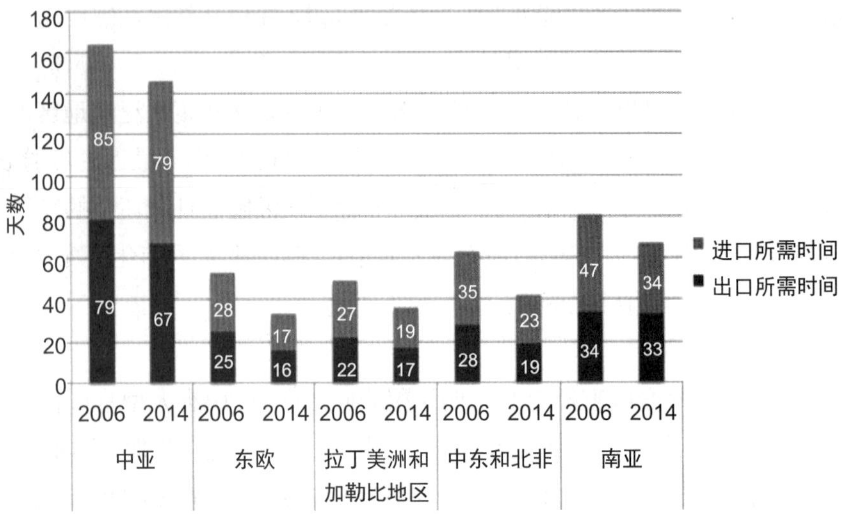

图1 2006年和2014年进出口所需时间

资料来源：世界银行。

落空了。北方配送网络（Northern Distribution Network）的支持者设想穿越欧亚陆地，作为向美国驻阿富汗部队供应非杀伤性军用物资的物流供应通道，也有助于促进更多的个人商业物资流进或流出该地区。现在看来，北方配送网络不仅没有刺激更多的私营企业参与，而且似乎进一步鼓励了国家主导的物流承包商，如货运和铁路公司的寻租。一份报告指出，在北方配送网络运行期间，区域跨境经济合作出现显著恶化，因为乌兹别克斯坦、塔吉克斯坦与吉尔吉斯斯坦的公路和铁路运价高涨，其中特别针对与阿富汗的国际安全援助部队（ISAF）有关的货物。总体而言，该报告估计，北方配送网络给中亚每年带来近10亿美元的运输费用，其中有93%实际上转移到了地方政府手中，而不是私人或市场实体。

由于中亚国家的边境官员不愿意采用旨在加快跨境运输的新货物追踪技术，也没有采用新的软件、清算做法或装运跟踪技术来改善边界全面延误的情况。亚洲开发银行的研究发现，尽管阿富汗在2010年加入了使用国际道路运输（TIR）执照的国际公约，但是阿富汗的商业界抱怨说，他们在2012年和2013年没有使用这一执照运输任何集装箱，因为中亚邻国“拒绝接受阿富汗卡车的国际道路运输执照”。

其他经验表明，当某些地区被迫接受灰色收入遭受损失时，海关官员会通过在其他地区增加寻租来填补。对2010年签订的俄罗斯—白俄罗斯—哈萨克斯坦关税同盟（CU）协议如何影响哈萨克斯坦过境时间的一项分析发现，虽然该协议大大减少了从哈萨克斯坦进入俄罗斯联邦的卡车的平均过境时间，从2011年的7.7小时减少到2012年的2.9小时，但哈萨克斯坦与非关税同盟国家（中亚和中国）的平均过境时间在同一时期却大大增加了，从8.6小时增加到21.5小时。时间全面上升是因为在少数的主要过境点增加了“排队、通关、卫生检查、检疫和运输检查”。

总之，对于“地缘玩家”和“贸易商”来说，中亚贸易时间延缓的主要因素不是缺乏足够的交通基础设施，而是负责疏通贸易的国家机构和海关官员依赖于这些灰色收入和边境行为。如果没有对海关制度进行政治经济学上的根本性改革，引入新的跨国货运方式如高速铁路，就有可能将非正式做法转移到其他的跨境交易之中，因为这有可能提高边境的整体业绩。

3. 贪腐加剧和监管难题

在没有对当地贪腐情况进行更多监管和制衡的情况下，在该地区引入高价项目可能会抬高私人支付，也使其他国家的公司更难在这些相同的部门中竞争到投资机会。例如，在能源部门，人们普遍认为，中国公司比西方国家具有先天优势，因为它们能够提供旁支付并同时提供公私产品，而西方公司无法做到。中国公司在与能源部门相类似的部门中具有优势，例如电信、采矿和道路建设。

在评估和监测方面，中国监管机构面临着监督不同国内行为体的困难挑战，每个行动体都有不同的目标和动机，所有这些行为体都通过对“一带一路”提出承诺来证明当地交易的合理性。此外，目前还不清楚指导或监督委员会发出的指令是否可以有效地传达，以约束或以其他方式改变那些习惯自主行动的中国公司。这个问题在中亚这个边境地区尤为迫切，在这里，中国政府和私人行为体都已经制定了良好的战略目标和参与策略。

公共物品有可能私有化、边境线上的寻租，以及贪腐加剧都可能给地区治理带来的不利后果。这些案例表明，与人们普遍认为该地区与全球经济隔绝相反，中亚精英、掮客和外部求购公司已经熟练掌握使用离岸投资工具伪装交易的复杂行为，以掩盖获益者的身份。没有理论或经验基础可以假设在没有承诺对这些国家主导的运输部门进行改革的情况下，能够改变这些现有的非正式网络和寻租价值链。

六、结论和需进一步研究的问题

中国的"一带一路"引起了一波对其可能产生的变革性影响的评论和猜测。这篇文章表明，虽然流行的地缘政治和发展观点是重要的，但政治经济学的观点侧重于外部资助的项目如何与当地的政治议程、网络和分歧进行互动，这对于理解"一带一路"未来可能的影响至关重要。中亚最近的经验表明，虽然有可能为有价值的新的过境基础设施提供资金，但也有可能搅乱国内政治竞争，助长贪腐和寻租网络，无法发挥其变革的潜力。事实上，类似的部门投资可能有不同的政治和社会影响，这取决于目标国当前的政治和治理条件。特别值得关注的是，有三个问题似乎与研究人员和决策者密切相关。

首先，学者和政策制定者必须仔细研究这一假设，即基础设施驱动的发展必然会带来国内和国际稳定。在某些情况和条件下，建设新道路和铁路可能会促进商业，并提供新的经济机会；然而，在其他政治情况下，新的引人关注的项目可能会使种族和社会分裂凸显，助长寻租网络和交易型腐败。

其次，研究人员和决策者应避免将区域内外有形的"互联互通"作为本身的目的。改进基础设施的同时如果没有"软件"上的改革，是不会产生效率收益或变革性效应。促进"互联互通"不应就等于是鼓励中亚国家采取多元的外交政策或与美国保持合作关系。决策者特别应该倡导改革与过境和物流有关的国家垄断和联合，以释放新过境基础设施的全部潜力。

再次，美国对"一带一路"的反应需要超越目前的区域框架，这些框架对中亚和东亚的倡议有不同的态度。在欧亚大陆，美国官员倾向于支持中国雄心勃勃的计划，强调"一带一路"与西方促进区域内连通和建立"新丝绸之路"的目标具有兼容性；然而，在东亚，对中国在该地区作为发展援助提供者的角色，美国则是以一种竞争性的眼光来看待，美国财政部对亚投行初步表示反对，这些已经表明，对于"一带一路"在全球经济治理中的潜在影响，会有更大的地缘政治上的担忧。正如本报告所指出的，"一带一路"的政治经济学意味着在不同的地区和国家，机遇和担忧并存。

原文标题：The Emerging Political Economy of OBOR：The Challenges of Promoting Connectivity in Central Asia and Beyond

欧盟与中国领导的全球经济治理转型

节选自《比利时皇家国际关系研究所报告》2016年6月

巴拉兹·乌伊沃里（Balazs Ujvari）

张　骐/译

一、中国采取多管齐下的战略方式

自1945年布雷顿森林体系建立以来，全球经济治理的主要领域基本上与单一的国际组织或安排相关。贸易主要受关贸总协定（GATT）以及后来的世界贸易组织（WTO）的约束；而在金融和货币问题上发挥主要影响力的一直是国际货币基金组织（IMF）；而在开发政策领域，世界银行也发挥了类似的作用。这些机构的一个共同特点是，它们都是在第二次世界大战之后建立的，各成员国的影响力大小基本上反映了20世纪中期各国的权力大小。虽然这些长期的机制安排仍然十分牢固，但世界形势正在不断变化，各国在全球政治中的权力与它们在这些机制中的影响力出现明显的不匹配，这种风险正在加剧。

特别是在过去的20年里，全球经济的结构正在发生快速变化。例如，七国集团（G7）在全球国内生产总值（GDP）中所占的份额从2000年的45%（按购买力平价计算）下降到2014年的32%。同年，金砖国家（巴西、俄罗斯、印度、中国和南非）的份额则从2003年的18%上升到30%。然而，全球治理结构在很大程度上未能反映出这种变化。尽管在2008—2009年的金融危机之后，这些国际金融机制实施了一些有利于新兴大国的机构改革，但它们仍然全部由美国、欧洲和日本所控制。这让主要的新兴大国的希望破灭，由此产生的后果是，中国近年来采取多个具体措施，几十年碌碌无为的全球经济治理开始逐渐发生转变。

在寻求增加国际经济体系中的影响力方面，中国已经采取了多管齐下的方式，并且通常是与其金砖国家伙伴一起合作。中国的战略取决于4个关键要素：整合、创造、重振和创新。

第一，中国及其金砖国家伙伴寻求更好地融入现有结构，随后从内部挑战传统的政策选择。例如，所有金砖国家现在都是金融稳定理事会和巴塞尔银行监管委员会的一员，并且在国际货币基金组织和世界银行获得了更大的治理影响力，尽管这种影响力也是有限的。国际货币基金组织第14次配额总审查所产生的一揽子改革方案，于2016年1月26日生效，以中国为首的4个新兴国家，现在正在集中力量通过第15次审查以获得进一步影响。北京在布雷顿森林机构进一步发挥主动作用，还反映在该国人员获得这些机构的高级管理职位。

第二，在对现有机构进行大幅度调整比较困难的领域，中国已开始支持为新兴大国的需要而量身定制类似机构。2015年，有3个这样的机构成立。新开发银行（NDB）和亚洲基础设施投资银行（AIIB）将与现有的多边开发银行并行运作，而应急储备安排（Contingent Reserve Arrangement）希望成为国际货币基金组织的替代选项，该安排将允许金砖国家在面临流动性问题时可以部分地逃避国际货币基金组织的限制条件。金砖国家集团还考虑成立一个联合信用评级机构和一个以印度为基地的新开发银行机构，以确定上海多边机制的相关项目。

第三，虽然与经济问题没有直接关系，但振兴一些被忽视的组织也是中国战略的一部分。例如，北京打算在其担任主席国期间（2014—2016年）振兴亚信会议（CICA），这是一个覆盖除日本以外亚洲大部分地区的边缘性安全网络，目的是减少亚洲在安全领域对外部力量的依赖。

第四，中国还通过建立一些不是以现有论坛为基础的多边网络，寻求在国际体系中发挥更大的作用。其中两个关键的方案是"一带一路"倡议和参与国较少的中国—中东欧国家合作机制（CCEE或16+1）。该机制于2012年在华沙启动，为此还配备了价值30亿美元的投资基金，以帮助向中欧和东欧的项目提供资金。

这份报告是双卷本的一部分，重点是全球经济治理中兴起的平行结构。本论文旨在对中国和金砖国家支持的新机构与它们寻求参照的既有机构进行比较，探寻欧盟在对待这些机构时可能采取的各种政策路径。第一卷将集中讨论国际开发政策格局的转变，检验2015年创立的两个多边开发机构——新开发银行和亚投行的创新、挑战和机遇。第二卷将在2016年下半年出版，将转向国际金融和货币政策领域，对应急储备安排（CRA）和未来的金砖国家信用评级机构进行类似的分析。

二、创立两个多边开发机构

（一）创立新开发银行，实现破冰

2014年7月在巴西福塔雷萨举行的第六届金砖国家峰会是五国合作的一个标志性事件。2006年9月，金砖国家在联合国大会期间举行首次外长会晤，此后的近10年，它们的合作一直仅限于发表联合声明以及在各种国际事务中形成共同立场，这些都是通过越来越密集的协调机制进行准备。随着金砖国家领导人于2014年7月15日签署新开发银行协议，金砖国家集团终于具有了机制化的特征。该协议经所有金砖国家的议会批准，于2015年7月生效。7月7日，新开发银行理事会在莫斯科举行。7月8日—9日，第七届金砖国家首脑峰会在俄罗斯乌法举行。经2015年7月理事会选举的董事会，于2016年1月首次召开会议，并批准了该机构所有职能领域的政策和程序。2016年2月27日，新开发银行与中国政府和上海市签署总部协议，这是银行建立的又一重要举措。新开发银行的第一个区域办事处设在南非，原印度工业信贷投资银行（ICICI）常务董事卡马特担任行长。

金砖国家领导的这一银行是1991年欧洲复兴开发银行（EBRD）成立以来的第一个多边开发银行。其目的是通过提供贷款、担保、技术援助和股本投资的方式，为金砖国家和其他新兴市场经济体、发展中国家的基础设施和可持续发展项目调动资源。新开发银行是为了回应一个广泛的认识，即现有的金融体制不足以满足基础设施项目的投资需求，而从大多数发展中国家的角度看，这是发展的核心问题。该机构被认为是对传统多边和双边捐助机构的补充，尽管受益国多次呼吁，但这些捐助国基本上忽视了发展资金这一方面。尽管G20领导人在2010年11月的首尔峰会上承诺解决基础设施需求，但2011年的戛纳峰会和2012年的洛斯卡沃斯峰会都没有在这方面做出进一步承诺。因此，当发展中国家领导人以首尔G20会议精神转向世界银行寻求对经济基础设施（能源、运输、电信等）的支持时，尽管最近有一些资金增加，但是在受到资助方面仍然面临重重困难。预计新开发银行将通过专门提供硬件基础设施融资来帮助减少这种差距，从而有助于改善发展中国家国内和国家之间的物理联系。

1. 新开发银行与世界银行之差异

鉴于其覆盖的地理范围以及预期履行的职能类型，新开发银行常常用来与世界银行进行比较。迄今为止，位于华盛顿的世界银行是全球层面唯一与新开发银行开展类似业务（贷款、技术援助和担保）的多边开发银行。然而就其任务而言，两个机构的差别很大。世界银行主要通过与主权或有主权担保的借贷者合作，其主要目标是消除贫困，但新开发银行则侧重于更具体的目标——促进经济基础设施投资和可持续发展，并特别集中于非主权借贷者（私营部门实体）。新开发银行建立的逻辑是，改善物理上的基础设施，可推动更可持续和广泛的经济发展，从而促进贫困的减少。

新开发银行拥有500亿美元的认缴资本，并可以提高到1 000亿美元，这是该机构创始成员国授权设立的资本。创始成员国在2016年1月16日完成向新开发银行首次认缴，共计7.5亿美元，这是该行资本化进程的第一步。这些初始转账计入银行的实收资本，通过2016—2020年的7次付款，预计总额将达100亿美元（每个创始成员国20亿美元）。新开发银行资本基础的另一个关键部分是400亿美元的认缴资本（每位创始成员国80亿美元），在银行提出要求时股东必须提供。

从比较的角度来看，新开发银行的预期实收资本为100亿美元，这将使新开发银行的金融实力接近世界银行，后者在2015年6月的实收资本额达到152亿美元。然而就“通知缴付型资本”（callable capital）而言，新开发银行的400亿美元还是少于世界银行的2 366亿美元。尽管资本基础是多边开发银行业务能力的重要指标，但通过各种金融工具利用其资本的能力同样至关重要。例如，以实收资本134亿美元为基础，世界银行旗下国际复兴开发银行（IBRD）的非优惠借贷窗口，在1945—2013年，累计实现了5 860亿美元的贷款。这主要是因为主要的评级机构授予世界银行有利的债权人地位，以及由此而带来的银行在私人金融市场开展业务的有利条件。新开发银行管理层的首要措施是寻求使目前的7.5亿美元翻一番或达到2.5倍，2016年达到20亿美元。

2016年4月15日，在国际货币基金组织和世行集团春季会议之间，新开发银行召开了第5次会议。在这次会议上，新开发银行董事会批准了第一笔总额达

8.11亿美元的贷款。这些初始贷款将分期贷出，以支持4个金砖国家共计2 370兆瓦的可再生能源，俄罗斯是第一轮没有获得资助的唯一创始成员国，这笔赞助预计将每年减少有害排放400万吨。最大的受益者是巴西国家开发银行（Banco Nacional de Desenvolvimento Economico e Social），该行获得了约3亿美元的资助，以帮助建设600兆瓦的可再生能源。新开发银行还将向印度的卡纳拉银行（Canara Bank）提供2.5亿美元的贷款，这些款项借给可再生能源项目，希望能够产生500兆瓦的可再生能源，节约80万吨的碳排放。南非的Eskom控股有限公司的输电线项目获得了1.8亿美元的赞助，该项目将传输670兆瓦电力，并转化500兆瓦的可再生能源。最少的一笔8 100万美元资助了中国上海临港弘博新能源发展有限公司，用于其100兆瓦的屋顶太阳能发电项目。总体而言，上述无偿贷款具有4个重要特征：全部支持清洁能源项目；将以本国货币支付；还款时间为12—20年；各自的金砖国家政府为这些企业提供保证。

事实上，在现有多边开发银行的发展历史上，银行已分配好首批贷款是前所未有的。这样一个机构平均需要2年的时间才能完成从项目的设计到贷款审批，但是上海的这一多边机构将这一进程减少到6个月。这样加速运作并不是没有任何后果。所有的贷款项目都有主权担保，这和新开发银行主要与非主权借款者合作的目标相违背。建立贷款组合似乎胜过严格遵守银行的主要原则之一（关注非主权借款者），至少在初始运作阶段是这样的，可以进一步凸显金砖国家对于快速交付发展援助的多次承诺。

2. 新开发银行的延续和创新

对新开发银行成立条约的分析表明，该机构和传统的多边开发银行相比，既有创新之处，也有延续的地方。这一部分对两者进行比较，并重点介绍5个悬而未决的问题：投票权的组成、影响分布、治理机制、目标客户和用于借出的货币。

第一，在新开发银行中，分配投票权的方式与所有其他多边开发银行的做法都不同。例如，在世界银行，一个成员的投票权由两个因素决定。一是每个成员的基本投票权，共计占总投票权的5.55%；二是成员的大部分投票权由股份投票权组成，成员每拥有1股，就能再投1票。世行的股权与成员国的经济贡献密切相关，而且允许较大的经济体对资本基础做出更大的贡献。由于投票权的原因，经济上更强大的国家在传统上具有重大的治理影响力。乍看上去，金砖国家决定以创始成员之间平均分配的资本份额（每个占20%）作为投票权的基础，这似乎与世界银行遵循的模式有根本的不同。然而，这只是部分事实。虽然分配给5个成员国同等的资本份额，使得新开发银行与布雷顿森林机构有明显的区别，但投票权与资本份额相关，这实际上与世行并无多大差别：每股资本份额为1票。

在确保所有创始成员国拥有相同的配额时，金砖国家也一再呼吁在现有的国际金融机构中获得更多的影响力，但这也存在缺点。新开发银行的初始资本额度只有500亿美元，这主要是由于最小创始成员国南非的财政限制，南非的国际储备（包括黄金、外汇和国际货币基金组织特别提款权）仅占中国的1%。有意思的是，在金砖国家之间的谈判中，并没有保留可以使创始成员国贡献不同但仍能在银行治理中获得巨大影响力的替代性安排。使较少份额的成员国增加影响力的一种方式是分配大量的"基本投票权"，多个多边开发银行都在不同程度上采取了这样的做法。世界银行现在将总投票权的5.55%平均分配给所有成员国，亚洲开发银行（ADB）的这个比例是20%。这一制度大大降低了出资额对投票权的影响，使资本份额较小的国家有更大的影响力。另一种解决方案可能是，一旦成员国持有的股份数量超过一定水平，逐渐降低其资本份额的价值（例如将3个资本份额转换为1票）。简而言之，至少在最初的时候，严格地以平等原则分配股份优先于以资本大小分配，可以表明政治团结是金砖国家在新开发银行谈判中的首要考虑因素。

第二，就借款国与非借款国之间的权力平衡而言，世界银行与新开发银行存在重大差异。在世界银行中，发展中国家（42.1%）的集体投票权份额远远高于发达国家。此外，借款国在治理结构中仅占有少数席位，也从未有来自借款国的人担任这一位于华盛顿的机构的主席。与此形成鲜明对比的是，新开发银行的协议表明，即使未来会员数量扩大，借款国也将继续保持对多边机构的掌控。该协议规定，金砖国家的集体投票权份额必须至少达到总投票权的55%，而非借款国不得超过20%。这是一个关键性的限制，因为实质性问题（例如增加授权和认缴资本、更改实收与通知即缴型股份的比例等）将由特别多数决定。这需要得到成员总投票权2/3的赞成票数，包括5个创始成员中至少4个成员的赞成。未来，在银行的日常运营中，非借款国的声音也将受到极大的限制，银行将以简单多数或合格的多数作出决定（例如创建专项资金或任命更多的董事会成员）。

为巩固借款国在治理上的影响力，该协议还规定，"银行行长"在创始成员国中轮选产生，除了行长所代表的国家外，其他创始成员国至少有1名副行长。总而言之，这些安排似乎是以几个区域开发银行的方式为基础，在这些银行中，作为借款国的发展中国家的投票份额至少为50%，并且比作为发达国家的非借款国拥有更多的席位（例如非洲开发银行）或同等数目的席位（例如亚洲开发银行）。总而言之，即使几个发达国家今后加入新开发银行，其发展态势预计与世界银行有显著差距，但是与区域开发银行更为相似。

第三，治理机制有差异。该机构遵循世界银行的双董事会制度，由理事会和常驻董事会所组成。然而，和世界银行有着明显区别的是，新开发银行的董事会成员不会常驻上海。这种安排也意味着，董事会将较少地参与银行的日常业务，而驻地管理层的作用将有所增加。多边开发银行的常规做法是常驻董事会最终做出决策，而新开发银行的做法绕开了这一惯例。从金砖国家的角度来看，董事会不驻地可以改善现有的开发金融实践，并通过节省管理成本、降低不同层级管理层之间的摩擦来加速贷款。然而，这种设置也可以解释为，创始成员国想尝试限制未来会员对以金砖国家为主的高级管理层产生影响。然而，这一观点正越来越被这样一个事实所冲击：迄今为止，银行的大部分招聘并不仅限于来自成员国的国民。新开发银行董事会的另一个重要特征是其成员都是无报酬工作。这与世界银行的常驻理事会形成鲜明的对比，其每年耗费成本为7 000万美元。在金砖国家的首都，人们希望减少治理费用，释放大量的财政资源，然后可以重新投向贷款、投资、技术援助、政策咨询或培训。尽管和世界银行相比似乎具有创新性，但必须指出的是，不设常设理事会并不是多边开发银行历史上前所未有的。例如，拉美开发银行（CAF）成立于1968年，也选择了类似的安排。因此，相比设置常驻董事会的美洲开发银行（IADB）以及其他在该地区开展业务的开发银行所要求的贷款时间，拉美开发银行处理贷款的时间只需一半。

第四，新开发银行与传统多边开发银行之间的另一个重要区别在于其目标客户群。例如，国际复兴开发银行章程禁止没有主权担保的贷款。国际金融公司（IFC）是独立实体，专门从事私人部门借贷，它于1956年在世界银行集团内成立。它的资本基础只有23亿美元，尽管已经完全缴付，但相对于世界银行的2 386亿美元（包括已缴资本和通知即缴资本）而言，是微不足道的。与世行所关注主权借款者相反，新开发银行是建立在承认这样一个前提的基础上，即只要一些政治风险得到缓解，私人投资者就越来越愿意接受新兴市场存在的商业风险。除了促进私人贷款之外，对私营部门和其他非主权实体有更多的关注也可以使新开发银行获得更高的股本回报。这是因为在发展中国家，私营部门的利率高于公共部门的利率。尽管强调非主权借款人，但新开发银行董事会批准的第一批贷款都是由政府提供担保的。可以说，由于这样一个事实，即在开始运作的几个月后，该机构试图避免私营部门贷款和股权投资，因为这些投资风险更大，更容易受到市场波动的影响。

第五，新开发银行与原有机制不同的一点在于，该行以非硬货提供债务工具。虽然主要的现有多边开发银行以大量硬通货作为借款，如美元、欧元、日元和英镑，但新开发银行主要以其成员国的货币作为借款货币，包括巴西雷亚尔、印度卢比、俄罗斯卢布、中国人民币和南非兰特。据称，新开发银行的长期计划还包括可能允许成员以其他成员国的货币支付给它们的货币贷款。这种行动有希望通过"应急储备安排"（CRA）得以促进，该机制是金砖国家在2014年建立的，以鼓励金砖国家之间的货币互换。虽然第一批无偿贷款全部以当地货币支付，但行长卡马特（Kamath）最近暗示可能会在国际资本市场上筹集资金，尽管这不应该在新开发银行获得3个主要的国际信用评级机构（穆迪、标准普尔、惠誉）的评级之前发生。

3. 新开发银行面临的挑战

就非优惠贷款窗口而言，多边开发银行本质上是自给自足的。这意味着，一旦提供了所需的实收资本，股东就不需要为多边开发银行的资本基础再定期出资。为了提高经营能力，多边开发银行加强资本主要是通过在国际资本市场上发行债券。一家多边开发银行是否有能力在借款人贷款时低价筹集资金并降低利率，很大程度上取决于其信用评级。大多数多边开发银行拥有较高的信用评级，这使得它们拥有非常有吸引力的资本来源，即使它们承担利率。事实上，相比于寻求国际资本市场的帮助，发展中国家倾向于在更有利的条件下获得多边开发银行的金融资源。即使在那些资本基础完全从发展中国家吸收的机构，情况也是如此，就像拉美开发银行一样。除了涵盖运营成本外，多边开发银行的股本回报也用于提供技术援助和知识增值。

为了提高运营能力，新开发银行将面临一些挑战。考虑到目前有7.5亿美元作为实收资本，而5个成员国应该将达到100亿美元。汉弗莱（Humphrey）估计，新开发银行的贷款资产组合，即贷款的总价值，经过5年运营达到250亿—330亿美元，经过10年的运营，可能会上升至450亿—650亿美元。到2025年，这样一笔450亿—650亿美元的贷款组合，将使得该银行达到亚洲开发银行在2013年的业绩（531亿美元），但仍将低于国际复兴开发银行在同一年度的1 417亿美元。虽然这笔总和仍然在国际开发融资中占有显著比例，但也仅仅是弥补了一小部分未得到满足的需求。

扩大多边开发银行资本基础的最直接方法是增选具有显著持股潜力的新成员。在其运营的初始阶段，新开发银行将重点放在金砖国家。对新会员申请的评估将于2017年7月（银行启动后两年）开始。尽管成立协议暗示了该行在全球范围开展业务的可能性，但新开发银行并不打算成为一个真正的全球性会员机构。预计第一轮扩张将涉及一些主要的中等收入国家，如印度尼西亚、伊朗、尼日利亚和土耳其。事实上，伊朗政府已经在2015年10月提出了加入新开发银行的想法，但迄今为止还没有得到金砖国家的回应。但是，增选非借款国可以提高新开发银行的信誉使其获益，并提高创造良好债务组合的能力，这一点仍然值得商榷。然而，迄今为止，没有任何发达国家对加入该机构表示有兴趣，几乎也没有意识到该银行将在一年多的时间内将对新成员开放。现阶段，还不清楚新开发银行将对来自传统捐助国的加入要求做何反应，因为这些行为者的出现肯定会影响银行的核心政策。即使金砖国家明确地限制未来非借款会员国的影响，将其集体投票权限制在总额的20%，影响也会存在。

目前新开发银行有5个成员国家，新开发银行的贷款组合扩张主要取决于其在国际资本市场上利用其资本的能力。在开始的时候，这是一个相当具有挑战性的工作，因为银行仅由借款国组成。缺乏信用评级较高的发达国家，肯定会使得新开发银行难以获得债券投资者的信任，也难以从低利率和长时间到期中获益。为了达到债券评级机构的期望，从而能够以优惠的方式提供发展融资，新开发银行一开始很有可能无法积极地利用其权益资本（equity capital）。这意味着在第一年运营期间，其权益与贷款余额之比（equity—to—loans ratio）将保持在23%—27%的范围内，这将导致73%—77%的权益是以优质组合中的实收资本为基础。

为了成为一个得到各方承认的多边援助机构，新开发银行必须确保其资产的回报能够涵盖其行政开支以及融资成本。由于该机构仅专注于两个发展问题（基础设施和可持续发展），掌管该机构的借款国倾向于精减人员，因此行政预算也相当有限。多边开发银行收入的一个关键组成部分是其向借款人提供贷款所获得的利息：贷款收入。至于其融资成本，评级机构给予新开发银行的投资评级将具有决定意义。如果多边开发银行获得较高的投资评级，那么就可以在国际市场上低成本地筹集资金，为发展项目提供贷款也具有吸引力。相比之下，低投资评级可能会增加多边开发银行的贷款成本，导致外界减少对其服务的需求。这就可能剥夺银行的主要收入来源：贷款收入。

在成立之初，对新开发银行评级的最大影响因素是创始成员的主权评级。在标准普尔的评级中，中国被评为AA–，巴西是BB，南非和印度是BBB–，俄罗斯是BB +。有两个创始成员国（巴西和俄罗斯）是垃圾级，其他两个的投资评级最低（印度和南非），中国是唯一一个拥有高评级的创始会员国，新开发银行的总体前景看起来相当暗淡。然而，正如拉美开发银行的例子所示，一个完全排除借款国的多边开发银行并非不可能获得比其单个成员更高的信用评级。但是，以这种方式有利地进入资本市场需要时间。与此同时，低评级可能使新开发银行进入资本市场变得复杂化，导致融资成本上升。这可能会迫使银行对其贷款设定较高的标价，反过来又可能阻碍一些金砖国家和中等收入国家向新开发银行寻求贷款，因为它们可以以更有利的方式直接进入资本市场。

然而，截至2016年2月底，新开发银行获得了中国联合信用评级公司和中国诚信国际两家中国评级机构的最高评级（AAA）。这就解释了为什么中国特别依赖通过发行债券为银行筹集资金。2015年4月底，新开发银行在中国债券市场首次发行了价值3.5亿美元的绿色债券，为首批绿色能源项目贷款提供资金。同时，与“三大”评级机构正在进行的谈判预计将在2016年第三季度结束，这可能为新开发银行进入国际资本市场铺平了道路。但是，目前还不清楚高级管理层是否认为在这个阶段要获得最高的投资评级。正如俄罗斯财政部国际金融关系司司长安德烈·博卡列夫（Andrey Bokarev）所表示的那样：“从设立储备金和保留资金账户的角度出发，AAA级评级对于没有经验和声誉的新机构而言意味着某些限制。”

除了寻求贷款收入外，这个位于上海的机构也可能通过股权投资产生收入，最近，一些多边开发银行也越来越多地采取这种做法。购买寻求进行大型项目的企业所有权股份，然后在项目完成后将其出售给私人投资者，这与新开发银行重点关注非主权行为体相一致，并可能带来可观的收入。然而，鉴于参与的规模

（75%—100%的项目价值只有20%—40%给予非主权贷款）和股权投资的高度波动性，该银行一开始可能不去开展这种业务。

创造收入的其他来源包括国库券投资、贷款银团（loan syndications）、公私合营、与双边援助机构和国家开发银行的共同融资甚至接受存款。能够综合运用这些金融工具的多边开发银行包括欧洲复兴开发银行、国际金融公司和欧洲投资银行（EIB），欧洲投资银行的主要宗旨就是与私营部门合作。由于新开发银行仍然处于起始阶段，这是一个设立必要的行政和金融安排很好的时机，以使用上述的金融工具。

4. 新开发银行对欧盟意味着什么？

目前，西方主导的多边体系正处于转型之中，欧盟成员国在原来体系中处于重要位置，欧盟的根本利益在于确保新结构是补充型的，而不是与旧结构相抵触。尽管新开发银行被官方认定为是对现有多边开发银行的补充，但有理由认为，该机构也将有助于提升其创始成员国的战略利益。首先，新开发银行的重点是基础设施项目，该行为为中俄的工程公司创造了商机，也有可能吸收中国在铝业、水泥和钢铁行业的过剩产能。其次，新开发银行主要以金砖国家的货币提供贷款，这也可能会冲击国际金融中如美元和欧元这些硬通货的主流地位。再次，金砖国家也可能旨在通过提供一种相对于既定结构（特别是世界银行）更为便利的替代方案，来影响国际开发融资的方式。

可以说，新开发银行可能偏离世行的标准是欧盟成员国最关心的问题。欧盟及其28个成员国是那些位于华盛顿的机构的坚定支持者，它们在国际复兴开发银行的投票权份额中占1/3（而金砖国家的投票权份额为13%），而国际开发协会的一半会费来自欧盟。欧盟和世界银行密切合作，推动减少全球贫困，推动经济向环保可持续发展转型，同时坚持强有力的治理以及社会环境标准。欧洲委员会有自己的开发合作预算，并且正在与世界银行保持不断的对话，目的是确保总部和实地层面展开联合有效的行动。欧洲委员会和世界银行在贸易、农业和能源政策等与开发相关的方面也经常进行磋商和研讨会。双方于2009年3月签署框架协定以指导两者之间的关系，协定也适用于欧洲委员会与世界银行之间缔结的所有信托基金协议。

由于新开发银行是由新兴国家运营的，在遵守国际开发融资实际标准方面会存在问题，许多人认为，银行可能会放弃环境、社会、劳工和采购标准。因此，人们担忧，新开发银行的出现会使得世界银行的严格标准面临压力。不过，考虑到新开发银行官员不断强调可持续发展，2016年4月初由该行董事会批准的第一批项目是绿色项目，这些担忧已经部分得到了缓解。

欧盟成员国在考虑对新开发银行如何回应时，不仅需要考虑到该机构背后的战略目标，还要考虑该行给欧洲企业所带来的经济机会。新开发银行的协定限制参与项目招标只能是会员，这肯定会激发非借款国家成为会员。如果银行在中长期继续关注绿色项目，在绿色产业方面具有竞争力的欧盟成员国将有兴趣加入新开发银行，以开发商业机会。

虽然欧盟尚未对新开发银行给予正式的回应，但欧洲委员会表示只要这是对现有机制的补充，它们欢迎新的开发融资方案。单个成员国会重点从战略角度考虑还是优先从经济角度考虑，还有待观察。根据《欧盟条约》（TEU）第32条，欧盟未来对新开发银行有任何反应，原则上应先在成员国之间展开磋商。《欧盟条约》第32条指出："在达成可能影响联盟利益的任何承诺之前，每个成员国应与欧洲理事会其他成员国或理事会展开磋商。"一旦新开发银行对新成员打开大门，欧盟成员国就如何应对新开发银行形成统一立场，我认为可能有4个基本的情景。

第一，为了防止既有的国际开发金融机制分散化，欧盟成员国可以集体采取孤立主义的态度，拒绝成为新开发银行的会员，鼓励其他国家也采取这样的做法。然而，人们普遍认为有必要对南方国家增加基础设施方面的投资，而欧盟此前也呼吁金砖国家在国际舞台上承担更多的责任，欧盟采取孤立主义的做法将很难与此相协调。此外，这种做法也将阻止欧盟绿色产业参与新开发银行的采购。

第二，欧盟成员国根据新开发银行是否严格遵守某些社会、环境和劳工标准而决定是否加入，以此来引导新开发银行的政策产生变化。这一策略可以建立在这样的论点上，即一些信用评级高的欧盟成员国的加入，可以提高新开发银行的信誉（尽管有几个欧盟成员国的信用评级比金砖国家还差）。然而，新开发银行在各种标准上持宽松立场，该行不太可能做出重大牺牲，以改善其在资本市场的地位，因为其存在的理由正是要改变世界银行拖沓、官僚主义的做法。此外，新开发银行日益明确将绿色项目和环境标准作为重点，这也将限制欧盟成员国利用是否成为会员来引导政策改变。

第三,欧盟成员国可以从内部影响政策的演变。在这种情况下,可能是几个欧盟成员国加入,它们愿意承担作为新开发银行成员所要付出的金融成本。加盟的欧盟国家可以在欧盟理事会中的一个特别筹备机构例如经济和金融委员会中展开定期协商,进一步推动欧盟整体的利益。

这样做将符合《欧盟条约》第34条的规定:“在并非所有成员国都参加的国际组织和国际会议上,参加的成员国应维护欧盟的立场。”然而,经验显示,在欧盟某些成员国占据优势地位的国际组织(如经济合作与发展组织、联合国安理会、八国集团或二十国集团)中,欧盟国家在法律义务和政治行动上的协调力度较弱。

第四,欧盟本身也可以寻求成为新开发银行的成员,无论是与成员国一起还是代表成员国。鉴于开发政策是欧盟和成员国的共有权限,后者不太可能赞成由欧盟官员代表替其做出选择。与此相反,欧洲复兴开发银行的例子表明,欧盟与其成员国一起成为多边开发银行的成员并非不可行。然而,新开发银行的协定将其会员限制在联合国成员范围内,但有可能在其理事会中为国际金融机构设立观察员地位。由于欧盟均不符合这些标准,因此,欧盟能否加入取决于新开发银行能否将区域经济一体化组织(REIO)的相关条款纳入该机构的授权之中。鉴于金砖国家对国家主权持现实主义立场,要想实现这样的条约变更,需要欧盟成员国在针对新开发银行进行协调一致的联合行动。

总而言之,在可预见的未来,新开发银行一定不会改变国际开发的融资方式,但可以使金砖国家逐步塑造其在全球开发政策上的话语权。作为世界领先的开发援助者,欧盟及其成员国不能对新的多边开发银行视而不见,新的多边开发银行可能会挑战欧洲人长期以来在开发政策中所遵守的一些原则。如果对此视而不见,可能产生的风险包括逐渐改变国际开发融资,使接受资金方无须满足欧盟式的治理标准和经济方案。使民主、透明和法治屈服于经济增长,不仅与欧盟自身的开发政策相违背,而且也使得世界与欧盟相背离。换句话说,在一个不再或很少为开发援助设置附加条件的世界里,欧盟会发现通过自己的开发政策来促进其价值观和经济利益将更加困难。

然而,新开发银行能够在多大程度上降低已有的发展标准,是值得怀疑的。首先,即使是银行的创始国,对开发政策的标准也存在分歧。虽然巴西长期以来一直以在环境和社会标准方面有强有力的立法而闻名,这也反映在巴西开发银行

（BNDES）的贷款政策中，但中国和俄罗斯在国内和国际上对这些问题都兴趣不大。银行实施的第一批绿色项目，以及卡马特行长反复强调对可持续发展的重视，这些都表明，巴西在设计新开发银行行动的政策框架时发挥了作用。

其次，由于新开发银行仅仅对经济基础设施项目提供援助，该行仅能在电信、能源和交通运输项目上给发展中国家和新兴国家提供新的资金来源。与此相反，大多数多边开发银行的业务更加均衡。例如，国际复兴开发银行和国际开发协会在2012—2013年涉及社会基础设施（卫生、教育、供水和公民社会等）的业务占40%—50%。此外，欧洲委员会国际合作与发展总司（EuropeAid）在2013年的经济基础设施援助份额只有10%。由于新开发银行仅资助经济基础设施，其存在对欧盟开发政策的战略影响也比较有限。然而，这并不意味着欧盟成员国不应该开始就新开发银行进行联合讨论，欧盟成员国最初应对亚投行开放政策时出现的分歧应该避免再次发生。新开发银行已成立1年，但这首个正式的金砖国家机构目前在欧盟决策者的议事日程上排位很低。

（二）创立亚洲基础设施投资银行，中国走向多边

2012年3月的第四届金砖国家首脑会议上，中国国家主席习近平提出设立金砖国家开发银行的想法；一年半后，习主席在印度尼西亚议会发表演讲时单方面提出成立另一个多边机构：亚洲基础设施投资银行（AIIB简称“亚投行”）。从一开始，中国就宣布亚投行向国际复兴开发银行或亚洲开发银行（简称亚开行）的所有成员开放，这迅速引起国际社会的兴趣，远超其最大期望。截至2015年3月31日（中国为申请创始成员设立的截止日期），该银行共收到57个申请。每个意向创始成员国仍然有机会就亚投行的章程发表意见，这是于5月20日—22日在新加坡举行的第5次首席谈判代表大会上商定的。随后，2015年6月29日，中国领导人和56名意向创始成员国的代表共聚北京，签署了建立亚投行的备忘录。在17个国家批准《亚洲基础设施投资银行协定》后，股份总额达到50.1%，协定于2015年12月25日生效。在撰写本文时，57个意向创始国中已经有37个批准了该协定，并因此成为创始会员国。2016年1月16日，亚投行在北京举行理事会成立大会，其间宣布正式运行。第一任行长是亚开行前副行长金立群。

重要的是，亚投行的创建与其他一些国际组织创建时的标准做法不同。在大多数国际机构的筹备进程中，主要利益相关者之间会进行一系列讨论和磋商，

但许多涉及亚投行的初始决定，都是由中国单方面作出的，这些决定包括机构总部的设立、筹备进程的时间表以及宣布2015年3月31日为申请截止时间。

亚投行是2015年开始运营的第二家多边开发银行，拥有新开发银行的3个基本特征。首先，它由中国这个新兴国家发起，主要是由借款国运营。其次，其主要目标也是改善基础设施的连通性，同时也促进可持续经济发展，最显著的差异在于亚投行仅在亚洲和大洋洲开展业务。再次，虽然亚投行被认为是与已建立的多边开发机构相辅相成，但它也明确有改善现有开发融资方式的意图。

1. 亚投行与亚洲开发银行之差异

由于其业务专注于亚洲大陆，亚投行已被许多人描绘为是亚洲开发银行的潜在替代者，亚开行是另一家专注于亚洲地区的多边开发银行。虽然这两个机构有相似的职能，包括资助、贷款、担保、技术援助和股权投资等，但两者的任务仍有很大差异。一开始，亚开行主要是为亚洲发展中国家的经济发展作贡献。21世纪初，亚开行的重点逐渐从促进经济增长转向推动减贫，旨在直接为穷人带来有针对性的干预措施。但是，对“2020年战略”（该机构最近出台的长期战略框架）的中期审核表明，亚开行逐渐回到用更广泛的“经济方式”，来重点协助客户国追求自身的发展道路。到2020年，亚开行将重点关注10个战略优先议题，包括减贫、包容性经济增长、适应气候变化、基础设施投资和私营部门发展。与亚开行参与发展政策的若干方面不同，亚投行只面向两个具体目标：硬件基础设施投资和可持续发展。

亚投行的初始资本基础为1 000亿美元，其中包括200亿美元的实收资本和800亿美元的“通知缴付型资本”。会员对实收资本的缴款将分5期支付，每次缴付总额的20%。创始成员国于2015年12月25日亚投行协定生效后的30天内支付第一期费用。第二期于2016年12月25日到期，剩余的3期将于前一次付款到账的1年内分别支付。预计到2020年初，亚投行的资本基础将达到1 000亿美元，仍将低于亚开行的金融实力，目前亚开行的资本基础约为1 750亿美元（但是其中实收资本只有126亿美元）。这一点很重要，因为亚开行的运营规模越来越多地依赖于实收资本和良好的权益与贷款余额之比，“通知缴付型资本”主要在于帮助多边开发银行获得更高的债券评级。2016年1月16日开始运作后，亚投行计划在2016年第二季度首次发放贷款，据说有多项共同融资项目（包括与亚开行共同资助的巴基斯坦高速公路项目），也有一些亚投行单独资助的管道项目。

2. 亚投行的延续和创新

与更多的已有多边开发银行相比，亚投行与新开发银行相类似，既具有创新性，也具有延续性。在投票权的构成方面，亚投行采取了与亚开行相似的做法。亚开行的投票权由基本投票权和股份投票权所组成。基本投票权共占总票权的20%，由成员之间平均分配。因此，投票权的较大部分源于股份投票权，这和成员国在股本总额中持有的股份数量相同。基本投票权和股份投票权也会影响会员在亚投行的投票权。所有成员之间平等分配的基本投票权占总投票权的12%，股份投票权的分配情况与亚开行相类似。此外，对于现有的57个成员国而言，每国还享有600票的创始成员投票权。然而，目前的基本投票权和创始成员投票权，对于亚投行主要股东的影响微乎其微。例如，中国持有30.34%的股份，占总投票权的26.06%。

在本区域和非本区域成员之间的影响力分配上，亚开行和亚投行都优先考虑本区域国家。在亚开行，认购股本总额中至少有60%留给本区域国家（包括新西兰、澳大利亚和日本等非借款国），而亚投行则为本区域成员留有总股份的75%。目前，亚投行比亚开行更接近成为一家借款国主导的银行。在亚开行，非借款国占有超过50%的投票权，但在亚投行，这一数字只有35%。认购亚投行的股份数量由董事会决定，主要基于一国的经济规模（GDP）和财政能力等因素。中国（26.06%）、印度（7.51%）和俄罗斯（5.93%）这三个国家的投票权最大，它们也是本区域国家。由于实质性决定（选举行长、增加股本总额、增加单个成员国的股本份额、修正实收资本和"通知缴付型资本"的比例等）需要获得绝对多数票数，至少需要获得75%投票权，因此中国有效地保留了否决权。

新开发银行的做法更加严格，即平等的股权优先于更强大的资本基础，这种做法没有被亚投行所沿用，亚投行允许具有更强大财政能力的成员做出更大的贡献。虽然中国的股本份额原则上可以使它在最初时期发挥主导作用，但北京以前曾经提到可能逐渐放弃这一影响力。据了解，中国领导层愿意就此妥协，以使日本和美国作为创始成员加入亚投行。根据非借款国代表的汇报，北京并没有意愿来施加这种统治性的影响力或主导董事会，这似乎也证实了北京对亚投行的态度。

但值得指出的是，虽然大部分亚投行的贷款预计来自其常规资金来源，但亚投行协定为设立"特别基金"开放了广阔的空间，并与银行资产负债表分开管理。事实上，中国已经提出计划向潜在的专项基金出资5 000万美元，这将有利于欠发达成员国准备其基础设施发展项目。正如亚开行的情况所表明，设立这样的基金可能意味着投票权的分配并没能准确地反映成员国对多边开发银行的贡献。例如，日本和美国在亚开行中拥有几乎相同的股本总额（分别为15.61%和15.60%）和投票权（12.84%和12.75%）。然而，如果也考虑到对特别基金的贡献，日本就达到资助总额的45%，而美国只有12%。因此，中国预计对未来的特别基金做出重大贡献，以回击针对其控制亚投行的指责。

在治理机制方面，亚投行似乎遵循新开发银行的方式，和在亚洲运营的传统多边开发银行不同。其双董事会以非常驻和无偿的方式开展工作。这与亚开行每周集会一次的常驻董事会有很大的不同。这一安排明确表明了亚投行致力于精简内部审查和评估程序，并更快地提供贷款。董事会成员只是以兼职的方式从事亚投行相关事务，不会介入该机构的日常运作之中。他们通过电子手段回应问题，在银行业务需要的时候碰头。此外，亚投行还考虑让常驻高级管理人员具有一定的贷款决策权。现有的金融机构为常驻董事会承担交易成本，中国通过非常驻的方式降低交易成本，但是有些传统的出资国对中国籍员工作为常驻管理人员、发挥潜在主导作用表示担忧。然而，考虑到亚投行在招聘程序上的全球性以及任命了两位来自欧洲（德国和英国）的副行长，这种担忧正在失去其正当性。此外，金立群行长也一再强调，他和高级管理层将以国际公务员的身份为银行服务。

与亚开行一样，亚投行的行长将来自一个本地区成员国，其董事会由12名成员组成。区别在于，亚投行为亚洲和大洋洲国家保留了9个董事席位，而亚开行只为该地区留有8个席位。此外，在亚开行，董事会给日本、美国和中国留有固定席位，而在亚投行中，只有中国和印度拥有这样的特权。最后，亚投行的人员数量预计比亚开行或世行更精简（500—600人），而亚开行和世行的员工人数分别为3 000人和1万人。

亚投行和亚开行之间一些最重要的差异预计将会体现在目标客户上。尽管近期参与方更多地与非主权行为体打交道，会损害主权行为体的利益，但实际上，主权项目仍然占据亚开行常规业务的75%。与此相反，亚投行的设立是由中国提出，而中国是以经济增长带动减贫战略最为典型的国家，而当前这种机制正在调整，大多数多边开发银行正在越来越多地参与使用为私营部门量身定制的金融工具，这与常规的贷款截然不同，在这样一个背景下，亚投行主要与非主权行为体展开合作也并不奇怪。突出私营部门的作用也是因为随着公共债务水平和利率的上升，主权贷款的需求预计将出现下降。由于基础设施项目有许多风险，而且还有一个很长的酝酿期，私人和机构投资者（养老基金、保险公司和共同基金）可能不乐意参与此类项目。如果亚投行积累了必要的专业知识并获得债券投资者的信任，将有助于资本从机构行为者流向基础设施项目，同时也能帮助私营公司，特别是通过股本投资来创建银行愿意担保的项目。亚投行会以项目而不是一般预算或部门支持为重点，它不会像其他几个多边开发银行（特别是世界银行）一样，要求对宏观经济和监管环境进行大幅度改变，以换取大部分的经济援助。

尽管一开始预测中国发起的开发银行将发行以人民币计价的贷款，以推动人民币国际化，并挑战美元的霸主地位，但亚投行最初将不会以美元以外的其他货币进行放贷。这是可以理解的，因为大多数成员都是以美元向银行提供实收资本，而亚投行在国际资本市场上募集的大部分资源预计都将使用相同的货币。此外，银行成立的战略目的之一是允许中国利用其大规模的外汇储备来获得更多的收益，而此前中国的外汇储备主要投资于低收益的美国国债。未来的借款者在与货物和服务供应商打交道时，也会发现使用美元贷款更为实际，因为亚投行协定并不将采购限制在成员国范围内。金立群行长也暗示在适当时候可以用其他货币，特别是欧元和人民币来筹集资金。当其他主要国际货币占其资本份额较大时，银行也可能逐步使其货币篮子多元化，以减轻汇率波动的不利影响。从中期来看，亚投行可能会借鉴世行和亚开行的贷款做法，它们以多种货币提供债务工具，不仅仅是美元、日元和欧元。

最后，与传统的多边开发银行模式形成鲜明对比的是，亚投行协定原则上允许非主权行为体获得银行会员资格。但是，这一资格只对亚投行成员国的私营部门实体开放。中国希望亚投行能够为公共机构和私营企业提供最佳实践，而对私营部门开放符合中国的这一意图，但违反了传统多边开发银行的非营利性质。

3. 亚投行面临的挑战

为了扩大业务能力，亚投行将面临和新开发银行一样的挑战。不过，由于存在更多的股东，因此亚投行获得AAA信用评级的潜力更大，资本支付进程会更快，另外也有新的成员可能会加入，这些都表明亚投行可能会实现比新开发银行更有活力的投资组合增长。汉弗莱（Humphrey）已经为亚投行的贷款组合如何发展准备了几个方案。以200亿美元的实收资本、20%的权益与贷款余额之比以及5%的平均加价率计算，到2025年，该机构的贷款组合预计将达到1 200亿美元左右。届时亚投行可以炫耀其贷款组合追上美洲开发银行（1 204亿美元），并远超亚开行（731亿美元）。

与新开发银行相类似，亚投行进一步扩大其业务能力的一个途径是扩大其成员资格范围，从而扩大其资本基础。自从57个会员国签署谅解备忘录创立亚投行以来，没有任何新的成员被银行理事会选中。可以说，如果有亚开行两大股东日本和美国的加入，将是对亚投行资本最大的补充。作为亚洲国家，日本将自动成为本区域成员国的一员，而日本的经济规模将使它获得大量股权，这将使日本成为该机构中的第二强国。然而，日本政府与墨西哥一样，一直追随美国，对亚投行持反对意见，其正式的说法是认为该银行缺乏透明度，而且中国在银行决策过程中占据主导地位。然而，考虑到美日两国的经济实力，特别是日本作为该地区的国家，将有很大的潜力在银行中制衡中国，并对其政策产生巨大的影响。华盛顿抵制亚投行的真正原因可能是考虑到地缘政治和声望，而日本则是因为承诺要加强与美国的盟友关系所致。亚投行是在“一带一路”倡议的引领下成立的，美国和日本仍未考虑成为亚投行的成员。

目前，有30多个国家正在寻求以普通成员国的身份加入亚投行。除了对亚投行协定的措辞无法产生明显影响外，普通成员国也不会享有创始成员国那样大的投票权，因此其影响力将十分有限。未来的新成员中有两个欧盟成员国，即比利时和匈牙利，这两个国家已经为加入亚投行采取具体措施。另一个重要的潜在成员是中国香港地区，香港地区需要由中国财政部代为申请。鉴于香港作为亚洲及全球金融中心的地位，预计香港特别行政区将有助于亚投行在国际资本市场上筹集资金，并可以作为银行的国际货币交易中心，专门从事人民币方面的交易。

鉴于有许多具有AAA评级的发达国家作为会员，预计在国际资本市场上，亚投行将比新开发银行享有更高的地位。根据标准普尔的评级，只有超过15%的亚投行股本总额是AAA级，41%是AA级。然而，如上所述，拥有一些AAA级成员并不是得到高信用评级的唯一关键因素。银行在初期将面临压力，在资本运用上持谨慎态度，将其权益与贷款余额之比保持在23%—27%的水平。同时，中国在多个场合对亚投行作出强烈的承诺，可能会提高债券投资者对亚投行的信心，从而显著提升亚投行的市场地位。如果其他多边开发银行也朝这个方向行动，银行就会有更大的空间来更好地利用其股本。2014年4月，世界银行行长金墉宣布采取一系列措施，意图是更积极地利用国际复兴开发银行的股东资本。这一举动带来了积极的市场反应，亚投行也可以借势而行。

自2016年1月16日开始运营以来，亚投行尚未获得任何信用评级。预计与新开发银行相似，亚投行将首先获得中国最大的信用机构（中国联合信用评级有限公司和中诚信国际）的评级，随后，亚投行高管可能会以此影响国际机构的评级。正如金立群行长2015年9月所说，这家新的国际开发银行可以利用中国市场筹集必要的资源来抵消来自国际机构的低信用评级。亚投行与标准普尔、穆迪以及惠誉之间的谈判目前正在进行中。这意味着2016年发行的第一笔债券很可能不会得到信用机构的评级。

由于其重点仅在开发政策的两个方面（基础设施投资和可持续发展），亚投行的运营非常精简，只有500—600名员工，这些员工并不需要一定来自亚投行成员国。即使亚投行的一些计划中的业务（公私合作、股权业务）需要聘请具有专业知识的一流项目人员，但与大多数其他多边开发银行相比，该行的行政成本可能处于较低水平。即使一些非借款国可能坚持制定增加员工开支的强力审查机制，也不影响亚投行行政开支较低的现实。此外，与世界银行和亚开行相比，亚投行也不打算建立广泛的地方分支网络，而是力求利用多媒体工具与其他开发行为者合作。低管理费用加上高信用等级可能使亚投行的资金成本较低。反过来，这可能会给银行带来大量的股本回报，即使是基于平均利率。根据汉弗莱（Humphrey）的预测，贷款利率上涨3.5%仍可以使亚投行扩大净收益，与其他多边开发银行相比仍然保持竞争力。如果亚投行确实专注于非主权借贷者，则基于利率的收入可能会更高，因为私营部门的业务通常被认为更有风险，因此也会有更高的收益。事实上，欧洲复兴开发银行是一个完全与非主权借贷者合作的开发银行。2016年5月，在亚投行确立其重点关注私营部门时，欧洲复兴开发银行是与亚投行第一批建立机构间合作的多边开发银行。双方已经同意共同资助建设连接杜尚别、塔吉克斯坦与乌兹别克斯坦边界的道路计划，待6月时交由亚投行董事会批准。

就像新开发银行一样，亚投行也有望通过其他形式进行创收，特别是股权投资。但是，亚投行的官员指出，贷款是银行最初的主要业务形式，以后将提供股权投资、担保服务和投资基金。

4. 亚投行对欧盟意味着什么？

亚投行为亚洲和大洋洲国家的开发建设提供了另一个资金来源。在该地区活跃的另外两个多边开发银行是世行和亚开行，流入该地区的官方发展援助（ODA）的1/3由这两家提供。由于欧盟成员国已经积极参与了世行和亚开行，亚投行出现在亚洲开发的版图中，不可能对欧盟毫无影响。

除了前文讨论的欧盟与世行之间存在紧密联系之外，欧盟在亚开行中也持有大量股份，具有重要的影响力，欧盟在总投票权和认购股本中占据1/3。欧洲委员会国际合作与发展总司还定期为亚开行提供财政资金，2007—2013年共计出资8 219万欧元。除了财政支持外，欧盟成员国还投入了相当多的政治努力，以在亚开行内推动它们自身对开发的思考。这是因为亚开行首先反映了日本的开发政策方针，这与世行的市场自由主义改革立场形成鲜明对比。亚开行倾向于在协商一致的基础上发挥作用，具有强大的官僚作风和严格的等级制度。此外，亚开行的章程还进一步规定，银行在政治上中立，不会干涉其成员国的政治事务。总而言之，亚开行的工作方式明显让人感受到大多数亚洲社会的运行方式。

在亚开行，欧盟成员国往往侧重于在加强银行业务能力的同时，促进其活动的规范性和社会性。多年来，欧盟的财政出资越来越多地强调亚开行需要遵守人权、劳工和社会标准。主要是由于这一压力，20年来，越来越多的贷款用于包括教育和卫生在内的社会事务，现在已经占到了亚开行贷款总额的40%以上，而给予经济基础设施的贷款则受到影响。此外，政治中立的目标经过多年也收到削弱，这使得亚开行在受援国推动更为积极的治理标准。但是，亚开行没有按照世行的方式实施具体的治理项目，而是将治理和能力建设纳入对受援国项目的优先考虑范畴。总体而言，亚开行的这种转型肯定受到欧盟的欢迎，但是由中国和印度领衔的最大受援国却对实物基础设施方面的贷款有广泛需求，因此对亚开行的这种转型越来越不满意。鉴于上述情况，中国领导的亚投行被设想为以促进经济基础设施发展为主要目标也就不足为奇。

可以说，欧盟对亚投行的最大利益在于，确保这一新的多边机构与其他两个主要在亚洲和大洋洲开展业务的多边开发银行（世行和亚开行）一样，遵循劳工、社会、环境和采购标准；另一方面，一些欧盟成员国的工程公司具有竞争力，这些成员国希望利用新的开发机构获取经济效益。在运营的开始几年，预计亚投行每年贷款的65%—70%都将投向交通运输和能源项目，25%的贷款投向市政和水资源项目。重点强调对硬件基础设施的大量投入，再加上中国对经合组织所支持的标准持怀疑态度，引起了一些西方国家的警惕。经合组织成员国最关心的就是能源项目。在某些亚洲国家，如印度，获得基本电力仍然是一个久久未得到解决的问题，世界银行为响应美国在2013年宣布的政策指导方针，基本上停止了煤电项目的贷款，而煤电项目是最便宜的电力接入方式。这些事态发展促使印度和印度尼西亚在2015年中期转向期望亚投行支持其大型煤炭能源项目，它们能否从亚投行获得对这些项目的资助还不清楚。亚投行当前的环境与社会框架（ESF）在技术上不排除对涉及煤炭和其他化石燃料项目融资的可能性。亚投行可能会在不久的将来制定单独的能源战略，能源相关项目将在该战略的指导下进行。尽管如此，2016年金立群进行了大量的外访，与欧盟国家和多家多边开发银行的领导人会面，这些都表明，在标准的问题上，亚投行不太可能将自己置于现有出资者的对立面上。据说金行长对其谈判伙伴的期望持非常开放的态度，表示愿意尽可能多地处理他们的疑虑。

从2016年4月13日与世界银行建立联系开始，亚投行已经开始与其他几个多边开发银行建立了合作关系。共同融资框架协议规定了两个机构在中亚、南亚和东亚对运输水、能源这样的项目开展共同融资的条件。在2016年由亚投行批准的12亿美元融资中，预计两个机构之间的联合项目将占据相当大的份额。由于所有共同出资的项目将由世行准备，并在采购、环境保护和社会保障等方面依照世行的政策和程序进行监督，因此，在这种联合项目下，亚投行想要忽视某种标准的可能性很小。

2016年5月2日，亚投行与亚开行签署了一项类似的协议。该文件为两家机构在广泛领域的项目开展共同融资铺平了道路，其中特别强调道路和水资源项目。第一个共同融资项目将涉及巴基斯坦M4高速公路项目的建设，这是一条64千米长的高速公路，连接该国旁遮普省的绍尔果德（Shorkot）与哈内瓦尔（Khanewal）。这两个机构也承诺要定期进行高层磋商并进行联合的数据收集，以促进2015年在巴黎达成的可持续发展目标和气候协定的执行。这个以北京为中心的多边机构也计划加入第21届联合国气候变化大会（COP21）所发起的全球清洁能源计划。

亚投行与欧洲复兴开发银行于2016年5月11日签署了类似的协议，为战略和业务合作制定了框架。两家机构还同意高级管理层之间定期展开对话，就相关政策、战略以及两家机构参与活动的相关信息进行交流。除了上述中亚的一条东西走向的高速公路是两家机构计划共同出资的以外，双方还正在考虑开展进一步的联合项目。

如果亚投行资助中的很大一部分确实是通过与已建立的多边开发银行达成合作框架的形式，那么它就不太可能避免那些严格的标准。这种开放态度，再加上金立群行长一再强调亚投行的目标是保证清洁、绿色和透明的同时实现最高的善治标准，使得外界对银行的期望似乎也在发生转变。印度最近针对太阳能项目而不是煤炭项目提出了5亿美元的贷款需求，便是一个最佳证明。对于经合组织国家是否仍然担忧亚投行参与煤炭能源项目，一位驻布鲁塞尔的俄罗斯外交官的回应可能会给予答案——“在亚投行，没有人谈论煤炭。”

除了亚投行对稳健的银行政策的承诺，欧盟成员国的另一个关键利益与它们参与亚投行的采购流程有关，这是非借款国成为区域开发银行成员的首要动机。其他区域性多边开发银行大多将采购与会员身份相联系，而亚投行则“不应对普通业务或特别业务中银行融资项目的货物和服务采购进行国别限制”。这与亚开行将成员国身份与采购联系在一起的做法有很大差异，亚开行的做法是传统上是由借款国提供货物和土建工程，而非借款国提供咨询服务。这一开放的采购政策也将亚投行与金砖国家主导的新开发银行区分开来，但是却与欧洲复兴开发银行相似，欧洲复兴开发银行是迄今唯一一个未采取常规的限制性采购政策做法的区域开发银行。我们可以认为，设立不受限制的国际投标可能降低银行成员资格的重要性。然而，有理由预期，成员国的私营部门实体成功竞标的机会要高于非成员国。

由于上述考虑，欧盟成员国对亚投行作出了多种回应。尽管经济与金融委员会对欧盟的联合反应进行了简要的探讨，但最终被驳回，主要是由于英国单方面决定加入该银行。目前已经有14个欧盟成员国加入了亚投行，其他一些国家也希望加入（比利时、匈牙利以及可能还有捷克），很明显，大多数欧盟国家认为加入亚投行更有可能进一步扩大自己的利益（确保标准得到严格遵守或能够利用经济机会）。

加入了亚投行的欧盟成员国自行分成了两大代表区，这也使得原先欧盟内部对亚投行立场不一的情况得到了改善。第一个代表区由欧元区成员所组成，包括奥地利、芬兰、德国、卢森堡、马耳他和荷兰。一旦批准了亚投行协定，法国、意大利、葡萄牙和西班牙将加入该代表区。另一个代表区则包括非欧元区欧盟成员国（丹麦和英国）、欧洲非欧盟国家（冰岛、挪威、瑞士）以及波兰和瑞典。亚投行中的欧元区成员组成一个代表区，这种在国际金融机构中以货币区域组团代表的模式是前所未有的。在现有的国际金融机构中，如国际货币基金组织和世界银行，欧盟成员国共有的投票权超过总额的30%，但欧元区国家往往分散在各个不同的集团中。统一代表权的形式只存在于国际货币基金组织中，欧洲中央银行作为国际货币基金组织董事会的观察员，经常在涉及货币和汇率政策时代表欧元区。

亚投行中的代表区由1名执行董事领导，最多2名候补董事和3名顾问组成董事会，允许大多数成员国组成直接代表董事会的成员。欧元代表区目前由1名德国董事主持，由1名奥地利和1名荷兰的候补董事协助，他们当选后有2年任期。亚投行的董事会是非常驻的，欧元区成员国之间的协调由相关国家政府之间进行，或者由欧盟的经济与金融委员会进行，或者在国际货币基金组织的小组委员会中由担任执行董事的国家主导。考虑到这些成员最后可能在董事会上投出不同的票，以德国为主导的代表区在协商一致的基础上形成联合立场，同时也试图与由欧洲国家组成的其他代表区展开系统合作。

如果与亚开行相似，欧盟国家成功与冰岛、挪威、瑞士和土耳其等其他欧洲成员国建立联盟，欧洲集团将占总投票权的24.6%。在需要绝大多数（75%的表决权）同意的实质性决定中，这就几乎赋予了该集团一个事实上的否决权。然而，由于最近欧盟和土耳其之间的关系恶化，土耳其也不属于任何“欧洲代表”，这就使得情况复杂化。尽管如此，如果欧洲国家配合默契，它们所代表的20%的联合投票权仍然可以使它们在董事会中占据重要位置，并充分关注银行业务的规范性。然而，与亚开行不同，欧洲国家的这种影响也不太可能使得亚投行将单独的“软件”社会项目（如具体治理或教育项目）放在银行的议程上，因为其存在就是为了向“硬件”基础设施项目提供资金。

剩余的一些较小成员国的加入，对促进欧盟在亚投行的影响力作用不大，因为亚投行对非区域成员国的总体投票权存在限制，但如果欧盟本身是亚投行的成员可以使其更具代表性。但与新开发银行一样，要想实现这一点，必须在亚投行协定中加入"区域经济一体化组织"条款。不过，据中方官员介绍，欧盟成为亚投行成员的最大障碍是欧盟内部因素，因为有几个成员国担心其影响降低。尽管如此，欧盟委员会的内部智库（欧洲政治战略中心）已经提出了欧盟加入亚投行的各种方案，无论是通过欧盟委员会还是欧洲投资银行，这表明这个问题不是完全不能讨论的。

三、结论：是机遇而非威胁？

冷战结束以来，全球开发架构没有任何新的增加，但是如今，研究国际开发政策的学生一直在忙于分析近期涌现的多边开发银行。有关新开发银行和亚投行的大量文献强调了它们具有重塑全球开发版图的潜力。本报告发现，这些结论被夸大了，而新多边机制的一些主要特征也被掩盖。具体而言，本报告的结论体现在三个方面。

第一，新开发银行和亚投行通常被认为是为了分别挑战世行和亚开行的领导地位。然而，这一观点似乎忽视了这两个新机构都是专门致力于经济基础设施项目，这些项目只是大多数多边开发银行所涉及的众多业务中的一项。例如，这类项目只占国际复兴开发银行2012—2013年业务的1/3，在同一时期，亚开行的该类业务只占其总业务的一半。因此，即使新开发银行和亚投行将自己定位为向运输和能源项目提供资金，对规范性问题上持宽松立场，这对于多边开发银行在健康、教育或治理领域的影响也很小。再如，国际复兴开发银行传统上大部分的活动都是在社会发展领域（2012—2013年时接近50%），因此，这将使其避免受到新开发银行或亚投行带来的压力。即使在参与的硬件基础设施项目方面，新成立的多边开发银行也一再强调采用高水平的银行业标准，绿色能源项目在初始运营时也是优先议程，特别是亚投行和一些已成立的出资机构签署共同融资的协议，以及将采购与会员资格相分离，这些都表明大多数的担忧都是不成立的。

第二，在治理影响方面，虽然新开发银行和亚投行都是明确围绕金砖国家建立的，但这些机构不大可能以进一步推动其主要股东的政治议程和战略利益为主要目的。这两家银行招聘来自世界各地的人员，亚投行还将高管的职位提供给来自欧洲、非本区域会员国的人，因此这两家银行的驻地人员不太可能参与那些为了实现最具影响力成员国（包括中国）的利益而受政治因素驱动的行动。此外，有一些批评声音认为行长可以利用非常驻董事会这一组织架构来绕过董事会，以推动一些有争议的项目，但来自非借款国的人士出现在亚投行的关键职位上，可以缓解这样的批评。来自中国的世界银行原首席经济学家林毅夫在世行中相对成功地支持了产业政策，这表明，国家承担重要职位可能会让一个国家推动议程，或者阻止其他议程，尽管其投票权非常有限。

第三，就欧盟方面而言，上述分析表明，在开发政策领域，亚投行和新开发银行给欧盟带来的是机遇而不是挑战。让那些怀疑亚投行和新开发银行参与污染性基建工程的评论家们失望的是，近几个月来，这两家机构都在进一步明确强调绿色项目。新开发银行拨出的第一笔贷款是提供给新能源项目，这清楚地表明该银行确实在资助基础设施项目时寻求可持续的方式。原先人们对亚投行最大的期望是对煤炭资源项目提供融资，但是亚投行的表现似乎也让这种期望落空，最好的证明就是最近印度寻求对太阳能投资的资助。考虑到欧盟成员国一直在炫耀自己有许多极具竞争力的绿色产业公司，目前亚投行和新开发银行正在转向绿色项目可能会进一步激发欧盟成员国的兴趣。越来越多的欧盟国家正在寻求成为亚投行成员国（这也是为了与中国建立更紧密的关系），而新开发银行由于要到2017年中期才开始接受成员，目前还未引起很大的关注。由于新开发银行将其采购与会员身份相挂钩，因此欧盟需要及时考虑如何应对新开发银行的吸纳会员政策，以避免像最初应对亚投行时那样出现分歧。

尽管有明确的迹象表明这两个机构是以可持续的方式运作的，但能否也遵守其他标准（社会、劳工、采购等）仍然存在疑问。鉴于最近亚投行已经与一些多边开发银行签订了一系列的共同融资协议，因此以上顾虑更有可能出现在亚投行的相关业务中。新开发银行是否通过类似的合作伙伴网络将自身融入现有国际开发架构中仍待观察。

简而言之，根据开始几个月的运行状况来看，认为亚投行与新开发银行试图与传统开发者相抗衡的指控并未得到证实。与之相反，新兴国家认为建立新的机构，相比于对强调社会事务的旧机构进行改革，更能有效地支持经济基础设施为导向的开发政策，这种认识推动了亚投行和新开发银行的发展。如果它们保留世行、亚开行等机构的最佳做法（包括遵守关键标准），并改进其缺陷（如缓慢的项目审查)，那么亚投行和新开发银行都有独一无二的机会为国际开发架构增加价值。如果这两个机构在全球治理中发挥作用，北京通过这两个机构展示其发起、主导和巩固新的多边结构的能力，便能显著提升其政治影响力。

原文标题：The European Union and The China—Led Transformation of Global Economic Governance

第三篇

全球经济

重建欧洲的共同未来
——欧元区的发展与改革并行

选自《美国智库彼得森国际经济研究所报告》2014年12月

钟　年/译

一、前　　言

亚当·博森(Adam S. Posen)

安赫尔·乌维德(Angel Ubide)

欧洲的发展与改革可以双管齐下。事实上，现在必须立刻同时开展。欧盟区持续下降的通货膨胀与收入增长导致了公共债务的增加，这是由两项深思熟虑的政策选择所造成的：为了追求视野狭窄的结构性改革控制宏观经济稳定；认为影响北欧金融稳定的风险比南欧的社会稳定风险更重要。这一做法的效果适得其反。结构性改革以及财务合并所取得的成就，与对人类、实物资本以及欧洲的团结造成的破坏相比，不值一提。对于金融危机的反应导致了疯狂地关注内部贬值——通过大幅度地减少劳动力成本来提高国际竞争力，而不是通过改革提高生产率，这使得长远前景更加黯淡。简言之，如许多人所预测的那样(包括彼得森国际经济研究所的学者)，从2010年初希腊金融危机开始所奉行的政策组合已经失败了。

相反，欧元区已经进入真正的长期经济停滞(secular stagnation)。持续的悲观预期使投资几乎降至零，预示未来投资见底。两年前严峻的金融脆弱性消退并没有使欧元区未来的经济和政治摆脱巨大的风险。接下来几周内，欧洲理事会（European Council）、欧洲央行和新的欧盟委员会（European Commission）已经清醒地意识到改革的必要性。欧盟委员会主席让—克洛德·容克（Jean—Claude Juncker）提议，将全面财政紧缩转向为增加公共投资，这得到了二十国集团（G20）的鼓励，以及欧洲中央银行宣布保持通胀呈正值的承诺，这样的做法都值得肯定。但从规模、范围以及协调方面来看，这些计划难以阻止欧洲走下坡路。

在本简报中，6位来自彼得森国际经济研究所关注欧洲问题的经济学家对欧洲同时追求可持续性发展与改革提出了更好的途径。

第一，欧洲领导应该承认许多结构性改革，尤其是劳工改革，在实施时倾向于紧缩政策，甚至是通缩政策，因此应该与扩张型宏观经济政策协调起来；改革也应该更好地针对提高生产力而不仅仅是减少劳动力成本。

第二，欧洲中央银行应该通过购买主权债务实行量化宽松政策，直到通货膨胀预测可以准确持续地平均至最近公布的正负值对称的2%的目标。（这意味着购买计划的规模应该取决于实现通胀目标的进展，而不是受限于事先预测。）

第三，欧洲理事会应该遵照新的《财政契约》（*Fiscal Compact*），包括一般限制预算赤字在国内生产总值的3%，但是也要求还有空间的成员国和面对契约条款定义的“严峻经济衰退”的成员国进行财政扩张。财政政策应该受到规范的约束，如果同时展开公共支出审查和扩展基础设施维护，对于发展仍然有益。

第四，进一步的劳动力市场改革应该集中在减少市场的双重性，保护核心工人（全职、固定工人）的利益，同时也不损害边缘工人（兼职，临时工人）——大多数是年轻劳动力的利益，以及工资协商权力下放分散至公司层面。

第五，统一欧元区银行业监管取得进展后，应该立即创建资本市场联盟，深化开发非银行融资工具，例如债券化。

欧洲领导必须担起重任，承诺结合所提议的必要措施，实现欧元区的经济政策统一；而不是哀叹货币政策和政治联盟的不完善，声明在欧洲进一步一体化前，所有的经济必须为过去的错误付出代价。经济政策应该推动欧洲一体化经济的复苏。只有这样，所有的成员才能从过去的错误中恢复并付出代价。欧洲机构不应该再坚持北欧债权国政府对经济政策有实际否决权，向其他成员国发令这一观点，而应与现行的法律决策程序保持一致，承认大多数或者符合条件的大多数国家治理欧洲。这样，经济改革将借力于民主合法性。决策制定者应该注意到目前的发展和过去的经历所提供的证据，不再坚持缩减一些国家的工资和公共开支是可持续性发展的唯一途径。要实现长期发展，欧洲需要结构性改革，进一步使包括资本、产品、劳动力市场的经济一体化，需要更多的宏观经济，甚至税收和税收转移的统一。

实际上，在欧元区危机加剧阶段，人们怀疑银行的偿付能力、担心违约造成主权流动性进而带来螺旋式的利率差，但这一切现在结束了。对欧洲即将分裂或者主权债务违约，要求周末做出紧急决定，这种担心已经消失了。但是对于欧元区的经济停滞认识在现实中都已经变成周期性的了。政治家和决策者不再看到即将到来的灾难，已经在很大程度上一切照常，这样仍然将欧洲计划置于风险中。

这样的做法没有考虑到许多南欧人和正失去希望的欧洲年轻公民的沮丧情绪。到目前为止欧洲的政治精英仅对抗议表示了小小的关注，只要目前的情况没有影响南欧政府偿还债务。然而不断高涨的反政府情绪、反对移民和最近的欧洲议会选举中的欧盟怀疑论运动，法国和其他国家的极右党派的挑衅，加泰罗尼亚以及其他地方独立的推进都反映出对欧元区做出的令人失望的危机反应和惨淡的经济前景深深的不满。相对富有的或者孤立的国家正变得更加激进，例如法国和英国，这值得关注。如果经济还没有真正令人绝望的国家感受到这些，那么似乎不得不压制抗议的国家正累积了多少不满呢?

今天欧洲精心的规划是为了预防再现居高不下的失业率所带来的20世纪30年代的政治危机。欧洲国家向穷人和失业者提供了社会福利（众所周知的，除了发生危机后的希腊）。欧洲的宪法规定防止了小党派破坏议会，广大民众渴望实现欧盟的民主与和平理想。经过数十年的发展后，目前欧洲，尤其是周边经济体，作为欧盟成员已经从加快发展中获益，目前面对的问题不是战争而是长期经济停滞。因此，当金融危机处于最严重时期，当然没有国家预料到欧元区急剧的崩溃。然而，不应该忽略持续降低的对不做出反应的官员以及似乎不公正体系的信任。那种信任的丧失可以确切地追溯到高级官员在其他国家，而不是自己国家所施加的高压经济政策，结果使经济形势越发糟糕，而不是改善。

与2009—2012年的直接压力相比，目前欧洲危机所处的周期性阶段要求做出更有雄心、更有政治争议性的决定。本质上，欧洲领导必须纠正主要的政策错误，同时作出更适合欧洲规模的决定。直到目前，欧洲对金融危机作出的反应仍以错误的经济观为前提。欧洲领导误认为私营机构投资过度的崩溃是一场公共债务危机，然后将其变成了事实。他们过于严重地看待南欧债务国的道德风险，同时使不负责任的北欧债权国不用付出背信弃义的代价。他们忽略了财政政策的实际情况，在减少增长的贸易集团的同时实行紧缩，可以预料债务率（Debt—to—GDP Ratio）很大程度上不会下降甚至会上升。他们已经认同财务赤字国家和小债务国必须全面调整经常账户失衡，限制国际收支盈余的国家提供补偿和经济刺激，减少大银行的损失。可能最糟糕的是，他们坚持结构性改革只能在紧缩政策带来的压力下才能实行，因此在欧元区实现政治化并抑制货币政策。

如许多人的预料，每一项政策很大程度上效果适得其反。改革或减少债务成效甚微。衰退开始后，长期经济停滞已经延续了7年。"这种经济议程本质上是一战后战胜盟国毁灭性地强加于德国的。"约翰·梅纳德·凯恩斯（John Maynard Keynes）在著名的《和约的经济后果》（*The Economic Consequences of the Peace*）一书中如此评论道。现在德国的经济领导和政治联盟正在将被误导的《凡赛尔条约》经济条款施加给负债累累的欧元区伙伴。如果偿还债务的负担和债权国的重商主义妨碍了债务国的发展，现实情况是：那时债务国不能用硬通货偿还巨大的债务。由于名义国内生产总值缓慢的增长不足以持续地偿还欧元区的巨额债务，这样的道路继续下去可能使欧洲从长期经济停滞进入债务重组和债务违约。同样，停留在这种局面使欧洲对未来宏观经济的外来冲击不堪一击。决策者有责任使欧元区强大，在下一次的经济衰退下幸存下来，所有的成员国才能在未来经济好转时分一杯羹。

哈佛大学经济学家阿尔文·汉森（Alvin Hansen）在20世纪30年代首次引入了长期停滞的概念来说明持续不足的需求情况。美国前财政部长劳伦斯·萨默斯（Lawrence H. Summers）已经重新引用这一理论解决目前的问题，产生了很大的影响。这一观点也很恰当地描述了目前欧元区的形势。长期经济停滞很大程度上是由于人们规避风险、积极储蓄和减少投资，从而导致不能实现充分就业和最大化生产。这种状态成了自我强化，而不是自动纠正，造成了持续的低增长，失业率居高不下以及缺乏可持续的低通胀刺激。正常情况下，货币决策者通过使利率低于通胀率（例如，实际利率达到负值）来恢复投资。但是现在的问题是名义利率为零且通胀率过低，这样使得充分实现实际利率为负值变得更难。此外，欧元区的监管压力、债务过剩和金融市场的分散问题进一步阻止了中央银行提倡的投资。因此需要更大的持续的货币刺激和财务刺激帮助走出这一陷阱。

可列举的是，基本上美国、英国和其他发达国家某种程度上也出现过长期停滞，并不仅仅是出现在欧洲。但是欧洲的情况却更糟糕：劳动力市场改革已经降低了真实工资，政府为了与不必要严格实行的财政制度保持一致，已经在过去的几年紧缩预算。信用限制以及对于欧盟区优先事务缺乏清晰的了解，进一步降低了投资需求。过低的通胀和不敢放开的货币政策导致真正的利率保持过高水平。一些欧元区国家信贷供给过于紧张，这在美国和其他国家都是不存在的。再次重申，这些决策的选择建立在错误的分析以及北部的债权国优先于整体的欧元区基础上。

更重要的是，在这种环境下，结合内部贬值和财政调整应该成为恢复投资者信任的关键，这样才能可持续性发展。欧元区经济政策制定者将注意力集中在将私有银行损失转换到公共的资产负债表上，向债权者和大银行提供流动资金并实行财政紧缩。相反，这一项目已经明显削弱了增长，将欧元区推向通缩，同时消耗了人力资本和实物资本。然而，如果美国、中国和其他国家的增长长期变缓，那么改革提高生产力和增加国内投资就更为重要，而不是通过工资压缩、降低工资追求更小的出口市场。实际上，通过宽松性政策支持提高国内生产力的改革，尽管长期停滞，抓住改革仍能带来欧洲未来几年的巨大发展。

因此，本文简要介绍了货币和财政政策必须携手以提高生产力为目的的机制性改革。例如工资协商权力下放；深化单一的服务市场如金融、能源和电子贸易市场。两者同时推动将欧洲转向具有更高潜力的发展和稳定物价的道路。没有共同的努力，不够充足的宏观经济市场和目标错误的改革将在债务中越陷越深；降低劳动生产率以及威胁政治稳定性。本文建议的政策组合非常符合主流的宏观经济做法，并且显示了优势。这一政策组合将取代政治占主角的柏林和布鲁塞尔，它们的财政紧缩、内部贬值和道德危机已导致了目前的停滞。

阿贾·乔普拉（Ajai Chopra）认为供需政策应该相辅相成，而不是相互替代。他指出目前的欧盟政策组合——紧缩的财政政策；不足的宽松货币政策；主要针对促进内部贬值的改革降低了工资，这一切都是建立在错误的假设上：所有的增长放慢都是结构性原因；衰退处于通货膨胀过渡期。阿贾·乔普拉认为，劳动力市场带来的短期影响是紧缩，因此需求萎靡时进行激进的改革可能得不偿失，他列举了大量反面案例并指出了欧元区的改革存在明显失误。而且，他提出的案例源于国际案例：刺激需求将抵消通缩的影响，使结构性改革更成功；并要求更有刺激性的货币政策和财政政策；实行提升生产力而不是降低工资和物价的结构性改革。

关于货币政策，安赫尔·乌维德（Angel Ubide）提到如果欧洲央行不采取果断行动，欧元区的通缩风险将剧烈增加。国际货币组织（IMF）在最近的《世界经济展望》（*World Economic Outlook*）中已经预料到增加30%的通缩有害于经济，而且也释放出强烈的信号暗示未来经济增长的预期很低，实行扩张性政策还有空间。由于主要来自德国央行（Bundesbank）和德国政治家的强烈政治压力，欧洲央行采取常规的积极货币政策来抵消通缩的风险。相反，乌维德提到，欧洲央行太关注向银行提供流动性，希望增加信贷，没有直接的强调通胀预期下降的危险性。他向欧洲央行提出了两种措施：（1）规模较大的无期限债券购买计划，包括政府债券。无期限是关键因素，这样这种政策可持续到欧洲央行可以确信地持续预测中期内2%的通胀，不提前限定购买的规模；（2）重新定义欧洲央行价格稳定在实际操作中的角色。在2—3年的预测中，平均达到正负值对称的2%的整体通胀目标，例如，确保通胀低于2%比高于2%更容易接受。为这两种措施的实现需要采取行动，通过对通胀前景提供可信的保证，将扩大信贷以及恢复价格稳定。然而马里奥·德拉吉（Mario Draghi）已经于2014年指出欧洲央行不愿意让通胀继续下降，并宣布正负值对称的2%的整体通胀以及购买主权债务将形成体制转变，因此减少欧洲央行将很快放弃的疑虑。

保罗·莫罗（Paolo Mauro）说过欧元区将尊重修改后的欧洲财政协定，支持国内规则，这样欧盟区政府对金融市场以及公众是可信的。然而，他也否定了这种尊重使今天极端的财政政策不得不保持这样的起点，莫罗提议有财政空间的国家应该实行宽松政策，通过增加周期性调整达到至少0.5%国内生产总值的主要目标。如果经济增长继续恶化，应该为其他国家启动协定中严峻的经济衰退条款，进一步放宽对欧盟整体的财政政策姿态。此外，莫罗认为通过改善税收和支出将有益于发展，而不仅仅是追求减少赤字的目标：通过一劳永逸的且不够有效的措施或者削减政府投资（通常会忽略）。关于税收，减少劳动力，尤其是年轻工人的税收，将支持劳动力市场的改革。目前既没有明智的削减支出，也没有进行劳动力改革中重要的税收改革。关于开支，像许多人一样，莫罗赞同提高公共投资，但是强调将保持现有的股本作为一个良好有序的起点。他也建议在更多的欧元区国家通过支出审查持续削减开支，为进一步减税释放空间；并提议中期内调整欧盟区的增值税（VAT）保持一致以便转型成欧盟范围内的税收，最终能够支持发行欧盟债券。

雅各布·克加德（Jacob Kirkegaard）认为由于劳动力需求的定量减少，欧元区劳动力市场大部分的调整是裁员的结果，而不是工作时长的变动。这种调整增加了社会成本、财政成本，造成政治局势紧张。几乎不能证明有更自由的劳动力市场存在。尤其是，不仅仅在葡萄牙和意大利，所有的探讨和劳工市场改革的重点没有带来实际行动；进一步的改革应该减少劳动力市场的双重性：缩小长期合同和临时合同之间的保护差距，向公司和行业之间统一劳动合同的理想迈进。此外，克加德提议欧洲工资协商的权利应该进一步下放。实际上，公司合同应该替代国家和机构的协议，制定更多的条款使老板和员工能够摆脱这些安排（这是成功减少德国失业情况的潜在原因之一）。应该终止其他所有的自动工资指数化的做法。关于长期，克加德相信，应该开始讨论启动泛欧的失业保险计划，鼓励劳动力市场各机构的最佳做法。

尼古拉斯·维伦（Nicolas Véron）提到最近欧洲在金融稳定上所取得的巨大成就：清算坏账和进行银行监管。指导这一成功改革的原则是打破国家间的障碍，这意味着在银行坏账所付出的代价上欧洲已经统一了。取得这一成就是必须的，结构性改革不能仅仅涉及劳动力市场，所以既然资产质量评估和银行的压力考验已经使欧洲的银行业联盟基本成型，尼古拉斯·维纶呼吁资本市场联盟快速发展。更深入的一体化的欧元区资本市场应该为金融体系提供多渠道的资金来源，更灵活地面对冲击，对货币市场的措施作出快速反应以及能够面对创新驱动的融资需求。尼古拉斯·维伦提出了具体的建议：资本市场联盟过程应该帮助建立新的中介细分市场和融资工具，采取必要的但不过度的控制避免系统风险。资本市场联盟过程中应该鼓励发展细分市场，例如目前市场很小的缺乏生气的证券化和股权私募；仔细的评审，防止向不合等级的公司投资；加强审计立法和核心交易对手的监管；推进国际会计标准；统一破产立法和金融产品的纳税。

现在采取行动，我们的行动计划为决策者提供了路线图，使欧洲摆脱长期停滞而走上更高的持续增长道路。幸运的是，欧洲处于新的政治周期的开端，新的欧洲议会和欧洲委员会开始崭新的5年任期，这样所需要的政策得以采纳和实施，然而，最近的提议还不够。例如，最近公布的法国经济学家让·皮萨尼—费里（Jean Pisani—Ferry）和亨里克·恩德莱因（Henrik Enderlein）撰写的法德报告，开始将政策建立在更牢固的经济学基础之上，这值得肯定。可以理解的是，作为给德国和法国官员的参考，他们的提议有一定局限性。报告中要求协调货币和财政政策；否定了为提高生产力改革而导致的内部贬值；南欧国家的债务需要从每个国家利益出发进行妥善处理。此外，报告本身针对德国和法国提供的动力，只是加强了目前经济政策领导的不合法性，忽略了贫穷的小成员国经济的呼声。

我们的建议共同强调了需要改变欧洲政策这一问题，但只是其中特定的某方面。我们的行动计划并非没有考虑到结构性改革来刺激经济。尽管有些人一定会将此贬低为天真的凯恩斯基主义（keynesianism）。实际上，我们的一部分行动计划包括从经济的角度出发，认识到目前的失败，并意识到存在其他的政策选择。我们的关键途径在于仔细地制定财政政策和机制性改革来提高生产力——欧盟区的近期发展显示，盲目服务于不够具体的目标：减少赤字和工资达不到预期目标。另一部分计划是：由于经济和政治经济原因，需求刺激和结构改革相辅相成，而不是互为条件。我们也相信长期停滞和不完善的欧洲联盟会继续陷入更加衰退的漩涡，只有让欧洲更加一体化才能摆脱这一局面。

为了通过有序的方式刺激需求，欧元区领导需要立即重新定义央行的价格稳定，恰当的诠释管理金融框架的制度使其真正与商业周期相称。财政协定和二级立法于欧元区偿付能力承受压力和疑虑时形成，目前很明显不相称：协定的唯一目标是为每个成员国规划道路以达到预算平衡，而不是考虑到自由支配的财政刺激。这是危机发生前的产物，当时财政政策不必帮助保持商业周期稳定。但是甚至在利率达到零利率下限（zero lower bound）前，货币政策还能够很大程度上抵消周期性波动的影响，缺乏财政风险分担是欧元区的一大漏洞。

如果妥善运用，财政协定将使成员国不得不采纳更具扩张性的财政政策以补偿其他国家所需要的财政紧缩，这将是短期和长期内采用的更好政策。同样，远在利率没有达到零利率下限时，欧洲央行不对称的零通胀目标已经遭到了批评。修改通胀目标将有效实现今天的量化宽松政策，并为欧洲央行的未来提供更好的政策框架。

财政风险分担机制和新的货币体系不应该在危机期间即兴制定。不是通过周末疯狂的协商而是必须经过仔细认真的讨论和准备而确定，可能包括民主批准的修改欧盟条约。然而欧洲央行完全能够转变货币体系，财政改革需要更多的机构履行职能。那种机制可能以发行欧洲债券的形式实行，因此每个国家高达国内生产总值30%的融资需求可用欧盟债券支付，剩余部分将通过国家债券来集资以维护市场规则。如保罗·莫罗在本文中建议的那样：欧洲债券部分程度上可以由统一的增值税支持。这样的措施将确保财政政策不必大幅度地顺周期波动而变动，从而使萧条的经济愈加恶化。

关于结构变革，欧元区领导必须发扬主人翁精神，停止空洞地谈论改革，这样做只能不断地增加对现在的成就以及未来的不确定性，妨碍投资和经济增长。更糟糕的是，破坏了对结构性改革的认识使其沦为内部贬值的代名词。结构性改革应该意味着通过所有部门（不仅是劳动力市场）所需要的自由化和监管改革来提高生产力。本着豪斯曼（Hausmann）、罗德里克（Rodrik）和韦拉斯科（Velasco）的精神，一个更好的框架将利于每个欧元区成员国找到本国阻碍经济增长的最大限制，当然各国有差异。并且致力于每年实施一项具体的目标（或者两个）来解除束缚，这包括具体的立法和实施的议程。这样的步骤将使每个欧元区国家参与其中，减少了不确定性，并引进同行评审程序来加强对改革议程的信心。本着这种精神，我们的作者提倡广泛地开展国家公共支出审查，朝着确定统一的增值税和失业补贴，统一资本市场和有着地方化的具体目标的欧洲政策的进程行动。

如果欧洲的领导希望欧元区摆脱破坏政治又削弱生产力的长期停滞，他们必须改变自身的做法，不断推进欧洲的一体化进程。在提高生产率和减少债务的问题上，南欧国家进行了太多的调整，却收效甚微。即便是按照德国的条款，其做法已经不能传递保护北欧债权国的小目标，减少南欧公共债务以及提高竞争力。相反，机制性改革和宏观经济刺激必须相结合，同时各成员国要参与调整。我们的行动计划提供了与这些原则一致的可行的正确步骤，有足够的雄心阻止欧洲的衰退；这一真正可靠的路径将帮助欧洲保持物价稳定、财政可持续发展以及足够的增长以恢复对民主党实现欧洲理想的信心。

二、刺激需求，促进欧元区的结构性改革

阿贾·乔普拉（Ajai Chopra）

欧盟区必须快速采取行动给停滞的经济注入一丝活力，扭转不断下降的通胀率，使人们重新步入工作的正轨，不然就有可能失去政治经济的稳定性。如果不行动，可能再次在一些国家中加重对公共债务的可持续性的疑虑，导致的不确定性可能进一步加剧信心的丧失，扰乱金融市场，造成恶性循环。通过追求更加积极的宏观经济措施来刺激欧盟区的总需求，对于改变这种局面也是必须的，可避免对经济增长的前景造成持续的破坏。但是刺激需求将为另一重要的目标服务。需要通过财政刺激和货币刺激抵消结构改革短期内对产出和价格所造成的负面影响，并对实现改革所带来的长期利益提供更大的空间。

自从2010年欧元区的压力加大，所采纳的政策已经演变了。本文第一部分讨论了从最开始的误导方法到政策组合，重点强调了实施结构性改革而不是支持需求，采用解决下降或停滞需求问题的有效策略。第二部分强调了当需求降低实施结构性改革的负面影响。通过分析这些后果，最后一部分提出政策组合加强这个地区的复苏和未来的前景。

为了解决独立债务危机，并复苏欧元区经济，最初采取的方式中三个方面最为突出。首先，自从2010年为了减少公共债务的过快增长以及缓解独立债务市场的压力，积极削减预算。这种财政紧缩驱动在欧元区大同小异，例如，荷兰（国债负担率较低）和意大利（国债负担率较高）采取了有力的对策。其次，由于同时属于一个货币联盟又选择内部贬值难以两全，欧洲的领导强调结构性改革来提高生产力，通过内部贬值提高竞争力。例如，降低名义工资和生

活水平使一个国家的商品价格下降。由于决策者认为结构的僵化导致了增长缓慢,他们认为改革将再次点燃信心并增强经济活力。

再次,由于通胀下降被误认为是临时性的,货币政策只能缓慢刺激需求。欧洲央行试图通过宣布直接货币交易(OMT)计划改进货币政策传导机制,允许购买欧元区国力更弱的国家政府债券;同时已经逐步建立欧元区的银行业联盟,激励银行增加资金储备来支付贷款损失,已经筹集到更多的资本。

这些政策成功地防止了欧元区的分裂,但是却未能促使经济增长和保持稳定,这才是欧元区经济政策的核心目标。相反,由于公共部门和私营机构同时去杠杆化(例如减少债务),这一方式导致了地区经济放缓。2014年的第二季度,实际国内生产总值仍然比2008年初降低了1.6%。真正的国内需求低于5%,这个结果比其他发达经济体经历的更加糟糕。此外,欧洲央行没能实现通胀率2%的目标。因此,根据金融市场指数显示,通胀预期下降。当国内生产总值下降超过预算合并值,债务率上升,这表明财政紧缩效果适得其反。公共投资遭受了严重的打击,破坏了增长前景。2014年9月,平均的欧元区失业率为11.5%,其中失业超过一年的比例为50%。低通胀增加了债务的实际价值,也使债权国的地位更加不利,抑制了总需求并增加了银行的压力。

最近,一些重要的欧元区决策者转变了摆脱该区困境的做法。欧洲央行主席马里奥·德拉吉在一系列的发言中指出,欧元区现在的运转远低于正常能力,由于需求减少导致了失业,需要实行更多的刺激性货币政策和财政政策;这也反映了对潜在的滞后效应的关注:例如,由于持续的低投资期,工人失业太久,失去了工作技能,无法进入劳动力市场而导致了生产力下降。因此,2014年10月欧洲央行发起了项目支持购买资产支撑债券和担保债券,表明了扩大中央银行的资产负债表的打算,却很少运用财政政策来支持需求,然而,德拉吉主席支持欧元区总体上采取更具扩张性的财政政策,但是告诫其要遵守稳定和增长协定(其中限制了财政赤字低于国内生产总值的3%)。

德拉吉也强调了欧元区所面对的是结构性问题也是周期性问题,强调了机制性改革的必要性。他进一步讨论了总需求政策必须结合机制性改革才有效。1933年在凯恩斯写给富兰克林·罗斯福(Franklin D. Roosevelt)的一封公开信中,他提出了结构性改革所带来的通缩影响。德拉吉表示:“我们面临着凯恩斯关注的相反的问题。不进行结构性改革,经济将不会恢复。”

凯恩斯正确地提醒了罗斯福：改革可能阻碍经济恢复。并建议“通过短期内成功地恢复，这样就有了实现长期改革的驱动力”。

许多研究显示结构性改革给产出和就业带来的优势通常需要时间来物质化。实际上，由于结构性改革常常带来收入的不确定性，使得人们增加储蓄，减少消费，这样短期内将紧缩经济。而且，结构性改革扫除了进入各种服务行业的障碍（例如出租车行业），可能长远看来是良性的，但是短期内会增加现有商业和工人的成本。这些短期成本会给政治支持带来不良影响，甚至造成政治抵制，阻碍必需的改革。

所有这些负面效应又由于需求减弱、高失业率、紧缩的信贷环境及限制了改革可能带来的好处而更加严重。例如，更容易解雇员工可能长期内会扩大就业，但是短期内则会增加失业。如果没有工作提供，减少了失业保险去鼓励人们找工作，可能导致减少可支配性收入。丹尼·罗德里克（Dani Rodrik）指出，实际操作中，结构性改革通过两种相辅相成的渠道提高生产率：第一，生产率低的机构裁员；第二，生产率高的部门扩张并雇用更多的劳动力。两种过程都需要增加生产力的经济效益回报。但是如果像许多南欧国家一样，总需求减少，第二种机制会运转缓慢，这是因为当公司发现生产能力过剩，找不到客源，那么很容易雇用工人或者开展新的商业，对于提供就业没有丝毫影响。

埃格特森（Eggertsson）、费雷罗（Ferrero）和拉弗（Raffo）研究了改革的案例，发现当货币政策限制在实际利率的零利率下限时，不能适应改革带来的需求增加。他们认为在这样的情况下结构性改革会带来反作用。按照他们的模式，产品或者劳动力市场改革会降低物价和工资，提高零利率下限的固定名义政策利率的真正利率。利率增高，总需求下降，那么改革会降低而不是刺激经济活力。通过使用小规模的动态总平衡模式评估量化的影响，他们发现在一组改革的欧元区国家中恒定的降低5个百分点工资和在非贸易部门加价，与没有改革的基线相比，降低了地区通胀率2.7个百分点，增加了1.7个百分点的实际利率，减少多余的0.6个百分点的产出。

毫无疑问，结构性改革对于提高生产力和长期的发展必不可缺，但是欧盟区的最紧迫的问题是需求低迷和潜在的债务通缩陷阱，结构上改革不能解决难题。在这样的陷阱中，不断下降的物价和工资增加了家庭和企业所欠的债务价值，使得他们减少消费和投资来偿还上涨的债务，随之又降低了经济的活力。而且，期待更低的价格使人们更不愿意消费和借贷。因此必须实行货币和财政刺激来促进经济的回复，使滞后效应减少到最低，并抵消结构性改革所带来的通缩影响。

下列总原则规定组合供需政策。第一，按照安赫尔·乌维德（Angel Ubide）在彼得森国际经济研究所简报中的建议，欧洲央行应该实行量化宽松计划将通货膨胀和通胀预期重新调回2%；修改价格稳定在2—3年内2%的通胀率的定义。有些人认为更宽松的货币政策将削弱一些最需要改革的国家动力。欧洲央行执委科尔（Benoit Coeure）驳斥了这一观点，提到价格稳定必然是结构性调整过程的后盾，欧洲央行有责任确保实现这一通胀规定。

第二，因为货币政策受到零利率下限的限制，欧元区总体上的财政政策必须更多地支持需求。拒绝允许有更大的财政赤字对于欧元区的停滞经济是不合适的。使欧元区的财政政策更具扩张性必须包括德国（欧元区最大的经济体）支出更多的公共开支，这将增加目前仅仅0.8%的通胀率，因此减少该区南欧国家的压力，这些国家试图通过实现零通胀率或者负通胀率来缩小和德国竞争力的差距。欧洲领导也必须在欧洲遭遇75年来最严重的经济停滞时期，调用稳定和增长协定的灵活条款允许产生更大的赤字。由于之前减少了公共投资，财政刺激应该集中在基础设施和加强生产力的其他商品上。

第三，财政政策应该支持雅各布·克加德在研究所简报中所提倡的劳动力市场改革的类型。尤其是，国际货币基金组织模拟显示劳动力市场改革通常包括财政成本和产出中的过渡性损失，特别是在经济萧条的情况下实施，财政刺激将有助于带来积极影响。如果滞胀比较高，模拟会显示财政抵消的产出回报是巨大的而且持续的。

第四，科尔提到，结构性改革应该强调提高生产力而不是通缩的内部贬值。这一强调要求实行范围更广的更明智的一系列改革。意大利20年来停滞的劳动生产力引人深思。约瑟夫·佩里格雷诺（Joseph Pellegrino）和路易吉·津加莱斯（Luigi Zingales）认为这一问题不是由于引入欧元或者过度保护劳动力的立法，而是在过去的20年来没有利用信息和技术取得进步。他们也得出结论：其他的欧盟国家也因为同样的原因遭受了同样的“病症”——如同意大利一样。阿什卡·莫迪（Ashoka Mody）和艾米丽·莱利（Emily Riley）

同样类似地总结了意大利，提出这是个综合问题，因为国家萧条的经济前景减弱了投资教育和革新方面的动力。

结构性改革政策集中在提升生产力。应该鼓励竞争、高效的市场和刺激带动企业革新和传播技术。这些改革应该创建环境，重新分配资源到成长型的企业，企业家有经济动力的刺激来从事有风险的项目。应该在各国实行这样的政策，包括整个欧洲。例如通过完善单一的服务市场，建立单一的电子市场来加速传播新技术。欧洲领导应该不仅仅以银行为基础，而应该拓宽金融中介的渠道来扩大和深化更有活力的债券、股票和风险资金市场，促进投资和带来除制造业外的增长动力。

总之，欧元区内更好的政策组合应该包括运用货币和财政刺激来提高需求，为进行结构性改革提供空间，这样将促进生产力增长。短期内增加欧元区的需求将更容易实现长期目标。

三、欧洲中央银行必须采取积极的行动，恢复欧元区的物价稳定

安赫尔・乌维德（Angel Ubide）

随着经济增长减弱，通胀下跌，失业率创历史新高，欧元区再次弥漫着发生危机的空气。而对欧洲央行政策的不满不断增加，越发加剧了这一形势的恶化。始于2011年的经济衰退的第三次量化宽松政策（Q3）还没有结束。经济闲置产能仍然充足，如果继续以危机前2%的水平增长，现在比应该增长的水平低20%。国内生产总值还没有恢复到危机前的水平。因此，年度整体通胀达到有史以来最低的0.3%（恒定税率的0.1%）。

欧洲央行采取有力行动的时刻到了。甚至在最近宣布的文件中，欧洲央行的货币政策仍然过于紧缩，利息率低，但不是太低。中央银行应该试图将通胀率恢复到2%，实现这个目标需要采取两个步骤，首先，它必须开展大规模的开放式量化宽松政策（QE）项目，包括每月购买至少800亿欧元的资产：5年封闭期的政府债券。这个项目应该明确地设定条件，持续到欧洲央行能够准确可持续地预测中期内2%的通胀率。其次，我提议，欧洲央行必须修订价格稳定的定义，在两三年内达到2%的对称通胀目标，以防止通胀预期的下降。

反对这一政策是错误的。在过度夸大恐惧的基础上，欧洲央行必须承受

按照开放式量化宽松政策购买政府债券所带来的损失，部分经济损失通过政府预算支付。首先，德国强烈反对欧洲央行的政策态度主要违背了央行的独立性，以及《马斯特里赫特条约》(*Maastricht Treaty*)的独立法令宣布的价格稳定。欧洲央行物价稳定定义为“接近但低于2%”。这一定义有不同的诠释，欧洲央行政策的反对者认为目前的通胀前景与这一定义相符。但是欧洲央行的做法已经明确认可价格稳定在2%的通胀率（见图1)，今天的通膨结构条款与2005—2006年相比互换了，当时达成了共识，即欧洲央行必须实现物价稳定。达不到目标和超过目标一样违背了物价稳定的规定。其次，德国强烈反对购买政府债券的开放式量化宽松政策，缺乏法律或者经济依据。《马斯特里赫特条约》中没有禁止购买二级市场的政府债券。开放式量化宽松政策与无限量冲销式购债计划（OMT)存在本质区别，后者由于没有限制条件在全国开展购买计划而被提交上德国宪法法庭。

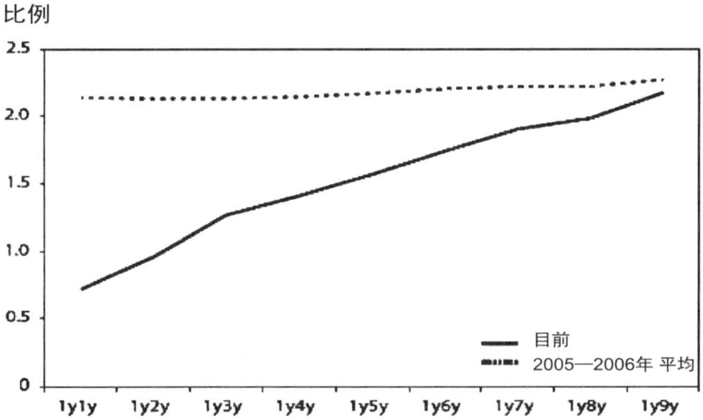

图1 欧盟通胀期限结构

来源：Bloomberg和作者的计算。

从经济学的角度来看，其他国家的经历显示，果断有效地实施量化宽松政策将带来明确的积极效果。没有结论性的依据显示：资产购买会减少政府实施需求政策的动力（当然不会阻止美国国会实施激进的财政调整)；而且也没有证据显示欧洲资产已经达到很高的估值，进一步实行宽松政策会给金融稳定带来风险。事实上，欧洲资产在复苏中已经运作得差于全球资产。更重要的是，不利的一面是正确的：目前金融稳定的主要风险在于长期停滞和低通胀，这将使欧盟国家的债务动态更加严峻，使银行投资组合的质量受到影响。

只有欧洲央行能够助力避免欧元区的长期停滞，必须采取行动。

欧元区大范围内存在通胀下降，物价指数通货篮（CPI basket）中超过50%的产品显示通胀率低于1%。未来5年和过去5年计算的长期通胀预期下降到1.8%，这个问题值得关注。通膨交换（inflation swap）表明10年的通胀率低于2%（图1）。这一通胀模式不仅与欧洲央行的物价稳定指令不相符，而且由于以下三点原因，严重阻碍了欧元区的经济复苏：（1）一旦名义工资的增长为零，极低的通胀率排除了真实工资下降的必要性，因此抵消了劳动力市场的积极影响；（2）它使得整体上欧元区，尤其是边缘国（periphery countries）的债务可持续性动态继续恶化，因此要求削减更大幅度的财政赤字以实现债务率的下降，进而进一步阻碍了增长；（3）极低的通货膨胀更难降低赤字，因为名义上减少公众工资和养老金付出的政治代价非常高，税收收入也随着低通胀而减少。

在过去的两年内，增长和通胀预测已经修改得更低，由此清晰地看到这一事实：需求疲软导致了通胀下降；而且，修改通胀下跌比增长下跌的幅度更大，表明产出差距可能比所认为的更大。

尽管有着强劲的经济增长和紧缩的劳动力市场，德国的通胀已经下跌，表明除了需求低迷，其他因素也正推动通胀下降。高盛公司（Goldman Sachs）运用斯麦茨和伍泰模型（Smets and Wouters）分析了欧元区通胀预测错误的根源。结果显示尽管收入下降比预期少，但由于公司担心如果提高产品价格，它们将在需求减弱使通胀低于预期的情况下，失去市场份额，因此通胀也比预期的更低。这表明关注提高德国的工资而不选择进一步实行货币宽松政策，将不会带来更高的通胀，因为公司的利润在国内生产总值中占着很高的比例，这提供了很大的空间调整工资通胀而不必转嫁到价格上。例如瑞典就是一个鲜明的例子，尽管单个劳动力成本增加2%，通胀依然下跌到零。

日本的经历提供了另一个人们担心的根源：通胀下跌可能是长期持续的情况。日本在20世纪90年代中期改革了劳动力市场，通过临时、兼职聘用打破了制度的僵化，导致了长时期低工资的增长，因为工资更低的临时、兼职工作变得更受欢迎，减少了总工资账单的数额（所谓的复合效应）。结合1997—1998年和2007—2009年的危机，通缩开始，工人感到这样的环境下他们缺乏与雇主谈判薪资的能力，不管失业水平如何，在工资零增长情况下保持了劳动力市场一种新的平衡。

同样的情况可能发生在欧元区。在西班牙，对于加入就业大军的人来说，经济快速衰退和劳动力改革导致了起薪的大幅度下降（比危机前少25%）。有工作经验的工人工资零增长的程度急剧增加（工人工资零增长的比例已经增加了10倍）。在零通胀和高失业率的环境下，很长时间内总收入增长一直毫无起色。

欧元区面对着教科书式的形势，第二轮经济危机的影响导致通胀下降。难以预料金融市场在接下来的10年能够实现2%的通胀。由于较强的适应性因素（换言之，通胀预期取决于过去的通胀和对欧洲央行承诺实现未来通胀的信心），通胀预期可能持续下跌。如果允许目前的低通胀继续存在，未来将进一步降低通胀预期，从而继续造成可测量的通胀下降的压力。

2014年4月，欧洲央行行长马里奥·德拉吉（Mario Dragni）在演讲中概述了银行策略。他认为：（1）通过负利息率解决汇率的压力；（2）通过银行借贷渠道的货币政策姿态扩散机制造成的进一步破坏，可能通过鼓励银行借贷的长期再融资计划（LTROs）或者得到立法修改支持的资产支撑证券（ABS，Asset—based Security）购买计划，实现高质量的资产证券化；（3）中期通胀恶化的前景要求不断适当的调整货币政策，以便与广泛开展的包括购买政府债券的资产购买项目保持一致。从那时起，欧洲央行已经使存款率降至0.2%，发起了目标明确的长期再融资计划，开展了资产支撑证券购买项目和购买债券。这些行动侧重于汇率、信贷供应和流动性。

存款率下降和长期再融资计划使在提高美元汇率时仍能保持欧元区的低利率，这样有助于降低欧元的汇率。使欧元贬值可以理解，这样将促进增长，增加通胀。但是货币对欧元区经济增长和通胀的影响不大，不太可能通过欧元本身实现。按照泛欧元区模型，欧元的贸易加权汇率长期贬值1%并持续5年，将在第一年增加通胀3个基点，第二年累积9个基点，第五年达到21个基点。然而，我们注意到2012—2014年欧元大概增值了10%，因此造成通胀下降的各种影响仍在讨论中。在未来的2—3年中通胀不太可能超过1%。为了使通胀率接近2%，欧元不得不在固定的基础上下跌10%—15%。

通过吸引更多的购买者入市，有助于资产支撑证券和资产担保债券（Covered Bonds）的购买，也减少了证券化的恶名和成本。但是影响将是微乎其微的，信贷供应和流动性不影响信贷增长。实际上，私人借贷率已经在欧元区边缘国保持较高的比率，尤其是五年期借贷——投资持有期到期的重要年限。紧缩的宏观审慎政策和坚持主权利差将保证私营机构分散持续一段时间，造成政策利率和私营机构利率存在长期的差距。

总体上，公布的措施已经防止了不理想的紧缩，这将帮助扩大欧元区经济集资的范围，但是造成了轻微过度的宽松。积极的一面是：欧洲央行已经从大幅度缩减资产负债表规模的积极宽松政策（按照长期再融资计划提供流动性的需求），转换为针对扩大资产负债表而进行资产购买的积极策略。但是所宣布的资产购买计划只是小部分，主要针对信贷供应，与促进需求和稳定通胀预期的角度不太相关。

因此，市场认为欧洲央行有能力实现2%的通胀，是一种倒退。未来5年和过去5年通胀率是通胀预期的关键衡量依据，已经持续向下，现在大概是1.8%。不仅水平下跌，而且也体现了以前小幅度增长和欧洲央行会议后大幅下降的模式，表明市场不断地怀疑央行决策的有效性。调查数据显示了同样的模式。欧洲委员会信心调查中价格预期指数创历史最低。职业预测调查显示通胀预期的分布实际上已经严重恶化了：超过30%低于1.4%，平均预测仅仅是1.75%（见表1）。不幸的是，今天欧洲央行的信誉度低于2011年中期，那是明显地怀疑欧元的未来。

表1　过去5年通胀预测

年	< 1.4	1.5—1.9	> 1.9	加权平均值
2005Q2	20.4	38.8	40.9	2.0
2008Q3	13.3	29.6	57.0	2.1
2011Q2	20.9	29.2	49.7	1.9
2014Q3	30.8	32.7	36.6	1.8
2014Q4	34.1	32.3	33.6	1.7

来源：职业预测调查。

即使在采取了最近的措施后，目前欧洲央行的政策姿态显示其依旧过于紧缩。利息率低但不是太低，主要因为由于存款增加，尤其是投资的急剧减少，使得欧元区中性利率（r*）下降了。2014年国际货币基金组织表示欧元区的投资大概是国内生产总值的3%—6%，比正常的经济发展要低。

欧洲央行的政策紧缩在图2中明显地体现出来，按照自从2010年在危机前欧洲央行估计和模拟的政策规定：设定不同值的中性利率和非加速通货膨胀失业率（失业率造成的固定通胀率，u*），表格中显示了理想的利率路径。假设了不同的情况来探索可能得到的结果：假设中性利率和非加速通货膨胀失业率维持在危机前的水平得到（r* = 2 and u* = 7.75）；假设中性利率下降到零（罗北克和威廉姆斯认为的美国的目前水平）和非加速通货膨胀失业率增加得到（r* = 0 and u* = 9）；以及使用罗北克和威廉姆斯模型估计中性利率得到（r* = −1.5 and u* = 9），带来了欧元区−1.5%的负中性利率。表2中的这些模拟显示目前的政策利息率应该是在−2.5%—−4%。这些数字是负值，但是并没有超过范围：2009—2010年美国标准政策制度的估计得出了低达−5%的理想利率。

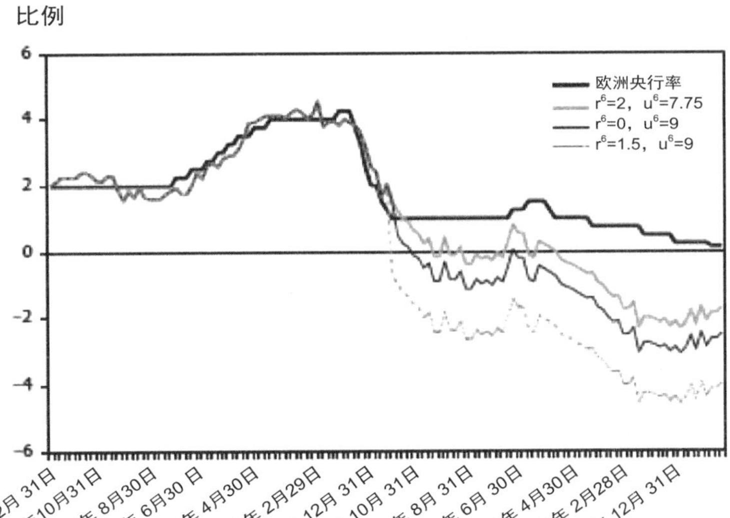

图2　欧洲央行的政策反应机制

如果未来实现理想的货币宽松政策，欧洲央行必须做两件事：第一，发起大型的、无限制的开放式量化宽松政策，包括每月购买篮子资产和欧盟各国的主权债券。每个欧元区国家购买篮子资产的比例由资本因素（每个国家在欧洲央行资本贡献中的份额）决定。或者，更使人乐于接受的是，由市场份额决定（更加中立的市场做法）。由于存款率的减少和长期再融资计划，短期利率已经非常低，因此欧洲央行必须购买超过5年期的债券来实现项目所带来的最大影响，包括至少持续2年购买每月总额高达800亿欧元的债券，使利率减少到等同于大概200基点。美联储（FED）和英国银行（Bank of England）的量化宽松项目表明1 000亿美元的债券购买减少10年利率的大概2—3个基点，等同于减少政策利率的10个基点。由于欧元区经济规模类似于美国，但是通胀起点更低，如果项目比这样的美联储的项目规模小，不太可靠。引用安赫尔·乌维德的话说，这样的项目将有意义地增加货币政策的融通度。

进行资产购买项目的沟通非常关键。项目是开放式的，清晰地表明将延续到欧洲央行能够确切持续地预测中期内2%的通胀率。可持续非常重要。欧盟区将经历相当长时期低于2%的通胀，因此仅仅是达到2%的通胀可能不够。一个阶段内达到或超过2%的通胀对于确保通胀预期回归是有必要的，这样才能够确切持续地达到2%的通胀。由于较长时期的坚持才能实现这一通胀过程，欧洲央行的资产购买项目越晚起步，则越难恢复到2%的通胀。

欧洲央行必须修改物价稳定的定义为清晰对称的2%的目标。这次修订将减少目前对欧洲央行态度的怀疑。一些欧洲央行的官员似乎对仅仅在2022年内达到2%的通胀前景感到满意。通过加强2%的通胀这一承诺，修订价格稳定定义可能缩短量化宽松项目的开展时间和范围。

这样的项目带来的主要效果将包括：（1）将通胀预期恢复到2%，降低长期的真实利率到负值，如同其他国家开展量化宽松所取得的成就（见图3），因此调整负值的中性利率；（2）刺激再平衡风险资产组合转向降低私人融资成本和促进投资；（3）通过指明长期持有的利率和决心恢复物价稳定，增强信心。传导的主要渠道是列出保证实现通胀前景的条款，因此沟通一致对于成功的实现非常关键。

时间非常关键。增长变缓、通胀下降的时间越久，将越损坏潜在的增长，尤其是在年轻人失业率非常高的情况下，这对于商业周期而言更是加倍的敏感，因此放大了滞后效应的风险对于对潜在增长的影响越是明显，承受的金融风险越高。因为伴有低通胀的长期停滞将使欧盟区的债务动态和银行投资组合的质量更加糟糕。

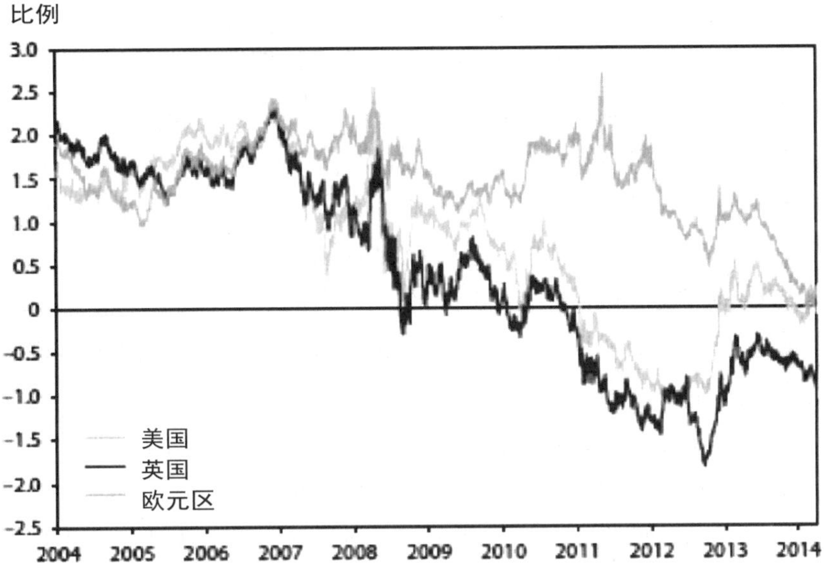

图3　10年期真实利息率演变

来源：Bloomberg和作者的计算。

欧洲央行可以民主地发令实现物价稳定，应该有力地运用工具来实现这一目标。

四、财政政策在激励欧洲发展中的角色

保罗·莫罗（Paolo Mauro）

欧洲最大的优先事务是提高产出和增加就业，尤其是年轻人的就业，不要留下宏观经济危机的隐患。财政政策能够起到何种程度的作用？只是一点点，尤其是目前。所需要做的大量工作不得不通过针对解除企业、投资和创造就业障碍的结构性改革来实现。加强信贷流动和投资必须实行极度宽松的货币政策。

本文概述了财政政策措施怎样适度地促进经济增长和创造就业。我将自己的想法归类到4种不同的类别：（1）财政政策姿态（未来的预算是否需要支持财政刺激、长期的持续性与规范）；（2）财政政策的复合组成（决策者为达到一定水平的财政赤字所选择的各种类型的税收和开支）；（3）持续的欧洲一

体化的愿景，在此简短地列举了有各种原因的一个主题；（4）让这一切发生的种种困难。我认为所讨论的内容主要集中在对近期政策的姿态上（刺激与紧缩），而不是关注其他的如何促进增长的方面。

大多数的欧元区经济体不仅受到所签订的协议的约束，而且受金融市场的影响——更有力的影响因素。在这种背景下，欧盟实现赤字目标的框架必须包含至少3年的详细财政计划。执行的国家才能明确中期内需要采用的财政政策来确保市场。认为欧盟限制在欧洲内造成过度紧缩的国家需要记住：市场可能在没有欧盟监管和实施框架的情况下更难预测，对国家的财政政策施加更大的限制。

独立债券市场的波动在不同的国家间产生截然不同的影响，取决于融资需求。对意大利造成的影响是最大的，每年偿还等同于超过年均国内生产总值1/4的独立债券，西班牙和匈牙利次之。正如这些国家从最近的名义利息率下调至历史最低中获益最大，对于更多的参与者导致利率上升引来了重新的关注，将引发增加利率和债务的恶性循环的风险，如同2012年秋季所经历的一切。在这一方面上，几个欧元区国家承担不起债券利差增加的风险。

欧元区的其他国家因为被充分信任而处于让人羡慕的位置，包括最大的欧元区经济体——德国，已经实现了预算平衡（用结构性术语表达），并按照目前的财政政策计划，打算在2019年前预期减少达国内生产总值60%的债务。这样的可信度反映了10年期的债券利率用名义利率衡量低于1%。这些国家尤其要注意为了公众，为了欧盟区，为了世界经济预防风险，保持稳定。但是总的说来，如果德国和其他定位很好的国家不能利用所有有限的财政空间，这种风险更大。由于目前延长的停滞和通缩看起来代价更大，而不是可能增加利率，通过稳健的财政刺激，德国和其他国家有机会帮助实现持续的国内经济复苏，继续从合理良性的欧元区受益。放宽周期性调整稳态平衡的0.5个百分点，更需要遵守以前签订的欧盟限制规定以及国内的财政制度。

是否可以改变欧盟制度使其不必过于紧缩？答案显然是否定的。放宽制度弊大于利，可能效果适得其反。你所看到的和物质本身一样重要。欧元区不同国家的政治家公开大声地讨论通过国际媒体反映的仅是表象。国际媒体通常对欧美的前景看衰。修订最近批准的宪法，将结构性财政收支平衡协议写进国家法律中，不仅不可行，还可能损害信誉度。而且，欧洲财政制度的框架已经过于复杂，加上没有提议进去的内容有多少人能理解两项法案，四项财政协议，以及类似的协议？增加特殊情况、免责条款，只是使整个框架更加不透明。尤其是3%的赤字限制应该不容更改，因为这可能是很大程度上公众唯一真正理解的规则。

不需要修改欧盟的协议，但调整几项技术规定就可以有效地运用。例如，欧盟委员会评估产出差距的方式使近几年机构性的财政赤字过多地强调经济表现。因此，使用目前的技术方法估计出意大利几乎零产出，以及希腊增长值为−1%。这些结果不仅不符合现实，还可能带来反面的运作影响：首先，如果明年增长到非常低的1%，意大利和希腊将被要求更快地减少不必要的赤字，仅仅因为超出潜在的增长；其次，欧盟规定要求支出增长保持在潜在产出增长以下，低估潜在支出增长将要求不合情地减少支出增长。修改几项技术协议不太可能取得大多数公众的好感，他们也没有途径进行大量的财政刺激。但是至少他们保护经济复苏，而不是盲目套用技术程序以使不想出现的局面带来破坏。

再次，需要理性地实施不作变动的稳定与成长协定（SGP）。稳定与成长协定的预防规定如果没有实现结构平衡中期目标，国家要提高结构平衡到至少为国内生产总值的0.5%。要求一些国家在2015年快速的调整将事与愿违。如有必要，欧盟机构需要注意到“欧元区整体上严重的经济衰退”。在115页的成长协定手册上，严重的经济衰退被具体定义为“负增长或者长时间低于潜在增长的累积产出损失”。2015年欧元区的真实国内生产总值预计基本与2007年或者2008年的持相同水平；存在争议的是，这种情况是否符合严重衰退的定义。评论家可能指出这一条款近年来没有激活，指出为何现在提出这一问题。答案在于已经证明了现在的低增长是长期性的。

如果经济环境进一步恶化，已达成一致的欧盟规定提供了另外放缓财政合并速度的途径。这些明确的规定要求更多的灵活性，不太可能损害市场信心。雷普（Leipold）负责全面、平衡地评估这些其他的渠道。他大概列出了排除公共基础设施外的一些财政赤字途径。这些公共基础设施投资获得了联合融资，因此受到了欧盟的审查。一旦欧元区或者个别国家的增长进一步下滑，可以考虑这些途径。

改善财政开支和税收将显著地提高中期的经济增长。如果向公众很好地解释，近期可能通过提高预期、获得更高的私人投资和创造就业产生有益的影响。

在中期的财政调整策略下，首要问题是是否需要通过节省支出或者更高的税收来调整。按照传统，欧洲的财政计划集中在减少开支而不是增加税收，尽管相当比例的调整最终通过增加税收实现。换言之，在过去，决策者必然感到在大多数的欧洲国家，政府机构太庞大，可能通过减少重复和冗余的服务获得更多的储蓄。这一假设可能在大多数的欧洲国家的政治家，甚至是选举人看来过于笼统。因此，如果减少一定的开支行得通，大多数欧洲国家的中期财政调整计划可能继续针对减少国家规模，甚至可能容许减少税收。我将一一讨论税收和支出的组合。

税收结构明显需要改进。在大多数的欧洲经济体（以及其他发达的经济体）中，多数税收的负担落在了劳动力上，而不是财产税。实证研究和经济学逻辑表明，如果减少税收的概率上升，优先减少劳动力的税收，以便增加就业的刺激；再要考虑的是减少消费税，财产税名列最后。事实上，考虑到严重的就业危机，增加财产税为减少劳动力的税收提供了空间，这样从经济的角度考虑是合理的。遗憾的是，在一些国家，这一问题已经变成似乎难以解决的政治图腾。然而，这一案例应该用来改善税收结构。有着土地的祖父母如果相信支付更高的财产税，将帮助自己的孩子和孙子有更多的机会找到工作，他们会乐意这样做。应该针对有着更高就业弹性的群体，例如年轻人，设置税收损失限制和最大化创造就业，减少劳动力税收（例如，社会保障贡献）。

关于支出部分，政策选择远超出了宏观经济学。因为他们产生的主要影响是内在的政治性。许多研究强调了支出的范围（例如医疗、教育和基础设施）促进长期的经济增长。我仅仅列出了几点，从未来几年的宏观经济发展的角度来看，更严格的策略与财政调整的有效性和财政刺激相关。

首先，案例分析的证据表明削减支出更持续、更有效——如果他们反映了通过包含开支审查过程的战略策略，而不是按比例减少。最有说服力的案例是加拿大在20世纪80年代全面削减开支，起到了临时效果；在20世纪90年代这样的调整起到了更持久的效果。这一方法在意大利已经开展，获得了很多的关注，但是在欧洲仍需要更广泛地采用。实际上，在欧元区更多国家内展开开支审查将取得满意的结果。

其次，几个评论家认为应主要增加基础设施的公共投资，尤其考虑到长期利率降至最低水平。多年来公共基础设施资本股票已经在发达经济体的产出份额中下降。然而，更高的基础设施投资提高了潜在的增长。而且，国际货币基金组织的《世界经济展望》(*World Economic Outlook*)(2014年)中展示了令人信服的案例：国内需求疲软时，基础设施投资的乘数更高，例如现在的欧洲。维护投资总是开始的最佳起点，因为可以相对快地开展，也因此常被忽略，因为比较建造新的基础设施，更不显眼，尤其是对于经历历史上最低利率的国家。这一说法“此时不建，更待何时？”表达了迫切的意愿，但是要习惯性地注意：项目的选择和实施需要保证完成后是值得的，并在建设后进行维护。

关于一些欧盟经济体，市场参与者认为前景悲观的理由部分在于：缺少对欧洲未来的清晰规划。欧洲决策者已经过度防御，让媒体和市场发展驱动种种托词和议程安排。可以理解的，媒体和市场评论关注在最后时刻发生的零星改革，描述为最低的共同分母来确保欧元区的幸存。欧洲决策者需要勾画欧元区长期的新的愿景，重新掌握主动，确定实现目标的关键的一体化举措，其中包括政治和经济微妙的相互作用，例如，重申对长期项目的政治承诺，例如20世纪中期的欧洲，通过获得信誉，提早带来更重要的经济回报。最开始，这些好处微不足道，但是随着与实现愿景保持一致的改革实施，将带来越来越多的利益。

朝着欧洲一体化方向的一些重要改革尽管进展缓慢，效果不明显，但已经初具雏形，例如危机保险机制和银行业的联盟。关于财政方面，最终实施的步骤需要包括建立真正的欧洲税收和支出机制。如果得到了真正权威的支持，发布欧洲债券的计划将是可信的，由欧盟收取税收，并相应地做出支出决策，一切以民主选举的欧洲议会批准为准。在税收方面，一个显而易见的改革内容是关于真正的泛欧增值税，包括统一税率；需要泛欧合作的税收管理。泛欧增值税也会带来效率增益：例如预防欺诈；更重要的是，有助于自由贸易区的有效运作。

上述所提到的许多财政支出改革——尤其是与财政调整相关的改革有着重大的分配影响，因此面对达成共识和成功实施的挑战，这一方面与结构性改革在因素上和产品市场有着相似性，例如涉及自由化。欧洲国家内部和国家之间所经历的难题是著名的曼库尔·奥尔森(Mancur Olson)永不过时的《集体行动的逻辑》（*The Logic of Collective Action*）一书中.所阐述的教科书例子。当试图进行改革（削减开支项目，减少特定的税收，开发特定的市场迎接更大的竞争），通常的情况是尽管社会整体的净收益是重要的，小群体中个人承受的损失是相当大的。因此这个群体的每个成员要竭尽全力抵制改革，然而分散的主体中每一成员的收益没有得到足够的刺激来游说支持改革。原则上，人们可以通过补偿输家来打破僵局，但是当财政资源稀缺时，这样做有难度。为了实施改革，决策者需要说服公众即使全面发生危机的可能性似乎减弱了，也有必要实施改革避免再次发生，同时所有的群体相应地承担调整的部分责任。

在重要的更大欧洲一体化视野下，重新找回信心和进行投资要求结合短期和中期的政策。这些政策包括实施达成一致的欧盟财政制度；使用有限的良好界定的灵活性；在一些能够承受的国家开展适度的财政刺激确保国内的复苏；减少劳动力税收的成本，从有针对性的减少年轻人税收开始；重新将支出流向基础设施投资；重申对欧洲项目的政治承诺。

五、欧盟区劳动力市场改革的议程

雅各布·柯克加德（Jacob Funk Kirkegaard）

持续的经济停滞困扰着欧元区，在这样的重负下，金融体制和政府预算艰难挣扎。但是欧元区问题的关键在于失业的难题。总就业率顽固地停留在低于63.9%，失业率顽固地达到11.5%。更多的宏观经济刺激只是对解决这些问题做出的回应。

但是在出现严重的劳动力问题，尤其是年轻人问题的几个成员国，忽略劳动力市场的重要性将是悲剧性的错误。问题的调整应该集中在对招聘或者造成较短的人均总工作时数的劳动力市场规范方面。有着持续失业率和不充分就业的欧元区成员国必须调整劳动力市场规范，以回应欧元区的协调政策。

劳动力市场不像鱼市。大多数备受困扰的欧元区国家的劳动力市场受到了各种阻碍：多维层面的法律制度、机构、社会习俗、非正式传统和金融关系。令人惊讶的是，这些安排与国家的生产能力、贫穷、性别、社会排斥、社会稳定甚至个人的自尊相关。给予公司雇用更多的灵活性并结束对不同阶层的工人的法律歧视，这一切将能够增加老板和员工的福利。应该鼓励这一区的公司采纳其他欧元区成员的最佳做法，包括根据当地公司之间的情况，对工资和工作环境的设定给予更大的自由度。所有的工人能够在有可比较的法律合同保障的条件下实现就业。

应该首先优先考虑三方面的市场改革。首先，欧元区国家应该结束劳动力结构的双重性，减少保护所谓的劳动力市场核心工人（那些享有强大的法律保护的全职工作，固定工作）和边缘工人（一般是不得不兼职或者临时工作的年轻人和妇女，只享有很少的或者没有法定的工作保护）。

其次，欧元区的收入协商必须分散。应该减少受法律约束的国家、跨部门以及多元雇主的工资讨价还价，允许国家、地区和机构根据自身的需要建立自己的安排。在经济压力时期，公司应该能够不用受限于更高级别的合同要求。

再次，优先促进欧元区就业保险，因为不同国家在资源有限的情况下挣扎着面对危机，需要帮助遭受严重危机的成员国，资助他们的福利赔偿体系，消除影响工人的误解。

其他的一些步骤将会暂时降低工资率、减少福利、减少工作保障保护和某些劳动力的服务赔偿，导致短时期内收入减少。国家集体工资协商协议可能被削弱，造成各地分散的抗议和可能的工人罢工。

但是这些权衡不能成为延迟施行政策的行动的合理理由。今天减少了部分家庭的购买力会在长时间内增加更多的收入。这些调整将恢复市场的信心，鼓励新的就业和投资，从而促进增长。

国家宏观政策的改变在振兴欧元区经济中起着重要作用，但是在没有进行劳动力市场立法改革的前提下执行是一种错误。为给改革创造环境，今天，改善劳动力市场机制长期运行的国家应该得到更大的自由度管理财政赤字，承担有针对性的货币刺激。

尽管失业率数据特殊，媒体和决策者仍然需要关注。然而，一个更能暴露欧元区就业市场特定问题的指标是按性别划分的人口就业率。图4显示德国、法国、意大利和西班牙（从2000年第一季度至今在18个成员国中最大的国家）性别年龄在20—64岁的就业率。

图中显示了整体上的欧元区和这4个国家中男性和女性就业的主要差别，尤其从最近的危机开始。从危机开始，这18个欧元国家中男性就业者的

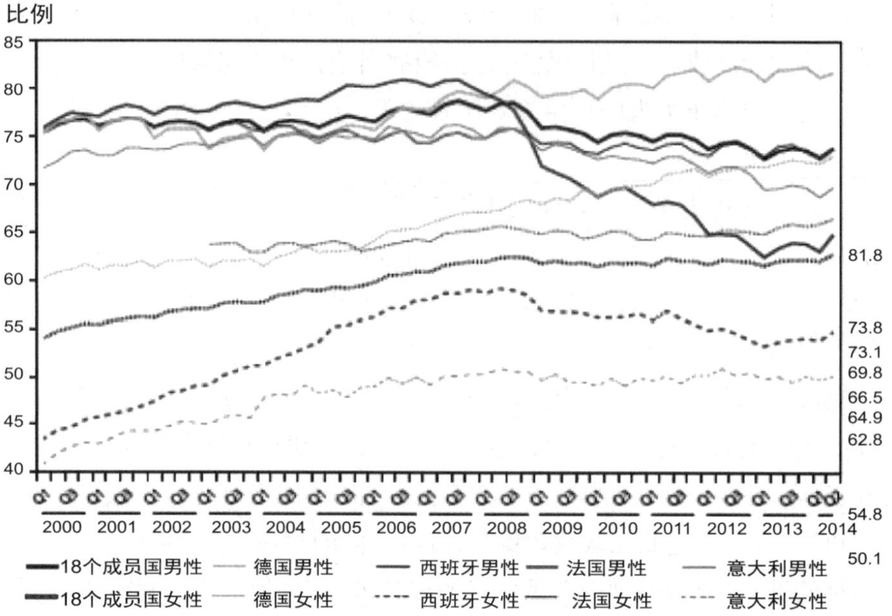

图4　不同年龄段的就业率（20—64岁，2000Q1–2014Q2）

比例已经大幅度下降（减少了5%）；然而在危机发生前，女性就业者的比例大量增加，并在2008—2009年保持稳定，然后稍稍下降。数据突出的显示，在2014年第二季度，欧元区的女性就业率达到62.8%的历史新高。

成员国的就业趋势变化也各有不同。德国的就业率近年来已经上升，尤其是德国的女性。法国的男性在危机后没有明显的变糟糕，仅仅是持续的保持较低就业率；另一方面，法国女性的就业率史无前例地达到66.5%；而自从危机发生后，意大利男性遭到了严重失业，但是意大利女性设法保持稳定的相当低的50%的就业率；在西班牙，建筑行业的危机使许多男性失业，西班牙的女性就业形势没有恶化但是持续地保持就业率在欧元区的总就业率以下。

自从危机开始后，欧元区的平均全职工作的每周工作时长没有大幅度调整。自2008年第三季度开始，仅减少了0.3小时；2014第二季度为41.3 小时。这一数字在成员国间有所差别：西班牙为 41.7 小时；德国为41.6 小时；法国和意大利为40.5 小时。一些国家明确地规定了全职工作的时长，例如法国的周工作时间为35小时。在其他情况下，经济危机使工人不得不减少工作时间，而不是面对失业，例如最近2009年危机最严重时的德国采取的缩短工时方案。但是这些做法似乎影响不大。欧元区的劳动力调整主要体现在裁员、成员国雇用的兼职工人、性别和不同年龄群体的差异。

成员国对于运行不畅的劳动力市场应该协调政策进行回馈，例如，推行区域就业性保险，这样做将长期稳定那些问题最多的国家，促进政府间的团结，带动国家劳动力市场改革，释放出强烈的信号——欧洲有适合欧洲的解决失业的办法。因此应该优先考虑协调这三方面的市场改革。

创造就业对于欧元区来说是关键的政策目标，但是对于几个欧元区成员国而言，更重要的是结束适用于不同工人群体的合同中存在的法律和监管的不平等性。这意味着消除劳动力市场中核心工人和边缘工人间的立法歧视，前者有着全职、固定工作，并享有有力的法律就业保障；而后者从事兼职或者临时工作，就业合同不能提供或者提供很少的法律保障。

在许多国家，这种双重性是以前的劳动力市场改革所遗留下来的问题。这些国家使劳动力法规的贯彻自由化，鼓励就业者雇用更多的工人签订临时合同和兼职合同。这一目标是为了克服老板不愿意雇用固定工人的难题，因为如果发生经济衰退，不能轻易解雇他们。这样的改革没有破坏解雇固定工人保护法的完整性。图4显示在危机发生前，增加临时工合同或者兼职合同能够帮助推动，尤其是欧元区的女性就业。然而自从危机开始，劳动力市场的双重性导致了缺乏就业保障的工人的失业率极高，不可避免的是年轻工人。这一结果是许多欧元区的成员国中广泛公布的不断上升的年轻人失业率；图5显示欧元区成员国中有工作的年轻人不成比例的是边缘工人，在没有太多就业保障的情况下他们更容易失业。

在西班牙、意大利、法国、匈牙利这些国家，尤其严重歧视年轻工人，他们继续遭到裁员、工作时间减少、收入更低和更少培训以及职业发展机会。

适合这些国家的一个明智的改革（图5右上部分显示更高比例的临时和非自愿的兼职年轻工人）是重新立法规定开放性的就业单合同，适用于新的招聘。例如，明确区分聘用中的教育过程：试用期阶段。新的法规将限制与存在下列情况的员工签订临时合同的情况：面临休产假、家庭紧急情况和长期生病的员工。新合同将结束对一些工人群体的法律歧视，确保所谈到的这些国家的所有工人得到法律的保障。单合同将使新员工依据目前劳动力市场核

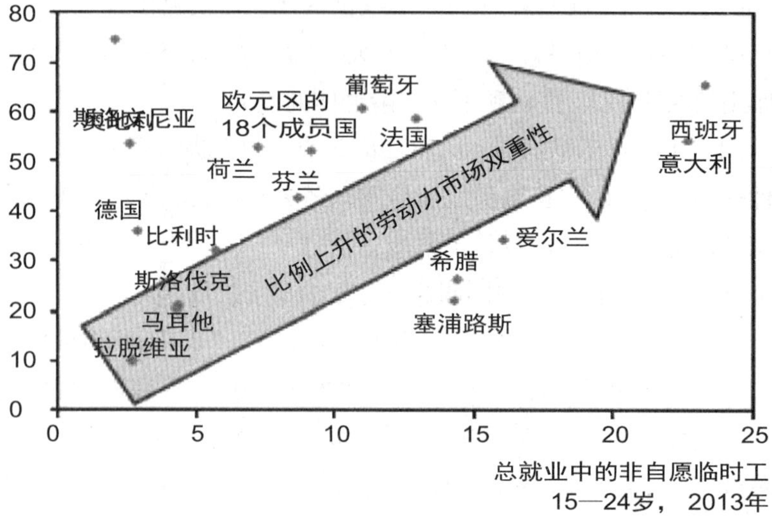

图5　2013年劳动力市场中的不同年龄群体(15—24岁)的双重性

来源：Eurostat,欧盟劳工联盟调查。

心工人所享有的就业法律保护与老板谈判。

同时，一些国家应该考虑限制对许多固定员工的保护。例如，服务赔偿——现有国家劳动力保障法的一部分，应该允许缓慢且顺利地增加服务年限赔偿。更简单的就业单合同应该减少需要特定的劳工司法体系帮助的条款，员工有许多的机会求助于这样的体系起诉老板，声称遭到不公平的解雇，尤其是大公司。这样的方案应该逐步取消。

欧元区应该齐心协力使工资商讨和工作条件的谈判自由化。按照欧洲改善生活和工作条件基金会的纲要(*Eurofound*,2014年)，欧元区尤其是遭受危机国家的谈判机制权力已经不断的下放，这一趋势值得鼓励。受法律约束的国家、跨部门和多元雇主间的谈判应该由更灵活的安排替代。经济危机时期，应该规定老板和员工可以同意不执行高级别合同中的承担违约后果的约束性条款，即不参与条款写入集体性的谈判合同中。允许少数公司、公司代表和工人间签订的延伸合同原则应该废除，根据生活成本(例如：收入指数)浮动包括法定的最低工资而自动调整工资的做法也应该停止。

消除了统一的就业保障法的约束，工资、工作环境以及生产力水平不同的公司可以相应调整工资率。随着经济状况的好转或衰落，公司能够相应的进行周期性的工资调整。随着立法减少了固定工人和临时工人之间的歧视，这些改变将减少老板和劳工联合会的串通的机会，并禁止大公司生产力强的公司运用国家或者部门的具体合同条款阻止小企业进入他们的市场，例如，通过限制不能灵活更改的工作条件促使员工较少的公司难以获取利润。此外，全职、固定工人的选择变得更少，只能充当临时、兼职工人暂时保住自己的工作免受经济压力的冲击。

泛欧区域的就业保险机制由欧元区所有的国家共同融资或者赞助，可能在一些情况下遭受严重经济危机的成员国能得到关于福利赔偿的资助。一条有效的途径是满足特定的劳动力市场特征的成员国遭遇符合严重危机标准的危机时，可以获取中心资金，欧元区的国家应该按照各自经济体的工作时长提供经济支持。

由于遗留下来的历史、文化和政治差异，欧元区的劳动力市场迥然不同。鉴于每个国家的政治不同，试图实行更有限的机构统一将减少不同成员国间的良性政策竞争，这样做可能会是徒劳的。相反，要求欧元区劳动力市场有资格参与到区域失业保险机制之前，统一某些机构准则，例如（之前讨论的就业单合同，灵活工资和工作条件的谈判），还会容许各种差别继续存在。同时保险机制能够激励成员国减少破坏劳工市场的阻力。

这样的补充保险机制将类似《美国的紧急失业赔偿》（*US Emergency Unemployment Compensation*），用联合资金辅助资助国家失业福利。美国类似的保险体系只有在国家用尽了福利资金，并得到美国国会的批准才能这样做。

受限制的欧洲范围的失业保险将自动帮助深陷危机的国家保持稳定，给欧元区带来新的所需要的经济缓冲器。

六、欧元区金融体系需要促进增长

尼可拉斯·维纶（Nicolas Véron）

欧洲危机主要是银行业和金融系统面对的危机，至少这两者的问题与不可持续的公共金融以及停滞的经济一样严重。从2007—2012年中旬的危机开始时，银行系统的功能障碍阻碍了欧洲经济的发展，欧元的生存遭到了威胁。自从2012年中旬，采用了更多激发银行活力的政策努力解决银行危机，建立可持续的银行政策框架即著名的银行业联盟。一个健康的银行业联盟只是实现繁荣未来的一部分解决方案。欧洲的整个金融体系需要加强融资改革，特别是对于高速发展的企业需要快速推动其发展。这一雄心勃勃的目标是指目前在布鲁塞尔的资本市场联盟。银行业联盟和资本市场联盟在设计和执行不同阶段时需要采用不同的方法。

为何欧元区经济体还没有反弹，部分原因在于银行借贷受到了不甚理想的资产负债表的限制。银行业联盟引发了资产负债表修复的过程，但这一过程远没有结束。银行业联盟指的是欧洲内部两个监管和决策权威的集中：新成立于欧洲央行内部的监管机构和总部在布鲁塞尔的机构单一问题处理委员会（SRB）。自从 2014 年11月 4日以来，完成对该区的130家大银行集团的全面评估后，欧洲央行的监管机制已经全面运作，成为欧元区所有银行的发证当局。单一问题处理委员会将在2015年逐步开始运作，并在2016年全面开始运行，到那时要求权威机构对倒闭的银行实行内部纾困制，损失将被分摊到所有债权人头上，以及运用单一解决基金（the Single Resolution Fund，SRF）解决银行问题。

通过对比，欧洲的资本市场联盟在起点上并不平坦。一位资深的欧洲金融决策者介绍资本市场联盟是“正在建设中的一个概念”。2014年7月15日，让－克洛德·容克成为欧盟委员会主席，宣布成立一个欧洲资本市场联盟来发展欧洲金融体系的薄弱和零散的非银行领域，而银行业联盟成为短期内最大的经济获益者。一个规划良好的资本市场联盟将使欧洲金融体系更有弹性、更加高效和更有竞争力，带来重大的长远的结构性影响。

有着为了金融稳定、金融服务和资本市场联盟的欧盟委员会委员的一大堆头衔的乔纳森·希尔（Jonathan Hill）宣布，他的想法是“2015年夏天前制定一项行动计划，作为路线图开发一个雄心勃勃的资本市场联盟”。资本市场联盟议程被广泛地视为主要是关于新的欧盟法规。从开始提议到欧洲的立法周期再到生效一般需要至少18个月至2年，在2017年之前资本市场联盟可能不会带来太大的经济影响，除非因为预料到建立这一法规，市场参与者的行为发生变化。

第一，欧元区成员国一致决定在2012年6月下旬启动这个联盟，汇集超国家层面的各国主权的银行政策，并向欧洲央行委托相应的监管机构，表明各成员国政治上团结并努力实现欧元区的一体化。这样的进展使欧洲央行继续实施公布不到3个月的直接货币交易计划。这一做法成功地使欧元区摇摇欲坠的主权债务市场风平浪静。

第二，银行业联盟宣布促进欧洲银行体系更加市场规范化。2012年中旬之前，对于至少没有执行国际货币基金组织和欧盟提供正式援助计划的国家来说，主要通过公共救助或者国有化的方式解决欧洲大部分银行的弊端。此后，2007—2012年，因为强烈反对银行过度慷慨的紧急财政援助，便施加了这条救助原则：在得到任何公共援助之前，股东和次级债权者应该先承担资金的损失，甚至从2016年开始新的反对紧急财政援助法律生效，将应用更严格的规则。

第三，即使几个成员国的信贷需求可能在较长时间内严重不足，欧盟决策者希望全面评估的结果将恢复对欧洲银行系统的信任。2015年早春可能对于全面评估做出更确定的评价，假设没有意外糟糕地毁掉这一评价过程的可信度，2010年和2011年所做的更早的压力测试已经成了悲哀的例子。成功的评估可能缓解从2007年开始限制欧洲增长的信贷供给问题。

最后，欧洲央行应该预防国家监管迫使银行“隔离保护”内部资金或者国家间的流动性，尽量努力减少欧元区独立债务组合中存在强烈的国家偏见。欧洲央行也可能赞同通过更多的跨国收购，建立更多一体化的泛欧银行集团。

尽管采取了这些步骤，银行业联盟的开端和银行去杠杆化的阶段相符，造成更多欧洲地区的信贷稀缺，突出了欧洲金融体系不具备充分的多样性，银行是其中的主要角色。欧洲央行尝试通过未来的几个月内考虑购买资产支撑的债券（ABS），刺激并发展以市场为主的银行融资除外的其他选择。但是刚开始不应该指望奇迹的发生：欧盟资本市场一体化中存在的许多障碍深深地扎根在立法框架和金融行业结构中。补充非银行金融的“备胎”到目前以银行为主导的体系中，需要立法和结构性的改变，这就是关于资本市场联盟议程的内容。

在这场讨论中，和银行相比，资本市场由各种股票和信贷的较小的细分市场组成，因此在欧洲，它在分流储蓄到投资过程中扮演着次要的角色。资本市场的清单包括风险资本、私人股权投资、公众股权发行和首次公开发行股票、公司债券发行、公司债券证券化、直接购买的保险贷款、银行以及专业化的非银行金融公司的贷款中介：例如租赁公司或者消费金融公司的投资基金。通过发展这些和其他细分的金融市场，资本市场联盟旨在使欧洲的金融体系多样化发展，变得更加高效、更有竞争力、更有弹性，并对货币政策释放的信号作出及时的调整，更好地满足以革新驱动有活力的经济的融资需求。欧洲委员会已经明确表示，资本市场联盟不像银行业的联盟，将涵盖所有的欧盟成员国，包括英国，因为伦敦作为欧洲最大的金融中心主人的地位。

资本市场联盟不应该“冻结”目前没有充分发展的市场结构。相反，政策应该为新的中介形式的发展改善环境，例如将储蓄转向更有效率的投资。奇怪的是，一些早期资本市场联盟的蓝图读起来如同细分市场的目录，仿佛每一个这样的市场都需要具体立法来挖掘潜力。一个更加利于增长的资本市场联盟方式不是令人好奇的由上而下的政府所驱动，应该体现制定合适的总框架的原则，这样有益于发展有效率的金融服务和进行合同安排。

雄心勃勃的资本市场联盟议程将面对因取代受到重大利益威胁的难题。许多银行将抵制其他的金融渠道的竞争，银行业的支持者警告影子银行的危险和监管套利，同时忽略存款托收以及高杠杆化的核心本质：需要有针对性的繁重监管。资本市场发展议程将深陷怀疑的看待市场的意识形态中，这种怀疑的观点在大部分欧洲大陆的政治家和民众中有着深刻的影响力。这种观点是因为经济学家不能为周围的金融机构提供更有说服力的模式而被怂恿，因此金融机构应该联合达成有利市场的共识。最后，按照之前提到的，这种议程可能使欧盟的监管制度权利下放，鼓励市场发展，不像银行业联盟，即使这不是资本市场联盟的主要目的。这样的举动一定会引发英国以及其他的国家维护主权利益而强硬抵制。

因为伦敦高度集中了各种金融活动：私人股权、对冲基金和其他细分市场金融，英国的情况非常特殊。伦敦市的代表经常强调在英国的领土上从事的全球领先的金融活动带给欧盟巨大的利益。但是他们通常不承认城市的监管机制应该支持更广大的欧洲共同利益，而不仅仅是英国的本国利益。例如著名的英国金融服务监管法律专家西蒙·葛里森(Simon Gleeson)说到：“伦敦仍然没有受欧盟足够的控制，这使其他的欧洲政府满意这个事实：不断增加的欧洲仅有一个金融中心。这是事实。”这一问题必须放在当前的英国国内政治背景下考虑，英国政府对于欧盟甚至是否继续成为欧盟的成员的态度不确定。

按照由大到小的顺序列举资本市场联盟议程潜在的经济影响和政治难题，应该考虑六个主要领域。

第一，具体的细分市场的监管：这一领域要求展开最广泛的讨论并达成共识。可能需要讨论的事项包括：定义简单透明的证券化产品；修改《欧盟透明度指令》（*EU Transparency Directive*）有助于进入中等规模的公司入市；统一私募发行（private placements）的框架。可能也要取消繁缛的国家规定，例如要求不托收存款的非银行的借贷者要具有银行执照。

第二，谨慎构架的评审：监管者应该再次考虑金融公司的资本和流动性要求。这些要求不必要的妨碍了没有等级评定公司的信贷投资和其他的细分市场。尤其是对投保险者和养老基金提出的谨慎要求，已经趋向于模仿银行业的规定。部分程度上忽略了这一事实，由于债务期限的更久，这些市场参与者有可能合法的冒着有别于银行风险的风险。因此，应该评审《欧盟保险立法》（*The Solvency II Directive*）和其他的《职业养老保险基金立法》（*Occupational Pension Funds Directive*）。

第三，金融透明、会计和审计：银行可以借用和贷款人的关系评估自己的信贷信用，资本市场投资者需要获得可靠的公共金融数据。但是欧盟的公共金融信息各种各样，通常可信度差，不容易在成员国中进行比较。改革议程可能包括（1）统一欧盟审计员的机制，建立最大审计公司的欧盟监管者（最近采纳了一些欧盟审计法，还未实施）；（2）确立欧洲与权威的总会计制定，有权执行国际财务报表标准（IFRS）或者在欧洲证券及市场管理局（ESMA）内部成立或者作为新的欧盟机构；（3）要求未上市银行使用国际财务报表标准，以便能够持续的监管银行业。

第四，监管金融机构：金融市场基础设施公司存在着潜在的系统风险，主要是中央结算对手（CCPs，美国著名的票据交换所），应该由国家框架监管或有流动性支持、复苏和清算。这一框架为跨境资本市场一体化设置了重大的障碍。欧盟应该支持建立以条约为基础的全球监管者和为中央结算对手的清算授权。为中央结算对手建立泛欧的监管和清算机构作为第二优先的选择。

第五，破产和债务重建框架：欧洲破产机制运行缓慢，经常需要清算，不能保护就业和私营借贷人的权利；而且，不同国家的破产框架的差异阻碍了泛欧洲借贷市场的形成，不仅仅只是证券化。庭外重组在欧洲发展也很缓慢。完全统一不现实，欧盟构建立法能够帮助克服国家障碍，甚至部分的统一也能促进跨境市场的一体化。

第六，纳税：储蓄产品国家税收机制的差异对跨境资本市场一体化造成了严重障碍。成员国应该在这一领域找到更多的结合点，或者通过不一致性或者通过加强合作，以及简化和稳定国家税收体制；此外，欧盟应该根据现有的研究和国家经历来再平衡区别征税，通常青睐债务而不是股本。

第三和第四个领域将国家级的监管和立法机制转向欧盟。禁止这样的转换将是一大错误。欧盟级的监管已经有欧洲证券及市场管理局衍生的贸易资源库和信贷评级机构。其他类别的监管金融公司可能应该接受欧洲证券及市场管理局或者一个或者几个将要创建的专业机构的监管。同时，应该改革欧洲证券及市场管理局的监管和资金提供，以便更好地适应监管的角色，如同让-克洛德·容克主席在委员长希尔（Commissioner Hill）的使命书中所建议的。在新的监管机制中伦敦的地位，无论在欧洲证券及市场管理局以内或以外，可能减少对英国的关注。

在接下来的几个月展开的讨论中，资本市场联盟应该决定未来5年的立法改革议程是否包括上述6项，或者仅仅是其中的一些。这一讨论也应该确定哪一项改革具有最高的优先权，按照什么样的顺序采纳。欧盟委员会将展开广泛的讨论，权衡取舍。但是资本市场联盟可能成为结构性改革的欧洲议程中的最主要内容，应该把握眼前的机会。

原文标题：Rebuilding Europe’s Common Future: Combining Growth and Reform in the Euro Area

《北美自由贸易协定》20年：失实的控诉，喜人的成果

节选自《彼得森国际经济研究所报告》2014年5月
加里·克莱德·胡弗鲍尔（Gary Clyde Hufbauer）
雷金纳德·琼斯（Reginald Jones）等
张　萌/译

《北美自由贸易协定》(NAFTA)颁布20年后，在继续分化美国人的同时，也给美国贸易议程蒙上了一层阴影。最近的自由贸易协定的反对者以及哥伦比亚和韩国反复引用《北美自由贸易协定》作为一个恶性先例，指责《北美自由贸易协定》耗费掉数以百万计的美国就业，抑制工资增长，加深了美国经济的不平等，并声称新的贸易协定会产生同样的后果。今天，北美自由贸易区正在再次争论有关贸易促进授权（TPA）的问题，这将使奥巴马总统开始去协商新的贸易协定成为可能，特别是跨太平洋伙伴关系（TPP）和跨大西洋贸易与投资伙伴关系（TTIP)。跨太平洋伙伴关系的一个评论家最近将其标记为"《北美自由贸易协定》的类固醇"。

事实上，双方对于20年前《北美自由贸易协定》签订的说法都是不符合实际的。由于墨西哥经济不到美国经济规模的1/10，那么贸易一体化能够极大地塑造美国经济的说法也就不是有理有据的了，即使这种整合可以对相对较小的墨西哥经济产生重大影响。然而，夸大其词和演讲呼吁是政治斗争的武器，自由贸易协定也在争论的前线驻足了有20年之久。例如，总统比尔·克林顿（Bill Clinton）声称《北美自由贸易协定》将在2年时间内为美国人"创造"20万个就业机会，5年时间内100万个工作机会。为了不被打败，《北美自由贸易协定》的对手罗斯·佩罗（Ross Perot）和帕特·乔特（Pat Choate）预计

了美国590万的失业人口，这是受到有人认为墨西哥将会吞掉美国就业的启发，罗斯·佩罗还嘲笑这一景象为“巨人吸吮的声音”。这两种说法都是言过其实的，尤其是由罗斯·佩罗和帕特·乔特所提出的那个。

一、《北美自由贸易协定》仍存在争议的原因：对于美国而言，该协定是与墨西哥这个贫穷国家所签

在最近的争论中，《北美自由贸易协定》捍卫者的声音似乎越来越小了。然而，由于其在美国意识中所发挥的核心作用，这是一个很好的时机去将《北美自由贸易协定》分歧中的事实与虚构区分开来。该政策简报的目的不是老调重弹也不是过分强调，而是要澄清事实，这样的话贸易的效益和挑战才能够在客观的环境中得到检查。

北美自由贸易协定于1994年1月1日生效，紧跟着先前协商好的《美加自由贸易协定》（CUSFTA）。《北美自由贸易协定》要求美国和墨西哥在10年内取消双方之间所有的关税，除了一小部分农产品出口的关税允许宽限到15年。该协议还旨在降低服务业和投资业的跨境障碍，同时为专利、商标和其他形式的知识产权制定标准。《北美自由贸易协定》仍存争议的一个原因是，对于美国这个曾在第二次世界大战之后开展过一系列全球贸易的国家来说，这是第一次与一个落后的国家开展贸易往来，这个国家便是墨西哥。

《北美自由贸易协定》通过制订大型金融救助计划，使得墨西哥对外贸易平衡急速回转，在挽救墨西哥经济中发挥了决定性的作用。

《北美自由贸易协定》的合作伙伴在协定发表那年遇到过很大的风浪，也听过很多说法认为《北美自由贸易协定》受到过3次墨西哥冲击的不利影响。第一次是在1994年1月1日，墨西哥南部的恰帕斯州（Chiapas）爆发了一场萨帕塔（Zapatista）叛乱。然而这场叛乱几乎没有直接影响到《北美自由贸易协定》的相关规定，而是谨慎地协调同协定条目之间的关系。反对派的抱怨之一是反对引起巨大关注的《北美自由贸易协定》为墨西哥政府援助现代化的北部各州，忽视贫穷的南部各州提供了象征性的表现。1994年3月23日，恰帕斯起义后总统候选人路易斯·多纳尔·科洛西奥（Luis Donaldo Colosio）被暗杀，他是墨西哥总统卡洛斯·萨利纳斯（Carlos Salinas）公认的候选人。凶手

一直没有找到，这一谋杀事件也在投资者圈中鸣起了警钟。最后也是最具破坏性的，墨西哥比索于1994年12月20日起开始遭受突发性和渐趋性的严重贬值。比索危机后随之而来的是以美元计价，由墨西哥政府和墨西哥公司共同合作的债务建设，其目的是为不断扩大的常用账户赤字融资。从1994年春天开始，投资者逃离墨西哥削减了墨西哥银行持有的外汇，与此同时中央银行试图捍卫比索与美元之间的固定汇率。1994年12月，当汇率被最终放弃的时候，比索的陡然贬值造成了进口的崩溃和墨西哥出口的激增。对于许多《北美自由贸易协定》的批评者来说，"《北美自由贸易协定》的批准和墨西哥的经济崩溃之间的暂时性联系太强，这一定是纯粹的巧合"。而前几年糟糕的政策抉择也已为金融危机埋下了伏笔，《北美自由贸易协定》则被指责对于墨西哥宏观经济政策监管不力。虽然这种批评有一定道理，《北美自由贸易协定》仍然通过制订大型金融救助计划和帮助墨西哥对外贸易平衡急速回转，在挽救墨西哥经济中起到了决定性的作用。

尽管《北美自由贸易协定》的发表遭遇了种种不顺利以及后续的各种指控，该协议仍然有功于推进了区域一体化以及使得3个国家拥有了更高的生活水平。美国，加拿大和墨西哥之间的相互依存是令人震惊的。例如，从加拿大进口的商品中预计包含有20%的美国输入，从墨西哥进口的商品中则有40%的美国输入。在2013年，美国商品有14%出口到墨西哥，超过出口到德国、法国、英国和荷兰的商品总和。自1993年以来，美国与墨西哥之间的贸易在名义上翻了五番，与世界其他地区的贸易也增长了3倍。《北美自由贸易协定》促进了区域能源市场的整合，特别是在美国和加拿大之间，这在一定程度上缓解了美国对来自大洋彼岸的能源进口的依赖，同时鼓励了区域内的能源独立。

许多美国人的就业都与出口有所联系，估计260万人与出口到加拿大有关，1.9亿人与出口到墨西哥有关。继《北美自由贸易协定》的批准后，由于墨西哥陷入金融危机，许多人都对其政策产生了怀疑。不过，20世纪90年代中后期则是美国的一段繁荣时期，在此期间内对于《北美自由贸易协定》会导致失业激增的恐惧也渐渐平息。事实上，在《北美自由贸易协定》签订后的7年里，美国经济增加了近17万个就业机会，失业率也从6.9 %下降到4.0 %。

另一方面，过去的20年见证了美国的不平等加剧，低技能的工作也由于技术的进步和贸易协定的签署而日渐消失。21世纪，《北美自由贸易协定》不可避免地成为恐惧失业的代名词。但是《北美自由贸易协定》签订初期有关工作的讨论仍被曲解，误解今日也依然在重演。人们普遍认为两地贸易的扩张将引起经济部门之间的工作被重新洗牌：进口导向性部门将会失去一些工作机会，出口导向型部门则会获得机会。然而，大多数经济学家认为因《北美自由贸易协定》所造成的就业净增加或减少对于美国劳工总量来说，其影响都是微乎其微的，这一数字在后来达到1.1亿人。包括彼得森国际经济研究所有关人员在内的《北美自由贸易协定》的支持者认为，《北美自由贸易协定》所带来的主要收益是获得了更好的就业机会，而不是更多的就业机会，同时美国和墨西哥的经济体也根据比较优势的规定进行了调整。但是经济学家的观点早已湮没在20世纪90年代的政治喧嚣中，也因为当代有关《跨太平洋伙伴关系协议》(TPP)和《跨大西洋贸易与投资协议》(TTIP)的热烈讨论而被忽略。

经济学的主要分析认为自20世纪90年代以来，贸易协定在带来潜在的更高的国民产出方面取得了显著进步。与此同时，就业流失不可避免地伴随着贸易自由化之后的经济结构调整（人口流失是指在一个固定的时间段内大量工人失去和获得工作的现象）。然而，围绕在贸易协定周围的美国政治性花言巧语也在20年前对《北美自由贸易协定》的讨论有过很大的启发。支持者赞美就业的增长和生活水平的提高；反对者则抱怨丢了工作，工资低和企业的富集。

没有支持者认为北美在《北美自由贸易协定》之后进入了一个黄金时代。但是批评者也有错，错在他们认为《北美自由贸易协定》一开始就不应该被制定，错在他们忽视了该三国同盟条约的真正成就。在此政策简报中，我们首先回答《北美自由贸易协定》批评者所提出的有关6项控诉的问题，然后简要描述一下重要成就。6项主要控诉以及我们的简短回应如下：

（1）《北美自由贸易协定》造成了美国贸易越来越多的赤字。

回复：没有现象表明。

（2）与墨西哥的贸易往来提高了美国的失业率。

回复：没有现象表明。

（3）失业降低了美国的工资水准，尤其是制造业中。

回复：在某些行业里，而不是所有行业。

(4) 美国农产品出口的繁荣使得墨西哥农业人口转为非法移民者。

回复：没有直接联系。

(5) 除了农业,《北美自由贸易协定》教唆非法入境者。

回复：情况刚好相反。

(6) 墨西哥经济的增长速度并没有达到《北美自由贸易协定》支持者所预期的那样。

回复：合理的批评。

值得怀疑的是,这些控诉被频繁提及,以至于已经成了世俗认知,甚至受到主流媒体的鹦鹉学舌。在提到这些之前,值得强调的是,这些控诉都是针对美国和墨西哥的遭遇而言的。尽管《北美自由贸易协定》是一个三方协议,却几乎没有人批评美国和加拿大之间贸易往来。事实上也是,整个美国北部边境的双向贸易和投资结果一直运行很好,得到一致看好。

二、美国与墨西哥之间的贸易赤字

越来越大的美国贸易赤字经常被《北美自由贸易协定》的批评者和其他贸易协定视为这些协定的最终结果,视为美国的悲惨命运。政治领导人频繁地谴责贸易赤字,认为出口支持本国就业,而进口则使本可以由美国工人生产的产品被替代。这些对贸易赤字的痛批攻击是错误的。双边环境下的美国贸易赤字并不一定是坏事。在多边贸易的世界里,即使美国的外部账户实现了总体平衡,分别与每一个国家的贸易也不会得到平衡。例如,美国可能会与墨西哥形成贸易逆差,但与加拿大产生贸易顺差。

那些依据参与者之间双边贸易平衡结果来考量特惠贸易协商"成功"与否的人忽略了一个事实,那就是：让特惠贸易协定的所有成员都以双边贸易盈余作为结束点,这在逻辑上是不可能实现的。这一观察结果适用于即将到来的《跨太平洋伙伴关系协议》和《跨大西洋贸易与投资谈判》的谈判,同样也适用于《北美自由贸易协定》。对于特惠贸易协定的一些成员来说,在协议完成后提高其全球贸易平衡是有可能的,但这是因为两个不同因素的存在：首先,提高资源利用的效率；其次,合作国家支出与收入的关系进行了内部调整变化。

正如这份政策简报的附录中所阐释的那样，当美国把房地产行业、商业和政府部门的存款绑定在一起的时候，美国与世界上其他国家必定会遭遇贸易赤字，这一点是消极的，然而这一情况已经存在了许多年。为了筹措贸易赤字，美国务必要向世界其他国家借钱。在这种情况下，一个全球性的美国贸易逆差是不可避免的。最好的结果也就是贸易协议会产生一个二级影响，它可能会改变双边盈余和赤字的格局，但是也会对全球贸易逆差的规模带去边际影响。

有了这些戒律在心中，对于怎么看美国的双向贸易，以及怎么看自1993年《北美自由贸易协定》签订以来美国与墨西哥之间的贸易逆差都是极具帮助性的。图1分析不包括石油和天然气贸易，这不是为了简便，而是因为如果美国不从墨西哥和加拿大进口石油和天然气，它就必须以更高的成本从其他国家进口燃料。图1展示了美国向墨西哥的货物与服务出口，以及墨西哥向美国的出口，两个方向上都不包括燃料资源。双向贸易得到了巨大的扩展，盈利也是目前所赚美元的5倍之多。正如批评者所预计的那样，美国与墨西哥的双边贸易赤字已经有所增加，从1994年50亿美元的盈余变为了2013年450亿美元赤字。但是，这并不是出于美国贸易谈判代表“不正当的交易”所为。正如附录表A.1所示，当《北美自由贸易协定》推出的时候，美国从墨西哥进口的平均关税为4.3%，而墨西哥从美国进口的平均关税为12.4%。后来，双方的平均关税很快便降低为零，没有按照标准执行关税减让的国家是墨西哥，而不是美国。

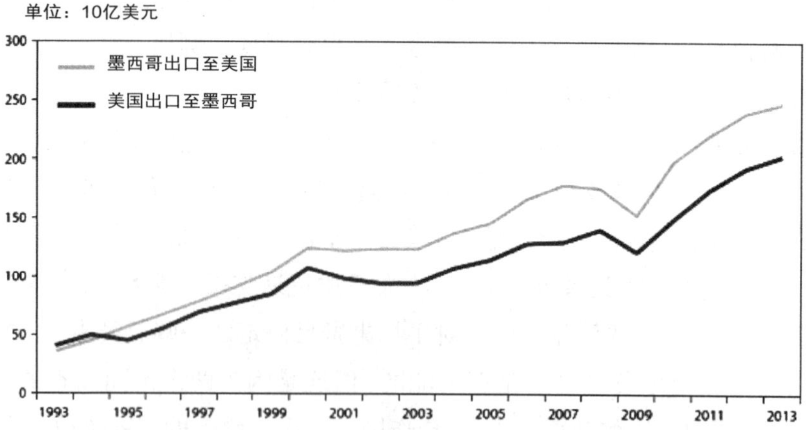

图1 美墨双边商品交易（不包括石油）1993—2013年

资料来源：世界银行世界贸易一体化方案数据库。

在过去超过20年的时间里，美国与墨西哥的双边贸易赤字日趋严重，主要原因是美国内部收入与支出之间的日渐不平衡发展。

在过去超过20年的时间里，美国与墨西哥的双边贸易赤字日趋严重，主要原因是美国内部收入与支出之间的日渐不平衡发展。举个例子来展现这种不断扩大的不平衡发展：在1994—2013年，美国与世界其他国家在非石油燃料货物往来之间的贸易逆差从1 200亿美元扩大到了5 100亿美元。正如附录所清楚表明的那样，全球贸易逆差的扩大不是由《北美自由贸易协定》或其他自由贸易协定的签署所造成的。相反，它反映了一个事实，由于联邦预算赤字的上升和家庭储蓄的下降，美国逐渐从小额的净借款人转变到了大额的净借款人。此外，2013年墨西哥所占美国全球商品赤字的份额约为9%（450亿美元对5 100亿美元），远低于墨西哥所占美国非石油进口商品的13%（2 480亿美元对19 390亿美元）。

如前所述，《北美自由贸易协定》推出时，墨西哥的平均关税是远远高于美国平均关税的：分别为12.4%和4.3%。1993年，墨西哥对美国的非石油产品出口为390亿美元，美国对墨西哥的非石油产品出口则为410亿美元。运用一个简单的弹性贸易的方法，假设这个弹性力度为3.0（一个很高的值），取消这些平均关税将会使墨西哥对美国的出口增加50亿美元，使美国对墨西哥的出口增加140亿美元。在一些分析师看来，这样的计算结果表明美国对墨西哥的出口将比墨西哥对美国的出口增长得更多。然而却出现了相反的情况，其原因与批评家的警告几乎没有联系，主要原因则是墨西哥在投资领域的新开放，对于与美国进出口的配套性提高（由于较低的关税），以及监管政策的改革。

1994年末，随着《北美自由贸易协定》的生效，墨西哥被不可预见的比索危机所摧毁（比索从1994年12月与美元的汇率为3.97贬值到1995年12月的7.76）。比索危机的爆发是由于在过去的两年里，墨西哥政府和企业不管不顾地制造了数百亿美元的债务。看到这样一个不稳定的局面，墨西哥和外国投资者纷纷在1994年春季和夏季撤离，因此中央银行所持有的外汇被削减，但仍试图维持比索和美元之间固定的汇率。当中央银行放弃维持汇率的时候，比索的突然贬值将会导致进口崩溃，出口增加。墨西哥人再也不能承受到美国圣地亚哥的购物之旅了，面对低迷的国内市场，墨西哥公司尽力开拓美国市场的销售渠道。美国非石油产品的双边贸易盈余由1994年的50亿美元在1995年变成了120亿美元的赤字。

值得赞扬的是，墨西哥政府应对危机的举措是取消阻止外国投资者进入的规定，加速了早已形成的趋势。墨西哥对各国投资者表示欢迎，而不仅仅是其《北美自由贸易协定》的伙伴。外国公司（以美国汽车公司为首）统统将产业扩大到了墨西哥，也因此与北美进行了整合。这一现象对墨西哥出口行业产生的影响是爆发性兼具持久性的，美国非石油产品的双边贸易赤字由1995年的120亿美元扩大到了2013年的450亿美元。

假设没有颁布《北美自由贸易协定》又会是什么情况呢？美国与世界其他国家的贸易赤字在2013年是否会低于450亿美元？这应该也是不可能的吧。从宏观经济的角度来看这样一个没有《北美自由贸易协定》的世界，与墨西哥的赤字降低就好像在挤压一个气球，大多数的赤字仍然会从其他地方跳出来，这是因为在20世纪90年代末至21世纪初这段时间里，美国的支出依旧会在很大数量上超过收入。再从微观经济的角度来看这样一个没有《北美自由贸易协定》的世界，美国和外国公司都在寻找更低成本的全球供应链，这将会为他们在拉丁美洲和亚洲打开额外的市场领域。

最后，也许真的要感谢最初的墨西哥比索危机和更长一段时间的墨西哥改革，《北美自由贸易协定》才带来了与墨西哥之间更大的双边贸易逆差。但是并不是说《北美自由贸易协定》为美国越来越大的贸易逆差带来的是日渐平等或者平衡。

三、贸易与墨西哥和美国的失业现象

不管是否从事与贸易相关的工作，由于工厂关闭和大规模裁员，超过400万美国人被迫离开工作岗位，即使美国在此期间增加了许多就业机会。这其中只有很小部分人的失业是由一般进口或进口来自墨西哥所造成的。日益增长的美国与墨西哥（和世界）的贸易往来显然会引起美国就业市场的波动，但贸易并不是唯一解释。大约5%的工作波动（每年约20万名工人）与同墨西哥贸易增加有关（此点将在下面讨论）。双边贸易会使一些行业扩张，也会使一些行业萎缩；这就是比较优势的现实写照。在工业体系中，贸易的不断增长会精简低效率的企业，同时也会扩大高效率的企业规模。这是自《北美自由贸易协定》签订后在现实生活中对于“筛选和排序”现象更好的理解。经验证据表明，比较优势以及筛选和排序都是双边贸易增长所带来的结果。由此所带来的不可避免的结果是，一些美国人因为进口增加而失去工作，另一些美国人则因为出口增加而获得新的或更好的工作。

四、最多有5%的美国工人引进于墨西哥

对于失业的讨论是《北美自由贸易协定》批评者的惯用手段。根据经济政策研究所的报道，斯科特预计在1994—2010年，将有近68.3万美国人由于美国与墨西哥的贸易赤字而失业（每年有约4.02万个工作）。他对于《北美自由贸易协定》对净就业影响的估计使用的是，在一个给定的行业里生产产值所带来的直接的和间接的劳动力需求，同时预计该产业贸易赤字将在同等金额的基准下取代国内生产（然后是劳动力）。其他说法则更为有趣。1997年，公共公民走访了60多个美国公司，发现在《北美自由贸易协定》签订3年之后，当初支持该协定的公司所许诺的创造国内就业机会和扩大出口等，有90%都没有实现。例如通用电气（General Electric）、强生（Johnson & Johnson）、西门子（Siemens）和施乐公司（Xerox）都在那些裁员、关闭设施和将生产转移到墨西哥的公司之列。公共公民同时根据接受贸易调整援助（TAA）的工人总数预估出了实际失业人数，指出在1994—2013年，有超过84.5万名工人，平均每年有4.45万名工人，因为从加拿大和墨西哥的进口或工厂搬迁而丢失工作，接受了贸易调整援助的帮助。

此外，认为失业与自由贸易协定有关的一般想法仍然强劲。皮尤研究中心2010年做了一项调查，采访公众对自由贸易协定，包括《北美自由贸易协定》的看法，发现55%的受访者认为自由贸易协定是美国人失业的导火索，而只有8%的人认为贸易协定创造了就业机会（24%的人表示自由贸易协定没有起到任何作用）。公众的想法反映出实际上的观察结果，那就是由出口创造的就业机会往往是无形的和被遗忘的。

裁员对于失败者来说是极其痛苦的，但是对于整体美国人来说又会带来好的结果。据罗伯特·劳伦斯（Robert Z. Lawrence）的计算得知，仅考虑在过

去的10年中美国与中国的贸易往来，净制造业每失去一个与中国贸易往来的工作（将进口导致失业和出口创造就业同时考虑进去），美国经济在2008年便获得了约90万美元的收入。收益反映了生产力的提高，更广泛的产品和服务种类，还有家庭支出的不断减少。国民收益相对于净失业的情况，就好比美国与墨西哥的贸易来往：每流失一个净制造业的工作，经济都会增加几十万美元的收益。

然而，对于面临进口竞争的个体劳动者来说，最重要的是"工作转移"，而不是"净就业损失"。1994—2013年，美国从墨西哥进口的总值（美国工厂的许多零部件使用）由480亿美元增加至3020亿美元。近几年（2009—2013年），每年平均增长至270亿美元。在目前情况下，每10亿美元的进口就相当于有7 500名工人直接和间接的美国劳动力。这些数字意味着近些年来，每年从墨西哥的额外进口都会流失大约20.3万个工作，造成动荡不安。这些数字对于失业的工人来说是痛苦的回忆。然而，在被失业的浪潮中，因从墨西哥进口所造成的仅占了很小一部分。从2009年初至2011年底，约1 300万工人被"失业"（意为大规模裁员的受害者），这表明每年大约有400万工人失业，其中主要原因是由于巨大的美国经济体中科技和竞争力的存在。这里面最多有5%的美国工人可追溯到由墨西哥引进而来。此外，与从墨西哥进口相关的流失数量，也就是每年大约2.03万个失业岗位，远远大于"丢失工作"的人员数量，无论该计算数量源于贸易逆差还是技术援助局的认证（每年减少4.5万个工作岗位）。这一现象的原因是，很多失业工人会在很短的时间内找到另一份工作。

不过着眼于因为进口而带来的失业只是故事的一半，也不能忘记方程式另一端的出口。正如皮尤调查公众关于自由贸易协定对他们工作影响所证实的那样，认为工作与不断上升的出口有关的美国工人通常无视其对国外销售的依赖（同那些认为工作与不断上升的进口有关的工人形成鲜明对比）。在美国对墨西哥出口增加的基础上，从2009—2013年，美国平均每年有250亿美元，约18.8万个新工作是由向墨西哥的额外销售所带来的。这一数据与减少的工作数量相当，但是其他领域新增的工作岗位待遇也会好得多。平均而言，与出口相关的就业岗位比与进口相关的就业岗位的工资要多出7 %—15%。工资上的差别仅仅是美国与墨西哥来往的贸易中整体收益的一部分，这一点来讲还是很不错的。近年来，因与墨西哥之间进行双向贸易而丢失的美国净就业岗位每年约为1.5万个（2.03万个因进口流失的工作减去18.8万个因进口新增的工作）。引用早前劳伦斯的计算，每一个净失业，美国经济平均就要增长几十万美元。

五、《北美自由贸易协定》的经济体之间很大一部分双向贸易往来都表明进口在其中起到了很大的作用：提高了美国公司的竞争力，同时也提高了其在全球市场的出口形象

在关于工作减少和增加的计算方面，不能忘记《北美自由贸易协定》的经济体之间很大一部分双向贸易往来都表明进口在其中起到了很大的作用：提高了美国公司的竞争力，同时也提高了其在全球市场的出口形象。换句话说，进口不仅有利于美国的消费者，而且还能让美国公司以合适的价格获得中间产品。

在贸易自由化环境中，因收益增加或减少所带来的影响是不平衡的，这一点至少在19世纪60年代当技术援助局被大家所认识时，公共政策已经部分强调了的。技术援助局向那些因进口而流离失所的工人提供援助（如额外的失业保险，培训福利等）。相较于整个经济体中失业人员的总数量，符合技术援助局援助条件的工人数量还只是很小的一部分：2011年，在因各种原因流离失所的430万个工人中，只有10.4万个符合技术援助局的援助资格。尽管每一个技术援助局成员的花费处于相对较低的水平，分别为2011年3 600美元和2012年6 500美元，该项目在国会中仍然经常遭到攻击，尤其是共和党议员，他们认为美国不应该支持这样一个旨在支持和培训在进口竞争中失业人员的“应得权益项目”。

一个单独的问题不能与丢失或获得工作联系起来，而要与整体的失业率联系起来看。批评者认为越来越大的贸易赤字加剧了失业率。但是从历史的观点来讲，一切都是不平等持有的，贸易赤字的不断上升通常与失业率下降有关。图2表示的是以劳动力百分比表示的美国失业率与数十亿美元的美国全球贸易赤字之间的反向相对应关系。如图所示，当贸易赤字上升的时候，失业率下降，几乎无一例外。在过去的30年里，美国进口的高速增长时期通常与紧张的劳动力市场和快速的经济增长相联系，而不是疲软的劳动力市场和疲弱的经济。

历史上这样的例子很多：在一个国家里几乎全民就业，但其仍旧贸易赤字。20世纪90年代，尽管进口的增加由墨西哥领导，美国也实现了全民就业（失业率

图2 美国贸易赤字与失业率（1992—2013年）

资料来源：圣路易斯联邦储备银行。

低于4%）。2007年，美国从中国的进口量快速提高，同时还遭遇着双边和多边双重的贸易赤字，但其仍接近全民就业的局面。历史上这样的例子也很多：一个国家失业严重（或许是伪装的），但是却没有一个贸易赤字（正如过去20年里的墨西哥和中国）。

因此，《北美自由贸易协定》批评者所控诉的越来越大的贸易赤字和越来越高的失业率之间的联系在实际生活中很少见到。但这并不是否认在不削减投资或政府支出的前提下，一个适当的政策措施可以在美国高失业时代促进出口，同时也能减少贸易赤字和降低失业率。该政策中几乎没有这样的方法，但汇率的大幅度调整是备选之一。废除《北美自由贸易协定》或其他任何贸易协议都不是解决贸易赤字过多的合理方法，原因很简单，美国的出口必定会随着进口的下降而下降，只会多不会少。

六、美国制造业的工资水平

一个由《北美自由贸易协定》批评者提出的控诉指出：与墨西哥的贸易往来使得美国公司收回了涨薪的念头，甚至开始减薪。他们的争辩是如此直接。目前墨西哥的平均工资为每小时4.50美元，而美国为19.50美元。利用这样的工资差异优势，许多企业将工作转移到了墨西哥，并且在那里新建了工厂。这样的局面向美国式的工资施加了不少压力，直接的方法便是裁员，间接的方法是企业威胁说要关闭美国工厂而去墨西哥发展，除非美国员工接受低廉的工资。

工资批评论的证据便是美国的汽车行业，因为这个行业以及它与墨西哥和加拿大之间的联系都是标志性的象征，我们追溯了自从《北美自由贸易协定》发表以来的重要发展历程。

大多数《北美自由贸易协定》的批评者承认，相对于墨西哥工资和美国工资的简单比较，世界要复杂得多。当考虑到来自墨西哥的竞争力对美国式工资产生了可知的下行压力的时候，许多因素都在其中发挥了作用。员工的高工作效率，随时可获得的投入，可靠的电源和一个诚信的经营环境，这些都是抵消墨西哥低廉工资的因素所在，因此便可以放弃在美国进行生产。

学者们试图弄清楚墨西哥这类低收入国家中竞争的平衡问题，以及决定美国工资水平的因素所在。斯托尔珀—萨缪尔森定理（the Stolper—Samuelson theorem）这样一个强大的分析结构证明，如果像国家间技术差异这样重要的“其他因素”可以忽略不计，如果工资变化波及劳动力市场就像利率变化波及整个债券市场那样，那么从低工资国家的进口竞争将压低美国的平均工资水平。在现实中这些假设都是不成立的。实证问题是斯托尔珀—萨缪尔森的假设是否足够接近现实从而产生预测的结果。

实证研究到底说明了什么呢？最近所做的一项研究发现，1992—2007年美国从中国的进口不断增加对于美国制造业的工资产生了一定的负面影响，遭受影响的行业平均工资也在以每年3%的速度下降。相比之下，从墨西哥和中美洲国家进口的增长对于美国制造业的工资并没有什么显著影响。尽管美国已经与墨西哥和中美洲的贸易伙伴开展了大量的贸易自由化活动，尽管2007年从墨西哥和中美洲国家的进口总量（2 330亿美元）是从中国进口总量（3 400亿美元）的2/3，以上所说也都是事实。从中国和墨西哥进口对工资影响不同的主要原因可能是：美国与墨西哥的贸易大体是平衡的，并拥有一个大的产业内组件（例如，汽车及所有零部件）；而美国与中国的贸易是高度不平衡的，非常大的进口消费品却只能换来比较小的出口资本货物。由于这些特点，美国从墨西哥进口就比从中国进口在工业领域所流失的岗位少了一些，这估计也就是影响工资不同的原因了。

七、从墨西哥和中美洲国家进口的增长对于美国制造业的工资并没有什么显著影响

像迈凯伦和哈克扬（Hakobyan）报道的那样，作为《北美自由贸易协定》的结果，美国当地制造业的工资并没有因为《北美自由贸易协定》而减少，其他行业的工资更没有因此而萧条。奥托、多恩（Dorn）和汉森（Hanson）的一项独立研究发现，尽管由于进口增加制造业就业人数下降了不少，"通勤区"（定义为大都市区及其周围地区）的平均制造业工资并没有受到什么影响。这一发现使那些本以为劳动力市场像债券市场一样可替代的观察者感到十分吃惊。回顾工资的总体格局，爱德华兹和劳伦斯发现，收入水平处于底端的工人在过去的10年中工资水平并没有什么大的提高，但他们也没有远不如中产阶层，这表明全球化对于美国经济中间80%人群的工资分配结果并没有什么大的影响。全球化对处于"最高处1%"人群的影响是利是弊，这是另外一个问题，也是一个我们不予探讨的问题。

相比于数据分析，《北美自由贸易协定》的批评者更侧重于案例（"逸事"），公众和许多政治家也是如此。举个例子，来自墨西哥的进口竞争导致美国工厂减薪，将工厂转移到墨西哥的威胁等在工资协商中都可以被作为杠杆使用。康奈尔大学的北美委员会劳务合作处进行的一项研究的证据表明，1993年1月—1995年12月，针对工会活动或工人组织运动，美国超过50%的公司都有要关闭所有的或部分的生产的威胁。具体而言，超过10%的案例都是公司直接威胁要向墨西哥转移，而其他案件则涉及隐含的威胁，例如"《北美自由贸易协定》的颁布，使我们可能要重新考虑我们的选择了"。有一个案例是这样的，密歇根的ITT汽车公司通过装配十几辆满载封闭现场生产工具的牵引式挂车强调了威胁的存在，上面还粘贴着"墨西哥转移工作"的标志。在另一个案例中，一家公司向员工出示统计数据，解释说明墨西哥和美国汽车工人的平均工资之间的差距所在。布朗芬布伦纳总结道："《北美自由贸易协定》使雇主更有底气威胁要关闭工厂，或实际上已经关闭工厂以避免工会化的出现。"

但实际情况和布朗芬布伦纳的调查都不支持这一保守智慧，即来自墨西哥的竞争在过去20年中抑制了美国平均工资的增长。所引用研究结果中的经验证据表明，进口的增长确实造成了制造业就业人数的下降。然而，制成品进口的增加对于工资仅产生了微弱或局部的下行压力。进口的竞争至今还没有对平均工资造成什么大的下行压力，尽管制造业工人的工资也没有受到什么影响。

八、美国农产品的出口和墨西哥移民

在《北美自由贸易协定》颁布后的10年里，其批评者谴责美国向墨西哥农产品的出口诱使许多农民继续一路向北，跨过美国边境成了非法移民。这一危害对于生长于丘陵和干旱农业区的主食为玉米的种植者来说尤其严重，美国玉米的大量出口便是其削减的一个原因。可以肯定的是，《北美自由贸易协定》使得墨西哥的玉米进口实现了一些自由化。但是墨西哥出于自愿，也出于想努力降低食品价格和控制通货膨胀，自从1994年起的几乎每年里，都会通过允许零关税进口玉米来单方面加速自由化。将美国玉米的出口标签为非法墨西哥移民的原因所在，这一原因与结果的故事根本不能站得住脚。

第一，美国出口到墨西哥的玉米（黄色品种）主要都被动物所消费，而大多数在墨西哥本地生长的玉米（白色品种）才是主要被人所消费的（通过玉米饼等形式）。美国黄色品种玉米的大量出口已经使墨西哥人在日常饮食中大幅增加了鸡肉和牛肉的份额，但是它并没有取代白玉米。

第二，像其他新兴国家那样，墨西哥的人口也正在从农村向城市转移。墨西哥大多数的农村生活还是很恶劣，根据墨西哥国家数据和地理研究院（Mexico’s National Institute of Statistics and Geography）2012年的数据显示，农村收入仅是城市平均收入的50%。然而，在《北美自由贸易协定》时代，农村向城市迁移的速度实际上已经有所减速。在1970—1990年这20年间，墨西哥人口的农村人口比重下降了15个百分点，从42%至27%。在1990—2010年（《北美自由贸易协定》时代）这200年间，下滑幅度只有5%，从27%至22%。

第三，为了保持农民增收，墨西哥政府一贯用给予农民补贴的方式支持白玉米的价格。近年来，在一些主要生产国家，白玉米的平均批发价格从2000年的5.30美元每蒲式耳涨到2013年9.68美元每蒲式耳。《北美自由贸易协定》时代，墨西哥种植玉米的地区仅是稍微有所减少，尽管之前有预测说这些地区将会消失殆尽。1994年，加拿大，美国和墨西哥分别种植玉米100万公顷、2 930万公顷和800万公顷。到2013年，加拿大达到150万公顷，美国达到3 550万公顷，墨西哥则达到680万公顷。墨西哥种植业没有明显减少，但美国玉米种植的扩大反映了乙醇政策，其结果是提高了全球玉米的价格，而不是出口到墨西哥。

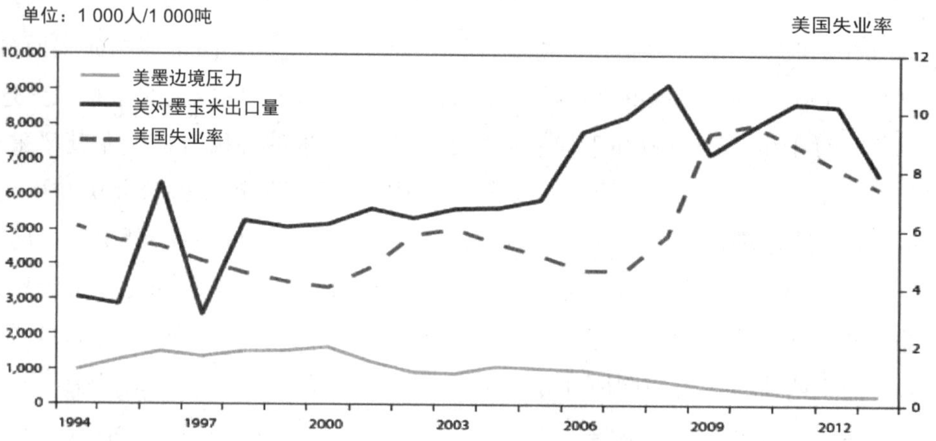

图3 非法移民、美国失业率、美墨玉米交易

资料来源：美国劳工统计局等。

第四，墨西哥的非法移民与美国向墨西哥出口玉米之间几乎没有什么联系。墨西哥人迁移到美国是为获得更好的生活。但根据美国的经济状况来说，非法移民想要找到工作，不是更容易而是更难。图3显示了美国每年的失业率和边境逮捕数量(表示每年非法移民的最好代表)的相对应关系。高失业率可以打击非法移民的积极性，因为如果工作机会很少的话，墨西哥人是不愿意跨越边境的，同样，严苛的边境管制也是如此起作用的。图3还显示了每年美国玉米出口到墨西哥的吨位(包括黄色和白色的品种)。目测是不会察觉玉米出口和边境逮捕之间的正对应关系(如果有的话，则对应为负)。甚至计量经济学都不能支持这种说法，认为美国玉米的出口诱使了整个格兰德河(the Rio Grande)的墨西哥移民。"玉米移民"的故事是由美国批评家虚构的，是为了使反移民势力和反《北美自由贸易协定》势力相结盟。

九、《北美自由贸易协定》和非法移民之间的广泛联系

众所周知，在最初的《北美自由贸易协定》讨论时期，总统卡洛斯·萨利纳斯（President Carlos Salinas）将其概括为“获取墨西哥西红柿或西红柿采摘者的选择”，而克林顿总统（President Clinton）预计《北美自由贸易协定》将会削减非法入境：“因为更多的墨西哥人将能够留在家里挣钱养家了。”

在评估中，胡弗鲍尔（Hufbauer）和肖特（Schott）对这两种说法都持怀疑态度。他们认为从短期来看，非法移民有增加的可能性，一方面因为美国和墨西哥工资之间的巨大差距；另一方面因为墨西哥北部边境（蒂华纳、华雷斯城、新拉雷多等）人口的迁移运动。不管怎样，有关移民的问题在《北美自由贸易协定》文本中基本上是被忽略的；唯一的例外是限定数量的商业移民和专业移民的签证业务。

正如菲利普·马丁（Philip Martin）那样要以长远的眼光去看，随着墨西哥生育率的下降和人口老龄化，想要移民美国的年轻墨西哥人会逐渐减少。这就是著名的“人口驼峰”，作为移民压力的一个原因首先由马丁分析而来。事实上，如图3所示，非法移民从2000年开始已经明显减少，这是3个原因结合的结果：人口驼峰；美国的高失业率，尤其是自2007年以来；更严苛的边境管制。

此外，如果墨西哥经济在未来20年比过去20年发展得更好，非法移民现象将会进一步减少。等到《北美自由贸易协定》使得美国和墨西哥融合，墨西哥经济繁荣发展的时候，该协议将作为一个积极的力量为墨西哥人民获取更高的收入和更好的生活水平，因此移民到美国的人口也会减少。克林顿总统的乐观预测最终被证明是正确的，但它可能需要两代墨西哥人人均收入达到美国的一半水平。

十、墨西哥在《北美自由贸易协定》时期的成长与发展

墨西哥在《北美自由贸易协定》时期的发展一直有些令人失望。在巨大

的经济改革之后，墨西哥的发展本应和智利不相上下，但是并没有。图4比较了1993—2013年4个有关国家和国家集团的实际人均国内生产总值的水平（扣除通货膨胀因素）：墨西哥、智利、“东盟四国”（印度尼西亚、马来西亚、菲律宾和泰国），以及“安第斯山脉三国”（玻利维亚、厄瓜多尔和委内瑞拉）。在过去的20年期间，墨西哥的实际人均国内生产总值增长了31 %，达到1.3%的年增长率（复利），而智利增长了90%，每年3.1%的增长率。东盟四国也增长了75%，达到每年2.7%的增长率，而安第斯山脉三国只增长了24%，仅为1.0%左右的年增长率。

为什么墨西哥表现得不如智利或者东南亚四国呢？并不是因为《北美自由贸易协定》或出口的滞后。1993—2013年，墨西哥的出口扩大了640%，智利出口扩大了730%，东盟四国的出口扩大了420%。原因正是因为墨西哥所遭遇的3次阻碍比智利和东南亚四国都要严重得多。最严重的是一次有组织的恶意蓄谋，是由渴望“美国制造”引起的一场毒品战争发动起来的。贩毒集团不仅自2006年以来导致了7万人死亡，使得恐惧在墨西哥蔓延那么简单，还造成了国内生产总值以每年1%的速度在不断下降。墨西哥落后的其他原因还包括薄弱的小学和中学教育；主要城市地区落后的基础设施（供水、污水处理、燃气、电、道路），这也阻碍了人口从农村向城市的迁移；腐败的普遍性（与

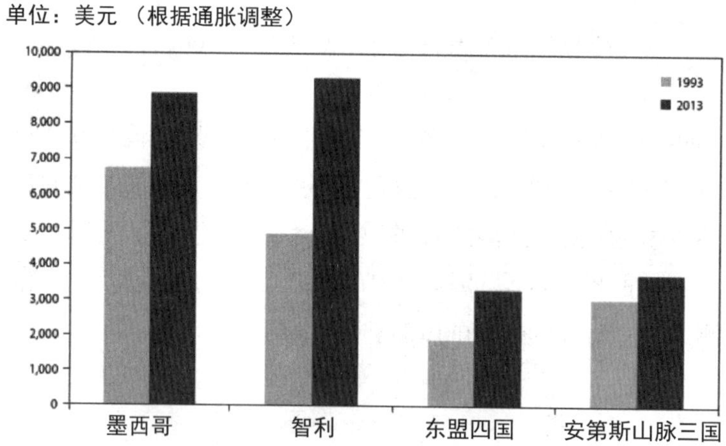

图4 人均实际GDP

资料来源：美国农业部等。
注：东盟四国包括印度尼西亚、马来西亚、菲律宾和泰国；
安第斯山脉三国包括玻利维亚、厄瓜多尔和委内瑞拉。

智利相比）；重点行业的持续垄断（电信、电视、石油、电力、水泥）；杂税和监管障碍也抑制了小型企业的发展。

事实上，麦肯锡全球研究所（McKinsey Global Institute）的报告认为，墨西哥经济发展是倾向于《北美自由贸易协定》的，主要是一些500人或500人以上的大型企业，在1999—2009年它们的年增长率达到了5.8%。有关墨西哥生产力的问题主要集中在10人或10人以下的传统小公司，它们与《北美自由贸易协定》基本没有什么联系。这些公司的劳动力占总劳动力的42%，但他们的实际生产力在1999—2009年不断下降，拖累了墨西哥经济的整体增长。

墨西哥的国内生产总值在这20年里表现平庸，它本还可能更加糟糕的。从安第斯山脉三国的民粹主义、迂腐的宏观经济和国家的大力干预就可以看出其中的不利影响，尽管人均收入水平是在增长的。可以想象，如果美国国会拒绝了《北美自由贸易协定》，并拒绝在1994年的比索危机后向墨西哥抛出金融生命线，墨西哥的政治和经济政策将可能遭遇急剧左转：人均国内生产总值不会以每年1.3%的速度不断增长，相反地，墨西哥的经济可能会跟随安第斯山脉三国的步伐，人均国内生产总值不断萎缩，墨西哥的政治制度也会拒绝一切新的改革，而不会解决墨西哥国家石油公司和根深蒂固的私人垄断问题。

十一、《美加自由贸易协定》（CUFSTA）和《北美自由贸易协定》所带来的成果

1988年签署的《美加自由贸易协定》是1992年12月签署的《北美自由贸易协定》的先导所在，当考虑到北美经济一体化所带来的成果时，意识到这应该是一个三方协议。《美加自由贸易协定》和《北美自由贸易协定》是最重要的贸易和投资协议，但他们传达的意义当然比北美合作的意义更大。因此，我们从“硬”的经济统计数据开始，然后再转向到“软”的政治方面。

十二、经 济 回 报

图5的条形图显示的是2013年以美元表示的美国、加拿大和墨西哥之

间的北美双向商品贸易，通货膨胀也有考虑进来。每个栏的底部表示的是在《美加自由贸易协定》和《北美自由贸易协定》之前这一国家的双向贸易情况。再往上的部分表示的是2013年在北美地区国内生产总值不断提高情况下的双向贸易进程，换句话说，就是"像平常一样"的交易。每个栏的最上面表示的是这个国家"额外"的双向贸易。作为参考，表1给出的是作为图5参考的相同数据，但是以当前美元价值表示出来的。

从这些简单的条形框来看，美国的"额外"商品交易达到了6 350亿美元，是其在北美贸易总量中的55%；加拿大达到了2 470亿美元，是其总量的37%；墨西哥则达到了3 450亿美元，是其总量的63%。当然，《美加自由贸易协定》和《北美自由贸易协定》不能居功所有的"额外"交易，但也是有部分功劳的。

《美加自由贸易协定》和《北美自由贸易协定》对于北美的服务业和商品贸易还没有产生什么相同的影响。表2总结了以美元表示的美国在1993年和2013年与加拿大、墨西哥和世界其他国家之间的服务贸易情况。北美内部的进出口没有比其与世界其他国家的交易发展得更快，甚至有时候还更慢。《美加自由贸易协定》和《北美自由贸易协定》都包含服务业这个领域，尽管对于服务业的投资是自由开放的（例如墨西哥的银行和零售贸易），服务业中跨境贸易的监管障碍并没有大幅减少。到今天为止，障碍仍然很多：一项由艾德国际信息展望中心（Centre d' Etudes Prospectives et d' Informations Internationales）或者叫作CEPII所做的研究预计显示，跨境服务进口的平均关税当量障碍如下：加拿大为24.2%，墨西哥为46.8%，美国为30.5%。

充足的经济计量证明，不断扩大的货物和服务的双向贸易还是带来了大量的实质性回报。更大的出口和更大的进口也都通过多种渠道带来利益。一般来讲，对于像加拿大和美国这样的发达国家来说，一个带来额外10亿美元双向贸易的协定也使国内生产总值增加了2亿美元。对于像墨西哥这样的新兴国家来说，回报率就要更高了：一个额外的10亿美元的双向交易就会使国内生产总值增加5亿美元。一般来说，由于"额外"的贸易增长，美国的国内生产总值每年增加1 270亿美元，加拿大增加500亿美元，墨西哥增加1 700亿美元。对于拥有3.2亿人口的美国来说，每人的纯经济回报可以达到400美元。

通过商业角度来看贸易，图5显示了在《美加自由贸易协定》和《北美自由贸易协定》时期，美国向加拿大、墨西哥和世界其他国家出口的增长百分比。

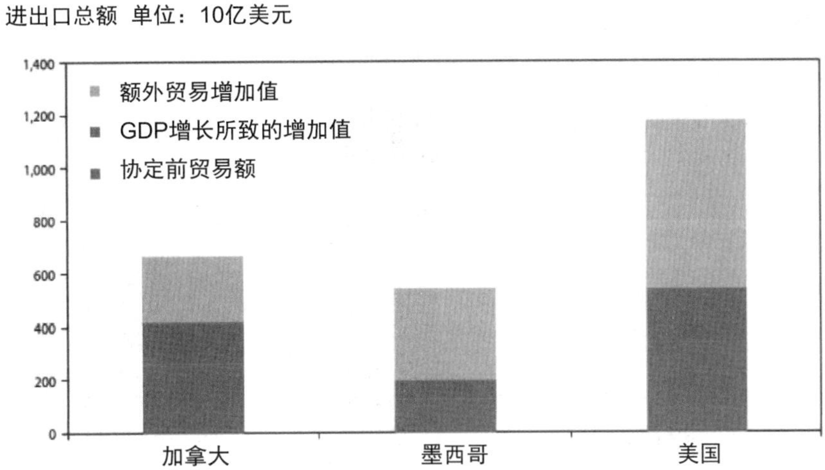

图5 《北美自由贸易协定》双向商品交易

资料来源：IMF等。

表1 美国货物贸易（单位：10亿美元）

	1993年		2013年	
	进口	出口	进口	出口
加拿大	113	101	338	302
墨西哥	40	41	287	227
全　球	779	589	2 294	1 590

资料来源：美国经济分析署。

表2 美国服务贸易（单位：10亿美元）

	1993年		2013年	
	进口	出口	进口	出口
加拿大	9	17	30	64
墨西哥	8	11	17	29
全　球	124	186	428	660

资料来源：美国经济分析署。

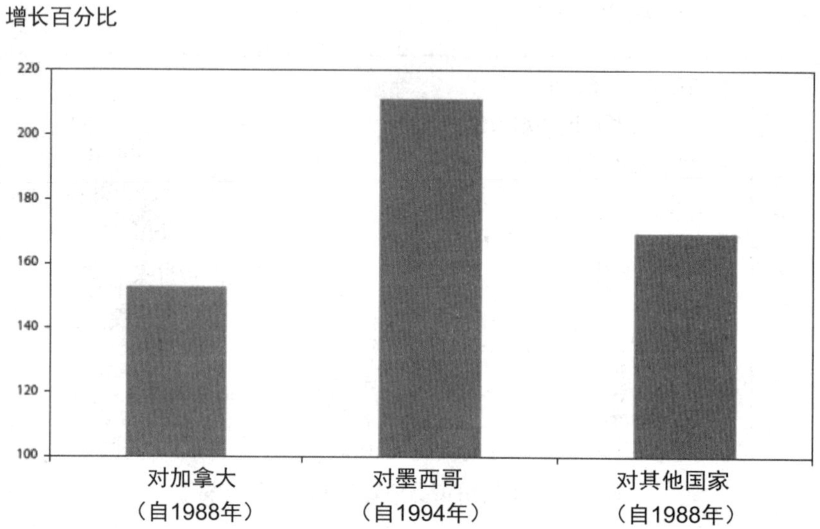

图6　协定签订后美国出口实际增长

资料来源：IMF等。

每一个目的地的起点都是100。美国向加拿大出口的增长同像世界其他国家（包括快速崛起的亚洲）一样迅速，向墨西哥出口的增长则更是要快得多。从美国的角度来看，这种商业回报有《北美自由贸易协定》许多功劳所在。

《美加自由贸易协定》和《北美自由贸易协定》对于向加拿大和美国对外直接投资的影响几乎可以忽略不计，因为这两个国家都已经实现了对外开放，拥有了完善的商业法律和财产权利。但是对于墨西哥，《北美自由贸易协定》揭开了新的篇章，从之前拒绝外来投资者转向了热情欢迎。同时因为拥有进入美国和加拿大市场新渠道的优势，墨西哥吸引了世界上许多公司进驻于此。1993年，墨西哥内部股票的外国直接投资仅有520亿美元，占国内生产总值的7%。到2012年，这一股票数据达到了3 150亿美元，占国内生产总值的27%。

十三、政 治 回 报

对于美国来说最大的回报是通过《北美自由贸易协定》建立起来的美国和墨西哥之间关系的新基础，这是比经济利益还要重要的。与加拿大不同，墨西哥从第一次世界大战到阿富汗冲突这么一长串的战争中，一直都没有充当过美国的军事盟友。在国际冲突中，墨西哥一直扮演中立角色。墨西哥是唯一一个在整个冷战时期与古巴保持联系的拉美国家。更为直截了当的是，从1938年墨西哥征用新泽西标准和其他外国石油公司开始，墨西哥官方对来自美国的外国投资一直保持对立的态度。年轻的一代墨西哥学生现在所了解到的是：美国已经通过1845年吞并得克萨斯共和国盗取了墨西哥大片广袤的土地，现如今还在墨美战争（该战争以1848年《瓜达卢佩伊达戈条约》的签署而最终结束）中抓住新墨西哥州、科罗拉多州、犹他州、亚利桑那州、内华达州和加利福尼亚州不放。由于心中铭记这段历史，在提到《北美自由贸易协定》前先对美墨关系进行一下描述也是很合理的。

《北美自由贸易协定》极大地提高了官方和民间关系的动态来往。克林顿政府在1994年比索危机之后曾率先对墨西哥进行过双边和多边援助。2000年毒品战争不断升级，在墨西哥欢迎的同时，美国也对其提供了智力支持和军用物资的补给。从农产品检测到应对气候变化再到边境检查，合作都是解决问题很好的途径。当然，美国还可以做得更多更好，以促进与墨西哥的融合。《北美自由贸易协定》并没有为1 100万居住在美国的墨西哥人解决公民问题，使得这一问题仍然随时出现在国会讨论中。但是看起来似乎不可能的是，如果没有《北美自由贸易协定》，双边关系在过去20年里不可能如此活跃。

此外，墨西哥从一个拥有广泛国家资本主义的单一党制政治体系过渡到多党制市场导向型体系，《北美自由贸易协定》功不可没。但是当然，这其中更多的功劳还是墨西哥内部力量的推动。《北美自由贸易协定》还使墨西哥在“经济自由传统基金会指数”（the Heritage Foundation’s Index of Economic Freedom）中的等级得到了提高，从1995年的63升到了2013年的67。

尽管政治上的回报无法在经济方面进行量化，但在未来20年中，它们很可能会证明自己比从《北美自由贸易协定》中已经实现了的经济收益重要得多。

原文标题：NAFTA at 20: Misleading Charges and Positive Achievements

《贸易促进授权法》与《跨太平洋伙伴关系协定》的前景瞻望

选自《美国智库凯托研究所赫伯特·A. 史蒂夫贸易政策研究中心报告》
2015年6月8日
丹尼尔·易肯森（Daniel Ikenson）
张关林/译

一、前　　言

2015年5月2日，美国参议院以62票对37票通过了国会两党提出的《贸易重点和责任法案》，该法案也称为《贸易促进授权法》(TPA，下文简称《授权法》)。同时通过了《贸易调整援助增强法》(TAA)。法案分别作为《2015年贸易法》的第一条和第二条获得通过。

由于反对势头强劲，所以能在较短时间里通过，使得号召通过法案的多数派领袖米奇·麦康奈尔(Mitch McConnell)、金融委员会主席奥林·海奇(Orrin Hatch)、金融委员会高级成员隆·怀登(Ron Wyden)的脸面生色不少。但确保《授权法》的实施，最后完成《跨太平洋伙伴关系协定》(TPP，下文简称《伙伴协定》)，以及实施该协定的道路十分漫长，充满了不确定。

在众议院获得足够的票数，将考验筹款委员会主席鲍尔·瑞安(Paul Ryan)、发言人约翰·博纳(John Boehner)以及奥巴马总统的说服力，他们需要获得民主党的支持而不失去共和党的支持。数目不确定，根据情况变化，因为众议院领导层要努力调整以适应参议院已经采取的行动。同时，由于“授权法”取得进展，“伙伴关系协定”也就进入最后阶段。虽然这个谈判阶段将持续多久还不清楚，但很明显，国会对实施伙伴协定的投票最早也得到2016

年初，因此，这件事最后不了了之，或者留给下一轮总统和第115届国会去解决，这种可能性是越来越大了。

本文将描述《授权法》和《伙伴协定》的情况，提供某些背景，详述可能影响未来几周或几个月的贸易议程的一些问题。

二、政治与分裂

"贸易分裂民主党而团结共和党"这句格言，可以用来解释奥巴马总统为何在过去6年里不愿意争取《贸易授权法》的制定。虽然在《关系协定》谈判开始之初就出台《授权法》就更有意义，但总统决定在那时避免与国会民主党人发生冲突，或夹在其中，两面受攻。他也考虑到，如果他先给国会带去一种新的能解决过去协定中各种缺陷的贸易协定，那么民主党人就没有反对授权法的基础，政党纷争就可避免。因此，他选择推迟出台《授权法》。

他认为时机已到，而且最后也认识到如果不首先批准《授权法》，要搞定《伙伴协定》是不可能的，于是总统不再推辞。2014年大选后，他开始鼓吹《授权法》和《伙伴协定》，而民主党的分裂也随之出现。

其时，总统与国会的大多数共和党人步调一致，他们支持贸易自由化，认为《授权法》是自由化进程的关键之举。但有些共和党人不愿让这位总统享有更多的权力，他们与多数民主党国会成员联合起来反对《授权法》。与此同时，政治的超敏感使然，民主党总统潜在候选人希拉里·克林顿（可能是贸易议程的继承者）却拒绝表态。

三、《授权法》与《伙伴协定》概述

过去几个月里，关于《授权法》和《伙伴协定》，民众听到的全是言过其实的误导消息。有时出现一些耸人听闻。左派和右派的评论家都把《授权法》说成是抢占执行权，是国会退缩放权，是让总统能偷偷把谈判条款塞进美国法律的制度安排。

其实《授权法》并非如此。它是两个部门之间的一种契约，本质上是委派总统代表国会进行贸易协定的谈判。这些协定必须符合国会提出的具体要求和目标。在协定付诸国会表决之前，发表协定的最后细节，让民众去熟悉至少5个月，可能的话去熟悉9个月。如果定稿的贸易协定符合国会的具体要求，达到了目标，就可以考虑自上而下的表决，来进行立法以执行协定，无须改变时间表。如果协定不符合国会的要求和目标，则通过反对决议就能把它从程序上撤下来。总之，参众两院的成员如果不喜欢协定的内容，大可以投票否决。

《伙伴协定》是美国与11个国家之间早已进行的贸易谈判。早在乔治·W.布什政府的最后一年，美国就表达了对《伙伴协定》的兴趣。但正式加入当时所谓的“P4”，后来改名为《跨太平洋伙伴关系协定》，鼓励其他国家参与，扩大谈判范围，并使之成为美国“重返亚洲”计划的经济中心的，是奥巴马政府，包括国务卿希拉里·克林顿（作为设计师，同时作为潜在的继承人）。

《伙伴协定》将降低四大洲12国之间商品和服务贸易的关税并减少其他障碍。最后的协定大约有29章，其规则涉及不同贸易领域和贸易相关政策，如劳力标准、环境标准、政府采购、知识产权、投资规定、供应链、国有企业等。协定很可能包括其他国家加入的规定，有些国家已经表示了参加兴趣。总之，就像《伙伴协定》的一些设计师和贸易政策观察家所说的，《伙伴协定》最终会发展成一个大型的亚太自由贸易区。

在过去，贸易协定扩大了美国人的经济自由，虽然这个结果并不是主要目标，它是自然而然出现的。贸易谈判国着眼于企业利益所在的出口导向的目标，在达成这些目标的过程中，使得美国人在经济上更为自由了。为使国外市场对美国出口商开放而提出的国内市场准入，给美国消费者、纳税人和企业带来了好处。但贸易协定也包括明确保护国内厂商免于竞争的条款，这些条款降低了（至少妨碍了）经济自由度。最后的《伙伴协定》将包括自由化和保护主义兼具的条款，因此，协定是否获得支持，就取决于条款的细节。

然而，在没有看到细节的情况下，反对派把《伙伴协定》说成是对跨国公司的屈从，将会破坏美国的制造业，把几百万就业岗位送到国外，由于阻止药品准入而产生保健危机，损害全球的水和空气质量，污染美国的食物供应，毁坏国内健康、安全、环境和银行业的法规，侵占美国主权。与此同时，支持者同样信心爆满地断言，《伙伴协定》会发展经济，创造就业岗位，降低贸易赤字，确认美国的经济领导，通过加强同全球最强劲的经济地区的联系来扩大机遇。

《伙伴协定》尚待敲定，只有少数人接触到谈判的草案文本，所以这些关于具体结果的说法值得怀疑。的确，除非某人不管条款怎样，无论事实如何，早就决定好了对此贸易协定是支持还是反对，现在就对协定作出判断，为时过早。不过我们还必须作出判定。

大家都知道，如果没有《授权法》的正式同意，《伙伴协定》谈判是无法敲定的。如果没有《授权法》，总统不能确定已经敲定、并带回国内要求批准的贸易协定是否反映了国会的正式意愿，国外谈判者拿出最好和最终提议的可能性几乎为零，因为他们知道美国国会会重新解释那些条款。因此，如果要真诚地评价《伙伴协定》的内容，对其成本收益进行明智的辩论，国会必须首先要通过《授权法》，总统必须把它签署成法律。

四、国会的《授权法》行动

参议院于2015年5月22日，以62票对37票的显著优势通过了《2015年贸易法案》。但做到这一步是需要一些议程安排和交易的，这些工作会对未来几周的过会行动产生影响。

4月末，参议院金融委员会和众议院筹款委员会进行了4个贸易立法：国会两党提出的《2015年贸易重点和责任法案》(即《授权法》)、《2015年贸易调整援助增强法》、《2005年贸易促进和贸易执法法案》，以及《2015年非洲发展与机遇法的延伸和加强法案》。

2015年《授权法》将保证总统谈成的贸易条款在2018年7月1日前达到国会目标，最晚可延至2022年7月1日。

2015年《贸易重点和责任法案》将扩大和延伸“贸易调整援助”项目，这是联邦授权项目，对受到进口或外包的不利影响的美国工人提供培训或财务援助。该法案批准年度拨款4.5亿美元，直到2021年6月30日。

就像过去一样，《授权法》和《责任法案》包括在《2015年贸易法》的一揽子内容里，《授权法》要获得民主党足够的支持，这是必须的步骤。但现在对《责任法案》的反对比过去更激烈，因为共和党人对该项目的目的、成本和效益越来越质疑，而许多民主党人也不喜欢预算补偿主要来自其他授权项目这个事实。

总之，把这两个法案打包在《贸易法》里，对众议院考虑这个法案制造了障碍。由于众议院多数共和党人支持《授权法》，不支持《责任法案》，由于众议院多数民主党人支持《责任法》，不支持《授权法》，因此领导层考虑采用一个叫作“拆分问题”的议会程序，就是让议员对每个问题分别投票。领导层希望两个问题都有足够的票数通过（《授权法》获得大多数共和党人与部分民主党人的支持，《责任法》获得大多数民主党人和部分共和党人的支持）。这样就能避免要求一个大会委员会来协调参议院和众议院的法案差异，如果那样的话，《贸易法》就可能要经受另一次有争议的投票。

在逻辑上更成问题的是，参议院的《授权法》包括一个条款，该条款根据《非法买卖受害人保护法案》，拒绝对美国与被视为“第三级”的国家之间的贸易协定进行快速考虑。该条款似乎会危及《伙伴协定》，因为马来西亚（协定的一个谈判国）目前被归入第三级国家。虽然提出产生该条款的修正案的参议员罗伯特·梅内德斯（Robert Menendez）后来试图修改言辞，认为在国务卿确认“该第三级国家已经采取具体行动来实施最近关于人口贩卖的年度报告中所提建议”的情况下，可以免于该条款，但这个变化没有进入最后的法案。要让第三级国家免于无资格快速处理，就必须修改“非法买卖”的字眼。

这个问题提高了《海关授权法》的地位，该法案对美国海关及边境保护局的各种活动进行授权，制定新的规则来执行美国贸易法。参议院的版本中有一些众议院版本中未出现的有争议的言辞，如果法案要在两院通过，就必须协调。具体而言，参议院法案包括了参议员谢罗德·布朗（Sherrod Brown）提出的条款，条款要修正美国贸易补偿法，修正方式要有利于在反倾销和反补贴案例中谋求保护的国内企业。发案也包含了一个可操作的货币控制条款。

虽然这个很有争议的货币控制条款（所谓“波曼—斯坦博纳修正案”）未被参议院《授权法》采纳为主要谈判目标，但海关授权法案表示将要求商业部根据美国反补贴税法把货币控制作为补贴来对待。

参议院法案也包括了要改革多种关税法案过程的言辞，在这个问题上，近年来关于什么应该特别拨款的问题分裂了共和党。这些话可能对海关授权法在众议院通过构成障碍——不过障碍更大的是货币和贸易补偿。

两院的领导层都反对开会决定贸易法，所以一直在讨论让众议院表决（并通过）参议院的贸易法，该法的修正方式是通过一个海关授权法案，其中包含人口贩卖免除的言辞，这些言辞在一次大会上推出，用来协调参众两院海关授权法案的差异。虽然是这样做了，但这个方法有风险，因为两院版本的协调可能会失败。还可能给国会留下“贸易授权法”不能用于“伙伴协定”的印象，因为马来西亚属于第三级国家。如果出现这种情况，只好召开大会来决定《授权法》提案了。

最后，用授权进出口银行的条款来修正贸易法的想法出现了，但没能落实。不过，参议员玛利亚·康特威尔（Maria Cantwell）和林赛·格拉汉姆（Lindsey Graham）威胁说，如果不对进出口授权法进行表决，就投票反对《贸易法》，多数派领袖麦康奈尔将同意这个月找时间对进出口授权法进行表决。其时，进出口授权问题对《贸易法》的结果没有直接影响，但也不应该被搁置，因为它也许是影响本月《授权法》辩论的因素。

五、《伙伴协定》谈判还有多久才能功德圆满?

由于《贸易法》和《海关法》现在在众议院接受审查，因此，到6月底，《授权法》不是成为法律就是被否决。如果成为法律，那么贸易议程的重点就转向《伙伴协定》的完成。《授权法》的缺失一直被视为完成协定的主要障碍，不过其他潜在障碍也出现了。

贸易谈判的最后阶段往往显示出先前设想的完成协定的距离，也是可能会出现逆转进程、破坏整个谈判的意外要求的时候。通常的情况是最难解决的问题放到最后，因此可以认为，12国之间谈了近10年的29章的贸易协定将会出现一些难题，解决是需要时间的。

《投资国争端解决法》条款的地位是什么？所谓“烟草剔除”是怎么回事？协定中是否含有为了确保民众健康和安全而明确拒绝烟草产品的字眼？协定究竟是为所有国家规定一种关税，还是只不过是一系列自由化的双边协议？是否允许马来西亚的政府采购偏向于本地人？如果美国坚持自己的认证程序，其他国家会不会服从？美国的认证程序是：协定对总统生效的条件是总统必须确认伙伴国法律与协定条款一致。日本、加拿大和美国是否会根据澳大利亚和新西兰的要求而开放足够多的各种农业市场？这些还有其他各种问题都是需要解决的。

六、我们到了终点吗?

根据《授权法》法案确定的时间表，如果《授权法》在6月30日成为法律，《伙伴协定》到7月31日完成的话，该协定在11月1日前也不可能签署成法，因为总统必须在签署协定之前的90天表明签署意愿。随后政府有60天的时间来准备《伙伴协定》所要求的美国法律的一系列变化，美国国际贸易委员会将有105天时间对经济影响进行评估。然后，在推出协定实施立法之前的30天，政府必须发表协定的最后文本。在推出实施立法之后，众议院必须在60天内进行表决，参议院必须在众议院表决的30天以内进行表决。如果国会通过法案，总统才能签署成法，宣布实施协定。

因此，如果《伙伴协定》在11月1日签署（这是每个程序都是最早完成的日期），该协定就能在2015年12月1日实施。但这是假定政府和国际贸易委员会已经准备好报告等待签署日，假定国会不花一天时间来辩论协定，不等一天就实施立法——这都是不可能的。比较合理的估计是签署日到出台实施立法之间相隔60—90天，两院表决之前再有个60—90天。以此推算，协定可能在2016年5月—6月一切就绪。其前提是假定在2015年7月31日完成《伙伴协定》，而这也是不太可能的事。

比较可能的是，完成《伙伴协定》需要的时间超过1个月。但超过多少？2个月？ 3个月？ 6个月？就是说受制于《授权法》时间表的国会的表决，可能出现在2016年11月大选的前夜。考虑到那个时机可能影响计票，总统也许会决定推迟递交最后的协定文本，于是表决的时候就成了落选者的聚会了。

七、结　　论

奥巴马政府期间，我们在贸易政策的征途上始终在跋山涉水。预计在未来数周或数月还会出现一些情况。虽然《授权法》获得通过、《伙伴协定》最终敲定及成功实施的可能性依然不确定，但很明显，贸易政策将成为贯穿2016年大选年的一个争议不断的老问题。

原文标题：Trade Promotion Authority and the Trans—Pacific Partnership: What Lies Ahead?

揭开全球化的面纱

选自美国《每月评论》杂志2015年7/8月号
印坦·苏万迪（Intan Suwandi）
钟　年/译

在资本主义史上，全球化不是全新的发展。保罗·斯威齐（Paul Sweezy）最近一次在《每月评论》（*Monthly Review*）中提到，全球化的过程已经持续了很长时间。他写道："资本主义无论是内在还是外在其实质是一种扩张体系，一旦扎根，即会发展、扩张。"换言之，资本积累的过程总是意味着扩张。而且，最重要的是，这一全球规模的发展扩张过程，具有帝国主义的特征。长期以来，马克思主义学者认为帝国主义总是伴随着资本主义。借用普拉巴特·帕特奈克（Prabhat Patnaik）的表达，"没有帝国主义，难以设想资本主义的出现"。或者，如萨米尔·阿明（Samir Amin）解释，最开始，"帝国主义的内在属性为资本主义的扩张"。他认为，从征服美洲、亚洲和非洲的殖民统治，到新自由主义全球化，资本实现的目标始终如一：控制市场扩张，掠夺地球上的自然资源，剥削外围国家的劳动力储备——甚至不用实行殖民主义，也能进行。

然而，即使我们最初认为，全球化或者资本主义的全球性扩张不是新观点，也并不与下列看法相悖：全球性扩张的发展过程在特定时期具有新的特征。研究具体的历史特征可以聚焦资本主义历史，包括目前全球经济发展中的"帝国主义"本质，这将是本文的焦点。不同的视角对全球化生产的分析，例如全球产业链理论基本解决不了马克思主义者试图揭露的现实问题，即南方国家的盈余榨取与下列因素相关：（1）垄断资本主义的发展与跨国企业的寡头垄断；（2）金融分析师称为全球劳工套利”（Global Labor Arbitrage）的过程；（3）劳动力价值。根据政治经济学的路径，本文将揭开隐藏在全球化背后帝国主义的神秘面纱。

一、全球经济发展的新趋势

资本主义的支持者和批评家至少能达成一点共识：证据显示，目前的全球经济具有新特征。全球化浪潮开始于20世纪70年代，今天在生产和金融领域可以发现相对独特的模式：贸易的急剧增长以及外商直接投资（FDI）和国际组合投资的涌入。尤其值得注意的是，无论是通过签订公平合同（离岸外包），还是单一跨国公司经营范围内的（内部贸易），离岸外包业务发展迅猛，制造业更是如此。

过去的几十年中，与内部贸易有关的外商直接投资不断增加，“超过全球收入的增长速度”，外资存量保持继续增加的势头——从1980年世界各国国内生产总值（GDP）的7%增至2009年7月的大约30%。然而，直接投资并没有显示离岸外包业务的全貌。公平合同承包也是全球经济运作的重要部分。公司通过这一过程能展开国际业务和战略性地控制供应链，从而获取“极其丰厚的利润——无论是否相对缺少外商直接投资”。而进行大量外商直接投资的跨国公司甚至也是重要的国际分包商。

本文的重点在于两种形式的增长（内部贸易和外包活动）表明越来越多的全球生产在南方国家的廉价工资区进行。外包过程标志着在过去的25年中，全球资本劳动力市场关系逐渐形成了一些特殊的模式，这已不再是秘密。全球化生产的一大模式是南方国家的出口导向型产业繁荣发展，突出体现在制造行业。艾德娜·波尼思科（Edna Bonacich）和其他合著者在《全球生产》（*Global Production*）一书的引言中写道：“新的全球化的重要特征是（跨国公司）寻找世界上最廉价的劳动力，并且在发展中国家找到了。”例如，大部分的全球对外直接投资流入了南方国家，从20世纪80年代开始，这些国家的全球外商直接投资份额“缓慢而稳定”地增长。2010年，“首次有超过一半的总外商直接投资流入第三世界国家以及转型经济体”。2003年的世界银行（World Bank）报告宣称，外商直接投资是发展中国家的最大外来经济来源。不同于直接投资，公平合同承包难以衡量，估算表明“至少40%的世界贸易与外包有关”。

这些模式产生的一大重要影响是形成了全球劳动力。毫不夸张地说，当今全球化指的是，重组的全球生产过程——带有特殊的资本劳动力关系。现在全球78%的产业工人住在南方国家，1950年和1980年的这一比例分别为34%和53%。以这样的速度，制造商在出口和生产方面成了“第三世界经济活力的主要因素”，尤其是在东亚和东南亚。在20世纪90年代前，这一区域的制造业在国内生产总值中的比例高出其他区域。亚洲开发银行（Asia Development Bank）报告表明，东南亚的大多数国家，尤其是公认的发展中国家，从20世纪70年至21世纪初期经历了制造业产出份额的增长。

全球产业链理论家主要包括社会学家，经济学家和地理学家。他们分析了目前全球经济的运作。即使他们的理论加强了我们对商品链或者价值链各种社会关系的理解，却没有更好地揭露治理全球生产权力关系的帝国主义本质，尤其是对于全球与当地资本对南方国家劳动力的剥削关系。此外，这些理论缺少对垄断资本主义历史发展与跨国公司寡头垄断的研究。因此，有必要分析资本怎样维持以及在全球经济中如何加强权力。

二、全球产业链原理

“商品产业链”概念由伊曼纽尔·沃勒斯坦（Immanuel Wallerstein）与特伦斯·霍普金斯（Terence Hopkins）于20世纪70年代提出，他们发展了与世界系统观念一致的理论。然而，接下来的年代，全球产业链研究领域出现了几种不同的取径。三大主流取径如下：首先，这一理论继续在全球体系传统商品产业链的“宏观与长期的历史分析”中发展；其次，随着加里·格里芬（Gary Gereffi）成为其中的主要支持者，这一理论演变成了全球商品链（GCC）的框架；再次，受到全球商品链理论的影响，结合交易成本经济学的新古典主义传统，出现了著名的全球价值链（GVC）框架，也称为全球供应链。从世界系统在全球产业链中承担的角色区分全球价值链和全球商品链——至少按照各自支持者的看法，主要在于前者的重点放在“相对更近的，量化的新经济一体化过程”。

但是即使上述区分不够分明，例如，威廉·米尔博格（William Milberg）和黛博拉·温克勒（Deborah Winkler）按照交易成本经济学中的重要方式应用了全球价值链框架。他们对价值产业链治理结构进行了同样的分析，而全球商品链的支持者格里芬区划分了“采购者驱动型”和“生产者驱动型”。接着他们之间展开了合作。例如，格里芬和其他学者一起合作，在全球价值链框架内展开并延伸了全球商品产业链治理理论。最后，我们总结为：由于这些术语通常会交替使用，这些方法存在合理的重叠。本文将按照上述观点，简称该框架为全球产业链原理。

全球产业链原理的支持者试图聚焦于商品链或者价值链的特征和动态，从而解释目前全球化的新特征。在这些理论的发展过程中，商品产业链的概念仍然或多或少类似伊曼纽尔·沃勒斯坦和特伦斯·霍普金斯所给出的定义：“劳动力和生产过程的体系，其最终结果以成品形式出现。”这样的产业链通常广泛地分布各地，“包含各种生产单位，具有多种有偿劳动的模式”。商品产业链学者用“节点”或“节点的集合”来指组成商品链的独立过程。这一背景下，节点的集合指特定的或者具体的生产过程，每一种商品产业链的节点的集合包括购买与（或者）投入（原材料和半成品等）组织、劳动力供应、运输、市场营销和消费等内容。

然而，后期发展的全球供应链理论更多的关注代表目前全球经济的模式。其中经常讨论的一种模式作为新的过程，自20世纪70年代起，成为大多数发展中国家发展策略的趋势，也就是，从进口替代工业化（ISI）转型到出口导向工业化（EOI）。与之相关的离境外包或者外包，在全球产业链的研究中占据着重要位置。离境外包定义为国内的商品和服务供应转移到国外的决策。这本身不是新的趋势，但是全球产业链学者强调了目前全球化的一大显著特征体现在过去的几十年间，世界体系中外围国家的国际生产和离境外包活动不断增加。更高级的组织机构通过更加完善的价值链进行贸易，其核心更依赖从低收入国进出口商品和服务。因此，像当代全球化的其他学者一样，全球产业链的支持者强调了全球价值链的突出特点：“劳动力队伍庞大，比例不断增加……待在发展经济体中。”

威廉·米尔博格和黛博拉·温克勒认为公司策略的转变，离境外包在其中起着不可缺少的作用，并成为全球化“新浪潮”中的关键动力。这一策略包括寻找更低成本，更灵活以及希望“将更多的资源分配到经济活动和短期股东价值中，同时减少长期雇用和稳定工作”。此外，格里芬强调不生产产品的公司的出现。他认为这对于外包新趋势的重点——这些公司，通常是大规模的零售商和品牌商，被称为过去几十年中存在于全球产业链中的新动力。他们参与“买方驱动”的产业链外包活动中，在出口国，尤其是第三世界国家建立去集权化的生产体系中扮演了核心角色。实际上，他们不是真正的制造商，仅仅只是商家，例如进行“设计和（或者）营销，但是不生产所销售的品牌产品”。这表明，按照这一框架，与体现为外商直接投资的“生产者驱动”产业链相反的是，买方驱动产业链具有公平合同承包的特征。

当然全球产业链理论提供了有价值的观点，促进了展开全球生产的广泛讨论。比较格里芬和其同事的全球商品链理论，全球价值链框架特别有意义。与前者不同的是，其取径过多地侧重在组成系统中（或者“节点的集合”）的“跨国公司生产体系的组织特征和改变”。全球价值链框架直接针对全球交换价值。价值产业链的研究，以iPod和iPhone的生产为例，尽管没有突出批判资本，却用主流经济学（将在最后一节讨论）中的附加值概念进行了评论。然而，直到最后，全球价值链框架仍然没有提供必要的工具，用于体现物质关系——尤其是全球资本与隐藏在全球生产过程中的南方国家劳动力的关系。尽管全球产业链理论学家提出了几个似乎重要的观点，他们认为价值产业链中的经济作用体和机构存在的权力关系决定了方向和贸易额；或者有助于“根据差异化的市场通道和资源，对世界经济空间的不平等进行细微地分析。”

他们只看到跨国公司的表面，反映出这一问题：跨国公司在全球经济中，尤其是全球化的生产中具有重要权力地位。考虑到格里芬的观点：“跨国公司”是全球资本主义的“主要经济组织结构”，由于其他理论没有很好地将跨国公司的活动结合到世界经济结构中，因此全球商品链框架与以前的理论（例如依附论）准确区分开来。例如，买方驱动产业链的去集权化重要特征可能低估了跨国公司总部控制的方式和程度。甚至在依赖分包做法的分散的商品链体系下，跨国公司仍然继续高度控制分包做法，尽管只是通过间接的方式。此外，既然分包通常不与构成成为跨国公司（主要以外商直接投资为基础）的“标准概念”有关，却忽略了其中的间接控制，因此，这一框架并没有揭示跨国公司“真正拥有的权力范围”。问题在于生产日趋全球化是否削弱了跨国公司的权力。激进的经济学家认为商品产业链体系开始分散，不一定意味着权力在全球生产领域内均衡地分布。例如，埃内斯托·斯库瑞潘蒂（Ernesto Screpanti）揭开了全球生产中大公司的跨国化的神话。他结合几项研究分析说明——尽管现在大公司通常采用网络型组织架构，不再实行金字塔型结构，但是跨国公司内部的治理结构仍然相当国家化。关键是跨国公司的管理中心和先进技术研究仍集中在发达的北方国家。斯库瑞潘蒂总结为：通过直接投资，创新得以转移到不同的新兴发展中国家，从而创造出技术研究的衍生品。

这一现象在中国得到了阐释。的确，中国不断创造出各种专利。然而，看起来似乎出自该国家之手的创新大多是对进口技术进行改造、改进和有创意的模仿。另一位经济学家，马丁·哈特·兰兹伯格（Martin Hart Landsberg）也认为2006年高科技产品的最大出口国——中国的设计令人费解。哈特·兰兹伯格借用现有的研究，解释了跨国公司创造了中国85%的高科技出口。而且，2002—2009年的7年间，外商生产的高科技出口比例从55%上升至68%，显示出外国控制中国生产的高科技出口额增加了。这些事实表明全球生产中权力没有去集权化，用经济学家斯蒂芬·海默（Stephen Hymer）的观点表达：跨国公司总部仍然“犹如从摩天大楼的顶层自上而下进行治理；天气晴朗时，他们甚至能够俯瞰全世界”。

全球产业链理论极大程度上没有提及跨国公司的权力，以及南方国家与北方国家的不平等关系。他们关于世界经济所带来的不平等讨论基本局限于发展中国家采取行动“捕获”产业链内的节点或者节点集合的更高利润——这一观念通常与现代化理论相关。格里芬研究东亚新兴工业地区可以证明这一点，例如中国台湾地区、韩国通过三角形制造成功地“升级”。该过程可以看作上述国家和地区从成为美国零售商和品牌商的供应商，发展为采购者驱动产业链的中间人（而现在生产转移到外围国家，例如中国、印尼和危地马拉）。然而，仅仅看到产业链内或者作用体相互之间的变动，无法研究标志着全球化新浪潮的不平等关系（更不要说解决问题）。这样的不平等根植于帝国主义本质的全球资本主义发展的漫长史中。我们首先要考虑解释垄断资本和跨国企业的崛起，才能更好地理解。

三、垄断资本和跨国企业

资本主义发展的广阔历史背景下隐藏了跨国公司的崛起和权力扩张，全球产业链理论家似乎忽略了这一点。这一解释使我们能够研究跨国公司的特征和结构，随之帮助分析它们在全球经济中的角色和位置。跨国公司无法凭空问世，它们的存在和演变与垄断资本的发展不可分割。1916年，列宁（V.I. Lenin）提出了帝国主义理论，他认为垄断形体的存在和做法即“垄断结合”在资本主义中表明“自由竞争”已经过时了。

保罗·巴兰（Paul Baran）和保罗·斯威齐对列宁的观点作出了回应，认为不能再用市场关系的竞争模式研究资本主义。主要原因在于跨国巨头公司占有统治地位，能够运用权限造成价格垄断。垄断资本体系认为价格战会导致寡头垄断的经济战争，因此禁止这一做法，在垄断资本下，公司“能够进行并选择产品定价”，而传统的自由竞争体系下并不存在自主定价。打价格战将严重地威胁到边际利润，因此很少发生。公司通常在行业最大公司的价格领导下联合提价。

由于价格控制出现的问题，甚至垄断资本也不再按照竞争模式的规则运作，但仍然遵循利益最大化的原则。实际上，价格控制在很多方面加剧了竞争，导致了垄断资本主义的矛盾：“不断增加的盈余以及盈余吸收的相关问题”，这一问题导致出现发展停滞趋势。但是值得关注的是不断增加的盈余让我们清楚地了解了跨国企业的权力范围。尽管这些公司源自成熟的资本经济体［三极地区（Triad），包括美国和加拿大、西欧和日本］，却拥有全球范围的寡头垄断权力。他们在寡头垄断竞争体系中运作，少数的（不断减少的）跨国企业主导世界生产。海默在工业组织原理基础上进行分析，认为随着这些企业的规模扩大已经更加国际化，企业积累资本的实力和能力得到加强。跨国企业催生了新的管理结构，进行理性化的生产，在“系统化的基础上”将科学的进步运用到经济活动中。这一新的管理模式通过位于核心国家的总部顶层等级制度垂直控制体系，促进了决策能力的极大提高。总部行使特定的职责：例如，“协调、评估并计划整个机制的生存与发展”。这样，及时了解整个机构，“在演变和发展过程中采取一定的控制措施”。

对于这些特征，海默指出跨国公司运作中的内部矛盾：它们“朝两个方向拉扯”。一方面，这些公司采用国际化运作，为了适应每个国家的当地环境，需要去集权化的决策体系；另一方面，由于不得不协调遍布全球的经济活动，他们也需要集权化的控制。因此，不是市场去集权化，最好的现状是在全球范围内“缓慢地渗透”。跨国公司的渗透结构和过程会产生广泛的影响：加强权力控制模式，最重要的是，跨国公司在不完全（全球）市场上，或者在减少了竞争的市场上，拥有寡头垄断的权力。

在这一背景下不能不考虑到怎样看待离境外包及外包做法，这是全球化“新浪潮”的重点。出口资本伴随着垄断资本主义的发展。列宁认为由于以前殖民主义将边缘国家加入资本进程中，资本出口成了帝国主义压迫，以及“剥削世界上大部分国家和民族的基础……几个富裕资本主义国家寄生虫的牢固根基！”为了资本累积和更多的获利，大资本家将资本出口到缺少资本的更贫穷的国家，那里土地价格相对低廉，工资低，原材料也便宜。

接下来的几十年，随着美国开始领导战后帝国主义体系，帝国主义世界的资本主义对外投资继续大量获利，尤其是在制造业领域。哈利·马格多夫(Harry Magdoff)提到：“外国制造企业的投资加剧增加了资本国际化的新维度。”外商投资（尤其是直接投资）是渗透到国外市场的一种方式，这样美国企业不是仅仅通过出口，而是直接参与国外市场上的竞争。此外，他们也是这些企业“挤入竞争国家中的世界渠道”。马格多夫对外商投资的解释与海默一致，他强调借助于外商直接投资的工具可以保持并扩大跨国企业寡头垄断权力：“直接投资很大程度上趋向于由少量企业占据市场份额的产业结合。”海默也指出其他国家快速发展，吸引外商投资不仅仅是市场扩大，也是因为竞争资本主义的增长——例如，当地资本、来自其他国家的资本以及国家资本。

约翰·贝拉米·福斯特(John Bellamy Foster)写道，即使在某些方面跨国公司仍然面对世界的竞争，“目的也总是为了创造或者巩固垄断权力——即通过主要生产成本加价带来持续丰厚的经济利润”。无论通过内部贸易还是离境外包，过去几十年的外商投资日趋显示，这些做法继续保留了帝国主义的特征。或者如扎克·库珀(Zak Cope)所说，随着生产全球化，“处于领导地位的寡头卖主垄断为了减少劳动力和原材料成本，相互竞争。他们向不发达国家出口资本，剥削充足的廉价劳动力，控制具有经济命脉重要性的自然资源，以确保获得丰厚的回报。”研究通过“主要生产成本加价”追求利润，揭示了以所谓的“新全球化”外包形式的帝国主义本质。因此，我们展开讨论金融分析家所指的“全球劳工套利”。

四、帝国主义的全球经济：南方国家的观察

为了回应埃伦·梅克辛斯·伍德（Ellen Meiksins Wood）避免用“复杂的价值论”定义资本帝国主义的本质，马克思主义学者约翰·史密斯（John Smith）认为为了找到帝国主义系统的理论，有必要在帝国主义世界经济中运用价值论。他写道，分析当代帝国主义必须继续解释“国际体系中国家间剥削率的分歧”——尤其是北方国家中的帝国主义国家和南方国家的外围国家。他认为，国际劳动力价值的差异或者超级剥削没有新内容。史密斯写道，不同（全球劳工套利）的是“过去30年的新自由主义全球化中，这些方面体现得更集中了”。

为了更好地理解隐藏在全球帝国主义经济中的劳动力关系，研究作为全球劳工套利过程中的外包活动很有意义。这一术语由摩根斯坦利（Morgan Stanley）的前首席经济学家斯蒂芬·罗奇（Stephen Roach）提出，他定义为美国和其他富裕国家使用素质相似、工资低廉的外国工人取代高工资的工人。罗奇认为全球劳工套利可能是经济表现的长期特征，美国公司在减少成本的残酷压力之下采纳实施。他认为作为北方国家的公司紧迫的生存策略，在供应过剩时期需要追求新效率的压力下，全球劳工套利得到了合理化。然而，史密斯用这一术语解释了全球化的剥削特征。

第一，罗奇讨论的成本控制必要性正是利用全球不完全的市场带来的收入差距问题，移民限制中也阐述了这点。史密斯认为由于资本与劳动力不公平的自由流动，全球劳工套利正好发生在不完全的全球市场中。贸易自由化使全球资本和商品可以相对自由地流动（不受垄断控制，没有公司和富裕国家中保护主义造成的通道障碍），各种经济、政治和社会因素，包括移民政策仍然造成劳动力很大程度上在国家边境内流动。全球劳工套利通过雇用廉价劳动力替代高价劳动力，追求更高利润，成为跨国公司借助于“国际劳动力收入的巨大差距”获利的途径。

罗奇提到需要成本控制或者追求提高效率是采取离境外包的动力，某种程度上这是正确的。毕竟，外包通过低工资的劳动力和便宜的材料降低了成本。但是我们不应该忽略这种方式，它本质上是一种巩固垄断权力的工具。通过进一步研究发现，提高效率的过程是帝国主义的本质，基本上由帝国主义的全球资本剥削南方国家的劳动力。史密斯写道，全球劳工套利构成了不公平交换，资本主义从南方国家的廉价劳动力中获取更多的利润。不公平交换与资本出口密切相关，可理解为用更少的成本交换更多的劳动力。萨米尔·阿明解释为，垄断主义的形成使资本出口成为可能，从而使资本主义国家更容易提高收益率，尤其是在垄断主义出现的早期阶段（19世纪末期），资本出口在外围国家建立了生产形式，尽管生产方式比较现代化（例如，同样的生产技术），却具有低工资成本的"优势"。有了这样的条件，不公平交换产生，表明全球范围的"隐藏价值交换形式"或者"帝国租金"存在于国家间不平等的权利关系中，并得到跨国公司寡头垄断和控制价格权力的支撑。同时，这一过程标志着外围国家进一步融入全球经济中。按照前面的讨论，随着外商直接投资的增加以及在发展中国家的分包行为不断发展，在这样的背景下，全球劳工套利也促使南方国家进一步融合到世界资本主义经济体中。

金融机构努力地促进全球资本积极地追求潜在劳动力价格差异，例如世界银行，亚洲开发银行改进了南方国家的"健康投资环境"。这些机构报告清晰地体现了资本观。特别是，他们在讨论构成良好投资环境因素上的劳动力问题方面，更是显而易见。以印尼为例，亚洲开发银行经济学家团队认为，"劳动力法规"问题"相比劳动力技能问题更为严峻"，阻碍了印尼改善投资环境。同样，最低收入也"严重影响公司经营"。20世纪90年代危机发生后，印尼政府试图增加最低工资，遭到了批评，认为这一政策将降低印尼在投资市场中的竞争力。

从这一方面来看，我们能够将劳工套利与几个过程联系起来。首先，全球劳工套利被视作"利用全球收入差距进行剥削"——通过资本获取物价稳定。罗奇在文章中提过这一重点，强调"效率"是关键。在劳动力价值理论背景下，全球劳工套利既减少了社会需要的劳动力成本（通过雇用低收入工人），同时在不完全全球市场下占有最大化的经济盈余（通过各种途径从工人身上榨取更多的价值：包括国外工厂压抑的工作氛围，国家禁止组成工会，配额体系以及计件工作等)。这些做法由此造成并加强了对南方国家工人的盘剥。

第二,全球劳工套利与马克思所指的"失业工业备用大军"有联系,但是在全球范围内,称为全球劳动力备用队伍。这一备用工人队伍的产生一定程度上与"翻倍"现象相关。其中原社会主义国家和原保护主义国家(例如印度)的劳动力加入全球经济中,扩大了现有的劳动力。但是建立备用工人队伍的关键是全球多数外围国家通过农业企业实现去农业化。强迫农民离开农业的运动导致了城市贫民人口的增加。建立全球劳动力备用队伍不仅是增加利润的一种策略,也是全球规模内劳动力分割治理的方式。公司竞争仅限于寡头垄断竞争时,世界工人的竞争,尤其是南方国家的竞争大大加强了。换言之,工人相互斗争。分割治理策略"整合了不同的剩余劳动力,确保了源源不断地吸纳劳动力到全球劳动力备用队伍中"。但"由于就业不稳定和不断受到失业的威胁,他们变得难以管理"。

第三,如果我们聚焦在外包活动上,或者国外独立供应商的合约关系上,全球劳工套利可能揭示南方国家全球劳资关系中更为复杂的帝国主义关系。在离境外包上,跨国企业仅和商品生产工人或者农民存在间接的联系,通常没有利润明显的从国外供应商流向北方国家客户(跨国企业)。史密斯认为下列方面存在很严重的问题。

首先,史密斯表明可以通过追踪跨国公司商品销售带来的利润发现问题,例如,智能手机、T恤和咖啡。以iPod为例,2006年,苹果公司30千兆内存的iPod零售价为299美元,生产总成本(全部在国外生产)为144.40美元,这意味着毛利率为52%。其中154.60美元的毛利润额"毛利润"在苹果公司、零售商、经销商和政府税收之间进行分配,但是奇迹发生了,总销售价格的52%为美国增加的价值,并增加到美国的国内生产总值中。由于在美国之外的国家进行生产,这一计算并不合理。即使生产这一产品的大部分工作都在国外进行[例如中国——富士康(Foxconn)工厂所在地],中国生产支出的总工资仅为1 900万美元,而美国却为7.19亿美元。造成这一不平等的主要因素是"专职工人的分类"——美国雇用的工人拿到了美国总工资单中超过2/3的收入。而且以托尼·诺菲德(Tony Norfield)研究的在孟加拉国生产、德国销售的H&M品牌的T恤为例,史密斯的解释是:核心国家公民不仅会购买廉价商品,而且从这些商品带来的利润中获利。主要的销售价格收入以税收形式流向了政府和几个群体：工人、行政人员、房东和核心国家的企业。

其次，这一例子阐述了史密斯所称的“国内生产总值假想”。国内生产总值和贸易往来的标准数字夸大了北方国家对于全球财富做出的贡献；同时，减少了南方国家的财富贡献。从上述例子中可以看出，例如，我们购买一件T恤时，生产地的国家在国内生产总值中仅获得了少部分的最终销售收入。同时，更多的收入在消费国的国内生产总值中显示出来。荒谬的“事实”由此而产生——在贫穷的生产国，例如，实际上这些国家对全球财富作出了更大的贡献，国内生产总值却比不生产产品的国家少。为什么情况如此？史密斯认为国内生产总值和贸易数据只是解释市场贸易，而市场并没有生产商品，如马克思在《资本论》（*Capital*）第一卷中解释到，我们应该知道隐藏在背后的产地。史密斯论述道：“在生产过程中创造价值，市场中获取价值，价值在最终销售出去的价格之前独立存在。”

忽略考虑到这点导致了另一谬论的产生：价值与价格结合。在新古典主义经济学的框架中，国内生产总值“基本上国家每间公司创造的‘增值’数字”，这里的“增值”定义为“所有的投入成本与产出价格之差”。因此，按照这样的理解，“产出价格值自动大于投入成本值，并完全等同于生产过程中带来的价值，不能泄露给其他公司，或者从他们公司获取”。史密斯以马克思主义方法为例反对这种“谬论”，提出了相反的观点：增加的价值实际上为真正获取的价值。意味着，“计算公司获取的总的经济增值份额，在任何方式上不与单独公司雇用的现有劳动力创造的价值一致”。他也指出主流经济学没有注意到，许多自认为创造了增值的公司“实际上参与到不从事生产的活动中，例如金融，管理，并没有生产任何价值”。国内生产总值问题解释了为何主导范式下低估了南方国家对全球财富的贡献。最终，既然“帝国主义国家中大部分的国内生产总值代表着剥削国外劳动力获得的收益，这就意味着国内生产总值中劳动力所占比例仅间接的与该国的一般剥削率相关”。因此，揭开遮住剥削真相的面纱尤为重要。

从环境角度方面看国家经济表现的主流计算方式，已遭到质疑。其中赫尔曼·戴利（Herman Daly）和 约翰·考布（John Cobb）的著作《为了共同的利益》（*For the Common Good*）中提出了对国民生产总值（GNP）的批评。然而上述展开的国内生产总值假想的讨论，显示了迫切需要展开对主导范式的批判，并考虑到南方国家的观点。为揭露隐藏在这一经济测量方式下的南方国家与北方国际的关系，我们至少应该从研究怎样忽略南方国家对全球财富的贡献开始，从而进一步揭示南方国家生产背后所掩盖的劳动力剥削。

清楚了上述解释，价值论统一到帝国主义全球经济研究中的重要性，将难以夸大。马克思的价值论帮助我们理解全球生产的基本问题，尤其是占有全球经济盈余的过程。了解全球生产为帝国主义生产过程的抽象性，加上经验主义研究，可以突出其中的历史和政治分析。例如，可以更多地关注南方国家资本和民族国家在全球经济中扮演的行为体角色，一方面他们附属于北方国际资本；另一方面，剥削本国的劳动力。由此，我们可以看到不同民族国家间与全球经济地位相关的各种权力模式。

再次，我认为可以通过商品分析，创建帝国主义理论，却不会损害掩藏着全球化生产的物质关系。马克思将商品的重要性作为分析工具，开启了《资本论》第一卷的第一章："资本主义生产模式占上风，社会财富以'积累的大量的商品形式'出现……，因此我们的研究从分析商品开始。"这可以包括分析苹果手机或者T恤，但是更重要的是分析"特殊"商品——劳动力。史密斯认为，活劳动恰恰是全球化生产过程的中心，"它也是一种商品——劳动力的商品化是资本主义的本质——资本主义生产也变得全球化"。因此，如果没有研究劳动价值论，研究帝国主义全球经济不足以令人信服。

原文标题：Behind the Veil of Globalization

全球化思考，本地化创新

选自《异议》杂志2014年夏季号

艾米·哈诺尔（Amy Hanauer）

林　樾/译

否认和漠视是美国国会在应对给美国造成威胁的不平等、经济停滞和气候变化等问题时采取的两种主要态度。但是，全国各地以燎原之势发起的具有创造性的、常常鼓舞人心的运动让进步人士感到振奋。美国的州和城市正日益进入国会未加阻挠的真空地带——要求提高最低工资，抬高劳工标准，以及开展有助于创造就业和改善社区的项目。“联邦政府应当采取更有远见的策略以应对我们当前面对的经济挑战，”工薪家庭联合会（Partnership for

图1　2007年，工人们在仔细筛查旧金山的一处城市堆肥（沃尔特·帕伦托（Walter Parenteau）/图）

Working Families）的副主任凯瑟琳·马利根-汉塞尔（Kathleen Mulligan—Hansel）说到，工薪家庭联合会是本地化战略的先锋。“但是，事实证明，城市实际上有很大的权力”。

联邦政府将最低工资标准设定在微薄的每小时7.25美元，而创纪录的25个州和华盛顿特区已经将最低工资标准提升到这个标准之上，并且越来越多的州的最低工资标准比联邦政府的标准要高几美元，而非十几或几十美分。马里兰州、华盛顿特区和康涅狄格州通过了今年的州最低工资标准，最终他们的工资下限较联邦的水平高出39%以上。有12个州和华盛顿特区已经将生活费用自动调整机制（automatic cost—of—living adjustments）纳入最低工资体系，以避免最低工资线不断受到侵蚀。

自治市也在执行最低工资标准，因为即使在较为慷慨的州，最低工资标准扣除通货膨胀后仍远低于20世纪60年代的水平。纽约市立大学的副教授斯蒂芬妮·卢斯（Stephanie Luce）已经研究地方工资标准近20年。她说这方面动作如此频繁，她很难做到“了如指掌”。据全国就业法律工程（National Employment Law Project）的杰克·坦普尔（Jack Temple）计算，有10个城市外加华盛顿特区已经提升了最低工资标准，8个城市以及华盛顿特区正考虑进行额外的或新的最低工资提升。

“这一切从四面八方聚集到了一起——市政府最低工资、跨区县和区域性最低工资，还有机场最低工资。”卢斯说道，“目前一些工资运动的条款包括诸如带薪休假或防止不确定性工作安排之类的政策。这和几年前人们认为可能实现的目标相比，是个大跨越。”卢斯的新书考察了全球的工人运动，他认为当前更为活跃的劳工运动是由最近的社会运动所引起的：快餐罢工、为争取15美元最低工资标准而开展的“争取十五美元”（Fight for Fifteen）运动、沃尔玛行动（Walmart Actions）、一日性罢工（One—day Strikes）和占领运动（Occupy Movement）。

卢斯说道：“在地方层面的运动中，人民的力量仍有机会直面与之对立的资本方，在这里民主仍有可能。”最有活力的联盟把劳动者、移民和社区组织联合起来，并且不分年龄、阶层和性别地把激进分子融为一体。明尼苏达州的ISAIAH、俄亥俄组织协作联盟（Ohio Organizing Collaborative）以及由北卡罗来纳州的全国有色人种协进会（NAACP）发动的“道义周一”（Moral Monday）

抗议活动都属于此类联盟。

民意调查结果一贯支持最低工资运动。“我们的中产阶级正因工资福利不足而受到侵蚀”，进步州组织网络（Progressive States Network）的执行理事安・普拉特（Ann Pratt）说道。“你可能每周工作40个小时，但仍处于贫困之中，这对绝大多数人来说根本就是沮丧的事情。”

城市里的运动不局限于提高最低工资的抗争。此刻，在美国的一些地方，有一辆垃圾车正停靠到路边，然后运走晚餐碎屑、麦片盒和洗发水瓶子。这是我国经济中用消耗过多的柴油货车把太多的垃圾填埋起来所需要的一连串既脏又危险并且工资低廉的工作中的排头兵。美国超过1/3的人造沼气排放源于这些垃圾填埋场。

但是，在洛杉矶、纽约和其他城市，由工人、环保人士和社区成员组成的联盟正努力促使被扔的垃圾更多得以回收或制成堆肥。这个做法会带来更多更好的工作，为城市带来更多的钱、更少的污染和气候变化、更少的工伤以及居民在社区运营上更大的话语权。“城市可以提高标准，回收更多的垃圾，提升工作质量，并且为居民带来更多的收益，”工薪家庭联合会的马利根-汉塞尔说：“在垃圾处理上我们花费了大量的公共及私人资金。我们可以把钱花在社区认同的优先事项上，包括提供好工作。”

在垃圾回收方面，美国和西欧有很大差距，并且美国取得令人振奋的成功也寥若晨星。但是，如果真正地承诺解决此事，会带来变革效果的。工薪家庭联合会估计，如果全国的回收水平提升40%的话，在未来20年能创造多达150万个就业，并能大幅减少碳排放。

垃圾回收战略与建筑翻新和开发项目的创新相类似——通过社区福利协议（Community Benefits Agreements）或签订最佳价值合同，以确保使用公共资金的时候，能带来体面的工作工资和福利，有色人种有机会得到工作和签订合同，环境问题得到解决，并且社区问题要纳入考虑范围之内。工薪家庭联合会常常是这类战略的信息搜集所，这些战略被比如翡翠城市合作（ECC）这样的组织所采用，ECC的分会（分别在亚特兰大、洛杉矶、密尔沃基、纽约、奥克兰、普罗威顿斯、旧金山和西雅图）遍布全国。

“翡翠城市的理念是创建大规模的、能为社区带来最大环境和经济收益的能效工程，”克利夫兰的主管夏奈尔・史密斯（Shanelle Smith）解释道，“传统的能源经济没有考虑社区。我们想再造美国的城市，这个过程从一开始就兼顾能源、公平和环境。”

通过把劳动力、社区组织、工程师和审计师联合到一起，ECC推动产生较少垃圾的建设和翻新。它向城市提供技术援助，培育在别的情况下不可能干成的工程项目。“市政大厦业主认为能效是提高营运现金流量、创造就业和减少碳排放量的一种途径，因此是一件多赢的事情，”史密斯说。因为ECC带来了大量的技术支持，各个城市都接受这个方法，同样接受它在本地就业、工作质量、社区投入和包容少数群体等方面的更高预期。在大克利夫兰（Greater Cleveland），估计3 000万美元已经确定投入能源升级之中。

还有其他环境政策能同时创造就业以及促进翡翠城市所提倡的三重底线（提升经济、节能、公平）。账单融资能让私房屋主借钱进行节能升级，并通过公用事业费账单的节约以偿还借款，这样为业主带来了更低的费用，为绝缘工、太阳能电池板生产商和建筑工人创造了就业。据美国节能经济委员会（American Council for an Energy Efficient Economy），至少23个州的公共事业部门已经执行了或将要执行该账单计划。

能源信息披露可以让买卖双方都意识到翻新对成本有何影响，它是鼓励能效的一种廉价方式。据市场转型研究所（Institute for Market Transformation）透露，这在9个城市和两个州已经开始实行。州再生能源或“先进”能源标准（后者包括核能）要求可再生能源要在公共事业生产的所有能源中占一定比例，目前该标准在哥伦比亚特区和31个州（尽管在俄亥俄受到抨击）在发挥作用。

自从2006年，PWF已经使用社会福利协议取得了70多项胜利，该协议为很多的地方运动提供了支持。这些项目已经促进了37万个就业岗位，减轻了贫困现象，重建了中产阶级，同时解决了环境危机。

土地储备

围绕着闲置地产出现了其他的创新。俄亥俄州大约8万—10万家闲置和废弃房产造成了安全和健康危害，并且为经济和社区带来了损失。土地储备创新的开创者是凯霍加县的前财务主管吉姆·罗卡斯基（Jim Rokakis），他现在运作繁荣社区协会（Thriving Communities Institute），该机构提倡用县土地储备取得并且翻修或者拆除房产，减少荒芜，并复兴社区。房屋拆除和翻修当然可以创造就业，并且房屋处置之后，空地周围苦苦挣扎的邻居也会安定下来。但是现在的处理能力完全不能满足需求。

凯霍加县的土地储备上已经翻修了750多处房产，拆除了2 400多处房产，但是洛卡基斯估计大约还有1.3万处房产需要处置；来自银行结算和联邦政府问题资产救助计划（Troubled Assets Relief Program）的现成的钱有可能帮助完成这项工作。在一些新的可用土地上将要进行大范围的再造林活动。"土地储备给10年以来失控的掠夺式贷款所导致的混乱局面带来了秩序。"洛卡基斯说道。据他所讲，在该模式于俄亥俄州和密歇根州所取得成效的鼓舞下，伊利诺斯州、纽约州、内布拉斯加州、佐治亚州和其他一些州已经通过或正努力通过土地储备立法。"他们认识到了准公共权威介入并处理借贷业所留下的混乱局面的必要性。没有牢靠的土地储备，陷入困境的、市场疲软的城市就没有复苏的机会。"

和能源投资或房地产清理那样，投入早期教育是目前创造工人需求和减少失业的一种方法，并在长期内会提升生活水平及减少未来的成本。无数的研究发现，高品质的学前教育有极大的教育、金融、社会、情感和行为方面的好处，自不必说对收入和就业的有利影响了。并且这个领域的就业比能源投资更可能招聘女性，这样做到了一举两得。

俄克拉荷马州可能是令人意外的先锋，它是第二个面向所有的4岁儿童提供全面学前教育的州。"俄克拉荷马打造的高品质的学前教育是杰出的举动，就这方面来说，它似乎做了所有正确的事情——为大批的人扩宽了进入渠道，制定了重要的质量措施以确保为学生授课的都是极为值得信赖的老师，在塔尔萨和俄克拉荷马市建了一些世界一流的设施，"俄克拉何马州政策研究所（Oklahoma Policy Institute）的执行理事大卫·布拉特（David Blatt）说道。"俄克拉荷马应该是其他州的典范。"在该州所有的4岁儿童中，在2012年有87%，即超过5.5万的小孩上了学前班或者加入了启蒙计划（Head Start），该计划日益盛行并在99%的学区得以施行。

布拉特强调"质量"，这一点也不奇怪——它是创造经济收益的关键变量。除了俄克拉荷马州，伊利诺伊斯州、爱荷华州、佐治亚州、西弗吉尼亚州和威斯康星州也都大大拓展了学前教育，像西雅图、纽约市、克利夫兰、圣安东尼奥市和别的一些城市也是如此。尽管两党一致支持并且大量数据表明了州学前教育投入带来的好处，国家早期教育研究所（National Institute for Early Education Research）发布报告称它正往错误的方向发展，在2011—2012学年度，该项投入创造了最大的单年下跌。

幼儿教育确实得到了很大的关注。但是州和社区正尝试别的更小规模的早期干预。派遣护士、哺乳顾问或教育工作者访问新生儿父母的家能帮助识别幼儿的健康问题，给婴儿养育带来各种好处，或者让父母在营养、共同阅读和有助于孩子茁壮成长的其他方面能有一个好的开始。这些计划节省了金钱并且让家庭的境况变得更好。

创造工作之外，我们可以通过支持与其他富裕的民主国家相似的基本标准来提高公共和私人部门的工作质量，比如带薪病假和带薪家庭照顾假。据全国妇女和家庭合作组织（National Partnership on Women and Families）透露，五大城市（西雅图、波特兰、旧金山、泽西城和纽约市）、哥伦比亚特区和康涅狄格州最近都确保准许带薪病假，并且旧金山、泽西城、罗德岛和华盛顿已经通过了带薪家庭照顾假政策，尽管华盛顿的法案还没有实施。"家庭价值@工作"（Family Values @ Work）发布报告称，至少有21个州联盟正在争取进一步深化这类政策。

对劳动标准进行补充，把原来零散的工人个体组织起来是令人激动的尝试。餐馆机会联合中心（Restaurant Opportunities Center United）采用了有创造性和坚定的新策略，把新奥尔良、迈阿密、休斯敦和其他地方的餐馆工人成功地联合了起来。很多工会正在为提升家庭儿童保育工作者的待遇而斗争，这个处于发展之中的领域工资低廉，急需支持。据国家妇女法律中心（National Women's Law Center）的一份报告，截至2013年年底，14个州允许这些工人成立组织。马萨诸塞州在保护临时工方面作了更多努力。很多州准许家庭护理工人自我组织起来，尽管最高法院正在决定这是否能继续下去。在伊利诺伊斯，允许这些工人成立工会之后，带来了更高的工资和福利、更低的离职率、更好的培训和监督以及更少的州政府花费。

其他地方性的努力包括通过揭露工资拖欠情况（当雇主未能按工作时长全额支付工资或未支付加班工资）和错误的工作分类情况（当雇主把工人归

类为“合同工”，以此剥夺工人的失业和工伤补偿，并且不向公共部门缴纳必需的税款）来保证劳动法的执行的联盟，这些联盟常常由移民掌舵。

虽然这些行动令人振奋，但是在公共支出占我国经济的比重整体下降并且所作的努力也不如前些年的情况下，这显得杯水车薪。

我们的联邦政府可以加大支出，并且把钱花到更好的地方。联邦政府在健康保险方面的行动拖了很久，它对经济有积极的提升作用——在俄亥俄州，仅仅医疗补助计划（Medicaid）的扩张最后就能创造2.8万个就业岗位。但是一般而言，联邦支出占GDP的比重——除去社会保险和医疗保险（Medicare）——低于历史平均水平并且将继续收缩，预算与政策优先中心（Center on Budget and Policy Priorities）说。国家优先项目（National Priorities Project）显示，医疗保险和社会保险占联邦支出的一半以上，军费支出占第二大——所有支出的17.4%——并在2014年占到所谓的可自由支配开支的56%。如果把这些资源的一部分分配到早期教育、房产修复或能源效率上，可以更大程度上降低失业率，减少需求，并确保一个更加充满生机的未来。

各个州总的普通基金支出同样也从历史峰值下滑。据预算与政策优先中心所说，该项支出占GDP的比重自1978年以来一直比较恒稳，但是用于拉动就业和促进生产的优先事项上的支出越来越少。在2013年，监禁在各州耗费的预算资源超过了1987年的水平，医疗补助计划同样如此，但是，它和所有卫生支出一样，受到医疗卫生服务价格上涨的影响。各州高等教育和公共援助占GDP的比例在不断收缩。

我国经济的变化——人们日益期望所有父母都能有工作并且所有成年工人都能得到高中水平以上的培训——应当使更多的钱，而不是更少的钱，花到幼儿护理和教育、金融支持以及其他教育投资上。“州支出没有和日益增长的需求及日渐壮大的人口保持同步。”预算与政策优先中心州财政战略主管乔恩·舒尔（Jon Shure）说。对此，没有人比科罗拉多的进步人士知道得更清楚，当人们建议教育投入时，该州在这方面的累进税和单一所得税税率没有得到任何增长，相反教育方面的经费在5年时间里少了10亿美元，据科罗拉多财政研究所（Colorado Fiscal Institute）透露。

得益于精心设计的税收增长机制，其他州的运动已经取得了更大的成功。据明尼苏达预算计划（Minnesota Budget Project）透露，明尼苏达州州长在

2013年签署了一项税收法案，增加了最高收入个体的所得税，消除了一些公司税优惠，增加了新的收入，弥补了预算缺口，并且增加了学校、大学和其他必要方面的投资。据加利福尼亚预算计划（California Budget Project）显示，在2012年，加利福尼亚绝大多数投票者（55.4%）决定把收入超过100万美元的夫妇的纳税税率提高到13.3%，一部分是为了投入教育。

再者，进步派的领袖认为目前的规模不够。“我们可以把数万亿美元花在刀刃上，用于更加智能的电网、更好更清洁的能源、公共交通以及我们周围遍地开花的基础设施。”乔尔·罗杰斯（Joel Rogers）说，他是威斯康星战略中心（Center on Wisconsin Strategy）的负责人，曾协助成立了一些旨在促进当地和州创新项目的活动，包括翡翠城市计划。

当然，在共和党——他们掌控着全部的立法机构和21个州的州长职位，以及美国众议院——不仅反对新增国内开支，还企图违背曾经许过的复兴经济和投资于人的承诺的时候，达到想要的规模可能是天方夜谭。这把我们带回社区之中，在这里才可能实现更大的愿景。

洛杉矶的堆肥、纽约市的垃圾回收、克利夫兰的土地储备、波特兰的带薪病假、新泽西的带薪家庭照顾假、新奥尔良的新工人组织、密尔沃基的社区福利协议、肯塔基的能源保护、俄克拉荷马普遍的学前学校、26个州和8个城市的最低工资标准，其中包括西雅图的某些最低标准高于15美元的工作，所有这些都为了一个更美好的美国添砖加瓦。但这只是零星的，即很多地方并未参与其中。如果我们想把全国每一个角落都振兴起来，联邦层面的领导和投资仍是必不可少的，尤其是在一个需要更多就业岗位的经济体中。

这就是问题所在。工作岗位的乏力增长正毁掉俄亥俄和国家很多地方的社区。对劳动力的疲弱需求意味着年轻人毕业时背负着巨额债务，投入一个无法为他们提供工作的经济之中。长期工人一旦被解雇，他们会发现想再找一份工作是一个令人却步甚至是不可能的事情，并且他们太多人已经离开了劳动力市场。那些有工作的，警惕地看着排着长队想换掉他们的人，几乎没有任何要求涨工资的能力。这都是在公司的利润已经很高并正在增长的情况下发生的事情。

如果私人部门不为工人创造机会，公共部门可以也应该为他们创造工作机会，这不仅仅因为痛苦失业的人们会陷入贫苦或对他们的人生会造成永久性的伤害，还因为社区需要他们的技能和贡献。成群的美国人随时准备做那些工作，让美国的污染不那么严重、更加安全以及让下一代受到更好的教育。

地区性的努力为联邦政府采取行动提供了蓝图。为了创造好工作、充满生机的城市、健康的家庭以及公平、可持续的社区，我们不必转向海外寻找思路。我们只需要向全国范围内已经实施的最具创新性的模式学习，并且把那些巧妙的思路提升到一定规模。

原文标题：Think Globally Innovate Locally

试论贸易与竞争力

节选自《世界经济论坛报告》2015年9月
理查德·鲍德温（Richard Baldwin）
阿纳贝尔·冈萨雷斯（Anabel Gonzalez）等
张关林/译

一、导　　言

对贸易、投资，甚至人口迁移的开放，是导致繁荣、和平与个人自由的关键因素。历史上找不到比现在更好的时刻来确认贸易对全球经济增长、对创造就业和发展的重要作用了。如今的经济环境充满着挑战，2008—2009年危机后，全球的经济增长始终疲软，全球经济鲜有亮点。无论是发达国家还是发展中国家，因为有导致生产率降低的结构性因素，近年来潜在产出增长都在下降。贸易增长率现在是过去20年中最差的时候。在某些方面产生了这样一种感觉，好像经济危机是使"二战"后开始的、20世纪80年代后快速站稳脚跟的许多深度整合的一个案例。全球舆论对开放的看法不尽相同。2014年9月皮尤研究中心（Pew）的民意测验表明，虽然发展中国家强烈支持贸易，但发达国家的看法却很不一致，尤其在就业和工资效应的感觉方面。但过去推动世界走向全球整合的正是发达国家，它们的推动最终产生了一个全球政经关系不断变化的多极世界。

与此同时，全球整合中也有了新动能的迹象。在一些重要的国家集团中，谈判得到加强，如《跨太平洋伙伴关系协定》（TPP）、欧盟与美国之间的《跨大西洋贸易与投资合作协定》（the Transatlantic Trade and Investment Partnership）、亚洲的

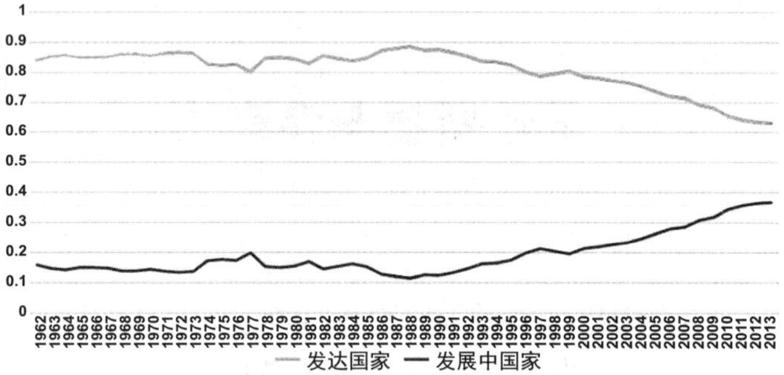

图1　两大国家集团的世界贸易额占全球总额的份额

资料来源：根据COMTRADE计算。
注：贸易包括进出口。

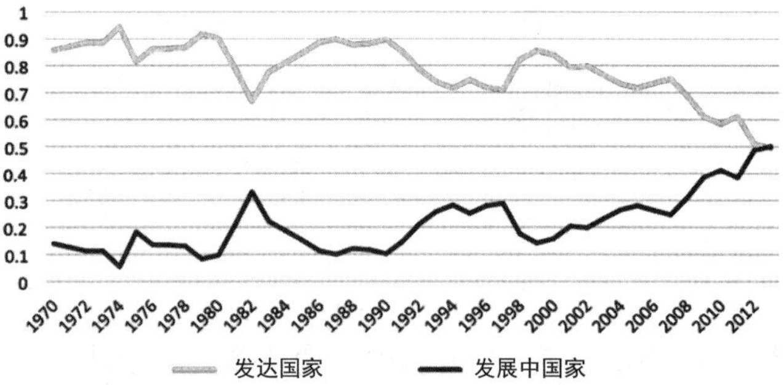

图2　两大国家集团的国外直接投资额占全球总额的份额

资料来源：根据UNCTAD FDI数据库计算。
注：国外直接投资总额包括进来和出去的国外直接投资。发展中国家包括发展中的和转型的国家。

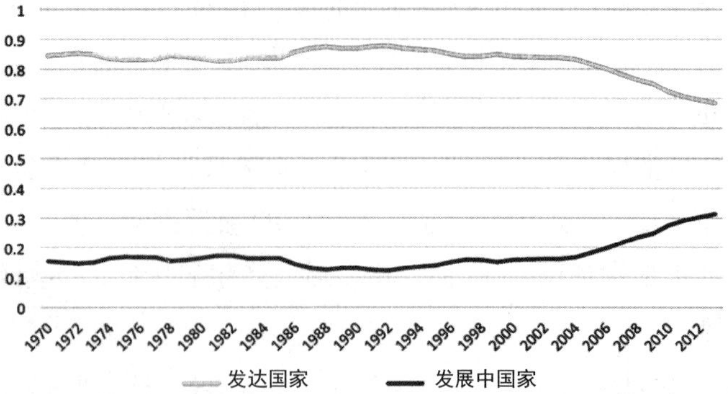

图3　两大国家集团的GDP占全球GDP的份额

资料来源：世界银行WDI。
注：GDP以美元计算。

《地区全面经济合作协定》(RCEP)、拉美的“太平洋联盟”(the Pacific Alliance),以及非洲的《三方自由贸易协定》(Tripartite Free Trade Agreement)。2013年12月巴厘部长级会议以来,世贸组织对促进贸易达成了一个新的协议。从长期看,出现这一动能并不奇怪,这只是全球市场走向紧密联系的漫长征程的一部分。随着全球经济日益多级化,越来越多的行为者参加了博弈。1970年以来,发展中国家占全球贸易的份额增加了1倍以上,正在接近世界贸易的40%。它们的国外直接投资额增长了4倍,占了全球国外直接投资总额的一半;它们在全球GDP的份额增长了1倍,从15%增加到30%。

这些发展也强化了全球市场的竞争,这反过来说明需要增强竞争力,以便在争夺同一空间的行为者大量增多的情况下,能创造额外的市场机遇和经济联系。全球价值链(GVC)与技能的日益延伸和增长,对那些与生产过程的高附加值部分相关的、无须在国内建立完整产业的国家提供了机遇。全球价值链也更突出了贸易促进、投资与促进竞争力的“境内”政策的重要性。

总之,全球金融危机以来,决策者主要着眼于宏观经济政策,重视的是财政和货币政策,以及加强金融监管。我们在这里不讨论这些政策的得失,但如此着眼的代价就是忽视了能解决国内生产率疲软的结构改革。对经济增长的微观经济限制问题——产品和要素市场的失真、教育、技能、基础设施——没有得到充分的解决。

这是竞争力议程起作用的地方。贸易与竞争力是紧密相连的。竞争力可被界定为决定一个经济体的可持续生产率水平的一系列要素——政策、制度、战略和过程,经济体可以指全球、一个大陆(或一个大区),也可以指国家、地区,甚至一个城市。竞争力以生产率为中心——是指一个经济体使用可用投入来生产产品的效率。竞争力决定投资回报率,投资回报率是推动经济增长的根本动力。向全球开放——通过贸易、投资和人口迁移——是竞争力的关键因素。但开放本身却有其局限。为了充分获得开放的好处,开放必须与国内加强生产率的改革结合起来。这就是谋求改革以促进贸易与竞争力同时并进的基本原理。

在这种情况下,贸易和投资的开放能对全球可持续的经济恢复起什么作用呢?如何通过全球价值链来管控潜在收益呢?各国如何增加竞争力,以便更好地利用全球经济呢?

二、试论贸易与竞争力的关系为什么说开放依然很重要？

历史明白无误地告诉我们：在现代社会，一个国家在自己的发展中不利用经济开放而获得成功，是从来没有的。当然，各国所走的路千差万别。增长委员会（Growth Commission）2009年具有里程碑意义的报告中所调查的13个持续增长发展的国家，都走了不同的道路，其经济活动组合都是不同的。但是，发展成功国家的共同点是：它们都利用了开放所提供的潜力，为人民创造了新的经济机遇。它们也利用全球的经济力量在自己的国家提高生产率，推动创新。换句话说，它们不仅关注长期繁荣所需的内部因素，也关注外部的因素，最大可能地利用了经济整合带来的好处。

虽然开放会有风险和成本，但经验证明，如果风险和成本能有效管控的话，长期收益将大大超过它们。我们可以从众所周知的两方面来看贸易和投资整合的好处。第一，它们能增加国内企业所接触的市场的规模，能推进其生产与之相连的潜在价值链，从而有助于产生新的经济机遇。第二，它们通过让企业参与国际竞争，接触国际知识和技术，来促进生产率和创新。

通过这两个渠道，贸易对减贫作出了很大的贡献，有助于释放民营部门创造岗位的潜力。正是这些岗位所赚取的工资，成为改善福利的重要手段：中国和越南等国，步亚洲四小龙之后尘，通过工人在快速发展的经济体中所赚工资的稳定增长，成功地使几百万人摆脱了贫困。在发达国家中，就业水平和工资水平已经成为经济增长是否产生广泛福利的重要试金石。

除了经济好处外，对全球经济的开放还带来地缘政治的好处。尽管世界在地缘政治上正在经历一个动荡的阶段——如中东、乌克兰和东亚沿海——但毫无疑问，“二战”以来，日益深化的经济整合所带来的密切联系，极大地促进了全面和平与稳定。在地区层面，各国日益懂得邻国间的融合能产生长期的经济收益，这个认识促进了日益密切的合作。例如在东亚，虽然时不时出现紧张局势，但地区生产网所造就的经济依赖性，把东盟国家与东北亚各国和地区（中国、中国香港地区、日本、中国台湾地区和韩国）凝合在一起，使如今的全面冲突要付出高昂的代价，因此发生的可能性很小。

在个人层面，开放有利于增加个人的选择和自由。过去的隔离社会已经日益走向开放和外向，部分原因就是贸易和投资的日益开放，以及随之而来的观念、知识和人员的开放。开放对消费者的好处经常被忽视，人们关心的往往是特定行业的生产商所感觉的得失。开放的经济体中的公民，对产品和服务具有更大的选择范围。简而言之，开放扩大了生产和日常消费的自由度，从而拓展了普通百姓的人生选择和前景展望。

开放是经济增长、创造岗位和发展所不可缺少的动能。但仅仅开放还不能导致成功。在一个融为一体的世界，经济竞争力决定是否能把接触全球市场所带来的潜力转化为本经济体各行业的机遇。这涉及什么因素呢?

首先，影响企业气候的政策和法规。在任何经济体中，稳定的宏观经济和为重要投入资源（土地、资本和劳动力）服务的功能良好的市场是关键。国内经济中的竞争水平决定了企业与他国企业的竞争结果。创新能力能大大增加企业的竞争优势，因为创新能力能使草创阶段的中小企业一跃而具备参与全球市场竞争的能力。

其次，“制度”的重要性不亚于“政策”。制度包括有效的公共行政、及时决策和法治——即包括“善治”的方方面面。同样重要的是“硬件”基础设施——交通运输（机场、港口、公路和铁路）、通信、能源和物流，以及“软件”基础设施，如教育和技能。

再次，懂得政策和制度如何相互作用，从而在经济总体层面和特定行业层面来影响竞争力，也是很重要的。

竞争力往往以相互比较的概念方式出现（即某经济体比另一经济体更有竞争力），这就使得许多人把竞争力政策视为一种零和博弈。事实上，提高竞争力只表示创造一种条件，有了这种条件，在内部或外部情况发生变化而出现机遇的时候，经济体就有能力配置稀缺资源。在全球和大陆（或大区）层面，不讲究合作的国家政策会严重抑制竞争力。随着生产日益跨越国界，国内政策的外溢效应在数量和级别上成倍扩大，提高竞争力既是个别经济体的事，又是一种共同的努力。想要促进生产率的国家必须以合作态度创设功能良好的、最新的超国家的制度和框架。

的确，如今大多数有关经济整合的协议的内容，都是醒目地展示并体现一国与全球经济互动的系列政策。“贸易协定”不再像几年前那样，仅仅涉及关税和市场准入规则。目前在谈判的大地区贸易，将涉及过去不在国际谈判范围内的经济活动和法规，包括涉及投资、服务、知识产权、公共采购、国有企业、国内法规连贯性、竞争政策透明性、中小企业、环境法规和劳动标准等领域的规则。

对这些竞争力政策的关注不仅仅发生在国家和国际层面，这是引人注目的。由于城市贡献了全球GDP的80%——虽然只有全球人口的一半，所以对城市与地方层面竞争力驱动因素的日益关注，是毫不奇怪的。吸引国际贸易、投资和流动人才，找到自己在全球价值链中的生态位置，如今是城市和地方具有竞争力的关键。在城市和地方层面的政府间交往中，民营部门和其他权益方可以重塑企业经营的环境，大大促进繁荣。

三、增强贸易竞争力：连接的定义、方式与作用竞争力分类

为了使贸易收益最大化，收获全球价值链的好处，开放就必须与国内竞争力结合起来。但这究竟是什么意思呢？由于先天条件、起点和发展水平的不同，各国、各城市和各地区的着眼点也都不同。但世界经济论坛"竞争力议程委员会"的报告《城市的竞争力》（*The Competitiveness of Cities*）提出了一个相关的行动框架。这个框架也是对世界经济论坛的"全球竞争力指数"（Global Competitiveness Index）的补充。

资料1　地方政府在贸易和投资中的作用

在全球化的世界里，从超国家到地方的各级政府都越来越多地参与贸易。目前，所有大的地方政府都有国外经济联系，其中心任务就是促进贸易，吸引国外直接投资。为此目的，它们采用了各种工具、战略和战术，其中包括：

——提供一站式咨询服务的贸易和投资部门

——海外的贸易和国外直接投资办事处

——明确的对外战略，提出政策取向和重点工作（如"愿景"、"指导意见"或"白皮书"）

——贸易代表团

——参与国际论坛和谈判

——排名与最佳实践

资料来源：罗德里格·塔瓦雷斯（Rodrigo Tavares）。

资料2　竞争力分类与全球竞争力指数

文中提出的竞争力分类，为想要提高竞争力的国家提供了一个行动框架。它着眼于竞争力的许多“软件”方面，是对世界经济论坛的“全球竞争力指数”的补充。“指数”界定了这方面的许多概念。“指数”向决策者提供了一套能用来评估他们国家在不同政策领域的表现的量化指标。“指数”测量了决定一国生产率的要素、政策和制度。它包括竞争力的12大支柱，这12个支柱被组织成三个次级指数（参见图4）。“指数”的特别之处在于：它把一国的发展阶段也整合进了测量范围。

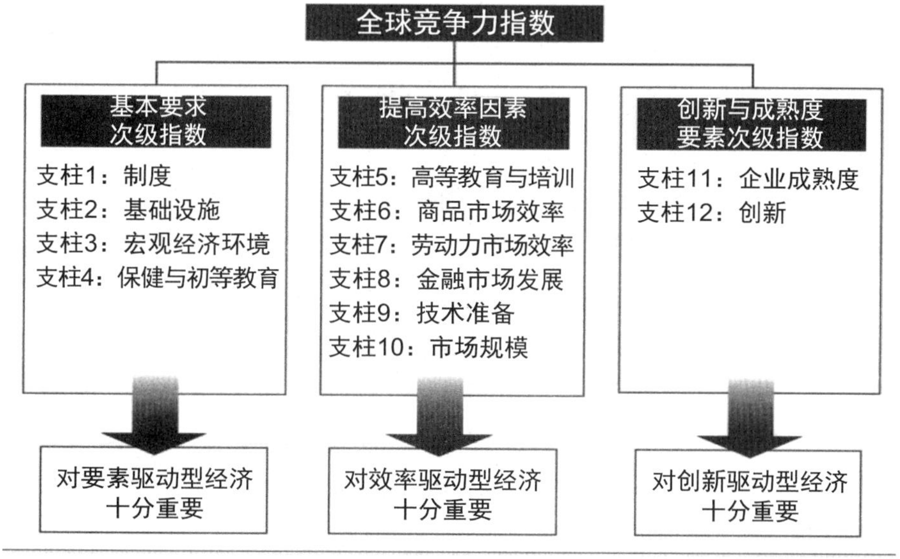

图4　全球竞争力指数的结构

资料来源：世界经济论坛。2014。

在理论上，这两种方式是重叠的，全球竞争力指数可用来测量分类中的重要领域的业绩。下面的表1显示了这两种方法的一种相近的图谱。

表1　竞争力分类与全球竞争力指数的要素图谱

竞争力驱动因素分类	竞争力相应的指数支柱
竞争力有什么内容：政策，法规，着眼点	宏观经济环境（支柱3），商品市场效率（支柱6），劳动力市场效率（支柱7），金融市场发展（支柱8），市场规模（支柱10）
竞争力有什么方式：制度	制度（支柱1）
硬件的连接	基础设施（支柱2）
软件的连接	保健与初等教育（支柱4），高等教育与培训（支柱5），技术准备（支柱9），企业成熟度（支柱11），创新（支柱12）

我们的分类有4部分：政策与法规；制度；硬件连接；软件连接。

（一）竞争力的构成内容：政策、法规、着眼重点

决定竞争力的是公共政策与法规的框架。它指的是“要改革什么”，已经完成的重要政策改革，以及“未完成事业”需要的那些改革。其主要因素是：

（1）稳定的宏观经济状态，这是财政、货币、金融与汇率政策的职能。

（2）企业环境政策与法规，这与商品、服务、资本和劳动等市场相关，其中许多市场为世界银行营商指数（World Bank Doing Business Index）所关注。

（3）对外经济政策，它们通过国际贸易、金融、国外直接投资、国外工人和旅游，把它们作为与全球价值链关联的经济活动的组成部分，从而使国家、地区或城市在全球经济中进行定位。

竞争力框架包括明确的着眼重点。困难的是弄明白竞争力的内容，并实施一套连贯的政策。竞争性经济能做好一些事情。它们有稳定的宏观经济环境。它们的商业气候能维持较低的交易成本，能鼓励储蓄和投资，能促进生气勃勃的竞争。它们具有能把储蓄转化为产出性投资的现代化的、监管良好的金融部门。它们投资于硬件和软件的基础设施。它们鼓励从国外收购技术，同时鼓励国内创业和创新。它们的特征是：在制造、服务、农业和自然资源中的系列经济活动与全球价值链密切相关。

上述许多东西需要“抓住根本”。这也许是好的公共政策的主要启示。所谓抓住根本，本质上就是简化。好的政策对于生产商、消费者和公民来说始终是很简单的。简化也是透明性和可预见性的最好形式。复杂的政策——这里那里到处是各种具体措施，这里减税，那里补贴，搞区别对待，牺牲公司B，青睐公司A等，不一而足——是通向管辖太过、无能、腐败、效率低、增长慢的方便之径。在城市层面，新加坡、香港、迪拜、查塔努加、匹兹堡、艾哈迈达巴德、海德拉巴、宁波等，是抓住根本的范例，政策抓住了根本，有助于它们吸引国外直接投资，有助于同全球价值链挂上钩。

（二）竞争力的获取方式：制度

这是指竞争力的治理或决策框架。它涉及如何作出重要决策，如何进行重大改革。看看经济史就很清楚，政策重点（“改革什么”）也许是比较容易的挑战。这方面许多东西是众所周知的，比较困难的是弄清楚为什么有些国家（以及地区和城市）能成功实施推动经济走上新轨迹的举措，而有些国家却做不到呢？这个差异自然很容易归因于“领导”，领导始终是重要的，但也往往是难以仿效的。领导是这个等式的组成部分，但弄清楚如何产生制度、如何建设社会资本、如何孕育合作，对想要弄清楚如何推动变革的人而言，是更为微妙的挑战。

下面是我们强调的“如何改革”的一些要素：

（1）政府的政治和法律体系；

（2）政府的国家、州/省与市政各层面之间的关系；

（3）与有组织的利益集团（企业、工会和非政府组织）的关系；

（4）公私合作；

（5）个体与领导；

（6）理念（“愿景”）的作用和国家、地区或城市的品牌；

（7）重大改革的时机选择，包括利用危机和临界转折点。

贸易协定由于稳固了明智的政策，如对贸易和投资开放，防止走老路等，对国家（和地方）的制度强化是有贡献的。这是世贸组织之所以存在的原因之一。乌拉圭回合（Uruguay Round）的承诺和中国加入世贸，就是这样的例子。由于这个原因，20多年前墨西哥优先考虑了《北美自由贸易协定》，于是不仅进入了美国市场，而且保护、发展了墨西哥自己的贸易和其他的经济改革。相比较，被政治法令不断削弱的制度，往往同保护主义障碍和对贸易协定的勉强承诺、甚至不承诺有关。

强大的制度——如廉洁有效的政府和公共服务，法治，公正执行产权和合同——是竞争力的重要组成部分。最好一开始就重视制度建设，不过在某些情况下，尽管制度疲软，国家、地区和城市也能有一段时间享受到追赶型增长。但是发展到某个节点，通常是发展到中等收入水平时，要保护和支持进步，就需要借助于强大的制度了。强大的制度是牢牢守住全球价值链中高价值生态位的关键要素。

（三）硬件连接

从古代到中世纪，再到现代，"基础设施"一直是城市竞争力的关键要素之一。现在我们谈的是广义的"连接"。连接由两部分组成：硬件和软件。硬件连接就是把人同能源、水源和其他服务连接起来的核心的物质基础设施。我们强调的主要成分是交通运输（航空、公路和铁路）、通信、能源和物流系统（尤其是进入地区生产集群和全球价值链的那些设施）。硬件连接似乎在工业时代就特别重要了。利用河流、运河、湖泊、海港、铁路、公路和机场的国家、城市和地区的例子不胜枚举——它们极大地吸引了国外投资，扩大了国际贸易。

富国和穷国都存在硬件连接的缺口。但最大的缺口在穷国，尤其在穷国的城市里。麦肯锡全球研究所（McKinsey Global Institute）估计，为了应对城市化趋势，到2025年，基础设施开支必须增长到20万亿美元。如果基础设施不这样发展，城市，城市外围地区，以及国家都将遇到持续发展的障碍，将受到拥堵、无序、污染和公共服务不足的影响，就无法充分利用国际贸易的机遇。亚洲、中东、非洲和拉美的城市都存在这种现象。

（四）软件连接

软件连接是指所有在性质上属于非物质的全球连接。它是使对硬件基础设施和新技术（如宽带登录）的投入更有产出性的"社会资本"和"知识资本"，现在人们认为软件连接与硬件连接一样重要。事实上，两者是相互促进的。它涉及广义的创新——不仅仅是技术创新。它涉及一种宽容的、言论自由的和四海一家的氛围。这些就是哲学家卡尔·波普（Sir Karl Popper）所谓的"开放社会"的特征。它们十分有利于理念、创业精神、创新和经济增长的形成和传播——在中世纪城市，在印度洋和东南亚群岛的殖民主义之前的港口政体里，这些要素也曾发挥过这样的作用。

我们重视的是下列软件连接要素：

（1）技术创新和传播（在政府和企业里，并通过公私部门的联系）；

（2）教育和培训系统；

（3）涉及中小企业的创新型生态系统；

（4）创业文化；

（5）知识产权中枢，包括数据储存；

（6）吸引和留住人才的"存活性"（即生命因素质量）；

（7）能培育导致商业和金融互动的信任和亲和的各种关系（如中国和印度移民群体贸易网）；

（8）一个"开放的社会"。

教育处在软件连接的中心。在美国，波士顿的大学和学生密度最高，又具有生命科学、金融、咨询和IT等知识密集型行业，这绝不是巧合。波士顿似乎永远能重塑自己。旧金山也是如此，旧金山的创业文化产生了日益浓厚的创业精神。班加罗尔、海德拉巴和艾哈迈达巴德等印度城市大大得益于那里的世界级的技术和管理学院。后工业时代获得重生的成功典范，如波士顿、匹兹堡、圣路易斯和哥特堡，看来都是强调教育和联系的——是指它们的教育机构同整个城市，乃至同更广泛的世界有着紧密的联系。

四、全球价值链，竞争力与贸易议程新的全球化范式

传统贸易主要指这里生产的商品越界拿到那里去销售。全球价值链的兴起，意味着贸易越来越着眼于帮助各国、各地区和各城市制造产品，不只是销售产品。一言以蔽之，全球价值链应被视为跨界的工厂。过去局限于一个工厂的生产阶段，现在分散到国际上去了。

这样就扩大了跨界流动，从而改变了世界的竞争状态。贸易不再意味着只是商品跨界。随着工厂的跨界——尤其是分隔发达国家和新兴国家的边界——商品、投资、服务、人员，以及过去发生在发达国家工厂内部的理念等的流动，现在成了国际商业的组成部分。图5是今昔生产对照图。

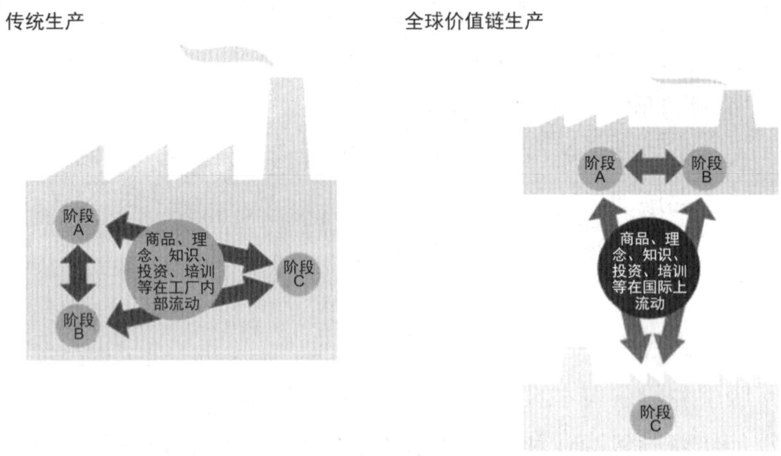

图5 全球价值链把工厂内部的流动变成国际商业流动

资料来源：理查德·鲍德温（Richard Baldwin）。

（一）全球价值链，工业发展与竞争力

这些新的流动打开了新的工业化途径，从而改变了发展前景。19世纪和20世纪实现工业化的国家，在具有国际竞争力之前，必定在国内建立了完整的供应链。如今正在快速工业化的国家扭转了这个秩序。发展中国家在不具有国际竞争力之前，就在国内建立起完整的供应链（这是20世纪的发展之路），它们可以通过加入全球价值链而具有竞争力。它们可以通过增加参与国际生产网的密度，来进行工业化。发展中国家现在就是以这个方式建立了本土工业能力，而且各自选择了适合自己的服务生态位。如果全球价值链的瓶颈被移除，这样的事就可能发生得更快。但是，全球价值链并非点石成金的魔杖。它们打开大门，但创造好的就业岗位的大多数工作必须在国内靠改革来完成，改革要解决现有的市场和政府失效问题，要改进市场有效重新配置资源的能力，以便促进投资、创造岗位、推动增长。创造好的岗位需要机遇，但也需要好的工人和使他们能抓住机遇的好的经济环境。

这种新的工业化道路的另一个作用，是对发达国家和发展中国家的企业提出了一种新的竞争范式。全球价值链是利用企业优势的一种有力的新工具，它改变了竞争状态。具有全球竞争力的企业，通过设立国际生产网来利用其企业特有的知识，在最具成本效益的地方生产产品。没有加入全球价值链变革的企业，很难同加入的企业竞争。百分之百在国内生产的商品，绝对无法同结合了诸如美国、日本和中国的最佳可比优势的产品相比。这是新型交易的一个关键成分。

苹果产品的价值链提供了价值链如何运行的形象范例。在国内(加州和美国其他地方)通过研发、营销、物流和售后服务,使高价值得到扩展。而应用程序的巨大的生态系统是有说服力的证明。许多东亚国家作为iPhone、iPad、Mac和如今的苹果手表(Apple Watch)零部件制造的分包商,找到了自己的生态位。印度的软件编程也是如此。中国处在全球价值链较低的阶梯上,他们组装从国外运来的苹果产品。但这种状态会变化。随着可比优势的发展,我们应该预见到中国比较富裕的沿海地区将在价值链上提升,从而为其他国家、地区和城市在价值链上的升降打开新的机遇——这种机遇为全球富国、中等收入国和穷国的岗位创造、生产率提高和经济增长带来全面的收益。

一言以蔽之,全球价值链革命使得可比优势发生了去国家化现象。这就改变了发展中国家和发达国家及其城市和地区所面临的选择。

(二)国家经济增长政策与就业政策的含义

在理论上,经济增长很简单。为了逐年提高生活标准,就需要工人、农民、技术人员和管理人逐年生产出更高的价值。这就需要每年都有更多、"更好"的工具。在这里"工具"是指人力资本(教育、技能、培训、经验),社会资本(信任、法治、公平和包容感),物质资本(机器、基础设施),以及知识资本(技术、产品开发)。

促进就业、促进增长的政策,就必须促进对人力资本、社会资本、物质资本和知识资本的投入——并保证投入能得到明智的配置。全球价值链不断提高的重要性——尽管不是魔杖——能帮助政府来完成这些工作。全球价值链有助于发展中国家克服瓶颈,但由于根据定义,全球价值链在有些国家要涉及民营部门的决策,从而使政府决策复杂化。但正因为如此,全球价值链才能充分利用政策改革的效用。

在某种意义上,全球价值链对发展中国家而言,是良好就业的一种新的潜力源,但它们产生的只是机遇。国家政策,从教育政策到城市政策,依然需要确保国家具有能满足岗位的工人。随着国家参与全球价值链的强度增大,如果价值链活动超越了简单的非熟练工作,工人的技能就必须提升。创造良好

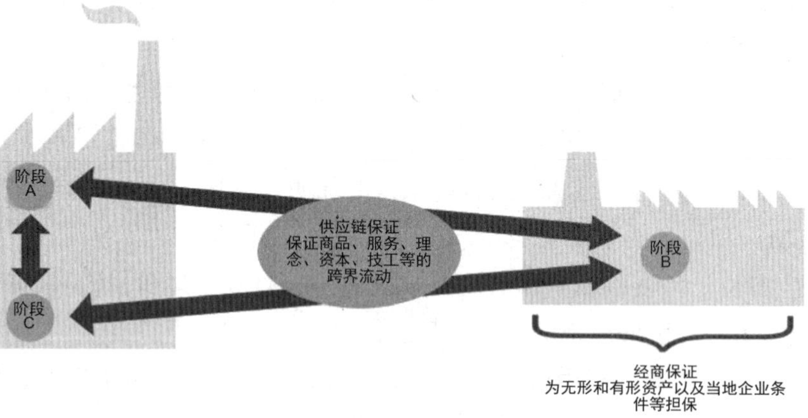

图6　支持国际生产分摊的两类保证

资料来源：理查德·鲍德温（Richard Baldwin）。

就业是一项需要工人状态能适应新岗位的任务。如果一国只有非熟练工人，那么流向该国的全球价值链岗位自然只能是非熟练岗位。

（三）着眼于全球价值链的贸易政策

由于全球价值链是跨界工厂，21世纪增长战略的贸易支柱就涉及20世纪思想家也许觉得与贸易无关的一些要素。全球价值链通过重新组合几个国家的人力、社会、物质和知识等资本，从而产生了就业岗位和经济增长，因此，促进增长的政策就不同于过去所有"工具"都来自本国时候的政策。

对发展中国家而言，促进参与全球价值链，不仅需要教育和劳动市场政策，还需要其他政策。为了吸引全球价值链，发展中国家必须提供两类保证：

1. 供应链保证

这个保证能巩固各生产阶段之间的联系，即贸易—投资—服务—IP的"联接"。世界经济论坛2013年调研报告《促进贸易：珍视增长机遇》（*Enabling Trade: Valuing Growth Opportunity*）指出，改善两个重要的供应链问题——边界管理以及交通、通信基础设施与相关服务——会带来巨大的收益。如果各国把本国国家政策向全球最佳实践推进半程，全球GDP就增加2.6万亿美元，出口将增加1.6万亿美元。

2. 经营保证

在海外设立生产设施，或与国外供应商形成长期联系的企业，其无形和有形资产会遭遇新的风险。对这些资产的威胁阻碍了全球价值链的参与，延缓了随之而来的贸易、投资和就业的增长。

对发达国家的政府而言，确立这样的保证是提升竞争力的关键。虽然在许多国家，离岸运作是有争议的，但离岸运作的确应该被视为一种技术进步。归根结底，离岸运作意味着国内行业的工人人均能生产更多的东西。就像所有的技术创新那样——请想想汽车取代马车时，失去了多少就业岗位——全球价值链往往会引起错位。如果发展中国家的政府想要继续广泛地支持这些变革，就必须保证这些变革的利弊要广泛分摊。尽管从纯粹的理论上看，什么也不能保证，但最近一项调研显示，美国对外的直接投资有利于美国国内的生产、就业、出口和研发。

（四）21世纪的贸易和投资政策与前进的道路

全球生产的重塑——这就是马塞尔·迪默（Marcel Timmer）及其书的合作者所谓的“全球价值链革命”——引发了势如破竹的变革。首先，国际商贸发生变革，尤其是商品、服务、知识和投资的跨界流动。其次，贸易和投资的治理选择发生变革，因为适合“此地制造彼地出售”之商品的行为准则，不足以支持国际化的生产网络。

建立新的全球价值链准则是一个双赢命题，因此这些准则往往是自发涌现的。促进全球价值链的某些政策融进了“深度”的地区贸易协定（RTA）。而有些政策则嵌入了发达国家与发展中新兴国家之间签署的双边投资协议（BIT）的字里行间。不过，新准则的一个很重要的成分，来自试图通过提高竞争力来参与供应链的发展中国家的自主的单边改革。这种“三合一”的新准则被称为“21世纪的地区主义”。

许多促进就业、促进增长的改革，只要求国家采取行动。但有些关于供应链和经营的保证，如果有国际协定来锁定它们，就会有最佳表现。这再次说明贸易与竞争力之间有很强的关联。

要弄清楚应该做些什么，先要避开用20世纪的范式来思考21世纪地区主义这个陷阱，因为20世纪的地区贸易协定多数是围绕关税问题的。由于一国喜欢的东西往往是另一国歧视的，所以20世纪的思维认为地区贸易协定产生了“重商主义联盟”（它们享受贸易的创造性成果）和“重商主义敌人”（它们遭受贸易的转向）。但如今大容量物品的关税全球都很低，关税依然很高的商品根据惯例从地区贸易协定中排除了。深度的地区贸易协定涉及的是把生产国际化产生的新的跨界外部要素进行内部化。当涉及21世纪地区主义的许多方面时，整个贸易创造/转向思维就陷入歧途了。

这种无歧视现象——可以称之为“软偏好”——是内在固有的。许多深度的地区贸易协定条款能影响企业、服务、资本和知识产权。区别对待（即歧视）在技术上很难做到，因为在如今的世界，很难界定企业、服务、资本和IP的国籍，至少很难以一种阻止低成本规避的方法来界定。换句话说，深度条款的“原产地规则”是有漏洞的。因此，我们不应该认为21世纪的地区主义主要涉及的是歧视问题。

尽管没有硬性的歧视，但地区贸易协定，尤其是谈判中的大型地区的贸易协定，拟定后也许不仅在监管连续性上，而且从系统视野看，对非成员国都具有影响。在这种情况下，维护包容性的多边贸易体系就很重要，包括结束多哈回合（Doha Round），转而讨论世贸组织谈判议程的新议题。

五、最后的看法——试论为什么现在要加强贸易和竞争力？

贸易和竞争力对于刺激增长、提高生产率和创造就业是缺一不可的。如今，撬动世界经济是个越来越复杂的综合行为，因此，促进全球、地区和国家层面的开放，同时强化国内的关键要素，应该是发达国家和发展中国家以及新兴经济体的领导人的关注重点。贸易成功是一国经济竞争力的基础，而竞争力反过来会促进企业和经济体在全球贸易中的成功，尤其有助于融入全球价值链。如果贸易协议没有进一步的发展，那么对提高生产率和创新的要求就会降低。如果在竞争力促进明显的贸易成功方面没有进一步发展的话，那么行业及其领导人就会走一条轻松的道路，去游说政府进行保护、补贴和资助。贸易自由主义和竞争力的良性循环，是很容易变成保护主义和停滞不前的恶性循环的。

因此现在讨论这个问题正当其时，其理由（至少）有四点。第一，2008—2009年危机以来，世界基本上处在危机管理模式中。扑灭危机之火固然必要，但在救火的同时却没有充分注意全球经济中的供应面和结构问题。一个新的促进贸易和竞争力的政策的新议程，以及这两者之间关联的加强，有助于解决这个缺陷。

第二，虽然上面提到的全球贸易谈判中出现了动能迹象，但有证据表明还要做更多的事才能解决整合障碍。危机以来贸易增长疲软的原因是复杂的，一部分原因反映了经济中的结构变化，但对此不应该采取听天由命的宿命态度。这个问题突出了采取新的努力来解决深度整合壁垒的重要性。虽然危机期间和危机后没有出现人们所预计的匆忙提高贸易保护壁垒的现象，但循序渐进地采取保护主义的迹象是很明显的，非关税壁垒日益成为全球供应链有效的产出性配置的严重障碍。国际组织递交给二十国集团的关于贸易和投资措施的每次半年报，都显示壁垒越来越多，各国政府设置壁垒的速度比取消壁垒快得多。与网络安全有关的问题最近成为“高位”和“低位”政治互动的最新证明，它们作为贸易和投资规则下要解决的最复杂的问题走到了前台。

第三，在许多发达和发展中国家，有一长串的竞争力改革有待实施。的确，最近的全球金融危机以来，要素市场和产品市场的失真在增加，随着注意力转向宏观经济刺激和“救火”，市场改革放慢了步子。不过改革努力还在继续，例如，中国在努力推动服务经济和再平衡增长，印度在促进解决对其竞争力一些重要限制。但这些措施都是试验性的，不确定的。依然存在着基本的未完成的工作。

第四，比较积极的是，通过深度整合来获得增长、创新、创造就业和发展之好处的潜力，相对而言尚未开发。使数百万人与全球市场连接起来的数字贸易的潜力也是如此。技术创新的不断进步，正在产生更为复杂的全球价值链，为企业接触尖端的、高附加值的经济活动提供了新的机遇。

潜力是明确的。随着全球经济的发展，连接曾被称为“境内”的政策与境外的政策的连线，越来越强劲有力。同时，国际、地方，甚至城市当局的政策影响范围也越来越广。纵观历史，再也没有比此时此刻更适合推出这个议程了，也没有什么时候比此时时刻更迫切需要这个议程了。

原文标题：The Case for Trade and Competitiveness

何为第四次工业革命?

选自世界经济论坛网站2016年1月19日
尼古拉斯·戴维斯（Nicholas Davis）
张建中/译

我们确认、把握和自觉运用的这些围绕在我们周围的技术工具，能够改善我们的生活吗？或者这些技术还有其他更为重要的作用：它们还有影响我们观察世界的强大动力，会改变我们的行为，或者影响到我们作为一个人的终极意义。

新兴技术的不断涌现影响了我们的生活，这也表明，我们正处于第四次工业革命的前夕，这个新的革命年代是建立在数字革命基础之上，并且以意想不到的方式扩展了数字化的影响。因此，值得花一些时间来认真思考我们的社会究竟发生了什么样的变化，我们又如何能够保证，第四次革命所创造的利益，可以为多数人而不是少数人所享用。

一、第四次工业革命始于何时?

普遍认为第一次工业革命是人类从依赖动物、人力和生物质作为主要能源，转变到对化石燃料和机械动力的使用。第二次工业革命发生在19世纪末和20世纪的前20年之间，在这段时间内，电力传输在形式上有了重大突破，既有无线传播，也有有线传播，此外还出现了其他新的发电形式。第三次工业革命始于20世纪50年代，随着数字系统和传播系统的发展，以及计算能力的迅

表1　历次工业革命简表

	革　命	年　代	信　息
	第一次工业革命	1784	蒸汽，水，机械生产工具
	第二次工业革命	1870	劳动分工，电力，大规模生产
	第三次工业革命	1969	电子化，信息技术，自动化生产
	第四次工业革命	?	信息物理系统（cyber—physical systems）

速提升，使得生产、处理和共享信息的新方式成为可能。

第四次工业革命被看作是“信息—物理系统”的出现，这一系统涉及人和机器全新能力的展现。尽管这些新能力依赖于第三次工业革命的技术和基础结构，而第四次工业革命代表着一种全新的路径，在这一革命过程中，技术会嵌入整个社会中，甚至会嵌入人类的身体中。这包括基因组编辑、新形式的机器智能、具有突破性的新材料的出现，以及依赖于加密技术的治理路径，比如对区块链（blockchain）的管理。

正如小说家威廉・吉布森（William Gibson）所说，“未来已经在这儿——它只是不那么均匀地分布罢了”。事实上，在全球许多地方，连第二次和第三次工业革命的许多发展阶段都还没有经历，使事情变得复杂的是，新技术在一些特定的情况下，能够“跨越”旧的社会发展变革序列。正如联合国在2013年发布的报告指出，全球有更多的人可以拥有手机，但他们的基本卫生设施却没有多大改善。同样，在第三次工业革命过程中，也就是数字革命在许多国家和组织之间不断扩散和成熟的同时，第四次工业革命也开始出现了。

技术的复杂性和突发性，让我们对第四次工业革命的许多方面感到陌生，对许多人而言，还会感到危险。因此，我们需要谨记的一点是，所有的工业革命最终都是由人类个人和集体的选择所推动的。不仅开发基础技术的研究人员、发明人和设计师的选择很重要，在日常生活中，那些接受和利用这些新技术的投资者、消费者、公民和监管机构的作用可能更为重要。

第四次工业革命也许给我们的感觉是一股具有很大破坏力的外生力量（exogenous force），但是在现实中，它反映了我们的期望和选择。围绕着新兴技术核心讨论的一个关键问题是：我们想要这些技术给我们带来什么？

二、第四次工业革命潜在的影响是什么？

每一个动荡时期都会带来赢家和输家。卷入最近这场革命的技术和系统，意味着个人和集体可能会有所收益，也可能会有所损失。正如施瓦布（Klaus Schwab，世界经济论坛创始人——编注）所说，“从来就没有过极度有希望的时刻，或者从来也没有过极度危险的时刻。”

不过，事实是，我们仍然处于第四次工业革命的开始阶段，这意味着我们不可能知道，这场革命对不同人群的确切影响，但是有三大领域值得我们认真关注：不平等、安全与认同。

（一）不平等

据瑞士信贷（Credit Suisse）提供的《2015年全球财富报告》（*Global Wealth Report 2015*）显示，目前，全球最富有的1%人口，拥有所有家庭财富的一半。乐施会（Oxfam）的最新报告提供了财富更为集中的数据，该研究报告发现，62个人控制的资产要超过全球36亿穷人的所有资产总和，这36亿人接近世界人口总量的一半。这是非常惊人的财富差距鸿沟——尤其是考虑到这一鸿沟会带来更多的社会负效应，比如理查德·威尔金森（Richard Wilkinson）和凯特·皮克特（Kate Pickett）在研究中就发现，不平等社会可能会导致更多暴力的出现，更多的人会被关在监狱中，更多的人会受到心理疾病的困扰，人们的寿命也会缩短，并且人与人之间彼此不信任。

历史表明，消费者往往会从工业革命中获得好处，因为产品成本在下降的同时，质量却有所提升，对于最近发生的第四次工业革命也是这样。不管是第三次工业革命，还是第四次工业革命，都让提升我们生活效率和舒适度的产品和服务成为可能，同时也会降低成本。出门远行、预订餐馆、购买各类物品、进行支付、听音乐、读书或看电影——所有这一切，几乎在任何时候和任何地方，都可以通过远程操控完成。正如施瓦布所说，“我们所有人都在享受技术带来的好处，这一点毋庸置疑。”

但是，这些技术带来的好处，如果无法实质性地促进大范围的经济增长，那将会怎样？我们每一个人都能够接近、买得起，甚至会享受到技术创新带来的好处吗?

我们对数字市场的依赖,是导致不平等不断上升的一个重要推动力。正如埃里克·布林约尔松(Erik Brynjolfsson)和安德鲁·麦卡菲(Andrew McAfee)在《第二次机器革命》(*The Second Machine Age*)一书中指出的那样,全球链接的数字平台,往往只会对少数明星产品和服务给予丰厚的奖励,反过来,这些产品和服务能够以零边际成本为人们提供服务。此外,鉴于这些数字平台自身的优势,以及它们的权力、影响力和盈利能力,这让许多机构组织感到担心,包括欧盟委员会在内。2013年的研究表明,全球排名前30位的品牌当中,有14个品牌是平台化公司。

也许,有关推动不平等出现最多的讨论是,第四次工业革命有导致增加失业的潜力。所有的工业革命在创造一些新工作的同时,也会摧毁一些工作,但不幸的是,有证据表明,与以往的工业革命相比,第四次工业革命创造了相对较少的工作岗位。据牛津大学马丁技术与就业规划中心的研究员卡尔·本尼迪克·弗雷(Carl Benedict Frey)计算,在进入21世纪之后,美国的工业只创造了0.5%的新工作岗位,而在20世纪80年代,一些新企业创造的新工作岗位达到8.2%,在20世纪90年代,这些新企业创造的工作岗位也达到了4.4%。

此外,这些新型企业创造的工作类型,往往需要更高程度的教育和专业学习,而那些被摧毁的工作,往往是一些常规的任务或体力活。在调查了世界上一些主要公司的人力资源主管之后,世界经济论坛发布了《未来工作报告》(*Future of Jobs Report*),该报告提供的有关未来工作的证据表明:未来的工作越来越需要解决复杂问题的能力,同时也越来越需要社交和系统技能。这种对于技术要求的向上偏见(upward bias),不太均衡地影响到了老年人和低收入人群,同时也会影响到那些最容易进行自动化工作的行业。

就业与技能的转变,也许会增加性别不平等。在过去,由于自动化导致的失业,主要集中在大部分雇用男性的行业,比如制造业和建筑业。但是在服务行业,利用人工智能和其他技术执行自动化工作的能力,让未来的许多工作充满了风险。这些工作遍布于世界各地,其中包括许多年轻女性和位于中产阶级下层(lower—middle—class)的妇女,为了生计所从事的工作,比如在呼叫中心、零售业和行政管理方面的工作。

第四次工业革命可能会影响到整个经济体以及经济体内部的不平等。尤其是，在机器人和其他先进制造系统方面，资本所体现出的灵活性越来越大，这也许会侵蚀目前新兴国家和发展中国家所享有的比较优势，这些国家的生产主要集中在劳动密集型产品和服务方面。“回流”（re—shoring）现象可能会对那些欠发达国家产生非常大的负面影响，因为它们在融入全球经济之后，才刚刚开始工业化。

（二）安全

日益增加的不平等，不仅会影响到人们的生产能力、心理健康和信任，也会导致公民和政府对安全的考虑。世界经济论坛公布的《2016年全球风险报告》（*Global Risks Report 2016*）特别指出：在一个高度链接的世界中，加上不断攀升的不平等因素，可能会导致社会分隔与碎片化，甚至是社会动荡。由于权力逐渐转移到非国家行为体（non—state actors），这些综合因素会为暴力极端主义和其他安全威胁创造条件。

此外，发生冲突的战略空间正在发生改变。数字世界与新兴技术的结合，创造了新的“战争空间”，它扩展了人们获得大规模杀伤性武器的能力，也使得确保和平的国家之间的治理和谈判难以实现。

由于第三次工业革命所导致的数字基础结构迅猛发展，这意味在第四次工业革命期间，像陆地、海洋和天空一样，网络空间现在成了一个战略参与中心。正如施瓦布所言，“尽管未来发生的任何冲突，可能会出现在现实世界，但是这种冲突极有可能会包含一个网络维度，因为没有哪一个现代国家会抵得住这一诱惑：去破坏、扰乱或摧毁敌人的传感器、传播系统和决策能力。”

第四次工业革命所带来的创新技术，也扩张了人们发动战争的能力，因为不管是国家，还是非国家行为体，都越来越容易获得这些技术，比如无人驾驶飞机、自动化武器、生物和生化武器、可穿戴设备和分布式能源（distributed energy sources）。

那些与人类大脑直接进行互动的技术，处于新兴军事技术的前沿，这类技术会增加战士的能力，甚至会控制这些战士。这些技术并不限于政府的军事计划，正如美国乔治城大学医学中心（Georgetown University Medical Center）的科学家詹姆斯·乔达诺（James Giordano）所说，“这并不是非国家行为体是否会使用某种形式的神经科学技术问题，而是它们何时会使用这一技术，以及它们将具体使用哪一种技术的问题。人类的大脑是下一个战场。”

人们对于安全问题的恐惧进一步增加，由于军民两用（dual—use）技术的广泛扩散，让许多组织和机构可以利用这些技术，这就使得支持和平解决冲突的国际准则和规范难以付诸实施。在一个多样化的战略和文化环境中，第四次工业革命的安全挑战将会是，那些大量潜在的具有破坏性的私人部门和公共部门的整合，这的确是一项艰巨的任务。

（三）认同、声音与社区

除了关注日益上升的不平等和安全威胁之外，第四次工业革命还会影响到作为个人和社区成员的公民自身。目前，数字媒体日益成为个人和集体建构社会与社区的主要推动力，它以全新的方式将个人与集体联系起来，促进了人们之间的友谊发展，并创造了新的利益群体。此外，这种链接超越了许多传统的互动界限。

可惜，这种扩张性的链接并不一定会导致更加多样化的世界观。自相矛盾的是，对社交媒体使用的变化，能够窄化可利用的新闻资源。此外，有争议的或反体制的言论可能会被政府进一步压制，其他一些组织也可能会利用新技术平台来限制言论或骚扰公民，世界经济论坛公布的《2016年全球风险报告》详细地分析了这些问题。不过，最为重要的一点是，第四次工业革命带来的新兴技术，将会增加多元化，并且有增加合作的潜力，而不是推动两极分化。

尤其是在生物领域，新兴技术也提出了新的问题：作为一个人意味着什么。第四次工业革命是第一次让技术工具能够嵌入我们身体中，甚至会有目的地改变我们的基因构成，这些基因一定程度上决定了我们是谁。这是完全可以想象得到的结果，彻底的人类改造形式将会在10年之内实现。创新会带来风险，它会带来新的不平等和阶级冲突。

三、结　　论

哈佛大学的数学和生物学教授马丁·诺瓦克（Martin Nowak）指出，“合作是救赎人类的唯一方式”。如果我们有勇气对正在进行的变化集体承担责任，而且有能力来一起合作，一起来提升我们的意识，塑造新的叙事，那么我们就能够充分利用新兴技术的优势，来着手重建我们的经济、社会和政治体系。

推动第四次工业革命发展的技术复杂性和这次革命影响的广泛性，意味着在创新治理路径方面，所有的利益相关群体要通力合作。正如风险创新实验室（Risk Innovation Lab）的科学家安德鲁·梅纳（Andrew Maynard）所说，我们应该借鉴、实施和扩展解决科技与社会交叉点的成熟方法，比如预期治理（anticipatory governance）与负责任的创新，对于当前新兴技术的发展、商业化和扩散要进行普遍的反思。

这一反思的目标，自然是要保证新兴技术和第四次工业革命作为一种广泛和有意义的方式，来改善人们的生活。不过，更大的可能性来自以全新的方式，将这些利益相关者集合在一起，共同讨论技术与社会的未来。

正如施瓦布所言："如果以一种积极的和负责任的方式来塑造它，新技术就能够催化新的文化复兴，会让我们成为更大社会的一部分——真正全球文明的一部分。基于一种共同的命运感，我们能够利用第四次工业革命升华出一种全新的集体和道德意识。"

原文标题：What Is The Fourth Industrial Revolution?

第四次工业革命：
它意味着什么，如何应对它

选自美国《外交》杂志2015年12月号
克劳斯·施瓦布（Klaus Schwab）
张建中/译

我们正站在一场新的技术革命的边缘，这场新技术革命将从根本上改变我们的生活、工作，以及彼此之间联系的方式。从这场新技术革命的规模、范围和复杂性上来看，这种转变不同于人类以往经历的任何变革。我们还不知道这场革命将如何展开，不过有一点是清楚的：我们对这场新革命的反应必须是综合和全面的，这场新革命牵涉全球政治组织所有的利益相关者，不管是公共和私人部门，还是学术界和公民社会。

第一次工业革命利用水和蒸汽动力进行机械化生产。第二次工业革命利用电力创造了大规模的批量生产。第三次工业革命利用电子和信息技术进行自动化生产，第三次工业革命是一场数字革命，发生在20世纪中期。目前，正在出现一场建立在第三次工业革命基础上的第四次工业革命。第四次工业革命的主要特点是技术融合，在技术融合的过程中，物理、数字和生物这三大领域的界限逐渐模糊。

有3个原因可以说明，目前的这场变革并不只是第三次工业革命的延伸，而是第四次工业革命的到来，这场革命在范围、规模和系统影响方面，都有自己明显的特点。当下这场革命的突破性速度，并没有历史先例。如果与以前的工业革命相比，第四次工业革命是以指数级的速度，而不是以线性的速度在发展。此外，第四次工业革命几乎破坏了每一个国家的每一个行业，而且这一变革的广度与深度前所未有，因而带来了生产、管理，乃至治理系统的全面转变。

由于前所未有的处理信息能力、储存能力和获取知识能力的增加，数十亿人通过移动设备连接起来的可能性是无限的。在一些领域中，由于新兴技术所取得的突破性进展，让这种可能性成倍增加，这些新技术领域包括人工智能、机器人技术、物联网（Internet of Things）、无人驾驶汽车、3D打印技术、纳米技术、生物技术、材料科学、能源储存，以及量子计算。

目前，从无人驾驶汽车、无人机，到虚拟助手、翻译或投资软件，人工智能已经充斥在我们周围。最近几年，由于计算能力的迅猛发展，以及人们可以利用的海量数据，人工智能取得了令人瞩目的进展，不管是利用软件来发现新药物，还是利用计算机算法来预测我们的文化利益（cultural interests）。与此同时，数字制造技术几乎每天与生物世界发生互动。工程师、设计师和建筑师，正逐步将计算机设计、增量制造（additive manufacturing）、材料工程和合成生物学结合起来，去开创一种新的共生关系，这种共生关系会涵盖微生物界、我们的身体、我们的消费物品，甚至包括我们居住的建筑物。

一、挑战与机会

正如之前的三次工业革命，第四次工业革命具有提升全球收入水平和改善世界各地人口生活质量的潜力。到目前为止，那些从第四次工业革命中获得最大收益的人，是那些购买数字产品，并且能够接近数字世界的消费者。技术的发展使得新产品和新服务成为可能，这些新产品和服务能够提升我们个人生活的效率，并且能够给我们带来快乐。预订一辆出租车、订购飞机票、购买产品、进行支付、听音乐、看电影，或者玩游戏——现在，所有这些行为都可以通过远程操作完成。

在未来，由于在效率和生产方面所获得的长期收益，技术创新也会导致在产品供给方面出现一个奇迹。交通与传播成本会显著下降，物流和全球供应链将会变得更加有效，交易成本也会不断降低，所有这些变化都将会开辟新的市场，并推动经济进一步增长。

正如麻省理工学院经济学家埃里克·布林约尔松（Erik Brynjolfsson）和安德鲁·麦卡菲（Andrew McAfee）所说，第四次工业革命也可能导致出现更大的不平等，尤其是因为这场革命有破坏劳动力市场的潜力。在整个经济领域内，当自动化技术代替人力劳动之后，机器对工人的净代替有可能会增大资本收益和劳动收益之间的差距。另一方面，技术代替工人也可能会导致安全和有意义工作的净增长。

在这一点上，我们不能预见可能会出现哪一种场景，不过历史经验告诉我们，很可能是这两方面共同作用的一个结果。不过，我确信的一点是，在未来，是人才，而不是资本，代表着生产的关键要素。这将会导致就业市场逐渐分裂为两个部分："低技能/低工资"与"高技能/高工资"，而这一个结果反过来又会导致社会紧张逐渐增加。

不平等除了是一个重要的经济顾虑之外，与第四次工业革命相联系的不平等，才是最大的社会顾虑。技术创新最大的受益者一般是知识和实际资本的提供者——创新者、股东和投资者——这也解释了在资本和劳动之间，财富差距不断扩大的原因。收入增长为何会停滞，甚至会出现下降，技术是主要原因之一，对于高收入国家的大部分人而言：对高技能工人的需求增加了，对没有受过教育的低技能工人的需求下降了。结果，就业市场在高端和低端，都有强烈的需求但是掏空了中间层。

这有助于解释，为什么有如此多的工人对未来不再抱有任何幻想，同时他们也担心自己的实际收入和他们子女的收入，将会一直停滞不前。这也有助于解释，为什么全球的中产阶级越来越普遍地感觉到不满和不公平。只为中产阶级提供有限机会的"赢家通吃"经济（winner—takes—all economy），正是民主发展不适和不负责任的主要原因。

数字技术的普遍使用，以及通过社交媒体动态信息共享，也会刺激人们的不满。现在，全球30%以上的人可以利用社交媒体平台进行联系、学习和共享信息。在一个理想的世界中，这些互动会为跨文化理解和凝聚提供一个发展机会。不过，对于个人或组织而言，这种互动也可能会创造和传播不切实际的期望，同时也为极端思想和意识形态的传播提供机会。

二、对企业的影响

我与全球一些企业的首席执行官和高级企业管理人员谈话的一个基本主

题是，创新的加速发展与破坏性创新的速度很难理解或预测，这些驱动因素成为给我们带来不断惊喜的源泉，甚至给我们带来了最好的信息链接，让许多人都消息灵通。的确，在所有行业中，有清楚的证据表明，以技术作为支撑的第四次工业革命，正在对全球企业产生重大影响。

在供给方面，许多行业正在看到新技术的引进，创造了需求服务的全新方式，而且在很大程度上破坏了现有的产业价值链。由于在研究、开发、营销、销售和分销方面，可以接近全球性的数字平台，破坏性也来自灵活的创新竞争者，通过提升交付价值的质量、速度或价格，与以往任何时候相比，这些创新竞争者能够迅速地取代原有的企业。

在需求方面，也出现了一些重大变化，随着交易透明性逐渐增加、消费者的参与，以及消费者行为新模式的出现（越来越多的建立在移动网络和数据基础之上），迫使一些公司改变它们设计、营销和提供产品与服务的方式。

一个主要的趋势是，整合需求和供给的技术平台的发展，破坏了现有的产业结构，比如在“共享”或“按需”经济发展中，我们能看到这些变化。这些技术平台可以集合不同的人、资产和数据，并且很容易通过智能手机来使用，在这个变化过程中，技术支持的平台创造了全新的消费物品和服务的方式。此外，技术支持的平台降低了企业和个人创造财富的门槛，并且改变了工作人员的个人和专业环境。这些新平台业务正在迅速扩展到许多新的服务行业：洗衣、购物、家政、停车、旅行。

总的来看，第四次工业革命对企业会产生4种主要影响，这主要体现在消费者期望、产品提升、协同创新和组织形式等方面。无论是客户还是企业，消费者越来越处于经济发展的中心，所有这一切都是围绕着如何提升对消费者的服务。此外，具体的产品和服务，现在可以通过提升它们的数字能力来增加它们的价值。新技术让产品更加耐用，同时也更具有灵活性，而数据和分析正在改变它们维护的方式。同时，一个基于用户体验和数据服务的世界，要求新的合作形式，尤其是考虑到创新与破坏发生的速度。最后，全球性平台和其他新商业模式的出现，意味着人才、商业文化和组织形式必须要重新予以考虑。

总之，从简单的数字化（第三次工业革命）不可避免地转变到基于技术整合的创新（第四次工业革命），迫使企业重新审视他们做生意的方式。不过，这种转变的底线是一样的：商业领导人和高级管理人员需要了解他们面对的不断变化的环境，要挑战他们自己运营团队的原有假设，而且还要坚持不懈地去创新。

三、对政府的影响

当物理、数字和生物世界不断融合时，新技术与平台让公民不断与政府接触，表达他们的观点，整合他们的努力，甚至来规避政府部门的监督。与此同时，基于普遍的监视系统和控制数字基础结构的能力，政府利用新获得的技术力量，可以加强它们对民众的控制。不过，总体来看，政府日益面临着压力，去改变它们当前对待公共参与和政策决策的做法，由于新的竞争资源和新技术带来的权力再分配和“去中心化”，这就导致政府指导政策的核心作用降低了。

最终，政府体制和公共部门的适应能力将会决定它们的生存。如果它们能够拥抱这个破坏性变革的世界，让这些部门的结构变得更加透明和有效率，它们就能够维持其竞争优势，也能够经得起各种考验。如果它们不能变化发展，它们将面临越来越大的麻烦。

在监管领域，这一点表现得尤为明显。当前的公共政策和决策体系，是随着第二次工业革命演化而来的，当时的决策者有足够的时间，来研究一个具体的问题，并且可以制订必要的应对措施或适当的监管框架。整个设计过程是线性的，同时也是机械的，并且遵循严格的“自上而下”的政策制定路径。

但是这样一种政策制定路径，目前已经不可行了。由于第四次工业革命变革的速度和广泛的影响，立法者和监管者正面临着前所未有的挑战，而且绝大部分变革被证明是无法应对的。

那么，如何能够在维护消费者和大多数公众利益的同时，还能够持续不断地支持创新和技术发展？政府部门也许应该采用“灵活的”治理方式，就像私人部门对软件开发和业务运营，越来越倾向于采用灵活的反应策略。这意味着，监管机构必须要不断适应一个新的、快速变化的环境，它们要不断地重塑自身，这样它们就能够真正理解，它们要管制的是什么。为了做到这一点，政府和管制部门需要与商业企业、公民社会密切合作。

第四次工业革命同样也对国家和国际安全的性质产生了深远影响，这场革命既影响到了冲突的可能性，也影响到了冲突的性质。战争和国际安全的历史，就是技术创新的历史，在今天也不例外。牵涉国家的现代冲突越来越呈现出“混合”的特点来，它将传统的战场技术与之前非国家行为者（nonstate actors）相关因素整合起来。战争与和平，战士与平民，甚至暴力与非暴力（试想一下网络战），这些概念之间的明显区别变得越来越模糊了。

在这些变化发生的过程中，像自动化或生物武器这些新技术，变得很容易使用，个人和一些小组织越来越像国家，也能够造成大规模的伤害。这种新的脆弱性导致出现了新的恐惧。但与此同时，通过新的保护模式的开发，或者更精确的目标锁定，技术进步也可能会降低暴力影响的范围或规模。

四、对个人的影响

最后，第四次工业革命不仅会改变我们做什么，还会改变我们的身份认同。第四次工业革命影响到了我们的认同，以及与认同有关的所有问题：我们对隐私的认识，我们的所有权概念，我们的消费模式，我们花费在工作和娱乐方面的时间，以及我们如何发展自己的事业，培育我们的技能，如何结交朋友，以及如何培养彼此之间的关系。这场革命会改变我们对健康的认识，并且导致出现一个“量化的”自我（“quantified” self），过不了多久，它还会导致人类机能的扩张（human augmentation）。第四次工业革命对人产生影响的清单可以无限地罗列下去，这份清单只会由于我们自身的想象力而受到限制。

我是一个极度爱好技术的人，同时也是创新技术的早期使用者，但有时候我会产生一些困惑：在我们生活中，这种不可逆转的技术整合，是否会降低我们本质上作为人的能力，比如同情与合作这些能力。我们与智能手机之间的关系就是一个很好的例子。这种持续不断的链接，也许可能会剥夺我们生活中最重要的资产：停下来思考的时间，以及参与有意义的谈话。

新的信息技术给我们带来的一个最大的挑战是隐私问题。我们清楚地了解为何这一问题如此重要，不过，信息追踪和共享又是这种新链接的重要组成部分。有关这一根本问题的讨论，在未来几年可能会越来越激烈。同样，在生物科技和人工智能方面发生的革命，可能会重新定义作为一个人的意义，因为这些技术改变了当下有关人类生命周期、健康、认知以及能力的界限，从而会推动我们去重新定义我们的道德与伦理边界。

五、塑造未来

不管是技术，还是技术带来的破坏性，都不是人类不可控制的外部力量。作为公民、消费者和投资者，在我们每天所作的决定中，我们都有责任引导技术的发展。因此，我们应该把握我们塑造第四次工业革命的机会和动力，引导第四次工业革命迈向一个能够反映我们共同目标和价值的未来。

不过，要做到这一点，我们必须形成一种全面的和全球广泛认同的观点：技术如何影响我们的生活，技术又是如何重塑我们的经济、社会、文化和人类环境的。因为，从来就没有过极度有希望的时刻，或者从来也没有过极度危险的时刻。然而，今天的决策者往往受困于传统的线性思维，或者由于多种危机吸引了他们更多的注意力，他们应该从战略上思考并塑造影响我们未来的破坏性力量和创新力量。

最终，所有这些问题都会归结到人和价值观方面的问题。我们需要塑造一个能够为所有人服务的未来，因此就要将人类置于首位，并且要为人类赋权。从最悲观的视角来看第四次工业革命，它确实会导致非人化的形式（dehumanized form），第四次工业革命也许有将人性“机器化”（robotize）的潜力，从而让人类的心灵枯竭。但是，作为人性（创新、同情、管理工作）最好部分的补充，第四次工业革命也能够基于一种共同的命运感，让人类升华出一种新的集体和道德意识。为了让第四次工业革命带来更好的结果，这是我们大家共同的责任。

原文标题：The Fourth Industrial Revolution: What It Means, How to Respond

理解第四次工业革命的五种路径

选自世界经济论坛网站2015年11月
尼古拉斯·戴维斯（Nicholas Davis）
张秋江/译

正如克劳斯·施瓦布（Klaus Schwab）之前所言，全球正处于“第四次工业革命”的早期阶段，在这场革命中，我们如何生产、消费，以及彼此之间如何联系，都会发生根本性的转变。而这场革命出现的主要推动力是物理世界、数字世界和人类自身的融合。

这是一个非常重要的概念，我们准备在2016年举办的达沃斯年会中，来讨论这一话题，并掌握其潜在的意义。

之前，世界上已经发生过这类大规模的社会变革。第一次工业革命发生在18世纪，人类从依赖动物的力量，转移到依靠机械力量。第二次工业革命发生在19世纪末20世纪初，在这场革命中，大规模生产和传播取得了一系列突破性的进展。第三次工业革命发生在20世纪中期，在这场革命中，计算机为我们打开了一个数字世界。

与之前的三次工业革命相比，第四次工业革命以非常快的速度正在大范围地扩展开来。至关重要的一点是，在第四次工业革命发生的时刻，我们还有机会来讨论它，同时也允许我们把握这次工业革命给我们带来的机遇，并尽量减少它带来的风险。

不过，如果仍然拘泥于以前工业革命的思维方式，那我们就不会实现以上所说的目标。在此，我们提出观察第四次工业革命的五种路径。

一、第四次工业革命作为经济活动和创新的下一波大浪潮，它会终结我们对化石燃料的依赖吗？

由于全球移动链接的快速上升，以及制造业和服务行业广泛使用传感器、机器人和强大的数据分析系统，新兴技术有能力推动全球经济出现全新的循环。

这种增长带来的影响是深远的，与以往的工业革命相比，我们会面临许多新的或更大的担忧——如何来进行利益分配，如何来管理外部效应，如何在保证提升生产力和效率的同时，不会带来通货紧缩的压力和大规模的失业等，这类问题尤为值得关注。

如果我们能够在集体层面做出一个正确的选择，第四次工业革命不仅会对人类产生深刻的影响，而且还对我们所处的环境产生深刻影响——正如詹姆斯·穆迪（James Chin Moody）和比安卡·诺格拉迪（Bianca Nogrady）在《第六次浪潮》（*The Sixth Wave*）一书中指出，这是人类第一次有机会，利用我们先进的技术来获取资源和重新设计生产与消费系统，这样我们就能够创造基于资源效率，而不是基于资源消费的全新经济体系，这最终会让人类远离对化石燃料的依赖，而对化石燃料的过度依赖是前几次工业革命的主要特征。

二、第四次工业革命是数字世界、物理世界和人类自身的融合，那么当软件“吞噬世界”时，会发生什么？

另一种塑造第四次工业革命的路径，就是要了解，在多大程度上，新技术会导致以前这三个分隔领域的快速融合，并且在技术融合过程中，会对我们看待世界的方式形成一定的挑战。

第一个领域就是第三次工业革命——即数字世界，或者也可以普遍地称之为“技术领域”（the technosphere），正如马克·安德森（Marc Andreesen）所说，软件作为一种有用的工具，已经从电子表格和分析软件包转变到“吞噬整个世界”（eating the world）。

第二个领域是围绕在我们周围的自然和物理环境，由于传感器的使用和

“物联网”（the internet of things）的扩张，导致物理世界迅速数字化，这样人类就会从物理世界获得更多的感知，也会进一步加强对物理世界的控制。人类可以从数十亿的连接物体中，源源不断地获取数据，这会为我们提供新的路径来观察和了解物理世界的运作模式。

第三个领域就是我们人类自身——第三次工业革命始于这一过程，它让个人化、互动性的技术变得更为普遍，而第四次工业革命为我们提供了这样一个机会，它让人类的身体真正融合和适应这些技术。

这场贯通物理世界、数字世界和人类世界的大融合，不仅仅是由新技术所推动，新出现的平台和系统也推动了这三个领域的融合，这些平台系统创造了新的机会，让越来越多的人可以体验这些新技术。

一个绝佳的例子是，人类普遍提升的基因编写能力。研究人员和创业者在这方面兴趣的爆发，不仅是因为CRISPR/Cas9人类基因编写工具的开发比以往的方法更有效，而且还因为现有的全球性平台让信息共享成为可能，让核糖核酸（RNA）输入能力提升，基因测序服务也可以通过网络来购买。全球性平台让基因编写，更容易也更有可能实现安德鲁·梅纳德（Andrew D. Maynard）所说的“融合技术”（fusing technologies），从而产生更加有影响的效果。

三、第四次工业革命作为现有权力结构的破坏者，它所带来的问题是，在这场革命中谁是赢家，谁是输家，还远未确定

所有的工业革命都会带来破坏——经济的、政治的和社会方面的破坏，第四次工业革命也会给企业、政府、媒体和公民社会带来重大变革，而这些组织最近几十年一直在社会中占主导地位。

全球化、非物质化市场的标志之一就是，它们倾向于给予一些“明星”产品、个人或公司巨大的回报，这些公司或个人，或者凭运气，或者凭它们的特殊才能，在早期获得了广泛关注，而损害的却是那些不那么幸运，或做得不太好的公司。同时，全球性平台的存在，降低了传播过程中的交易成本，这也意味着那些拥有全球性平台和相应基础设施结构的人，可以从中获得丰厚的利益，从而让人们开始担忧在一个国家内急剧出现的不平等现象。

另一个同样让人担心的问题是，国家之间的不平等。因此，不管是公共政策，还是当前国家的发展阶段，都将会对一个国家如何实现收益，产生巨大影响。当数据和人才变成一些组织的高产值输入之后，世界各地的城市都会培育本地的创新生态系统，以便于迅速地利用第四次工业革命带来的高效率生产，从而满足公民的各种需求，同时为全球市场生产更受欢迎的产品和服务。

极有可能出现的结果是，"数字鸿沟"将一直存在，这一结果会由于无意中限制开放数据的公共政策而加剧，从而导致创新走入死胡同，同时也会让一个国家很快落后于创新前沿。目前尚不清楚的是，在第四次工业革命过程中，追赶创新是不是一件容易的事。因为，现在有许多国家仍然处于之前工业革命的转型过程中，在全球制造业市场中，由于机器人化和3D打印技术出现带来的巨大变革，很难说对于像印度这样的国家意味着什么，要知道在印度有47%的人口，仍然在从事农业劳动。

另一个正在被破坏的领域是，政府与公民之间的相对权力。数字传播、密码技术和公共传感网络（比如GPS定位技术和卫星成像技术）的广泛使用，为公民赋予了巨大的力量，让他们关注政府，同时让政府承担起应有的责任，而全球性的社交媒体让新的社会运动合并、组织和创新，与此同时，政府也会去影响，甚至去共同创造公共政策。不过，以国家安全的名义，在许多国家，同样是这些技术，也会被用来压迫公民，压缩公民参与的空间。

因此，第四次工业革命要面对的一个关键问题，并不是权力会不会转移，或者是谁的权力转移的问题，而是要保证这种不可避免的权力转移，不要无意之间导致不可控制的不平等或严重的安全风险。

四、第四次工业革命对未来的工作、教育和技能而言，是一次根本性转变，但这并不意味着这是人与机器之间的对立

第四次工业革命带来的最深刻的影响是：人们会从事什么样的工作，一个人要成功需要掌握哪些技能。当然，所有的工业革命都会对人们所从事的职业产生根本性的影响——在1900年，也就是在第二次工业革命中期，美国有41%的劳动力从事农业，而到了20世纪70年代，也就是第三次工业革命开始的时候，这一比率下降到了4%，如今，美国从事农业劳动的人口不足2%。

牛津大学的两位研究人员卡尔・本尼迪克特・弗雷（Carl Benedikt Frey）和米歇尔・奥斯本（Michael Osborne）提供的数据，并不会让我们感到过于震惊，据他们估计，就目前的数字化和自动化变革来看，美国47%的工作处于高度风险中。在接下来的20多年中，这种史前无例的转变是可以预见到的：是一代人，而不是三代人或四代人，就可以经历这种转变，这种变革会对工业和工人产生广泛而深远的影响。

为了让我们自己和我们的子女应对这种变革，我们可以合理地采取以下两种策略。

第一种策略是，投资能够提升与科学、科技和设计相关的技能，这样就可以让人们与更加智能化的机器一起工作，我们的目标是要提高人的能力，而不是被机器所取代。

第二种策略是，让我们更多地关注那些让我们之所以成为人，而不是机器的独特品质，尤其是这样一些品质，如同情心、灵感、归属感、创造力和感受性。通过这样的方式，我们就可以在社区内加强和突出价值创造的根本性资源，而这些要素如果仅仅从经济方面来衡量，则会被完全忽略。

五、围绕着技术和人性，第四次工业革命会带来一系列新的标准。我们可以改变技术，技术也可以改变我们

在理解第四次工业革命时最后一个可能有用的框架，源自这一视角：技术是社会建构的。我们用来描述它的这些措辞非常重要。

“革命”这个词本身，或者其他诸如“浪潮”之类的隐喻，给人一种不可压制的形象，或者让我们感到是一种超出我们控制的外生力量，我们必须简单地忍受它。我们在谈论第四次工业革命时，如果被这样的叙事话语所主导，那对我们来讲简直是一种耻辱。

事实是，我们作为个人、家庭和社区成员，甚至是作为公民，在我们生活的每一天当中，我们作出的选择，或者是使用技术的方式，都会影响到第四次工业革命发展的方方面面。有时候对这些融合技术力量的选择利用，凸显了我们需要反思、停下来，甚至是抛弃一些技术。

作出决定的权力主要集中在特定的个人和组织身上，包括那些管理全球

性数字平台的公司，以及一些政府部门，政府部门有权力启动或阻止新兴技术的开发、商业化或采用。不过，事实仍然是，技术的创新与扩散过程会产生深刻的社会影响，推动技术变革的伦理与标准，会一直处于不断的变化过程中，我们所有人对这种变革都有所贡献。

通过第一次工业革命，技术以广泛的方式穿透了我们的身体、心灵，甚至以一种明显的方式影响到了我们的基因，目前面临的第四次工业革命让我们意识到：我们会改变技术，技术也会改变我们。这种改变既是根本性的，也是不可逆转的。

值得庆幸的是，我们仍然处于第四次工业革命的初始阶段，因此，我们还有机会来争辩、讨论和制定新的标准和伦理规则，以帮助引领我们迈向施瓦布教授所说的“基于共同命运感的一种新的集体和道德意识”。

为了实现这一目标，我们需要以一种全新的合作方式，进行跨部门、跨学科和跨组织的合作。世界经济论坛正在致力于探索塑造第四次工业革命发展轨迹的推动力、影响和机会，最终希望真正地“改善世界的状况”。

原文标题：5 Ways of Understanding The Fourth Industrial Revolution

第四次工业革命对市民社会意味着什么？

选自《世界经济论坛报告》2016年1月23日
马克·维索（Mark Viso）
王任重/译

几十年来，我们亲历了世界巨变。在这些转变中，市民社会站在前沿，帮助个人、社群以及政府不断适应新的、陌生的环境。

下一次工业革命对商业、政府和普通市民的影响，人们已讨论颇多。虽然我们无法避免灾难的爆发，但是市民社会，尤其是非营利性组织，也应该置于人们的讨论考虑之中。导致此种疏忽的原因之一，可能是市民社会向来被视为中介，连接政府、商业界以及社群。它仅仅是帮助其他团体适应新环境，但是自身却并未从根本上发生改变。

图1　一位女士在等待过马路的过程中，使用苹果手机

然而，今天，根本性的改变正在这些非营利性发展部门里悄然发生，越来越多的人将其视为“第四部门”(the Fourth Sector)。作为一个国际发展组织的领导人，我深深地被这些改变激励着，他们对全世界数百万贫穷、边缘化的人口可能产生的潜移默化的影响也深深地鼓舞着我。

“第四部门”，即公共、私人和非营利部门的集合(即所谓的政府组织、营利性组织和社会公益组织的融合——译注)，正在改变着我们运作、处理发展的方式，也改变着人与人之间连接的方式。正如埃森哲公司(Accenture Development Partnership)的报告中所指出的那样，“融合连续统一体”(the Convergence Continuum)在全球发展中将助益“第四部门”。

在过去5年的发展历程中，无论是商业界还是非营利性组织的运作模式都在悄然发生转变。传统的收入驱动型商业模式已经发生转变了，新型的模式涵盖了从通过企业社会责任项目捐助资金到与非营利性组织建立牢固的伙伴关系等多种形式。今天，商业模式进行了更深入的转变，在共享价值理念的影响下，将社会影响力整合到商业模式中，既从商业产出中获益，也吸收一些社会公益资金。

另一方面，我们也发现，利他主义的非营利性部门展现出更加传统的商业化、私营化特征。虽然专项资金划拨依旧是我们努力的核心，但是非营利性组织也正在探索市场化的社会企业模式和创效投资模式(寻求回报的投资)，保证同时将社会效益最大化。为全球挑战寻找、实施并倡导解决方案是我们的使命，但是我们完成这一使命的方式却正在发生根本性的变化。

我们有政府作为中间人，负责满足市民从健康到安全方面的基本需求。政府模式变化万千，但是从传统上说，它主要是从各种税费、外国援助及其他国际金融支持中获得资金。虽然政府历来就有和非营利性组织以及私人部门合作的传统，但是那也只是各种各样公司伙伴关系中的少数种类，而且政府往往希望私营部门帮助它们解决从基础设施到医疗保健方面的问题。

一方面，过去10年的全球经济骚动紧缩了预算(包括发展项目的大型资助，即海外发展援助和私人基金会)；另一方面，全球挑战持续增长，诸如叙利亚的内战以及由此而导致的难民危机等，都在指数级地恶化。

对社会责任产品日益增长的需求以及贫困和不稳定，对全球供应链造成的直接影响，使得跨国公司不可能独善其身，它们已经无法忽略当地社会贫困人口以及弱势人群对其造成的影响了。

与此同时，如果非营利性组织要想转变全球人口的生存现状，便无法再单纯地依赖传统的捐献援助来完成转型了。据估计，目前创效投资市场规模达到500亿美元，到2025年将达到2万亿美元，而且这还只是保守估计。

野心勃勃的全球日程已在我们面前拉开了序幕，在达成可持续性发展目标的过程中，这一新市场的巨大潜力不能被忽视，据分析，对其忽视将造成每年3.3万亿—4.5万亿美元的成本。在Pact公司，我们最近成立了一个新的单位，来连接创效投资者和社会企业，补充而非替代传统的专项资金划拨资助。这一新市场将大大增加我们对全球的影响力，并引进新型、有活力的伙伴关系，从而用非传统的方法来解决传统问题。

然而，我们重新定位并不只是因为消费需求和资金限制。

私人部门与非营利性组织的密切合作已经长达10年之久了，尤其是在设计、实施项目方面的伙伴关系更是不断发展。双方都能从这种伙伴关系中相互借鉴相互学习。我们意识到，在各自的经验方面，双方都有自己的优点和特长，只有双方将其展示出来之时，我们才能逐渐将其整合到这个新的第四部门。该部门既非完全靠利润驱使，又不是完全被社会影响力所掌控。

为了生存，非营利性组织必须面对这一洗牌，并不断向前演化。但是，我们能做得更好。事实上，以我们所服务的人的福祉为导向，我们可以引领他们并帮助他们构建新的模式。我们的目标是在世界范围内完成转变，因此，我们需要由内而外，向一个非营利性的未来转变。

对于我们很多人来说，这种转变并不那么容易被接受。私营部门反复尝试已经达数十年了，它们试图适应瞬息万变的世界环境，避免被时代抛在后边。国际开发部门有时候显得固执、不肯退让。我们的做法在过去70年里几乎未发生改变。但是，如果我们不去接受正在发生的变革，毫不迟疑地用适宜、创新的手段完成我们的使命，那么，我们就永远不可能意识到，在解决全球问题上我们能发挥多大作用。

我们必须将此次变革视为千载难逢的时机，以此来增强我们的影响力，帮助人们摆脱贫穷、创造未来。

原文标题：What Does the Fourth Industrial Revolution Mean for Civil Society

藏匿在第四次工业革命下的危机

选自《世界经济论坛报告》2016年1月20日

安德烈·库德斯基（André Kudelski）

王　芳/译

在第四次工业革命中，虚拟世界和现实世界将合二为一，这不仅会带来绝佳的机遇，也会酿造新的风险。

我们正要面临的风险具有不对称性，这越发强调：我们需要对安全问题具备整体化、综合性的视野，同时商业行为与政治行动的步调要高度的一致。

随着虚拟世界同现实世界之间的界限逐渐消失，社会将暴露出新的软肋。

事实上，“车联网”的愿景可能很快就会产生一场噩梦；我们已经在最近

图1　一架无人机正在拍摄澳大利亚皇家海军舰艇安扎克（Anzac）号护卫舰抵达马耳他瓦莱塔大港口

得到了证实，技艺精湛的工程师就可以做到远程控制物联网中任何相连的事物。这一事实将改写战争的传统法则，无论是国防战略还是商业战略。

创新将衍生各种各样的复杂情形，然而社会还来不及跟上创新的脚步，理解这些数目惊人的可能性。1940年的时候，法国军队还在讨论是否工业化生产坦克，而德国已经着眼于V-1导弹的制造了（德国V-1导弹是德国在第二次世界大战末研制的飞航式导弹，是世界上最早出现并在战争中使用的导弹，用于袭击英国、荷兰和比利时——译注），美国则在构思原子弹。我们也都知道第二次世界大战最后是怎样的结果。

今天，我们又处在了同样的位置上，那就是低估了物物相连的世界所潜在的危险，并且不能充分地认识到风险的性质和多样性。

考虑到风险的不对称性，我们绝对不能对安全问题掉以轻心，否则后果将不堪设想。

冲突的发生与商业的运作是不对称的，而要想在这场数字革命中取得胜利，掌握应对这一不对称性的方法不可或缺。我们需要拓宽安全意识并加强安全敏感性，以便在风险来临前可以采取灵活多变的办法来保全资产。并且，我们需要具备实时监控、分析和应对风险的能力。

我们最近做了一项研究，发现大多数企业的数字基础建设已经遭遇了盗版者的侵犯。风险不断升级，他们持续不断，悄然无声，没有预兆，不容易被发现。但是很可能只是一瞬间就造成令人无法想象的破坏局面。这样的情形可能是前所未有的，为此，我们需要集思广益，群策群力。而思想和资源的交流不仅仅是局限于管理层或基础设施的层面，还需要动员到每一个员工和每一个公民。一部遗失的智能手机，一条联网的生产线，抑或是一架联网的飞机，都可能成为非常强大的武器。

有效地应对这样的数字威胁，我们需要政治举措和商业倡议共同发挥作用。

企业需要明白的是，基于软件和设备的安全解决方案只是其中的一部分，我们需要的是可以实时获取情报的整体性解决方案，只有这样才可以形成有效的防御屏障。这种应对战略有它的名字：游击战。

早在几年前，传媒行业就已经明白这样的道理了。他们所发布的内容每年可以创收2 000亿美元，为了确保效益，他们意识到光是用软硬件保护措施来阻止网络实时共享是不够的。他们还专门设立了安全实验室，不断同信息剽窃者打游击。

此外，这场游击战的胜利还需要加强政治和商业环境里监管层之间的合作。在现行的应对策略中，防御心态极其明显，而这只能让仁人志士踌躇不前，比如说打破经济界限以及回避对相关经济问题的解决。

我们需要具备多元化的视角，制定明确的目标，尊重各国的社会和历史文化根源，并坚定对未来的信心，只有综合了以上条件才能激发积极有效的社会响应，降低社会动荡。

科技越发走向智能化，而安全问题所带来的挑战是没有界限的——我们每个人都身在其中。

原文标题：The Dark Side of the Fourth Industrial Revolution

国际经济治理：二十国集团最后的机会？

节选自《英国皇家国际事务研究所报告》2015年11月
保拉·苏巴基（Paola Subacchi）
斯蒂芬·皮克福德（Stephen Pickford）
张建中/译

一、摘　　要

像中国和印度这样的新兴市场国家，尽管在全球经济中的重要性日益增加，但国际货币基金组织（IMF）和世界银行（World Bank）仍然由美国主导。

自2008年以来，二十国集团（G20）比较突出的作用，主要是想要展示面对新兴市场时影响力平衡的转变，但是，国际金融机构缓慢的改革速度，阻碍了这种变革。

较大的新兴市场国家对此的回应是创建新的机构，中国正在推动在一个多种货币的国际货币体系中使用人民币。

美国一直反对这些国家的行动措施，仍然不愿意批准对国际货币基金组织的治理改革。美国的这种冷淡态度，有让国际体系分裂的风险，同时也会让美国发生转变，从而远离多边主义。在这一过程中，还存在的危险是，二十国集团、国际货币基金组织和世界银行，将会变得不那么有效，同时也会进一步加速这些组织的分裂。

不管是二十国集团，还是"布雷顿森林体系"创建的国际金融机构，它们都会在国际经济体系中起到一定的作用，并且当它们一起合作的时候，才能够发挥最大的作用。但是，目前这些组织的改革已经出现僵局，尤其是国际货币基金组织改革出现的僵局,会对这些组织产生一定的威胁和破坏作用。

不管是单独一个国家,还是作为一个经济体,在国际经济治理的现代化过程中,二十国集团起着非常关键性的作用。二十国集团的必要改革步骤包括:美国在国际货币基金组织现有份额方面要有所变化;七国集团(G7)对于新兴市场改革措施的支持;"金砖"(BRICS)国家努力让二十国集团更加有效运作的承诺;2016年,中国正式接任二十国集团主席国,在此期间,来自中国的果断领导力也非常重要。

二、导　　论

在过去20多年中,世界经济发生了根本性的变革。在第二次世界大战之后,美国崛起成为经济和安全事务方面唯一的超级大国。但是,从20世纪90年代末开始,全球发生了很大变化,这主要是因为发展中国家在贸易和金融方面,逐渐占据了一些关键位置,在此期间,像中国和印度,逐渐崛起成为"新兴大国"。二十国集团的出现集中体现了这种新的世界经济秩序。

战后由美国主导的经济体系,逐渐转变为一个更加多样化的经济体构成的多极世界,除去其他一些因素,这种转变更为明显地体现在全球GDP的构成变化上。在1990年代初期,美国和七国集团的其他国家占全球GDP的51.2%,这一份额到2015年已经下降到31.6%,而在同一时期内,中国和印度相加所占全球GDP的份额,已经从7.7%上升到24.3%。

由于2008—2009年的金融危机,国际经济治理需要适应新的现实,变成了一个日益迫切的问题。资本市场动荡和经济严重衰退,凸显了新兴市场国家通过贸易、金融和投资完全融入全球经济的程度。尤为重要的是,金融危机显示,通过互相连接的银行系统和资本市场,现在的金融动荡,可以迅速扩散到整个国际经济发展过程中。与此同时,中国和其他主要的新兴市场,迅速成为国际金融体系的必要组成部分。因此,很清楚的一点是,管理世界经济不只是发达国家的一件事。在讨论世界经济未来的发展时,新兴市场国家和发展中国家必须成为其中的一部分,尤其要成为世界经济决策过程中的一部分。

在金融危机之后,二十国集团一直在努力推动重铸国际经济治理的正式机构,自2008年11月以来,这个非正式组织将自己定位于国际经济和金融问题的“总理论坛”（premier forum）。作为一个国家领导人级别的论坛，该论坛为国际经济合作提供政治推动力，此外，该组织还试图吸引主要的新兴经济体参与国际经济决策，因此，让二十国集团重新焕发生机显得至关重要。在很多方面，已经出现了诸多合作，包括金融管制。不过，国际金融机构（尤其是国际货币基金组织和世界银行）对这种变化需求迟迟没有做出反应，而且它们也没有很快适应新兴经济体的崛起。从许多重要方面来看，国际金融机构的改革仍然是一项正在进行中的工作，而且一直远远落后于全球经济的持续转型。

本研究报告阐述了自全球金融危机以来，二十国集团的发展变化，以及该组织在国际经济治理改革中所取得的一些成就。本研究指出，金融危机让国际经济治理发生了巨大变化，但仍然需要取得更加重要的进步。

三、全球金融危机引发全球经济治理变革

从2008—2009年爆发的全球金融危机中，我们学到的一个主要教训是，与几十年前相比，世界经济更进一步地整合在一起。与贸易相比，金融更处于这种经济整合的核心。这样一来，一个国家的经济发展，更容易受到金融危机蔓延、政策“溢出效应”，以及经济失衡的影响。

在2008年9月，雷曼兄弟（Lehman Brothers）经营的金融帝国崩溃之后，金融风暴从美国蔓延到欧洲和世界其他各地的银行。当时全球经济的状况是：批发市场冻结、信贷紧缩进一步加强、贸易融资枯竭，以及全球需求崩溃。发达国家经济需求的急剧下降，开始影响到亚洲和其他地区的经济增长。

在金融危机爆发后的第一年，世界各国政府最初的政策回应是不完整和不协调的。七国集团大多数成员国直接将利率降到几乎为零，紧接着在这一政策之后，一些国家便开始推行非常规货币政策——比如美国采取量化宽松政策——来刺激经济的复苏。尤其是美国和中国，实施大规模的财政刺激计划，来促进在基础设施建设方面的投资。

但是，随着金融危机的蔓延、经济的衰退，一些政治家将目光投向二十国集团。二十国集团整合了主要的发达国家（包括所有的七国集团国家）、一些中等规模的发达国家，以及世界上最大的新兴市场和发展中国家，其经济总量约占全球GDP的85%。与七国集团在有限的范围内所给予的援助相比，金融

危机的庞大规模，需要在全球范围内有更加全面的应对措施。金融危机也逐渐让人们认识到，发展中国家在全球经济发展过程中，越来越起到重要作用。自2008年以后，二十国集团就从一个央行行长和财政部长级别的论坛，升格为一个国家首脑峰会。

2009年4月伦敦的峰会，标志着二十国集团的行动达到了顶点，与会国家领导人在一系列遏制危机的措施方面达成了共识。国际合作规模取得了前所未有的进步，实施财政刺激计划，以及为国际货币基金组织和发展银行提供的额外财政资源，都有助于阻止全球经济衰退，同时也有助于稳定市场。此外，还成立了一个新的机构——金融稳定委员会（Financial Stability Board，FSB），来统一推动财政部门的监管改革。与它的前辈、由七国集团衍生出来的金融稳定论坛（Financial Stability Forum，FSF）相比，金融稳定委员会具有更强的职权范围和更多的会员国。此外，二十国集团成员还承诺要捍卫开放的国际贸易体系，同时进一步抵制保护主义。

二十国集团所采取的一些举措，一直延续到危机之后。尤其是金融委员会的创建，巩固了金融管制国际框架方面的重要改革。但是，一些早期的成功，被证明是短暂的。财政政策方面的合作很快就解体了。各国中央银行合作签署的流动性互换协议（liquidity swap lines）也被迫终止。非常规的货币政策，尤其是美联储执行的量化宽松政策，已经对二十国集团国家和非二十国集团国家产生了极大的破坏性影响——正如在2010年韩国首尔召开二十国集团峰会的前几天，巴西前财政部长吉多·曼特加（Guido Mantega）指出，美元疲软背后的新兴市场国家货币升值，就是一场“货币战争”（currency wars）。

2009年的伦敦峰会也标志着，在国际经济治理和多边机构改革方面迈出了重要的一步。在峰会上，二十国集团同意审核国际货币基金组织的份额和投票权，并将其落实到位，这样新兴市场国家、发展中国家和发达国家之间才会有一个公正、有效的平衡，同时以此来换取增加国际货币基金组织所需的资金。

从一开始，二十国集团中的新兴市场国家就坚持认为，国际治理的进一步改革应该是该集团议程的一个重要组成部分，这些改革已经取得了一定的进展。通过对其前身金融稳定论坛的重组，金融稳定委员会囊括了二十国集团的所有成员国，尽管起初发达国家并不是很好的予以配合。在二十国集团中，每个新兴市场国家至少获得2个席位，而巴西、中国和印度各获得了3个席位（与七国集团成员国获得的席位一样多）。

新兴市场国家在世界银行也取得了进步。在2009年9月匹兹堡峰会上，世界银行作出了迈向平等投票权的承诺，对于发展中国家和转型国家，要至少增加它们3%的投票权。在2010年6月多伦多召开的峰会上，二十国集团提出了一个详细的建议，该建议随后被世界银行的所有成员国接受采纳。不过，这一承诺并没有扩展到世界银行的领导层面，在2012年，一个美国人（金镛，韩裔美籍——编注）再次被任命为世界银行行长。

四、国际货币基金组织的改革

不过，在管理国际货币基金组织的过程中，主要新兴市场国家对于话语权的需求仍然在上升。这些国家具体的需求包括：在国际货币基金执行董事会中，增加投票权和所占席位的份额；定期审核份额以反映未来全球经济的变迁；从新兴市场国家招募更多的工作人员；一个更加公开的选择国际货币基金组织领导人的过程（包括世界银行的领导人）。在接下来召开的二十国集团峰会中，新兴市场国家对于以上提出的这些要求，变得日益迫切。

尽管有来自欧洲一些小国家的反对，国际货币基金组织执行董事会构成的改革进程还是相对较快。在实践过程中，这些变化产生的影响并不大，但是这些变化是非常重要的，它突出展示了国际货币基金组织在代表平衡方面发生的转变——逐渐脱离由发达国家所主导的“旧”秩序。

份额改革也很快获得了同意——接下来，就是在等待美国国会的批准。在2010年底，国际货币基金组织正式采用了二十国集团对份额改革的建议，一旦这一建议得以实施，将会使中国成为国际货币基金组织的第三大股东，而巴西、印度和俄罗斯，也会成为处于前10位的股东。各国对这一改革的期望非常高，这会让国际货币基金组织在其结构上，变得更具有全球代表性，该组织一直在努力实现它2008年底制定的目标，当时法国总统萨科齐和英国首相布朗呼吁建立一个新的国际金融架构——一个“新的布雷顿森林体系”。不过，从现在的情况来看，还远远没有达到这一目标。国际货币基金组织的份额改革实施计划已经严重滞后。

不像1944年的布雷顿森林会议，促成了国际货币基金组织和世界银行的创建，到目前为止，二十国集团还没有引发人们对全球金融货币结构和规则的根本性反思。时至今日，距2008年金融危机爆发已有7年，尽管世界经济发生了巨大变化，布雷顿森林体系框架仍然基本完好。

布雷顿森林体系的各种经济机构设置，仍然反映了美国主导的世界经济秩序。国际货币基金组织和世界银行的领导，一直是由西欧和美国人分别担任。这两个机构也一直被认为是美国经济与地缘政治影响的扩张。尽管这是一个所谓软化的“华盛顿共识”（Washington Consensus），与之相联系的是，在1997年亚洲金融危机之后，西方国家将盎格鲁—撒克逊自由经济价值（Anglo-Saxon liberal economic values）强加于新兴市场国家。

国际金融机构中投票权结构的改革，并没有跟上新兴市场国家在全球经济中重要性的日益增加。美国在国际货币基金组织中拥有16%以上的投票权，美国对该组织产生极大影响，而且美国也有能力阻碍做出一些重要决定。美国仍然是实施份额改革的最大障碍：只有美国国会批准之后，份额改革才会有效，直到现在美国国会仍然强烈反对这种变革（2015年12月18日，美国参众两院通过了2016财年支出及税务法案，其中包括国际货币基金组织2010年份额和治理改革方案。当日，美国总统奥巴马签署预算案，至此，拖延长达五年之久的国际货币基金组织改革方案终于得以实施——译注）。

在2014年召开的布里斯班峰会上，二十国集团领导人（包括美国总统奥巴马）在发表的公报中指出，他们对“国际货币基金组织的份额和治理改革进程一再遭到拖延，而深表遗憾，在2010年召开的二十国集团峰会和第15届国际货币基金组织份额评审大会（the 15th General Review of Quotas），已经同意并通过这些改革议程，其中包括一个新的份额模式”。二十国集团领导人一再督促美国批准改革方案，并要求国际货币基金组织“随时准备下一步的政策选项”。

五、二十国集团治理改革的失败

布雷顿森林体系机构改革进程缓慢，在某种程度上是由于二十国集团自身不清晰的治理所导致的。在2008年金融危机之后，二十国集团将自己重塑为一个国家领导人级别的论坛，同时二十国集团将自己有效地定位为一个处理金融危机的现成的组织。但是，二十国集团在结构上存在设计缺陷：需要取得共识，采取“轮值主席国”形式，成员国并不愿意抛弃自身议程设定的一些问题。此外，在执行峰会领导人签订协议的过程中，二十国集团还有好坏参半的复杂记录。

尽管二十国集团领导了广泛的全球治理改革，英国首相戴维·卡梅伦（David Cameron）关于二十国集团结构和作用的2011年备忘录，并没有提出重要的内部治理改革议题。

但是，二十国集团的一个核心问题，在于以下这一事实：在管理全球经济方面，二十国集团的成员国对于它们的作用（以及国际金融机构的作用）有完全不同的看法。七国集团的成员国一般会认为，将二十国集团升格为一个元首级的机构，只是解决金融危机的权宜之计。它们在传统上解决危机的观点是，危机只是一个国家的问题（而不是一个多边机构问题），这需要通过志同道合的非正式组织来解决。2008—2009年金融危机全球化的特征，在全球合作应对过程中，必然会将新兴市场国家卷入进来。不过，在2008年和2009年的华盛顿、伦敦峰会，仍然被以下一些问题所主导：金融管制、货币与财政政策、中央银行互换协议，以及国际货币基金组织的资金来源问题，这些问题都属于国家牢牢掌握的问题。

国际货币基金组织和世界银行并不是“二十国集团俱乐部的正式成员”，而仅仅是被邀请的观察员。在2009年，国际货币基金组织常务董事多梅尼克·施特劳斯—卡恩（Dominique Strauss-Kahn）提议，二十国集团和国际货币与金融委员会（International Monetary and Financial Committee，国际货币基金组织的管理机构）应该合并，但是，他的这一建议被发达国家所拒绝。不过，在2009年匹兹堡峰会上设立的监督机制——相互评估程序（Mutual Assessment Process）——是由二十国集团的成员国自己来管理。

相反，二十国集团中非七国集团的成员国，一般会将国际组织看作是解决危机的合法性机构。这些国家青睐于那些正式的、普遍的、以条约为基础的国际机构，并将这些机构看作是最合法的决策机构，而且这些国家将二十国集团看作是国际经济改革的基石，二十国集团给新兴市场国家带来一定的影响力，这种影响力与它们在全球经济增长过程中日益凸显的重要性比较匹配。

由于看待同一问题存在的极大差异，这就使得二十国集团很难实现其承诺。结果，一些国家便开始对该组织不再抱有任何幻想。目前，全球性的金融危机已经有所缓减，压倒一切的紧迫感也有所下降，这是因为有一些国家在制定其政策时，愿意考虑其他国家的问题。不过，二十国集团未能贯彻改革国际体系的承诺，结果导致一些国家将解决问题的主动权牢牢控制在自己的手里。

六、新兴市场国家要求进一步实现治理改革

与它们在全球经济中日益上升的重要作用一致，全球最大的新兴市场国家（尤其是中国），已经开始着手创建一个新的世界经济秩序，这个新的经济秩序不希望以美国为主的布雷顿森林体系机构占据主导地位。这些国家的雄心壮志，包括创建一个不以美元为中心的国际金融体系。中国人民银行行长周小川就支持创建一个多币种的国际货币体系，他强烈反对使用一个占主导地位的国家货币体系，同时他还希望这个新的经济秩序能够对冲美国在国际经济治理过程中的“过度影响”与“过度特权”。

新兴市场国家对于国际货币基金组织治理失败的回应是，创建新的地区和全球性银行。金砖国家（巴西、俄罗斯、印度、中国、南非）已经宣布创建“新开发银行”（New Development Bank，或者叫“金砖国家银行”），该银行最终将拥有1 000亿美元的资本基础。中国也开始与亚洲其他国家合作（包括一些发达国家，像英国、法国、德国、意大利和澳大利亚），创建了亚洲基础设施投资银行（Asian Infrastructure Investment Bank，AIIB）。尽管在发展中国家中，存在着一个真正需要填补的大型基础设施融资鸿沟，创建这些新银行也是为了提升新兴国家在全球经济事务中的影响，尤其是提升中国在亚洲的影响。

除了创建新的银行之外，这些国家还创建了其他一些机构，或者扩张一些机构的职能，其结果之一是这些机构的职能与国际货币基金组织的职能发生了重叠。亚洲金融危机后，在2000年，亚洲国家发起了“清迈协议”（*Chiang Mai Initiative*），该协议为参与该组织的亚洲各国提供相互支持。在2012年，当该协议“多边化”之后，其项目资金有所扩张：它承诺为面临国际收支平衡危机的国家提供额外的财政资源，同时亚洲国家还创建了“东盟+3宏观经济

研究办公室”（ASEAN+3 Macroeconomic Research Office，“东盟+3”是指10个东南亚国家加中日韩三国——译注），来展开对该地区的宏观经济监督——在这之前，该研究办公室的职能是国际货币基金组织唯一保留的职能。此外，金砖国家还签署条约，创建了应急储备安排（Contingent Reserve Arrangement）机构，该机构拥有1 000亿美元的资本基础，参与国的中央银行将投入一定数额的资金，在国际收支出现危机的情况下使用。这些新兴市场国家领导的机构，对现有的国际机构有一种隐含的威胁，同时这些机构的设置，也为国际经济的进一步治理改革带来了压力。

创建弥补美元不足的国际储备货币机构，以及成为一个多币种国际货币体系中的重要组成部分，这两方面是新兴市场国家重塑国际经济治理的重要构成元素。在2009年，中国开始追求一个多币种体系的“人民币战略”，以促进区域贸易中使用本国货币。该战略还试图更广泛地推动人民币的使用，以反映中国在全球经济增长过程中所起的推动作用。

美国显然对新兴市场国家的这些努力感到不舒服，这些新兴市场国家在国际经济与货币事务中获得了更为重要的作用。美国尤其担心中国的一些措施，因为中国对亚洲和亚洲之外的国家，产生了重要的地缘战略意义。在2015年，这种担心变得更清楚了，奥巴马政府再也不能掩饰它的不安，并公开指责英国参与亚洲基础设施投资银行，以及英国对中国的“不断迁就”。

美国当然有自己的观点。美国对亚洲基础设施投资银行的治理，有一个合法性的顾虑。比如，中国对治理不善的发展中国家的借款记录。但是，如果美国反对其他国家的这些措施，在国际竞争中，美国在决定国际组织、体系和规则的性质和有效性时，就存在着失败的风险。世界经济已经不是“布雷顿森林体系”时代的经济了。尽管美国能够延缓一些发展变化，但美国这样做的时候也有很大的风险，这会破坏它试图控制的经济体系。美国现在需要做出决定：一个由美国主导的国际货币基金组织，但是该组织无法解决全球经济危机，而且在全球经济中显得衰弱和无效，这样一个组织是否能够促进美国经济的健康发展，或者说，一个更多地考虑其他国家利益的强大基金组织，在运作过程中是否会更加有效。这样做并不是一定要反对不可避免的经济秩序转型，美国应该确保一个日益多极化的经济体系，而这个经济体系并不一定会导致世界分裂，甚至出现各种分隔的经济集团。

七、一个更加分化的治理路径?

目前，存在的一个危险是，新兴的经济大国将会创建它们自己的机构和治理框架，这些机构和治理框架当然会与它们自己的利益相一致，这种结果将会导致一个分化的国际体系出现。比如，亚洲基础设施投资银行的创建，将会导致在亚洲出现两个有影响的经济集团——一个是由中国领导的经济集团；另一个是由美国和日本领导的经济集团（这两个国家主导着目前的亚洲开发银行）。

另外，还存在着标准分化的风险。分散的贸易标准已经对国际经济形成了明显的威胁，中国对被排除在《跨太平洋伙伴关系协定》（Trans—Pacific Partnership Agreement，TPP）之外的反应是，加快了中国自己在本地区贸易安排的速度。中国最近发起"一带一路"倡议，以此来开发中国与中亚和欧洲的贸易，从现在看来，这一举措对于中国领导人而言，仍然是一个政策取向表达，而不是一个行动计划。不过，依据这一倡议，中国有可能创建一个更为正式的框架，在这个框架内，新创建的机构，像亚洲基础设施投资银行，在基础设施投资、开发、经济监督和为危机国家提供金融援助方面，能够起到领导作用。

维持一个协调一致、多边的规则标准框架，就是为全球经济发展提供一项公共产品。考虑到它的成员、作用和政治领导力，二十国集团处于一个独特的位置，让它可以弥合不同国家之间的分歧，并阻止国际经济体系的分裂。在过去若干年中，二十国集团一直能够在发达国家和发展中国家，取得一个利益平衡。但是，一直要成功地做到这一点，这就需要保证目前的国际治理结构，能够反映出新兴市场国家不断变化的作用。

为了推动治理议程不断向前发展，2014年的布里斯班峰会呼吁："选择下一步"（options for next steps）展开治理改革。那么，下一步可能的改革议程是什么?

八、"选择下一步"

目前，国际机构治理正处于一个十字路口，而二十国集团需要采取积极行动。一个可能的结果是，会出现一个持续的僵局：在管理现有的国际机构时，新兴市场国家想要争取更大的话语权，而发达国家（尤其是美国）想要一直维持它们在国际机构中的主导地位。在这样一种情形之下，新兴市场国家可能越来越不会参与二十国集团的国际联合行动，反而会不断创建一些平行的国际经济机构，与国际货币基金组织和世界银行分庭抗礼。

在一定程度上，二十国集团已经分裂为不同的阵营，正如我们所看到的，金砖国家在不断加强彼此之间的合作，而七国集团也在开始复兴。在贸易问题方面，“超级”自由贸易协定的谈判已经开始（包括TPP，大西洋两岸的贸易和投资合作，以及欧盟和日本的贸易协定），并且逐渐将世界贸易组织边缘化。结果，不同的“游戏规则”和贸易标准开始出现。

但是这种分裂并不是不可避免的。如果二十国集团重振其合作精神，就可以帮互助修复已经开始出现的裂缝。作为一个国际组织，二十国集团有两个比较优势。首先，因为二十国集团是一个以国家为基础的论坛，其成员国拥有二十国集团所做决定的“所有权”——这一结果，会让这些国家承担更大的责任。当国家政府去执行这些决定［比如，为促进经济增长，《布里斯班行动计划》(*Brisbane Action Plan*)所确定的供给行动］，或者一些国家出现融资需要时（国际货币基金组织和世界银行要求拥有一般的会员资格），二十国集团更有可能提供资金。其次，在金融危机期间，二十国集团能够在其成员国中间很快达成共识，而在其他一些主要的国际机构之间达成共识，可能会颇费周折。

二十国集团的主要缺陷是，该组织将许多国家排除在外，因此它就没有广泛与包容的合法性（至少与国际货币基金组织和世界银行相比是这样），而且该组织没有以条约为基础的权力，让它能够保证其协议得以顺利实施。最终，二十国集团的可信度取决于，各国领导人在峰会上达成的协议能否得到执行。

对于二十国集团和其他国际组织，在国际经济治理结构改革方面仍然有一定的空间，当这些组织一起合作的时候，它们可能更有效。但是，目前有关治理改革的僵局，尤其是在国际货币基金组织治理方面出现的僵局，有可能会破坏现有的国际组织，而且会降低二十国集团作为一个机构组织的相对重要性。二十国集团成员国应该能够解决这一问题，但是，它需要利用各国领导人参与的政治影响力，来保护和加强多边机构的作用，以及二十国集团自身的作用。

九、国际经济治理的现代化战略

为了使国际经济治理现代化,我们需要在各个层面——单个国家、二十国集团的成员国,以及作为整体的二十国集团——采取一些行动。

(一)美国必须展示真正的领导力

如果美国国会一直将狭隘的短期利益放到首位,并拒绝国际社会已经同意的国际货币基金组织份额改革,那么奥巴马政府必须要采取一定的行动。

首先,奥巴马政府要不断地表达自己的声音,而且要公开支持国际货币基金组织的份额改革。

其次,奥巴马政府应该支持不需要国会批准的治理改革,比如,终止任命国际经济机构领导人的惯例——国际货币基金组织的总裁总是一个欧洲人,而世界银行行长总是一个美国人,美国政府应该倡导国际组织在员工招聘过程中更加多元化。

再次,奥巴马政府应该展示出对亚洲基础设施投资银行和其他新兴市场建立新机构行动措施的支持。这种姿态会表明美国政府并没有将它们看作是另类的机构,同时也没有将它们看作是现有国际机构的威胁。

(二)其他七国集团的成员国必须准备去解决这些问题,同时要支持新兴市场国家的行动倡议

首先,没有任何行动的国家(比如日本)应该成为亚洲基础设施投资银行的成员(尽管美国反对)。这样做会再次表明,美国在这一问题上是多么孤立。

其次,这些国家应该支持美国政府去游说国会,从而批准国际机构的治理改革。

(三)金砖国家应该认识到二十国集团是国际体系的一个重要组成部分

首先,金砖国家应该努力让二十国集团更加有效地运作,而不应该在国际货币基金组织和世界银行批准改革的这个问题上,一直将二十国集团当作一个抵押品。

其次,金砖国家应该清楚地表明自己的态度——美国如果成为亚洲基础设施投资银行和其他金砖国家所领导机构的一员,这种行动是会受到欢迎的。

（四）让二十国集团有效地运作，中国负有特殊的责任

在2016年，中国将成为二十国集团的轮值主席国。对于2016年的二十国集团而言，通过一个积极和集中的议程，中国能够展示出它对二十国集团的承诺，而且还可以展示出二十国集团的潜力——在比较难以解决的国际经济问题方面，通过二十国集团是可以取得进步的。

（五）MIKTA5国（2013年，墨西哥、印度尼西亚、韩国、土耳其和澳大利亚5国成立了MIKTA—译注）需要帮助促成“B计划”（Plan B）的治理改革

这几个国家大部分都是国际体系功能失灵的受害者，因为它们不是一些强大组织（比如像七国集团或金砖国家）的组成部分。“B计划”应该包括一个全面彻底的改革计划，该计划主要是针对国际货币基金组织投票权结构的改革，以使其治理进一步现代化。但是，为了给美国国会增加压力，让它批准份额改革，这个计划必须是可信的。

让国际经济有效运作，所有的这些战略要素都是必要的。国际经济治理向前发展的挑战，基本上与全球经济中不断出现的变革保持同步，与此同时，国际经济治理还要避免机构与标准产生分裂。

在二十国集团内，所有的国家和集体组织都能够发挥重要作用。美国最初对中国创建亚洲基础设施投资银行的反应，说明它一直处于一种防卫状态。但是，美国确实面临着非常严峻的考验。如果美国愿意考虑改革，而且会释放一部分它在国际货币基金组织和在其他国际组织中的控制决定权，这将有助于这些国际机构更加有效、健康地促进全球经济的发展。如果美国不能做到这一点，它将会严重阻碍二十国集团和其他国际组织成为促进国际经济合作的有效机构。至于中国，则会在国际经济中发挥重要的作用。在2016年，中国会成为二十国集团的主席国，这将会提供一个巨大的机会，让全球经济朝着正确的方向发展。

原文标题：International Economic Governance: Last Chance for the G20?

发挥《跨大西洋贸易与投资伙伴协定》的战略潜力

节选自《英国皇家国际事务所报告》2016年7月
格雷戈尔·欧文（Gregor Irwin）
刘晓雨/译

一、概　　述

（1）美国和欧盟正在就《跨大西洋贸易与投资伙伴协定》（TTIP）进行谈判。与传统的贸易交易相比，这个促进贸易自由化的方法更为大胆也更具风险。它的大胆在于既想要涉及广泛的本不该由它解决的政策问题，又想要拥有不受管辖的战略影响力。它的风险则源自谈判达成协定的困难程度和其他国家予以回应的不确定性。

（2）如果想要签署一份能发挥TTIP全部潜力的关系协定，欧盟和美国的谈判专家们还要做许多工作。虽然在削减关税方面取得了一些进展，但是贸易方面的许多标准和规范还没有制定完成，也正因为如此，TTIP才可能具有在战略层面造成影响的最大潜能 。与此同时，在贸易方面，远隔大西洋的双方都有质疑的声音。双方都担心诸如TTIP之类的协定会对就业和监管标准造成影响。而英国脱欧的决定又让谈判局面愈加复杂。如果想要顺利开展并达成谈判的话，就必须对TTIP的未来行动进行清楚可信的战略说明。

（3）如果美国和欧盟能达成一致，凭借其规模它们能够在未来几年全球范围内定义国际贸易方面的规范和标准。美国和欧盟在该领域的国际领导力为其消费者们带来了商业优势和商业利益，通常也是全球公共物品。然而，有的时候国际领导力也会造成欧盟和美国的利益与其他国家的利益相互对立，可能导致在国有企业的管理规则等多个领域发生政策的矛盾。

（4）如果英国加入TTIP，英美两国和欧盟都会因此而获益。因此在过渡时期，英国有理由利用自己欧盟成员国的身份积极参与欧盟内有关TTIP的决策，因为这有助于英国最终顺利成为TTIP的成员国。

（5）TTIP能够带来潜在的巨大软实力利益，但是只有土耳其等其他战略性国家一同加入，利益才能最大化。也许TTIP可能满足甚至超越其战略影响力的最大野心，其最清楚的标志就是，在多个国家获得批准，前提是其实施的地理范围能更宽广。

（6）TTIP所能带来潜在的安全利益其实是夸大其词而微不足道的。贸易联合带来的跨大西洋安全利益是无形的，也是难以证明的。

（7）能源安全利益很有可能有限的，因为在欧盟市场液化天然气的出口总量可能是很小的。如果欧盟和美国真的想通过利用TTIP来加强安全，它们应当把国防采购也纳入其中，但是实际上这一项并不在议程之内。

（8）欧盟和美国之间的差异不仅意味着双方很难达成协定，这些差异也会限制出于战略目的协定被实施或充分运用。如果TTIP要在战略层面取得成功，双方必须遵守规则、坚持不懈、团结协作地把TTIP视作与别国谈判时的参考点。

（9）美国比欧盟战略行动能力更强，一部分原因是欧盟成员国很难形成统一的战略目标。只有欧盟做到这一点，美国才可能对TTIP的战略方向具有更大的影响力。如果欧盟想要弥补差距，那么欧盟理事会应该首先就将其他国家成员纳入TTIP的目标和重点达成一个政治协议。

（10）TTIP本身也有战略风险，一方面是由于欧盟和美国强调国际规则中体现的价值观，却难以让这些规则为其他国家所接受，或是让TTIP看起来像是一次重申旧世界的秩序的尝试。因此，TTIP可能会造成与一些出于政治原因想要保持距离的新兴国家的裂痕，而不会产生吸引力。

（11）然而，TTIP的最大风险就是失败。如果谈判破裂或是协议满足不了设定的目标，就将欧盟和美国无法合作的负面信号传递给其他国家。如果谈判过程是激烈不堪的，或是协议暴露出美国对于欧洲或欧盟中的反美情绪漠不关心，造成的损害会更大。英国脱欧的决定加剧了这种风险，特别是后一种情况的风险，因为这是对于欧盟所受到的国际信任的一次打击。达成TTIP有助于消除这种打击，而失败则会起到反作用。

二、引　言

2016年7月，欧盟和美国的贸易官员在布鲁塞尔针对所提议的TTIP开始进行第14轮谈判，旨在缔结一个全面的、雄心勃勃的协议，不仅可以扩大美国和欧盟间的贸易与投资，还能解决全球普遍关注的问题。据估计，通过TTIP欧盟每年可以获得高达到1 990亿欧元的经济收入——相当于每个四口之家获得545欧元的可支配收入，而美国则可以在2027年之前每年获得950亿欧元的经济收入。但是TTIP的野心已经超越了经济层面，扩展到战略层面。2013年美国总统巴拉克·奥巴马（Barack Obama）和欧洲各国领导人在英国厄恩湖举办的八国集团首脑会议上进行谈判，这次积极行动可以看作是对“真正的战略重要性 ”的共同认可。大西洋两岸的双方都有同样的野心，如果这份野心与现实情况相匹配，即要经历艰苦鏖战才能谈判达成一个全面的贸易协定，而6月英国公投脱欧的决定又使最近的情况复杂化。在最新的欧洲贸易政策策略中，TTIP又被描述为“欧盟有史以来进行的最具野心也最具战略性的谈判”。欧盟贸易委员塞西莉亚·马姆斯特罗姆（Cecilia Malmström）曾于2015年7月在欧洲议会发言，给出两个理由证明欧盟应当支持TTIP：首先，通过TTIP欧盟可以形成部分战略以在世界范围内打开其他多个市场；其次，通过TTIP可以形成最符合欧盟“核心价值观”的“战略联盟”，而欧洲要想扩大全球化也必须与之合作。

美国贸易代表迈克尔·弗罗曼（Michael Froman）认为，在全球经济中新兴经济体的重要性逐渐增强，却不愿承担相应的责任，这阻碍了贸易。因此全球贸易系统需要创立“道路的新规则 ”。

弗罗曼认为贸易政策可能是“当代最重要的战略项目”的中心部分，而不是只关乎贸易本身，也不是“重振二战后的国际经济秩序”。通过他的言辞我们可以知道：美国不愿见到世界秩序的变化，只能加强这一论点，并想通过先发制人的设定国际贸易新秩序与新兴经济体拉开差距，以保持现有的世界新秩序。

对于TTIP的战略潜力的大肆宣传一部分原因是为了让心存疑虑的公众能够接受。在欧盟和美国，勇于发声的倡议团体越来越多，他们认为TTIP表面上具有能带来好工作和好收入的明显优势，实际上具有解除控制和降低标准的潜在作用，就是牺牲劳动者和消费者而为大企业换取利益。

跨大西洋贸易区覆盖的全部范围和TTIP适用的范围广度囊括了从医疗设备的政府规范到采购医疗的规则等一切事务，这就意味着毫无疑问该协定的影响将大大扩展，超出欧盟和美国的边界。但是这并不意味着关于TTIP潜在战略影响的所有论断都是准确的。甚至这也并不意味着欧盟和美国拥有足够的凝聚力和专注力可以管控战略利益的一切事务，甚至无法控制大部分事务。

本文将对TTIP的战略影响、现实是否可能达到前所未有的预期和决定性因素这3个方面做出评估。

本文还详细解释了政治和经济环境，之后考虑了欧盟和美国的政策制定者的联盟程度 。此外，本文还分析了为TTIP进行战略解释的3条重要论据：国际领导力，软实力和安全。最后，本文确认了决定TTIP战略影响力的3个因素，然后才得出结论。

三、政治经济背景

在美国与11个太平洋沿岸的国家签署《跨太平洋伙伴关系协定》（TPP）几个月后，TTIP就进行了最新一轮的谈判；那时中国正努力开始自己的积极行动，包括区域全面经济伙伴关系［与东南亚国家联盟的10个成员国和5个非成员国（包括印度和日本）展开合作］。2015年末在内罗毕举行的世贸组织部长级会议上，他们高效率地结束了多哈回合谈判，这预示着全面的多边贸易协议将会被针对具体问题和专门领域的单独的协定所取代。

随着世贸组织边缘化以及其焦点通过“意愿联盟”转移到区域或多边协定上，我们迎来了全球贸易政策的转折点。这反映了达成多边协定有多么困难，因为经济权重转移到那些拥有与发达经济体不同目标的新兴经济体上，这也让谈判者更难寻求妥协之道，同时让政治家们更难说服国内有所怀疑的民众接受协定。这种怀疑主义不是新兴经济体所独有的，在许多欧洲国家都十分明显，欧洲议会也能反映这一点。怀疑主义也是美国总统大选的鲜明主题。

图1和表1展示了贸易谈判的经济背景变化。图1还展示了世界上最重要的双边贸易关系的规模和其过去10年的绝对值是如何增长的。10年内涨幅最大的三组关系都涉及了中国（分别是同美国、欧盟及东盟的关系）。表1还展示了涉及中国的贸易关系已经比美国和欧盟的贸易关系增长更快，其中中国和其他新兴经济体（尤其是俄罗斯、印度和东盟成员国）的关系增长率特别高。

这些关系背后的经济势头就表现了贸易谈判的势力过去和未来是如何转移的。然而，重要的事并不仅限于此。图1也表现了不涉及中国的关系按价值计算仍然是最大的。其中欧盟—美国关系是最大的，在2014年达到了7 000

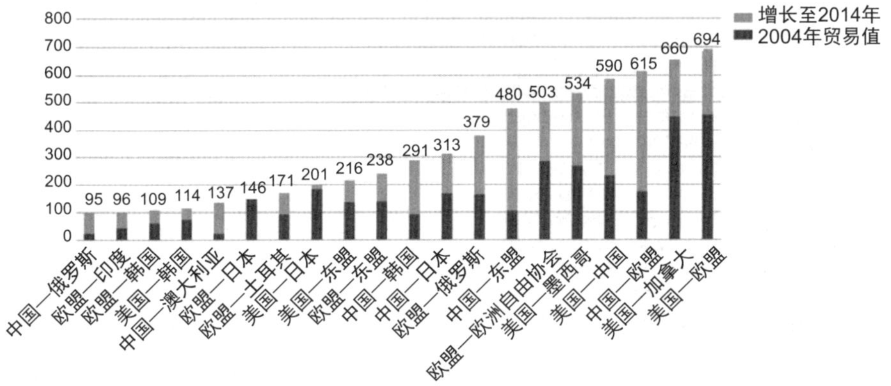

图1　进出口贸易总值（单位：10亿美元）

资料来源：CEIC数据库，全球顾问数计算。

表1　贸易值的复合年均增长率（2004—2014年）

	美国	中国	俄罗斯	印度	韩国	日本	东盟
欧盟	3.4%	10.9%	8.8%	8.7%	6.0%	0.9%	5.5%
美国		9.8%	8.8%	11.9%	4.7%	0.9%	4.7%
中国			16.2%	17.9%	12.4%	6.4%	16.3%

低—高

资料来源：CEIC数据库，全球顾问数计算。

亿美元。这就提醒着现在世界上最重要的多边贸易关系和那些更有潜力的关系来为贸易设定规则。

图2、3、4描述了对许多最大的新兴经济体而言，针对欧盟和美国的出口

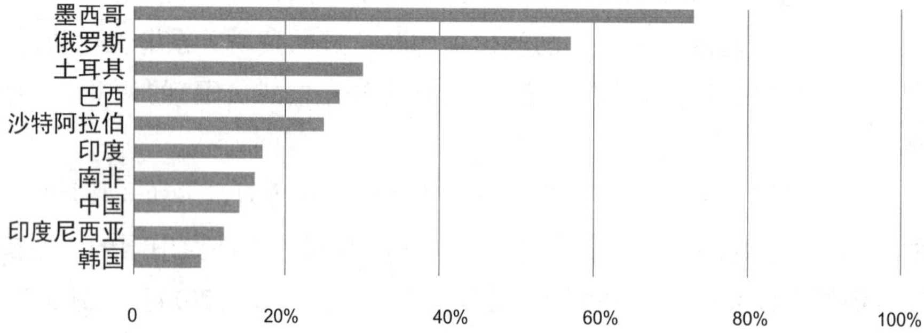

图2　2013年初级产品向欧盟和美国的出口份额

资料来源：欧盟统计局，美国经济分析局，美国人口普查局，世界银行，CEIC数据库，全球顾问数计算。

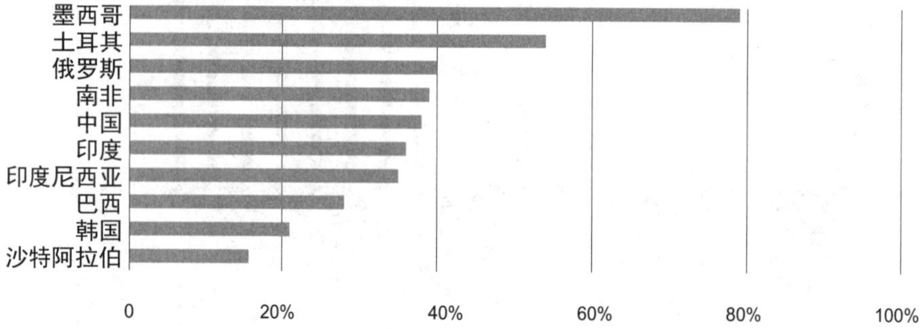

图3　2013年制成品向欧盟和美国的出口份额

资料来源：欧盟统计局，美国经济分析局，美国人口普查局，世界银行，CEIC数据库，全球顾问数计算。

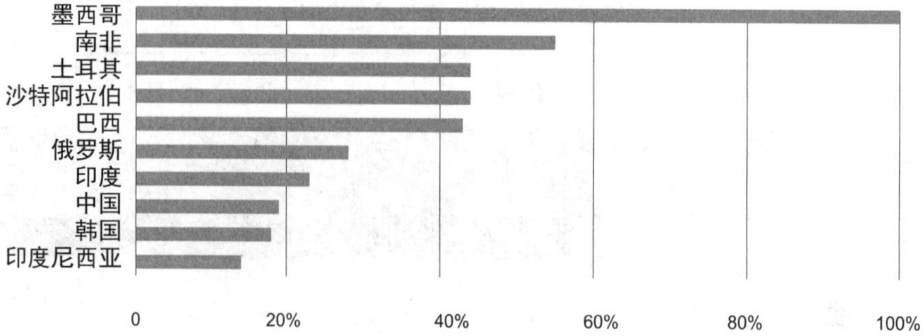

图4　2013年服务向欧盟和美国的出口份额

资料来源：欧盟统计局，美国经济分析局，美国人口普查局，世界银行，CEIC数据库，全球顾问数计算。

是多么重要，并对这一点加以强调。3张图还展示了每个国家对美国和欧盟的出口份额，被分为初级产品、制造品和服务。美国和欧盟——即TTIP集团——对墨西哥、土耳其、俄罗斯等邻国而言，都是各类产品和服务的最主要的出口市场。数据显示了跨大西洋市场对于大部分其他国家来说是多么重要，尤其是对于制造品和服务来说。跨大西洋市场还是一个快速发展的贸易区，却没有确定的国际规则。对中国来说，在2013年38%的制造品和19%的服务都出口到了美国和欧盟。

产量的全球份额是一个决定谁能监管全球生产商的最重要因素。然而在为消费者设定标准的时候，全球消费者市场份额是最重要的。这些份额差异可能是非常大的。以购买力平价来衡量，中国的经济规模可媲美美国及欧盟的经济规模。但是在一些贸易谈判最重要的领域中，中国市场规模比TTIP集团国家加起来的规模或其他尚在谈判中的新贸易集团的规模都要大。例如，图5显示了在2013年TTIP集团的药品销售是中国的8倍。这就表明在此类领域，美国和欧盟加在一起的规模是足够的，因此也具有建立消费者保护标准的市场势力，前提是它们能达成一致。在许多领域，它们比中国更具领导力，但是这种领导力不像在制药行业那么大，而且在大多数领域，这种领导力也在衰退。这就意味着欧盟和美国运用市场势力来设定规则的可能性正在逐渐削弱。

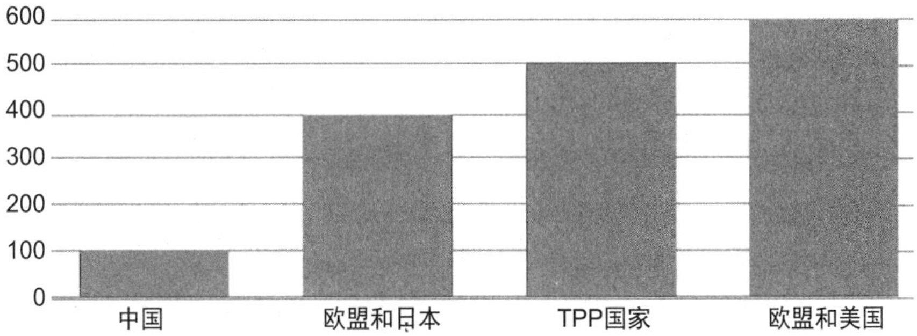

图5　药品销售量（2013年，单位：10亿美元）

资料来源：国际商业观察。

四、跨大西洋差异

TTIP这样的区域协定之所以有吸引力，一部分是因为它比起多边协定更容易缔结，也是因为它被应用于购买类别更加广泛的产品，还限制了贸易自由化。这些产品的买家是所谓“意愿联盟”，指的是拥有相近目标的各方在战略问题上结成的紧密联盟。

然而，这并不意味着TTIP这类贸易协定是容易缔结的。尽管在2016年7月举行的第14轮谈判上，关于谈判范围仍然存在着一些分歧，包括美国决定不将金融服务监管等问题纳入谈判范围，以及该如何处理政治敏感问题，比如投资者与当地争端解决已经变成了欧盟的热门事件。即使已经达成协定，在美国也必须由心怀疑虑的美国国会批准，这对国会过道两侧的双方都是挑战，特别是在大选年，在欧洲也必须由欧盟机构和成员国批准。这就意味着如果要满足谈判中领导们的要求，达成TTIP不可能一步到位。很可能谈判要进行到2020年了。

现实与期望之间的差距反映出了阻碍TTIP的另一个因素，这个因素可能也会削弱TTIP的战略影响。这就是，对TTIP欧盟和美国可能拥有相似的动机，它们却在本质问题上没有完全达成联盟。双方都想要贸易自由化，也都同意设立它们所缺少的新规则来降低贸易成本。双方也都想要越过边界影响政策。但是欧盟和美国的政策制定者对世界的分析并不是完全一致的，偏向也不完全相同，并且欧盟和美国也面临着自身独特的政策限制。它们的机构和政策制定程序也是不同的。欧盟现在拥有28个成员国（一旦英国脱欧就变成了27个），每个成员国都有自己的议会和政治文化。欧盟的初级机构——欧盟理事会、欧盟委员会和欧洲议会——与美国的对应机构都非常不同。

比起欧盟，美国更加看重贸易政策广阔的战略环境。美国将其视为一个与中国等潜在对手的地缘政治竞争中的重要领域。因此，美国愿意通过贸易政策更加强势地抓住战略优势，也比以往更少地受到世贸组织和多边主义的潜在影响（虽然还会受到限制）。奥巴马政府从一开始就将TTIP、TPP和《北美自由贸易协定》（NAFTA）等视作贸易政策的平台。这些平台有潜力让美国能够将其偏爱的国际规则“多边化”。本届政府的战略就是建立这些平台，通过有选择地纳入其他国家加强这些平台，并通过进入新的政策领域发展这些平台。总的目标是保持美国和西方国家在形塑国际标准和规范方面的中心地位，减少与中国的合作，选择遵从美国和与美国志同道合的贸易政策制定者的领导，或者选择做出自己的选择但付出昂贵的代价。

特别是如果TTIP在范围和深度上都具有野心，那么很有可能要由奥巴马总统的继任者来缔结TTIP了，因为要达成一致需要时间。对全球化的结果幻想破灭已经成为共和党和民主党初选的一个特征。两党候选人的花言巧语已经表明，比起奥巴马政府，唐纳德·特朗普（Donald Trump）或希拉里·克林顿（Hillary Clinton）组建的政府都可能更加推行保护主义，也更加看重国内反对贸易的游说团体。当特朗普说他是一个“自由贸易者”时，他也说“NAFTA是一个灾难”，而“TPP简直糟糕透了”。然而希拉里却支持举行TPP谈判，她现在说协定并没有达到她想要的“为美国人带来更新更好的工作和提供更高薪水的标准”。候选人一旦执政依然可能会采取一个更加温和的方法。贸易协定的战略论述可能对特朗普具有吸引力，是因为他支持对中国要持有一个明确的政策；而对于希拉里的吸引力则在于，在担任国务卿时期“经济外交”就是她的中心主题。然而无论二人谁能当选下一位总统，都会发现贸易政策的实施范围很大程度上是被国会选举的结果所决定的。因为两院中民主党都占多数席位，所有批准新贸易协定将会更加困难。很可能国内事务将会是优先于贸易政策的事务。

比起美国，欧盟发现很难在贸易政策上保持战略性。一部分原因是欧盟需要建立并保持在成员国中互相进行的商业竞争，因此会受到限制。全面的贸易协定是“混合能力”协定（即包括欧盟及其他成员国的很多能力问题），需要经过所有成员国的批准，在大多数国家可能要涉及议会，在许多国家可能需要举行公投。 然而，问题没有这么简单。与白宫不同，欧盟理事会努力想在此领域保证明确的政治领导力。对于在贸易政策上“有战略性”究竟意味着什么，成员国也有不同的观点：一些国家认为“有战略性”就是简单的优先进行贸易谈判，一些国家认为“有战略性”指的是对国际规则和第三国有影响力，还有一些国家，特别是东欧国家认为“有战略性”是关于一系列安全问题的，主要涉及俄罗斯和能源安全。欧盟新的贸易政策战略显示欧盟委员会已经意识到了贸易政策拥有更加广阔的战略背景，但是这并不意味着贸易政策有纯粹的野心和能力，可以在这个层面上造成影响。欧盟委员会可能断定TTIP过于困难也过于复杂，因为TTIP不愿改善其谈判途径来追求更大的战略目标。

这些鲜明的差异意味着，在充分运用协定的潜在战略利益方面，欧盟不如美国。如果下一任总统愿意继续参与塑造和运用协定的战略维度，那么美国可能就处在驾驶座位通常的主导地位上。仍旧令人存疑的就是，对于美国来说，很明显TTIP属于包括TPP在内的一个更宽泛的贸易政策，也具有更清晰的战略目标。但是欧盟的情况却不是这样。这些差异也意味着，在TTIP战略目的在何处实施并如何实施方面很可能产生分歧，这也会削弱其影响力，特别是当中国等其他国家想要去利用这些差异。

五、TTIP的战略理论基础

为了理解TTIP的潜在战略影响，必须要认真评估已提出的主要战略理论基础。大概可以用三个标题表示：国际领导力、软实力和安全。每个标题又有三类问题。第一，论据是否收集充分？证据是否表明欧盟和美国的净收益可能非常大？第二，对其他国家有什么影响？它们的反应可能会对欧盟和美国的利益造成潜在的伤害吗？第三，这对国际体系意味着什么？通过这种方法，可以确认TTIP产生最大战略影响的条件和决定性因素。

（一）国际领导力

欧盟和美国凭借着在国际机构中的主导地位和纯粹的市场势力，在影响国际规则方面拥有长期优势。但是欧盟和美国不仅都受到了来自新兴经济体不断增长的经济权重的威胁，也都受到国际管理的当前安排的合理性的挑战。对于欧盟来说，还面临一个问题，那就是英国的离开会减少其国际经济影响力。因此TTIP的一个最初的战略目标就是用于欧盟和美国可以再次确认并加强其在汽车安全、机械、医疗设备、化妆品等多个政策领域设定全球规则的领导力。

欧盟与美国加起来的吸引力和市场势力使它们可以在许多领域统一标准，比如引导其他国家的政策制定者采取同样的规则来获得市场准入。对于其他国家来说，这可能是个合理的选择，因为它们想要避免国内商业被迫承担遵守多种国际规则的代价，或者是因为它们想要避免自己发展规则的成本。这样的无关税壁垒和许多国家的关税壁垒一样对贸易造成了限制。跨大西洋市场对其他市场的潜在吸引力在一些关键领域是非常明显的，比如机动车，其中欧盟和美国在全球生产中占比达到32%，在全球销售中占比达到16%。

那么拥有这样的国际领导力可能会给欧盟和美国带来多大的利益呢？又会带来什么样的全球影响呢？答案取决于国际规则的差别程度和TTIP在处理这些差异时的有效性。从全球视角看，答案还取决于这条国际规则是否合适。当问题出现的时候，欧盟和美国设定统一全球标准的领导力就会为其他国家创造出成本和收益。当这一点对于其他国家真的起到决定性作用时，也可能会对欧盟和美国无意中造成负面影响。要想知道这一切是怎么发生的，能够识别三种国际规则是非常有帮助的。

1. 三种国际规则

（1）有些规则的表现形式为国际公共物品，最重要的是要建立一套合理的技术标准和规范，并且避免不同选择中的浪费和无用的竞争，如果TTIP能达到这一点，那么就符合所有国家的利益了。比如，每个国家的汽车安全标准都不同，制造商为遵从各种标准而付出了成本，尽管标准制定者在大多数市场拥有相同的目标——花费合理的成本并保证乘客的安全。另一个例子就是制药行业和医学测试。如果欧盟和美国的药品的上市许可要求可以更加统一，对于大西洋两岸双方的双重临床试验的需求就会减少，那么承受药物试验风险的人就会减少，也加快了药物的上市速度并为公司节约了资源。此外，其他国家也会受此激励采用相同的规则。

（2）有些国际规则需要根据当地环境进行改善，环境标准就是一个例子。适用于欧盟与美国的标准在印度和印度尼西亚可能并不适用，因为这些国家面临着不同的环境挑战，同时也有不同的偏好，反映了薪资水平和发展的差异。最理想的是，这些标准可以非常灵活地反映出这些差异，也能通过管理安排更好地被国际机构保护应有的发言权，如果它们能够达成协定。在这些领域，确定统一全球规则的国际领导力可能对欧盟和美国来说是有益的，但是对于其他国家来说却是有益又有害的。

（3）有些国际规则是在欧盟和美国设立的，却违背了其他一些国家的利益。比如，知识产权可能会造成那些严格的知识产权规则中（通常基于欧盟和美国）获益的生产者，与那些发展中国家想要包括知识产权在内的便宜产品和服务的消费者形成对立。欧盟和美国在塑造知识产权法的过程中具有的更大影响力可能会对其他国家造成损害。此外，美国和欧洲在设定国际规则中的领导力可能会造成与其他国家的政策制定者的直接冲突。

这些之所以重要是因为它们表现了在制定规则的过程中不是所有形式的国际领导力都是平等的。一些形式的国际规则对其他国家是没有危害的，然而另一些却可能造成冲突。前者能够通过国际机构代替全球规则制定，后者却更具风险性。对其他国家的强迫——虽然通过经济方式——可能也会导致冲突，促使它们走出跨大西洋规则设定的影响范围。想知道这一切是如何发生的，就需要考虑将欧盟和美国的利益与其他新兴国家产生冲突的新贸易协定中最具争议的两个领域，即针对国营企业设定规则和处理个人数据。

2. 国营企业

许多新型经济体都把国营企业视为一个实施工业政策的工具，直接或间接地提供一个发放国家补助的渠道，通常旨在发展国内部门、提高国际竞争力、甚至是为了追求一些战略目标，比如，确保自然资源的供应安全。在中国、俄罗斯和巴西，许多最大的公司都是国营企业，虽然在欧洲也有一些实施工业政策或追求更大的战略目标的国营企业。

现有的处理国营企业不公平竞争的机制可以分为两类。第一类是国家正常政策。欧盟的国家扶助政策确保了欧洲的国营企业不会歪曲竞争。比如，竞争政策曾经被用来对抗俄罗斯天然气工业股份公司。第二类是贸易救济措施，特别是欧盟或美国可以用反补助规则来制止其他国家扭曲贸易的政府补助。世贸组织管理贸易救济措施的应用的规则稍微有些约束性，要求提供大量需要耗时耗力才能取得的证据。但是欧盟和美国已经进行过一些反补贴调查，也采取过一些针对中国的反补贴措施。

欧盟和美国想要通过TTIP来提升现存的这些机制。它们想要超越世贸组织的规则，在国内市场加紧反补贴规则。为了清晰所有权和控制权并建立非商业援助，它们也想增加对国营企业的透明度要求。然而，也许最具雄心和战略重要性的目标就是鼓励其他国家采取相似的规则，为了欧洲和美国的公司在第三方市场提供一个公平的比赛场。考虑到TTIP成员国和拥有很多国营企业的国家在政策目标方面的矛盾，单方面追求这些目标是具有风险的。风险在于，欧盟和美国单方面实施规则而不是通过世贸组织进行谈判，因此会被视为煽动报复的贸易保护主义者。在这个领域的跨大西洋领导力有可能被证明会造成不和，以至于会鼓励其他国家建立交替原则，让国际争论两极化，并使该领域的真正的全球化规则建立得更加艰难。

3. 处理个人数据

最需要国际领导力的也是在TTIP中最有潜力达成的最重要最困难的领域之一，就是管理个人数据的规则的发展。因为该领域考虑到了冲突安全、隐私权和竞争，因此又是有争议的。一方面，为了查明犯罪和阻止恐怖袭击，世界上的政策制定者既需要争取平衡，也需要允许国家获得数据；另一方面也是为了确保对于隐私权的保护。在数据跨境传播的地方，问题会更加复杂，因为政府机构处理外国国民的数据时更可能偏重于安全性而不是隐私性，还因为政府的一些政策回应——比如要求保存本地数据——可能会无意中减少竞争，或在一些情况下成为刻意的贸易保护主义的一种相似的变种。俄罗斯就是这种想通过此种方式试图重申“网络主权”的国家。

因此TTIP为欧盟和美国的政策制定者提供了一个重要的战略选择，即是否追求在此领域设定规则的领导力——有明确的潜力可以获取战略利益——鉴于此，如果不是经过认真调整，跨大西洋标准可能不能为威权主义国家所接受，却会加强它们想要走自己的道路的欲望。如果它们确实这么做，又会损害未来互联网的开放，因为在一些国家越来越多的网站会很快被禁止登入。

（二）软实力

TTIP的另一个战略理论基础就是软实力。软实力是指不强迫地吸引或说服他者的能力。TTIP的软实力潜力表现在两个不同的领域：一种涉及公司（通过商业游说）；另一种涉及国家（通过对西方经济和民主典范的推广）。第一种只是副产品，虽然也是一个跨大西洋合作中以统一消费者标准的有潜力的重要领域。第二种则是TTIP的设计选择和欧盟及美国的政策制定者所做的未来战略决定的有潜力的更加直接的成果。

1. 商业游说

TTIP可能在什么程度上或如何增强跨大西洋市场对国际公司的吸引力？在看重规模的部门——特别是在赢家通吃的新的数字产业，一个规范又广阔的市场可以吸引或转移到快速发展的新兴经济体的资本和创新公司。而公司带来的高价值工作又会带来商业利益。公司还会创造一些更微妙的优势。如果跨大西洋经济体仍然是创新的全球焦点，那么它的创新就要符合流行于欧盟和美国的经济需求、消费者偏好和市场条件。而且，吸引到跨大西洋经济体的公司和采用欧盟和美国标准与规则的公司，就有动力在它们的国内市场鼓励采取相同的标准和规则。

因此跨大西洋商业软实力为TTIP提供了另一个不同的渠道来帮助欧盟和美国提升其设定国际标准和规则的领导力。此外，其他国家支持与欧盟和美国保持友好政治外交关系的拥护者也有可能增加，为商业软实力带来政治利益以及因此获得的战略利益提供一个更加直接的渠道。这个渠道的重要性最终取决于TTIP是否能成功在新的创新领域统一欧盟和美国的消费者标准。如果跨大西洋区域的消费者的总体购买力不出意料地依然很高，那么渠道很有可能是十分重要的。

2. 西方经济和民主典范的推广

TTIP也有潜力驱使其他国家及其政策制定者——与他们的企业与企业领导不同——因为欧盟和美国的标准的优势来自其在经济上和政治上结盟。2008—2009年的经济和金融危机就是起源于也是集中发生于跨大西洋经济体，并损害了西方自由经济的名声，却增加了非传统的政府主导的典范的吸引力，特别是中国。同时，中国以自身的经济成功来增强其政治影响力。美国和欧盟重新快速增长和达成雄心勃勃的TTIP带来的信心的标志可能有助于扭转现状，使美国和欧盟在经济上和政治上对其他国家更具吸引力。因此，其他国家可能会受到鼓励来模仿美国和欧盟的经济政策，甚至经过扩展之后还会模仿TTIP成员国的政治机构。这个论点的弱点在于许多中低收入国家正在试图效仿中国提供的成功的发展典范，而不是TTIP集团的经济典范。

TTIP有潜力吸引其他国家并影响其政策选择的另一个更加直接的方式，就是为那些想要满足适当条件的国家提供成为成员国的可能。欧盟曾经成功地用加入的可能来影响中欧和东欧国家的政策和政治、经济、法律机构，这个例子就彰显了这种方法的潜力。美国已经明确表示想要TTIP成为一个开放平台。欧盟却有些言辞模糊，尽管欧盟委员会的贸易战略表示，已经“准备好”让其他国家加入TTIP，“只要它们准备好来满足巨大的雄心”。

欧盟和美国在这个领域所面临的挑战是一种调整的类型。如果对想要加入TTIP的第三方国家设定太高的标准，就没有国家想要加入了。如果设定太低的标准，许多国家会想要加入，但是它们的政策选择却不会受到太多影响。在地理方面加入TTIP的明显候选国家包括墨西哥，欧洲贸易自由协会的成员国瑞士、挪威、冰岛、列支敦士登和可能的欧洲的东方邻国。然而，关于为什么加入TTIP会与地理位置有关，确实找不到一个令人信服的理由。

下面提供了两个欧洲的例子来说明TTIP通过此种渠道影响第三方国家的潜能和限制。

（1）土耳其

土耳其和欧盟之间关于加入的谈判已经被推迟了，并且可能是十分困难的。大部分的责任应该在于欧盟一方，因为欧盟怀疑接受土耳其的加入是否明智，并且一些成员国持有完全的政治立场使加入过程政治化，并提高了土耳其的加入门槛。然而，土耳其一方也有一些问题。土耳其最近的几届政府都不愿实施改革，而只有改革才能让土耳其的加入申请被认真对待。

TTIP把土耳其置于一个艰难的位置，因为已经建立20年的土耳其关税联盟和欧盟涉及货物的贸易，这就意味着土耳其需要更多地向美国公司开放，却不能像欧盟的公司一样更多地进入美国市场。对于土耳其来说，一个解决途径就是调整关税联盟来解决这个问题，并且新的欧盟贸易战略承诺欧盟委员会这么做。然而，土耳其想要更进一步，并且加入TTIP。现在来看，这似乎是个遥远的目标，针对土耳其等第三方国家的要求可能很高。但是如果土耳其、欧盟和美国都是真心想要合作的，那么将土耳其纳入跨大西洋经济体还是有可能的，可以采用《北美自由贸易协定》重新为墨西哥经济设定朝向美国的方向的相似方法。在短期内土耳其加入TTIP比加入欧盟更加实际，但是可能在长期内是加入TTIP是为欧盟加入过程扫除障碍的催化剂。

（2）乌克兰

包括美国前贸易副代表米里亚姆·萨比罗（Miriam Sapiro）在内的几位评论者提出了乌克兰最终加入TTIP的可能性。乌克兰的政府设置在经济上和政治上越来越接近欧盟，但是需要面临非常多的问题，不仅因为这个国家是分裂的，而且因为乌克兰停滞的经济多年来都是一体化从西部往东部推进。欧盟和美国的许多政策制定者对于乌克兰达到政治要求进而很快加入TTIP的能力表示怀疑，更不用说俄罗斯会将之视为与西方对抗的严重升级的政治智慧。然而，至少TTIP有潜力为欧盟和美国在它们与乌克兰的关系上提供另一个战略选择，并且这间接地也是一个在它们与俄罗斯的关系上的战略选择，因为TTIP的建立为土耳其这样的国家加入提供了一种可靠的方法。

（三）安全

TTIP的第三个战略理论依据是安全。欧盟贸易委员塞西莉亚·马姆斯特罗姆（Cecilia Malmström）曾说，TTIP可以帮助应对欧洲的安全挑战。特别是，同许多美国的政策制定者一样，她认为TTIP是应对俄罗斯带给欧洲的挑战的一个答案。有时统一加入TTIP的行为会表现欧盟和美国的联合，也标志着它们能以战略方式一同对外行动。美国驻欧盟大使安东尼·加德纳（Anthony Gardner）曾说，这个协定有必要"进一步加强跨大西洋联盟"并且"提供一个与北大西洋公约组织相当的经济组织"。美国贸易代表迈克尔·弗罗曼（Michael Froman）也用过相似的比喻。然而无论是它们还是别的人都没有解释这类迹象可能加强欧盟和美国安全的明确方式。

TTIP能够带来的最明确的安全利益可能是在能源领域而非军事领域。有人认为TTIP可以帮助消减欧盟对于俄罗斯这个能源进口地的依赖，据马姆斯特罗姆说这种依赖会限制欧盟对俄罗斯做出自由反应。美国对欧洲能源出口的增加可以有助于这个问题的直接解决。2015年，美国国会批准了对欧洲等地的石油出口，但是对欧盟来说液化天然气的供应更加重要。然而，大使加德纳已经在试图降低对于液化天然气出口的期待，他曾说，如果允许的话他们可以为欧洲提供更多的选择，因此跟俄罗斯也就有更多的谈判优势，但是他们始终要世界范围内寻找出价最高的国家，而根据现在的国际价格来说出价最高的国家可能在亚洲而不是欧洲。即便如此，欧盟还是承诺在TTIP中为能源和原材料设置一个章节，旨在为能源方面透明、无歧视、竞争的规则设定一个基准，这些规则还可以应用于其他的贸易协定。

液化天然气出口方面的联合和利润所带来的明确的安全利益表明TTIP的对于欧盟和美国的影响可能非常大，特别是现在国际能源价格已经大幅度下跌的情况下。但是如果双方真心想通过TTIP来增强安全，它们应该考虑把国防采购纳入协定。然而，这一项却并不在议程之内，可能也不会提上议程，因为现在尤其是美国十分保护本国生产商的利益，对这个地区的出口和再出口也有严格的规定。

根据上面的论据和TTIP发挥战略影响力的方式，如果协定达成，有三个因素会对形塑TTIP和对其他国家、地缘政治和国际系统的影响力上起决定性作用。

第一个因素是TTIP是否和举行谈判的政治领袖所说的一样全面而雄心勃勃。这两个方面都至关重要。只有一个全面的协定才能把TTIP带入贸易协定的全新的领域，有潜力在缺少规则的方面形成规则。也只有一个雄心勃勃的协定，才能为深入对待其他双边或诸边自由贸易协定的标准和规范设立基准。

就一个全面的、雄心勃勃的协定进行谈判是艰难的，这个过程很可能会延长，结果也是不确定的。因此，政治领袖们从未说过协定会很快达成是十分明智的。下一届美国总统的立场尚未确定，这可能让一个更小更快的协定更加具有吸引力，生怕一旦奥巴马总统离任后协定将无法达成。这样一个协定可能就没有很大的战略影响。

与此相关的一个问题是TTIP是不是一个一次性、不改变的协定，还是一个大西洋两岸的规则设定者继续合作的开始。如果是后者，协定就有更多的战略潜力。然而，这就意味着不仅要在TTIP谈判期间把多个不看重跨大西洋合作的公共部门机构推到台面上，而且需要持久有效的新机构安排才能让它们在未来合作。根本问题是，即使经过妥协达成共同立场可以符合双方的利益，但是欧盟和美国都不会轻易妥协。双方都习惯了能在双边贸易谈判中对更小的伙伴国发号施令。而且，双方都面临着一个问题，那就是国内强大的拥护者们会本能地反对在监管主权上做出妥协，它们也会天生地怀疑这个方面的任何国际协定，以免损害它们自己的标准。

第二个因素是TTIP是否能够扩展来纳入其他国家，而TTIP与世贸组织最终的关系会是什么样的。美国明确表示过想要TTIP成为一个开放的平台。新的欧盟贸易战略也表示，欧盟应该“将那些允许其他的感兴趣的国家在未来加入自由贸易协定，如果这些国家准备好满足设定的雄心水平”。对此最好的解读不是将其视为一个接纳新成员国的坚定承诺，而是将其看作是有政治支持时允许欧盟这样做的基础。欧盟的政治领袖不太可能尚未就此问题进行商讨。而且，在欧盟国家中，接纳每个成员国的净收益会差异巨大，这一点很可能引起争议。欧盟和美国对哪一个国家应该优先加入TTIP、什么时候加入TTIP和在哪些条款上加入也很可能观点不同。

与之相关的还有一个问题，就是英国与TTIP的关系。英国最有可能在

2019年，也有可能在2020年脱离欧盟，那时英国将不再是欧盟共同商业政策的一部分，而将与其他国家达成自己的贸易协定。如果英国在脱欧前同意加入TTIP，那么英国、欧盟和美国都会因此而获益。对于英国来说，这个协定将会带来能够影响国际标准的真实前景，也会提供一个和美国缔结全面贸易协定的快速途径。对于欧盟和美国来说，英国的加入将确保TTIP的规模和吸引力不会因为缺少一个欧盟主要经济体的加入而有所削弱。这也提供了一个将TTIP建立成一个对新成员国开放的诸边协定的眼前的机会。

现在，只有共同的雄心才能让为TTIP纳入新成员国的事情有所进展。英国加入过程的复杂性一部分取决于英国脱欧前TTIP是否能够达成。如果英国能同时积极参与欧盟在TTIP中的位置的发展，那么过程可能会更加简单。这就意味着，英国脱欧在即，需要较快地满足加入TTIP的条件。这件事不可避免地会在英国、其他成员国和欧盟机构引发敏感情绪，但这种安排是符合各方战略利益的。美国和欧洲打算让TTIP（对于美国来说也包括TPP等其他协定）鼓励那些它们视为世贸组织中的"阻挡者"的国家，比如印度和巴西，来积极加入未来的贸易谈判，因为TTIP提升了它们坚持反对多边协定的成本。然而，TTIP的战略逻辑留下了一个未解的重要问题：如果TTIP是成功的，并且纳入了新成员国，美国和欧盟在某一时刻必须选择是继续扩展凭借规模来设定非正式的全球标准，还是努力在世贸组织的支持下，通过正式地让新的TTIP原则与多边协定和诸边协定结合在一起来提供新的TTIP原则。如果选择前者，美国和欧盟就能保持控制权，但就会有与世贸组织没有联系的风险。如果选择后者，TTIP的影响会增强，但是考虑到世贸组织的共识决定，却会面临失败的风险。在这方面，欧盟和美国可能会偏好不同的方法，欧盟更想要在世贸组织的基于规则的体系内工作，而美国却更想要避免同世贸组织合作来保持对于TTIP未来决策的最大控制权，并且通过这种方式保持对国际规则设定的最大控制权。

第三个因素，就是中国和俄罗斯这样的国家会对TTIP有何反应，特别是如果TTIP既是一个全面、雄心勃勃的协定，又是一个可以逐渐纳入新成员国的开放平台。现在，这一切都不明确，一部分是因为这个问题还是假想中的。然而，中国曾表示想与欧盟就达成一个全面自由贸易协定进行谈判。习近平主席在2014年访问欧盟时，也被TPP和TTIP的进展引发了对此的热情。中国对TTIP的观点尚未确定，只是因为没有涉及TPP。对于TPP中国的观点分歧很大。一些官员认为TPP是美国主导来孤立中国的地缘政治战略。还有一些人持另一种极端的观点，认为中国应该加入TPP，并且将之视为一个开展改革的机会，同20年前加入世贸组织的方法一样。俄罗斯更加不可能从TTIP中看到任何机遇，它们看到的只是威胁，因为这个协定让欧盟和美国联系更加密切。此外，如果TTIP变成一个吸引邻国并破坏欧亚经济联盟的开放平台，俄罗斯可能会尤其担心。

六、结　　论

对于欧盟和美国，TTIP有着清晰的战略潜力，但是能够完全发挥所有的战略潜力依赖于谈判专家是否能实现协议在范围和深度上的最高期待。并且，即便它们做到了，关于TTIP提出的一些战略论据还是夸大其词，特别是提出的安全利益，在这方面期望和现实的差距很大。

设定贸易规则的国际领导力能够带来潜在的利益。如果美国和欧盟能够就管理贸易的规范和标准达成一致，它们凭借规模可以在全球范围内定义这些规范和标准，并且为未来几年的多边规则创造基础文本，尽管在这些领域，它们的利益和偏好与其他国家相互冲突，这样做是困难而有风险的。需要注意的是，对于美国和欧盟能够创造共同国际规范和标准的战略价值是令人信服的。

软实力利益也可能是很大的，但是只有其他战略性国家能够加入伙伴协定才能使软实力利益最大化。如果TTIP想要达到或超出其战略影响的最大雄心，也许最清楚的标志就是如果TTIP不仅扩展到邻国，而且能影响到更宽广的地理范围，吸引那些在美国和欧盟设立的贸易政策条款上愿意与其联合的其他地区的其他国家。

TTIP还会带来战略风险。欧盟和美国强调国际规则中反映的价值观，使其他国家更难接受这些规则，并让TTIP看起来像是想重申旧的世界秩序的一次尝试。在这种情况下，TTIP可能会造成与一些出于政治原因想要保持距离的新兴国家的裂痕，而不会产生吸引力。在管理国营企业或处理个人数据等方面的冲突表明了这一点。如果这些国家被鼓励去努力创造相互竞争的经济和政治联盟而不是彼此联合得更加紧密，这一切可能需要付出很大的成本。俄罗斯加入的欧亚经济联盟和金砖四国集团就可以证明这一点，即使两者都没有强大的经济学逻辑。

对于TTIP来说，更大也是更可能发生的风险就是失败，很可能就以世贸组织多哈回合谈判一样那样缓慢死亡的方式最终失败。如果谈判破裂，或是协定满足不了设定的雄心，就将传达给其他国家一种欧盟和美国无法合作的负面信号。如果谈判过程是激烈不堪的，或是协议暴露出美国对于欧洲或欧盟中的反美情绪漠不关心，造成的损害会更大。在欧洲各国特别是德国对于TTIP的敌意，有些令人失望。

支持TTIP的战略理由更充分，面临的风险也更高，因为现在英国决定脱欧了。在这种情况下，对于欧盟来说，将自身市场同美国市场结合到一起甚至更加重要了，特别是如果欧盟想保持软实力吸引力和对其他国家采取规则和标准的影响力。欧盟和美国数个谈判要点的差异意味着协定将很难达成，还会对协定出于战略目的如何实施和最终被充分利用进行限制。TTIP是否能成功达到战略高度，取决于欧盟和美国达成一致的内容和它们随后合作的紧密程度。它们需要团结协作、遵守规则地运用TTIP作为与中国等第三方国家对话的基础，特别是在一些上面提到的最容易引发争议、造成不和的问题上。由于欧盟和美国在中国等第三方国家的商业竞争，这会更加困难。

美国比欧盟战略行动能力更强，一部分原因是欧盟成员国很难形成统一的战略目标。只有欧盟有能力做到这一点，美国才可能对TTIP的战略方向具有更大的影响力。如果欧盟想要弥补差距，那么欧洲理事会应该首先就将其他国家成员纳入TTIP的目标和重点达成一个政治协议。

如果要签署一份能发挥TTIP全部潜力的关系协定，欧盟和美国的谈判专家们还要做许多工作。虽然在削减关税方面取得了一些进展，但是管理国际贸易方面的标准、规范和规则还没有设定。有一些方面TTIP很难发挥作用，但是也有一些方面是TTIP最有潜力能够与众不同，并在战略层面造成影响的。对美国总统大选中提出的贸易协定的经济利益的怀疑，表明了如果想要继续进行谈判并在下一位总统任上达成谈判，为支持TTIP提出一个清晰可靠的超越直接经济利益的战略理由，可能是十分必要的。对大西洋另一岸的欧盟来说也是如此。在2017年德国和法国的选举中，贸易协定很可能是一个重要的事情,需要清楚提出一系列可靠的论据来强调TTIP的战略潜力。

原文标题: Realizing TTIP’s Strategic Potential

重新审视现有信用评级机构对金砖国家的意义

节选自《印度智库观察家研究基金会报告》2017年5月

普里提·博帕尔（Preety Bhogal）

游 忆/译

一、摘　　要

新兴市场和发展中经济体进行了新一轮经济活动，全球经济在2017年有望上涨。为了发展基础建设并维持经济的可持续增长，这些经济体需要大量来自国际信贷市场的投资。对海外资金需求的增加，使得信用评级机构的角色越发重要，而大部分评级机构的总部都设立在西方国家。本文将会阐述在新兴市场经济体的宏观经济背景下全球信用等级评级机构的现状。本文研究了大量针对信用评级机构的评价，并为金砖国家提供了潜在的、可供选择的发展模式。

二、引　　言

近几年，全球经济增长放缓，但是2017年情况有望逆转。今年的经济增长率有望达到2.7%，比去年高出0.4%。此次经济增长的主要原因是新兴市场和发展中经济体对经济恢复了信心。2018年这些经济体的增长率预计达4.6%，而发达经济体的增长率只有1.8%。这样迅猛的发展势头会持续下去，因为这些经济体的商品出口经济逐渐恢复，对进口商品的内需持续强劲。本文重点讨论新兴经济体——巴西、俄罗斯、印度、中国和南非以及金砖国家的区域经济集团，因为这些集团占据了全球国内生产总值的22.7%。这些经济体有大量资金需求，尤其是基础建设方面急需国际信贷和投资。要获得信贷和投资，它们就需要获得信用评级。信用评级是对证券发行人信誉的整体评价，也就是发行人能否在规定时间内偿还债务的能力评价。

目前，全球提供信用评级的主要有三大机构：标准普尔（Standard and Poor's）、穆迪（Moody's）和惠誉（Fitch）。它们在全球开展业务，根据实体组织（政府、中央银行和企业）提供的公开或不公开的情报进行评级。评级机构对债务和金融产品评级要收取大额费用。随着经济体和企业对海外资金的需求增加，信用评级机构的角色越来越重要。跨国企业也将信用评级作为投资决策、筛选全球债务市场产品的重要参考依据。

评级机构也有其弊端。人们批判评级机构不仅存在“评级欺诈”行为，还给经济危机“添乱”。例如，国际信用评级机构将已经是“危险”等级的债务资产评为AAA级（金融工具质量最高的等级），扩大了2008—2009年美国金融危机的影响。这些评级机构对新兴市场经济体的评级较低，被认为是“偏见评级”。

它们对印度的主权债务评级仅为“可投资”的上一级，无视印度经济强劲增长的迹象。印度在各部门采取的改革措施并没有对获得更高评级形成帮助。批评人士称，这些机构在对它们祖国——美国——进行评级时有明显的“偏袒”。最新一届美国总统选举之后，评级机构依然维持对美国的信用评级和展望。它们仿佛只看得到特朗普政府的财政刺激政策带来的积极影响，却看不到由此而增加的国家债务将会拉低国内生产总值增长率的事实。

新兴市场经济体的金融市场总能够吸引全球投资者的关注，因为它们能够提供比发达经济体更高的回报。世界银行金库局（World Bank Treasury）称，2013年新兴市场的债务高达6.3万亿美元，几乎是美国国债市场规模的一半——这是世界上最大的、流通性最强的流动性市场。

2016年10月第八届金砖国家峰会在印度果阿举行。会议成立了一个专家小组，探索在市场经济的原则下成立一个自主信用评级机构的可能性。这个想法最早于2015年在金砖国家俄罗斯乌法峰会提出。金砖国家过去频繁遭遇信用降级，但国际投资人对金砖经济体的债务市场依然保持信心，这也推动了这个想法的形成。金砖国家的自主信用评级机构将会满足债务发行人的需求，尤其是那些受国家主权债务负面评级牵连的企业的需求。这个评级机构将会采用一个新的针对新兴市场的评级标准，评估新兴市场内部的债务发行人和实体本身的优势。这个标准介于国家和全球标准之间。本文阐述了在新兴市场经济体的宏观经济背景下，全球信用等级评级机构所面临的问题。本文为全球信用评级机构提供了详细的政策建议，并探索了建立金砖国家自主信用评级机构的可能性。

三、对全球信用评级机构的批判性观点

国际三大信用评级机构的总部都设在美国，垄断了全球信贷评级市场，并对世界其他国家和企业进入国际信贷市场产生重大影响。所有的信用评级机构都是营利性的，从债务发行人手里收取费用。2010年，三大信用评级机构的利润率分别为：标准普尔45%、穆迪38%和惠誉30%。这几个机构寡头的市场结构久遭政客和专家诟病，它们限制了新的机构进入市场，缺乏竞争，评级质量不高。然而，政府规章对全球信用评级市场寡头现象的助力也不可忽视。例如，美国的监管规则就限制了新评级机构进入市场。评级机构对美国的偏袒也让其他国家非常担忧。这几个美国评级机构在2009年欧洲债务危机时降低了对许多国家的信用等级，加剧了欧洲债务危机，人们对此行为进行了严厉批评。2013年标准普尔明确表示，总部所在国家的政府确实影响了评级机构的评级。据标准普尔称，美国政府起诉其评级欺诈的案子就是为了报复其在2011年下调国家信用等级一事。此外，参与评级的分析员可能在受评银行或国家有既得利益，这也会影响评级。这三大机构每年都要支出大量金钱进行公关以获得有利的财务政策，维护其在金融市场的重要地位。

新兴市场经济体（尤其是金砖国家）也有过等级过低的遭遇。例如，虽然印度在2016年的经济前景稳定，经济年增长率超过6%，在《世界银行营商便利度调查》中排名也有所上升，但是穆迪将其评级为“Baa3”，标准普尔和惠誉评级为“BBB”。等级远低于其他新兴国家（以色列、智利），以及其他深陷债务的欧洲国家（意大利、比利时）。印度政府对此深感困扰。巴西和俄罗斯在国内政治动乱和增加国家支出期间也遭遇了等级下调。2016年巴西财政赤字

和通胀高企，加上政府加税、降息政策失败，主权债务等级被三大机构调降至“垃圾级”，也就是债务等级低于可投资等级；2015年因石油价格下降以及美国的经济制裁，俄罗斯经济增长减速，主权债务也遭到三大机构调降。新兴经济体频繁遭遇等级调降促进了金砖国家集团建立自主信用评级机构的决心。这个机构将会采用基准风险标准（介于地区和全球信用标准之间）衡量新兴市场，有望通过合理调拨主权债务和企业债务的资金，惠及全世界尤其是新兴市场的投资者。

此外，新兴市场经济体不赞同评级机构对新兴国家和发达国家采用同一套评级体系。苏亚雷斯（Suarez）在其2002年发表的文章里指出，评级机构在对新兴国家的银行评级时标准不一。评级机构和分析员认为适用于发达经济体的衡量指标和标准也适用于发展中国家，但是有一套新的金融指标用来区分新兴经济体和发达经济体的金融发展程度还是很有必要的。此外，标准普尔的企业评级标准报告显示该机构评级时非常看重受评经济体的地域特征，而不管是发达经济体，还是新兴经济体。该机构称其评级时除了将国家经济风险因素（对新兴经济体影响更大）考虑在内，还考虑许多商业和财务风险因

图1　标准普尔对新兴市场经济体和发达市场经济体实体经济（私企和政府）的评级考量因素

来源：标准普尔公司。

素（参见图1）。新兴经济体和发达经济体之间的等级差距仅因为经济体当前的风险和改革政策不同。评级机构在给全球不同国家评级时确实考虑了国家不同的因素，但是，为了方便债权人比较同等级信贷产品的质量，它们只有唯一一套衡量标准。

四、发达国家信用评级 VS 新兴国家信用评级

发达经济体和新兴经济体的主权评级差距很大。下表显示了绝大部分新兴国家（巴西、俄罗斯、印度、印度尼西亚、菲律宾）的等级仅在“投机级”以上，和发达国家（美国、英国）的等级对比明显。近期媒体报道称英国在脱欧之后遭遇等级调降，惠誉于2016年6月将其AA+等级调降至AA（据称是因为英国短期内经济增长放缓）。然而，美国在2016年11月总统大选期间等级依然维持在“稳定展望”。据评级机构的分析员称，这是因为美国的信贷实力雄厚、经济高度灵活、美元地位坚挺。众所周知，虽然一个国家的政治和经济变化会影响经济稳定，但这也要看国家的货币实力。例如，印度和美国相比，外部动荡对印度产生的负面影响更大。

分析员认为新兴和发展中国家评级等级低的理由之一是，机构无法及时获得全面的评级参数情报。

文献显示，主权债务评级对企业评级也有影响。这个现象似乎对新兴经济体和发展中经济体都适用。它们的主权债务等级较低，因为对资本账户管控严格，政治风险高。发展中国家的主权债务等级对企业债务等级的影响高于发达国家。这意味着，比起发达国家，一旦发展中国家的主权债务等级下调，对企业债务的影响更大。

国际信用评级机构的一些问题：

（1）缺乏竞争。由于全球主权债务信用评级市场是寡头结构，三大机构获得收取巨额费用的自主决定权。此外，三大机构的投资人付费模式经常遭人诟病，因为会导致利益冲突。富有的和大型的投资人会因收费高，获得更好的待遇和更好的评级。评级机构面临严重的批评，因其低估了抵押债券的风险（如美国房地产泡沫和欧元危机），加剧了动乱，给投资人带来损失。

（2）缺乏透明度。市场参与者对不同经济、政治因素影响下机构的评级

手段和等级分配不透明表示担忧。新兴经济体和发展中经济体的领导人认为全球信用评级机构具有“先天性的偏见”。而且，主权评级服务很难获得。许多信用评级机构都限制了公众获得主权评级的权利。

（3）等级分析偏向稳定。全球信用评级机构一直以来都倾向于维持稳定的等级分析。有证据表明，等级下降后续一般都是等级调降，等级上升后续一般也是等级调升。等级变化趋势呈现出一系列的相关性。过去的等级变化能够预测出未来等级变化的趋势，这也意味着一般情况下新的等级信息用处不大。此外，相关信息处理过程缓慢也是信用等级缺乏实时性的原因之一。比如人均国内生产总值（GDP per capita）作为比较值时就呈现出变动缓慢的特征。

（4）缺乏问责制度。因为全球各国都采用这些评级机构的评分等级进行初步信誉评估，所以这些机构对市场的影响力巨大。而这些评分等级都是基于这些机构的分析员的主观观点和建议，所以缺乏问责机制来保证评级的真

表1 2012年3月—2013年3月三大信用评级机构评出的发达经济体和新兴经济体主权债务等级情况

国家和地区	2012年3月			2013年3月		
	标准普尔	穆迪	惠誉	标准普尔	穆迪	惠誉
巴西	BBB，稳定	Baa2，正面	BBB，稳定	BBB，稳定	Baa2，正面	BBB，稳定
俄罗斯	BBB，稳定	Baa1，稳定	BBB，正面	BBB，稳定	Baa1，稳定	BBB，稳定
印度	BBB-，稳定	Baa3，稳定	BBB-，稳定	BBB-，负面	Baa3，稳定	BBB-，负面
中国	AA-，稳定	Aa3，正面	A+，稳定	AA-，稳定	Aa3，正面	A+，稳定
南非	BBB+，稳定	A3，负面	BBB+，稳定	BBB，负面	Baa1，负面	BBB，稳定
美国	AA+，负面	Aaa，负面	AAA，稳定	AA+，负面	Aaa，负面	NA
英国	AAA，负面	Aaa，负面	AAA，稳定	AAA，负面	Aa1，稳定	AAA，负面
澳大利亚	AAA，稳定	Aaa，稳定	AAA，稳定	AAA，稳定	Aaa，稳定	AAA，稳定
中国香港	AAA，稳定	Aa1，正面	AA+，稳定	AAA，稳定	Aa1，正面	AA+，稳定
新加坡	AAA，稳定	Aaa，稳定	AAA，稳定	AAA，稳定	Aaa，稳定	AAA，稳定
印度尼西亚	BB+，正面	Ba1，稳定	BB+，正面	BB+，正面	Baa3，稳定	BBB-，稳定
菲律宾	BB，稳定	Ba1，稳定	BB+，稳定	BB+，正面	Ba1，稳定	BB+，稳定

实性。证券发行人如果不同意所得评级，也没有对机构的问责权。而评级机构在评估过程中又很容易发生错误。

（5）企业信用质量区分不高。评级机构一般提供两种评级：国家评级和世界评级。这样的评级对新兴国家的企业来说缺乏可信度。世界评级提供的相关信用风险评估覆盖了全球证券发行人（发达国家、新兴国家和不发达国家）以及受主权评级拖累的新兴市场中的企业（评级一般都低于发达国家）。但即便是信誉度非常高的企业发行人，等级也不会高过主权等级。这一点限制了新兴市场经济体的世界评级的参考价值，因为它们无法区分全球各企业之间的信用质量。虽然国家评级能够为国家范围内企业的信用提供好的评估，但是它们不能考虑到国家的风险变量。此外，国家评级也不能作为跨国之间的比较。在国家评级情况下，主权信用质量都被看作是AAA。所以，国家评级和世界评级都不能准确区分具体市场背景下发行人的信用风险。

五、金砖国家自主信用评级机构：是否可行？

全球信用评级机构因其偏见性地降调新兴经济体和发展中经济体的等级而久遭诟病。成立一个金砖国家自主信用评级机构的想法在2015年金砖国家俄罗斯乌法峰会首次提出。但是，要将这样一个伟大的想法落实到位，还需要计划、拨款、讨论方法、形成条规和法律框架等许多努力。当前的首要任务就是金砖国家之间相互建立合作关系，并就建立评级机构一事达成一致。中国已经多次表示对建立金砖国家自主评级机构的期望。金砖五国必须认真规划未来。此外，俄—中—印三边合作关系又是另一个需要考虑的因素，谁来领导这个评级机构必须明确。形成一套全面的运行程序将有助于促进各成员国之间的经济合作。

建立机构的另一个风险是要建立市场地位，得到投资人的认可。对此，该机构需要得到一个现有评级机构（最好是建立在金砖国家内的）的支持，因为它有丰富的与新兴市场和发展中市场打交道的经验。与著名的评级机构交流技术和管理技巧，可以帮助新评级机构更好地了解新兴市场的信用等级，并形成好的信用评级方法。然而，选定机构设立地点以及建立和谐的条款都是很容易引起争议的。

要建立该机构还需要找到最合适的商业模式和评级方法，才能为证券发行人和投资人提供可靠的评级。每一种商业模式，无论是证券发行人付款模式，还是投资人付款模式，都有它的优点和缺点，都需要机构本身有效地管理好内在利益矛盾。专业人士建议金砖国家自主信用评级机构的股东要包含当地的发展银行、金融机构、政府机构和一些多边机构。股东和管理层之间必须划清界限，以防五国中某一国控制评级机构。此外，股东不能进入评级机构委员会，以保证评估过程和结果的公平，不受任何国家或机构的干扰。

投资者接受金砖国家采用的评级标准、成员国之间的合作以及公正的评级建议，是成功建立金砖国家自主信用评级机构的关键。

原文标题：Rethinking the Relevance of Existing Credit Rating Agencies to BRICS

东盟经济共同体评估

选自澳大利亚《东亚论坛季刊》2017年春季号
宋其雅（Somkiat Tangkitvanich）
韶瓦鲁（Saowaruj Rattanakhamfu）
邹 祎/译

东亚将继续保持经济高度一体化，但是区域内贸易的很大一部分并未被相关协议所覆盖，因此无法抵御当前和未来可能的保护主义。随着世界贸易组织（WTO）的多边机制日渐式微，区域一体化要进一步推进，只能通过签署协议减少区域内贸易壁垒。

东盟似乎引领了亚太地区的自贸区建设。1993年，东盟自由贸易区（ASEAN Free Trade Area）计划开始实施。2015年底，东盟经济共同体（ASEAN Economic Community，简称AEC）正式成立。东盟经济共同体旨在超越一般的贸易协议，建立横跨10个成员国的统一市场和生产基地，确保公平发展。

2017年是东盟成立50周年。过去50年间，东盟虽然在政治上取得了一些突出成就，但在经济一体化方面仍需努力，可能在未来几年甚至几十年都需要持续推动经济一体化。

东盟秘书长宣称，2015年出台的东盟正式议程《东盟经济共同体蓝图》（*AEC Blueprint*）已经在多个领域取得实质性成就。但实际上，不同经济部门的一体化程度差异巨大。东盟取得的唯一一个明显成就是成员国之间的关税减免。自20世纪90年代《共同有效优惠关税协定》（*Common Effective Preferential Tariff agreement*，简称CEPT）实施以来，成员国间约99%的关税细目已减至零。

但是，东盟成员国之间的商品自由流通仍然受到一些非关税措施（NTMs）的限制，这会对企业的外包决策和贸易及相关产业产生负面影响。

印尼和马来西亚等采取积极"产业政策"的国家实行更多的非关税措施。比如，马来西亚长久以来限制其进口汽车的数量，泰国的汽车装配商对此多有抱怨。

虽然《东盟经济共同体蓝图》将减少非关税壁垒确立为其行动目标之一，但东盟在减少非关税壁垒方面采取自愿的原则，因此成效有限。在自愿的原则下，成员国可能会受到逆向激励，低报、少报它们使用的非关税壁垒。另外还缺少有效的监控系统，无法追踪成员国之间的非关税壁垒变化。

自1996年签订《东盟服务业框架协议》（*ASEAN Framework Agreement on Services*）以来，东盟一直都在就服务贸易自由化进行谈判。《东盟经济共同体蓝图》已经明确，到2015年取消所有服务贸易限制。但是泰国、菲律宾和印尼等部分东盟国家无法在截止日期前达成目标。

颇有争议的是，东盟的服务贸易自由化不承诺解决境内问题，比如电信服务互联互通、银行自动取款机的设点等，而这些对于创造竞争市场而言都非常关键。成员国间法律法规不统一也是一个问题。

当前东盟的服务贸易自由化可能无法形成一个统一的市场。泰国、菲律宾和印尼在2015年的截止日期前无法达成目标。印尼和泰国的最新具体承诺包含了许多不重要甚至无用的服务。

在促进劳工跨境流动方面，东盟成效甚微。从经济发展的角度看，鉴于许多东盟国家拥有相对充足的非技术性劳工，因此通过自贸区实现非技术性工种市场开放，将会是一个有用的政策选择。但是《东盟经济共同体蓝图》仅仅试图促进技术性劳工的流动，目前也只覆盖了8个技术性工种。关于促进这部分劳工流动的措施安排也是问题多多。以泰国为例，泰国对东盟国家技术性劳工的要求和对非东盟国家的要求完全相同。

在持批判意见的观察者看来，东盟一体化目前几乎没有产生任何实质成果。新加坡亚洲贸易中心的德博拉·埃尔姆斯（Deborah Elms）表示："当截止日期逼近，东盟官员的说辞摇身一变，他们称《东盟经济共同体蓝图》本身应该被视为一个过程,而不是一个目标。”

2016年9月,《经济学家》杂志(*The Economist*)调侃道:“在流于形式、将文山会海与深化关系混为一谈方面,东盟可谓是个禅宗大师。”

东盟内部缺乏深化区域一体化的势头,主要是由于大多数成员国采取保护主义立场,可能唯一的一个例外是新加坡。在扩大出口市场、吸引外国直接投资时,许多东盟国家都将彼此视为竞争对手。

一些东盟国家国内政治冲突频发,缺乏有力和稳定的政府,因此这些国家的领导人更多地关注国家内部,失去对区域一体化的兴趣。东盟如果无法坦率而又迫切地应对一体化进程中的关键问题,那么就不能实现《东盟经济共同体蓝图》中关于统一市场和统一生产基地的愿景。

东盟以身为东亚双边自贸区的“枢纽”而自豪。“东盟的中心地位”强调东盟在加强区域经济一体化方面,获得了东盟国家行动上的支持。但是,迄今为止,东盟国家的经济一体化倾向于针对有意进入东盟地区的跨国公司,打造更具吸引力的一揽子政策,而不是加强成员国之间的纽带关系。

在经济一体化方面,东盟需要着眼于关键目标,同时忽略无足轻重的目标。换句话来说,东盟需要更加有的放矢。与其有限的资源相比,东盟目前的议程显得过于雄心勃勃。《东盟经济共同体蓝图》提出了东盟经济共同体建设的17个领域和176项优先行动,覆盖了商品和资本自由流通、技术性劳工流动、公平发展、知识产权保护等方方面面。

如果东盟更加有的放矢,那么就能够获得有意义的实质性结果,同时又不剥夺成员国、特别是欠发达成员国的有限资源。这需要东盟回归到自贸区的核心使命——减少贸易壁垒,促进商品、服务的跨境流通以及劳工的跨境流动,加强生产投入。

然而,东盟面临的真正挑战不是经济上的,而是政治上的挑战。完全的主权独立与经济一体化是不兼容的。比如,欧盟在经济一体化上的成功,就是建立在共同主权基础之上的。

“共同主权”本质上不是一个要么全有要么全无的事情。在建立伊始,欧盟是一个相对温和的工程。那时候成员国比较少,涉及共同主权的政策领域也只有一个——建立煤炭和钢铁的统一市场。随后,欧盟才慢慢地扩大其成员国范围和使命。

除非东盟成员国愿意逐渐共享主权、直面政治挑战，否则，东盟经济共同体这一工程将步履维艰，东盟也将沦为一个清谈俱乐部。

原文标题：Assessing the ASEAN Economic Community

TPP的终结：美国衰落的征兆和东盟的应对

选自《新加坡东南亚研究所报告》2017年4月17日

肖恩·兰宁（Shaun Narine）

姜琳莛/译

一、执 行 纲 要

（1）相当大一部分的美国公众将国际自由贸易协定（FTAs）中的问题归咎于全球化。

（2）为管理全球化的影响，美国需要对其社会保障体系进行严肃的改革，并转变国家与社会之间的关系。

（3）这不仅意味着《跨太平洋伙伴关系协定》（*Trans Pacific Partnership*，以下简称“TPP”）不会随着美国的参与而复活，还意味着削弱美国全球领导力的国内社会和经济问题将继续下去，而且可能会变得更糟。

（4）这将对美国的外交政策产生严重影响，可能包括过度强调军事实力。

（5）美国实力和参与度的衰落将改变地区的力量平衡。这为东南亚国家联盟（ASEAN，以下简称“东盟”）成为更积极的机构参与者提供了可能。然而，由于不同的国家利益使得该组织不太可能像一个统一的政治角色那样行事，东盟对美国实力衰落的最佳回应是为中国成为该地区最重要的参与者做好准备。

二、引　　言

唐纳德·特朗普(Donald Trump)作为美国总统的第一个行动便是让美国正式退出TPP。这让许多东南亚的观察人士怀疑,这是否意味着美国对亚太地区的承诺会有变化。

尽管美国仍将是该地区的主要经济参与者,但TPP的终止象征着美国全球霸主地位的终结。几十年来,政治、社会和经济功能障碍一直在美国积聚。随着冷战的结束以及全球化的深入,这种功能失调已经导致了一种更加有害的转变,变成了一种激进的民族主义,这些人将美国的内部缺陷归咎于世界其他地区。

美国缺乏必要的政治和意识形态的灵活性,需要采取必要的改革措施,以成功地管理全球化的社会和经济影响。在此之前,对多边贸易协定的公开抵制将会继续存在,甚至还会继续加剧。可以肯定的是,美国打算继续在亚洲进行军事干预,但随着其经济参与的减少,越来越多的军事存在可能会破坏地区秩序。在亚太地区,许多美国盟友仍抱有希望,它们期待美国能够找到自己的定位,并重新确立对现状的承诺。然而,鉴于美国问题的根本性质,这是不可能的。

东盟应如何应对这种多变的局势?东盟国家有机会重新定义与美国的关系,并巩固东盟内部的合作。然而,它们又不太可能做到这一点。最终,该地区将需要与崛起中的中国达成协议,并接受地区大国之间的更大竞争。

三、TPP的终结和美国的功能障碍

2017年1月23日,美国总统唐纳德·特朗普宣布美国退出TPP。特朗普曾在竞选中承诺要撕毁TPP,所以他现在的行动是意料之中的。然而,无论哪一方入主白宫,TPP很可能都已经失败。因为此前,它已经被希拉里·克林顿(Hillary Clinton)宣布放弃,还遭到伯尼·桑德斯(Bernie Sanders)的诋毁。

在美国,左翼和右翼政客都有一个共同的观点,即经济全球化是以牺牲美国低技能制造业岗位为代价的,这一表现尤为明显的就是贸易协定,如《北美自由贸易协定》(NAFTA)和中国加入世界贸易组织(WTO)。而从历史上看,低技能制造业岗位是成功成为美国中产阶级的敲门砖。尽管这种观点在现实中几乎没有什么根基，但美国中产阶级正处于衰落的事实，已经促使美国人寻找解释和替罪羊。

开放边境贸易创造了巨大的财富，使全球范围内数亿人摆脱了贫困。然而，经济全球化常常与民主相矛盾。它造成了巨大的收入不平等。为了成功地驾驭全球化，各国需要建立广泛的社会保障体系（包括健康和福利），提供负担得起的教育，并找到其他方法来保护社会不受市场化的破坏性影响。与大多数国家相比，美国更有能力成功地驾驭全球化。然而，它严重的内部分歧使得它不太可能会发挥这种能力。

在这次大选中达到高潮的美国政治衰败，至少在20世纪60年代就开始了。当时，文化动荡和民权运动在美国引发了一场“文化战争”，使保守派与自由主义者相对立。共和党利用尼克松“南方战略”中的种族政策，呼吁不满的南部各州抛弃民主党，这些州因为尼克松宣扬民权而放弃了民主党。共和党人利用“狗哨”（dog whistle）政治来鼓动种族和经济分裂。在美国，许多反对福利国家（以及政府权力）扩张的主张都根植于美国白人的信念，即这些措施只对少数群体的利益是有利的。特朗普的主要创新是，他直接说了其他共和党人在“代码”中所说的话。许多投票支持特朗普的美国人，在一定程度上吸收了社会中固有的种族主义，以至于他们没有看到特朗普的公开偏见和对女性的歧视。

如果没有能力克服这些社会、政治和意识形态的分歧，美国就不会实施必要的社会计划来管理全球化的影响。因此，它陷入了自己制造的经济、政治和社会功能紊乱的恶性循环中，且无法自拔。随着新技术进一步颠覆传统经济模式，更多的人会失业，这些问题只会变得更糟。特朗普获胜的一个流行解释是，这是“白人工人阶级的报复”，因为他们的工作在全球化中失去了作用。毫无疑问，美国存在着巨大且日益加剧的经济不平等。自20世纪70年代以来，工人的收入一直停滞不前，财富集中在少数人手中。作为回应，白人工薪阶层的大部分人都投票支持特朗普。然而，收入不平等的真正政治后果，以及对民主制度的信心缺失，不一定是政治权利的转向。

对现状的不满可能会更加明显地表现在竞选中，因为有近800万人投票支持第三党的候选人，而2012年只有200万人这样做。在普选中，特朗普以近

300万张选票输给了希拉里；特朗普的胜利取决于三个“锈带”州的7.7万名选民，如果民主党选民投票率更高的话，这些州很容易就会转而投向希拉里。在10个摇摆州，约有78.4万名工薪阶层选民选择支持特朗普，让他在竞选中超过了其他候选人，这至关重要，但还不是一场运动。事实上，大多数特朗普的支持者在经济上都很富裕。

特朗普的胜利，与其说是经济困境的表现，不如说是白人选民拒绝接受“世界主义”，并拒绝向外部世界开放。超过58%的白人选民投票支持特朗普［与支持米特·罗姆尼（Mitt Romney）的比例相同］。相比之下，8%的非洲裔和29%的拉美裔选民支持特朗普。这表明美国政治上存在明显的种族分歧，但不一定是对“特朗普主义”的彻底转变。美国的政治和种族分歧是政治常态。最重要的是，有这么多的美国白人愿意为这样一个明显不合格的候选人投票。

特朗普显然是一个妄想狂和撒谎成性的人，他反复无常，危险无知。他将白人至上主义者和恐伊斯兰者带入了白宫，而这些人的影响力随后就显现出来了。这些因素对美国如何处理其事务有着巨大的影响，并对美国未来的政治领导能力提出了质疑。

四、东盟该如何应对?

随着TPP的结束，以及特朗普政府的出现，东盟国家的立场正在发生变化。在短期内，亚洲国家很可能会倾向于等待特朗普政权结束，并寄希望于未来的政府能回到维持现状的政策。然而，这种希望错误理解了从内部削弱美国的根本功能障碍。这场美国内部的战斗将持续到未来。大规模的多边自由贸易协定遭到了各政治派别的公开反对，而且在可预见的未来也不太可能会重新出现在美国的议程上。

特朗普的当选可能预示着美国政治进入了充斥不确定性的新时代。在21世纪的两次选举中，美国人选出的总统都是非常不称职的：乔治·沃克·布什（George W. Bush），以及现在的唐纳德·特朗普。尽管批评人士指责小布什在很大程度上忽视了东南亚，但他对亚洲的政策是相当标准的美国政策。然而，小布什对入侵和占领伊拉克负有责任，这对美国的军事信誉、软实力以及远远超出中东地区的影响都产生了毁灭性的影响。小布什还攻击了多边机构。其中一些态度在特朗普政府中也出现了。这两位总统都是共和党人，这并非巧合。共和党已经把美国政治文化中最极端的元素作为其选举策略的一部分。TPP的结束并不是美国在亚洲经济实力的终结。美国的双边贸易关系很可能会继续下去，尽管特朗普已承诺对许多美国贸易协定重新进行谈判，这给一些协定增加了面临风险的可能性，但美国新政府可能会希望有关方面做出让步或对其施加压力，而这些压力可能会对其他经济体造成损害。

区域贸易协定的"面碗效应"（noodle bowl effect）的扩张也将继续下去，这使得区域贸易的效率比它所需要的要低。然而，TPP的主要目的是为了制衡中国的影响力，将美国与它的一些地区盟友更紧密地捆绑在一起，并赋予美国在起草新的贸易规则方面的决定性影响力。这些好处（对美国）现在已经失去了。尽管特朗普威胁要与中国爆发全面的贸易战，这对双方都不太可能造成巨大伤害，但这是东盟国家所无法忽视的一个威胁。

特朗普政府可能希望在中国南海"对抗"中国。如果美国真的这么做了，那么中国肯定会反击。然而，该地区也需要美国以一种微妙而克制的方式来管理与中国的关系，而特朗普政府可能无法做到这一点。

如果美国攻击自由贸易协定并实施"以邻为壑"政策，更多的国家将投向中国，以抵消美国的影响。然而，面对中国的现实可能是东盟所无法回避的问题。

其他地区大国提供了其他选择。如果日本对美国的可靠性失去信心，它可能会成为制衡中国日益增长的经济主导地位的力量，但这将引发韩国和中国的相当大的敌意。从长远来看，印度正在发展与日本的安全关系，它也可能扮演更重要的地区角色。澳大利亚与美国关系密切，同时也在发展与日本的安全关系。这些国家的共同作用可能会制衡中国，但这些国家之间的经济关系使任何平衡行为的性质变得复杂。

东盟能否在更大的地区舞台上发挥影响力，取决于它能否用一个声音说话。到目前为止，东盟一直未能有效地做到这一点。过去，该地区的外部威胁促使东盟发展成为一个更强大、更活跃的组织。具有破坏性的美国是最大的挑战。这是否会成为推动东盟进一步发展和合作的催化剂？这是可能的，但可能性不大。过去的威胁促成了东盟的发展，这符合冷战时期的思维模式。东盟成立的当天，成员国在地区安全环境的重要方面就达成了共识，并决定共同努力，改善东盟的机构债券。

在当今时代，地区秩序是不确定的。东盟的成员国身份更为多样化，削弱了其寻找共同点的能力。但更大的问题是东盟国家之间错综复杂的关系，以及和其他大国之间的复杂关系，这些国家之间的安全与经济联系有时是相互统一的，有时又是相互矛盾的，一些东盟国家支持中国，而大多数国家则倾向于某种程度上与中国的平衡。如果美国奉行加剧地区紧张局势的政策，它将迫使其亚洲盟友重新评估自己的战略立场。一些国家将投向中国；一些国家将鼓励其他地区大国。现在，外部压力有很大的机会分裂东盟，或者让它在变成一个更加统一的组织时进度迟缓。

原文标题：The End of the TPP: Symptoms of American Decline and ASEAN's Response

美国退出
《跨太平洋伙伴关系协定》的影响

选自《波兰智库国际问题研究院报告》2017年6月
马雷克·瓦辛斯基（Marek Wasinski）
达米安·努考斯基（Damian Wnukowski）
马晶晶/译

唐纳德·特朗普甫一上任就决定退出2016年12国签署的自由贸易协定《跨太平洋伙伴关系协定》(TPP)，此举令美国在亚太地区失去了一个重要的经济和地缘政治工具。即使美国退席，其余11国可能仍会批准该协定，但其重要性会大大降低，而且很可能不会按原计划成为未来贸易协定的模板。如此一来，区域一体化领导地位或许会归于中国，而中国视该协定为美国遏制战略的一环。同时欧盟亦可在亚太地区推进自己的贸易议程而从中受益。

新西兰、智利、新加坡和文莱之间签署了自由贸易协定（Free Trade Agreement）并于2006年生效，这成为《跨太平洋伙伴关系协定》的基石。2009年，美国与其他国家决定加入谈判，此项目便升级为范围更广的《跨太平洋伙伴关系协定》，囊括澳大利亚、文莱、加拿大、智利、日本、马来西亚、墨西哥、新西兰、秘鲁、新加坡、美国和越南等12国。鉴于其成员国的经济潜力，扩大化的《跨太平洋伙伴关系协定》本会成为已签署的最大规模的自由贸易协定。所有入列国家的GDP（国内生产总值，按官方汇率）总和为28.5万亿美元，占2015年全球GDP总量的近40%。此外，其成员国在全球贸易占比超过

25%。奥巴马总统当政时的美国政府将《跨太平洋伙伴关系协定》视为其提出的“重返亚洲”的经济支柱，该理念鼓励美国借助于政治、军事和经济联系创建并加强与亚太地区国家的同盟网络。而中国作为美国在该地区的主要竞争对手被拒之门外，《跨太平洋伙伴关系协定》被视为遏制中国崛起的政治提案。

2015年10月《跨太平洋伙伴关系协定》的谈判落下帷幕，2016年初签署协定。成员国在两年内结束正式批准进程，一度至少6个占签约国GDP总量85%的国家正式批准该协定。仅美国就占协定GDP总和的近60%，没有美国，《跨太平洋伙伴关系协定》不会生效，这是默认的规则。故而当2017年1月23日新当选的美国总统唐纳德·特朗普走马上任不过3天就宣布退出《跨太平洋伙伴关系协定》时，他其实终结了当下的协定。在竞选总统期间，特朗普就强烈批评《跨太平洋伙伴关系协定》，认为其对美国而言是个糟糕的协定，它会减少美国的就业岗位，拉大美国的贸易赤字。他宣布其领导的政府班子会关注能给美国经济带来更多实惠的双边贸易协定上。

一、美国重返《跨太平洋伙伴关系协定》的希望渺茫

《跨太平洋伙伴关系协定》本为增强美国在亚太地区的影响力，与中国展开竞争。通过促进经济合作，《跨太平洋伙伴关系协定》本可以巩固美国在该地区的同盟并支持贸易多样化。不过美国面临的风险也更大。美国谈判官员起草了文本来保障其他利益，如提升美国在贸易与产品以及劳动和环境领域的标准；改革国有企业，意在推动越南等国提高其标准，以减少不公平竞争并最终保护美国的就业岗位。此外，在协定中美国约束知识产权、食品（转基因生物、地理标志）、数据流以及电子商务这样的“新经济”行业的规则扩大了美国公司在亚太市场的准入。《跨太平洋伙伴关系协定》本是为未来其他耗时复杂的贸易协定树立模板。不过没有美国的参与，其他贸易协定不太可能沿用该模板。有鉴于此，由特朗普政治议程推动的美国退出《跨太平洋伙伴关系协定》似乎与美国的经济和外交政策利益背道而驰。

由于特朗普政府在政策上容易大转向，特别是在外交问题上（如同北约的关系），不能完全排除美国未来不会再加入《跨太平洋伙伴关系协定》。

2016年11月特朗普胜选不久，日本在12月就早早批准了《跨太平洋伙伴关系协定》，这或许能视为促使美国重返谈判桌的举措。特朗普在竞选时将美国退出《跨太平洋伙伴关系协定》列为头等竞选纲领，这也是其百日新政最重要的决定。重返现有形式的《跨太平洋伙伴关系协定》几乎难以想象。尽管如此，美国有可能对该协定进行部分修改，然后换个新名字对外"推销"，将其誉为本届美国政府的成功。然而美国更可能会直接与《跨太平洋伙伴关系协定》成员（尤其是日本、新西兰和马来西亚）达成协定来确保其利益。

二、美国与《跨太平洋伙伴关系协定》成员国的双边贸易协定

在总统竞选以及今年3月发布的总统贸易政策议程里，特朗普经济计划概述重点关注双边贸易协定，这表明新一届政府将谈判视为更适合实现美国经济目标的工具。特朗普本人宣称自己拥护自由贸易，不过要以美国利益最大化来交换。

达成比《跨太平洋伙伴关系协定》更有益处的双边协定可能会有困难。12个环太平洋国家之间的协定是以美国为主导，而其他国家对部分协定做出重大让步的谈判结果。在双边协定中，美国地位会更加强势并要求更大的让步，因而会令潜在的同伴却步。已与美国有双边自由贸易协定的澳大利亚、新加坡、智利与秘鲁可能是最没什么压力的。同时，加拿大与墨西哥也因美国施压重商《北美自由贸易协定》（NAFTA）而定位不同。

剩下的5名伙伴中，日本最想与美国签订协定。自2012年美国与韩国签署自由贸易协定后，美日贸易减少超过10%，仅在2016年稍有回弹。安倍晋三最近出访美国（先是会见当选总统，然后在其就职后会见）并表示愿意接受双边谈判，这绝非偶然。在此框架下，美国政府的主要目的在于减少对日商品贸易逆差（2016年为近690亿美元）。不过于美国而言达成协定很重要，因为日本是世界第三大经济体，还是美国第四大商品出口市场。此外，自从日本与欧盟和中国（与韩国一起）开展贸易谈判后，美国公司想在日本市场保有竞争力，签订一份协定就很重要。

澳大利亚与新西兰也是美国在新双边协定中的潜在伙伴。对澳大利亚而言，这意味着重商一份旧的自由贸易协定，可美国对澳大利亚是贸易顺差，对

美国来说可能这并非首要事项。新西兰对美轻微贸易顺差（2016年为5亿美元），在双边贸易协定上达成共识应该相对容易。美国对越南与马来西亚是重大贸易逆差（2016年分别为320亿和250亿美元），美国新政府尚未明确其计划。不过从长远来看，像《跨太平洋伙伴关系协定》这样的多边协定可能会比令美国经济得益的双边协定给所有参与国带来更大的经济增长，特别是美国的输出国和投资者。

三、11国将调整《跨太平洋伙伴关系协定》

美国退出《跨太平洋伙伴关系协定》迫使其他参与国怀疑该协定的未来。一些国家，特别是澳大利亚、新西兰（2017年5月第二个批准协定）和新加坡，敦促其他国家批准协定。日本表示支持这一立场，尽管其首相安倍晋三在特朗普决定退出协定后一开始称“毫无意义”。即便如此，在《跨太平洋伙伴关系协定》内市场开放的潜在收益激励日本改变其立场，推动协定实施。不过，包括越南和马来西亚在内的部分国家对于签署没有那么急切，因为进入美国市场是它们加入《跨太平洋伙伴关系协定》的主要动力。

在特朗普发出声明后，其他成员国一直在努力自行推行项目。3月在智利海滨城市比尼亚德尔马举行的亚太一体化倡议高级别对话（High Level Dialogue on Integration Initiatives for the Asia Pacific）会议间歇后，有关《跨太平洋伙伴关系协定》的附件被列在声明中。另外，5月末在越南河内召开的亚太经合组织（APEC）部长级会议间歇，被称为“TPP 11国”的其余成员制定了没有美国但项目依旧继续的目标。

然而没有美国的《跨太平洋伙伴关系协定》，不管是对地区还是世界而言，重要性或裨益都大打折扣，例如，余下11国之间的贸易量将是原计划的1/4。鉴于此，要留住其他所有11国成员绝非易事。而且，即便保住了《跨太平洋伙伴关系协定》，也必须重塑。例如，现在秘鲁似乎想改变制药业的规则，而越南想改变服装的规则。这些会谈结果可能决定部分国家继续或退出会谈。无论如何，没有美国，《跨太平洋伙伴关系协定》的生效条件也会调整。为应对挑战，参与国的代表在7月会晤，旨在为2017年秋季讨论修改《跨太平洋伙伴关系协定》做准备。

四、中国希望推进自己的贸易协定

亚太经济一体化进程目前尚不确定，但是余下的TPP成员国的行动表明愿意继续。开放市场与反击保护主义是地区发展的重要因素，也能影响世界其他地区（如通过全球价值链）。部分《跨太平洋伙伴关系协定》成员如澳大利亚和新西兰倡议中国加入协定，注入新动力。中国也向该地区其他国家给出了自己的提议。

近年来中国已是世界上最大的经济体之一，而且是亚太地区诸多国家的主要贸易伙伴，为区域经济一体化推行自己的议程。发展最成熟的项目当属区域全面经济伙伴关系（Regional Comprehensive Economic Partnership，RCEP），这是东盟（ASEAN）官方提出的理念，不过中国才是促成者。区域全面经济伙伴关系覆盖了亚太地区的16个国家——10个东盟成员国和6个与东盟签署了自由贸易协定的国家（澳大利亚、新西兰、印度、日本、韩国和中国）。简言之，没有美国。中国将该倡议视为一种通过参与国之间更强化的贸易与投资纽带提高在该地区的影响力的手段。区域全面经济伙伴关系不像《跨太平洋伙伴关系协定》那样耗时耗力，因为前者关注减少关税以及非关税贸易壁垒，而非创建高级别的规范与标准，却能向所有参与国提供更佳的市场准入。这对那些没有与其他国家签署自由贸易协定的国家尤为重要，如日本与中国或日本与韩国。在这点上，随着美国在多边协定中抽身退出，亚太地区国家在区域全面经济伙伴关系的谈判中可能对政治资本与人力资源投入更感兴趣。迄今为止，区域全面经济伙伴关系谈判已进行18轮，力争在2017年末收尾。

中国也从中看到构建未来亚太自贸区（Free Trade Area of the Asia—Pacific，FTAAP）的机遇。将亚太现有的贸易协定（双边以及多边的）全部涵盖，为整个地区创建一个单独全面的协定，这是一个伟大构想。从这个意义来说，区域全面经济伙伴关系将是通往亚太自贸区的跳板。重要的是，中国的亚太自贸区构想也包含美国。向该地区最大的对手之一抛出了积极提议，表达了中国愿合作而非竞争的意愿。不过，区域全面经济伙伴关系和未来的亚太自贸区都可能面临部分障碍，包括各国在发展不同阶段关于开放市场、贸易规则、劳工权利条例、知识产权保护等方面立场不同（如澳大利亚与日本立场一致，而印度或中国是另一个立场）。此外，部分国家间的政治角力、部分地域的领土争端可能会妨碍项目的实行。

中国还大力推进其“一带一路”倡议，亦称“新丝绸之路”，作为未来与亚洲、欧洲和非洲经济合作的基石。亚太地区其他国家甚至南美洲国家都可能参与到“一带一路”中。中国亦想通过统一海关手续，为制定国际贸易规范与条例、创建自由贸易区、工业园与经济走廊尽自己的一份力。鉴于此，新丝绸之路与区域全面经济伙伴关系（和以后的亚太自贸区）能进一步加深该地区经济对中国的黏性，以此增加中国的政治影响力，这一点近年来越发明显。

五、欧盟的机遇

亚太地区的贸易架构形势不清，对于包括欧盟在内的其他参与者而言可能就是机遇。对美国而言，当前形势对增进与亚太地区伙伴的贸易以及提升贸易标准是难得的良机。对该区的国家来说，中国和美国都是最重要的贸易伙伴，当寻求贸易与投资多样化时，欧盟可能是它们的另一个选择。鉴于美国退出《跨太平洋伙伴关系协定》后，双边贸易协定谈判需要时间，而中国以其在亚太地区的经济表现获得了更多的政治筹码，这点就尤为重要了。在此情形下，欧盟公司的资金与专有技术以及更宽泛的欧盟市场准入，对该地区的伙伴来说就成了颇令人感兴趣的邀约。此外，对中国而言，欧盟在亚太地区经济规模更大总好过美国如此，因为欧盟不太可能削弱中国的地缘政治地位。

在《跨太平洋伙伴关系协定》的11国中，欧盟分别与智利、秘鲁和墨西哥签署了自由贸易协定，并已与加拿大、新加坡和越南签署了协定，与日本、马来西亚的谈判正在进行中，很快将启动与澳大利亚和新西兰的谈判。至于该地区的其他国家，欧盟与印尼、菲律宾也启动了自由贸易协定会谈。要加快协定谈判或批准程序的收尾，做到更好的市场准入以及更快地增进贸易。在这些自由贸易协定中引入一个新投资保护模型（投资法庭体系），保护国家在有关美国优先的框架（投资者—国家争端解决）下的权益，可能有助于未来谈判。还有，在欧盟与美国标准不一致的问题上（如数据流、地理标志等），若能在与美国的协定之前签订，对欧盟及其伙伴的价值更大。

六、结　　语

离现有框架下的《跨太平洋伙伴关系协定》批准只剩不到1年的时间，美国不太可能会改变立场，《跨太平洋伙伴关系协定》前途未卜。然而有迹象表明即便美国退出，其余11国从该协定的经济获益会缩减，但它们将试图做修改。不能排除修改过的协定可能会添加一些激励美国在变化的政治格局下重返协定的规定。

完全退出《跨太平洋伙伴关系协定》会使美国在该地区的影响力下降，其作为可信赖伙伴的形象受损。此外，这标志着奥巴马时代经济部分最成功的"重返亚洲"迎来终结。相反，美国可能会跟进该地区伙伴的双边贸易协定。特朗普政府习惯利用双边谈判实现美国经济利益最大化，这些协定要最终定槌会更加困难。转向更紧密经济伙伴关系的脚步延迟，也可能会对美国在亚太地区的同盟网络带来消极影响。

美国与其在亚太地区的伙伴贸易关系不确定，这就是中国的机会。中国的贸易政策议程，包括区域全面经济伙伴关系谈判，对《跨太平洋伙伴关系协定》其他成员国更具吸引力。如果未来几年能实施区域全面经济伙伴关系，并在"一带一路"的框架下完成部分项目，中国将在政治方面处于更有利的地位。

美国退出《跨太平洋伙伴关系协定》，欧盟亦能受益。要利用新兴的经济机遇，欧盟应加倍努力敲定正与日本进行的谈判，加快与东盟成员的会谈并最终与整个组织谈判协定，重振与印度和南方共同市场的商讨，并启动与包括新西兰、澳大利亚在内的新伙伴的会谈。不过2016年，欧盟为争取所有成员国支持与加拿大之间的《综合性经济贸易协定》（CETA）而遭遇重重阻碍，必须提高其作为有吸引力的谈判伙伴的信誉度。最近欧洲联盟法院（Court of Justice of the European Union）裁定欧盟机构和成员国在谈判与批准程序中的角色，使该地区更加透明化，未来欧盟形象可能有所改善。因此，欧盟能更好地准备亚太地区的长期贸易策略。

原文标题：Consequences of the U.S. Withdrawal from the Trans—Pacific Partnership

贸易平衡与
《北美自由贸易协定》的重新谈判

选自《美国智库彼得森国际经济研究所报告》2017年6月
C. 弗雷德·伯格斯坦（C. Fred Bergsten）
张关林/译

特朗普政府一再表示，其激进的贸易政策的主要目标，是减少美国与几个关键国家之间的巨额双边贸易逆差。他反复强调，最初的决议草案的目的，是重新谈判《北美自由贸易协定》(NAFTA)，但在5月18日向国会正式通知时却没有提到。政府没有表示它打算如何实现目标，但多半会利用重新谈判来减少与墨西哥的贸易赤字。2016年这个赤字总计为630亿美元（远低于对中国的赤字，而与对日本和德国的赤字相仿），同加拿大的贸易接近平衡。

从特朗普的角度来看，《北美自由贸易协定》的重新谈判有几个特点。尽管墨西哥对美国有双边贸易顺差，但加拿大和墨西哥两国均存在巨额全球经常账户赤字。两国的财政赤字实际上在最近4年中有3年大于美国的赤字（见图1）。因此它们与美国最担心的其他3个贸易伙伴（中国、德国、日本）截然不同，这三个国家都有巨大的全球和双边盈余，且与美国没有贸易协定。美国政府似乎把墨西哥和加拿大视为顺差国家，而它们（更准确地）认为自己是赤字国家，它们的政策应该加强而不是削弱外部平衡。如果美国政府希望通过贸易协定来减少贸易逆差的话，那么它选错了解决问题的国家。

三角贸易是世界经济的特征，而墨西哥实际上是这方面的典型例子。

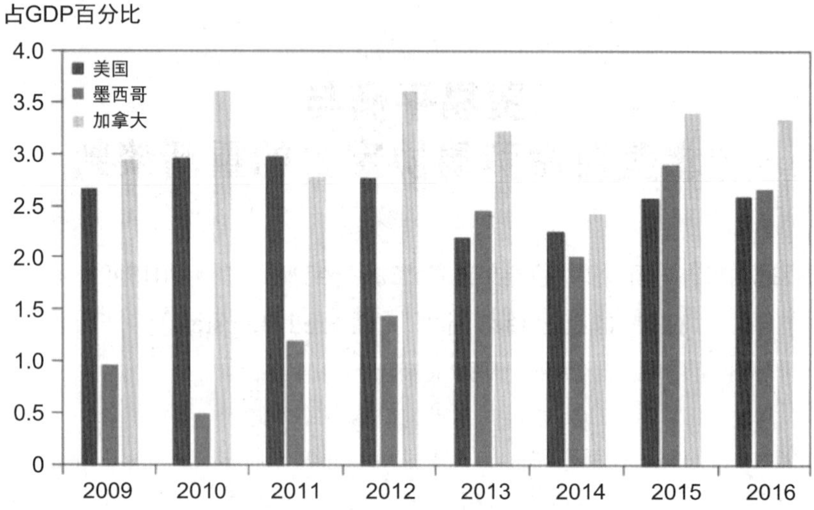

图1 《北美自由贸易协定》国家的全球经常账户赤字

资料来源：国际货币基金组织，《世界经济展望》。

加拿大也是，只是程度较小。大多数国家与主要贸易伙伴的关系，都是顺差和逆差混合在一起的，这是由于在生产上都有自己的相对优势。即使是拥有大量全球顺差的中国，也会与许多生产初级产品的国家（生产石油的沙特、生产铁矿石的澳大利亚等）以及为中国向欧洲出口成品提供部件的国家（如韩国）发生贸易逆差。这是国际贸易的固有特征，应该被视为正常的、可取的。

在全球供应链的背景下，三角贸易尤为普遍。高收入国家中生产成品的公司，通常会从低成本国家的供应商那里进口中间产品。例如，德国汽车公司从捷克、斯洛伐克和匈牙利的供应商那里购买零部件。拥有世界上最大的全球贸易顺差的德国，与捷克的贸易赤字相当于美国对墨西哥的赤字。

不过，特朗普政府尚未公开承认这些关键因素，因此，在即将举行的会谈中，仍可能寻求双边贸易平衡这个目标。但特朗普政府对贸易协定的一般策略，尤其是对《北美自由贸易协定》的态度，根本是错误的，原因有二：（1）为了降低贸易失衡，美国政府显然想使用贸易政策，不想使用宏观经济政策，包括汇率政策；（2）美国重视双边失衡，不注重全球范围的失衡。这份政策简报概述了这种反常方式的谈判的危险和自我挫败的含义。协议中可能含有为了达到这个目的的条款，但可能是不太可行的。

一、特朗普错误的战略目标

贸易失衡是由潜在的宏观经济基本面所决定的。在实体经济中，关键是国内吸收（消费、投资和政府支出）与国内生产之间的关系：过多的吸收产生贸易逆差，这个差距由净进口形成；而过多的生产过剩则导致贸易顺差，因为多余的东西出口了。在金融方面，核心问题是一国的储蓄与投资之间的关系：储蓄不足导致资本净流入，继而导致贸易逆差；而投资不足（即过度储蓄）则需要资本净流出，从而促成贸易顺差。

因此，大多数经济学家认为，能长期减少美国经常账户赤字的最有效、也许是唯一的政策举措，是减少美国的预算赤字，同时减少国内吸收，减少对外国资本的需求，特别在像现在这样经济接近充分就业的情况下。相比之下，特朗普政府建议的减税有可能进一步增加预算赤字，那样的话，不管《北美自由贸易协定》或其他贸易伙伴会做些什么，都会进一步增加外部赤字。几乎所有人都认为，贸易失衡应继续用宏观经济和货币政策工具来解决，包括汇率，并由财政部和央行的货币官员来实施。

即便与墨西哥等主要贸易伙伴达成完全的双边平衡，也不可能显著降低美国的全球贸易逆差，所以不可能对其整体经济产生任何有利影响。正如前述，这是因为一个国家的总体国际收支平衡，是由其自身经济的基本面和与世界其他国家的互动所决定的。因此，美国对墨西哥的赤字减少，如果不是基于基本面的变化，那么很快就会被对其他国家的赤字增加所取代。随着相关产品的生产转移，美国的进口只会从墨西哥改为其他国家，或者美国的出口从其他国家改为墨西哥，这些国家对总体平衡几乎没有任何净影响。显然，特朗普对待贸易协定的态度，源于两种根本的经济误解。

这些现实情况决定贸易协定的理论重点是增加贸易量，而非改变贸易平衡。因此，这些协议要解决的是决定贸易的微观经济因素，尤其是边境措施，如关税和配额。现在逐渐倾向于解决边界后面的影响国际交易的措施，如竞争政策和专利政策。自贸协定的目标是使参与其中的国家的生产效率和经济福利最大化。协定由相关部门的贸易官员协商。贸易协定（以及更广泛的贸易政策）的目标应该是继续减少国际交流的障碍，并制定规则来管理这一交流，包括确保贸易的公平和自由。

用理论来阐述这个特征的另一个方式是运用经济政策基本理论，这个理论认为政策目标必须与政策工具在数量上相等，一种工具应该用于它最擅长实现的一个目标。在我们讨论的案例中，这意味着贸易政策应该用于促成能使国民经济福利最大化的贸易量，而汇率应该用来促成和维护外部平衡，因为外部平衡是国际金融和国内政治方面的可持续因素。反过来，汇率也反映了经济的内部平衡（或失衡）。

“公平贸易”当然是仁者见仁、智者见智的事情。例如，特朗普政府似乎把贸易逆差定性为“不公平贸易”。根据这个定义，加拿大和墨西哥都可以认为自己是主要受害者了，因为它们的全球赤字巨大。然而，大多数贸易方和观察家都接受世贸组织和其他贸易协定的规则，认为这些规则为全球贸易确立了道德和法律基础。这些规则既不完善，执行得也不好，但它们提供了一个共识框架，在过去70年里，国际交流在这个框架中蓬勃发展，所有国家都得到巨大的好处。例如，仔细调研后发现，这个时期出现的全球化，使得美国每年有2万亿美元的经济增长。

贸易协定根植于互惠原则，每个国家都要以进口“退让”来平衡其出口得利，以赢得国内的政治支持。当然，各国实际上都会竭力争夺商业利益，但把贸易谈判的目的明确规定为有利一方、损害另一方，这在政治上肯定是行不通的。

“互惠”有两种不同的定义：一个是对等减少贸易壁垒（“边际”互惠），另一个是通过谈判实现对等的壁垒量级（“镜像”互惠）。前者是大多数贸易谈判的传统特征，它反映了前面提到的政治现实。特朗普政府瞄准的似乎是后者，要求墨西哥实现更大的自由化，因为美国现在的壁垒量级较低（主要是非关税壁垒）。国家经济委员会主任嘉里·科恩（Gary Cohn）认为特朗普明确支持“量级互惠”。

在《北美自由贸易协定》的具体情况下，致力于改善美国的双边贸易平衡尤其不合适。墨西哥对美国有巨大的双边贸易顺差，但同时也存在着巨大的全球贸易和经常账户赤字（2016年占GDP的2.7%）。墨西哥实际上需要外部赤字，以便吸引资本，为发展融资。

从国际经济体系和基本经济学的标准规则和规范来看，墨西哥是一个赤字国,不是顺差国,因此它不会采取措施(通过国内经济、汇率、贸易政策或其他手段)来削弱其国际平衡。相反,它可能会采取措施巩固自己的地位。因此,美国使墨西哥减少其双边顺差的任何努力,将遇到实际的和理论的障碍。

加拿大与美国的双边贸易大致是平衡的:它的商品贸易顺差适度,抵消了服务赤字。但是,就像墨西哥一样,它的全球经常账户赤字巨大(2016年占GDP的3.3%)。因此,《北美自由贸易协定》的两个伙伴国都是赤字国家,而非顺差国家。事实上,近年来加拿大和墨西哥的全球经常账户赤字都超过了美国(2016年占GDP的2.6%)。对这三个《北美自由贸易协定》国家来说,努力改善它们在全球的竞争地位,而不是相互攻击,似乎更为合理。

如果重新谈判失败,特朗普兑现其退出协定的承诺,则《北美自由贸易协定》解体对美墨贸易的影响也是值得注意的。如果美国失去《北美自由贸易协定》的优惠,那么墨西哥对美国进口商品的最惠国关税平均将达到7.4%,那是从《北美自由贸易协定》的零水平升上来的(而美国对墨西哥进口商品的关税只会增加一半)。此外,墨西哥可以把美国大部分出口商品的关税合法地平均提高35%,因为在世贸组织制度下,它的税率就绑定在那个级别。无论在哪种情况下,相对于其他19个国家来说,美国出口到墨西哥市场的商品,都将面临实质性歧视,而墨西哥与其他19个国家(包括欧盟集团、日本、其他重要竞争国,以及继续享受《北美自由贸易协定》优惠的加拿大)都有自己的自由贸易协定(可能还有他国家,如正在谈判的韩国)。几乎可以肯定,美国对墨西哥的双边贸易逆差将大幅增加。至少,美国出口商同墨西哥的未来贸易关系将面临巨大的不确定性。

此外,美国退出《北美自由贸易协定》,将大大削弱人们对墨西哥经济的信心,从而可能会导致比索汇率大幅下跌。这会影响墨西哥的竞争力。此外,墨西哥的经济增长至少有一段时间将受到负面影响。这些宏观经济效应将加剧美国对墨西哥的双边贸易赤字的增长。

特朗普对贸易协定的这些误解,并不意味着这些协议或贸易政策对美国贸易的门类构成和地理构成没有重要影响。贸易政策会影响贸易结构和总体量级,而贸易结构也是一种微观经济特征。例如,边界壁垒和边界背后的壁垒,可以促进或阻碍美国的钢铁业,而对化学品行业却可能是中性的;或者更广泛地说,可以促进或阻碍美国的制造业,而对服务业却是中性的。同样,自贸协定通常为伙伴国提供优惠待遇（如《北美自由贸易协定》），对没参加协定的国家则没有优惠。一个国家如果参与自贸协定，其总体贸易会上升，因为由此而产生的贸易机会通常会超过随之而来的贸易转向，而且其进口保护力度总体上也会减小。但如果通过（重新）谈判贸易协定，着眼于双边失衡问题，目的是大幅减少美国的外部赤字，那将是一个严重的错误，而且很可能是徒劳。

二、《北美自由贸易协定》下的受控贸易？

但我们不妨假定特朗普政府仍在追求其既定目标。在这种情况下，它的条约应该被称为“贸易平衡协定”或“贸易赤字协议”，而不是自由贸易协定。如果这样的话，一个直接结果是其贸易平衡目标会把《北美自由贸易协定》分为两个双边协议，至少是两项单独的谈判，而不再是三边协定，就像美国商务部部长威尔伯·罗斯（Wilbur Ross）公开指出的那样。10年前，由于油价高企，美国对加拿大的贸易曾经出现巨大逆差，而在近几年一直保持平衡，因此在这个矩阵中，这两个合作国家的起点是根本不同的。此外，虽然美国与加拿大存在市场准入问题，但两国的经济和贸易政策却截然不同。加拿大自然是一个可与美国相媲美的高收入国家，而墨西哥尽管在过去的20年里取得了巨大的进步（主要是由于《北美自由贸易协定》），但它仍然是一个新兴国家，其人均收入约为美国和加拿大的1/4。因此，一开始就必须考虑重新谈判的基本方式。

如果存在操作问题的话，那么其中的关键是，贸易协定要实现两国间贸易平衡的变化，应该包含哪些要素呢？根据基本经济学原理，有两种可能的方法，一种基于数量；另一种基于价格。

追求贸易平衡这样的数量方式，需要某种形式的受控贸易，也许就像20世纪70年代末到90年代初，美国感到日本政府干预经济和“不公平”贸易政策增加了美国的成本，为了反对这种情况而对日本做的那样。当然，现在日本和墨西哥之间有巨大的差异。日本的全球贸易，以及对美国的双边贸易都有不小的顺差，且是世界上最大的债权国；而墨西哥，如前所述，全球贸易赤字巨大，且是一个庞大的债务国。过去人们普遍认为，日本对本国经济的管理，尤其是它的贸易政策，对外国人是不利的；反之，特朗普批评墨西哥的要点却是墨西哥对美国的贸易顺差巨大。实际上，如今美国和墨西哥经济的整合程度，远超过去美国和日本的整合程度，那时对外国直接投资有着严格的限制政策。因此，美国打破现有贸易模式的成本是相当高的。日本和墨西哥主要的相似之处是都严重依赖美国：日本在安全方面严重依赖美国，而墨西哥主要是在经济方面依赖。这大概是美国在双边关系和贸易谈判中拥有巨大影响的主要原因。

不管怎样，对日本的所有举措都着眼于特定行业，特别是汽车、汽车零部件和半导体，共有十几个行业，重点没有放在两个国家之间那时和现在的总体巨大失衡上。美国最终促使日本接受其部分出口商品、进口商品和市场份额的量化目标（通过"自愿出口限制""自愿进口扩张"和"半导体协议"）。这些努力被认为是对管控度极高的日本市场的次佳回应，努力的结果对所涉及的、肯定要掺和的部门具有特殊影响。伯格斯坦和诺兰，以及其他分析家得出这样的结论：有些协定（特别是与以市场份额作为目标的半导体和汽车零部件相关的协定）导致美国在特定产品上获得出口增长，但并没有减少美国的双边贸易或全球贸易的整体赤字。1985年，两国（以及其他G5国家）通过《广场协议》对货币市场进行了干预，大幅降低了美元的汇率，才使美国的总体赤字和日本顺差大幅下降。

伯格斯坦和诺兰计算出美国与日本长期合作中优先考虑的10个行业，根据"从执行至今的自由化得到的实际收益"和"未来自由化的潜在收益"（见表1），如烟草和计算机，它们涵盖了日本从真正自由化到受控贸易的政策变化。这些"猜测性估计"总计约40亿美元，美国企业的海外分部又带来额外的近20亿美元收益。戈尔德（Gold）和南托（Nanto）发现，在美日双边谈判的门类中，美国的出口增加了50亿美元收益。在所有这些案例中，美国谋求的是尽力打开被认为对国外关闭的日本市场，而不是谋求总体贸易平衡。在特朗普政府谋求"又公平又自由"的贸易的时候，可能会找到一些目前存在壁垒、可在重谈《北美自由贸易协定》时着重指出的门类。

在现代美国贸易政策史上，日本案例是唯一与当前墨西哥情况相关的先例，其得到的"启示"是，减少美国贸易赤字最可行的量化工具是"自愿出口限制"和"自愿进口扩张"。从经济的角度来看，"自愿进口扩张"不受欢迎的

表1　美国从日本自由化获得的实际收益与潜在收益（100万美元）

来自执行至今的自由化的收益		来自未来自由化的潜在收益	
烟草	1 200	计算机	1 075
牛排	500	燃料	789
半导体	≤415	木制品	750
柑橘	100	零售品	150
光纤	33	超级计算机	30

程度较高，因为它扩大了而非缩小了贸易，但它就像所有政策对贸易的扭曲一样，会引出低效和歧视的问题。这些措施实施起来要比上次难得多，因为墨西哥政府必须诱导或迫使国内买家去购买增加出来的美国出口商品（日本官员慢慢喜欢上了“自愿出口限制”，因为可使他们限制私营部门的活动，从而增加权力；但他们憎恨“自愿进口扩张”，因为这个措施要求官员去恳求私营部门）。

不过，墨西哥仍然可以把一些进口商品（尤其是政府的进口）从其他国家转向美国，也就是多花些成本、向有关国家诉苦而已（有关国家与墨西哥不同，它们将承受美国要求的最沉重的负担，结果可能会进行报复）。据报道，美国商务部部长罗斯已经提出这一要求，他建议墨西哥可以“把从美国以外国家购买的产品转向从美国购买……也不妨让我们占据比现在更多的市场份额”。当然，这种贸易转向违反了最基本的贸易原则。

墨西哥也可能在具体领域限制对美国的出口，但这样一来就可能需要补偿墨西哥公司由此蒙受的经济损失。特朗普政府可以努力诱使美国企业将在墨西哥分部生产的产品转向美国工厂，尽力在这个过程中帮助墨西哥政府，就像美国在其他场合已经做的那样（但结果不佳），故意破坏企业的供应链，以便让某些岗位和销售返回美国。

另一种选择是市场份额安排，这似乎在日本做得“最成功”。然而，在墨西哥看来，其相关性十分有限，除非能找到通过限制性措施来排斥国外参与的行业，而限制性措施可以通过这类设计而受到合法攻击。但必须强调的是，从美国的全球贸易赤字或对日本的双边贸易赤字来看，没有证据说明，美国的经济从与日本在所有贸易问题上的10年密切互动中获得了总体净效益——这同《广场协议》所促成的总体失衡的巨大变化形成了鲜明对照。《广场协议》引起了汇率的巨大变化,汇率的巨大变化带来了总体失衡的巨大变化。

三、以贸易平衡为目标?

现代所有的贸易协定,都不会为参与国的贸易平衡设定一个目标(但美国众议院在1987年通过了格普哈特修正案,即如果有大量双边贸易顺差的国家没有满足指定的赤字削减目标,可授权进行报复)。相比之下,各国的全球经常账户平衡目标,经常在国际宏观经济和货币政策讨论中得到考虑,不过也没有什么切实的结果。最近的一个例子是,美国在2010年试图达成一个G20协议,要把顺差控制在GDP的4%(提案遭否决,主要反对国是德国和中国)。2016年初,美国国会通过一个货币立法,单方面要求总统加强干预"经常账户盈余巨大"的美国贸易伙伴。随后财政部规定"盈余巨大"的概念为顺差超过该国GDP的3%,且满足其他两个条件。如果一个国家在一年内未能解决这个问题,该法案要求总统采取规定的4项报复措施中的一个。

价格机制已经讨论得够多了,但没有明显不同的结果。美国对日本采取了类似的两种战略,如20世纪80年代中期以市场为导向的特定行业谈判(MOSS),以及80年代后期的结构障碍措施(SII)。正如前述,这些举措在同一时间段试图在特定领域推行自由化,它们对日本经济体系的管理形式和"不公平"而言,是无可替代的举措。但它们没有明显解决两国的双边失衡,更别说解决全球失衡问题了(当然,失衡是美国对日本采取措施的重要背景和理由,也在1985年催生了解决宏观经济问题的《广场协议》)。

在《北美自由贸易协定》重谈计划的初稿中,特朗普政府提出了一些减少双边失衡(在有些场合减少部门抱怨)的方法:更严格的原产地规则;允许"恢复关税以反对进口泛滥"的常规保护条款;以及在税收政策上实施"公平竞争"。特朗普政府在其最初100天里启动的贸易行动——主要涉及软木、钢铁和铝——如果充分执行的话,估计可能涉及来自加拿大的200亿美元进口商品和来自墨西哥的60亿美元进口商品。

突然增强的保护措施当然与世贸组织的限制相冲突,还会导致对美国的出口进行报复。美国可以通过采取自己的过境税调整来解决税制选择问题,就像在目前美国税制改革的背景下积极讨论的那样，或者采纳一种更常规的增值税。也可以通过墨西哥放弃增值税来解决，就像特朗普政府的一些声明所暗指的那样，也许更可能的做法是墨西哥进行偏向于美国的量级调整或边界调整；但由于边界税制调整在世贸组织制度下是合法的，而美国实际上是唯一没有利用这个规则的国家，又因为倾向于美国的安排将使美国获得对墨西哥国内企业的优势，所以这两种做法都很不可能。

解决贸易不平衡问题的最全面的价格机制是关税和汇率。然而，要改善一国的经常账户，提高关税显然是无效的。部分原因是在WTO框架下，它们通常是非法的，所以贸易伙伴可以采取对抗性的报复手段，但更重要的原因是通常会由此引起汇率升值，从而阻止任何总体净增长。

一个更有前途的可能是，在《北美自由贸易协定》重新谈判时，墨西哥进一步减少对美国的贸易壁垒，美国也同步减少贸易壁垒，或单方面促进美国出口的净扩张（这违反上面讨论的边际互惠原则，但可能因此做到“量级”或“镜像”互惠）。现在由于有《北美自由贸易协定》，墨西哥对美国出口商品的关税几乎都是零，但在某些行业，非关税措施的自由化足以转移贸易流向，并促进美国销售的扩张（但由于上述宏观经济原因，这也不一定会改善美国的全球贸易平衡）。

墨西哥为减少对美国的双边顺差而能采取的任何措施，必然受制于在讨论美国情况时所谈到的宏观经济考量。贸易政策的变化，无论是降低非关税壁垒，还是在特定领域推行“自愿进口扩张”，至少会受到比索贬值的部分抵消。因此，其结果会在新政策没有涉及的行业中改善墨西哥对美国的贸易平衡，也会改善同其他国家的贸易平衡，这至少会部分抵消在政策涉及领域对美国贸易平衡的恶化。这样多少会减轻墨西哥政策行为的成本，但可能会加剧美国和其他国家在未涉及领域的问题。

多年来，许多促进全球经济均衡的提议都以汇率为目标，其中有些政策至少在短期内实现了（例如在1987年，G5通过《卢浮宫协议》所采用的目标区域或“参考范围”）。然而，这类做法都与有关国家的基本经济和经济政策密切相关。因此，是这些国家的经济政策官员在宏观经济背景下处理这些问题的，没有把它们作为贸易协定的一部分。

在多边管理国际货币体系的背景下，美国和加拿大等主要政府会偶尔制定和实施这类协议。1971年的《史密森协议》对战后固定汇率进行了首次调整。1985年的《广场协议》同意压低被高估的浮动美元，尤其是对日元的汇率。1987年的《卢浮宫协议》(在短时间内)在主要货币中设置了目标区域或"参考范围"。当然，尽管这些协议以一两种外币（特别是日元和德国马克）为核心，但这些都是多边而非双边的举措。制定这些措施的是相关国家的货币和金融官员，而不是贸易官员。

20世纪80年代到90年代美日的重要教训是，必须用重大的货币举措来促进贸易政策的进程。在这种情况下，1985年关于汇率的《广场协议》是为了在全球和双边的国际失衡中获得动力。它反过来要求在多边（那时是G5）基础上（不是双边）处理这个问题。如果目前这样做，肯定会使美国政府的当前战略远远超越对《北美自由贸易协定》的重新谈判，但如果美国的贸易平衡目标必须实现的话，也许最终必须这么做。

在《北美自由贸易协定》背景下，目前最可能的相应做法是成员国同意避免其货币的任何失调（或者推动墨西哥比索和加拿大元实现高估，以减少对美国的顺差，并进一步增加它们的全球赤字）。因为美元是世界的主要货币，它的汇率反映了它与所有主要货币的关系。这样的协议基本上需要加拿大和墨西哥承诺不低估它们的货币——无论是市场力量引起的低估（如没有精确反映经济基本面的资本流动），还是政府行为引起的低估（如直接或口头干预外汇市场）。这种做法的极端版本是两国都将各自的汇率与美元挂钩，就像过去两国长期所做的那样，以准确地反映均衡性。这种"均衡"当然会反映出这两个经济体的全球地位，因此很可能将继续维持对美国的双边贸易顺差。

在"10年货币操控"（2003—2013年）期间，墨西哥和加拿大均未被受到操纵指控，那时在东亚和世界其他地方，货币操控是普遍现象。在由于市场力量，货币遭低估的近几十年里，它们也没有受到谴责，除了特朗普当选后墨西哥比索的讥讽性急剧下跌，但那是特朗普严厉批评墨西哥的结果（现在在很大程度上扭转了这种倾向）。尽管如此，特朗普政府还是认为，将致力于在货币操纵问题上达成协议，主要还是出于前面的原因，但如果它想利用《北美自由贸易协定》的重谈，试图减少美国对墨西哥的双边贸易逆差，看来得借助于受控贸易才行。

四、结　论

最后一个更有建设性的做法是利用重谈《北美自由贸易协定》来提振墨西哥经济，从而促进它从美国（和其他地方）进口。一个国家的增长速度是其进口扩张的主要推动力。因此，提高墨西哥的活力是实现特朗普政府贸易平衡目标的最佳途径。一个强大的墨西哥经济也会导致比索升值，这将进一步提高美国的竞争力。墨西哥可能批准实施更为扩张的财政和货币政策，德国就是通过这个方法消除了美国和其他国家对德国全球顺差的批评。

两国自由贸易（服务和商品贸易）的最大化，以及制定新规则来推动最大化，可以加快增长速度。因此，满足新目标的最好的"新北美自由贸易协定"，将是达成3个国家在25年前承诺的"旧北美自由贸易协定"这一目标的更新扩展版。

原文标题：Trade Balances and the NAFTA Renegotiation

第四篇

信息前沿

未来的民权与大数据问题
——关于社会公正与技术的报告

节选自技术专家网络Robinson+yu 2014年9月

张关林/译

一、导　　言

影响我们生活的重要决策（关于职业、保健、住房、教育、司法及其他重要方面的决策），逐渐由电脑作出。结果，关于公民权利的越来越多的着眼于如何做出决策的重要对话，也成了关于电脑系统如何运行的讨论。

今年初，主要民权与媒体司法组织的开创性联盟，发布了《大数据时代的民权原则》，强调指出日益使用数字监控、预测分析和自动化决策，会如何影响重要的民权忧虑。我们是这个联盟的技术顾问。

《原则》发布后，引起决策者、社区律师、公司领导和民众的强烈关注。人们需要详细了解促使此文问世的具体例子。精确地说，大数据是怎样、在什么地方成为民权问题的？本报告一开始就回答这个问题，着眼于大数据和民权相互交叉的关键案例。对于涉及这个重要的新话题的人而言，我们希望本文是有价值的资源。

二、财务的包容性

（一）保险公司信奉大数据，降低了分摊的风险

2011年以来，进步公司推出快照。这是小型监视装置，驾驶员必须装在

车里，接受公司的最佳速度指导。如果装置报告驾驶员制动平稳，深夜不上马路，不常驾驶的话，也就是报告驾驶员的行为显示事故低风险的话，就可以打折。

大多是有色人种的低收入者，上夜班、夜里在路上、离工作点远的可能性较大。快照等装置通过降低在路司机分摊的风险总量，从而降低了有些司机的费率，这意味着相对提高了长距离驾驶或夜班工人的代价。同时，这类系统把有责任的夜班工人同夜游神群体归入同一类目，迫使他们承担多半发生在夜里的醉驾和其他胡乱驾驶的成本。根据统计，这笔附加成本不只反映了夜班驾驶者被醉驾撞车的风险，也反映了夜班工人本身醉驾的可能性（据保险公司透露）。

保险公司和出借公司一直依靠统计数据来评估客户风险。但“大数据”的广泛使用使保险的明确性上升到新的水平，改变了风险配置的方式。在保险人群中分散风险是保险的基本做法。有些价格分化形式，如对突然增速或刹车的司机收费高，也许会促使被保险人小心驾驶，司机就可能改变其驾车方式。但对夜里驾驶去上班的人而言，价格分化没有好处，徒然增加成本。

某人未来的健康，就像驾车行为一样，也能根据个人资料进行预测，以确定保险价格。在保险精算师的年度会议上，德勤公司（Deloitte）咨询师说道，他们现在使用几千个“非传统”第三方数据来源，如客户购买历史等，来预测人寿保险申请人的健康状态，精确度相当于身体检查。基于这些数据的模型能“预测一个人是否受到影响死亡率的17种疾病中（如糖尿病、女性癌症、烟草性癌症、心血管病、抑郁症等）任何一种病的折磨”。德勤模式也包含了申请人邻居的健康情况，调查范围是城市的两个街区。

个人化的保险定价可以做到低风险者低费率。但同时也意味着风险分摊程度的降低。低收入街区的健康人的人寿保险付费要大于健康社区的健康人的付费（因为他们要承担不很健康的邻居的保健成本）。去上班的夜驾者的汽车保险费要大于白天上班驾车者（这不仅反映了夜驾被醉驾撞车的风险，也反映了夜驾者本身就是醉驾的可能）。对大多数人而言比较精准的保险价格，出于同样的原因，也许对最接近高风险人群的人就不太公平了。

（二）数据经纪人瞄准财务困难的社区

联邦贸易委员会和参议院商业委员会最近发布关于数据经纪业的重要调

查报告，报告收集了数亿美国人的大量信息。报告详述了这些基本没受监管的公司如何把客户产品精确营销到财务困难的个人。参院的报告进一步告诫道，有些经纪人出售的数据“可能会吸引那些高卖成本贷款和其他有财务风险产品的公司，”联邦贸易委员会认为，如果知道产品很容易就瞄准弱势人群的话，许多公司会觉得“很尴尬”。

参院的报告发现营销列表冠以这样的名称：“勉强度日的农村”“艰难挣扎的少数民族二等公民”“一无所有的退休单身汉”“艰难的开始：年轻的单亲父母”“消耗殆尽的信用：一个城市家庭”。委员会的报告也指出了以少数族裔社区和低收入者为主的隔区，例如一个隔区叫作“城市纷争”。报告又说，数据经纪人出售“同化码”，指出某人熟悉英语的程度。营销列表的许多负面名声来自其令人联想的名称，但基本作用更深一层：列表能使营销商很容易识别弱势客户。

当然，针对性营销在以最有吸引力的产品和服务连接所有社区方面也占一席之地——包括贫困客户、有色人种，以及说不同语言的人。但精确定位弱势人群也有伤害风险。

现代数据是过去一种行为的发展。企业有收集数据以瞄准获得新客户的悠久历史。但信息技术促使个人数据的数量和可获得性迅速增长。公司现在能够收集和储存的数据较之几十年前的想象还要多得多。

“数据经纪人”泛指购买、出售或分析客户信息的公司。这些企业提供营销服务，欺诈预防，风险评估，数据整合，或只是向其他数据经纪人转售数据。没有完整的列表来描述这一类目的公司。

数据经纪人从能获得的任何地方获取数据，如从公共记录，社会媒体网站，在线查询，零售忠诚卡计划等。经纪人公司使用这些数据建立个人的“模式性”档案，包括对个人的推断和预测。例如，经纪人从“夫人”称呼推断其婚姻状况，从个人的街区推断其财富。这些档案往往以“隔区”形式成千份地定价和出售。

没有什么法律来治理数据经纪业，许多做法类似于在其他行业要监管的消费者打分的那种。政府问责办公室解释道：“消费者一般没有权利控制收集、持有、使用和分享什么个人信息——甚至信息涉及个人身体和精神的敏感数据也是如此。”同样，联邦法律规定消费者有权纠正信用历史中的差错，但对数据经纪公司持有的档案就没有类似的权利了。数据经纪业由于缺乏透明度而不断受到批评，联邦贸易委员会最近一致重新要求国会颁发立法，授权个人，使个人能接触数据经纪公司持有的信息。

这种未受监管的状况对关注向弱势群体掠夺性营销和贷款做法的社会正义集团是个挑战。数据经纪公司根据财务状况，健康指标和其他弱势信号，能有差别地确定目标。

（三）以“可选择数据”来推进财务的包容性

信用通常根据个人信用得分来延长。如今大多数信用得分产生于信用报告，国家信用局持有这些报告。信用报告包含的财务指标是有限的，如现有信用卡和贷款的数据。传统信用得分能精确地预测消费者的信用价值（即消费者根据条款偿还信用的概率）。但并非所有个人的信用报告都有足够的数据来产生信用得分。因此，在某些场合，缺乏高质量的个人化财务数据，就把某个人从主流财务系统中排除出去了。

根据全国信用报告协会的说法，多达7 000万美国人没有信用得分，或得分低于完整的财务历史能保证的得分。由于所谓“无记录”或“记录少”的人中许多是定期支付公用事业费和电话费的，所以一些集团认为这个付款数据（目前不在信用档案中）应该报告给信用局。主要信用局赞同，并制定了可以考虑这个所谓的“供选择”数据的得分算法。

行业资助的政策与经济调研委员会（PERC）认为，有“无可争议”的证据，包括信用得分中的账单支付数据，能有助于低收入人群。委员会认为，如果这类数据被包括在内，大多数人都会获益，尤其是低收入人群。“无论是信用得分变化，还是信用得分等级的变化，或者是给予目标违约率的投资组合的变化”，都是这样。委员会利用这些论据敦促支持者使金融系统“通过使信用档案更具包容性而使自身更具包容性”。

但“全国消费法律中心”（NCLC）的看法不同。该中心认为，该行业的推动力一部分是想要迫使公用事业账单置于“消费者付款的顶部”，如果它们成为获得信贷的一个因素，这类账单就会置于顶部。它又指出，如果短期的拖欠支付成为信用档案的一部分，“许多低收入客户就会得到负面的信用标记”。最后，它担心报告公用事业的支付情况会与旨在保护低收入人群的国家监管政策发生冲突，低收入人群也许“有时候会推迟支付账单，他们知道受到保护，不会遭到中断供应的处罚”。简言之，该中心的结论是，“完全的公用事业信用报告对低收入人群会造成很大伤害”。

信用报告也用来评估求职的人，用来筛选房屋租赁申请者，用来产生营销消费品的使用“营销得分”，这就使得事情更复杂了。这些用途的作用没有受到严格而透明的检验和评估，信用得分的这种非信用使用法，也许会对被保护人群造成很不利的影响。有些保护措施已经出台，例如，有些州现在有规则来监管信用信息在保险中的使用。但随着信用数据的用途越来越广，对这些用途的精准性，公正性和总体影响的监管审查也必须扩大。即使新的数据在具体的信贷背景中是有益的，也需要对信用得分的其他受监管的用法进行广泛的辩论。

替代数据对民权界而言既是机会，也是挑战。有证据表明，替代数据可能有利于边缘化人群，但证明这个说法的数据尚未被民权界所用。迄今为止，权益相关者还没有机会再次产生调研委员会等行业集团所发布的研究——许多基本数据还是有产权的。容纳新数据有什么影响，加强这方面的透明性，要做许多重要的工作，才能保证这些变化不会伤害弱势群体。

三、岗　　位

大数据系统在网上搜索中重现种族偏见。种族宗教和性偏好的数字指标，很容易在网上看到或推断出。在某种意义上，这些指标就像老板审视某人的履历可能选中的那些东西。但是，最近的调查显示，这些指标如果与复杂的大数据系统相结合的话，可能会促进“歧视性结果，或偏爱某集团成员而排斥其他集团”。

哈佛的电脑科学教授拉腾亚·斯威尼（Latanya Sweeney）最近担任联邦贸易委员会的首席技术专家，他指出谷歌的广告是如何根据搜索的人名而进行歧视的。斯威尼博士在谷歌上搜索自己的名字，注意到广告引用了逮捕记录。这促使她开始调查，想弄清楚搜索白人的名字是否出现与搜索黑人名字时一样的广告。她发现文本中有“逮捕”的广告出现在黑人名字中的比例大于出现在白人名字中，比例之大无法用偶然来解释。她得出结论，“这些广告的传输具有歧视性”。

这是因为谷歌软件跟踪用户点击每个广告的频率，能自动知道什么广告组合最有效（最赚钱）。这些用户行为总体上反映了目前社会存在的偏见。出售逮捕记录的主要公司Instantcheckmate.com否认把名字同种族联系起来。但不联系的话就不一定会出现这样的结果。

在谷歌系统中，经常被点击的广告自动收到较高的"质量分"——并更频繁地出现。谷歌和Instant Checkmate可以自动发现自己在强化用户点击模式所反映的种族偏见。斯威尼博士说道："如果谷歌的Adsense服务知道什么广告组合更有效，它会首先把与逮捕相关的广告任意附上所有名字。但如果算法在应对一种模式时自动改变，这也就会改变，在该模式那里当这些广告依附于黑人名字时，点进的可能就更大。"

雇主和其他有权有责任的人进行影响生活的决策时，越来越多地上网咨询，这类结构性歧视问题就尤其麻烦了。虽然雇员今天得到某种法律保护，但遭到偏见广告潜意识效应伤害的岗位申请人，很难找到伤害的源头。雇人的人匆匆一瞥可能就这么过去了。而在涉及晋升，特别奖励或其他形式的职业晋级的情形时，或在寻找室友这类场合时，这样的忧虑便会油然而生。

律师告诫雇主在网上要小心。雇佣法专家詹姆斯·麦克唐纳（James McDonald）说："我劝雇主们不要使用社会媒体作为筛选工具。雇主们必须控制信息。"但是谷歌搜索的方便却很难抗拒。"大体而言，雇主们面试时避免对这些特性提问。但现在技术使得找到那些信息太方便了。"卡内基·梅陇大学教授亚历山德罗·阿奎斯蒂（Alessandro Acquisti）说到。

斯威尼博士的调查表明，复杂的网络系统可能漫不经心地使种族主义得以长存，即便创立这些系统的公司并非故意歧视。

四、刑 事 司 法

从街区到个人的预防性治安。2014年2月，芝加哥警察局（CPD）派遣警官对被认为很可能参与暴力犯罪的居民进行个人访问，这是上了全国头条。选中的人不一定在受调查，但其历史表明他们属于最有可能成为暴力受害人或实施者的人。警官的访问多少受到电脑产生的"热点名单"的影响：这是试图对介入暴力犯罪进行预测的算法产生的。城市官员们说到过在这个算法里用到的资料，如包括某些类型的逮捕记录，但这个算法使用的资料没有公开的全面的说法。

访问是一种新的“定制性通告项目”的组成部分，根据这个项目，派遣警官（或信函）去人们家里提供社会服务，给予符合具体情况的告诫。例如，警官可以提供职业培训项目的信息，或通知某人，联邦法律对过去犯重罪的人可从严判决。该城市报告说，通知函的内容是基于对“过去逮捕，已知同伙的影响，未来犯罪行为的可能判决结果”的分析。虽然有些访问受到冷遇，但警局认为上门工作已经震慑犯罪。市长伊曼纽尔最近说到，已经发生的60例干预中，“没有一个受访人陷入任何新的重罪逮捕”。

“热点名单”是断定最可能介入暴力犯罪的人的顺序名单，是用来选择通知对象的因素之一。芝加哥警局报告说，热点名单的根据是“与已知同伙相比较的经验数据”。但不清楚什么因素使人出现在热点名单上的。根据“信息自由法”要求看看名单，遭到拒绝，理由是信息可能“危及执法人员或其他人的生命或身体安全”。媒体报道，各种数据用来产生名单，如逮捕、担保、假释、武器和毒品控诉，熟人的记录，曾是枪击受害人或知道某受害人，收监记录，公开的法庭案例，受害人的社交网。这个项目的设计者是伊利诺斯技术研究所教授迈尔斯·维尼克（Miles Wernick），他否认“算法在编辑名单时使用了任何种族的、街区的或其他的类似信息”。

全国的城市都在执法上大量使用数据。最常用的预测技术程序是帮助假释决策，以及确定未来犯罪最可能的地方，以便有效分布警力。这些系统在降低犯罪上非常有效，但也产生了回音室效应，因为警力强大的地区的犯罪，比其他地区的同类犯罪，更可能被侦破。这种效应产生的统计数据就夸大了犯罪的集中性，从而导致未来资源配置的偏差。

芝加哥的试验是新型的，警方走出了传统的地理“犯罪图谱”，转向城市居民的关系图。具体而言，确定对象以便针对性干预，很可能是未来预防治安发展的趋势——提出了关于如何通过机器系统确保正义继续得到保护的重要问题。其他地区也已与大学合作，开发风格类似的项目，如马里兰州一个项目旨在“预测社会服务已知的哪些家庭有可能严重虐待孩子”。在这类项目中，对未来恶行的自动化预测也许会增多，并据此行事，甚至在没有犯错的直接证据的情况下行事。这类系统有时会作出错误预测，那样一来，它们的差错可能就造成不公正的牵连犯罪，这是我们过去的司法系统所憎恶的。

市政府花大力收集数据，但往往缺乏学术资源来分析收集的大量数据。它们往往与民营机构或大学合作求援。在芝加哥，城市同麦克阿瑟支持的犯罪实验室合作，来分析不同项目的功效，包括如“成长为男人”这类项目，该项目着眼于危险青年的暴力预防。这类合作使城市能扩大利用数据的路径，可能产生很大收益（如证明非惩罚性减少犯罪项目的有效性）。同时，正在进行这类分析的民营部门应该具有过去内部分析时所具有的同样的责任心和透明性。

五、政府收集和使用数据

（一）毒品案中的天罗地网式监控中断了法庭审查

爱德华·斯诺登率先曝光的联邦政府对美国人的大规模无授权监控，一开始似乎是为了国家安全。但民众现在知道，有些从国家安全角度看是正当的秘密工具，也在国内执法中使用了。

例如，据《纽约时报》报道，白宫全国毒品控制办公室同毒品管制局（DEA）一起，秘密付钱给 AT&T 公司，建立一个巨大的数据库，为国内执法调用记录。AT&T 官员控制着这个叫作“半球”的数据库，与政府紧密合作，使之无缝登录，甚至让公司雇员参与执法团队。该项目从2007年开始启动。AT&T 收集的信息不仅让联邦政府使用，而且还让进行毒品调查的地方侦探使用。与传统方法不同，这个系统可让执法部门审查每个人的活动，不仅是嫌疑犯的活动。《纽约时报》发表的揭秘文件说，这个系统“往往能发现目标正在使用的执法部门所不知道的手机”。

有一份文件也显示，参与该项目的白宫办公室要求分析师“在任何正式文件中不要提‘半球’两字”，而是要发布似乎是独立的但“半球”已经披露的记录传唤。这个有争议的保密策略（叫作“平行架构”）使得执法部门能提供这类记录作为法庭证据，而不需要提醒法庭或被告注意它依靠的是无授权项目。毒品管制局的“特别行动科”显然采用同样的策略，该科与国安局合作，超越国内执法框架来接受通过国安局监控活动收集的秘密情报。路透社得到的指导意见“明确指示代理人从调查报告、宣誓书、同公诉人的讨论和法庭证词中删除行动科的参与。随后要求代理人使用‘正常调查’技术，重新产生行动科提供的信息。”

前联邦法官、现在是哈佛法学院教师的南希·盖特纳（Nancy Gertner）说这些策略是“伪造调查过程”。她告诫道，“毒品管制局隐瞒信息来源，弄成信息好像是从另一个地方获得，那就不可能对政府的真正调查策略进行司法审查了”。

（二）滥用政府数据库的诱惑

各级政府收集个人数据，其范围和详细程度都不同。政府部门发挥职能，数据是必不可少的，如提供社会服务，国立学校注册学生，发放护照等。收集的规模越来越大，但量化也是很困难的，有时是因为民营公司往往在帮助政府收集和储存数据方面起重要作用。政府和承包人需要合法地接触数据。但在太多的场合下，政府无力监管自己员工的行为，导致滥用个人数据。

在某些地方，女性多半是滥用对象，尤其是警方滥用。在明尼苏达、伊利诺斯、新泽西、纽约和北卡罗来纳等地，人们指责执法官员不恰当地使用数据来跟踪妇女。一位警官甚至跟踪到一位女性的车子那里，还留下一张便条。纽约警察局有一个侦探在“电脑上用黑客方式收集21位同事和9个其他人的私人电脑账户和密码，来窥探他的前女友”。在康涅狄克和阿拉斯加等州，人们也指责警官们在他们要讨好的女性的要求下，利用数据库窥探他人。

联邦政府维护大量数据，引出了全国范围的类似问题。例如，爱德华·斯诺登最近宣称，国安局的分析师分享在工作期间发现的不雅照片是常有的事。2008年，两位前国安局分析师前来讨论他们接触住在海外的美国公民的个人通信时，也出现同样的事。他们报告说，分析师们根据他们的性的内容而相互特别推荐，推荐列表的“储存方式，就像是在你的iPod上，你看着歌曲，使用某人的电话号码就能调出一首歌那样”。

在人们称为“爱情报”的一些案例中，国安局确认在最近10年，至少有12个分析师使用信号情报系统来不恰当地跟踪他人的案例，还有2个目前在调查的案例。在多数案例中，分析师搜寻他们在交际中或在调情上认识的人的信息。国安局纪律总监说到，该部门发生不良事件的数量，与部门总体活动相比，是非常之稀少的。而多数不良事件都是自己报告的，因此，认为实际发生的违规数量比报告数量多一些，也是合情合理的。

收集、储存和分析大量个人数据，强化了政府帮助和保护老百姓的能力。但数据可用也对接触数据的少数人产生诱惑。随着政府扩大数据的用途，具有较大的空间来改善政策和做法，以进一步降低滥用数据的风险。

（三）人口普查：有利公民的大数据

美国人口普查是政府最原始的大数据。1790年以后，人口普查局进行调查，列出美国人口清单。宪法规定在各州分摊代表和税收，普查局如今维护着最完整最权威的美国人口记录。这些记录用来配置资源，为各种社会和经济项目制订计划。10年一度的普查和更详细的美国社区调查，对于政府、市民社会和民营部门职能的发挥至关重要。民权组织强烈关注普查局数据的精确性、完整性和可用性。

10年一次的普查查询美国每个人的情况。2010年，普查局收集家庭每个成员的信息。1940—2000年，普查中采取家庭抽样，收集更详细信息的方式，即众所周知的普查的"长型"方式。2005年，较详细的记录分拆到美国社区调查，以连续方式进行家庭取样，以提供区域和普查地段（平均人口4 000）的最新数据。美国社区调查每年取样约占美国2.5%的家庭。

除了确定国会代表外，普查数据还用来为社会项目配置资源，如医疗补助、母婴保健项目、搬迁项目、平价住房援助、社区发展补助、起步领先项目、贫困学生教育资助等。也用来规划医院，护理院，诊所，以及其他保健服务的地点，划定学区边界。

对2020年普查，普查局正在研究利用新技术使普查更有效、成本更低的方法。这是必要的：普查成本经过10年快速上涨后，给普查局进行2020年普查的费用跟2010年普查一样。它在考虑使用政府行政记录来确定租房变化区域，这是事先存在的政府数据库，来源是国税局、社会保障局、TANF、SNAP，以及医保和医补，还来自各州和地方政府。这有利于在计算人口前取消挨家挨户实地调查，有利于在派遣调查人员上门前发现空置住房，有利于加上不接受普查的人数。普查局也在研究新的方法，为跟踪不回应者的普查人员制定战略路线，优化效率。该局还在研究网上回应方法，以降低对能回应普查的这批人的普查成本。

遗憾的是，行政记录数据对普查精确性有利也有害。行政记录数据可能缺乏细节（如种族细节，家庭关系细节），可能会过时，可能不能代表最难统计的人群。但行政记录数据在人们失踪时可以充当最后依靠。例如，1990年普查中，普查局根据假释和缓刑记录，对最后普查数字增加了“40万—50万人”。增加的人中许多是年轻人、黑人，他们失踪了。这个做法后来放弃了，因为“利用假释和缓刑记录增加的人中有一半后来估计是错误计数的”。但技术的进步也许会增加行政记录数据在未来的应用。

可靠的网上回应方式可以大大改进普查效率。最近对网上应答方式的测试，表明多半是小幅增加自动回应者的人数，这说明在网上回应的大多数人都是会以邮件方式回应的。但即使小小的变化也能降低对几千万家庭邮寄信息的筛选成本。但是，网上回应方式必须可以移动回应，以便尽可能涉及过分依赖智能手机的少数族，如西班牙裔人和亚洲裔美国人。

普查局面临着一个难题：既要节约，又要保持质量和精确性。技术进步和新的数据源可以有所帮助，但成本控制依然有可能使2020年的普查质量低于以往。

原文标题：Civil Rights，Big Data and Our Algorithmic Future

社会契约2.0版：大数据·隐私保护·公民自由

选自《哈佛国际评论》2014年9月16日

纳伊夫·阿尔罗翰（Nayef Al—Rodhan）

魏尚新/译

毋庸置疑，21世纪及以后的人们将面临更多新兴挑战，而关于技术革新的比例及这些技术进步怎样为迎接挑战提供解决策略等方面的描述也有很多。随着新技术的出现，人类和科技之间的关系也出现了新问题，这将在社会和文化方面产生更为广泛而深刻的影响。最终我们将不得不思考：特定科技怎样维持或伤害了人类的尊严？我们又将因此采取何种准入或者管制措施？其实在潜意识里，大家都知道不同阶层中社会结构的完整性问题还是要靠这些社会阶层中个体成员的共同理解来解决。

"社会契约"这个概念的出现距今已有相当长一段时间了，可以追溯到丰富多彩的古文明时期，涵盖了古代埃及、汉谟拉比、希腊、罗马、中国、印度等的各色古老文明及三大宗教信仰——犹太教、基督教、伊斯兰教。然而，曾对个体自由的局限性和最高统治者权利进行研究的格劳秀斯（Grotius）、霍布斯（Hobbes）、洛克（Locke）、卢梭（Rousseau）等人的继承者们最近又发起了新一轮的研究活动。不管是从洛克的构想——把国家看成一个"中立的裁判"，还是从卢梭、罗尔斯（Rawls）等人的观点来看，社会契约的各个层面最终都是在探讨一件事——为何理性的个体会愿意放弃自己的自由，以换取一个稳定的政治秩序。

社会契约论的共同思路是这样一个构想：国家和政治秩序为人们共同的

利益而存在，这样人们的生活、自由、财产才能得到保障。而在如今这个科技飞速发展的大数据时代，人口流动越来越密集，人们之间的联系越来越紧密，对彼此的依赖性也越来越大，社会存在已经远远超越了主权边界，这种构想是否还具有原来的意义？自由、最高统治者的职能、管控的有限性——对这些我们信奉已久的教条来说，如今这个时代是重新定位它们的最好时机。

一、社会合作的技术风险

科技对社会契约产生影响的方式有很多，只从其中一例看，个体以科技手段提升自身的能力这种行为就暗示了一些最基本的平等，早期的契约论学者能够假定其存在，而如今就很难说了。对霍布斯及其理论继承者来说，力量的大致均衡使得每个人都很容易受到攻击。通过生物技术及生物合成技术等手段，某些个体在智力和体力方面都发生了根本性的改变，个体共有的易损性这个设定也将因此而不再有意义，同时失去意义的还有社会契约得以存在的根基。尽管科技完全可能导致此类结果的产生，并且这个说法也具备其现实意义，但其他一些表现则显得更加高端，并且已经对国家内部关系及国际关系产生了很明显的影响。

对个体所进行的信息撷取，不仅在规模上已经不可想象，对传统的社会契约来说也是一项巨大的挑战。从对流感爆发的充分准备到对世界粮食需求和分配能力更全面的了解等各个方面，对大数据的利用都是利大于弊，但未经管制就对大数据进行撷取也依然会招致很大麻烦。政府部门几乎无一例外地趋向于采用大规模监督的方式去平息异议、强制人们对其顺从，我们也不得不因此而踯躅不前。

二、大数据、垄断与社会契约论

在这个问题上，有两种设想与社会契约的任何可行概念都有关，且这两种设想很可能暗中为害。很明显，对大数据进行垄断控制这种可能性已经构成普遍存在的威胁。迈克尔·尼尔森（Michael Nielsen）曾斩钉截铁地告诉我们，这种科技垄断不利于创新，并使得某些市场不再具备竞争性环境。暂且避

图1 大数据

开隐私问题及其对公民自由造成的威胁不谈，我们还完全有理由担心另一件事：大数据本可能会对一些积极因素产生正面影响，但一些大型利益集团对大数据的撷取进行操控，破坏了这些积极因素的存在。当然，一些人是碰巧控制这种数据，因此从中所得的金钱收益也势必要排除在外。进一步说，即使最简单的社会契约也需要合作，但在垄断条件下，对这种合作最低程度的信任也将遭受破坏。除共有的易损性之外，社会契约还以利益关系的大致等值为前提。控制海量个人资料的私人实体拥有一种预测能力，使其在这种股份制系统中拥有比别人更多的筹码。这在如今这个时代已不是罕事。比如，谷歌就因为掌握充分的数据才能对股票市场的走向做出相对精准的预测和判断。公司中的从业人员也声称，一旦他们断定这是违法行为，便不再这么做。

为了维护社会契约，相关方面的法律必须做到两件事：第一，如果一些实体控制的数据量比例偏高，就要对其进行限制；第二，要确保这些法律的可执行性。更重要的是，社会契约的可行性，及其对自愿联合的需求，取决于这样一个条件——这种执行力对其他一些潜在的契约方同样起作用。这种看法带给人们对制度公平性的高度信任。如果潜在签约方（默许、假定或以其他方式进行的）对这种结构上的公平性有所质疑，继续签约或合作就显得不再理智。

在可操纵性强的知识领域，大数据不仅会导致不平等的产生，还会使这种不平等加剧。这些不平等一旦达到特定临界值，持有数据的实体就可以随意支配某个群体，抗打击报复的能力也随之加强，自愿加入社会合作的可能性依然遭受严重威胁。事实上，在限度之内，如果（不再公平的）系统对双方不再有利，这种合作也就失去了它的合理性。

三、超出市场范围的公民自由与公平正义

最近，一项针对美国国家安全局相关政策及活动的研究表明，大数据技术给社会公平正义造成了更直接的麻烦。美国国家机构对德国总理安吉拉·默克尔（Angela Merkel）的电话窃听事件败露后，两国关系愈加紧张，主要就是因为这种做法蔑视了国际舞台上高层次的社会契约惯例。再一次证明人们参与合作的意愿源自充分的透明度，更何况这种相互关系存疑尚多，所以唯有如此，自愿加入者才能更好地理解这种社会关系的规则和本质。在国际关系这个大背景之下，不管是出于个人隐私的考虑，还是出于国家安全的考虑，这都与信息撷取方式有着密不可分的联系。

在这一点上数据量问题或许是最令人震惊的。随着大数据技术的到来，对行为预测起决定作用的不再单纯只是内容，更多的是"元数据"。也正因为如此，美国国家安全局前局长所言"我们在用元数据杀人"才能一方面给我们以启示；另一方面让我们深感不安。除此之外，其他高层官员也持有类似看法，而且对个人信息的大规模撷取已经持续了一段时间，所有这些都描述了公民自由所面临的残酷现实，阐明了对公民自由的肆意践踏所可能产生的后果。

此外，从社会契约论我们也知道了这样一个事实——个体放弃一些权利，以使自己脱离那种原始、未开化的压抑生活。卢梭（Rousseau）有一句著名的论断"人们是被'强迫得自由'"，恰恰说明只有人们放弃自我主义，屈从于集体（人们身处于这个集体之中）所制定的法律规则，服从人民主权论，才能免于倒退回原始状态（其实是一种战争状态），并得到真正的自由。因此，法律（及公民社会）并没有限制个体自由，它只是个体自由的另一种表现。然而，公民自由和人性尊严难免会受到一些体系缺陷的侵蚀，这会导致对社会契约的削弱或损害。为了消除这些缺陷，还有很多具体措施有待落实。

四、政策建议

不管是在国内还是在国际上，大规模不明缘由的监督都不同程度地削弱了政府和法治的公信力，默许了数据滥用或误用的存在和可能性。相关法律亟待制定，一方面，各国为了社会安全的需要而不得不进行一些监督活动，这种需求需要得到平衡；另一方面，还要时时处处确保所有人的公民自由，这种监督可追责且具备相应的透明度。这个问题的解决有一定的难度，但如何以一种可靠、可追责的方式对监督人员进行监督依然是一个难题。但尽管如此，如果人类想要安稳富足、合作共赢，还是要想办法解决这个难题。

一旦意识到社会契约的存在有理有据，不可或缺，相关决策者就会受到一定影响开始去解决问责和透明度的问题，防止隐私遭到侵犯。在国内及国际层面上，对大数据的使用都应受到监管。只有在这些防护措施落实到位的前提下，社会合作的继续和加强才是一个理性的选择。只有在这种情况下，才能在最低限度上采取合乎逻辑的步骤对法律进行修订，探讨在最大程度上保护个体自由、公民自由的可能性。各国应尽快制定宪法修正案，对公民隐私及自由进行保护，以培育一种更具道德感、责任感、透明度，更庄严凝重的社会秩序和全球秩序。

为了安全起见，一些相应措施的制定还是很有必要的。但除非我们可以以严肃公正的态度对待个人或集体所遭受的不平等、不公正、尊严的丧失，否则再多监督——不管有多么到位——都不能从根本上消除这种不安全感。在当今世界中，人们相关方面的意识越来越强、即时连接、信息及通信技术带给人们更多的选择自由、国际交流和跨文化交际也日渐深化；也正因如此，人类本性中盲目的自我中心主义也越来越严重。因此，这个问题必须要引起重视。

原文标题：Social Contract 2.0

超越国界：抗击数据保护主义

选自美国《民主》杂志2014年秋季号

卡伦·考恩布鲁（Karen Kornbluh）

周岳峰/译

在美国人对于他们的政治机构的信任急剧下跌的时候，值得记住的是互联网——我们在其上工作、玩游戏、购物和沟通的平台——是一个美国政策成功的故事。一个名叫阿帕网（ARPANET）的政府项目催生了互联网，这一事实是众所周知的。不那么明显的是，从20世纪90年代起，一个代表两党的、由互联网政策开拓者们所组成的团体先是在全国范围内，接着在国际上消除了各种障碍，以便给予这个新兴产业蓬勃发展的空间。

这些开拓者大多并无历史记载可查，部分是因为他们选择避免严厉的监管，反而为各个科技公司与其他利益相关者们联手执行制定了灵活的原则。这种“轻触式”或者“多方利益相关者”的做法极为行之有效，给予该产业创新并且允许信息自由流经网络的灵活性。美国先是向欧洲接着向世界其他地区输出这种互联网监管模式。

如今，随着互联网扩展自身的全球影响力，世界各地的政府，担心它将会破坏当地的商业、隐私、文化或者执法，故伸手去拿各自传统的监管工具，而对于这种模式的共识则正在磨损。由于爱德华·斯诺登（Edward Snowden）有关美国对互联网监控范围的各种爆料，全球范围内有关这种轻触式的做法只不过是美国统治地位的一块遮羞布而已，与此相关的各种疑虑已添加至外国政府发出的要求更严厉和更老式监管的呼声上了。为了避免对互联网的未来以及对经济增长和自由表达所造成的损害，美国将有必要在未冲击国际数据流动的情况下率先宣布一项显示外国政府设定各种国家政策能力的新的互联网外交政策。

保持信息流经互联网各种管道的能力应该成为美国外交和国际经济政策的一大重点。根据一个名叫国家对外贸易委员会（National Foreign Trade Council）的商业组织的统计资料，从2007年至2012年，“流经互联网的商品、服务和内容”贡献了美国国内生产总值（GDP）增长里的15%。在未来10年里，预计依赖于跨国界数据流动的产品和服务每年将会给美国经济新增大约1万亿美元的产值。在全球范围内，经济合作与发展组织（OECD）称互联网是一个有可能比电力、内燃机、蒸汽机或者铁路带来更多增长的技术促成者——而且这个星球有惊人的60%的地区尚未连接到互联网。而且，正如过去这几年我们已经被提醒的那样，互联网所带来创新和经济增长的力量也只有其帮助人们意识到自身权利和各种民主诉求的潜力才能与之相媲美。

这一切由于斯诺登对国家安全局（NSA）监控的各种爆料而处于严重的危险境地。重商主义者担心美国的各个互联网公司正在破坏它们的商业和文化，并且这些国家现在正更加公开地考虑各种贸易保护主义措施。这些不同的政府侵扰行为的影响可能会阻塞互联网的各种管道，或者甚至产生正如谷歌公司执法和信息安全主管曾警告的一个“分裂网”（splinter net）。美国的企业家们和硅谷巨头们将很难接触到客户，而在压制性的社会里寻求信息、表达和结社的那些人安全地这样做的选项并不多。

美国自“二战”以来一直捍卫这一开放的、以规则为基础的贸易体系。不过随着一些国家的政府已经尝试控制数字产品、服务以及信息出入它们的国家，美国的各种努力已受到了掣肘——先是由于缺乏成功的外国互联网公司，随后是由于缺乏外国参与全球互联网治理机制，最后则是由于各种监控爆料。此外，在美国互联网“怪才”政策制定者（geek，在联邦通信委员会、白宫科学和技术政策办公室、商务部的国家电信和信息管理局和国务院各个互联网和电信单位）与国家安全和经济政策“书呆子”（wonks，在国家安全委员会、国家经济委员会、财政部和美国贸易代表办公室）两者之间的脱节已使得该问题处于决策过程的边缘。

国际压力正在将这个问题推至美国的外交和经济政策议程上，而奥巴马政府当中一些富有创造性的政策制定者们正在推进，将国际性摩擦维持在低位的同时，也在联合解决外国政府各种关切的各项倡议。这些努力包括创建可互操作的隐私和网络安全体制，利用各种贸易协议保障信息的自由流动，以及捍卫这种分散化的互联网治理体制。最近，白宫在对国家安全局进行了审核之后发表了一项有关大数据和隐私权的报告，该项报告提出各种可互操作的国际性努力的重要性。一项新的互联网外交政策将会在一项统一的议程里提升这些努力，发挥美国更多的决策过程的、外交的和经济的杠杆。

世界各国都羡慕美国公司对互联网的统治地位。美国依旧是大多数一流互联网公司总部的所在地，而且它统治着应用程序经济和下一代高速无线网络（LTE）。由于互联网所提供的数据，美国的银行和大型零售商受益于规模经济，而且美国的软件和服务公司处于创新的最佳位置。

可是，互联网作为一个平台对于世界经济的重要性——或者，正如欧盟美国商会（the American Chamber of Commerce to the EU）在一份文件里将它称为“21世纪全球贸易通道”——是巨大的。麦肯锡全球研究院（The McKinsey Global Institute）在2014年4月的一项报告里重申，通过如eBay等电子商务平台，互联网已显著地增加了商业流动，允许商品或服务的生产者（诸如会计师或者各种媒体组织）拥有一种全球性影响力，给规模较小的参与者提供公平竞争的环境，而且将某些类型的商品（诸如书籍和影片）转换成数字数据。这些新的数据流动已经促进了经济增长，并且从根本上改变了贸易的本质。

当然，各种数据流动也具有非常重要的各种非经济上的好处。诸如2009年伊朗的抗议活动和阿拉伯之春等政治运动证明社交媒体具有将持不同政见者组织起来的这种日益增加的威力，而如YouTube等平台则允许人们更加容易地分享和发现各种艺术作品。伊朗、叙利亚和其他网络管制国家利用一大堆借口来剥夺公民访问网络的机会，因为它们知道这是一个允许个人寻求并且获得信息，以及允许自由结社的表达载体。

允许互联网首先在美国，接着在全球各地蓬勃发展的这些政策都是有益的，而且是来之不易的。在互联网发展早期的关键政策决定的帮助下，确保将这种新兴技术部署在这种开放的、全球性的管道上，从而允许任何人发送和接收信息。

在克林顿执政时期，联邦通信委员会（FCC）作出了一项关键性决定，拒绝让新的互联网服务提供商或者ISPs（尤其是美国在线和互联网骨干提供商）支付其他机构（尤其是长途电话运营商AT & T和MCI）为与本地语音通信网络连接所支付的“接入费”。《1996年电信法》——由克林顿总统用被艾森豪威尔总统用来签署《1956年联邦资助公路法》所用的同一支笔所签署——也允许联邦通信委员会消除互联网在其上可以流畅运作的一个单一的全国性网络面临的各种障碍。

克林顿制定了一项由业界主导的做法支持自我监管行为准则，并且将代表两党的包括对某些互联网征税给予为期3年延期偿付的法案签署成为法律。美国也将一个开放的网络推向其国界之外。美国联邦通信委员会与美国贸易代表办公司合作，致力于支持一项新的世界贸易组织（WTO）协议，以便实现国有电信公司私有化、在世界各地建立独立的监管机构，并且采用一套监管实践以便带来竞争。一项不同的世界贸易组织协议减少了对信息技术产品和服务品的贸易壁垒，包括对各种电子传输的关税。美国先跟欧洲商谈，后者采用了一种类似的轻触式互联网监管制度，接着又跟经合组织商谈，后者采用了鼓励美国做法的新的电子商务大纲。

美国将国防部高级研究计划局（阿帕网的创办者）已启动的美国管理的互联网名称和编号的职能加以部分国际化。它创建了一个名叫互联网名称与数字地址分配机构（ICANN）的新组织，受由技术专家、业界和其他有关各方所组成的一个国际“多方利益相关者”团体的管辖，由美国商务部通过的一项协议来承担责任。在2000年，欧洲和美国通过“美国—欧盟安全港架构”（The U.S.-EU Safe Harbor Framework），这促进了美国与欧洲之间的数据传输。

在取得这些互联网政策突破之后，随着投资者们将900亿美元的资金投入这个跨洲的光纤宽带网络连通各个家庭和小商家，而同时大型企业建立起各自专用的数据连接，生产率提高了。企业一直投资其中的各种计算机现在被连接起来，而且被用来提高库存管理、采购、销售和制造流程方面的效率。

可是，20世纪90年代后期这个经济成功的故事已集中在平衡预算的良好记录以及使得投资成为可能的各种低利率上了，因此，当许多网络新创公司飞涨的股价在21世纪初期暴跌的时候，这个故事就固定下来了，即20世纪90年代末互联网的急速发展只是一个“泡沫”而已。这一武断的判断甚至无视现实,即那些判断发展是明智之举的政策制定者们利用灵活的监管手段取得了实际成效;即使在现实当中,这个“泡沫”导致了大量将会在今后几年里产生各种经济好处的富有成效的基础设施投资和创新。

对各种有利于创新、轻触式政策的支持从一开始就获得了两党的赞同,而且延续至整个布什执政年代,当时联邦通信委员会释出频谱以解除对无线网络的束缚。接着,奥巴马总统将新一代高科技友好型决策者带到了华盛顿。白宫公布了《美国网络空间国际战略》(*U.S. International Strategy for Cyberspace*)和一个新的隐私权保护架构。在担任国务卿的时候,希拉里·克林顿(Hillary Clinton)对21世纪的治国方略发起了一项新的活动,并且捍卫一项具有开拓性意义的互联网自由议程,宣布一种新的“连接自由”,并为多方利益相关者的互联网治理体制构筑起一道强有力的外交防御线,而且甚至提供各种技术工具以保护持不同政见者访问网络的机会。商务部在隐私权保护上带头,推动在新的架构里占到重要位置的国际可互操作性的做法,并且致力于改革互联网名称与数字地址分配机构。

但是,这种全球性共识在斯诺登各种爆料之前就已经开始磨损了。尽管欧盟帮助确立了在一个开放的互联网上的国际性共识,但是其对于隐私权保护的各种担忧以及其希望有一个“欧洲云”(或者“申根区”)只在欧洲大陆发送和存储欧洲数据的愿望导致欧洲各国开始制定一项新的欧盟数据保护法规以及对美国的公司采取更多的执法行动。当美国国家安全局的故事被披露的时候,商务部正在跟欧洲进行着谈判。

在有关对德国总理和巴西总统的窃听(而我们的盟友没有公开承认它们参与了类似的活动)所导致的最初的外交抗议活动以及国外媒体的关注之后,我们开始看到了各种反响。巴西就要求必须将所有数据留在本国的法案展开辩论,而欧洲议会投票表决废除美国—欧盟安全港架构。即便谈判仍在继续进行,但是由隐私维权活跃人士在爱尔兰法院里提起的一项诉讼正试图通过欧洲法院体制推翻这个安全港。欧洲法院最近作出的一项裁决,将引入人的“被遗忘权”或者搜索引擎,即一接到来自该当事人的请求就删除与其个人信息有关的各种连接的这种职责编成法典。为了遵照执行,互联网服务供应商(ISPs)必须充当审查员而不是充当中立平台。这引起了摩擦,并付出了高昂的代价。美国商会完成的一项分析估算,全面落实执行“被遗忘权”,可能令欧盟的国内生产总值（GDP）下降1.5%—3.9%。

2014年夏天，俄罗斯通过了一项新法律，要求从2016年开始各个互联网公司必须将俄罗斯的数据储存在总部设在俄罗斯的服务器里。这虽然已经引发了有关审查制度可能性的各种担忧，但是它也将会消灭通过使用其他国家数据中心的数据所获得的效率。

在亚洲，一直就存在着一系列隐私权保护的法规。韩国要求个人的数据必须在本地被托管，必须征得来自该数据当事人非常明确的同意。该项法律事实上禁止许多数据外包安排。印尼有一项要求便利网上交易的所有网站保留本地数据中心的法规草案。越南第72号法令要求任何网站、游戏平台或者社交网络在越南至少设有一台服务器，以便它可以随时接受越南当局检查，这意味着各个国内公司无法利用各种国际性平台，而“金盾工程”则通过指定的IP地址阻止路由选择。

虽然这些努力堵塞互联网的各种管道，但是，通过给予各国政府对它们国家的流量主权控制的方式，一项更加激烈的提议将造成甚至产生更多的伤害。一个包括俄罗斯以及非洲和中东地区一些国家在内的国家所组成的团体在一年半之前在联合国国际电信联盟（ITU）会议上投票支持互联网应受联合国监管——意味着目前的“多方利益相关者”这种治理制度（特别是互联网名称与数字地址分配机构，而且包括互联网工程任务组、互联网架构委员会、万维网联盟和互联网学会）将被国家政府管制所取代。通过联合国监管互联网，而不是允许其继续与有关的利益相关者一起解决各种问题的做法，事实上将允许通过相互冲突的技术和监管要求堵塞整个网络，这有可能阻止许多规模较小的和非商业用户穿越网络。

这些限制不仅对各个互联网公司而且对如金融、运输、通信、能源、卫生、教育和商业等经济各个部门都具有重大的影响。它们可以导致各种严重的意想不到的后果，诸如数据安全的降低、成本的增加、竞争力的下降，以及对消费者所造成的伤害。

虽然美国有很多东西要失去，但是整个世界也是如此。波士顿咨询集团（Boston Consulting Group）最近的一份报告重申，正在阻碍访问内容机会的各种未协调好的政策可以防止一个国家——或者，广义来说整个世界——意识到互联网的所有好处。然而，对各国之间数据自由流动上所设置的各种限制并没有被看作是全球范围内极不可取的事。而且，随着更多没有轻触式监管历史的国家连接到互联网，可能引起一种远远不同的、更慢的、不那么创新的和更加昂贵的互联网的产生。

为了捍卫信息的自由流动，美国必须把这些技术"怪才"的工作成果带入国际论坛的主流，以便为互联网历史新篇章确立一种新的全球性共识，由此产生的新的互联网外交政策将会让人们清楚地看到并且扩大5种新出现的努力。如这样做的话，那么它将会修复这种正在磨损的国际性共识，并且展示各国在没有将互联网巴尔干化或者限制竞争以及信息自由流动的情况之下是如何能够应对数字化时代的重大挑战的。

第一，它应该加大有关隐私权保护的国际性谈判的力度，此问题已越来越多地受到人们的关注，而且已经成为各国政府对数据流施加各种限制的一大理由。奥巴马政府在其2012年的隐私权白皮书中保证了可相互操作性，而且在其最近的大数据报告中再一次予以担保。目的是通过大致上对其他国家居民的数据在国内外漫游的时候采取一视同仁的做法允许数据的跨国界流动。诸如认证要求、第三方监督、争端解决和特定行业的行为准则等各种机制提供必要的保证，并且避免每一笔交易都需要得到官僚认可。

在2011年，亚太经合组织（APEC）环太平洋经济体集团领导人支持一项建立在该组织隐私权原则基础上的跨境隐私规则体系（Cross Border Privacy Rules System）。每一个参与的经济体必须拥有各自的隐私执法机构，这进而与一个亚太经济合作组织范围内的执法网络进行协调。在2012年，美国和墨西哥变成首批参与这一体系的国家。亚太经合组织体系是具有可扩展性的；各国选择加入这一体系，这意味着它可以扩展到亚太经济合作组织之外，而且，确实，2014年3月，来自亚太经济合作组织和欧洲的官员们给寻求在亚太经合组织和欧盟体系下获得认证的各个公司制定出一项相互比较的工具。

经合组织中的高收入国家于2011年采纳了《互联网政策制定原则》（*Internet Policy Making Principles*），这一原则得到了美国的支持，并且成为国务卿希拉里互联网自由议程的一部分。这些原则推荐用于执行诸如隐私权、网络安全或者消费者保护等问题上的各种全国性政策的同时，捍卫数据自由流动的各种实践。在2013年，当经合组织用落实和执行隐私保护的各种机制更新其隐私权大纲的时候，它呼吁通过相互可操作性来解决各种全球性隐私权关注问题。

美国—欧盟安全港架构是一个早期的而且是很成功的可互操作制度，依照这种制度，美国的各个组织向商务部证明它们通过满足欧盟各种要求的方法保护个人数据。尽管在斯诺登爆料之后欧洲许多国家纷纷反对，但是该项协议已变得如此重要（超过4 000个组织被列入安全港的名单）以致美国与欧洲之间续签该项协议的各种磋商（包括，在欧洲坚持之下，在执法领域上的各种限制）正在取得进展。

第二，各方已经开始共同建立允许跨界流动的、各种可互操作的网络安全机制，互联网外交政策应该支持这些努力。由国家标准与技术研究所制定的新的美国网络安全架构，旨在跟各种国际网络安全标准进行兼容的互操作。美国和德国的业界已在通过各种激励措施一起致力于制定各种灵活的标准并且促进采用它们。

第三，美国应该庆祝，并且坚持其对这种贸易体制的创造性的使用。世界贸易组织核心的多边协议对于如何处理国际数据传输并未提供任何明确的规定，当对各种协议展开磋商的时候，没有太多规则可以参考。与服务品贸易有关的各种规定准备加以现代化，而且美国已经提出了各种变更以确保数据的自由流动。美国贸易代表办公室在其两项正在进行中的地区性贸易谈判——《跨太平洋伙伴关系协定》（在12个环太平洋国家之间）以及与欧洲之间的《跨大西洋贸易和投资伙伴关系协定》——里也已经提出了自由流动的条款。

第四，国务院和商务部里的决策者们应该继续反击外国为改变互联网治理本质所做出的各种努力。奥巴马政府在3月宣布了一项计划，放弃其对核心的互联网域名职能的监督，以驳斥多方利益相关者制度受美国控制这种说法。虽然该项计划成为党派争论的话题，但是至少这一党派争论在很大程度上是有关各种权利问题的；保守派人士表达了如下的担忧，即若是没有美国作为警察在大街上巡逻的话，那么缺乏尊重言论自由的国家将会对互联网获得更多的权力，而进步人士则意识到，除非美国向一个权力分散的、多方利益相关者的治理模式让出更大的管控权，否则这些相同的国家将甚至更有可能说服别的国家支持联合国监管。互联网名称与数字地址分配机构正在跟专家们合作，以便制订出一项美国政府能够在2015年秋天之前批准的计划。

互联网外交政策的第五个支柱必须是数字化发展——给予各个发展中国家在开放的互联网里立足之地。美国与业界、技术专家、各种非政府组织以及更多的发达国家携手合作，应该帮助增加接入机会、促进创新并且为这些国家不仅参与多方利益相关者的各个机构，而且利用它们来解决诸如“垃圾邮件”、知识开发和网络犯罪等挑战培养能力。在国际电信联盟由于互联网的治理问题而产生意见分歧后，虽然国务院已加大了与发展中国家进行磋商努力的力度，但是有必要做更多的工作，以帮助这些国家看到开放的互联网能够提供给它们的利益。

一项新的互联网外交政策能够为一个共同繁荣的引擎提供动力，它对于我们在一个数字化时代的竞争力以及同时对全球经济发展以及互联网继续作为一种开放管道网络的表达都是至关重要的。通过支持它们的革新继任者的方式，我们能够捍卫互联网政策开拓者们取得的成功。如果不是这样的话，那么这种低摩擦的互联网可能会变成为一个遥远的记忆。

原文标题：Beyond Borders: Fighting Data Protectionism

大数据如何改变颠覆性创新？

选自美国《哈佛商业评论》杂志2016年1月27日

麦斯威尔·威赛尔（Maxwell Wessel）

陈海曼/译

近年来，颠覆性创新（disruptive innovation）备受关注，赞声不绝。克莱顿·M.克里斯坦森（Clayton M. Christensen）教授阐释了他对该词的理解。虽然颠覆性创新在实际应用中各有不同，但大多数人都认同以下观点，颠覆性创新具有以下几个特点：

（1）更便宜（从消费者角度）；

（2）更方便（从可用性或分配角度）；

（3）使用具有结构成本优势的商业模式（与现有方案有关）。

这些特征的重要性在于：当三点共存于一个企业时，其他在位企业难以匹敌。当其中一项或者全部落后时，一个企业不管是具有完善的基础设施和训练有素的专业员工，还是使用了陈腐的分配制度，都面临着快速适应新环境的挑战。裁员数百人、扰乱核心业务的分销商、注销数以亿计的投资——管理者难以平静理性地思考这些事情。

纵观历史，我们是在低端产品市场中，寻找研发新兴颠覆性产品的线索。因为颠覆性产品更便宜，更方便，并且建立在新的技术体系之上，所以它们往往比现有高端产品低廉。成本优势有助于获得在原市场中购买力弱的客户；苹果公司最初制造了足够便宜、学生可买来学习的电脑，在此之前，学生想都想不到自己能买DEC微型计算机。索尼的晶体管电视因其便携性而备受青睐。晶体管的问世，出乎人们的意料。新技术和商业模式创新相结合，提供市场发展所需的结构成本优势。

但是，如果你回顾以上提到的定义，进入低端市场是典型的颠覆方法——这却从来不是核心现象。相反，它是一种附带结果。因为任何新产品都难以为成熟的市场注入非凡的价值——成熟市场里的产品已改进了数十年。

尽管低端路线很普遍，但禁锢在位企业（incumbent firms，指在现有市场上具有竞争优势、处于领先地位的企业——编注）的方式却不是它，而是成本结构和对边际利益的看重，使这些企业误入歧途。当由短期情况做出的正确决定（从过时的基础设施中竭力获取更多利益），从长期看来却是不明智的（未能采用新的技术平台）时候，首席执行官们注定要为此经历挣扎。

很遗憾的是，对于低端颠覆性方法的关注，反而混淆了我们辨识更便宜、更方便之物的能力，影响了构建有益成本结构的能力。具体来说，数据支持的颠覆者似乎经常挫败业内权威。为了说明这一点，现在看看几个备受争议的例子：

优步（Uber）具有颠覆性吗？错误的答案是："不，因为他们的第一个产品是在高端市场中开发的。"正确的回答是承认：他们最终启动的平台，为出租车服务和潜在的汽车用户，增加了低成本的车型（UberX车型），提供了更便宜、更方便且具有结构成本优势的交通选项。该应用程序的便捷性是其最明显、最易于复制的因素。

谷歌的安卓手机对于诺基亚手机来说具有颠覆性吗？错误的回答是："不，因为他们最初开发的智能手机，比起占领全球市场的诺基亚手机，具有更优的功能质量。"正确的回答是承认：在平台上建立应用开发生态系统的方式，有助于形成更全面的方案——整体上比诺基亚更便宜、更方便、更具结构成本优势。

23andMe（一个提供个人基因组服务的网站——译注）对医药公司来说，具有潜在的颠覆性吗？错误的回答："不是，因为他们处于不同的发展路线。一个致力于基因发展，一个致力于药物发展。"正确的回答应该承认：23andMe提供大量的数据，有助于开发更便宜、更方便和具有结构优势模式的药物。

在每个例子中，其最终产品都具颠覆性。在位管理者面临短期诱因，忽视充分利用现有基础设施的挑战。出租车公司试图利用监管来维护出租车及其司机的价值。诺基亚贸然行事，试图保护封闭的生态系统，保护数以千计的塞班（Symbian）职工的就业。可以肯定的是，在采取与23andMe公司截然不同的路径之前，默克（Merck），辉瑞（Pfizer）和罗氏（Roche）公司有强烈的动机，充分利用他们的高端研发功能。

但从长期看，这些短期仓促的决定可能会导致失败。

不容忽视的一点，创新界正发生着变革。信息是现代大部分颠覆性产品的核心，存在打击原有产业发展的各种机遇。在支离破碎的轿车市场，优步建立了更广泛的运输和物流平台。奈飞公司（Netflix）通过流媒体吸引眼球，使用数据呈现内容生成过程。谷歌绘制世界地图，并利用其对交通模式和街道布局的了解，开发自动驾驶汽车。

颠覆之旅仍在路上。这些参与者创造出比竞争伙伴更便宜和更方便的产品。但不一定起始于低端市场，它其实来源于具有强烈信息协调作用的垂直行业。它开始于数据来源之地，接着构建信息激活系统，打击在位企业。

高管、企业家和创新者应该停止喋喋不休地讨论某事是否符合传统的颠覆方法。数据激活的颠覆性可以说明现有理论的反常之处，但事实就是如此——长期如此。出租车企业浪费，而新的方案成本优势显著，但他们对此却无回应，优步就是典型的例子。那么，新的问题将是：你如何适应新型竞争？你如何评估新的风险？当数据成为任何新型颠覆性产品的主要部分时，你需要什么功能，哪里可以获取这些功能？

为了屹立于新环境而不倒，受威胁的商业需要以明智的方式识别潜在的威胁，虽有短期利益刺激，仍应具备进行长期投资的毅力。

原文标题：How Big Data Is Changing Disruptive Innovation

2016年全球信息技术报告：数字经济时代推进创新

节选自世界经济论坛网站2016年
西利亚·鲍勒（Silja Baller）
苏米特拉·杜塔（Soumitra Dutta）等
马晶晶/译

一、执 行 摘 要

《2016年全球信息技术报告》（*The Global Information Technology Report*）的第一部分以网络就绪指数（Networked Readiness Index，NRI）为标准对139个经济体的网络就绪程度进行了评估，并以“数字经济时代推动创新”为主题分析了信息通信技术（ICT）在 推动创新发展方面所起的成效。报告的第二部分则列出了附有各个经济体网络就绪指数具体表现的广泛数据汇编，以及网络就绪指数所包含的53个单项指标的排名状况。

二、数字经济时代推动创新

我们正迈进第四次工业革命，这意味着社会向一整套新体系过渡，并以全新的方式将数字技术、生物技术以及物理技术有力结合起来。而数字革命的基础设施正是这整套新体系的基石。《2016年全球信息技术报告》重点介绍了最新的网络就绪指数迭代运算结果，对各个国家是否已准备好从新兴技术获益并充分利用数字革命等所带来的机遇进行了评估。

（一）2016年网络就绪指数

本章列出了2016年网络就绪指数的排名榜单，衡量各国大力发展信息与通信技术以提升本国竞争力和为民众谋福利的能力。本章还从网络就绪指数视角考察了最近几年的创新发展趋势。

1.网络就绪框架

网络就绪框架构建基于以下6个原则：（1）要大力发展信息与通信技术并发挥其影响力，高质量监管与商业环境至关重要；（2）以信息与通信技术承受能力、技能和基础设施三者为衡量指标的信息与通信技术就绪程度是产生影响的先决条件；（3）大力发展信息与通信技术需集全社会之力：上到政府、商界，下至人民大众，各司其职；（4）利用信息与通信技术并不是最终目的，归根究底，信息与通信技术对经济与社会产生的影响才最重要。（5）环境、就绪程度以及使用情况等驱动力相互作用、共同发展、彼此影响形成一个良性循环；（6）网络就绪框架应当给出清晰明确的政策指导。

将网络就绪框架转化为网络就绪指数这一综合指标，则可分为如下四大类（子指数），10个子类（小类），以及分布于不同小类中的53项单个指标。

（1）环境

① 政治与监管环境（9项指标）。

② 商业与创新环境（9项指标）。

（2）就绪程度

① 基础设施（4项指标）。

② 承受能力（3项指标）。

③ 技能（4项指标）。

（3）使用情况

① 个人使用情况（7项指标）。

② 商业使用情况（6项指标）。

③ 政府使用情况（3项指标）。

（4）影响

① 经济影响（4项指标）。

② 社会影响（4项指标）。

将各项分数相叠加就可得出网络就绪指数总分：单项指标分数总和即为

小类分数，小类分数总和则为子指数得分。相应地，子指数得分叠加后得出的结果就是该国的网络就绪指数总分。附录处标明了具体的计算方法与网络就绪指数的各项构成。

网络就绪指数中的单项指标约有半数由各个国际组织提供，包括国际电信同盟、联合国教科文组织及其他联合国机构，还有世界银行。还有另一半指标则源自世界经济论坛发布的《主管意见调查》(*Executive Opinion Survey*，以下简称《调查》)。该《调查》用于衡量定性概念或是衡量在国际可比数据上所无法广泛取样的概念。来自140多个国家的逾1.4万名企业高管参与完成了2015年的《调查》。

2. 重要发现

《2016年全球信息技术报告》以“数字经济时代推动创新”为主题，特别强调了数字革命如何既改变创新本质同时又改变企业面临的与日俱增不断创新的压力。该报告分析得出以下四大发现：

（1）数字革命改变了创新本质。数字革命的主要特点之一就是数字创新源自别开生面的创新，越来越依赖于数字技术及其催生的新兴商业模式。数字革命不仅令传统的研究工具更强大，还考虑到了新型且近乎零成本的创新，只需稍作甚至无须研发投入。例如现有产品和工艺流程的数字化、分布式制造、区块链、植入广告的“免费业务”以及在交通、银行、娱乐和教育等多个行业有可能出现的更多“优步式”活动。

网络就绪指数数据表明全球企业高管越来越关注创新，这体现在企业感到创新能力有所提升上。诸如专利注册数量这样衡量创新的传统指标不再是唯一。反而是像商业模式创新这样的新型创新成为创新事迹中的重要一环：与去年相比近100个国家的高管报告了其察觉到以商业模式创新为基础的信息与通信技术的影响力有所增加。

（2）企业将面临不断创新的压力，且与日俱增。在经济与数字创新影响力中有7个国家表现突出：芬兰、瑞士、瑞典、以色列、新加坡、荷兰与美国。鉴于这7个国家的网络就绪程度要素各自不同，所有7个国家的商业信息与通信技术使用率都很高这点格外明显。这种技术驱动的创新反过来施加了新的竞争压力，这就要求无论科技公司还是非科技公司都要无止境地创新。

由于数字技术促使越来越多的行业实行胜者为王的机制，因此拔得头筹最重要。然而，尽管企业感觉总体创新能力有所提升，但世界上现有企业信息与通信技术采纳与使用率停滞不前，这表明许多企业落后于人，尚在门外。

（3）企业和政府错失了迅猛增长的数字人口。近年来，消费需求是拉动数字创新的主要动力。可是相对少数几个公司就已满足了全球消费者对数码产品与服务日益增长的大部分消费需求。现在企业必须付诸行动，运用数字技术在逐步扩大的市场占领一席之地。由于政府使用情况越来越不尽如人意，在数字经济中个人信息与通信技术使用状况与公共部门使用情况之间的差距越来越大，令人担忧。政府大可在创新数字方案上投入资金施加社会影响力。

（4）新型经济初具雏形，治理与监管亟须创新。随着新型数字经济初具雏形，为确保其可持续发展，提供一个合适的框架条件就举足轻重。数字技术释放出了经济与社会新活力，如若行业与社会数字化转型欲长久攫取全面的收益，就得对经济与社会的新活力加以管理。弹性数字经济也要求不一样的领导层、治理和作为。对于新体系而言，要获得成功并持续发展，关键一点是要有灵活的治理框架，在此框架之下社会能参与其中，新兴技术要能初具影响力并针对变化莫测的局势随机应变。

（二）2016年网络就绪指数：结果综述

本章列出了2016年网络就绪指数总排行榜，四大子类别及其名下各自的小类。

名列榜单前十的仍与去年一样，集合了收入水平高的东南亚（新加坡、日本）和欧洲国家（芬兰、瑞典、挪威、荷兰、瑞士、英国和卢森堡）以及美国。由此看来网络就绪程度与人均收入水平仍息息相关。

网络就绪指数排名前十的国家中有7个是欧洲国家，欧洲依旧是技术前沿阵地。不过欧洲各国排名有高有低，希腊名次下降4位排在第70名，波黑在欧洲国家中排名垫底名列第97位。几个东欧国家，尤其是斯洛伐克、波兰和捷克等国名次大幅上升，跻身网络就绪指数前50强。这三国表现如此抢眼，主要还是归功于其承受能力变强和经济社会影响力提高。今年意大利的名次变化也较大。随着该国信息与通信技术的经济社会影响力逐渐渗透（全球影响力排名上升18名），意大利排名上升10位成为第45名。

欧亚大陆地区继续呈上升态势，该地区的网络就绪指数平均得分与2012年以来的表现相比大幅攀升。尤其值得一提的是，网络就绪指数的环境、就绪程度、使用情况和影响力这4个要素均有进步。近年来哈萨克斯坦蓬勃发展在欧亚地区独占鳌头，今年在总榜排名第39位。

得益于政府全力投入发展数字化进程。马来西亚的表现一如既往地强劲并成为2016年亚洲新兴发展中经济体的佼佼者，名次上升一位，总榜排名第31。该地区网络就绪指数总体就绪程度前五强与2015年一样，依然是中国、马来西亚、蒙古、斯里兰卡和泰国。自2012年以来亚洲新兴发展中国家蒸蒸日上，趋于一致。尽管该地区的个人使用情况仍处在世界落后水平，但最近几年一直都奋起直追。

拉丁美洲与加勒比海地区各国排名依旧悬殊，排在第38位的智利领先排在第137位的海地将近100名。就相对表现来看，该地区2015—2016年排名变化趋势不太明朗，智利和海地原地踏步，其他国家一半排名上升；另一半排名下滑。不过从网络就绪指数绝对得分来看的话，该地区从2012年起也是不断攀升，趋于一致。创新是数字领域与方兴未艾的第四次工业革命蓬勃发展的关键。为了促进创新，该地区各国政府亟须加强当地的监管，改善本国的创新环境。

在网络就绪程度上，阿联酋和卡塔尔依旧领跑阿拉伯世界，分列第26和第27位。今年排行榜名次变化幅度最大的两国花落MENAP地区（即中东、北非与巴基斯坦），分别为科威特（上升11位至第61名）和黎巴嫩（同样上升11位至第88名）。两国都是个人使用冲锋在前同时商业领域奋起直追，这对其亮眼表现功不可没。尽管两国政府在数字普及方面落后于人（科威特第81名，黎巴嫩第124名），两国商界对政府愿景中的信息与通信技术愈加重视，强烈要求政府改善监管环境。

今年一些撒哈拉以南非洲地区的国家名次蹿升榜上有名，它们是：南非（第65名，前进10名）、埃塞俄比亚（第120名，前进10名）以及科特迪瓦（第106名，前进9名）。数字普及方面的领导层来自各方的利益相关者，尽管埃塞俄比亚和科特迪瓦政府出力不少，商业才是南非发展的最强引擎。在前行道路上科特迪瓦最大的拦路虎就是基础设施与承受能力，南非则要扭转商业颓势，改善创新环境，埃塞俄比亚则需在个人使用和技能上多做努力。

本章也概述了2016年网络就绪指数榜单十强国家的表现，选取了部分名次变化较大的经济体，还精选了部分经济体，包括不在前十之列的二十国集团成员国。

网络就绪指数提供了很大的发展空间，该指数自2001年发布以来不断调整。由于数字经济迅猛发展，其衡量指标必须因时因地制宜调整。为找出尚在起步阶段的第四次工业革命的驱动力与影响关键所在并提出相关概念与衡量指标以便将新发现融入下次的网络就绪指数中，就得将多方利益相关者处理机制落实到位。

（三）跨境数据流动、数字创新以及经济发展

罗伯特·佩珀（Robber Pepper）、约翰·加里蒂（John Garrity）和康妮·拉萨尔（Connie LaSalle）探讨了数据跨国自由流动对创新与发展产生的影响。作者着重描述了互联网协议下跨境数据交通的发展状况，涵盖了互联网发展早期的第一封电邮信息一直到全世界超过32亿网民的当下时期。

多年来国家、公司与公民间的数字通信流动一直被视为推动经济增长和生产率提高的重要动力。那些在推进数字进程卓有成效的国家，新兴产业崛起同时传统行业加速发展。可是尽管全球互联网发展深入辐射全球，人们越来越关切数据流动面临的日益壮大的壁垒。

首先作者回顾了研究跨境数据流动对国家、企业与个人产生影响的相关文献，然后分析了全球数字化进程下以自由流动的贸易为基础而展开的新业务的发展状况，见解独到。作者最后讨论了能减轻民众对国家数据传送担忧同时能实现跨境数据流动利益最大化的指导方针。

三、数据列表

《报告》的第二部分有个体得分卡，详细列出了139个经济体各自的网络就绪指数表现，还附上图表标注了网络就绪指数中53个单项指标每项指标的全球排名。

表1　2016年网络就绪指数

排名	国家/经济体	数值	2015年排名（共143名）	收入水平*1	组别*2
1	新加坡	6.0	1	HI	ADV
2	芬兰	6.0	2	HI—OECD	ADV
3	瑞典	5.8	3	HI—OECD	ADV
4	挪威	5.8	5	HI—OECD	ADV
5	美国	5.8	7	HI—OECD	ADV
6	荷兰	5.8	4	HI—OECD	ADV
7	瑞士	5.8	6	HI—OECD	ADV
8	英国	5.7	8	HI—OECD	ADV
9	卢森堡	5.7	9	HI—OECD	ADV
10	日本	5.6	10	HI—OECD	ADV
11	丹麦	5.6	15	HI—OECD	ADV
12	中国香港地区	5.6	14	HI	ADV
13	韩国	5.6	12	HI—OECD	ADV
14	加拿大	5.6	11	HI—OECD	ADV
15	德国	5.6	13	HI—OECD	ADV
16	冰岛	5.5	19	HI—OECD	ADV
17	新西兰	5.5	17	HI—OECD	ADV
18	澳大利亚	5.5	16	HI—OECD	ADV
19	中国台湾地区	5.5	18	HI	ADV
20	奥地利	5.4	20	HI—OECD	ADV
21	以色列	5.4	21	HI—OECD	ADV
22	爱沙尼亚	5.4	22	HI—OECD	ADV
23	比利时	5.4	24	HI—OECD	ADV
24	法国	5.3	26	HI—OECD	ADV

（续表）

排名	国家/经济体	数值	2015年排名（共143名）	收入水平	组别
25	爱尔兰	5.3	25	HI—OECD	ADV
26	阿联酋	5.3	23	HI	MENAP
27	卡塔尔	5.2	27	HI	MENAP
28	巴林	5.1	30	HI	MENAP
29	立陶宛	4.9	31	HI	ADV
30	葡萄牙	4.9	28	HI—OECD	ADV
31	马来西亚	4.9	32	UM	EDA
32	拉脱维亚	4.8	33	HI	ADV
33	沙特阿拉伯	4.8	35	HI	MENAP
34	马耳他	4.8	29	HI	ADV
35	西班牙	4.8	34	HI—OECD	ADV
36	捷克	4.7	43	HI—OECD	ADV
37	斯洛文尼亚	4.7	37	HI—OECD	ADV
38	智利	4.6	38	HI—OECD	LATAM
39	哈萨克斯坦	4.6	40	UM	EURAS
40	塞浦路斯	4.6	36	HI	ADV
41	俄罗斯	4.5	41	HI	EURAS
42	波兰	4.5	50	HI—OECD	EDE
43	乌拉圭	4.5	46	HI	LATAM
44	哥斯达黎加	4.5	49	UM	LATAM
45	意大利	4.4	55	HI—OECD	ADV
46	马其顿	4.4	47	UM	EDE
47	斯洛伐克	4.4	59	HI—OECD	ADV
48	土耳其	4.4	48	UM	EDE

（续表）

排名	国家/经济体	数值	2015年排名（共143名）	收入水平	组别
49	毛里求斯	4.4	45	UM	SSA
50	匈牙利	4.4	53	HI—OECD	EDE
51	黑山	4.3	56	UM	EDE
52	阿曼	4.3	42	HI	MENAP
53	阿塞拜疆	4.3	57	UM	EURAS
54	克罗地亚	4.3	54	HI	EDE
55	巴拿马	4.3	51	UM	LATAM
56	亚美尼亚	4.3	58	LM	EURAS
57	蒙古	4.3	61	UM	EDA
58	格鲁吉亚	4.3	60	LM	EURAS
59	中国	4.2	62	UM	EDA
60	约旦	4.2	52	UM	MENAP
61	科威特	4.2	72	HI	MENAP
62	泰国	4.2	67	UM	EDA
63	斯里兰卡	4.2	65	LM	EDA
64	乌克兰	4.2	71	LM	EURAS
65	南非	4.2	75	UM	SSA
66	罗马尼亚	4.1	63	UM	EDE
67	特立尼达和多巴哥	4.1	70	HI	LATAM
68	哥伦比亚	4.1	64	UM	LATAM
69	保加利亚	4.1	73	UM	EDE
70	希腊	4.1	66	HI—OECD	ADV
71	摩尔多瓦	4.0	68	LM	EURAS

（续表）

排名	国家/经济体	数值	2015年排名（共143名）	收入水平	组别
72	巴西	4.0	84	UM	LATAM
73	印度尼西亚	4.0	79	LM	EDA
74	塞舌尔	4.0	74	HI	SSA
75	塞尔维亚	4.0	77	UM	EDE
76	墨西哥	4.0	69	UM	LATAM
77	菲律宾	4.0	76	LM	EDA
78	摩洛哥	3.9	78	LM	MENAP
79	越南	3.9	85	LM	EDA
80	卢旺达	3.9	83	LI	SSA
81	突尼斯	3.9	81	UM	MENAP
82	厄瓜多尔	3.9	n/a	UM	LATAM
83	牙买加	3.9	82	UM	LATAM
84	阿尔巴尼亚	3.9	92	UM	EDE
85	佛得角	3.8	87	LM	SSA
86	阿尔巴尼亚	3.8	86	LM	SSA
87	不丹	3.8	88	LM	EDA
88	黎巴嫩	3.8	99	UM	MENAP
89	阿根廷	3.8	91	HI	LATAM
90	秘鲁	3.8	90	UM	LATAM
91	印度	3.8	89	LM	EDA
92	伊朗	3.7	96	UM	MENAP
93	萨尔瓦多	3.7	80	LM	LATAM

（续表）

排名	国家/经济体	数值	2015年排名（共143名）	收入水平	组别
94	洪都拉斯	3.7	100	LM	LATAM
95	吉尔吉斯斯坦	3.7	98	LM	EURAS
96	埃及	3.7	94	LM	MENAP
97	波黑	3.6	n/a	UM	EDE
98	多米尼加	3.6	95	UM	LATAM
99	纳米比亚	3.6	102	UM	SSA
100	圭亚那	3.6	93	LM	LATAM
101	博茨瓦纳	3.5	104	UM	SSA
102	加纳	3.5	101	LM	SSA
103	危地马拉	3.5	107	LM	LATAM
104	老挝	3.4	97	LM	EDA
105	巴拉圭	3.4	105	UM	LATAM
106	科特迪瓦	3.4	115	LM	SSA
107	塞内加尔	3.4	106	LM	SSA
108	委内瑞拉	3.4	103	HI	LATAM
109	柬埔寨	3.4	110	LI	EDA
110	巴基斯坦	3.4	112	LM	MENAP
111	玻利维亚	3.3	111	LM	LATAM
112	孟加拉	3.3	109	LM	EDA
113	冈比亚	3.3	108	LI	SSA
114	塔吉克斯坦	3.3	107	LM	EURAS
115	莱索托	3.3	124	LM	SSA

（续表）

排名	国家/经济体	数值	2015年排名（共143名）	收入水平	组别
116	赞比亚	3.2	114	LM	SSA
117	阿尔及利亚	3.2	120	UM	MENAP
118	尼泊尔	3.2	118	LI	EDA
119	尼日利亚	3.2	119	LM	SSA
120	埃塞俄比亚	3.1	130	LI	SSA
121	乌干达	3.1	116	LI	SSA
122	津巴布韦	3.0	121	LI	SSA
123	莫桑比克	3.0	129	LI	SSA
124	喀麦隆	3.0	126	LM	SSA
125	加蓬	2.9	122	UM	SSA
126	坦桑尼亚	2.9	123	LI	SSA
127	马里	2.9	127	LI	SSA
128	贝宁	2.9	n/a	LI	SSA
129	斯威士兰	2.9	125	LM	SSA
130	利比里亚	2.8	n/a	LI	SSA
131	尼加拉瓜	2.8	128	LM	LATAM
132	马拉维	2.7	133	LI	SSA
133	缅甸	2.7	139	LM	EDA
134	几内亚	2.6	142	LI	SSA
135	马达加斯加	2.6	135	LI	SSA
136	毛里塔尼亚	2.5	138	LM	MENAP
137	海地	2.5	137	LI	LATAM

（续表）

排名	国家/经济体	数值	2015年排名（共143名）	收入水平	组别
138	布隆迪	2.4	141	LI	SSA
139	乍得	2.2	143	LI	SSA

注：收入水平分类参照世界银行收入分类（截至2015年7月）。组别分类参照国际货币基金组织分类（截至2016年4月）。国际货币基金组织中CIS（独立国家联合体）等同此文Eurasia（欧亚国）。

*1收入水平分类：HI为非经合组织成员国的高收入经济体；HI—OECD为经合组织高收入成员国；UM为中上收入经济体；LM为中低收入经济体；LI为低收入经济体。

*2组别：ADV为发达经济体；EDA为亚洲新兴与发展中经济体；EDE为欧洲新兴与发展中经济体；EURAS为欧亚大陆经济体；LATAM为拉丁美洲与加勒比地区；MENAP为中东、北非与巴基斯坦；SSA为撒哈拉以南非洲。

原文标题：The Global Information Technology Report 2016: Innovating in the Digital Economy

数字货币对主权货币及中央银行是否构成威胁?

节选自《美国智库彼得森国际经济研究所报告》2017年4月

丹尼尔·海勒(Daniel Heller)

冯和林/译

近年来信息技术的发展产生了一种全新的货币形态,即数字货币(Digital Currencies)。数字货币的显著特征为:它是由软件协议(software protocol)而非中央银行(如纸币)或商业银行(如存款账户)发行的。它不是任一机构或个人的负债,也没有政府背书。上述属性决定了数字货币类似于商品,如黄金等。

迄今为止最知名且使用最广泛的数字货币是比特币(Bitcoin)。比特币是一种用于线上交易的点对点对等网络的支付系统,产生于2009年。比特币系统24小时全天候运行,注册用户超过1 300万人。比特币的流通价值约200亿美元,交易数量高达每秒10笔。比特币可以在很多电子交易平台上直接兑换成一些主流的主权货币。

比特币系统属于使用者,只有协商一致或95%以上的绝大多数同意,系统的规则和协议才能改变。由于这种集体所有模式,以及比特币可从地球的某一端向另一端进行快捷支付的功能,一些人相信比特币终有一天会取代主权货币及其发行者——中央银行。一些观察家把比特币视为金融系统去中心化的根本性转变的滥觞。

本文讨论数字货币对主权货币及中央银行是否构成威胁。第一部分介绍货币分类,并比较比特币与其他货币形态的不同特征;第二部分从非技术性角度介绍比特币如何被创造及系统如何运转；第三部分展示比特币系统在货币、交易及技术上的一些统计数据；第四、第五部分讨论洗钱和货币安全；第六部分评估比特币是否符合经济学家对货币（交换媒介、记账单位、储藏手段）的界定标准；最后一部分概述本文的主要结论。

一、货币类型与货币工具

当前存在很多货币类型（见表1），主要分为实物形态货币（physical money）和电子形态货币（electronic money）。实物形态货币包括珠串以及纸币与硬币（现金），现金通常由中央银行发行；电子形态货币包括商业银行存放在中央银行的（非现金）款项（中央银行存款）、居民和企业存放在商业银行的存单（商业银行货币）以及电子货币（E-money）。电子货币包括存储在芯片卡上的货币价值，如预付卡，以及存储在硬盘驱动器上的货币价值，如数字货币。数字货币既可由中心实体发行，也可由电脑系统以去中心化的形式发行。数字货币不能被称为主权货币。比特币就是去中心化的数字货币的代表。

去中心化的数字货币的一个显著特征是偿付义务（payment obligation）的结算建立在点对点的基础上，不需要经过自动清算所、商业银行或者中央银行等受信任第三方的中介。这种属性非常类似于纸币和硬币。

表1　货币类型

<table>
<tr><td colspan="2">实物形态货币</td><td colspan="5">电子形态货币</td></tr>
<tr><td></td><td colspan="4">传统意义上的货币（被称为主权货币）</td><td colspan="2"></td></tr>
<tr><td rowspan="3">实物代币（如珠串、贝壳）；私人发行的票据</td><td colspan="2">中央银行货币</td><td rowspan="3">商业银行货币</td><td colspan="3">电子货币（广义）</td></tr>
<tr><td rowspan="2">现金（纸币和硬币）</td><td rowspan="2">中央银行存款</td><td rowspan="2">法律认可的电子货币（狭义）</td><td colspan="2">数字货币</td></tr>
<tr><td>中心实体发行</td><td>去中心或自动发行</td></tr>
<tr><td colspan="2">点对点清算</td><td colspan="4">集中清算（受信任第三方）</td><td>点对点清算</td></tr>
</table>

资料来源：支付和市场基础设施委员会（2015年）。

二、纸币和存款的历史

在货币的历史上，私营部门通过不断创新，挑战权威部门的货币发行垄断权的事例不胜枚举。纸币在公元10世纪由中国的私营部门率先发行，与质量不稳定的铜币相互竞争。尽管意大利北部在12世纪就出现了私人存款账户，但直至17世纪纸币才引入欧洲（瑞典）。很多城市国家和公国各自发行硬币，质量通常很差或不稳定，阻碍了区域性的贸易和商业。在这种背景下，私人货币交易商引入了对应高质量硬币的存款账户。通过这些存款账户的账簿记录进行客户之间的款项转移，而无须使用硬币。当货币交易商开始发放贷款时，现代银行就产生了。

19世纪时，主权国家经常授权私人银行发行纸币。例如，加拿大的私营银行在1817年就发行纸币，比省级政府早了近50年，私人部门纸币与政府部门纸币同时流通的局面持续到1950年。在1913年美联储成立之前，美国只有私人银行发行纸币，此后私人银行纸币与公共部门发行的纸币同时流通了20年左右。

三、现代电子支付和清算

现代电子支付和清算是高度集中化和中介化的。中央银行发行主权货币（法定货币）并提供清算服务；商业银行专注吸收存款并发放贷款；中央证券存管处通过电子化手段储存证券；中央交易对手负责衍生品清算。这种专业化分工建立在不断增长的规模效益的基础上。市场参与者的信任度是这些中介机构能够承担其职责并提高经济效益的基本要素。

图1中，使用家庭（付款人）向商人（收款人）反复进行的零售付款的例子显示了集中化和中介化的发达程度。付款人向其开户银行发出支付指令（银行1），银行对付款人进行身份验证并查验其账户余额是否充足。审核通过的，银行将该支付指令发送给自动清算所。自动清算所对其接收的参与银行的支付金额进行汇总并轧差。

在特定的时间间隔——比如每隔2个小时——自动清算所将净头寸（net

positions)的支付指令发送给中央银行进行清算(存款余额转移)。一旦中央银行转移了参与银行的净借方余额(net debit balances),支付就完成了(无条件且不可撤销)。银行2再将相应款项存入收款人账户。整个支付流程通常持续数个小时,也有可能超过1天,这取决于所在国家的支付基础设施。跨境支付通常需要引入代理银行,支付流程更为复杂,也更耗时。

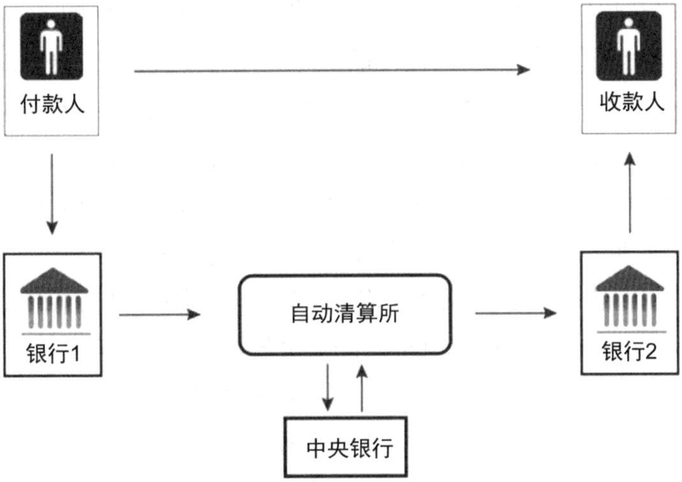

图1　通过中介机构的传统支付流程

四、比特币系统内的交易

比特币支付不需要通过自动清算所、商业银行或中央银行等中间媒介。支付流程为:付款人通过互联网向比特币网络的参与者发送支付指令,包括收款人和“矿工”(miners),矿工是所有比特币交易的验证者和交易记录的保存者。

交易数据存放在电子档案里,即区块(blocks)。所有的交易历史都保存在一长串前后相继的区块上,即区块链。每隔10分钟比特币网络将最新交易打包进一个新的电子区块。接入区块链的下一个区块的创建权只能归属于一个矿工。系统向矿工社群提出一个复杂的加密难题,首先解答这个难题的矿工获得该项权利。矿工可通过增加投入该项任务的算力影响成功概率。获胜矿工的报酬为新发行的比特币，即基础货币(coinbase)。挖矿市场向具有必备软、硬件的任何人开放。近年来，专门用于比特币挖矿的高速处理器已经开发出来，它们可以通过网络购买。软件是开源代码，而且可以免费下载。

维格纳(Vigna)和卡塞(Casey)将矿工之间的竞争比作抽奖。参与者买的彩票越多，得奖的概率越大，但没有参与者能够确保中奖。由于每隔10分钟创建一个新区块，矿工可以预测中奖概率并确定所获奖项的预期价值。

一旦系统确定了获奖矿工，其他矿工将评估获奖者传播的区块是否有效。验证环节很有必要，以此防止网络中的欺诈。尤为重要的是，这是防止同一比特币(或其中一部分)被两次使用(即所谓的重复付款，double spending)的手段。作为独立的验证者和公证人员，矿工为系统提供了信任机制。如果大多数矿工(根据算力)同意某个区块内的交易是有效的，该区块的相同副本将在网络中分发，它们以去中心的方式保存在矿工的电脑中。

确认一个区块内交易完成大约需要1个小时。因为目前实时全额结算系统(real-time gross settlement system，是指系统参与方每一笔支付指令发出时，立即按照支付发生额进行全部交割，不参与借贷轧差——译注)通过提供即时支付清算消除了支付风险，所以这一延误使得比特币不适合进行大额跨行支付。

比特币是“分布式账本”(distributed ledger)技术的首个现代化应用。分布式账本是一个集合式名词，包含很多要素，如使用区块链、公钥基础设施(public key infrastructure)、加密签名(cryptographic signing)以及哈希函数(hash functions)等。虽然所需的特定要素根据待解决的问题类型而有所差异，但在所有分布式账本应用中，交易记录或其他数据保存在网络中的多方实体(即它是分布式的)使得分布式账目成为“普遍的、权威的主要记录即单一可信来源，可供多方实体查阅并进行安全沟通”。

五、关于比特币的一些统计数据

每10分钟比特币系统会发行新的比特币作为对矿工的补偿。这一发行频率是预先设定且外在给定的。由于发行量每4年减少一半，比特币的“印刷量”不断下降。区块挖矿回报再次减半将发生在2020年6月。届时每个区块的比特币回报将从12.5枚下降到6.25枚。按照现有的区块回报率，流通中的比特币数量将按照每年2%的速率增长。

比特币的发行上限为2 100万枚。一半以上的比特币在前6年被创造出来（参见图2），目前已发行的比特币占发行上限的75%，大约还剩下500万枚比特币。比特币将在20年内触及发行"天花板"。

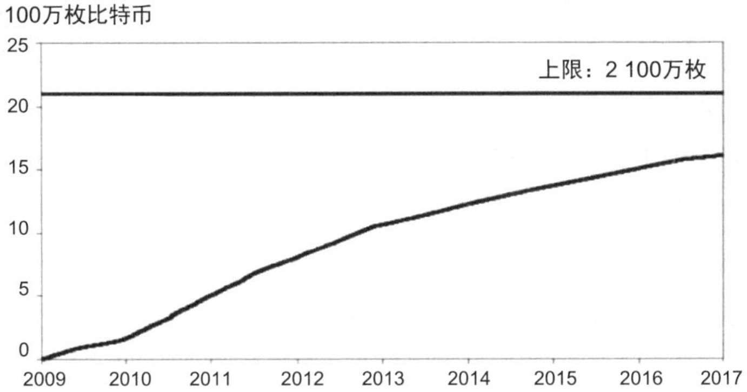

图2 比特币的流通数量，2009年1月—2017年2月

资料来源：blockchain.info网站。

比特币的早期交易价值低于1美元（参见图3）。2013年12月，比特币价值达到1 150美元；2014年贬值到200美元；2017年3月又升值到创纪录的1285美元；此后价格在940—1 200美元区间波动。国际货币基金组织认为，比特币价格的波动性超过其他任何类型的主要资产。

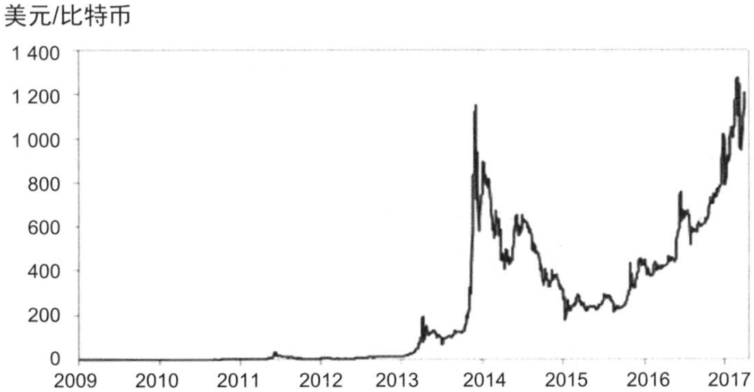

图3 比特币价格，2009年1月—2017年3月

资料来源：blockchain.info网站。

目前比特币的全部市场价值约为200亿美元——大约占在澳大利亚、巴西、加拿大和香港流通的纸币价值的35%；占瑞士纸币价值的25%；占欧元区和美国纸币价值的1%；比瑞典央行发行的纸币价值高2.3倍。

比特币的日交易量稳步增长到25万笔（4笔/秒）。由于比特币区块的最大空间容量是1兆位，可处理的交易量受到限制。事实上，系统能力已经完全超负荷运转，并且"面临明显的扩张性瓶颈"。对此，目前已采取很多短期措施。如一旦达到区块上限，交易将被移到一个队列，当区块内腾出空间时，再将这些交易释放出来；另外对于支付了交易费用的交易，处理速度会更快。

鉴于这些约束性的容量限制，第三方保管员应运而生，通过内部（离链）方式进行比特币交易清算，这种方式类似于传统的清算所（无法获得通过离链方式进行清算的比特币交易量）。目前比特币社群在讨论并采取措施可持续性地提高处理能力，包括增加区块容量以及引入用于大量小额支付的离链清算。

自2016年区块挖矿回报减半以来，每笔交易的费用在4—10美元区间波动——大约占交易价值的0.5%—1.5%，因而与汇款等传统零售支付相比，比特币支付可能没有成本优势。

过去数年来，集合式挖矿作业迅猛增长，大型商业性挖矿工厂纷纷设立，挖矿流程日益工业化。技术进步将不断增加挖矿作业。矿工之间成立矿池已成为常规做法，其中某一成员获得新区块的创建权后，其他成员分享回报。由于挖矿需要消耗大量电能，矿工们通常选择电价便宜的地方。

六、比特币是否促进洗钱和恐怖主义融资？

比特币这样的可兑换数字货币可能被洗钱和恐怖主义融资所利用。与正规金融系统的非现金交易相比，其匿名性更为突出。尽管比特币账本是公开的，但支付指令只包含交易对手的字母数字标识符，而不是名称（所谓的"假名"）。

2015年，金融行动特别工作组（Financial Action Task Force，即FATF），一家专注开发与推广打击洗钱和恐怖主义融资措施的政府间机构，发布了国际指引，声称与反洗钱和打击恐怖主义融资相关的措施需适用于数字货币与正规金融体系的"结合点"。数字货币兑换必须确保符合反洗钱和打击恐怖主义融资的建议。金融行动特别工作组提供指引，明确货币兑换如何实施的具体建议。反洗钱和打击恐怖主义条款并非直接适用于数字货币本身，而是将数字货币兑换为主权货币的基础设施。

税务部门将比特币视为应当申报资产。2016年11月，美国国家税务局(Internal Revenue Service)获得授权，可搜集美国纳税人开展比特币或其他数字货币交易的相关信息。

七、比特币安全吗?

分布式系统的三个特征提高了安全性。首先，它具有容错性，因为它依赖很多相互独立的构成要素；其次，它具有抗攻击性，因为它没有中央电脑，攻击和操纵的成本更昂贵；第三，它具有抗合谋性，因为参与者很难合谋串通，以牺牲其他参与者为代价牟取私利。

比特币也存在很多安全隐患。第一个安全隐患通常被称为"51%攻击"。比特币交易的有效性取决于大多数矿工是否验证同意，这就有可能出现51%(根据哈希率)的矿工或验证者发起联合攻击。考虑到迄今为止挖矿作业的集中度越来越高，这种攻击的风险是存在的。

第二个安全隐患源于比特币是无记名证券，如同现金或黄金。谁持有与比特币钱包相关的私人(数字)钥匙，谁就能使用它。比特币所有人一旦丢失了私钥，就不可避免地失去了资产使用权。

私钥被窃风险并不是假设性的，Mt. Gox是设在东京的一家比特币交易平台，它同时负责保管私钥，3年内被黑客攻击两次，大约85万枚比特币被窃取(当时价值4.5亿美元)。此后比特币钱包的安全性有所改进，比如使用双重认证和多方签名等技术。然而，2016年比特币交易平台Bitfinex仍发生12万枚比特币(当时价值6 700万美元)被盗事件。

八、比特币履行货币职能的运行情况

成功的货币需符合三项条件：(1)作为交换媒介广泛使用；(2)可作为记

账单位；（3）是稳定的价值储藏手段。大多数主权货币完全满足上述要求，比特币呢？

只有愿意接受的使用者足够多，一种交换媒介才能用于支付。随着网络使用者数量呈指数级增长，比特币的使用意愿不断增强。

很多指标可用于评估一种货币作为交换媒介的接受程度，如交易数量、交易价值、使用者和商户数量等。尽管交易数量不断增长，但比特币在交换媒介方面的作用仍微不足道。从交易价值总量看，比特币交易价值与西联汇款（Western Union）相近。只有9 000个商户接受比特币，而接受维萨卡和万事达卡的销售点超过3 700万户。

大多数比特币被储存起来，而非用于支付商品和服务。因而持有比特币的主要动机是投机而非交换媒介。

作为记账单位，货币具有法定价值（numéraire），是商品生产和经济活动的衡量标准。货币用于标注超市和饭店中的商品价格，以及劳动合同中的工资。在这方面，比特币同样无足轻重，只在区块链初创公司的众筹或赌博网站等少数场合发挥作用。

图1　比特币

以比特币汇率变化为基础的消费者价格指数在2013年下滑，在2014年暴涨，而在近期会一落千丈。如果比特币作为记账单位，其带来的经济效应将是灾难性的。

货币应当是良好的储藏手段，因此币值必须稳定。比特币根本谈不上稳定。由于价格波动性非常大，比特币是高风险资产。

最后，由于比特币的供应量上限是2 100万枚，使用比特币的经济体最终将在通缩环境下运行。一种供应机制更优越的“模仿型”货币不久就会应运而生，并取而代之。比特币的价格会暴跌并进而导致高通胀。

九、结　　论

比特币是引起使用者、开发者、投资者、中央银行和监管者广泛关注和兴趣的第一种数字货币，很大程度上由于其分布式账目技术，让其能够提供成本相对较低的点对点货币转移服务。就交换媒介职能而言，比特币无法与传统支付渠道相提并论，大部分比特币持有人的动机是投机而非交易。

可以预见比特币将在交换媒介方面赢得小众市场，但由于缺乏在需求激增时抑制价格或在需求不足时减少供应的机制，采纳比特币作为货币就像回到金属货币时代。只要中央银行继续实施以稳定为导向的货币政策，它们就无须担心比特币系统会取而代之。

原文标题：Do Digital Currencies Pose a Threat to Sovereign Currencies and Central Banks?

保护与发展数字经济报告

节选自《美国国家网络安全促进委员会报告》2016年12月1日

关若水/译

互联技术的进步推动了数字经济的发展，同时也给网络安全带来了巨大的威胁与挑战。有鉴于此，美国前任总统奥巴马设立了国家网络安全促进委员会（Commission on Enhancing National Cybersecurity，以下简称“委员会”），用于评估国家网络安全状况，并在此基础上提出切实可行的方案建议，从而确保数字经济的安全发展。奥巴马指出，加强网络安全的同时要注意保护个人隐私，确保公共安全以及经济和国家安全，积极促进全新技术解决方案的产生与发展。

互联网的进步及数字生态系统的拓展使互联与开放成为可能，为社会创造了无可比拟的价值，但同时也加剧了保护网络信息安全的难度。如今，世界正处于信息变革的浪潮之中，越来越依赖于信息更新。因此，网络系统遭受入侵、中断、操控和盗窃的速度也随之加快。这种技术上的进步正在赶超保护信息安全的步伐，如果我们不改变处理和实施网络安全战略与实践的方式，那么这种趋势便将持续下去。近期一些日常消费设备受到恶意使用的攻击事件已经清楚地表明，我们生活的世界正变得越来越相互依存，曾经所谓的关键性基础设施与其他设施之间泾渭分明的界线已日益模糊。

但是，尽管威胁众多，我们仍必须保持平衡心态，协调好网络安全与创新和易用性之间的关系。互联网是推动社会变革和经济繁荣最有力的引擎之一，我们要发挥并不断加强其特性，使之能够更加有效地抵御攻击和滥用。在政策、技术和实践方面的改革也必须借鉴近年来私营部门和政府机构在解决这些问题上所取得的成果。

此外，在维护网络安全方面的投入必须与在创新方面的投入一致。要发展数字经济，就要保证数字经济的安全。也就是说，社会中的每一个主体，不管是大小公司、各级政府、教育机构还是个人，都必须自觉有效地参与到应对网络风险的事业当中。与此同时，他们必须对自身网络安全担负起更大的责任和义务，因为个体安全将直接影响到整个国家的网络安全。

委员会自设立之初便是无党派组织，其报告任务不仅是对奥巴马政府的要求，也是对下一任政府的要求。委员会成员具有丰富的专业知识，在网络安全方面颇具建树，他们审查往年报告，并就此同技术和政策方面的专家进行磋商。此外，委员会还举行公众听证会，公开征求意见，并邀请广大公众参与分享实施意见。它关注的主题包括：国家关键基础设施建设，物联网（Internet of Things，IoT），网络安全研究与开发，加强公众宣传和教育，维护政府、企业、国家及地方网络安全，身份认证管理，信息安全保护，跨境网络安全问题及中小企业在维护网络安全方面的角色等。

委员会还确认并考虑了影响每个主题的宏观趋势，特别是信息技术与物理系统的融合、风险管理、隐私与信任、世界及国家层面的影响力与控制力、自由市场与监管制度及解决方案的有效性、合法性及责任制考量、制定网络安全衡量标准的重要性及难度、基于网络安全路径的自动化技术、消费者责任实体等。委员会对上述众多领域进行监视，分析了其中哪些方面运作良好、哪些方面存在挑战，以及需要在哪些方面进行改进来激励和培养公共与私营部门发展网络安全文化。

但是，仍有一些问题悬而未决，如：如何应对整个世界因联系日益紧密而越来越趋同和相互依存的现状；如何加强和培养涉及网络安全的各类主体（从开发商和服务提供商到政策制定者和消费者）的安全意识，并提升其在网络安全活动中的参与度；中小企业在解决网络安全问题及修复网络安全问题时面临着怎样的压力与制约，尤其还要考虑到这些企业在供应链中所处的地位；以及如何在操作和理论层面界定联邦政府的职责和作用。

很明显，大多解决方案都要依赖于公共与私营部门的共同努力。社会中的每一个主体，不管是大小公司、各级政府、教育机构还是个人，都必须自觉有效地参与到应对网络风险的事业中。他们必须了解自身在维护网络安全方面所要承担的角色，并知悉自己的网络行为会对整个国家的网络安全带来直接影响。

另外还有一些领域也同样值得关注，如：

（1）如何更好地鼓励实施适宜的网络安全行为与措施，以及如何确定是否或何时需要采取这些措施；

（2）在面对紧急网络安全问题时，应该由谁来承担制定衡量标准的责任并对责任体是否达标做出评估；

（3）有什么切实可行的方案可以让消费者知晓其所面临的网络安全问题，比如贴警示标签或设立评级体系等；

（4）当前需要在网络安全措施的研发方面做出何种努力，付出何种代价；

（5）如何准确预测在应对经济发展时需要多少网络安全方面的技术人员，以及通过何种方式来吸引并培训不同等级的技术人员；

（6）联邦政府高级官员在应对网络安全问题方面有何作用与关联，如何保证他们既有权制定网络安全政策，又有权采取恰当举措实施网络安全行动。

从上述讨论中我们可以明确看到，国家之间、国家政府与州政府之间以及各级政府与私人部门之间的合作是推动科技、政策和实践进步的有力工具，为保护和发展数字经济奠定了基础。委员会表示，无论是网络事件发生之前、发生过程中还是发生之后，我们都必须加强公共与私营部门之间的协作，因为任何组织都不可能通过依靠孤立行动来确保网络安全。

此外，无论制定何种网络安全战略，我们都必须将网络弹性作为关键技术加以重视。同样，如今瞬息万变的网络威胁环境也要求我们必须采取风险管理办法，以应对网络攻击并从攻击中迅速恢复。

在对上述意见达成一致并确立基本原则后，委员会将其调查成果总结为6项指令，其中包括16项建议及53项相关任务。

第一，保护、防御并维护当今信息基础设施及数字网络安全；

第二，引入并加大在实现数字网络与数字经济安全发展方面的投资；

第三，引导消费者更好地融入数字时代；

第四，培养具有专业能力的网络安全技术人才；

第五，指导政府在数字时代安全有效地行使职责；

第六，确保实现公开、公平、竞争、安全的数字经济。

这些指令并非孤立地存在，其中一些建议也不止服务于一项指令。在数字经济时代，某一主体实施的网络安全措施往往也会推动其他主体在网络安全方面的发展，这从另一方面也反映出数字经济的相互依存性。

每项建议都有其计划实现的主要目标，每个任务也有针对相应目标而提出的具体步骤。有些建议要求为网络安全事业投入远比今天更多的财政资源。有些要求是针对政府；有些要求是针对私营部门；还有些要求很多是针对两者共同提出。有些建议要求采取全新举措，有些则要求借鉴现行举措的已有成果。

鉴于美国当前面临的迫切挑战，委员会认为，大多数建议可以而且应该在近期予以实施，其中很多任务有望在新内阁成立的100天内付诸实践。报告中所有建议和任务都强调，私营部门、政府机构及美国公众要将网络安全视为社会福利中一个不可分割的组成部分，认识到其对整个国家及经济安全的重要影响，以及对我们实现一个自由而开放的社会的重要意义。

原文标题：Report on Securing and Growing the Digital Economy

人工智能和未来战争

节选自《英国皇家国际事务研究所报告》2017年1月

M. L. 卡明斯（M. L. Cummings）

夏嘉琪/译

一、摘　　要

在未来，军事和商业机器人将合称为“人工智能”（AI），它们能独自承担任务和使命。在军事背景下，这引发了一场辩论，这种机器人是否应该被允许执行这种任务，尤其是在人类生命可能受到威胁的情况下。

为更好地理解这一关键问题，本篇论文提供了一个框架来解释如今AI的技术状态、科技的优劣势以及未来可能会有什么。框架论证了虽然电脑和AI在一些基于技能和规则的任务中优于人类，但在需要判断和知识的情况下，在存在很大的不确定性的情况下，人类优于电脑。

针对自主武器是否应该以及如何被控制，业界展开了激烈的讨论，空中与陆地的自主系统商业市场迅速扩大，必须对此进行充分的考虑。禁止自主技术用于军事领域可能是不太实际的，毕竟衍生的或较好的技术在商业领域是可以找到的。

自主系统发展在商业领域正在进行隐秘的军备竞赛，研究与开发（R&D）的努力与资金从军事转向商业环境这一转变是存疑的。军事自主系统发展缓慢，相较于商业自主系统取得的进步而言，例如无人机和无人驾驶汽车。

技艺高超的机器人专家和相关工程师市场竞争非常激烈，主要在AI、航空航天和国防领域,但其资金远少于商用汽车或信息和通信技术领域,导致其对人才的吸引力小很多。因此,全球国防工业在技术创新方面正落后于它的商业同行,且差距在越来越大,因为最好的、最有前途的工程师都涌进了商业领域。

关于AI战争的未来,如今的商业和军事研发在自主系统发展方面的支出差距很大,在融入军事系统的自主权类型和质量方面可能带来一个连锁反应。一个关键问题是防务公司有没有能力发展和测试安全而受控的自主系统,尤其是那些射击武器。

缺乏综合测试的早期技术可能会使军人和平民处于不合理的风险之中。但是,商业自主系统的快速发展能使用于军事和公众的自主系统的接受标准化,这能激励国家军事为这类系统的发展提供资金,在一定程度上与人工系统的投资更加接近。

二、机器人如何思考

为了更好地理解AI的细微差别,首先了解自动化系统和自主系统之间的差别是非常重要的。自动化系统指的是电脑通过清楚的"if—then—else"(如果—则—否则)和基于规则的结构来进行推理,执行非常确切,这意味着对于每一个输入数据,系统的输出数据通常是一致的(除非出现错误)。自主系统是根据一系列输入数据概率进行推理,这意味着它根据传感器数据输入推测最佳做法。不同于自动化系统,当输入相同的数据时,自主系统可能并不会做出完全一致的行为;相反,这类系统会做出一系列的行为。

人的智能通常有一定的顺序,也就是所谓的知觉—认知—行动信息处理循环。在这一循环中,个体感知自身周围的世界,思考做什么,然后权衡选择,作出决定。AI的进程与此类似。电脑感知周围的世界,然后通过优化和验证算法处理输入的信息,用与人类似的方法做出选择。图1描绘了嵌入AI的自主系统如何"思考"和做选择。

虽然人的智能和AI有许多相似之处,但也有完全不同的地方。每个在动态环境中相互作用的自主系统必须构建一个世界模型,并持续更新这一模型(如图1所示)。这意味着必须先感知世界(或通过照相机、麦克风和/或触觉传感器感知),然后以这样一种方式进行重建,计算机的"大脑"对于世界有一个实际的、

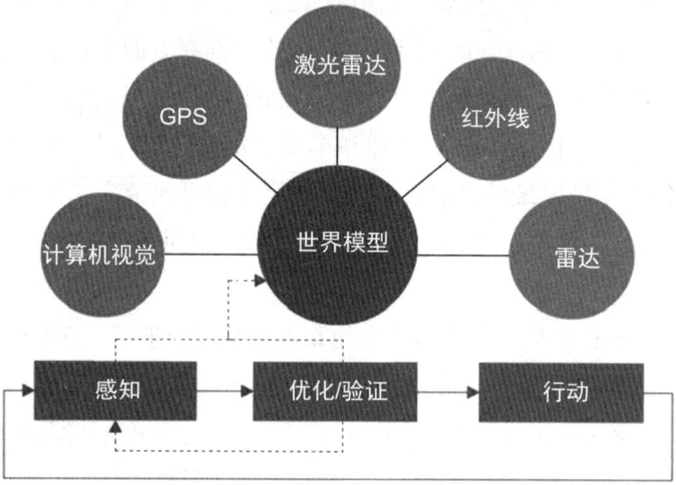

图1　自主系统的AI如何工作

最新的模型，最终才会作出决定。世界模型的保真度和更新的时效性是有效率的自主系统的关键。

自主无人机导航（Autonomous UAV navigation）是一个很明确的事例，它根据世界模型运行，这一模型仅由表明最优路线、障碍物高度和禁飞区的地图组成。雷达实时扩大了这一模型，通过标明障碍物高度。将GPS坐标传达给无人机（UAV），GPS坐标计划的首要目标是不让飞行器进入禁飞区或碰撞障碍物。

相比之下，无人驾驶汽车导航要更为复杂。汽车不仅需要类似的地图，它们还必须了解所有附近的车辆、行人和自行车的位置，以及这些事物在未来几秒钟的活动范围。无人驾驶汽车（和一些无人机）通过传感器的组合［像激光雷达（Light Detection And Ranging）、传统雷达和立体计算机视觉（见图1）］的指导进行行动。因此，无人驾驶汽车的世界模型要比典型的无人机更为先进，反映了操作环境的复杂性。一个无人驾驶汽车的计算机需要追踪所有车辆和障碍物的动态，持续推算所有可能的交叉点，然后估算交通会如何发展，来做出行动的决定。

确实，预测或猜测其他驾驶员如何做这一形式是人类驾驶的关键部分，但是人类做这一件事只需要很少的认知努力。计算机需要强大的运算能力来持续追踪所有变化，同时尝试保持和更新世界模型。考虑到这一巨大的计算问题，为了保持无人驾驶汽车安全的执行时间,要基于概率分布做出最佳猜测。实际上,因此,根据一系列可靠区间,汽车在猜测哪一条路或哪一种行为最好。自主系统最佳的操作条件是推行高保真的、低环境不确定性的世界模型,这一概念我们将在后续部分进行进一步讨论。

三、人类和机器人之间的平衡任务

考虑到对自主机器人推理基础的理解,我们应该如何思考自主系统的设计,尤其是人类应该参与到何种程度?首先要了解的就是系统何时能够和应该被监督。这是一个涉及明确技术问题的决定(如一个计算机视觉系统是否能生成足够分辨率的图片来做出准确的决定),也是有关伦理和政策的考量(如机器人是否应该被允许夺走人类的生命)。为了围绕这个两极分化的问题形成有力的论据,需要详细了解这类军事AI系统的架构和能力。

图2描绘了任何代理必须拥有的推理的各个阶段,来解决越来越复杂的决策行动方案,包括那些自主武器的运作。这是对拉斯玛森的SRK(技能、规则和基于知识的行为)分类系统的延展,对其进行改良以明确表示专家意见和不确定性。

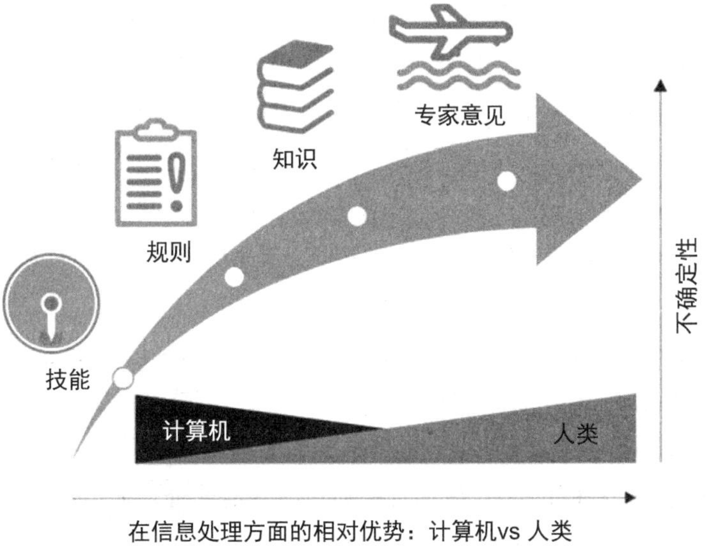

图2　不确定性和技能、规则、知识及专家推理间的关系

基于技能的行为是感觉—运动型行为，对于人类来说，也就是在许多阶段的训练过后，能够实现高度自动化。这类技能依靠的是知觉—认知—行动循环的耦合，这实际上意味着行动通常必须发生在刺激后的几秒钟之内。基于技能活动的一个例子是驾驶一架飞机。在训练中，人类飞行员主要将他们的时间用于学习理解各种仪表盘，从而尽快调整飞行控制来确保飞机的实际状态符合预期状态。自动化代理也是如此，通过一个基于方程式的反馈循环，这一循环依靠传感器输入数据的质量，告知计算机飞机在哪里以及它应该在哪里。

因为连续认知的复杂性增加（见图2的箭头），基于规则的行为需要也增加。基于规则的行为指的是那些子程序、储存规则或程序所代表的行为。对于人类执行规则来说，清单是常用的认知辅助工具。继续来看飞机的例子，飞行员主要依靠程序来帮助他们管理各种任务的复杂性。例如，当出现火光或另一子系统表明出现一个问题，受训的飞行员将首先稳定飞机（一项技能），然后转向人工决定正确的操作程序（根据规则）。这类汇编程序是必要的，因为需要记忆太多的解决方案。许多行动方案需要对一些程序进行解释，特别是因为不确定性和复杂性的增加，而这在多重复合问题中非常常见。

当已建立的规则不必要符合现状、需要快速心理模拟时，可以运用基于知识的推理机制。心理模型（外部世界的认知表征）随着时间的推移建设起来，并协助计划的构想和挑选，特别在面对不确定性时。所谓的“哈德逊河奇迹”——全美航空1549号航班在哈德逊河紧急迫降，就是图2描绘的基于知识行为的一个例子。在紧急情况发生时，机长必须决定是否紧急迫降或试图降落在临近机场。这是典型的基于知识的行动方案，反映了高度的不确定性，需要机长对周围环境和飞机状态建立心理模型。这一随之产生的快速心理模拟意味着他选择了紧急迫降，最后也获得了明确的成功。在那时，没有自动驾驶系统能以这样的方式做出反应（如今情况依旧，虽然在此领域研究很多）。

专家行为处于推理行为的顶层，建立在基于知识的推理基础之上。专家会利用判断和直觉，以及情况的快速评估，特别是对时间要求严格的环境，如发射武器。专家通常以一种快速而节省的方式来做出困难的决定，因为比较所有可能的备选计划是很耗时的——特别是在面对不确定性时。对人来说，能够对付最坏情况的不确定性是一位真正专家的标志特点，但是相比之下，这类行为对于计算机来说，是很难复制的。

正如图2所示，基于技能的任务是最容易自动化的，因为它们根据定义重复固有的反馈循环，而这能通过数学表征进行控制。但是，有一个关键的前提就是要有合适的传感器进行工作。考虑到基于规则行为的“if—then—else”结构，这些也都是自动化的潜在优秀候选。但是，正如图2所示，由于不确定性的增加，基于规则的推理给基于知识的推理让路，需要对不确定性和真正的专业知识进行有效管理。

例如，导航是基于规则的，考虑到目标状态（目的地），根据交通流量和车辆动态知识，可以客观指出最佳的路线。尽管如此，不确定性在这样的领域能够使自主的介绍变得困难。正如上文所说的，无人机导航相对简单，因为成熟的传感器技术和低密度障碍环境意味着不确定性较少。但在汽车驾驶中，不确定性要高得多，因为传感器并不像在飞机中那么可靠，潜藏的障碍更为密集。

在基于规则层面的推理中，从自动化到自主行为的转变正变得明显。一些更高级的推理在这里发生，但是不确定性也同样出现——特别在不完备的规则面前。例如，全球鹰（Global Hawk）军用无人机工作在基于规则的层面，借此，它能在失去沟通时自主降落，但还没有被证实这类飞行器能推理所有它可能遭遇的状况。后者需要更高级的推理。

基于知识的行为和已知的专业知识代表了最先进的认知推理形式，这些形式通常发生在有最高不确定性的领域，正如图2所示。基于规则的推理能在决定可能的行动方针时协助决策者（人和/或计算机）。但是，在有高不确定性的地方，经常很难了解哪套规则适用。在这些不确定的场景中（模糊而不明确的），算法可能不能了解解析空间，较难获得可行的解决方案。

对于任何致力于安全关键任务（如武器发射）的自主系统来说，关键问题都是系统能否消解模糊，以求能达到可接受的结果。一架自主无人机被赋予使命去攻击一个军事设施中的静态目标，是有很高概率成功的，这是可以相信的。确实，许多国家拥有导弹，能够达成这一任务。但是，一架自主无人机能按照自身对目标人实时成像的理解，发射武器并只杀害这一个人而不会出现无辜受害者吗？如今，对这个问题的回答是不能。

人类归纳的能力——即根据特定信息得出一般规则的能力，在同时需要视觉、道德判断和推理的情况时是很关键的。对于人类应对不确定性来说，归纳法是必要的。计算机算法——特别是那些数据驱动的，像那些属于AI范畴的典型算法，天生就很脆弱，这意味着这类算法不能归纳。当算法是原始编码时，只能分析在设计阶段认定的可量化变量。目前，重复归纳、基于知识的推理和专业知识的无形概念，已经超出了计算机领域。如今有一项具有重要意义的研究正在进行，试图改变这样的现状，特别是在机器学习/AI群体中的现状，但进展缓慢。

IBM的沃森机器人（Watson），由90个服务器组成，每个服务器都有3.5千兆赫的核心处理器。它普遍被认为是一台计算机，能够胜过人类的推理能力。由此，它通常被称作“智能”计算机。但是，人们对计算机的能力[人类设置计算机以完成特定任务（如搜索庞大的数据库和生成公式化的回应）]和展现知识的实体感到困惑。沃森通过自然语言处理和模式匹配影响了AI，但它是在低不确定性的环境中运行的。

一些人声称，机器学习和深度学习近似人类的智力，但目前这些工具基本上检测人类制定的模式，且必须由人类进行解释才能有用。因此，它们表现的进步是进化的，而不是革命性的。机器学习的一个关键的局限性是，因为数据驱动的方式，它主要依赖于源数据的质量，因此非常脆弱。没人能保证一台具备机器学习算法的计算机能检测从未遭遇过的模式或活动，或甚至只有些许不同的场景。因此，随着不确定性的增加，这些工具变得不太实用。

例如，一个传播较广的机器学习算法已经能识别事物（如狗、猫、卡车）的图片，在包括2.2万种事物的世界中准确率为15.8%。当这一世界缩减为1000种事物时，其他算法能达到60%—70%的准确率。在这两种研究中，算法需要“训练”1 000万张有标记的图片。相比之下，人类需要少许多的事例进行学习，且有能力区分和准确叫出多于2.2万种独立事物。

因此，以无人驾驶汽车导航为目的，虽然计算机视觉算法可能能近距离区分汽车和自行车，但这类算法离完美还有很大距离。再者，一台计算机识别特定卡车中搭载的有足够把握发射武器的特定人的困难又成倍增加了。因此虽然无人机是获取图像的绝佳平台，但是让无人机或任何自主系统决定具体目标是否符合发射武器的标准还需要好多年。

计算机难以识别高度准确性的具体目标，强调了基于知识的推理的概率性。无论是人类还是计算机，两者都在推测基于结果的先验概率的不完全的信息。虽然自主中央空调恒温器的推论错误猜测了房主的回家时间是相对不重要的，但并不能说明自主武器在特定运行环境做出错误推论也是不重要的。

四、大 蓝 图

AI技术在军事系统的未来与设计自主系统的工程师的能力挂钩，正如图2所描绘的，这证明了基于知识和专家的推理的自主能力。现如今并没有这类自主系统在运行中。大多数地面机器人是遥控的，这实质上意味着人类仍旧直接远程控制机器人，似乎有一根虚拟延长线一样。大部分军事无人机也只是稍微更复杂一点：它们有一些低水平的自主性，帮助它们航行，在某些情况下不需要人为干预。但是，大部分情况都需要明显的人为干预来执行它们的任务。即使是起飞、飞抵目标、捕捉图像和返程都仍旧以自动化水平运行，而非自主，不像真正的自主系统进行的飞行推理。

虽然如今的操作系统自动化超过自主化，但全球都在努力进行自主系统的研究和开发。这类军事系统正在循序渐进地发展，在许多国家的空中、陆地、水面和水底的交通工具都取得了不同程度的成功。美国、欧洲和中国的许多自主直升机（士兵在作战时能用智能手机进行控制）都在发展中。全世界都在发展自主地面车辆（如坦克和运输车）和自主水下航行器。但是在几乎所有情况下，发展这类技术的机构正在努力实现从发展到实际运行的飞跃。

这类技术还未成熟有许多原因，包括成本和不可预见的技术问题，同样有问题的还有组织和文化的障碍。例如，美国将自主无人机投入使用的过程较为艰难，主要是因为组织的内耗和优先支持载人飞机。再例如，尽管F-22飞机经历了重大的技术问题，在战斗中很少使用，但美国空军正在考虑重启F-22生产线（这本身就是成本非常高的选择），而不是投资更多的无人机项目。而且，除了生产线方面，F-22的每小时运行成本为68 362美元，捕食者无人机为3 679美元；后者能在空对空作战任务中执行大部分与F-22相同的核心功能，对于这些功能，F-22本身由于技术问题还不能预先执行。

还有另外一个事例。美国海军的X-47本来打算成为一架自主战斗机/轰炸机，尽管有许多成功的试航，但如今它将预计用于空中加油——与原定目标大相径庭。美国空军和海军已经选择将大部分飞机采购资金用于载人F-35联合攻击战斗机，虽然这一项目伴随着管理和工程问题，且它的实用性受到自主技术推进的挑战。对军事而言，无人机只被认为是一个辅助角色，但如果允许它们执行重要的尖端工作，它们就会对现状产生威胁。

但是，有许多其他组织问题限制了自主系统的操作执行。其中一个越来越严重的问题是先进研发从军事领域转向商业环境。自主系统发展在商业领域正在进行隐秘的军备竞赛。相较于商业自主系统取得的进步而言，军事自主系统发展缓慢，例如无人机和无人驾驶汽车。

无人驾驶汽车的发展源于2004年美国国防部高级研究计划局（DARPA）的一个计划。这一计划在2007年结束，无人驾驶汽车只能在封闭路程缓慢移动。10年之后，无人驾驶汽车正处在商业化的边缘。这一快速发展是工业赞助研发投资及数十亿美元汽车消费市场竞争的结果。与此同时，自相矛盾的是，这一技术的起源——军事领域，在自主车辆发展上却没有多大进步。

军事发展自主项目的缓慢进展，不仅体现在陆地，还体现在空中和其他领域，与那些在商业市场的自主系统的成长有明显的联系，尤其是无人驾驶汽车。图3显示了2014—2016年这三年间研发支出主要在3个关键领域：航空航天和国防，汽车，信息和通信。这些领域是自主系统发展的核心，因此，追踪这些支出能了解创新的速度和进展。

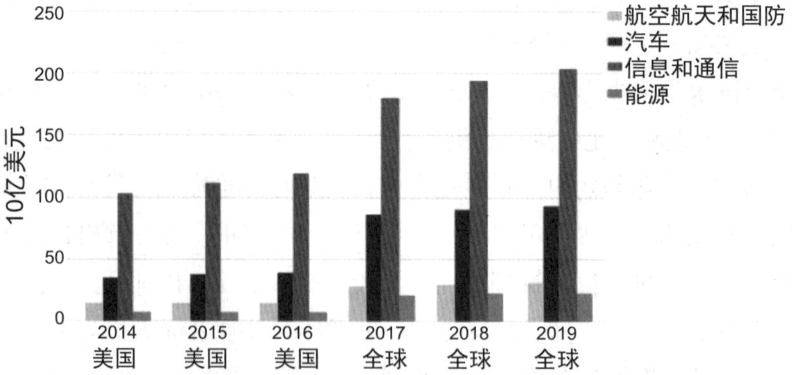

图3　不同领域的研发支出，2014—2016年（单位：10亿美元）

航空航天和国防领域负责大部分的军事自主系统的发展。但是，正如图3所示，这一领域的研发支出远低于另外两个领域（只有全球信息和通信领域的15%）。再者，美国的支出实际上已经一直在下降。自主系统发展不是美国国防工业的优先选择，且与传统项目发展[像载人战斗机（如F-35）]和极其昂贵的激光武器竞争投资。结果只有非常少比例的国防研发资金投资了自主军事系统。

相比之下，汽车领域的研发支出不仅是航空航天和国防工业的3倍，且在美国和全球市场都在持续发展。在这一领域支出的关键因素是无人驾驶汽车技术的发展——正如新兴企业竞争激烈的市场所反映的，如Cruise Automation在2016年以10亿美元被通用汽车公司收购。

信息和通信领域是自主系统发展的另一个关键的利益相关领域。这一领域的工业专攻软件的发展，包括机器学习和AI，这些都是先进系统的核心能力。举几个例子：X（原先被称作谷歌X）有无人机和无人驾驶汽车研究项目；脸谱网和亚马逊有无人机开发项目；苹果有自主汽车开发项目。信息技术公司在研发上的支出要远多于航空航天和国防领域（图3），这明显说明了为什么商业自主系统发展取得了更大的进步。

至于战争的未来，因为与AI息息相关，商业与军事自主研发支出的巨大差异可能对最终纳入军事系统的自主种类和质量产生连锁影响。在这点上的一个关键问题是军工企业是否有能力开发和测试安全可控的自主系统，尤其是那些射击武器。

设计这类系统的工程师必须有充分的硬件和软件知识。但是具备高超技艺的从事机器人技术、控制、机电一体化和相关领域的大学毕业生数量有限，因此对高素质的人才竞争十分激烈。这一需求驱使了10亿美元的收购，以及大学研究组的买断，例如在2015年，优步（Uber）买断了卡内基·梅隆大学国家机器人工程中心的40位专精的机器人专家。波士顿动力公司，一度是领导美国军事研发机器人的公司，在2013年被谷歌收购来推进家用机器人的发展，后在2016年许多报道称丰田有意收购，为了它的无人驾驶汽车开发项目。

机器人专家和相关领域的工程师如今有着竞争激烈的市场，航空航天和国防领域（资金滞后）对最有能力的人才不具备太多吸引力。因此就技术创新而言，全球国防工业落后于相应的商业同行，且这一差距在拉大，因为最好的、最有前途的工程师都转向了商业领域。这一专家的缺乏意味着军事自主系统装备不足，或缺乏合适的防护措施和测试。因此自主武器是否应该被禁止这一辩论明显很重要，一个更为直接的问题是国防工业部署安全半自主系统的能力，更不用说全自主系统了。

虽然一些人可能会说如今研发和专家的分布是竞争和自由市场的必然结

果，这并没有完全承认技术实力重要转变的事实——相比于商业系统，军事领域的自主系统能力将开始滞后。普通的美国人可能比士兵更早拥有一辆无人驾驶汽车，恐怖主义者将有可能暗地里在网上购买无人机，且比军用的具有更好的性能。

这一技术获取的不平衡毫无疑问会对军事行动引入新的未预见到的、扰乱的动态变化。例如，如果国防公司和政府继续走在AI弱势的小路上，这会不会出现潜在的权利转移？关键的AI服务将从谷歌、亚马逊或脸谱网进行租赁？谷歌已经长期远离军事合同，虽然它也收购了非常先进的机器人公司，且维持了这些公司预先签订的军事合同，直到期满。如果军队转至购买机器人和AI服务，如商业现货供应商提供的图像分析，这毫无疑问会影响短期和长期的军事备战。

在无人机发展方面，历史的军事优势和如今商业领域能力的差距正在缩小，越来越多的军用无人机通过网络进行出售。无人机的武器研制原来是军队的专属领域，但如今相关视频可以在YouTube上观看。小型创业公司不太可能制造能够与非常先进的军用无人机（如美国空军的捕食者）进行竞争的无人机，但就监视和通信的发展而言，肯定会有来自这些公司的竞争。虽然美国军事的先进研究机构DARPA在装备能运输军队的无人机方面有困难，但其他机构已取得一定成就，据称中国的亿航建造了一架商用无人机能运输乘客，许多商业公司正在开发为公众使用的多种版本的自主飞车。

考虑到如今无人机和其他机器人系统的商业发展程度，有许多其他重要的考虑因素，如公司和国家将AI技术带入市场的可能的潜在后果——与民族国家（采取更加保守的做法）相比。运用没有进行过综合测试的新技术可能会导致军人和平民面对不必要的风险。但是，商业自主系统的快速发展会促使军工业和公众更好地接受自主系统，这能鼓励国家军队投资这类系统的发展，在一定程度上匹配载人系统的投资。与此同时，民用自主无人机的崛起会如何影响关于自主军事平台（包括武器）的普遍观点和认识仍然未知。

五、前方的荆棘道路

虽然毫无疑问，AI将成为未来军事的一部分，格局正在快速改变，且是以一种扰乱性的方式。AI技术正在向前推进，但考虑到要给计算机灌输真正的知识和基于专家的行为，以及感知传感器的限制，还需要很多年AI才能够接近在高度不确定性环境下人类的智力——成为战争迷雾的缩影。

考虑到如今AI技术在这类高风险环境汇总推理的低效，许多人想要禁用自主武器的想法是能够理解的，但是这一领域的复杂性意味着必须仔细研究禁令的内容和范围。例如，从根本上，自主武器这一术语描述了真实的武器吗？即是指无人机上的一颗导弹还是指无人机本身？无人机的导弹自主制导系统将来可能与那些交付包裹的系统非常相似，因此，禁止这一系统可能会对另一系统产生影响。那么如何处理来自不断发展的商业市场的技术呢？这些技术可能会超过某些军事领域技术并改变公众的认知。

商业市场快速扩张对自主系统发展的影响不能被夸大，短期内一个更大的问题是如何完全理解AI专家从军事转向商业公司这一明显转变的全球影响。机械、计算机和机器人正在变得“更聪明”，主要是因为机器人专家和相关工程师变得更聪明，因此这一小部分专家就具备了特殊的价值。大学对这一需求反应迟缓，政府和企业给AI领域学生提供奖学金的机制也发展滞后。

最后，就吸引高端人才和扩大日常商品的自主系统能力而言，商业信息技术和汽车业的增长，可能是一把双刃剑，毫无疑问会影响世界各地的军工业。

原文标题：Artificial Intelligence and the Future of Warfare

数字红利*

节选自世界银行旗舰报告《2016年世界发展报告》

一、数字革命：加强非数字基础

数字技术在全球大部分地区迅速推广，但是使用这些技术应产生的广泛发展效益，即数字红利，却并未同步实现。数字技术促进经济增长、带来更多机会并改善服务供给的实例很多，但总体影响不足，分布也不均。要想让世界所有人受益于数字技术，就需要消除横亘于前的数字鸿沟，尤其是在互联网接入领域。不过仅仅进一步推广数字技术并不足以达到目标。要充分实现数字革命的红利，各国需要努力完善"非数字配套机制"，包括加强监管，确保企业相互竞争；加强劳动者技能培训，适应新经济的需求；以及确保问责的体制。

数字技术，包括互联网、手机以及所有其他用数字方式收集存储、分析分享信息的工具，在全球迅速普及。发展中国家拥有手机的家庭比有电或清洁用水的家庭还多，其中处于收入底层1/5人口中有近70%拥有手机。在2005—2015年的10年时间里，互联网用户增加2倍多：2005年是10亿用户，2015年底估计达到32亿用户。这意味着企业、个人和政府之间的联系紧密程度前所未有。数字革命已经为个人带来切身好处，包括更容易沟通获取信息，能享受诸多便利条件、免费电

---

* 此篇由原作方翻译提供简体中文版。

子产品以及新休闲方式。同时数字革命也让人们深切感到社会联结性和全球共同体的存在。但是，信息通信技术（ICT）领域的巨大投资是否促进了经济增长、就业增加和服务改善呢？各国是否真正收获了可观的数字红利？

那么为什么数字技术迅速普及，而数字红利却并未同步实现呢？有两个原因。首先，全球近60%的人口还不能上网，基本无法在实质意义上参与数字经济。其次，数字技术的预期收益可能会被新风险所抵消（参见图1）。许多发达经济体的劳动市场日趋两极化，不平等更加严重，部分原因在于技术强化高技能，同时替代常规工作，迫使许多人不得不去竞争低薪就业机会。公共部门投资于数字技术，如果没有可靠负责的机构制度，只会放大精英群体的声音，导致政策绑架，以及更严格的国家控制。互联网的经济运作模式有利于形成自然垄断，如果没有竞争性商业环境，就会导致出现更集中的市场，让现有企业从中受益。这样教育程度高、社会关系多、能力更强的人受益最多也就不足为奇了，数字革命的效益也因此被局限在小范围之内。

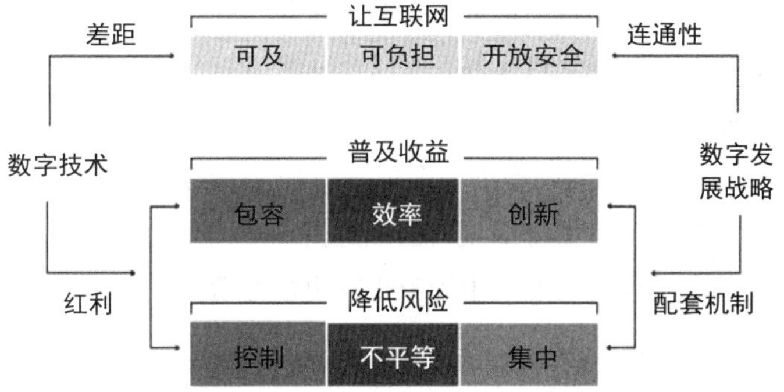

图1　为何数字红利没有快速普及——能做什么

资料来源：《2016年世界发展报告》工作组。。

要最大化数字红利，就需要深入了解技术如何与其他重要发展因素互动，本报告称这些因素为“非数字配套机制”。数字技术令执行常规事务性任务极为便宜、快捷、便利。但是许多任务有不能自动化的一面，需要人类的判断、直觉及斟酌决策。如果配套机制没有改进，只是利用技术自动化任务操作，就不太可能带来广泛效益。数字革命可以催生新的商业模式，令消费者受益，但前提是市场先行者不会把持着准入机会。技术可以提高劳动者的生产力，但前提是劳动者掌握运用技术的专门技能。数字技术可以监控教师出勤率，改善学习效果，但前提是教育体系问责制度到位。

那各国应该怎么做？全民普及负担得起的互联网连接是全球要务。虽然整体而言互联网发展非常迅速，但离全民普及还很远。6个人中，只有1个人有高速宽带连接。全球约有40亿人口不能访问互联网，近20亿人没有手机，近5亿人生活的地区没有移动信号。最近通过的可持续发展目标（SDG）要求让所有人都享有互联网连接，这项未竟使命可以通过采取妥善明智的综合举措实现，包括市场竞争、公私合作与有效监管互联网电信部门。

互联网连接至关重要，但并不足够。数字经济需要非数字基础机制的支持，包括法规监管，营造富有活力的商业环境，允许企业利用数字技术展开竞争，进行创新；还需要技能，帮助劳动者、企业家和公务员把握数字世界的机会；最后还需要问责体制，利用互联网赋予公民更多权力。长期发展效益的实现并非板上钉钉，而会不断受到技术演变（连通性）和各国经济、社会、治理制度决策（配套机制）的左右。哪国能迅速调整适应不断变化的数字经济，哪国就会获取最丰厚的数字红利，而其他国家很可能被落在后面。

良好的商业环境、雄厚的人力资本以及良治，这三方面的配套机制听起来很熟悉，其实也理应如此，因为它们是经济发展的基石。数字技术又增加了两个重要维度。首先，不采取必要改革的机会成本增加了。数字技术放大了良好（及不良）政策的影响，这意味着墨守成规者会远远落后于改革者。与高收入国家相比，数字技术相关的利害得失对发展中国家影响更加显著。其次，虽然数字技术不是发展捷径，但如果配套机制到位，数字技术就可以为发展提供条件，进而可能加快发展。在线企业注册系统使新成立的创新企业更容易进入市场。精心设计的互联网课程能帮助劳动者提升技能。新媒体平台能提高公民参与程度。数字金融、数字身份证、社交媒体和开放数据等数字工具有利于把数字收益普及经济与社会中，同时也进一步加强技术与非数字配套机制之间的互动。

二、互联网如何推动发展

数字技术大大扩充了信息库，降低了信息成本，创造了信息产品。这一变化促进信息的搜索、匹配和分享，通过影响企业如何运作、人们如何寻求机会、公民如何与政府互动，进而推动这些经济主体之间实现更完善的组织协作。变化不仅限于经济活动，数字技术的影响波及劳动力队伍中女性的参与，残障人士更为便利的沟通，以及人们的休闲方式。通过消除信息障碍、加强要素、革新产品，数字技术可以实现更加包容、高效和创新的发展。

（一）互联网促进包容

互联网出现前，一些交易的成本太高，导致没有市场。有两种交易属于这一类型：第一种，双方有潜在的有利交易，但彼此不知道对方的存在，而找到对方的搜索信息成本过于高昂；第二种，一方掌握的信息远远多于另一方，经济学文献称这种情况为买卖双方之间的信息不对称，如果缺乏信息和透明度，这些交易就不会发生。

数字技术通过降低获取信息的成本，以透明方式提供更多信息，使得新交易成为可能。试想以下情形：一位贫困农民无法获得信贷，因为贷款方无法评估他的信用度；或者一个小司无法找到另一个国家的潜在买方，不知道是否能信任新的商业伙伴；或者一个自由职业者愿意干些小活挣点钱；或者房主想把闲置房间出租给当地游客；又或者那些居住在偏远地区的或边缘化的群体，无法获得政府提供的服务。所有这些困境都是因为缺失根本性信息，而很难做成交易或找到匹配对象。手机记录、企业对企业电子商务、共享经济、网上信誉评价系统和数字识别系统都可以帮助消除这些信息障碍。这些手段不仅令市场更高效，其最大的好处似乎是创造市场的效应：扩大贸易、创造就业、提高公共服务的可及性，进而促进包容性。

（二）互联网提高效率

受互联网影响最大的可能还是以前的传统交易，有了互联网，这些交易可以更快更便宜地达成，而且执行更方便。这一机制通过两种途径发挥作用。首先，数字技术价格大幅下降，企业和政府得以用ICT资本替代现有的要素——劳动力和非ICT成本，实现一些工作的自动化。航空公司利用在线预订系统安排载客。超市使用自动收银机替代收银员。制造企业应用实时库存和供应链管理系统。政府部门投资建立信息管理系统，从签发驾驶证到报税等很多业务都提供在线服务。

其次，数字技术加强未被取代的要素，从而提高了生产率。数字技术帮助经营者更好地管理劳动者，帮助政府人员更好地监测服务提者，也帮助劳动者运用技术提高生产率，从而提高人力资本的回报率。互联网通过简化任务、提高现有要素的生产力，进而大幅提高企业、劳动者和政府的经济效率。

（三）互联网推动创新

如果交易完全自动执行，不需人力参与，效率就达到极致，交易成本下降到基本为零。这时即进入“新经济”范畴，如搜索引擎、电商平台、数字支付系统、电子图书、流媒体音乐以及社交媒体。搭建平台的固定成本可能很高，但是执行一次交易或增加一个用户的边际成本极低。随着规模回报率越来越高，新的商业模式开始出现，这也是互联网企业与非互联网企业相比的一个主要竞争优势。零边际成本吸引新卖家和买家进入企业平台，产生良性网络效应：买家受益于更多卖家的入驻，反之亦然。对于拍卖网站，卖家越多，吸引的竞标者也越多；对于搜索引擎，搜索次数越多，引擎就能掌握更多信息，变得更加有效。规模和零边际成本也是许多社会活动通过社交网络组织的原因。互联网使得毫无障碍的沟通和合作成为可能，可以支持新的交付模式、鼓励集体行动并加快创新进程。

本报告给出很多案例，说明互联网如何促进包容、高效和创新。在互联网经济中，三项机制通常一起运作。图2中一一对应模式简化了更为复杂的现实。许多互联网企业或服务使用平台形式或“双边市场”模式。平台匹配买卖双方，或用户与服务提供者。在拼车服务中，平台自动匹配司机与乘客（创新），司机受益于以往不可能获得的灵活挣钱机会（包容），而对于乘客，除了更方便，通常还能更省钱（效率）。网络众筹、职位匹配、共享房屋和音乐网站的运作模式也与此类似（参见图3）。

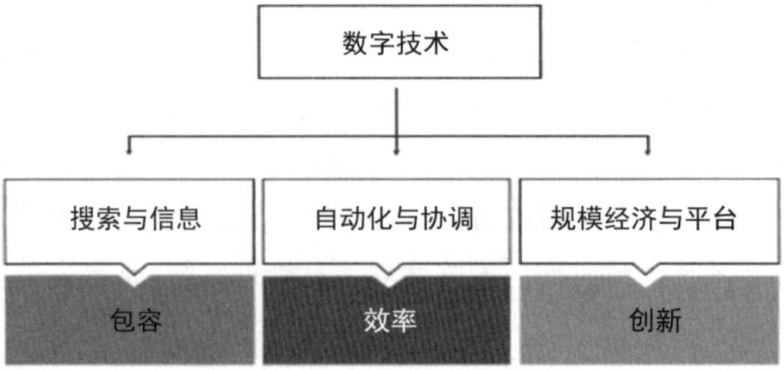

图2 互联网通过三种重要机制推动发展

资料来源：《2016年世界发展报告》工作组。

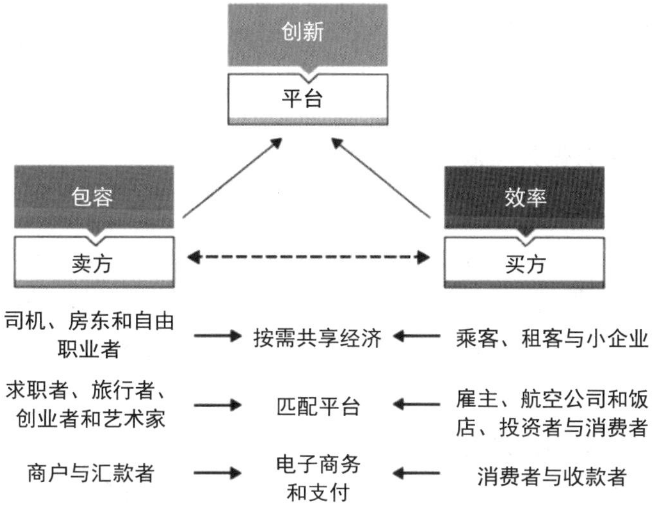

图3 许多数字交易涉及所有三种机制以及双边市场

资料来源:《2016年世界发展报告》工作组。

附　　录

何为数字红利?

增长、就业和服务是数字投资的最重要收益。前三章论述数字技术如何帮助企业提高生产力、如何帮助民众找到就业及其他机会、如何帮助政府为所有人提供更优质的公共服务。数字技术如何促进发展、产生数字红利?数字技术降低信息成本,从而大幅降低公司、个人与公共部门的经济社会交易成本。凭借数字技术,交易成本降到基本为零,创新得以蓬勃发展;凭借数字技术,现有的活动、服务更便宜迅速,且更便利,效率得以提高;凭借数字技术,人们得到以前难以获得的服务,包容性得以扩大。

本报告为何认为数字红利实现的速度不够快?

两个原因。首先,全球近60%的人口还不能上网,不能充分参与数字经济。各国国内由于性别、地理区域、年龄和收入水平的差异,人们之间的数字鸿沟长期存在。其次,互联网的一些预期收益被新风险抵消。既得商业利益,监管不确定性,以及数字平台有限的竞争,可能导致许多行业出现有害的集中。快速推广自动化,甚至包括中级水平的办公室工作,可能导致劳动力市场的空心化，使不平等情况更加严重。已经开展的许多电子政务项目记录不佳，不仅ICT项目的失败率很高，而且还有国家和公司利用数字技术控制而非赋权公民的风险。

各国应该怎么做来降低这些风险？

连通性至关重要，但还不足以实现全部发展效益。数字投资需要“非数字配套机制”的支持，包括法规监管，便于企业利用互联网展开竞争，进行创新；提高技能，这样人们可以充分把握数字机会；问责制度，政府对公民的需求需要做出响应。同时数字技术又能补充强化这些配套机制，从而加快发展的步伐。

怎么做才能联通尚未上网人口？

通过市场竞争、公私合作及对互联网、移动运营商进行有效监管来鼓励私人投资，进而普及经济可行的互联网连接。有时候进行公共投资很必要，巨大的社会效益也支持这样的公共投资。用户在互联网上受到网络犯罪、侵犯隐私及在线审查的威胁，因此更困难的任务是确保互联网的开放性和安全性。

本报告得出哪些主要结论？

数字发展战略需要比ICT战略更为广泛。实现所有人互联互通依然是重要目标，也是一个巨大挑战。但各国也需要营造让技术发挥成效的有利条件。没有非数字配套机制，发展影响不会令人满意。一旦建立健全的非数字基础，各国就可以收获丰厚的数字红利，包括更快速增长、更多就业和更好的服务。

欧洲的数字力量：从地缘经济到网络安全

选自《欧洲对外关系委员会报告》2017年

斯蒂凡·索桑托（Stefan Soesanto）

黄梦竹/译

一、摘　　要

伴随着许多互相矛盾的部分和活动领域，数字空间具有高度争议性。迄今为止，在欧盟及成员国中尚且没有治理数字空间的明确方法，更不用说如何在其中发挥权力了。本文提出了对数字力量（Digital Power）的理解，它首先取决于数字经济的实力，其次取决于网络能力。

作为欧洲数字力量项目的一部分，从它的研讨会中可以清楚地看到，数字力量这一概念的定义并没有达成共识；对于是否应将其应用于数字领域，当前的讨论也没有达成一致意见。一些研讨会的参与者们坚持认为，甚至连概念都不值得进一步探索。

然而，创造强大的数字经济和加强网络能力都仍然是关键利益相关者的重要关切，并且在整个欧洲经济中许多增长机会仍然存在。关于"数字拥护者"的出现是否真的会增加欧洲数字力量的质疑是合理的；与会者们坚持认为，国家不一定会增强力量和影响力，但至少公司和其他的国家操纵者的力量和影响力将会增加。

无论定义的准确程度如何，欧洲在完成数字单一市场方面的缓慢进程，以及对网络威胁迟缓的反应，都令人遗憾地表明它不愿充分掌握数字媒介。"数字力量”也许是一个寻找定义的词，但是它的难以理解似乎并不妨碍活跃于数字世界中的人们力图了解其可能性。

二、引　　言

这份会议报告总结了欧洲数字力量项目的主要成果，由欧洲理事会在2015年12月—2017年2月进行。该项目依赖于两个基本假设：首先，根据互联的数字世界的新的实际情况，国际范围内的经济和政治力量正在被重新分配；其次，鉴于欧盟是一个强大的经济体，但既不是一个政治联盟，也不是一个完全一体化的数字市场，所以这块大陆在当今和未来的地缘经济和地缘政治领域没有做好竞争的充分准备。

为了探索数字时代的力量重构，我们组织了作为项目一部分的5次研讨会。最初的头脑风暴研讨会在马德里的BBVA举行，并形成“新的大游戏”（The New Great Game）构想文件的发行，文件将初步的想法和观察结果汇入数字领域力量的讨论。它认为，“数字革命迎来了一个新的时代，在这个时代，力量及其获取和保留的方式已被彻底重新定义。”构想文件构成的项目成为柏林的第二次研讨会的讨论重点；第三次研讨会在巴黎NUMA启动加速器（start—up accelerator）举行，讨论“法国数字产业的未来”和“隐私、执法和国防的未来”；第四次研讨会在欧洲对外关系委员会（ECFR）的伦敦办公室举行，探索了“不断变化的网络威胁状况”以及“互联网治理的运行状况和欧洲发挥的作用”；项目的最后一次大事件在布鲁塞尔的西班牙电信公司（Telefonica）举行，项目组在该报告中提出了一份草案。政府和私营部门的代表们参加了这些研讨会。

在项目范围内，讨论涵盖了广泛的数字问题，从数据保护、网络安全和风险资本，到数字主权、监管框架和互联网治理。

本报告首先思考了数字力量的性质；其次，谈及大多数研讨会参与者认为重要的话题；第三，将利益相关方共享的观点放入项目进程中。

三、“数字力量”：一个寻找定义的词

“数字力量”这个词仍然很有争议。除了被用于私营部门，它还被用来指

发电、电网和电力消耗的优化，它并没有一个被普遍认同的定义。它甚至还没有通过流行话语的过滤。上网搜索“数字力量”，这个词在nytimes.com上只得到102个结果，在arstechnica.com有40个结果，在theguardian.com有34个，在wired.com有18个，在politico.com只有3个。并且，对于每个行业具体的定义，它们绝大多数仅仅涉及能源和电力方面，而不是外交政策或互联网治理。

尽管有这个缺点，但越来越多的外交政策分析师开始使用这个词。对于这个词指什么，不同分析师们观点的简要概述表明，仍需付出努力来完善这个定义。

例如，斯特拉福战略预测公司（Stratfor）的地缘政治风险分析师安东尼娅·科里巴萨努（Antonia Colibasanu）认为，“数字力量包含和加强了传统意义上国家力量的三个维度——政治、经济和军事。”伦敦经济学院研究国际关系的教授米歇尔·考克斯（Michael Cox）将其描述为“公共或私人操作者将信息组合在任何特定个体上，并将其用于比较和分析目的的能力”。《数字权力如何改变世界政治》的作者约瑟夫·安索契（Josef Ansorge）解释说：“数字力量实现了新的方法和政策，以预防犯罪，控制移民，举办选举活动，打击恐怖主义，执行发展项目和打击战争。”

“新的大游戏”构想文件提出了一系列论据，作为详细阐述数字力量概念进一步讨论的一个关键起点。然而必须要说的是，即使“新的大游戏”构想文件也没提出“数字力量”的单一定义。而是描绘了传统力量斗争发生的数字舞台：

> 数字革命迎来了一个新的时代，这个时代的权力获取和保留它的手段已被彻底重新定义。随着数字不可逆转地改变了交流和组织的各个方面，它大大重构了政治和社会经济领域。在这个未知领域争夺权力的传统操作者，继续在数字世界中采取地缘政治和地缘经济战略的传统大游戏。
>
> 掌控一个没有集中管理也没有获取或使用的国际标准或政策的实体，对此的争夺正在重新定义互联网的本质……当一小部分经济操作者以无与伦比的市场资本而膨胀时，国家越来越多地试图使互联网和数字

领域从属于国家战略目的。

在“新的大游戏”发布后的项目研讨会上，与会者们对构想文件中采用的方式持怀疑态度。批评主要在于国家间网络空间的地缘经济竞争是否构成一个合理的分析框架问题上。许多与会者认为，将大国政治应用于数字经济是错误的。正如有学者曾说：“我们应该避免受19世纪框架所激励的21世纪数字化是基于错误的假设，并最终导致危险的结局。”另一方面则认为商业——数字世界的主要参与者——丝毫不赞同数字力量是这样一个相关问题：“为什么我们讨论谁得到了哪一块（数字）蛋糕？在技术领域，大多数公司只是看到了蛋糕越来越大，对蛋糕如何变大感兴趣，而不是谁得到了哪块蛋糕。”

该项目中围绕数字力量本质的讨论，它的一个贡献可能是得到了一个更简洁的定义；它基于研讨会参与者认为当今和未来数字世界中重要的因素。他们倾向于较少在国家政治力量上处理数字力量问题，要更多地考察和理解其组成部分。在这个定义上，数字力量可以定义为以下两者的结合：首先是一个国家的数字经济（包括市场规模），其次是它的网络能力（包括网络安全和攻击性网络操作）。

第一个组成部分包括建立、扩大和改进界定网络空间及国家数字经济绝对和潜在规模的基础设施；后一个组成部分——网络力量——已经被定义为“运用一切可操作环境和权力手段在网络空间创造有优势和有影响力的事件的能力”。它包括制定规范标准和政府对公司行使控制权，拒绝服务攻击和物理切割数据线等所有事情。

这个定义如何被应用于实践呢？

根据这个理解，举个例子，如果我们对比爱沙尼亚和德国，我们可以得出结论，爱沙尼亚具有更强大的网络力量。首先，爱沙尼亚的攻击面要小得多，也就是要维护的数字基础设施较少；其次，它保持高度戒备，并对爱沙尼亚网络防御联盟（一个拥有网络防御技能的专业志愿部队）有着显著的提升能力；再次，尤其是在北约和欧盟内部，网络安全和网络防御一直被作为优先事项。爱沙尼亚网络专家莉娜·阿棱（Liina Areng）非常简洁地描述了这种不对称，她指出“在受良好保护的有限网络空间里，高效自主的、受到良好训练的网络防御力量，可能通过使用创新技术来破坏国家大型网络防御或网络战争组织中防御性较小的网络,来获得胜利”。

然而,作为一个数字力量体,德国显然是两者中较强大的那个。数字力量的概念不仅仅只包括网络能力。如果我们考虑到德国数字经济的总体规模、人口和教育部门的规模,以及德国工程和制造巨头的数量,我们就会看到这一点。例如,仅德国电信公司(Deutsche Telekom)2017年第三季度的净收入就达到181亿欧元,而爱沙尼亚2015年整个国内生产总值是176亿欧元。实际上,考虑到数字革命的经济层面,我们可以更准确地将“数字力量”和先前宣称“力量是对资源的掌控”的力量概念联系起来。

欧洲的数字力量项目没有解决“数字力量”定义的难题。在马德里和柏林详细讨论“数字力量”的构想文件和研讨会,都没能解决单纯的含义或其组成部分可能是什么。因此,这个概念仍有很大的争议。在这份会议报告中,汇总了这5次研讨会中最重要的经济和网络安全主题。

四、成为更强大的数字力量体:监管、保护主义和基础设施

围绕着治理欧洲数字领域的规则,它们采用的方式,以及它们在多大程度上吸引或投入资金,进行了一场现场讨论。关于如何最好地升级必要的基础设施以支持未来的数字经济,这次讨论具有更深意义的重叠。

正如巴拉克·奥巴马这样的人物所阐明的想法,欧洲不仅没有在国际舞台上竞争,而且撤退到保护主义的舒适区,以弥补这一失败。在2015年接受Recode的采访中,他说到:“我们已经拥有互联网。我们的公司创造了它,扩大了它,以(欧洲人)无法竞争的方式完善了它。”这被描述成高思维的立场,常常是为了挖掘他们的一些商业利益。

但是美国指控欧洲的保护主义超出了管辖范围,包括所谓过多的数据保护和隐私规则、税务问题、对美国公司反垄断投诉的数量。从2014年11月欧洲议会投票赞成“打破谷歌”,到“安全港”数据安全协议的垮台,以及EUUS隐私盾的快速装配,实际上有很多事件。其他突出事宜包括欧盟委员会对苹果公司的指控,偿还爱尔兰政府130亿欧元的非法援助。

欧洲拒绝这些指控,但是它们并不是毫无根据的。欧洲政府长期以来一直在努力保护它们的产业基础公司,甚至试图保护社会团结免受市场的破坏。

取缔优步和爱彼迎，对谷歌施压，并且越来越试图管制甚至是立法规定社交媒体的内容，这些只是最近的几个例子。Innogy的首席执行官彼德·特瑞姆（Peter Terium）指出："欧洲各国政府试图想到所有可能的过度行为，并试图规范它们；而美国的做法是：让我们先展开市场，然后立法规定我们所看到的过度行为，而不是我们理论上想到可能出现的。"

事实上，欧洲自身的监管以及它与现代经济性质不符的程度，是进一步激烈讨论的根源。

一些欧洲公司抱怨，它们无法在现有的法令和制度限制下进行创新。例如，不像新的参与者如优步或WhatsApp——它们不会受到与其竞争对手相同的规则的干扰。例如，在银行业方面，企业正在试图了解如何将区块链技术应用到其基础设施上，而不是创建一个透明的和分散的网络，从而违反隐私法规，分散中央银行现有的集中货币体系。摩根士丹利的分析师休·范·斯蒂尼思（Huw van Steenis）指出："我们在区块链中遇到的银行或政策制定者甚至都不会在未经许可的公共网络中给我们一两秒的时间思考。"

同时，尽管欧洲初创企业生态系统繁荣发展，对科技的态度呈现全球性的积极转变，但是仍有一些障碍使欧洲在数字领域更强劲的发展复杂化。与美国的情况相比，欧洲初创企业可利用的风险资本只有1/5，这使得许多初创企业搬迁到伦敦、硅谷或纽约，或者在欧盟生活消费较低的成员国中碰运气。对于在美国学习或者迁至硅谷成功创办公司的大量欧洲人来说，同样向外的轨迹是显而易见的。

鉴于美国互联网公司在全球数字市场上占据主导地位，研讨会的一些参与者认为，欧洲实际上应该遵循中国的模式来创建发展自己的国内企业。

但是，有一位与会者指出："我们的保护主义并不是保护新兴的数字拥护者，而是我们19世纪的公司。我们有保护主义，但这是错误的。"事实上，几位研讨会参与者警告说，保护主义不可能成为政府和企业灵活适应基本市场变化和创新速度问题的答案。事实上，说起来容易做起来难，但正如一位与会者所建议的，政策制定者需要重新审视现有的规定，对允许的和不允许的设置明确的限制，并使市场能够在新的规则中进行试验。另外一位与会者解释说，基础政策问题归结为"过时的监管规定或者执法不力，导致出现监管机构处理同样服务时采取不同方式的情况"。电信行业的代表特别强烈地支持这样一种观点，即无论哪家公司提供服务，法律解决的定位如何，或者是消费者获取服务的定位如何，消费者均享有同样的保护。比如“在为企业和服务之间提供公平竞争时，整个数字生态系统的公平竞争环境是确保用户权利的先决条件”。

对于欧洲作为投资目的地和数字业务地理位置的吸引力，研讨会持坚决的怀疑态度。一位与会者解释说：“从长远来看，初创企业将会意识到扩大到欧盟其他成员国并不符合它们的利益，因为搬至美国的花费和风险就超过了其收益。”另一位与会者尖锐地说到：“在数字行业有很多相当好的法国编码人员。主要问题是他们大多数人都在美国工作。”然而，一位与会者也强调：“数字教育和培养企业家精神放在了议程的最上面，在这方面欧盟委员会和各国政府正在做得更好。”

作为解决这一“人才流失”问题的部分解决方案，研讨会参与者在尽力强调欧洲数字单一市场（DSM）的重要性。他们把它看作是为欧洲企业和初创企业未来参与数字领域竞争提供喘息空间而优先考虑的事项。总体来说潜在的希望是，拥有5亿欧洲消费者的欧洲数字单一市场将会促进创新和竞争，防止欧洲人才和理念流向大西洋的另一边；吸引来自全球的大量风险资本；并引入一些通用标准以实现市场规模。一位与会者强调：“市场规模是在数字领域竞争的首要关注。”欧洲数字单一市场的完善将有助于企业在大市场中发展壮大，并将推动吸引人才和投资的良性循环，通过加强竞争、更好的产品和用户体验，进一步加强欧洲数字经济。

然而，为了实现一个这样积极的环境，还需要做很多工作，而且视野上的一些改变可能极具破坏性。一位与会者说，欧洲现有行业的主要挑战是过渡到数字时代，同时维持它们的劳动力和旧工厂。特斯拉等新兴竞争对手能够不出所料地打败在技术上仍有投资的汽车制造商，比如燃烧清洁能源的汽车。正如一位与会者指出的那样：“有时你必须作出一个了断，虽然它很难做，但是沿着这些方向思考是非常有用的。”

研讨会与会者们进一步强调了传输能力的重要性，即宽带和无线网络。事实上，正如一位与会者所认为的那样，如果数据对于创新和经济繁荣来说是新的货币，那么意味着从A到B越来越多的数据会传输得越来越快，这是维持现代数字经济的一个自然发展过程。事实上，如果没有这些持续的现代化建设，云端、流媒体服务如Netflix和Spotify，或物联网，都是不可能实现的。

据一位与会者所言，欧盟委员会2016年建立欧洲电子通信规则的提议是为了纠正欧洲潜在结构性缺陷，朝着正确方向迈进的第一步。在其他问题中，规则提议通过“长期执照，加上更加严格的要求高效利用频谱，来更好的利用无线电频率”。它提出了一个新的商业模式，通过“给零售商销售批发网络，可以降低竞争风险，吸引支持在非常高容量的网络中长期投资的资本，从而推动商业与非商业间部署领域分界线”。

然而，另一位与会者强调，欧洲电子通信规范需要通过实现全频谱的协调来更加大胆的实现其目标。与会者们认为，为了激励网络投资，需要建立具有可追溯性更新机制的可预测许可框架。欧盟不能重蹈覆辙，不能重复上一代通信网络的错误。

另一位与会者还指出，通过包含物理网络的可访问性来加强网络中立性范围的重要性，这将有助于解除电信部门的束缚，减轻实际竞争的限制。与会者提出的总体愿景应当是创造一个服务和内容运营商可以利用和使网络空间传输能力最大化的环境，这反过来又由中性电信基础设施运营商提供。

几位与会者提出的进一步建议是更快地实施数字单一市场，并以协调一致的方式管理其进展。他们认为，如果数字单一市场是未来欧洲数字经济的基础，并被认为对于推动技术、人才和资本流向欧洲大陆具有关键作用，那么强调建立协调的监管标准是成功的关键。因此一位与会者认为，欧洲电子通信监管机构（BEREC）可以扩大其目前的作用，加强国家当局之间的合作，以推动首要的事项。

总的来说，正如一位与会者所言，欧盟错过的是一个至关重要又引人注目的叙事，阐述了互联网、网络空间和数字经济的广泛愿景。事实上，全球呐喊（global battle cry）经常出现在数字世界中，欧盟自身所认可的“自由、开放、安全的互联网”的价值观全面缺乏，并且相当空洞，一方面欧盟成员国正在倡导数字主权、战略自主权和数据本地化战略；另一方面，俄罗斯等国家正在积极推动一些如数字对象架构（DOA）这样的概念，这些概念在追踪用户在线活动、控制信息自由流动和促进政府审查制度方面可能被误用。正如一位与会者指出的：“欧盟在数字对象架构问题上没有跟上进度，而美国和英国目前处于政治动荡之中。”然而另一位与会者强调：“地区之间有着不同的经济和法律文化。例如,欧洲人根据他们认为传统上合法的内容来确定他们的法律。这些可能并不完全是同样的问题,就像隐私或竞争一样,因为它们存在于世界的其他地方。”

据几位与会者所言,特别令人担忧的是,目前欧洲政府很少积极参与互联网治理论坛,并且在过去10年已不参与这些讨论。除此之外,其他与会者指出,欧洲将在各政府机构中调动力量以提高对这些批判性审议的认识,否则互联网治理和其他数字问题的权力平衡将摆脱自由主义的叙事,转而采取威权政策。

欧洲被指控对数字经济采取保护主义态度,有些言论甚至呼吁继续这样做。然而,对于这样一个策略还要更加谨慎,敦促数字单一市场的完善成为吸引或者仅仅是保留人才、投资和新技术的关键途径。在规制方面,问题在于如何在市场变化的动态与现行规定之间找到可行的方法,同时确保规定既尽可能及时,又有利于促进数字经济的发展。

五、数据保护:亟须跨大西洋对话

更多的是偶然而非有意设计,数据保护已成为欧盟推动其规范和价值观雄心的重要载体。事实上,目前大多数欧盟数据保护的立法源自前互联网时代,并没有考虑到网络空间的广泛商业化。然而,随着2006年数据保留指令的落成、欧盟—美国隐私盾的实施,以及通用数据保护条例(GDPR)的颁布,欧盟建立了保护公民数据和在线权利的宏大叙事。

但并不是所有事情都那么美好。未能找到协调欧洲数据保留的可行方案,促使2014年欧盟各国政府和电信/网络提供商在与欧洲法院裁决达成一致方面各自寻找国家方案。欧盟对英国调查权力法案的处理以及该国对脱欧的充分性评估,将成为未来更大环境下欧盟—英国关系中国家安全是否会超越贸易和数据隐私的重要试金石。

此外,美国司法部试图迫使微软移交存储在美国境外的客户电子邮件,目前这个案件已经结束了美国上诉法院第二巡回法庭的裁决,于2016年7月撤销该案,并于2017年1月23日拒绝复审。然而,正如法案在其4–4决定中所指出的那样:“国会修正案将继续保护隐私,但将在带有执法需求的国际交流与此案件发生的全球环境下服务提供商的责任之间达成更有效的平衡。”根据国会对此如何向前推进的情况，产生的影响也能阐明欧洲通用数据保护条例，推动美国电子邮件服务提供商退出欧洲市场，或者仅仅是减少欧洲与美国之间的数据传输。事实上，根据特朗普当局推进国家安全政策的情况来看，欧盟与美国之间的隐私盾可能已经日益衰微，摇摇欲坠。

通用数据保护条例的实施在欧洲也面临着重大挑战。根据戴尔2016年对全球871名IT专业人士的调查显示：“80%的受访者表示，他们对通用数据保护条例知之甚少；97%的受访者表示，他们的公司并没有制订实施这项新法律的计划”。

2016年12月，欧盟委员会提出新的电子隐私条例提案，也旨在进一步加强电子通信领域的数据保护，如通过处理元数据和彻底改变缓存文件。

鉴于欧盟对数据保护的积极态度，一些分析师甚至已经提出推动欧盟数据保护标准作为行业政策和保护主义的手段。例如，欧洲对外关系委员会的高级政策研究员塞巴斯蒂安·杜林（Sebastian Dullien）指出：“欧盟可以立法规定，没有合理的欧盟法院命令而将欧盟公民的个人数据移交给外国执法或秘密机构的公司，应被罚款50万欧元。”鉴于互联网公司如何与美国机构合作的规定，这将使得美国公司在欧盟任何形式的参与都非常危险，并将有可能导致美国公司撤出欧盟市场。然而，使美国公司撤出欧盟市场的想法可能是危险的。例如，在当地法院裁定违反了该国的数据保护规则之后，俄罗斯在2016年11月采用监管权力来阻止微软的领英。2017年1月初，俄罗斯当局甚至要求苹果公司和谷歌从它们的苹果应用商店中删除领英。

一位与会者指出：“过去20年来，只有11个国家实现了欧盟委员会提出的充分准备，并且它们中没有一个是全球经济参与者。”事情变得进一步复杂，因为“正如一直以来法律面临的挑战所表明的那样，欧盟对于第三国从欧洲接收个人数据的标准和要求可能是无法成立的，例如，许多欧洲公司所依赖的从欧盟向世界进口数据的标准条款”。

其他与会者指出：“我们需要加强司法工具和法规，尤其是考虑到物联网以及将在人们家中配置的众多传感器。通用数据保护条例只是一系列可能的答案之一，因为它使数据控制者、数据处理者和云提供商负责保护用户的隐私。然而，我们也要有更强的公众隐私意识，这自然会反过来激发对更全面的隐私保护的需求。”

事实上，来自各国政府的众多研讨会参与者指出了若干正在推进的有关数据保护、隐私和在线权利的立法。然而在加密方面，一位与会者指出：“讨论只发生在美国，而欧洲几乎是沉默的。”即使是政府获取的云数据，华盛顿也远远领先于布鲁塞尔，因为“10家云提供商中，有10家总部都设在美国，欧洲又沉默了”。事实上，有些与会者质疑欧洲各国政府为何不能主动参与现在正在进行的跨大西洋讨论。对于这个问题，一位与会者强调迫切需要就数据保护和数据跨境流动进行全面而深入的跨大西洋对话。

另一位与会者补充说，数字治国仍被欧洲各国政府严重误解。在数据保护方面，与会者引作论据的一个事实是（尤其是在德国），“准许被视为欧洲提高保护水平的工具。然而从经验来看，相反的才是正确的。人们准许他们面前弹出的任何东西。”因此，与会者总结道：“政府并没有真正了解如何长期有效地塑造（数字）市场和塑造（在线）行为。”

利用数据保护条例作为数字力量的一个要素，对于欧洲是不是明智的，研讨会的讨论没有达成共识。一方面，数据保护条例有可能积极地塑造数字经济，造福于欧洲消费者；另一方面，任何严厉的数据保护政策都有可能阻碍跨大西洋数据流动，明显扼杀欧洲的数字经济。

六、网络安全：是时候正确了解了

在网络安全领域，数字力量有赖于两大支柱。首先，数据安全、信息安全和网络安全日益成为国家安全、社会稳定与经济繁荣的主要方面。这种不断变化的威胁环境的迹象包括：在英国，2016年网络欺诈（与计算机滥用有关）首次超过了其他所有犯罪案件；物联网僵尸网络对互联网基础设施的关键组件采用前所未有的拒绝服务攻击；2015年底针对乌克兰电网的多次网络攻击是第一次公认的导致停电的网络事件。

其次，网络安全公司本身已成为民族自豪感和国家网络防御能力的证明。鉴于网络安全解决方案市场蓬勃发展，它们也代表一个国家数字经济的重要据点。例如，法国的泰利斯（Thales）、英国的BAE系统、芬兰的F—Secure、捷克的Avast、罗马尼亚的Bitdefender，或者西班牙的熊猫安全（Panda Security）。

在这方面，与会者们指出非常重要的是，尽管欧盟强调隐私和数据保护，但欧盟没有忽视欧洲各地执法机关所面临的担忧和挑战，其范围包括：针对个别的网络罪犯，而不影响数字用户的安全和隐私；通过采用正确的工具、技术和合适的人员队伍，来提炼有意义的数据追捕网络犯罪者，来克服大数据的挑战；克服低级的网络事件报告；通过访问不稳定数据和追捕国外罪犯与难以企及的司法管辖范围进行接触；最后，确定新兴的网络犯罪威胁领域并确定网络犯罪的社会经济指标。然而，目前如一位与会者所指出的那样："在安全方面没有真正的指导方针，因此对于供应商与运营商来说，了解它们实际需要保护的是什么是非常难的。"另一位与会者指出："如果私营部门可以与欧洲各国政府进行公开对话，评估我们应该使用哪种网络安全策略，以及我们需要设定什么安全标准，那么这将符合所有人的最大利益。"

与会者们提出许多解决网络安全问题的想法，包括：更好的安全管理，比如采用正确方式更新和整合物联网设备；促进多利益相关方模式，并建立网络安全行业联盟；管理国家域名分配，以处理虚拟注册和非匿名代理服务；加速互联网协议版本6的采用，以及减少互联网协议版本4的服务——比如安全域名；加强欧洲北部和南部国家之间和工业部门之间的伙伴关系，以协调网络安全成熟度的水平；最后，加强加密措施。除了网络安全本身的根本挑战外，与会者们还在目前的欧洲讨论中确定了两个首要的不足之处。第一，真正了解网络安全问题的政治家太少了。第二，政府无法采用相匹配的私营部门工资来吸引和保留网络人才。

谈到网络技能的差距，一位与会者强调，组织机构目前过于关注"招聘简历"，要求一些不合理的任职资格。相反，公司应该开始寻找具有这些特质的人——坚韧、平行思维、天然的好奇心，并鼓励它们的员工在工作中获得新知识和证书。此外，目前的招聘模式需要变得更加灵活，以便随着时间推移来留住人才，减轻知识的损失。一位与会者指出："总体而言，在政府、私营部门和学术界之间流动应该更容易。政府机构减轻这种情况的一个方法是增加专家，以非正式的方式咨询，像英国执法所尝试的那样。"在这些特别的研讨会上，没有讨论网络安全和国家入侵这个非常活跃的问题。然而，这个问题的重要性只会增加，未来的研究也将从这个角度来探讨数字力量。

与会者们提出了许多想法来形成和传播网络安全政策的讨论。特别重要的是，让更多的政治家参与网络安全问题，并为执法机构制订一个可行的方案来打击网络犯罪，而不会损害数字用户的隐私。

七、结 语

伴随着许多相互矛盾的部分和活动领域，数字空间具有高度争议。迄今为止，在欧盟及成员国中尚且没有治理数字空间的明确方法，更不用说如何在其中发挥权力了。本文提出了对数字力量的理解，它首先取决于数字经济的实力，其次取决于网络能力。作为欧洲数字力量项目的一部分，从它实行的研讨会讨论中可以清楚地看到，对于作为一个概念的数字力量的定义并没有达成共识，对于是否应将其应用于数字领域，当前的讨论也没有达成一致意见。一些研讨会的参与者坚持认为，甚至连概念都不值得进一步探索。然而，创造强大的数字经济和加强网络能力都仍然是关键利益相关者的重要关切，并且在整个欧洲经济中许多增长机会仍然存在。关于“数字拥护者”的出现是否真的会增加欧洲数字力量的质疑是合理的；参与者坚持认为，国家不一定会增加力量和影响力，但至少公司和其他的国家操纵者的力量和影响力将会增加。无论定义的准确程度如何，欧洲在完成数字单一市场方面的缓慢进程，以及对网络威胁迟缓的反应，都令人遗憾地表明它不愿充分掌握数字媒介。“数字力量”也许是一个寻找定义的词，但是它的难于理解似乎并不妨碍活跃于数字世界中的人们力图了解其可能性。

原文标题：Europe’s Digital Power: From Geo—Economics to Cyber Security

第五篇

系列年度报告

2015年全球风险报告

节选自瑞士世界经济论坛《2015年全球风险报告》

俞　平/译

《2015年全球风险报告》从专家和全球决策者的角度集中反映了最近10年,全球范围内影响最为重大的长期风险。这是该报告的第10版,这些年来,报告分析的焦点从确认风险转移到对风险的相互关联性,及其对现实的影响和后果的思考。2015年的报告,在此基础上再进一步,分析了全球风险形成的潜在成因及对策。同时,不仅在原有的类目(经济、环境、社会、地缘政治和技术)中考查了28个全球风险,本次报告还将风险的成因归纳为13个趋势。此外,报告还提出了应对主要挑战的一些倡议,以期能够促进商界、政府和公民社会的合作。

表1　2015年全球风险

经济	主要经济体的资产泡沫
	主要经济体的通货紧缩
	能源价格对全球经济的影响
	主要金融机制失灵
	重要经济基础的缺失或失灵
	主要经济体的财政危机
	结构性失业高企或就业不足
	不可控通货膨胀

（续表）

环境	极端气候灾难（如洪水、风暴等）
	气候变化适应机制失灵
	主要生物多样性缺失及生态系统崩溃（如土地或海洋）
	主要自然灾害（如地震、海啸、火山爆发、磁暴）
	人为环境灾害（如石油泄漏、放射性污染等）
地缘政治	政府治理失败（如腐败、非法贸易、有组织犯罪、政治僵局等）
	具有区域影响的国家间冲突
	大规模恐怖袭击
	国家崩溃或危机（如民间冲突、军事政变、政府失灵）
	大规模杀伤性武器
社会	城市规划失败
	食品危机
	大规模非自愿移民
	深层次社会动荡
	传染性疾病的大规模快速传播
	水资源危机
技术	主要信息基础设施及网络故障
	大规模网络攻击
	大规模数据伪造/盗窃
	普遍的技术滥用（如3D打印、人工智能、地质工程、合成生物学）

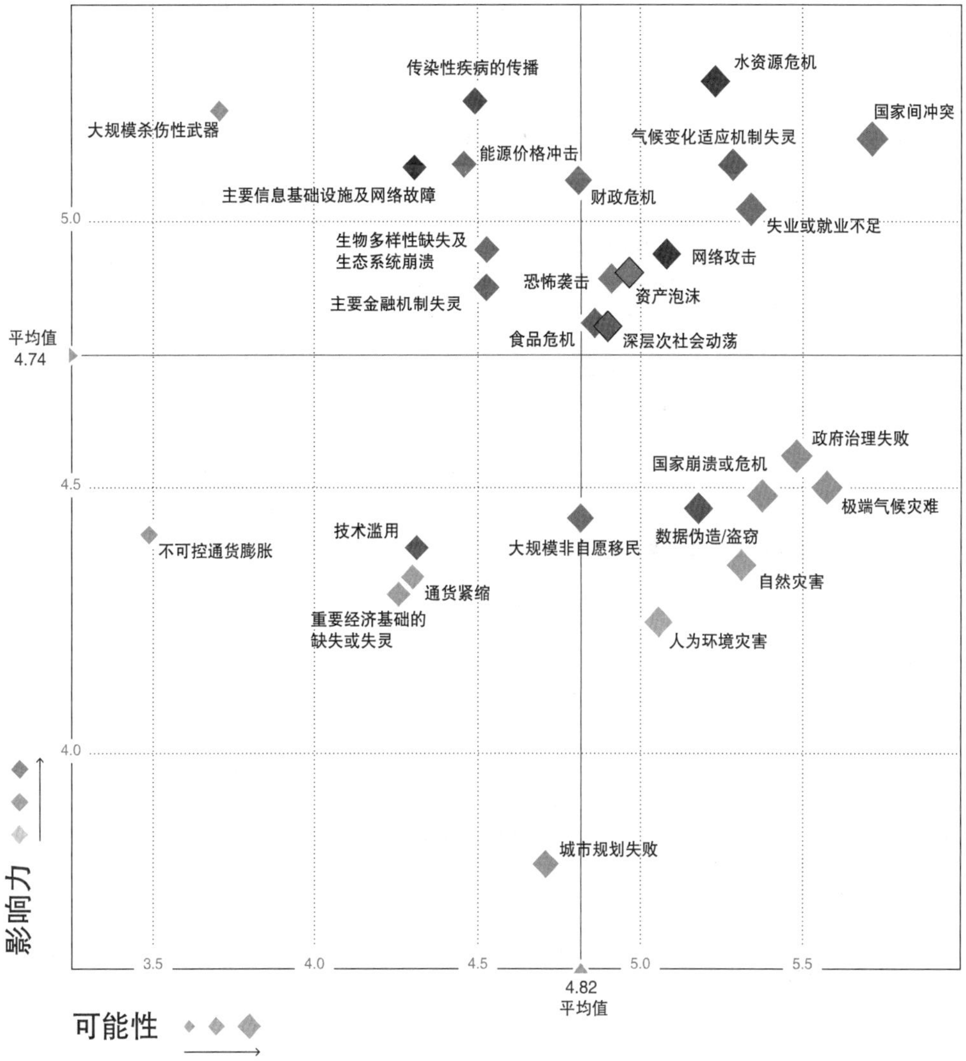

在爆发可能性方面排名前十的风险

1. 国家间冲突
2. 极端气候灾难
3. 政府治理失败
4. 国家崩溃或危机
5. 失业或就业不足
6. 自然灾害
7. 气候变化适应机制失灵
8. 水资源危机
9. 数据伪造/盗窃
10. 网络攻击

在影响力方面排名前十的内险

1. 水资源危机
2. 传染性疾病的传播
3. 大规模杀伤性武器
4. 国家间冲突
5. 气候变化适应机制失灵
6. 能源价格冲击
7. 主要信息基础设施及网络故障
8. 财政危机
9. 失业或就业不足
10. 生物多样性缺失及生态系统崩溃

分类

- 经济
- 环境
- 地缘政治
- 社会
- 技术

图1　2015年全球风险一览

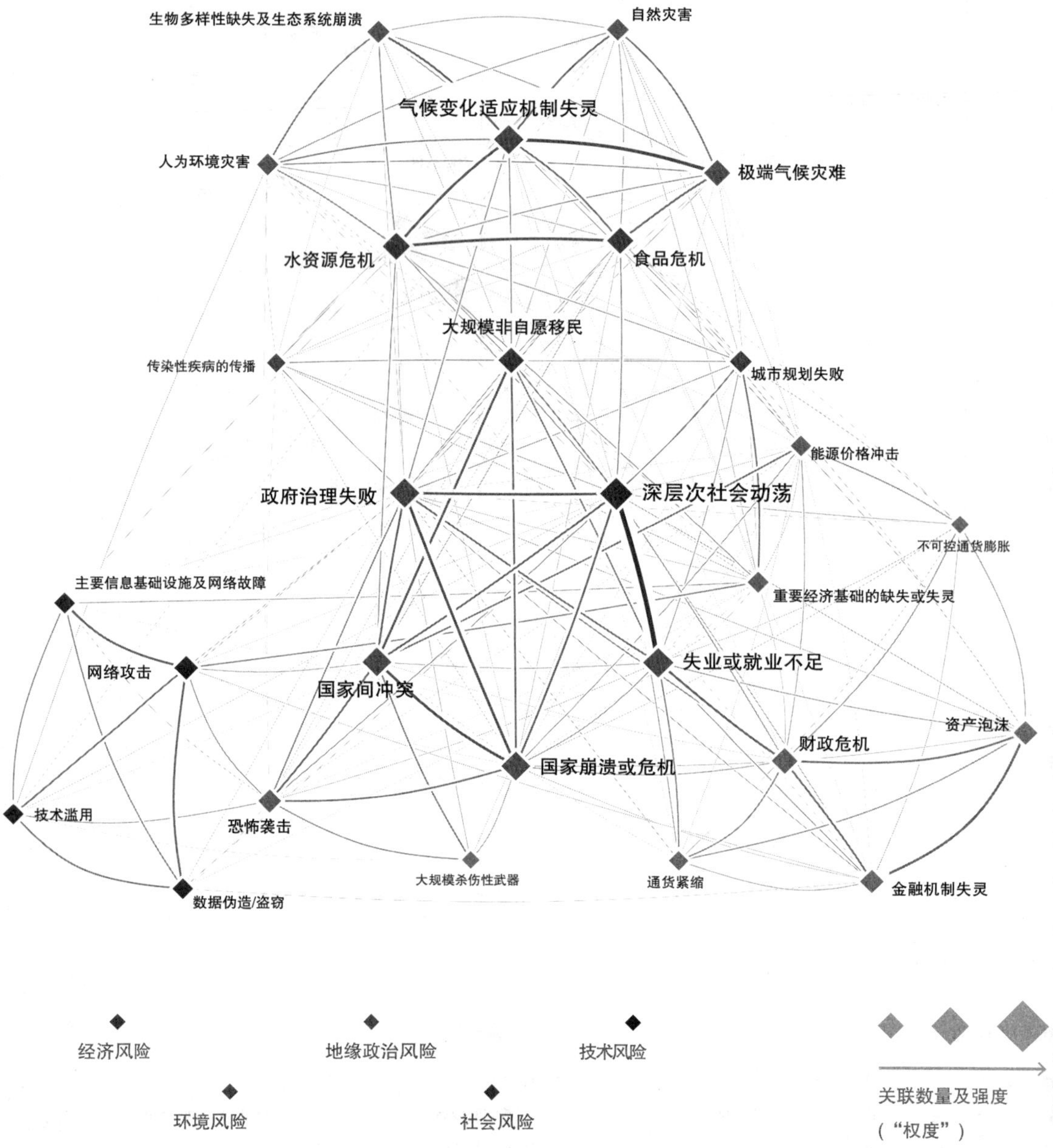

图2　2015年全球风险相互关联图

资料来源：2014年全球风险调查。

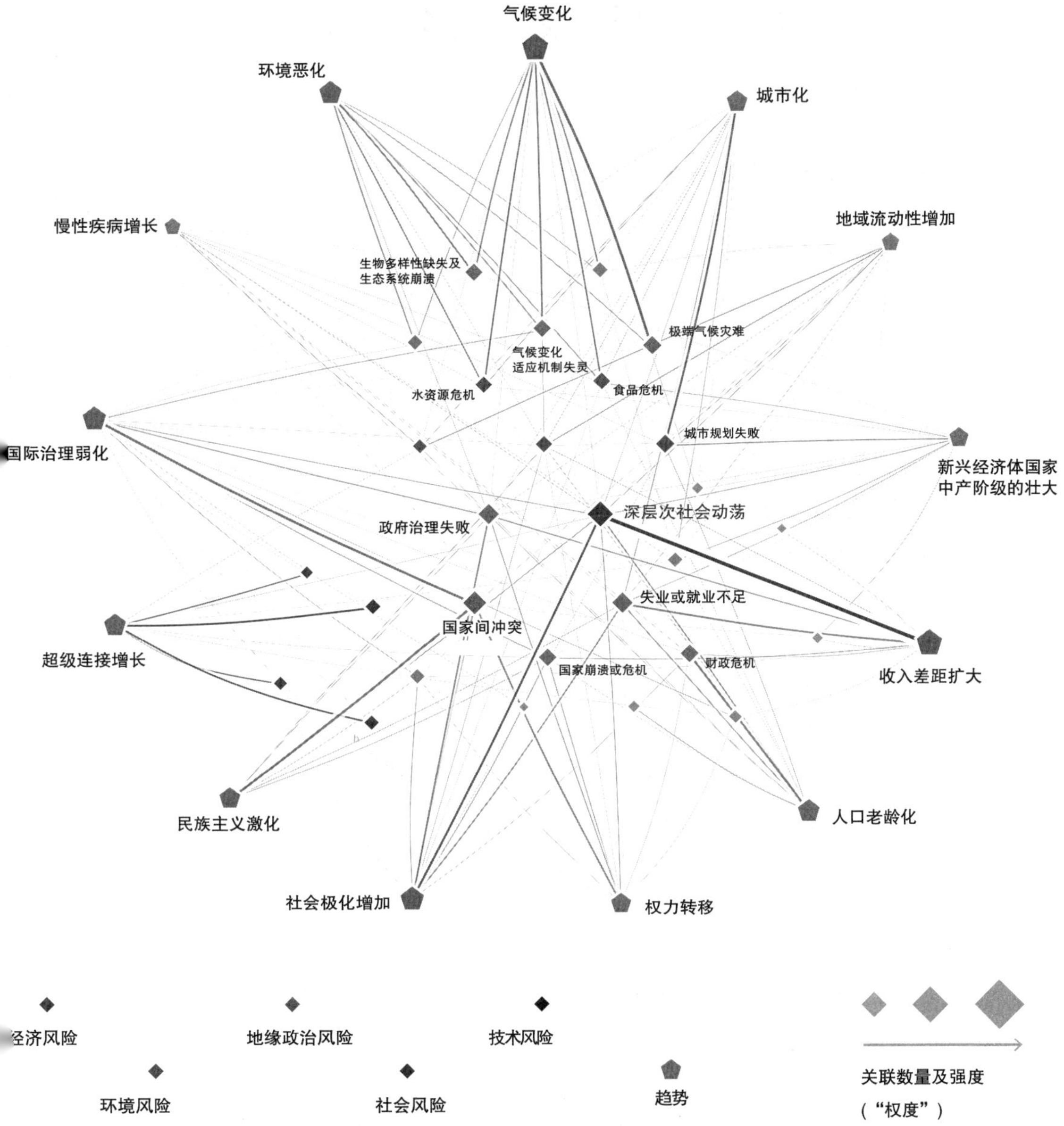

图3　2015年风险趋势相互关联图

资料来源：2014年全球风险调查。

2014—2015年全球竞争力指数

节选自瑞士智库世界经济论坛《2014—2015年全球竞争力指数》2014年

汪仲启/译

竞争力定义为一套制度、政策以及一些决定国家生产力水平的因素。反过来,生产力水平决定了一个国家所能达到的繁荣程度。

自2005年以来,世界经济论坛(World Economic Forum)一直是基于全球竞争力指数(GCI)做竞争力分析的。GCI是一个分为12个大类的全面框架,用以衡量国家竞争力的微观基础和宏观基础。

表1　全球竞争力指数2014—2015年排名

排名	国家/地区	分　数	上年度排名
1	瑞士	5.70	1
2	新加坡	5.65	2
3	美国	5.54	5
4	芬兰	5.50	3
5	德国	5.49	4
6	日本	5.47	9
7	中国香港地区	5.46	7
8	荷兰	5.45	8
9	英国	5.41	10

（续表）

排名	国家/地区	分　　数	上年度排名
10	瑞典	5.41	6
11	挪威	5.35	11
12	阿拉伯联合酋长国	5.33	19
13	丹麦	5.29	15
14	中国台湾地区	5.25	12
15	加拿大	5.24	14
16	卡塔尔	5.24	13
17	新西兰	5.20	18
18	比利时	5.18	17
19	卢森堡	5.17	22
20	马来西亚	5.16	24
21	奥地利	5.16	16
22	澳大利亚	5.08	21
23	法国	5.08	23
24	沙特阿拉伯	5.06	20
25	爱尔兰	4.98	28
26	韩国	4.96	25
27	以色列	4.95	27
28	中国	4.89	29
29	爱沙尼亚	4.71	32
30	冰岛	4.71	31
31	泰国	4.66	37
32	波多黎各	4.64	30
33	智利	4.60	34
34	印尼	4.57	38
35	西班牙	4.55	35
36	葡萄牙	4.54	51
37	捷克共和国	4.53	46

（续表）

排名	国家/地区	分　　数	上年度排名
38	阿塞拜疆	4.53	39
39	毛里求斯	4.52	45
40	科威特	4.51	36
41	立陶宛	4.51	48
42	拉脱维亚	4.50	52
43	波兰	4.48	42
44	巴林	4.48	43
45	土耳其	4.46	44
46	阿曼	4.46	33
47	马耳他	4.45	41
48	巴拿马	4.43	40
49	意大利	4.42	49
50	哈萨克斯坦	4.42	50
51	哥斯达黎加	4.42	54
52	菲律宾	4.40	59
53	俄罗斯联邦	4.37	64
54	保加利亚	4.37	57
55	巴巴多斯	4.36	47
56	南非	4.35	53
57	巴西	4.34	56
58	塞浦路斯	4.31	58
59	罗马尼亚	4.30	76
60	匈牙利	4.28	63
61	墨西哥	4.27	55
62	卢旺达	4.27	66
63	马其顿	4.26	73
64	约旦	4.25	68
65	秘鲁	4.24	61

（续表）

排名	国家/地区	分　　数	上年度排名
66	哥伦比亚	4.23	69
67	黑山共和国	4.23	67
68	越南	4.23	70
69	格鲁吉亚	4.22	72
70	斯洛文尼亚	4.22	62
71	印度	4.21	60
72	摩洛哥	4.21	77
73	斯里兰卡	4.19	65
74	博茨瓦纳	4.15	74
75	斯洛伐克共和国	4.15	78
76	乌克兰	4.14	84
77	克罗地亚	4.13	75
78	危地马拉	4.10	86
79	阿尔及利亚	4.08	100
80	乌拉圭	4.04	85
81	希腊	4.04	91
82	摩尔多瓦	4.03	89
83	伊朗	4.03	82
84	萨尔瓦多	4.01	97
85	亚美尼亚	4.01	79
86	牙买加	3.98	94
87	突尼斯	3.96	83
88	纳米比亚	3.96	90
89	特立尼达和多巴哥	3.95	92
90	肯尼亚	3.93	96
91	塔吉克斯坦	3.93	n/a
92	塞舌尔	3.91	80
93	老挝人民民主共和国	3.91	81

（续表）

排名	国家/地区	分　数	上年度排名
94	塞尔维亚	3.90	101
95	柬埔寨	3.89	88
96	赞比亚	3.86	93
97	阿尔巴尼亚	3.84	95
98	蒙古	3.83	107
99	尼加拉瓜	3.82	99
100	洪都拉斯	3.82	111
101	多米尼加共和国	3.82	105
102	尼泊尔	3.81	117
103	不丹	3.80	109
104	阿根廷	3.79	104
105	玻利维亚	3.77	98
106	加蓬	3.74	112
107	莱索托	3.73	123
108	吉尔吉斯斯坦	3.73	121
109	孟加拉国	3.72	110
110	苏里南	3.71	106
111	加纳	3.71	111
112	塞内加尔	3.70	113
113	黎巴嫩	3.68	103
114	佛得角	3.68	122
115	科特迪瓦	3.67	126
116	喀麦隆	3.66	115
117	圭亚那	3.65	102
118	埃塞俄比亚	3.60	127
119	埃及	3.60	118
120	巴拉圭	3.59	119
121	坦桑尼亚	3.57	125

（续表）

排名	国家/地区	分　　数	上年度排名
122	乌干达	3.56	129
123	斯威士兰	3.55	124
124	津巴布韦	3.54	131
125	冈比亚	3.53	116
126	利比亚	3.48	108
127	尼日利亚	3.44	120
128	马里	3.43	135
129	巴基斯坦	3.42	133
130	马达加斯加	3.41	132
131	委内瑞拉	3.32	134
132	马拉维	3.25	136
133	莫桑比克	3.24	137
134	缅甸	3.24	139
135	布基纳法索	3.21	140
136	东帝汶	3.17	138
137	海地	3.14	143
138	塞拉利昂	3.10	144
139	布隆迪	3.09	146
140	安哥拉	3.04	142
141	毛里塔尼亚	3.00	141
142	也门	2.96	145
143	乍得	2.85	148
144	几内亚	2.79	147

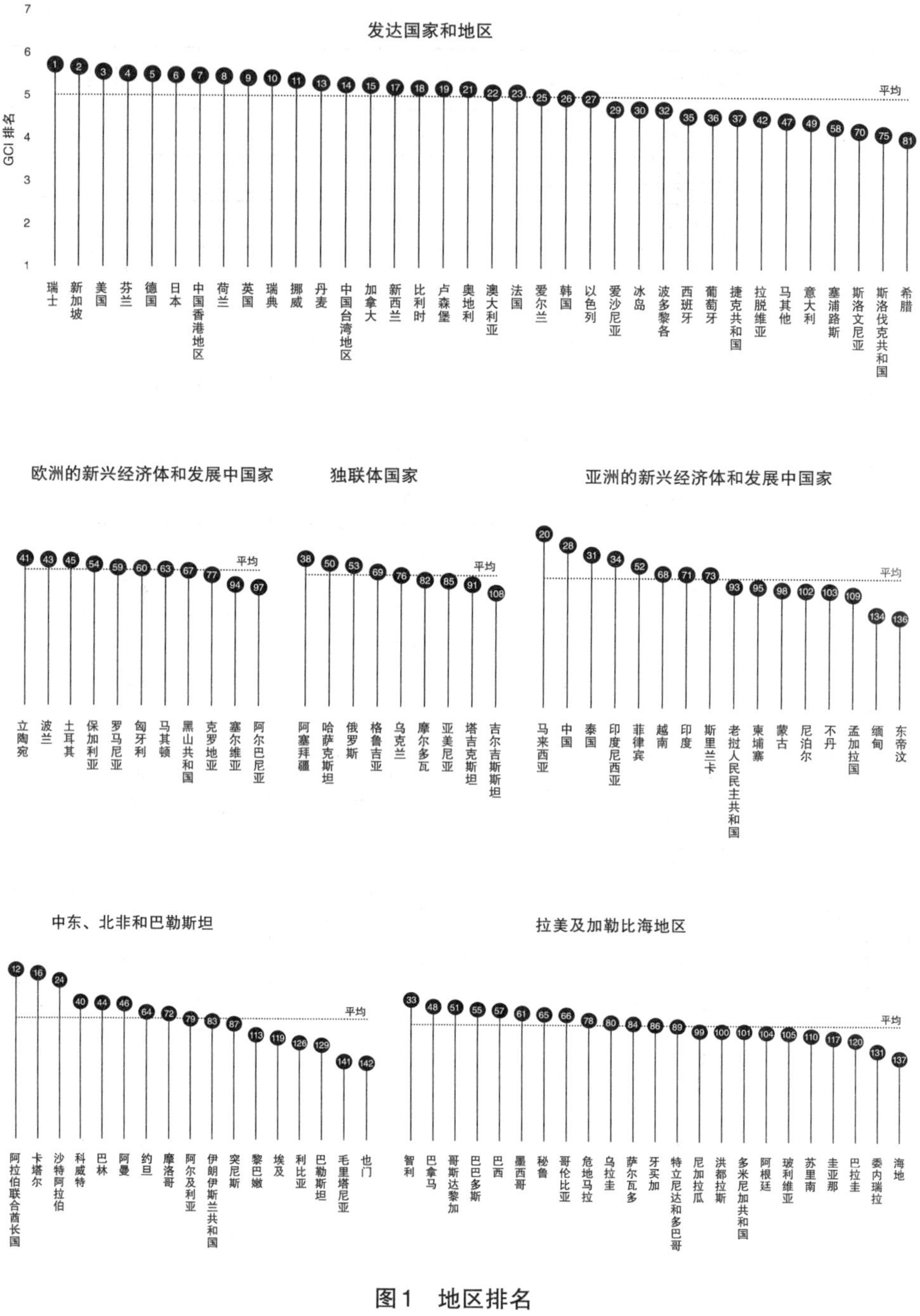
发达国家和地区
GCI 排名
7
6
5
4
3
2
1
平均
1 2 3 4 5 6 7 8 9 10 11 13 14 15 17 18 19 21 22 23 25 26 27 29 30 32 35 36 37 42 47 49 58 70 75 81
瑞士
新加坡
美国
芬兰
德国
日本
中国香港地区
荷兰
英国
瑞典
挪威
丹麦
中国台湾地区
加拿大
新西兰
比利时
卢森堡
奥地利
澳大利亚
法国
爱尔兰
韩国
以色列
爱沙尼亚
冰岛
波多黎各
西班牙
葡萄牙
捷克共和国
拉脱维亚
马其他
意大利
塞浦路斯
斯洛文尼亚
斯洛伐克共和国
希腊
欧洲的新兴经济体和发展中国家
41 43 45 54 59 60 63 67 77 94 97
立陶宛
波兰
土耳其
保加利亚
罗马尼亚
匈牙利
马其顿
黑山共和国
克罗地亚
塞尔维亚
阿尔巴尼亚
独联体国家
38 50 53 69 76 82 85 91 108
阿塞拜疆
哈萨克斯坦
俄罗斯
格鲁吉亚
乌克兰
摩尔多瓦
亚美尼亚
塔吉克斯坦
吉尔吉斯斯坦
亚洲的新兴经济体和发展中国家
20 28 31 34 52 68 71 73 93 95 98 102 103 109 134 136
马来西亚
中国
泰国
印度尼西亚
菲律宾
越南
印度
斯里兰卡
老挝人民民主共和国
柬埔寨
蒙古
尼泊尔
不丹
孟加拉国
缅甸
东帝汶
中东、北非和巴勒斯坦
12 16 24 40 44 46 64 72 79 83 87 113 119 126 129 141 142
阿拉伯联合酋长国
卡塔尔
沙特阿拉伯
科威特
巴林
阿曼
约旦
摩洛哥
阿尔及利亚
伊朗伊斯兰共和国
突尼斯
黎巴嫩
埃及
利比亚
巴勒斯坦
毛里塔尼亚
也门
拉美及加勒比海地区
33 48 51 55 57 61 65 66 78 80 84 86 89 99 100 101 104 105 110 117 120 131 137
智利
巴拿马
哥斯达黎加
巴巴多斯
巴西
墨西哥
秘鲁
哥伦比亚
危地马拉
乌拉圭
萨尔瓦多
牙买加
特立尼达和多巴哥
尼加拉瓜
洪都拉斯
多米尼加共和国
阿根廷
玻利维亚
苏里南
圭亚那
巴拉圭
委内瑞拉
海地

图1　地区排名

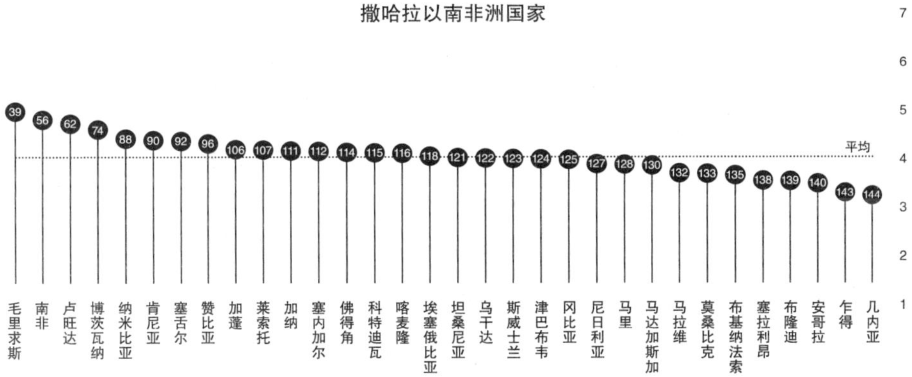

图1 地区排名

原文标题：The Global Competitiveness Index 2014–2015 Rankings

2015年全球人力资本报告

节选自《世界经济论坛报告》2015年
马成亮/译

一、引　言

一个国家的人力资本禀赋(human capital endowment),即该国的国民所拥有并能投入生产劳动中去的技术和能力的总和,它是决定一国长期经济发展成功与否的关键因素,其影响力远远超出其他因素。因此,必须对人力资本禀赋进行开发投资和有效利用,以促使其对相关个体以及整个社会经济带来积极回报。

世界经济论坛发布的第一版《人力资本报告》(*The World Economic Forum's Human Capital Report*)中,重点探讨了促进健康的、受过教育以及有生产能力的劳动力发展的相关因素。第二版修订版则就第一版引出的一些关键问题进行深度分析和研究,以期为各国政府修订和完善教育政策及劳动力规划提供参考。

目前,全球有超过2亿人失业,其中,青年人的失业问题尤为突出。然而,仅仅关注失业率是无法为一个国家在成功利用人力资本方面提供全面有效的参考的。我们认为,一个更加全面的衡量人力资本效能的指标应该综合考量青年、妇女和老年在内的所有劳动力,只要他们有意愿、有能力为自己的幸福和社会经济的发展贡献自己的力量、技能和经验。这样的指标还需要评估活跃和非活跃人口的教育和技能水平。尤其是，随着今天的经济变得越来越依赖知识和技术驱动、并且日趋全球化，我们无法准确预知明天的工作是什么样子，所以，让下一代具备终身学习的能力，已成为更多人的共识。

“人力资本指数”（Human Capital Index）作为一种工具，旨在把脉复杂多变的教育和劳动力动态，帮助各利益相关方做出更明智的决议。人力资本不仅对一个国家的社会生产力至关重要，对其政治、社会和国家机构的运作也一样至关重要，因此实时了解人力资本的状态和能力对各利益相关者意义重大。

“人力资本指数”还提供了“国家排名”，这是为了在各个地区和不同收入群体之间进行有效的比较。排名为各国就人力资本进行时间序列分析提供参考，各国借此也得以掌握本国及他国的人力资本发展状况。作为该指数的重要支持内容，报告中的“国家概况”（Country Profiles）直观地提供了各国人口和劳动力结构状况（这有利于促使各国关注人口发展动态，比如“青年膨胀”，人口老龄化和劳动力萎缩等现象），以及那些需要各国进行紧急和长期投资的关键领域内的人力资本构成和情境变量（contextual variables）的大量信息。

针对教育和就业失衡、人口发展新趋势以及人才不能充分利用等问题，我们希望本报告能够帮助各国政府、企业、教育者以及民间社会机构确定重点领域并加以投资。所有这些实体都与人力资本发展密切相关，无论他们的主要目的是为各自的企业提供动力，加强各自的社区发展，还是培育一个能够更好地贡献与分享社会的增长和繁荣的劳动力人口。我们希望这份报告也同时能够促进公私部门之间的协作，因此最后把讨论的内容从当今关注的问题和挑战转到就业、技能和人力资本以及充分利用人力资本潜力的合作和机会上来。

二、2015年“人力资本指数”十强国家

今年的“人力资本指数”（Human Capital Index）由欧洲国家主导，其中北欧各国，以及比利时、荷兰、卢森堡三国（Benelux states）表现尤为突出，此外，还有两个亚太地区的国家、一个北美地区的国家也跻身了十强的行列。今年“人力资本指数”的领跑者们均为高收入经济体，它们有一个共同的特点，都非常重视国民的高等教育，相应地高技能劳动力的就业比例也都比较大。

芬兰（1）在开发和利用人力资本潜力方面表现最好，它不仅在15岁以下

表1　2015年全球人力资本指数综合排名

国家	综合指数		15岁及以下年龄组		15—24岁年龄组		25—54岁年龄组		55—64岁年龄组		65岁及以上年龄组	
	得分	排名	得分	排名	得分	排名	得分	排名	得分	排名	得分	排名
芬兰	85.78	1	97.67	1	85.04	2	81.49	1	83.72	6	73.06	7
挪威	83.84	2	93.16	12	83.87	3	79.48	4	85.14	3	74.59	2
瑞士	83.58	3	92.78	16	83.08	5	80.03	2	83.45	8	73.28	6
加拿大	82.88	4	93.00	15	88.70	1	75.84	14	84.15	5	72.97	8
日本	82.74	5	94.76	5	76.26	21	78.61	5	85.24	2	75.39	1
瑞典	82.73	6	91.88	21	81.23	11	79.62	3	84.40	4	70.42	17
丹麦	82.47	7	91.61	25	82.31	9	78.15	6	83.66	7	74.12	4
荷兰	82.30	8	93.41	9	83.81	4	77.55	7	80.63	14	69.53	18
新西兰	81.84	9	95.07	4	81.83	10	74.15	21	85.72	1	74.19	3
比利时	81.12	10	93.86	7	78.62	16	77.24	9	77.87	25	68.39	22
奥地利	81.02	11	92.24	18	82.70	8	75.42	15	79.01	21	72.09	10
爱尔兰	80.59	12	96.05	2	75.68	27	75.94	13	77.65	28	67.58	26
澳大利亚	80.22	13	89.98	29	82.87	6	74.26	19	82.64	10	71.23	14
法国	80.15	14	93.05	14	75.89	23	76.98	10	77.24	30	66.53	29
斯洛文尼亚	79.95	15	93.20	11	78.66	15	74.43	18	76.75	32	71.40	13
爱沙尼亚	79.88	16	93.20	10	77.09	18	73.59	23	82.59	11	71.69	11
美国	79.64	17	88.09	40	82.86	7	74.64	17	80.61	15	70.44	16
立陶宛	79.33	18	92.58	17	75.65	28	74.24	20	80.89	13	68.34	25
英国	79.07	19	91.70	23	74.77	31	76.42	12	78.73	22	61.12	47
冰岛	78.86	20	92.23	19	78.97	14	75.06	16	74.15	45	60.07	50
卢森堡	78.79	21	90.83	26	72.68	42	76.69	11	75.36	37	66.85	27
德国	78.55	22	79.56	75	79.87	12	77.55	8	82.67	9	73.47	5
拉脱维亚	78.39	23	89.39	31	75.89	24	73.30	24	80.52	16	71.56	12
新加坡	78.15	24	95.47	3	75.96	22	74.12	22	71.35	53	54.76	66
捷克	77.60	25	88.52	36	76.69	19	72.85	26	77.69	27	68.35	24
俄罗斯	77.54	26	86.81	44	79.13	13	71.77	29	80.45	17	70.69	15
塞浦路斯	77.33	27	93.57	8	70.59	53	72.92	25	74.86	39	63.78	36
波兰	77.06	28	90.10	28	74.57	32	72.38	27	75.46	35	65.65	32
以色列	77.03	29	89.16	32	75.88	25	71.40	31	79.10	20	66.78	28
韩国	76.84	30	91.91	20	75.81	26	70.36	34	78.42	24	61.73	43
乌克兰	76.21	31	90.48	27	77.51	17	66.75	41	79.19	19	72.40	9
匈牙利	75.82	32	85.24	50	73.38	38	71.86	28	77.13	31	69.14	20
马耳他	75.77	33	88.59	35	73.52	36	71.65	30	72.88	49	63.13	39
斯洛伐克	75.48	34	87.81	41	71.89	48	70.86	33	76.26	34	65.66	31
意大利	75.44	35	91.68	24	72.07	47	68.99	39	75.23	38	62.93	40
克罗地亚	75.37	36	91.87	22	71.80	49	69.18	37	72.95	47	63.49	37
哈萨克斯坦	74.56	37	88.80	33	74.27	34	66.23	43	81.21	12	64.57	34
葡萄牙	74.50	38	88.17	39	72.17	46	71.12	32	67.96	65	59.41	52
罗马尼亚	73.94	39	82.98	64	72.28	45	69.26	36	77.31	29	68.37	23
希腊	73.70	40	89.81	30	70.40	54	67.79	40	71.73	52	60.65	48
西班牙	73.30	41	87.76	42	69.70	56	69.11	38	70.95	54	57.99	57
保加利亚	72.81	42	76.15	85	72.57	43	70.09	35	79.43	18	69.40	19
亚美尼亚	72.50	43	86.75	46	68.74	61	64.40	50	78.54	23	68.76	21
吉尔吉斯	71.82	44	83.83	57	73.46	37	63.72	52	76.72	33	65.79	30
智利	71.80	45	84.74	53	72.74	39	64.72	47	74.22	43	61.69	44
菲律宾	71.24	46	79.66	73	76.48	20	64.27	51	74.50	40	65.47	33
乌拉圭	71.18	47	81.18	70	74.27	33	64.49	49	74.48	41	63.29	38
阿根廷	71.01	48	83.75	58	70.63	52	64.51	48	72.88	50	61.83	42
巴拿马	71.01	49	78.73	79	72.73	40	65.94	44	75.39	36	63.85	35
塞尔维亚	70.97	50	88.19	38	65.20	72	65.61	45	70.37	57	55.13	62
蒙古	70.75	51	85.54	49	68.76	60	63.48	54	74.21	44	60.44	49
马来西亚	70.24	52	84.71	54	74.85	30	66.33	42	63.80	75	41.46	99
哥斯达黎加	69.75	53	78.49	80	71.61	51	65.49	46	70.87	55	58.39	54
阿联酋	69.39	54	88.41	37	66.53	68	63.70	53	65.34	72	47.40	83
马其顿	69.31	55	84.09	56	66.98	67	62.23	60	70.38	56	61.30	46
卡塔尔	69.04	56	93.12	13	65.97	71	59.07	75	66.94	66	50.65	75
泰国	68.78	57	81.91	68	72.70	41	62.91	57	65.71	71	51.80	73
墨西哥	68.50	58	79.93	72	68.61	63	63.12	55	69.24	61	58.11	56
越南	68.48	59	78.98	78	74.99	29	60.63	68	70.32	58	59.42	51
斯里兰卡	68.19	60	87.32	43	69.63	57	59.21	73	68.26	64	49.34	78
秘鲁	68.13	61	75.62	87	73.90	35	61.21	65	72.94	48	62.39	41
哥伦比亚	67.63	62	73.92	93	72.35	44	62.96	56	72.70	51	56.32	59

（续表）

国家	综合指数		15岁及以下年龄组		15—24岁年龄组		25—54岁年龄组		55—64岁年龄组		65岁及以上年龄组	
	得分	排名	得分	排名	得分	排名	得分	排名	得分	排名	得分	排名
阿塞拜疆	67.58	63	83.22	62	61.54	85	60.47	69	77.73	26	54.82	65
中国	67.47	64	84.44	55	69.60	58	61.85	61	61.74	83	43.43	93
塔吉克斯坦	67.24	65	83.05	63	63.52	77	59.85	71	74.40	42	53.87	69
阿尔巴尼亚	67.20	66	83.56	59	61.62	83	61.03	67	68.27	63	56.05	60
特立尼达和多巴哥	67.10	67	86.03	48	58.38	96	62.84	58	63.25	79	49.61	76
土耳其	67.09	68	83.26	61	71.75	50	58.37	77	63.41	78	53.86	70
印度尼西亚	66.99	69	86.04	47	67.35	65	60.00	70	63.87	74	43.95	92
萨尔瓦多	66.89	70	77.97	81	70.35	55	61.28	64	65.94	69	53.88	68
摩尔多瓦	66.81	71	81.79	69	68.54	64	56.72	80	73.88	46	58.81	53
毛里求斯	66.66	72	86.77	45	63.43	78	59.57	72	63.50	77	48.00	81
玻利维亚	66.46	73	76.06	86	63.87	76	62.79	59	69.22	62	56.60	58
牙买加	65.95	74	82.71	65	62.08	81	59.16	74	64.42	73	55.94	61
巴拉圭	65.68	75	70.25	98	68.73	62	61.47	62	70.15	59	61.42	45
约旦	65.59	76	88.65	34	66.36	69	55.91	85	57.21	93	47.92	82
巴巴多斯	65.09	77	93.88	6	57.25	99	56.47	82	56.76	94	41.02	100
巴西	64.60	78	71.86	95	67.01	66	61.17	66	65.72	70	52.77	72
圭亚那	64.17	79	83.41	60	61.04	87	56.59	81	62.51	80	48.90	80
伊朗	63.20	80	84.82	52	65.17	73	53.73	95	56.72	96	44.79	90
多米尼加	62.79	81	74.64	91	62.72	80	56.01	84	66.63	67	55.08	63
加纳	62.63	82	69.49	99	58.64	95	61.41	63	66.05	68	51.27	74
赞比亚	62.50	83	72.10	94	63.40	79	57.76	79	63.51	76	52.80	71
埃及	61.38	84	77.73	82	61.66	82	55.66	87	56.12	98	42.96	95
沙特阿拉伯	61.38	85	82.38	66	66.10	70	53.69	97	52.23	107	33.34	115
危地马拉	61.34	86	67.73	105	69.32	59	55.17	91	62.42	81	54.89	64
不丹	61.11	87	79.59	74	56.54	100	55.90	86	53.44	104	45.55	88
博茨瓦纳	60.81	88	79.47	76	56.20	102	56.09	83	53.65	103	41.85	97
喀麦隆	60.75	89	69.23	102	60.36	88	58.40	76	60.72	86	46.43	86
尼加拉瓜	60.65	90	69.26	101	56.22	101	55.60	88	69.27	60	58.20	55
委内瑞拉	60.51	91	79.13	77	65.05	74	53.04	100	53.95	102	36.58	108
南非	60.50	92	75.32	88	54.44	108	58.24	78	61.96	82	35.24	111
科威特	59.31	93	85.20	51	47.83	116	51.15	105	57.40	91	42.62	96
纳米比亚	59.09	94	70.99	97	52.81	109	54.55	93	61.19	84	54.22	67
摩洛哥	59.04	95	76.37	84	56.07	103	52.97	101	58.56	89	40.69	102
洪都拉斯	58.93	96	68.39	103	61.22	86	53.55	98	60.68	87	49.35	77
柬埔寨	58.55	97	67.21	106	56.02	104	55.48	89	60.78	85	49.00	79
突尼斯	58.21	98	81.05	71	59.05	93	49.81	107	48.72	113	35.97	110
孟加拉国	57.62	99	74.98	89	59.28	91	48.35	111	57.22	92	45.87	87
印度	57.62	100	82.03	67	57.50	98	49.34	109	46.42	115	33.47	114
肯尼亚	57.54	101	71.58	96	51.54	111	54.55	92	56.76	95	40.71	101
乌干达	57.34	102	63.84	109	60.36	89	55.17	90	59.65	88	39.16	104
坦桑尼亚	56.56	103	61.44	114	60.05	90	53.72	96	57.74	90	47.10	84
马达加斯加	56.25	104	62.89	111	55.69	105	54.51	94	56.65	97	44.59	91
老挝	56.16	105	74.47	92	59.06	92	49.78	108	49.02	111	31.64	117
尼泊尔	55.77	106	76.56	83	61.62	84	47.55	114	44.62	119	30.93	118
莱索托	54.74	107	67.82	104	51.31	112	53.07	99	49.67	109	33.74	112
卢旺达	54.17	108	69.48	100	58.66	94	48.15	112	47.71	114	33.55	113
莫桑比克	54.04	109	61.70	113	52.21	110	52.08	102	52.48	106	44.81	89
马拉维	53.49	110	59.24	117	54.72	106	51.33	104	55.41	100	41.59	98
塞内加尔	53.04	111	63.78	110	47.32	118	49.82	106	52.87	105	46.54	85
缅甸	52.97	112	59.12	118	63.91	75	47.00	116	54.74	101	39.76	103
巴基斯坦	52.63	113	60.52	115	50.85	113	51.37	103	50.96	108	39.15	105
阿尔及利亚	52.14	114	74.64	90	54.67	107	44.93	119	43.93	120	20.29	123
埃塞俄比亚	50.25	115	52.37	123	58.37	97	47.37	115	48.90	112	43.19	94
布基纳法索	49.22	116	57.05	120	46.34	120	48.54	110	45.93	116	36.94	107
科特迪瓦	49.02	117	65.05	107	47.43	117	45.18	118	41.37	121	28.54	119
马里	48.51	118	59.27	116	49.50	115	44.52	120	44.80	118	36.20	109
几内亚	48.25	119	56.86	121	41.00	123	47.59	113	49.07	110	37.74	106
尼日利亚	47.43	120	53.01	122	50.16	114	46.25	117	45.43	117	32.42	116
布隆迪	46.76	121	64.10	108	47.28	119	37.54	122	56.07	99	26.93	121
毛里塔尼亚	42.29	122	57.85	119	42.57	121	37.46	123	34.73	123	24.43	122
乍得	41.10	123	50.50	124	40.41	124	38.83	121	37.31	122	27.93	120
也门	40.72	124	62.70	112	42.00	122	34.06	124	25.54	124	17.54	124

和25—54岁两个年龄组中雄踞榜首，在其余年龄组中也稳据十强之内。挪威（2）和瑞士（3）紧随其后，尽管他们没能进入15岁以下年龄组的前十名之列，但在所有（包括15岁以下）年龄组中表现得都十分突出。

加拿大（4）是十强中唯一的北美国家，雄踞15—24岁年龄组榜首的位置。日本（5）在55—64岁和65岁及以上年龄组中表现强劲，这与该国老年人口的长寿现状及老人们所接受的较高的教育程度密切相关，但由于该国的性别鸿沟以及劳动力参与率相对较低等原因，较之其他国家的相对差距并不是很大。

尽管在所有年龄组中，瑞典（6）和丹麦（7）都有较强的表现，但两者相较，前者还是略胜一筹。新西兰（9）是亚太地区另一个入围十强的国家。然而，由于该国相对较低的经济多样性以及惨淡的劳动力参与率，新西兰在25—54岁年龄组中表现平平，尽管如此，新西兰在其他年龄组中却都跻身了十强之列。荷兰（8）和比利时（10）在年轻的年龄组中得分较高，但由于较低的劳动力参与率，以及55—64岁和65岁及以上年龄组的较高的失业率，两国政府在国民健康和教育上的投入效果在高年龄组中大打折扣。

原文标题：The Human Capital Report 2015

2015年全球创新指数
——有利于发展的创新政策

选自美国康奈尔大学、欧洲工商管理学院、
世界知识产权组织合著之《2015全球创新指数》
编者：苏米特拉·杜塔（Soumitra Dutta）
布鲁诺·兰文（Bruno Lanvin）
沙查·温斯-文森特（Sacha Wunsch—Vincent）
张关林/译

一、概　　述

《2015年全球创新指数》(GII)覆盖了全球141个经济体,在诸多议题上使用了79个指标。因此,2015 GII提供了丰富的数据,来识别和分析全球创新趋势。今年GII的议题是“有利于发展的创新政策”。利用过去GII分析中的大量信息,可对各种创新政策的结果进行评估,来支持其对有效性的主张,并确定国家的发展程度对有效性的影响。

这份报告拟定了若干章节来讨论指数和议题的不同方面,随后是附录,为今年涉及的每个国家提供一个概要,提供各指标的具体数据表的数据,各指标来源和定义的详细信息,以及对指数构成进行技术说明。

下面是各章的概况。

第一章“2015全球创新指数：有利于发展的创新政策”，撰写者是康奈尔大学的苏米特拉·杜塔(Soumitra Dutta)、拉斐尔·艾斯卡罗纳·雷诺索(Rafael Escalona Reynoso)和亚历山大·伯纳德(Alexandra L. Bernard)；工商管理学院的布罗诺・兰文（Bruno Lanvin）；知识产权组织的沙查・温斯—文森特。本章提出了这样一种观点，即创新驱动型增长不再是高收入国家的特权，它还为在GII排名中取得相应积极成果的发展中国家采纳有效创新政策提供了切实的范例。此外，本章还讨论了今年排名的结果。本章的主要发现如下：

（1）瑞士、英国、瑞典、荷兰和美国，是世界上最具创新精神的5个国家；同时，中国、马来西亚、越南、印度、约旦、肯尼亚、乌干达和其他一些国家2015年的经济增长速度超过其他国家。

（2）GII领先国创造了关联性很好的创新生态系统，它们对人力资本的投资，结合强大的创新基础设施，产生了高度创造力。尤其是排名前25的国家，大多数指标的得分都很高，在信息通信技术和企业成熟度（如知识工人，创新联系和知识吸收）方面具有优势；它们还有大量输出，包括创新产品和服务。

（3）创新不仅仅是数量的问题：质量也很重要。就创新质量而言——从大学表现、学术论文的广度和专利申请的国际维度来衡量——，美国在高收入群体中排名第一，其次是英国、日本、德国和瑞士。排名前列的中等收入国家正在缩小创新质量方面的差距：中国领先这一群体，紧随其后的是巴西和印度，这得益于高等教育机构质量的改善。

（4）2015年的GII证实全球创新鸿沟持续存在。在前10名和前25名中，排名有所改变，但国家群仍未改变（唯一的例外是捷克共和国进入前25名，马耳他则从这一名单中退出）。

（5）从本报告的目的看，GDP水平比同类国家高10%的经济体称为“创新成功国”。

（6）表现优于群内其他国家的14个中等收入国，是摩尔多瓦、中国、越南、亚美尼亚、塞内加尔、蒙古、马来西亚、黑山、乌克兰、印度、保加利亚、泰国、摩洛哥和约旦。表现优于群内其他国家的8个低收入国，是马拉维、莫桑比克、卢旺达、肯尼亚、马里、布基纳法索、柬埔寨和乌干达。这些创新成功国由于制度框架得到改善，劳力队伍中高等教育率上升，创新基础设施增强，加深了与全球信贷支付和贸易市场的整合，有成熟的企业界，表现出不断上升的创新投入和产出——虽然它们在这些方面的进步并不统一。

（7）平均而言，发展中国家和发达国家之间的技术差距正在缩小。对这一现象的解释是,越来越多的发展中国家在创新投入和产出方面超过其发展水平。2015 GII研究了这些超常发挥国——即亚美尼亚、中国、格鲁吉亚、印度、约旦、肯尼亚、马来西亚、摩尔多瓦共和国、蒙古、乌干达和越南——详细分析了它们,建立了业绩与良好企业实践或创新政策之间的联系。它们及其他国家已经意识到,仅靠技术已经不足以维持高速增长;对创新投入才是刺激进一步赶超的关键。因此,在低收入和中等收入国家,国家创新政策规划和相应的制度安排都得到加强。

(8) 各地区GII的前三名如下:撒哈拉以南非洲地区,前三名是毛里求斯、南非和塞内加尔;中亚和南亚,是印度、哈萨克斯坦和斯里兰卡;在拉丁美洲和加勒比地区,是智利、哥斯达黎加和墨西哥;在北非和西亚,是以色列、塞浦路斯和沙特阿拉伯;在东南亚和大洋洲,新加坡、中国香港地区和韩国;在欧洲,是瑞士、英国和瑞典;北美只有两国——美国和加拿大。

(9) 在撒哈拉以南非洲,令人鼓舞的迹象仍在继续。继去年GII所确定的趋势后,撒哈拉以南非洲地区的趋势显著上升。除南非之外,一些非洲国家——特别是布基纳法索、肯尼亚、马拉维、卢旺达和塞内加尔——都取得了重要进展。

(10) 尽管拉丁美洲和加勒比地区的GII排名改善缓慢,但巴西、阿根廷和墨西哥的经济表现均高于该地区平均分。值得注意的是,智利、哥斯达黎加和哥伦比亚在地区和与同类国相比,表现始终很出色,秘鲁和乌拉圭的崭露头角也值得关注。

第二章"全球与县级标准的创新突出表现",撰写者是康奈尔大学的拉菲尔·艾斯卡罗纳·雷诺索和亚历山大·伯纳德,欧洲委员会联合研究中心的米凯拉·赛萨那(Michaela Saisana),联合国教科文组织统计研究所的马丁·沙伯(Martin Schaaper),世界知识产权组织的萨沙查·文森特和弗兰切斯卡·瓜达诺(Francesca Guadagno)。本章评估了2011—2014年的创新成功国和杰出国,挑选出11个创新杰出国。本章强调,在国家层面——特别是发展中国家——越来越重视创新的培育,国家创新政策和规划也备受青睐。

(1) 尽管跟踪创新的长期绝对水平是困难的,但测量有多少进步,已经成为设法评估创新政策和创新体系有效性的决策者的首要任务。关于发展的国际高层次讨论,也很关注这个问题。

（2）GII通过跟踪全球的创新进展，将重点放在创新表现出众的发展中国家，可用来监测创新进展，确定创新的优势和劣势领域。

（3）这一章的分析发现，表现出众国的比例越来越多（那些国家的经济发展水平也优于同类国家）。这些创新成功国的数量在2011—2014年这一调研时期继续增多。

（4）8个国家（中国、印度、约旦、肯尼亚、摩尔多瓦共和国、蒙古、马来西亚和越南）可以被视为创新成功国，在2011—2014年的总体GII评分中的表现优于同类国家。

（5）15个国家（中国、哥斯达黎加、格鲁吉亚、加纳、匈牙利、印度、肯尼亚、摩尔多瓦共和国、蒙古、马来西亚、卢旺达、塞尔维亚、泰国、乌克兰和越南）在2011—2014年至少在4个创新投入或产出领域的表现优于同类国。

（6）11个发展中国家（亚美尼亚、中国、格鲁吉亚、印度、约旦、肯尼亚、马来西亚、摩尔多瓦共和国、蒙古、乌干达和越南）之所以归入“创新突出国”。是因为它们符合以下两个比较严格的规定：A. 它们在最近2年多（至少在2013—2014年）的GII分数，相对GDP而言明显高于其他国家（达到“创新成功国”地位）；B. 它们在2年或2年以上的时间里（至少在2013—2014年），在4个创新投入或产出领域（它们被命名为“领域杰出国”）超过其收入群体。

（7）创新成功国似乎在市场成熟度和知识技术产出方面表现最为突出。在低收入群，表现优于同类的国家着眼于消除创新的结构性障碍，比如融资渠道不畅，比如创新体系内的薄弱环节。在高收入群，成功国很关注增加投资，刺激创新产出的增长，以及改善人力资本。

（8）尽管关于创新体系的文献强调人力资本和制度在创新和发展上的作用，但创新投入的要素似乎是获得好分数的所有投入中最困难的，无论是在总体上还是在低收入国家群，都是如此。但这并不一定说明政策对这些领域没有兴趣，而是表明，在某些投入上优于同类国是很容易的，因为不是增加投入带来了直接效益，就是在这些领域，同类国的表现很差劲。

（8）研发是获得技术潜力，从而取得创新和经济增长的一个关键政策领域。为了达到高收入国家的水平，中低收入国必须获得技术和使用技术的能力。

（9）而高收入国家可得益于发达的创新体系，因为教育和科研可以有效提供知识和技能来促进创新。这使它们能把创新工作有效转化为知识和技术成果。

第三章“求发展的创新政策”，撰写者是联合国大学和马斯特里赫特大学合作的研究所的米歇莱恩·戈伊德胡斯（Micheline Goedhuys）、雨果·霍兰德斯（Hugo Hollanders）和皮埃尔·莫能（Pierre Mohnen）。本章指出，公司和国家的竞争力取决于前沿技术和知识的创新和推进力。最近，大多数新兴经济体都出台了创新政策。即使在发展中国家和最不发达国家，创新也是政治辩论的核心，但这些国家创新政策的重点，不同于发达国家政策的重点。

（1）新兴国家的企业之间存在着广泛的性质不同。除了表现出色的企业之外，新兴国家还拥有大量的小型和微型企业，它们远远落后于创新前沿，基本技术和人力资本水平都很低。通过创新和采用先进技术来提高这些小企业的生产率，对国家的经济增长、就业、减贫和可持续发展能产生重大影响。

（2）发展中国家的创新在总体水平上，以及与发达国家的数据相比，是渐进的，不是激进的，是非正式的，不是正式的研发产物。

（3）至于正在迎头赶上的新兴国家，经验表明，仅靠采用技术已不足以维持高速增长。这些国家也必须投资于创新，而政府的支持对于促进创新是至关重要的。

（4）发展中的和新兴的国家广泛认可创新的重要性，创新政策在其发展计划和战略中占据核心地位。

（5）在新兴国家，创新被视为解决污染、健康、贫困和失业等紧迫社会问题的关键。创新的作用和意义高于经济成功。应该从全面发展的视角来看创新，因为它可以解决贫困和健康问题，还应该从环境可持续发展的视角来看创新，因为它可以解决污染和能源供应问题。

（6）由于创新过程也是一种知识扩散和吸收，不是投资于研发，所以新兴国家的企业在很大程度上试图通过国际技术转让来追赶，它们支持税收激励甚于支持直接的研发补贴。

（7）新兴国家应该把重点放在尽量获得知识上，放在提供合适的框架条件来刺激创新和知识扩散上，就是说，要重视政治稳定和机构的支持，重视广泛的技术和高等教育来提高吸收能力，重视可靠而全面的基础设施，顺利提供ICT财产权，还要加强国家科研机构与民营公司之间的联系和互动。

（8）最终的政策组合取决于国家更广泛的发展目标，还必须与期盼获得最大成功的所有权益方合作制定。因此，各部委之间，民营部门与政府部门之间的良好协调至关重要。

（9）为了确定政策是否有效，哪些政策最有效，监测创新政策的作用也是至关重要的。

（10）各国有必要投入科研和创新，以开发能满足特定需求的产品。因此，各国政府正在制定结合本国产业特点的支持创新的政策。有些新兴国家已经成功引入了这些政策，并提供了一些相关案例，可以从各种创新政策吸取经验教训。

第四章“国家创新成功的原则”，作者是信息技术和创新基金会的罗伯特·D.艾金森（Robert D. Atkinson）和斯蒂芬·埃泽尔（Stephen Ezell）。这章讨论一个渐趋流行的认识，即创新是所有国家，无论发达不发达，都能够、也应该从事的工作。这一章提出了6个重要原则，是想要设计和实施最有效创新政策的所有国家都必须考虑的：

（1）创新政策应着眼于最大限度提高所有行业的创新能力。虽然制造业，尤其是高科技制造业，总体上是创新的重要成分，但只有所有行业都最大限度创新了，才能做到全社会最大限度创新。

（2）创新政策应支持所有类型的创新及其所有阶段。各国在创新战略上犯的最大错误之一，是过于狭隘地定义创新，只重视开发和制造高科技产品。国家应该着眼于全面提高生产率的战略，而不是把主要增长方式放在将经济结构从低附加值部门转移到高附加值部门上。

（3）允许打破秩序和创造性破坏。要想取得创新成功，各国需要做的不仅仅是实现一些增值创新，以补全在其他国家正在发生的事情。它们需要启动颠覆性创新，引起颠覆性创新的通常是市场新进入者，尤其是自己国家出现的新入者。

（4）让资本商品，特别是ICT商品的进口维持低价。如果没有新的资本投资来刷新国家的资本存量，创新会失去动力，生产率增长会停滞不前，企业竞争力会下降。降低资本商品成本的最简单也是最重要的方式，是限制关税和其他贸易壁垒。

ICT代表通用的目的技术，它是现代经济增长的基础动力，在今天的许多发展中国家，它占到经济增长的1/4。

尽管许多国家对ICT产品征收高额税收，目的或者增加政府收入，或者为建设具有竞争力的国内ICT产业，或两者兼具，但许多国家——如中国、格鲁吉亚、马来西亚和越南——在限制政府对ICT产品施加成本方面做得很不错。

（5）支持创造重要的创新投入。企业不仅需要获得一流的、可承受的ICT投入，还需要获得其他关键的创新投入，如数字基础设施，熟练劳力和知识——无论是生产还是转让。这种支持的例子有：

肯尼亚的“2013/14—2017/18年国家ICT重大计划”，于2014年4月推出。它在制定全面部署数字基础设施的战略中，起了至关重要的作用。该战略主要是在全肯尼亚部署无线和宽带互联网，并满足移动钱包和政府移动服务对基础设施的要求。

各国日益认识到人才是竞争优势的重要来源，因此教育和培训成为创新战略的核心成分。

由于创业风险太大，而且往往都是首次创业，因此帮助创业者相互学习的措施是很重要的。

（6）拟定国家创新和生产力战略，建立支持这个战略的组织。许多成功的国家除了国家战略外，还建立了专门致力于促进国内创新的国家创新机构。

例如，肯尼亚、印度、马来西亚、泰国和越南都建立了国家创新机构。

国家创新基金会也制定国家创新战略，为国家在基于创新的现代全球经济中的竞争和取胜提供一个制胜计划。例如，肯尼亚的“国家科学、技术和创新政策”组织强调主流科学、技术和创新在经济各领域的重要性。

本章结论：

（1）想要创新成功的国家，必须设想一个4层的金字塔作为走向繁荣之路，金字塔的基础有关键的框架条件，有支持有效税收、贸易和投资环境的因素，有支持要素投入的因素，最后，在金字塔的顶端，是一系列创新和产率政策。

（2）各国必须全面考虑各种公共政策是如何影响企业和行业在全球竞争中的能力的。

第五章“创新与政策：企业视角”，作者是科尔尼管理咨询公司（A.T. Kearney）的凯・恩格尔（Kai Engel）和贾斯汀・谢普合德（Justin Shepherd），欧洲创新管理学院的马丁·鲁伯特（Martin Ruppert）。本章提供一份调查报告，这是对不同国家的400多企业领导进行的调查，显示了企业对创新政策的看法。其结果如下：

（1）管理人在评估自己的创新能力时，通常是肯定而自信的。超过半数的受访者认为他们在各领域的表现是“优秀”或“非常好”。

（2）进行激进创新、与外部合作，是公司最需要改进的两个领域。

（3）80%的受访者回答说，他们国家的条件允许他们追求创新的战略目标。这一结果表明，政策环境目前普遍支持创新。

（4）应答还反映出决策者必须保持前瞻方向，制定政策框架来支持未来的创新，而不仅仅支持目前的创新。

（5）超过60%的受访者认为，支持各种模式的内部的或合作的创新的政策措施是“重要”或“非常重要”。

（6）69%的受访者认为支持内部创新的政策措施“很”重要，或“极其”重要。当前的大趋势产生了日益交错的创新环境，如数字化和互联，将使政策支持更为重要。

（7）当被问及支持创新的未来政策需要时，受访者建议采用前瞻性立法来保证创新环境的可持续；建议向市场参与者提供预测监管的工具；建议加强监管协调，确保顺利与国际市场接轨。

（8）要求被调查者指出加强国家创新的3个具体行动：加强创新和创业的技能；提供大型研发的基础设施支持（如实验室空间和设备）；提供对研发的直接财务支持。这些重点事项反映了2014年GII的发现，它表明人力资本和市场成熟度因素有改进的余地——如融资、创新联系和基础设施。

（9）鼓励支持使创新繁荣的环境的政策，这应该是企业界工作的重点。

第六章“科学和技术政策对中国经济快速发展的影响”，撰写者是北京大学的陈东明（Dongmin Chen）郑世林（Shilin Zheng）和郭磊（Lei Guo）。本章详细说明科技政策的改革和创新，是中国取得GDP显著成就的重要动力，加快了高等教育和研发的进展：

（1）2006—2020年（2006年国家计划）的中长期国家科技发展计划，于2006年颁布。该计划强调实现可持续的经济增长，寻求创新驱动的增长战略，进一步提高自主创新能力。国家政策的目标从促进研发转向建立一个创新生态系统。

（2）根据“2006年的国家计划”，中国的研发投资明显增加，地方政府的研发投资率超过中央政府。此外，积极的市场反应鼓励了工业部门稳步增加研发投资。

（3）为进一步推动人才流动，尤其在重要的科技领域，中央政府发起了一项非常有效的“千人招聘项目”。到目前为止，已有2 000多名海外中国学者和领先的行业创新者回到了中国。

（4）过去30年实施和调整了广泛的科技政策，有力推动了创新生态系统的发展，并显著增加了知识工人队伍的规模，为中国未来的发展奠定了坚实的基础。

（5）“用科学和教育来振兴国家经济”的战略加快了中国高等教育体系的发展，增加了本科生和硕士研究生的数量，增加了对优秀科研人员的投入，导致科研人员的质量和数量都在提高。

（6）在过去两年里，中国政府发布了“2014—2020年实施国家知识产权战略行动计划”，以加快涉及知识产权的交易的市场流程，也改造了整个科技融资流程，提高了效率，并推出一个特定的股市，让科技初创公司有更多的途径筹集发展资金，还公布了“国家孵化空间发展方针”，以促进基层创业，鼓励多层次资本市场的参与，包括众筹。

（7）中国已确立了到2020年成为领先创新型国家的目标。实现这一目标取决于持续的政策改革，以便进一步改善政府和市场力量之间的平衡关系；建立一个更全面的创新生态系统；培育法律和监管制度，以鼓励所有部门投入创新和创业；促进私营企业、国有企业和外资企业的开放和公平竞争。

第7章“激进的制度变革：推进格鲁吉亚创新体系的转型”，撰写者是隆德大学（CIRCLE，Lund University）的克里斯汀娜·查明阿德（Cristina Chaminade）和玛利亚·莫斯科福柯（Maria Moskovko）。本章讨论了使格鲁吉亚能够在创新表现上发生积极变化的关键制度变革。

（1）自原苏联解体以来，格鲁吉亚通过与欧盟的联盟协议，对其制度框架进行了深刻变革。改革改善了税收管理，减少了腐败，这些进步是它在GII制度排名中有出色表现、并引来大量国外直接投资的原因。制度变革已经使其创新体系得到很大改善。然而，为了加强教育和科研体系、提高企业能力，制度进一步变革是必需的。

（2）以社会做法为代表的软性制度较难改变。知识产权保护是软制度使新的正式制度难以实施的一个领域。

（3）格鲁吉亚尽管在人力资本和科研方面总体表现良好，但仍面临科研体系支离破碎、原苏联解体后科研人员流失的挑战。为了解决这些问题，格鲁吉亚政府提高了科研人员的工资，激励高技能的格鲁吉亚人回国，同时改革了教育体系，使其更接近欧洲标准。

（4）格鲁吉亚的企业部门受困于资本化低、缺乏培训、专利水平低，知识密集型产业水平低，这反映在无形资产和ICT的低水平上，严重阻碍了创新能力的发展。企业部门与大学和研究机构的联系也很弱。需要对企业的创新能力进行投入——对于资源有限的国家来说，这是一个重大挑战。

（5）与欧盟的联合协议（2014年签署）可能是解决上面一些弱点的一条途径。该协议涵盖了许多部门和政策领域，如教育、科研和技术开发，以及信息通信技术的发展。此外，进入欧洲市场有望提高企业的竞争动力。

（6）与跨国公司的联系非常重要，但需要时间，需要培育吸收能力。非政府组织、测量和测试中心等中介机构，在把跨国公司的知识转移给本地行为者中发挥着至关重要的作用。

（7）特别是考虑到东欧当前的不稳定形势和其他外部因素，对格鲁吉亚持续发展至关重要的是，格鲁吉亚必须坚持创新政策。

第八章"印度推动创新的政策"，作者是印度工业联合会的克里斯·戈帕拉克里什南（Senapathy "Kris" Gopalakrishnan）和吉巴克·达斯古普塔（Jibak Dasgupta）。本章讨论了印度的创新表现，指出了其创新体系的优势和弱点，以及与之相关的政府干预措施。印度尽管取得了巨大成就，尤其在科学基础和信息技术和电信行业，但印度仍然需要在创新政策方面实施实质性改革，以便进一步改善创新业绩。

（1）过去4年里印度在政治稳定，开办企业方便性，第三次入境流动和环境绩效方面一直表现不佳。

（2）多年来，印度通过设立卓越中心，为科学、技术和企业教育奠定了坚实的基础。在2006—2010年的这段时间里，科学出版物平均增长率为66%。

（3）1994年的"国家电信政策"和2004年的宽带政策，为印度IT和电信

（移动）产业的崛起奠定了基础。2012年的“全国电信政策和IT政策”由于鼓励前沿技术的创新和研发，有望进一步促进该行业的发展，并为中小企业和初创企业提供利益，创造1 000万名熟练工人，使每个家庭至少有1人接受电子教育。

（4）中小企业的发展潜力很大。然而，由于信贷供应不足，这种潜力尚未兑现。政府对这一领域的干预，主要通过微型和中小企业部和国家创新委员会的各种计划和项目，集中在集群发展上。尽管有这些努力，但印度中小企业的集群发展仍不尽如人意。

（5）印度已经制定了知识产权制度，旨在调和保护知识产权以支持创新商业化与迎合社会需求之间的关系。这使得知识产权制度相对软弱，导致在印度申请专利较少。

（6）印度人口超过12亿人，其中有50%的人口年龄在25岁以下，印度对高等教育有巨大需求。教师素质低，科研能力有限，以及巨大的社会经济差距，使这一问题更为恶化。

（7）尽管印度的IT和电信行业取得了成功，但它们对印度经济增长和发展的贡献可以更大一些。要实现这一目标，高等教育、知识产权、制度改革、监管环境、基础设施以及鼓励创业和研发（尤其是中小企业）的激励措施应得到政府的更多支持。

（8）作为对这些挑战的部分回应，新当选的政府成立了一个“技能发展和创业部”，为中小企业制订了融资计划，为初创企业提供孵化项目，启动了“知识产权促进中心”，目的是在中小企业中传播知识产权文化，并宣布增加基础设施的开支。

第9章“促进发展的创新政策：肯尼亚案例”，撰写者是内罗毕大学的比腾杰·恩德莫（Bitange Ndemo）。此章讨论了肯尼亚是如何提高创新业绩的，主要原因在于本地创新者，以及农业和卫生保健等关键领域的长期研发。然而，创新的快速增长并没有严格与国内的创新政策相联系。因此，需要通过确保创新资金的稳定性和充足性，来加强创新体系所有参与者之间的联系，更好地与企业和创新参与者交流政府计划，从而促进进一步创新。这一章的内容有：

（1）人口快速增长、资源稀缺、居高不下的失业率所形成的压力，促使肯尼亚政府把创新作为新的就业机会。本地创新的成功商业化，使人们进一步懂得创新能创造就业、解决当地问题的可能。跨国公司也在肯尼亚设立科研机构，以便靠近这一新的潜在市场。

（2）相对于其他非洲国家，肯尼亚的优势在于其治理体系和政治稳定，以及教育和研发的高支出、信贷渠道、小额信贷总额、特许权使用费和费用收入、当地竞争的激烈性。

（3）金融领域的创新（例如，移动银行的扩散）促进信贷增多，迫使市场和企业趋向成熟。

（4）2006年以来，政府成立了多个部门和组织，以刺激人力资本开发，推动研发支出，改善科技基础设施。

（5）同时对加强和改进合作也很重视，并通过新建企业和加速发展计划、通过建立技术园区来鼓励创业。

（6）尽管有政策框架，但阻碍创新作为经济增长关键驱动力的挑战仍然存在。因此，对研发的资源分配常常无法保证，分配给科研机构的少量资金也用于常规支出。

（7）创新体系中的行为者仍然联系薄弱，导致能力利用不足，导致产业与科研之间的脱节，阻碍了中小企业的创新。

（8）在未来的挑战中，教育体系必须更重视科学、技术、工程和数学，建立更多的技术、行业和职业教育培训机构，转向有利于企业的教育计划。目前正在通过创建机构来解决这些问题。然而，预计大量增加机构也不会解决这些问题。

（9）本章还从其他国家为肯尼亚借鉴经验教训。美国的建立创新者群体，即科技坊（TechShop）概念的新方法，有很多可供借鉴。内罗毕大学和麻省理工学院正在合作探索这个概念。本章还考察了韩国的鼓励新办企业和发展中小企业的方法。此方法始于教育体系改革，加上军事服务。这些因素合在一起，可能会促进一种敢于冒险和创新的文化，这个模式或许对肯尼亚有用。

第十章“马来西亚经济的创新业绩”，作者是马来西亚大学的拉杰·拉希亚（Rajah Rasiah）与高小山（Xiao—Shan Yap）。这章详述了马来西亚作为中等收入国在企业融资和商业化、在市场成熟和企业程度方面的出色表现，但该国在以知识为基础的活动方面和技术依赖方面，尚需加倍努力。本章内容如下：

（1）尽管在企业研发领域的商业化程度较高（包括企业融资），但该国在创新效率方面相对较差，说明政府必须对政府资助的研发资金的执行情况进行审查。

（2）政府对国家创新的支持主要通过从20世纪80年代开始的科学、技术和创新政策（STI）。马来西亚科学、技术与创新部（MOSTI）支持在马来西亚开发和调研创新活动，支持创新活动商业化。

（3）2006年之后，随着政府努力激励研发，批准的项目数与相关资金都在增加。激励研发被认为是到2020年使马来西亚成为发达国家的关键举措。

（4）根据MOSTI，于1988年出台了"强化重点领域的研发"捐赠，对象是大学和公共科研机构等政府机构。与此同时，政府为承担获准研发的企业，出台了双重减税激励。支持私营部门的研发的"工业研发赠款计划"于1997年出台。

（5）政府对科研融资的越来越重视，有利于增加创新的投入和产出。研发支出占GDP份额的增加，每100万人中研发人员和科学家人数的上升，博士研究生和科学出版物的增多都证明了这一点。MOSTI和国家科学研究委员会的领导层，都在系统地解决一些基本问题，以便使开支瞄准能产生创新的重点领域。

（6）自1971年促进出口导向型工业化以来，高科技生产成为马来西亚制造业的重要支柱。强大的基础设施，得到了国家工业发展部很好协调的始终如一的激励措施，确保外资始终留在马来西亚，为出口市场组装和测试电子产品。

（7）认识到民营研发不能取代政府融资（特别是其收益利用了公共产品优势特征的地方），政府于2010年增加了研发支出，重点是增加研发科学家和工程师，加强商业化和知识产权归档，增加科学出版物和研究生的数量，并开始通过大幅改进产品和工艺来强调创新。

（8）马来西亚政府通过MOSTI与"马来西亚高科技工业—政府集团""多媒体开发公司""马来西亚技术开发公司""国家科学研究委员会"和五所科研大学（马来西亚大学，马来西亚国民大学，马来西亚理科大学，马来西亚博特拉大学和马来西亚工艺大学）的中心组织进行协调，成功扩大了科学投入和产出。

（9）专营权费和许可费收支的长期赤字，表明马来西亚仍然严重依赖外国的技术和服务。马来西亚需要指定政策，使马来西亚从技术进口国转变为技术出口国。

（10）2012年，确立了“工程、科技联合科研”（CREST），以推动电子行业的发展，重点是把3个主要权益方（行业、学术界和政府）整合在一起，共同开展研发、人才开发和商业化。由于CREST认可的每个研究项目，对参与的大学和企业规定了条件，所以直接在国内建立了大学-行业的联系。

（11）制约马来西亚GII排名从第33位上升的主要缺点，与创新投入和产出的效率有关。结果，马来西亚仍是一个技术和服务的净进口国，净接受和许可费多年来一直是负数。应该加大努力，提高制度支持和以知识为基础的活动，使马来西亚成为技术和服务的净出口国。

第十一章“有利于发展的创新政策：乌干达”，撰写人是乌干达国家科学委员会的朱利叶斯·艾库鲁（Julius Ecuru）和南卡罗莱纳大学图书馆和信息科学学院的迪克·卡沃亚（Dick Kawooya）。本章讨论乌干达由于政治与经济稳定，在经济和其他领域发生巨变的案例。乌干达快速增长的人口需要发展经济来适应人民的需要，并在自然资源管理方面采取可持续做法。出于这个原因，乌干达应该转向创新，在各经济领域创造性利用资源，以便建立一个可持续的未来。本章内容如下：

（1）乌干达政府通过竞争来改善企业环境和竞争力，深化了民营部门的投入。

（2）乌干达的强劲的外国直接投资净流入等领域在GII排名的强势，是经济相对稳定的直接结果。

（3）在农业加工和增值方面的创新，是产生新的增长来源和形成农业企业的重要因素。

（4）新的“教育、科学、技术和体育部”，是过去10年政策讨论的结果，讨论决定需要一个独立的科学技术部。

（5）大学和其他科研机构需要有解决和鼓励科研和知识产权管理的内部政策。

（6）乌干达具有发展民营部门的坚实的制度基础。但民营部门必须在国内外具有竞争力。

（7）落实乌干达“注册服务局”2012—2017年的战略投资计划，可消除企业注册涉及的制度瓶颈，这反过来将改善乌干达目前在新办企业的便利性和经营成本方面的低分数。

（8）乌干达创新的一个重要方面是它的边干边学，尤其在非正式部门，它们占到该国企业的约2/3。

（9）为了促进非正规部门的生产力，要努力提高青年和妇女的技能，使他们能新开企业，或改善他们的企业。

（10）该国大学的快速发展，通过支持创造性的工作、科研和创新，是开发年轻人才的一个机会。

（11）理顺科研和创新的融资政策，是接下来至关重要的一步。

（12）应该通过积极的企业孵化来产生新的企业。

（13）政府对大学、研究机构和其他中心的科研和创新活动给予持续的支持和承诺，必须体现于直接拨款和年度的竞争性资助。

（14）乌干达的经验为其他希望提高GII排名的低收入国家，提供了宝贵经验。最重要的经验是，必须同时解决涉及“科技和创新政策”的政策制定和制度能力开发问题。强大的领导力还可为缩小科研、创新中心与产业之间的差距，提供一个重要的成功因素。

原文标题：The Global Innovation Index 2015

表1 2015年全球创新指数排名

国家/地区	得分（0—100）	排名	收入	排名	地区	排名	效率（均值0.71）	排名
瑞士	68.30	1	高	1	欧洲	1	1.01	2
英国	62.42	2	高	2	欧洲	2	0.86	18
瑞典	62.40	3	高	3	欧洲	3	0.86	16
荷兰	61.58	4	高	4	欧洲	4	0.92	8
美国	60.10	5	高	5	北美	1	0.79	33
芬兰	59.97	6	高	6	欧洲	5	0.77	41
新加坡	59.36	7	高	7	亚太	1	0.65	100

（续表）

国家/地区	得分（0—100）	排名	收入	排名	地区	排名	效率（均值0.71）	排名
爱尔兰	59.13	8	高	8	欧洲	6	0.88	12
卢森堡	59.02	9	高	9	欧洲	7	1.00	3
丹麦	57.70	10	高	10	欧洲	8	0.75	49
中国香港地区	57.23	11	高	11	亚太	2	0.69	76
德国	57.05	12	高	12	欧洲	9	0.87	13
冰岛	57.02	13	高	13	欧洲	10	0.98	4
韩国	56.26	14	高	14	亚太	3	0.80	27
新西兰	55.92	15	高	15	亚太	4	0.77	40
加拿大	55.73	16	高	16	北美	2	0.71	70
澳大利亚	55.22	17	高	17	亚太	5	0.70	72
奥地利	54.07	18	高	18	欧洲	11	0.77	37
日本	53.97	19	高	19	亚太	6	0.69	78
挪威	53.80	20	高	20	欧洲	12	0.73	63
法国	53.59	21	高	21	欧洲	13	0.75	51
以色列	53.54	22	高	22	北非西亚	1	0.83	20
爱沙尼亚	52.81	23	高	23	欧洲	14	0.86	17
捷克共和国	51.32	24	高	24	欧洲	15	0.89	11
比利时	50.91	25	高	25	欧洲	16	0.74	59
马耳他	50.48	26	高	26	欧洲	17	0.95	7
西班牙	49.07	27	高	27	欧洲	18	0.72	67
斯洛文尼亚	48.49	28	高	28	欧洲	19	0.82	22
中国	47.47	29	中高	1	亚太	7	0.96	6
葡萄牙	46.61	30	高	29	欧洲	20	0.73	62

（续表）

国家/地区	得分（0—100）	排名	收入	排名	地区	排名	效率（均值0.71）	排名
意大利	46.40	31	高	30	欧洲	21	0.74	57
马来西亚	45.98	32	中高	2	亚太	8	0.74	56
拉脱维亚	45.51	33	高	31	欧洲	22	0.81	26
塞浦路斯	43.51	34	高	32	北非西亚	2	0.66	90
匈牙利	43.00	35	中高	3	欧洲	23	0.78	35
斯洛伐克	42.99	36	高	33	欧洲	24	0.76	48
巴巴多斯	42.47	37	高	34	拉美	1	0.81	25
立陶宛	42.26	38	高	34	欧洲	25	0.70	74
保加利亚	42.16	39	中高	4	欧洲	26	0.83	21
克罗地亚	41.70	40	高	36	欧洲	27	0.75	50
黑山	41.23	41	中高	5	欧洲	28	0.79	29
智利	41.20	42	高	37	拉美	2	0.68	82
沙特	40.65	43	高	38	北非西亚	3	0.72	69
摩尔多瓦	40.53	44	中低	1	欧洲	29	0.98	5
希腊	40.28	45	高	39	欧洲	30	0.65	98
波兰	40.16	46	高	40	欧洲	31	0.66	93
阿联酋	40.06	47	高	41	北非西亚	4	0.41	133
俄罗斯	39.32	48	高	42	欧洲	32	0.74	60
毛里求斯	39.23	49	中高	6	南部非洲	1	0.65	96
卡塔尔	39.01	50	高	43	亚太	5	0.61	110
哥斯达黎加	38.59	51	中高	7	拉美	3	0.79	32

（续表）

国家/地区	得分（0—100）	排名	收入	排名	地区	排名	效率（均值0.71）	排名
越南	38.35	52	中低	2	亚太	9	0.92	9
白俄罗斯	38.23	53	中高	8	欧洲	33	0.70	73
罗马尼亚	38.20	54	中高	9	欧洲	34	0.74	58
泰国	38.10	55	中高	10	亚太	10	0.76	43
马其顿	38.03	56	中高	11	欧洲	35	0.73	64
墨西哥	38.03	57	中高	12	拉美	4	0.73	61
土耳其	37.81	58	中高	13	北非西亚	6	0.81	23
巴林	37.67	59	高	44	北非西亚	7	0.63	105
南非	37.45	60	中高	14	南部非洲	2	0.66	94
阿美尼亚	37.31	61	中低	3	北非西亚	8	0.79	34
巴拿马	36.80	62	中高	15	拉美	5	0.78	36
塞尔维亚	36.47	63	中高	16	欧洲	36	0.75	55
乌克兰	36.45	64	中低	4	欧洲	37	0.87	15
塞舌尔	36.44	65	中高	17	南部非洲	3	0.67	88
蒙古	36.41	66	中低	5	亚太	11	0.61	111
哥伦比亚	36.41	67	中高	18	拉美	6	0.60	114
乌拉圭	35.76	68	高	45	拉美	7	0.66	91
阿曼	35.00	69	高	46	北非西亚	9	0.67	86
巴西	34.95	70	中高	19	拉美	8	0.65	99
秘鲁	34.87	71	中高	20	拉美	9	0.60	113

（续表）

国家/地区	得分（0—100）	排名	收入	排名	地区	排名	效率（均值0.71）	排名
阿根廷	34.30	72	中高	21	拉美	10	0.75	52
格鲁吉亚	33.83	73	中高	6	北非西亚	10	0.62	107
黎巴嫩	33.82	74	中高	22	北非西亚	11	0.67	87
约旦	33.78	75	中高	23	北非西亚	12	0.72	68
突尼斯	33.48	76	中高	24	北非西亚	13	0.71	71
科威特	33.20	77	高	47	北非西亚	14	0.73	65
摩洛哥	33.19	78	中低	7	北非西亚	15	0.64	102
波黑	32.31	79	中高	25	欧洲	38	0.39	135
特多	32.18	80	高	48	拉美	11	0.66	92
印度	31.74	81	中低	8	中南亚	1	0.79	31
哈萨克斯坦	31.25	82	中高	26	中南亚	2	0.53	124
菲律宾	31.05	83	中低	9	亚太	12	0.76	44
塞内加尔	30.95	84	中低	10	南部非洲	4	0.81	24
斯里兰卡	30.79	85	中低	11	中南亚	3	0.76	46
圭亚那	30.75	86	中低	12	拉美	12	0.65	95
阿尔巴尼亚	30.74	87	中高	27	欧洲	39	0.49	129
巴拉圭	30.69	88	中低	13	拉美	13	0.75	54

（续表）

国家/地区	得分（0—100）	排名	收入	排名	地区	排名	效率（均值0.71）	排名
多米尼加	30.60	89	中高	28	拉美	14	0.61	108
波斯瓦纳	30.49	90	中高	29	南部非洲	5	0.54	120
柬埔寨	30.35	91	低	1	亚太	13	0.69	80
肯尼亚	30.19	92	低	2	南部非洲	6	0.79	30
阿塞拜疆	30.10	93	中高	30	北非西亚	16	0.60	115
卢旺达	30.09	94	低	3	南部非洲	7	0.42	131
莫桑比克	30.07	95	低	4	南部非洲	8	0.63	104
牙买加	29.95	96	中高	31	拉美	15	0.54	121
印度尼西亚	27.79	97	中低	14	亚太	14	0.77	42
马拉维	29.71	98	低	5	南部非洲	9	0.75	53
萨尔瓦多	29.31	99	中低	15	拉美	16	0.62	106
埃及	28.91	100	中低	16	北非西亚	17	0.68	83
危地马拉	28.84	101	中低	17	拉美	17	0.67	89
布基纳法索	28.68	102	低	6	南部非洲	10	0.68	85
佛得角	28.59	103	中低	18	南部非洲	11	0.54	119
玻利维亚	28.58	104	中低	19	拉美	18	0.76	45
马里	28.37	105	低	7	南部非洲	12	0.87	14

（续表）

国家/地区	得分（0—100）	排名	收入	排名	地区	排名	效率（均值0.71）	排名
伊朗	28.37	106	中高	32	中南亚	4	0.63	103
纳米比亚	28.15	107	中高	33	南部非洲	13	0.51	126
加纳	28.04	108	中低	20	南部非洲	14	0.69	79
吉尔吉斯斯坦	27.96	109	中低	21	中南亚	5	0.53	122
喀麦隆	27.80	110	中低	22	南部非洲	15	0.84	19
乌干达	27.65	111	低	8	南部非洲	16	0.57	118
冈比亚	27.49	112	低	9	南部非洲	17	0.77	39
洪都拉斯	27.48	113	中低	23	拉美	19	0.57	117
塔吉克斯坦	27.46	114	低	10	中南亚	6	0.65	101
斐济	27.31	115	中高	34	亚太	15	0.28	140
科特迪瓦	27.16	116	中低	24	南部非洲	18	0.90	10
坦桑尼亚	27.00	117	低	11	南部非洲	19	0.77	38
莱索托	26.97	118	中低	25	南部非洲	20	0.50	128
厄瓜多尔	26.87	119	中高	35	拉美	20	0.51	127
安哥拉	26.20	120	中高	36	南部非洲	21	1.02	1
不丹	26.06	121	中低	26	中南亚	7	0.33	138

（续表）

国家/地区	得分（0—100）	排名	收入	排名	地区	排名	效率（均值0.71）	排名
乌兹别克斯坦	25.89	122	中低	27	中南亚	8	0.53	123
斯威士兰	25.37	123	中低	28	南部非洲	22	0.42	132
赞比亚	24.64	124	中低	29	南部非洲	23	0.68	81
马达加斯加	24.42	125	低	12	南部非洲	24	0.59	116
阿尔及利亚	24.38	126	中高	37	北非西亚	18	0.52	125
埃塞俄比亚	24.17	127	低	13	南部非洲	25	0.72	66
尼日利亚	23.72	128	中低	30	南部非洲	26	0.80	28
孟加拉	23.71	129	低	14	中南亚	9	0.61	112
尼加拉瓜	23.47	130	中低	31	拉美	21	0.47	130
巴基斯坦	23.07	131	中低	32	中南亚	10	0.76	47
委内瑞拉	22.77	132	中高	38	拉美	22	0.68	84
津巴布韦	22.52	133	低	15	南部非洲	27	0.69	77
尼日尔	21.22	134	低	16	南部非洲	28	0.29	139
尼泊尔	21.08	135	低	17	中南亚	11	0.40	134
布隆迪	21.04	136	低	18	南部非洲	29	0.36	137

（续表）

国家/地区	得分（0—100）	排名	收入	排名	地区	排名	效率（均值0.71）	排名
也门	20.80	137	中低	33	北非西亚	19	0.65	97
缅甸	20.27	138	低	19	亚太	16	0.69	75
几内亚	18.49	139	低	20	南部非洲	30	0.61	109
多哥	18.43	140	低	21	南部非洲	31	0.24	141
苏丹	14.95	141	中低	34	南部非洲	32	0.37	136

原文标题：The Global Innovation Index 2015

2015—2016年全球竞争力报告

节选自《世界经济论坛报告》2015年
理查德·萨曼斯（Richard Samans）
王赛锦/译

《2015—2016年全球竞争力报告》(*The Global Competitiveness Report 2015—2016*)在世界经济所处的这个关键点上发布。一方面，经济发展处于“新常态”，即高失业率、低生产率以及缓慢的经济增长，此外，经济还有可能被地缘政治的紧张态势、新兴市场的未来道路、能源价格以及汇率变化等因素进一步拖累。另一方面，最近的一些发展迹象则又昭示了巨大的发展潜能，比如所谓的第四次工业革命以及诸如分享型经济等新的消费方式，都可能带来巨大的创新浪潮，从而驱动经济增长。与此同时，我们不难发现，世界各国在制定经济政策时都开始越来越关注人，而且越来越多地从本国整体的社会目标出发。

各国经济是深陷于新常态之中还是从最近的社会创新中摘得硕果，这很大程度上依赖于它们各自的竞争力。政策制定者、商界人士以及社会领袖必须通力合作，确保经济持续增长，人民共享经济发展成果。增强竞争力不单单依靠市场的良好运作，还包括其他一些关键因素，比如依赖强有力的体制来确保适应性、人才储备，以及较高的创新能力。这些关键因素的重要性在未来发展中将不断凸显，经济体要具有较强的竞争力就必须对风险有更强的抵抗能力，且对瞬息变换的外部环境有较强的适应力。

35年来，《全球竞争力系列报告》不断阐述经济增长及一国当下和未来竞争力水平的关键因素及内部牵连，旨在使人们对经济增长的主要优势及劣势有一个基本的了解，以使利益相关者们能通力合作，共同制订经济日程，应对挑战，增加机会。

自2004年以来，全球竞争力指数致力于对各国的表现进行评估，见证了全球经济地理分布的重大改变，也见证了人们对经济增长的新探索。为了维持我们竞争力指数的一贯价值，我们需要考虑更多新近关于竞争力的观点。

因此，该报告开头主要展示了我们关于驱动竞争力增长的最新想法，从概念入手，提出了一系列早期测量标准，来更新我们的指数。这一章是世界经济论坛（World Economic Forum）多年研究的结果呈现。其目标是为深入讨论不断发展的竞争力概念及测量指标而提供基础依据。在接下来的几年里，我们计划携手多名专家、政策制定者及商界人士共同验证上述概念和测量指标。

2015年的报告为全球140个经济体的总体竞争力进行了测评，依然是该领域里最具综合性的评估报告。该报告包含了每个经济体的具体竞争力表现状况。作为世界经济论坛全球竞争力及风险评估团队最具标志性的报告之一，此报告还激发了一系列相关研究报告，旨在支持一些国家的转型，并提高其全局和整合意识，以更好地应对全球竞争力及风险领域的复杂状况。

《2015—2016年全球竞争力报告》得益于哥伦比亚大学教授夏威尔·萨拉-伊-马丁（Xavier Sala-i-Martin）的超前想法，他还在继续为我们的竞争力研究和未来走向提供持续的支持。此外，若是没有我们全球160多所研究机构的支持和倾力奉献，我们的报告就无法维系。我们的合作机构在开展"高管意见调查"（Executive Opinion Survey）中发挥了指导性作用，为报告的最终形成提供了基础数据支撑，并为国家层面的结果分析提供了可能。我们还要向愿意抽出时间参与我们调查的全球高管致以衷心的谢意。

表1 2015—2016年全球竞争力指数排名

排名	经济体	得分[1]	去年[2]	趋势[3]
1	瑞士	5.76	1	
2	新加坡	5.68	2	
3	美国	5.61	3	
4	德国	5.53	5	
5	荷兰	5.50	8	
6	日本	5.47	6	
7	中国香港地区	5.46	7	
8	芬兰	5.45	4	
9	瑞典	5.43	10	
10	英国	5.43	9	
11	挪威	5.41	11	
12	丹麦	5.33	13	
13	加拿大	5.31	15	
14	卡塔尔	5.30	16	
15	中国台湾地区	5.28	14	
16	新西兰	5.25	17	
17	阿联酋	5.24	12	
18	马来西亚	5.23	20	
19	比利时	5.20	18	
20	卢森堡	5.20	19	
21	澳大利亚	5.15	22	
22	法国	5.13	23	
23	奥地利	5.12	21	
24	爱尔兰	5.11	25	
25	沙特阿拉伯	5.07	24	
26	韩国	4.99	26	
27	以色列	4.98	27	
28	中国	4.89	28	
29	冰岛	4.83	30	
30	爱沙尼亚	4.74	29	
31	捷克	4.69	37	
32	泰国	4.64	31	
33	西班牙	4.59	35	
34	科威特	4.59	40	
35	智利	4.58	33	
36	立陶宛	4.55	41	
37	印度尼西亚	4.52	34	
38	葡萄牙	4.52	36	
39	巴林	4.52	44	
40	阿塞拜疆	4.50	38	
41	波 兰	4.49	43	
42	哈萨克斯坦	4.49	50	
43	意大利	4.46	49	
44	拉脱维亚	4.45	42	
45	俄罗斯	4.44	53	
46	毛里求斯	4.43	39	
47	菲律宾t	4.39	52	
48	马耳他	4.39	47	
49	南非	4.39	56	
50	巴拿马	4.38	48	
51	土耳其	4.37	45	
52	哥斯达黎加	4.33	51	
53	罗马尼亚	4.32	59	
54	保加利亚	4.32	54	
55	印度	4.31	71	
56	越南	4.30	68	
57	墨西哥	4.29	61	
58	卢旺达	4.29	62	
59	斯洛文尼亚	4.28	70	
60	马其顿	4.28	63	
61	哥伦比亚	4.28	66	
62	阿曼	4.25	46	
63	匈牙利	4.25	60	
64	约旦	4.23	64	
65	塞浦路斯	4.23	58	
66	格鲁吉亚	4.22	69	
67	斯洛伐克	4.22	75	
68	斯里兰卡	4.21	73	
69	秘鲁	4.21	65	
70	黑山	4.20	67	
71	博茨瓦纳	4.19	74	
72	摩洛哥	4.17	72	
73	乌拉圭	4.09	80	
74	伊朗伊斯兰	4.09	83	
75	巴西	4.08	57	
76	厄瓜多尔	4.07	n/a	
77	克罗地亚	4.07	77	
78	危地马拉	4.05	78	
79	乌克兰	4.03	76	
80	塔吉克斯坦	4.03	91	
81	希腊	4.02	81	
82	亚美尼亚	4.01	85	
83	老挝	4.00	93	
84	摩尔多瓦	4.00	82	
85	纳米比亚	3.99	88	
86	牙买加	3.97	86	
87	阿尔及利亚	3.97	79	
88	洪都拉斯	3.95	100	
89	特立尼达和多巴哥	3.94	89	
90	柬埔寨	3.94	95	
91	科特迪瓦	3.93	115	
92	突尼斯	3.93	87	
93	阿尔巴尼亚	3.93	97	
94	塞尔维亚	3.89	94	
95	萨尔瓦多	3.87	84	
96	赞比亚	3.87	96	
97	塞舌尔	3.86	92	
98	多米尼加	3.86	101	
99	肯尼亚	3.85	90	
100	尼泊尔	3.85	102	
101	黎巴嫩	3.84	113	
102	吉尔吉斯斯坦	3.83	108	
103	加蓬	3.83	106	
104	蒙古	3.81	98	
105	不丹	3.80	103	
106	阿根廷	3.79	104	
107	孟加拉国	3.76	109	
108	尼加拉瓜	3.75	99	
109	埃塞俄比亚	3.75	118	
110	塞内加尔	3.73	112	
111	波黑	3.71	n/a	
112	佛得角	3.70	114	
113	莱索托	3.70	107	
114	喀麦隆	3.69	116	
115	乌干达	3.66	122	
116	埃及	3.66	119	
117	玻利维亚	3.60	105	
118	巴拉圭	3.60	120	
119	加纳	3.58	111	
120	坦桑尼亚	3.57	121	
121	圭亚那	3.56	117	
122	贝宁	3.55	n/a	
123	冈比亚	3.48	125	
124	尼日利亚	3.46	127	
125	津巴布韦	3.45	124	
126	巴基斯坦	3.45	129	
127	马里	3.44	128	
128	斯威士兰	3.40	123	
129	利比里亚	3.37	n/a	
130	马达加斯加	3.32	130	
131	缅甸	3.32	134	
132	委内瑞拉	3.30	131	
133	莫桑比克	3.20	133	
134	海地	3.18	137	
135	马拉维	3.15	132	
136	布隆迪	3.11	139	
137	塞拉利昂	3.06	138	
138	毛里塔尼亚	3.03	141	
139	乍得	2.96	143	
140	几内亚	2.84	144	

发达经济体　中东，北非及巴基斯坦　亚洲新兴发展中国家　拉丁美洲和加勒比海地区　独联体　欧洲新兴发展中国家　撒哈拉以南非洲

注：全球竞争力指数选取经济体的基本面。在对结果进行阐释时，我们必须时刻注意各国和地区近期的发展情况，包括货币（例如：瑞士、沙特阿拉伯）及商品价格波动（例如：阿塞拜疆、卡塔尔），地缘政治不确定性（例如：乌克兰）和安全问题（例如：土耳其）。

1. 评价范围从一级到七级。
2. 该项展示了各个国家和地区在《2014—2015全球竞争力指数》144个国家中的排名。
3. 趋势线是2007年以来的发展状况展示；趋势线中断的地方表示该经济体该年未进入全球竞争力指数排名表中。

原文标题：The Global Competitiveness Report 2015—2016

2016年全球人力资本报告

节选自《世界经济论坛报告》2016年6月

王　芳/译

一、人力资本测量

一个国家的人力资本禀赋——体现在国家成员能够创造出经济价值的个人知识和技能——从长远角度来看，它是国家成功的决定性因素，其重要程度几乎超过其他任何资源。无论是对于所涉个人还是整个经济体来说，要想通过人力资本禀赋获取收益回报，那么这一资源必须得到足够的投资，并充分得以利用。因为人力资本不仅在社会生产力中至关重要，同时还是政治、社会和公民机构运作所不可或缺的，了解人力资本的现行状况及能力对各行各界的利益相关者来说具有一定的价值。

人力资本指数旨在作为一种工具，捕捉教育、就业和劳动力这三个动态的复杂程度，各种不同的利益相关者可以凭借这一工具作出更加明智的决策。2015年世界经济论坛（World Economic Forum）所出版的《人力资本报告》（*Human Capital Report*）中，探讨了促进一个受过良好教育、富有成效且健康的劳动力发展所需要的因素。2016年的版本通过聚焦于一些关键性问题而进行深入的分析，利于决策者更好地制定教育政策和规划未来劳动力。

全球人力资本的整体格局日趋复杂，发展进程愈发迅速。一直到2020年，每天大约有2.5万名的新员工将进入发展中国家的劳动力市场，而全球有超过2亿人将继续处于失业的状态；然而，与此同时，未来10年高技能职位应聘者的空缺预计高达5 000万个。在我们所生活的世界里，仍然有9 000万名儿童享受不到小学教育，1.5亿名青少年无法获得中学教育，数以百万计的年轻人上不起大学，并且，当今世界每年还面临着约400万名合格教师的短缺。

新一轮的技术创新——第四次工业革命，将彻底改变全球产业和劳动力市场的格局。例如，现如今，在那些最先采用工业机器人进行作业的经济体中，包含中国和韩国等新兴经济体，工业机器人每日作业24小时无休，在中国的投资回收期为1.5年，而不久以前这需要10年的时间。虽然新加坡等国在全球价值链中主营制造业的出口，并循着技术连续升级战略走过了30年的发展历程，但是中国仅在过去20年就成功做到了同样的事情。接下来的机会之窗至多可能再开启10年的时间，趁着科技尚未在诸如此类战略面前永远关上大门，南亚国家和撒哈拉以南的非洲国家尚有可能抓住这一稍纵即逝的机会。

同时，无所不在的移动互联网使真正意义上的全球劳动力市场局面首次得以出现。数字人才平台使数以百万计贫穷和边缘化的工人能够有机会进入全球劳动力市场，而这一可能也是前所未有的。这一新的工作格局——工作是全球性的，尽管工人不是——可以为发展中国家创造机会，劳动力将拥有数字化能力，直接进入全球劳动力市场，从而跨越技术发展阶段。

首先，从教育到就业的全球范围内过渡充满了不确定性。当前迫切地需要打破劳动部门和教育部门之间的分歧，弥合全球教育和就业之间的对话。企业在加大教育投资上扮演着至关重要的角色，同时，企业也清楚地展示了人们所期望的教育成果。随着当今经济越以知识为基础，以技术为驱动且越发全球化，并且我们也根本无从知晓明天的工作会是怎样的情形，人们开始逐渐认识到，必须要使下一代具备终身学习的能力。一次性受教育，提供一种终身技能的理念已被历史所淘汰。

人力资本指数采用以生命历程为基础的测量方法对人力资本进行评估，衡量了从不到15岁至65岁以上5个不同年龄段所获得的教育水平、技能以及就业情况。其目的是，评估我们过去和现在对人力资本投资所产生的结果，并洞悉一个国家人才基础的未来发展。该指数的国家排名方便我们对不同地区、不同收入人群的人力资本进行有效的横向对比。根据其选取的测量方法，该指数排名预期将成为时间序列分析的基础，允许国家能够追踪本国以及他国人力资本表现的进程。

2016年报告的一个特色是，我们与领英（LinkedIn）和一些其他企业伙伴进行了合作，对数据的分析采用了一系列来自新兴数字化劳动力市场和网络经济平台的特有数据。

面对学习和就业成果的差距、人口结构的变化趋势以及尚未开发的人才库，我们希望这份报告能够帮助政府、企业、教育机构和公民社会机构锁定关注和投资的关键领域。所有的这些实体，无论他们的首要目标是不是推动其各自业务的发展，是不是强化交流，是不是创建一个可以为增长和繁荣做出贡献、同时也能惠及于此的群体，他们都与人力资本的开发息息相关。报告还旨在促进公共部门和私营机构之间的合作——事实上，报告中的革新性数据合作就证实了这一点——发起围绕就业、技能和人力资本所进行的讨论，从现在人们对问题和挑战的关注，到合作将带来的机遇，充分挖掘蕴含在个人技能及能力之中的人力资本潜能。

二、分 析 方 法

世界经济论坛为我们提供了一系列的知识工具，人力资本指数就是其中的工具之一，同时也是其针对教育、性别差异和工作所实行的制度创新的一部分。制度创新计划为决策者的分析和洞察提供支持，预测不同国家、不同行业领域未来的工作和所需技能，分析企业的最佳实践，引领我们解决技术缺口和性别差距。另外，制度创新计划还在世界的一些地区和行业组织内创建了针对教育、性别差异和工作的对话交流以及公私合作。

人力资本指数根据国家的自身发展水平及其人力资本潜能的开发水平，对130个国家进行了排名。该指数以0分（最差）到100分（最优）为评分标准，评估了5个不同年龄组学习和就业的效果，从而描绘出一个国家的整体人口概况：

0—14岁——最年轻的成员，在对几个最关键因素的度量中，对该年龄段主要进行的是教育的评估；

15—24岁——青年人群，对该年龄段评估的因素侧重于高等教育和职场中技能的使用等因素；

25—54岁——劳动力中的绝大多数人群，对该年龄段的评估围绕着继续教育深造和就业质量；

55—64岁——在大多数的劳动力人群中他们的资历最深，对该年龄段进行评估的主要因素为工作成就和继续就业情况；

65岁以上——最为年长的人口，对该年龄段评估的因素包括继续就业的机会和健康状况。

以不同代人为视角的观察模式，揭示了特定年龄段劳动力市场的排斥和尚未开发的人力资本潜能。总体而言，人力资本指数涵盖了46个指标。每个指标的数值都来源于由国际组织所编制的面向公众的数据，如国际劳工组织（ILO）、联合国教科文组织（UNESCO）和世界卫生组织（WHO）等。除了这些有实据基础的数据，该指数还使用了来自世界经济论坛专家意见调查的量化调查数据。同时该指数所采用的测量方法还允许我们进行国家内部以及国家之间的比较。

本报告包括了3个核心的部分。第一部分包括人力资本指数的总体结果，并对表现水平突出的及主要的经济体给予了格外的关注。该部分还透过各个经济体地区和收入分组的表现情况，观察其排名结果。第二部分和第三部分评述了该指数所基于的两个并列主题——学习和就业——思考两者在各年龄组划分中呈现出的变化，以及如何为未来作好准备。

第二部分具体探讨了25岁以上和25岁以下人群平均学习成绩上所存在的差距，重点观察了大学毕业后的技能多样性，作为其工作所获技能的一个方面。该部分在对未来工作技能进行探索的同时还探讨了多种策略，从而扩大和培养人才储备以及招聘资源库。

第三部分考量了各个年龄范围的全球劳动力结构，强调了跨地域就业类型的特定趋势。着重描述了科技因素给固定工作和自营工作所造成的影响，并将目光特别放在了“零工”的身上。

三、结果与分析

对人力资本进行长远投资和规划，不仅在单个国家层面是至关重要的，还越发需要国际最高级别的政治领导人来助推世界超越零和竞争，获取双赢，让全球劳动力作足准备，迎接21世纪的挑战。我们需要采用协调一致的方法来解决全球人才流动和迁移的问题，从而降低个人和经济体所面临的风险，并发掘更多机会。许多教育体系和技能认证标准不具前瞻性，仍主要着眼于各自国家的发展之上。然而，使各国的年轻人和适龄工作人群获得教育、掌握技能，让他们在第四次工业革命中蓬勃进取，需要跨越行业范畴、跨越国家界限的协同合作。人力资本指数旨在成为这些努力的基准工具，帮助不同利益相关者做出更加明智的决定。

130个国家人力资本指数排名的详细结果如表1所示。

表1　人力资本指数具体排名

	综合指数		0—14岁年龄组		15—24岁年龄组		25—54岁年龄组		55—64岁年龄组		65岁以上年龄组合指数	
国家	分数	排名	分数	排名	分数	排名	分数	排名	分数	排名	分数	排名
芬兰	85.86	1	98.17	1	85.35	1	81.24	1	83.90	7	72.95	9
挪威	84.64	2	94.69	11	84.72	2	80.11	4	85.34	3	74.53	2
瑞士	84.61	3	95.76	7	83.34	4	80.51	2	83.54	8	73.28	7
日本	83.44	4	95.78	6	77.26	19	79.13	5	85.72	1	75.61	1
瑞典	83.29	5	93.25	14	81.03	9	80.17	3	84.58	4	70.43	16
新西兰	82.79	6	95.20	9	82.25	7	76.25	17	85.70	2	74.07	3
丹麦	82.47	7	91.77	22	81.89	8	78.17	8	83.99	6	74.04	4
荷兰	82.18	8	92.81	17	83.70	3	77.58	10	81.06	13	69.59	18
加拿大	81.95	9	93.46	13	77.74	16	77.61	9	84.22	5	73.05	8
比利时	81.59	10	95.29	8	78.25	13	77.55	11	78.33	27	68.32	23
德国	81.55	11	89.56	38	79.78	10	78.39	7	83.31	9	73.54	6
奥地利	81.52	12	92.29	20	82.41	6	76.75	15	79.06	23	72.00	12
新加坡	80.94	13	95.81	5	76.12	25	78.70	6	75.17	39	60.59	52
爱尔兰	80.79	14	95.87	4	75.84	29	76.32	16	78.16	28	67.77	26
爱沙尼亚	80.63	15	95.09	10	77.35	18	74.02	24	82.98	10	71.77	13

（续表）

	综合指数		0—14岁年龄组		15—24岁年龄组		25—54岁年龄组		55—64岁年龄组		65岁以上年龄组合指数	
国家	分数	排名	分数	排名	分数	排名	分数	排名	分数	排名	分数	排名
斯洛文尼亚	80.33	16	92.90	16	79.13	12	75.30	20	77.04	32	71.39	14
法国	80.32	17	93.07	15	76.00	26	77.32	12	77.59	30	66.32	31
澳大利亚	80.08	18	91.36	24	82.56	5	74.33	22	80.85	15	67.27	27
英国	80.04	19	91.91	21	76.64	22	76.78	14	79.07	22	66.43	30
冰岛	79.74	20	93.85	12	79.63	11	75.78	18	74.62	40	60.30	54
立陶宛	79.34	21	92.38	19	75.87	28	74.25	23	81.24	12	68.30	24
卢森堡	79.28	22	91.33	26	73.46	36	77.24	13	75.74	36	66.45	29
以色列	78.99	23	89.56	37	76.75	21	75.39	19	79.78	20	67.05	28
美国	78.86	24	88.97	39	75.99	27	74.91	21	80.62	16	70.32	17
捷克	78.45	25	89.66	36	77.49	17	73.72	25	78.43	25	68.38	22
乌克兰	78.42	26	90.73	28	78.04	15	71.83	32	79.14	21	72.21	10
拉脱维亚	78.13	27	88.79	41	76.24	24	72.79	27	80.58	17	72.10	11
俄罗斯	77.86	28	86.95	53	78.21	14	72.74	28	80.46	18	71.14	15
哈萨克斯坦	77.57	29	91.01	27	75.45	30	70.91	36	80.95	14	68.78	21
波兰	77.34	30	90.66	29	74.67	34	72.53	29	76.12	34	65.61	32
塞浦路斯	76.97	31	91.33	25	71.05	52	73.36	26	74.23	45	63.98	36
韩国	76.89	32	90.34	31	75.39	32	71.68	34	78.42	26	61.64	45
匈牙利	76.36	33	87.56	45	73.00	41	71.72	33	78.11	29	68.83	20
意大利	75.85	34	92.77	18	71.82	49	69.25	39	75.95	35	62.95	41
马耳他	75.66	35	87.49	47	73.31	37	72.09	31	73.22	50	63.13	39
古巴	75.55	36	96.87	2	75.00	33	67.80	47	72.49	54	50.94	81
亚美尼亚	75.39	37	87.49	48	69.96	56	68.76	43	81.84	11	74.01	5
罗马尼亚	74.99	38	87.30	51	72.42	42	69.01	42	77.47	31	68.18	25
克罗地亚	74.99	39	90.64	30	72.06	46	69.17	40	72.54	53	62.68	42
斯洛伐克	74.94	40	85.01	60	72.36	43	71.13	35	76.58	33	65.36	33

（续表）

	综合指数		0—14岁年龄组		15—24岁年龄组		25—54岁年龄组		55—64岁年龄组		65岁以上年龄组合指数	
国家	分数	排名	分数	排名	分数	排名	分数	排名	分数	排名	分数	排名
葡萄牙	74.39	41	88.91	40	72.16	45	70.46	37	68.10	70	58.98	58
马来西亚	74.26	42	87.51	46	76.78	20	72.13	30	70.03	65	42.36	106
保加利亚	73.66	43	78.49	83	73.26	40	70.21	38	80.27	19	69.43	19
希腊	73.64	44	88.43	42	71.18	51	68.33	45	71.42	56	60.37	53
西班牙	72.79	45	87.31	50	69.07	60	68.35	44	71.06	59	58.02	63
巴林	72.69	46	90.11	33	66.47	70	69.08	41	69.33	68	51.35	79
吉尔吉斯斯坦	72.35	47	83.64	67	74.44	35	65.13	52	75.58	37	65.01	35
泰国	71.86	48	81.71	74	73.31	39	67.91	46	70.71	62	58.65	60
菲律宾	71.75	49	81.41	75	71.01	54	66.62	49	74.46	42	65.34	34
斯里兰卡	71.69	50	91.44	23	67.12	65	62.34	66	72.91	51	63.47	37
智利	71.45	51	83.17	70	73.31	38	64.60	54	74.55	41	61.50	47
巴拿马	71.18	52	79.64	80	72.02	47	66.16	50	75.27	38	63.44	38
厄瓜多尔	70.84	53	85.57	58	76.25	23	60.58	76	73.49	48	61.75	43
阿塞拜疆	70.72	54	83.18	68	61.65	87	66.66	48	78.85	24	60.93	50
蒙古	70.71	55	87.42	49	66.84	67	63.19	63	73.64	46	59.81	56
阿根廷	70.70	56	83.65	66	69.74	57	64.21	59	72.82	52	61.59	46
塞尔维亚	70.54	57	88.22	43	65.17	75	64.67	53	70.00	66	54.91	69
塔吉克斯坦	70.53	58	87.17	52	63.06	81	65.42	51	74.40	43	53.96	71
马其顿	70.01	59	86.60	54	67.03	66	62.17	67	71.09	58	61.21	49
乌拉圭	69.96	60	78.74	81	71.03	53	64.42	57	74.32	44	63.06	40
巴巴多斯	69.78	61	95.92	3	55.62	108	63.96	60	63.30	82	50.71	83
哥斯达黎加	69.72	62	79.72	78	71.92	48	64.54	55	70.89	61	58.26	61
摩尔多瓦	69.67	63	82.97	71	68.83	62	62.95	65	73.51	47	58.69	59
哥伦比亚	69.58	64	78.42	85	71.43	50	64.26	58	72.40	55	61.40	48
墨西哥	69.25	65	82.03	73	68.60	63	63.60	62	69.35	67	58.06	62

（续表）

	综合指数		0—14岁年龄组		15—24岁年龄组		25—54岁年龄组		55—64岁年龄组		65岁以上年龄组合指数	
国家	分数	排名	分数	排名	分数	排名	分数	排名	分数	排名	分数	排名
卡塔尔	68.64	66	90.31	32	65.95	72	59.55	82	67.93	71	51.30	80
牙买加	68.62	67	84.92	61	61.52	88	64.54	56	64.27	78	55.89	67
越南	68.39	68	77.21	89	75.43	31	61.19	70	70.92	60	59.64	57
阿联酋	68.25	69	89.84	35	60.84	90	61.75	68	67.29	73	47.90	89
阿尔巴尼亚	68.23	70	90.03	34	62.03	85	59.46	83	67.45	72	55.83	68
中国	67.81	71	82.80	72	69.55	58	63.79	61	61.61	87	43.38	100
印度尼西亚	67.61	72	84.08	63	68.51	64	60.83	73	63.66	80	51.57	77
土耳其	67.57	73	85.09	59	72.34	44	58.21	86	63.30	81	53.66	74
特立尼达和多巴哥	67.04	74	86.42	55	60.80	91	61.72	69	62.90	84	48.83	86
圭亚那	66.67	75	83.17	69	60.62	93	60.52	77	67.20	74	56.39	66
毛里求斯	66.53	76	85.89	57	64.04	79	58.98	85	63.94	79	50.45	84
玻利维亚	66.47	77	78.46	84	64.19	78	60.87	72	70.22	64	56.93	65
萨尔瓦多	66.31	78	77.00	90	70.85	55	60.13	81	66.72	75	53.88	72
秘鲁	66.31	79	74.79	94	66.14	71	60.73	75	73.25	49	60.29	55
多米尼加	65.88	80	74.31	96	64.74	76	60.89	71	71.34	57	60.62	51
约旦	64.70	81	86.26	56	65.27	74	55.91	94	56.65	101	47.41	91
巴拉圭	64.62	82	70.50	102	64.63	77	60.23	80	70.44	63	61.72	44
巴西	64.51	83	71.51	100	69.28	59	60.31	78	65.79	76	52.42	76
加纳	64.26	84	75.28	93	60.65	92	60.77	74	65.64	77	52.42	75
伊朗	64.16	85	87.86	44	66.65	69	53.60	106	56.57	102	44.67	96
埃及	63.72	86	80.25	77	62.41	83	58.09	87	62.62	85	43.17	101
沙特阿拉伯	63.69	87	78.24	86	66.77	68	57.49	89	61.23	91	44.95	95
南非	62.97	88	73.89	97	59.47	95	63.08	64	62.42	86	35.43	117
委内瑞拉	62.94	89	77.00	91	65.45	73	56.80	90	60.87	94	46.22	94

（续表）

	综合指数		0—14岁年龄组		15—24岁年龄组		25—54岁年龄组		55—64岁年龄组		65岁以上年龄组合指数	
国家	分数	排名	分数	排名	分数	排名	分数	排名	分数	排名	分数	排名
赞比亚	62.06	90	68.06	108	61.94	86	60.29	79	63.17	83	50.93	82
不丹	61.83	91	81.09	76	57.46	102	56.52	91	53.50	109	44.63	97
喀麦隆	61.64	92	70.28	104	60.95	89	59.30	84	61.10	92	47.81	90
洪都拉斯	61.60	93	75.96	92	63.28	80	54.18	101	61.53	89	49.87	85
危地马拉	61.07	94	68.57	107	68.96	61	54.56	99	61.46	90	53.73	73
尼加拉瓜	60.60	95	69.10	106	55.25	110	56.07	93	69.28	69	57.74	64
博茨瓦纳	60.50	96	78.69	82	57.23	103	55.29	97	54.08	108	42.06	107
科威特	60.27	97	83.82	65	51.79	115	52.83	108	57.19	99	42.68	105
摩洛哥	59.65	98	77.36	88	57.10	104	51.88	113	58.60	97	48.38	88
乌干达	59.28	99	65.06	119	62.78	82	57.97	88	60.27	95	39.54	111
柬埔寨	58.88	100	69.44	105	55.60	109	55.38	96	59.81	96	48.41	87
突尼斯	58.24	101	83.89	64	58.21	98	48.55	115	48.19	118	35.82	116
肯尼亚	57.90	102	67.94	109	54.64	113	56.47	92	56.75	100	40.94	108
纳米比亚	57.90	103	71.04	101	47.03	125	53.80	104	61.58	88	54.37	70
孟加拉国	57.84	104	77.88	87	58.16	99	47.21	122	57.58	98	46.92	92
印度	57.73	105	84.91	62	56.46	106	48.11	119	46.48	120	33.74	119
老挝	57.66	106	73.81	98	58.92	96	53.74	105	49.05	116	32.62	122
加蓬	57.48	107	72.79	99	50.67	119	52.61	109	61.05	93	42.92	103
尼泊尔	57.35	108	74.56	95	62.11	84	52.51	110	44.53	124	30.86	123
缅甸	56.52	109	67.80	110	56.27	107	53.18	107	54.70	107	39.77	110
卢旺达	56.27	110	66.93	113	58.47	97	55.06	98	46.84	119	34.02	118
海地	56.24	111	65.54	116	57.91	100	53.83	103	51.32	111	40.59	109
马达加斯加	56.17	112	63.98	120	55.19	111	54.04	102	56.16	104	43.98	98
贝宁	55.38	113	66.34	114	51.39	116	55.53	95	52.69	110	30.68	124

（续表）

	综合指数		0—14岁年龄组		15—24岁年龄组		25—54岁年龄组		55—64岁年龄组		65岁以上年龄组合指数	
国家	分数	排名	分数	排名	分数	排名	分数	排名	分数	排名	分数	排名
马拉维	54.64	114	57.50	127	51.36	117	54.52	100	55.81	106	51.38	78
莫桑比克	53.64	115	61.72	123	52.93	114	51.36	114	51.07	112	43.47	99
坦桑尼亚	53.56	116	53.03	129	59.87	94	52.29	111	55.99	105	46.59	93
阿尔及利亚	53.22	117	79.67	79	55.04	112	44.36	126	43.65	125	19.94	129
巴基斯坦	53.10	118	67.16	112	51.29	118	48.15	118	50.85	113	39.13	112
埃塞俄比亚	53.02	119	65.25	118	57.75	101	46.38	124	48.52	117	42.74	104
布基纳法索	52.11	120	62.28	122	46.82	126	51.91	112	46.25	121	37.51	114
莱索托	51.62	121	67.56	111	49.95	120	47.88	120	41.33	127	33.73	120
塞内加尔	51.49	122	63.90	121	44.22	129	48.45	116	50.36	114	42.97	102
科特迪瓦	50.34	123	65.30	117	49.04	122	47.62	121	41.34	126	28.49	125
布隆迪	50.17	124	65.57	115	48.81	123	44.23	127	56.25	103	27.40	127
几内亚	50.17	125	58.16	126	47.82	124	48.43	117	50.12	115	38.17	113
马里	49.37	126	61.66	124	49.89	121	44.83	125	44.98	123	36.57	115
尼日利亚	48.86	127	53.19	128	56.58	105	46.96	123	45.71	122	32.62	121
乍得	44.23	128	52.03	130	44.38	128	43.96	128	37.28	128	27.87	126
也门	42.98	129	70.40	103	45.36	127	33.25	130	25.82	130	17.79	130
毛里塔尼亚	42.33	130	59.57	125	38.85	130	38.02	129	34.54	129	24.21	128

前十名

虽然2016年人力资本指数排名的前十名较2015年相比有几个显著的变动，但是并没有新面孔出现。该指数的排名中仍然是较小的欧洲国家占上风，特别是北欧国家和比荷卢经济联盟（比利时、荷兰和卢森堡），还有两个来自东亚和太平洋地区的国家、一个来自北美地区的国家也同样占得了前十的领先席位。指数排名前十的国家均为高收入经济体，这些经济体重视高水平的教育程度，相应地，其大部分劳动力都处在高技能的工作岗位上。

前三名与2015年排名一致，挪威（2）和瑞士（3）今年几乎是要不分高下的，它们齐头追赶领头羊芬兰（1）。这三个国家对人力资本潜能的有效开发和充分利用率都、在85%左右。

在打造和利用人力资本潜能上，芬兰（1）连续两年都是世界上表现最好的国家，其0—14岁、15—24岁和25—54岁三个年龄组的表现都独占鳌头，其他年龄组的表现也均排在前十。芬兰优异的表现得益于其受过良好教育的年轻人口，该国拥有超高的基础教育入学率，基础教育近乎普及水平，其小学教学质量水平也是得分最高的。芬兰25—54岁的年龄组，同时也是核心工作人口，在西欧地区高等教育的受教育程度最高，在世界总排名中排在第四位。根据世界经济论坛的专家意见调查，芬兰在“寻找技术熟练员工容易程度”的指标中总得分最高，甚至在55—64岁和65岁以上年龄段的人群拥有着世界上第三高的高等教育程度。这明显地表明，芬兰以往对人力资本所进行的投资使其获得了持久的收益。

挪威（2）紧随芬兰之后位居指数整体排名的第二位，虽然其0—14岁年龄段的表现没有进入前十，但是总体来看，其各个年龄组都展现了强劲的水平。挪威和它的北欧邻居芬兰具有较为接近的实力，同时，其25—54岁主要工作年龄人群的失业率在西欧地区是最低的。

前三甲里的第三名瑞士（3），其小学教育乃至整个教育体系的质量都是非常之高的——其整体教育体系的排名为世界第一——其人力资本的傲人成绩除了得益于教育体系的发达以外，还要归功于其高覆盖率的职业培训以及高水平的技能多样性。与此同时，瑞士还是在员工培训上表现最好的国家，其经济复杂度和高技能就业份额这两项指标均排在世界第三位。

日本（4）较去年的排名上升了一名，得益于其在55—64岁和65岁以上两个年龄组的突出表现——两组较为年长人群的长期供职和教育水平指标均占得榜首，助推了其排名的上升。然而，该国主要工作年龄组人口在劳动力参与程度上的表现相对较为薄弱，特别是由于该国就业领域性别差异较为突出。日本也基本普及了基础教育，其就业年龄人口的高等教育普及率也超出了50%，在世界排名第一。日本拥有世界最高的老年人抚养比例和世界第二高的健康期望寿命，其25—54岁年龄组的劳动力参与程度为85%，而到了55—

64岁年龄组，该指标则跌至71%，在缩小性别差距和挖掘老龄劳动力技能潜力上，日本有很大的进步空间。

新西兰（6）是前十名里另一个来自东亚太平洋地区的国家，今年新西兰的排名上升了三名，除了25—54岁年龄组以外，该国其他年龄组的表现均在前十的队伍里榜上有名。其25—54岁年龄组的较弱表现主要是因为其相对较低的经济复杂度和劳动力参与率得分。新西兰在55—64岁年龄组的评分中排名第二，一方面是因为其拥有较高的受教育程度；另一方面是因为该年龄组非常积极地参与到劳动力市场中来。

瑞典（5）也在今年的人力资源指数排名中上升了一名，表现略微优于它的邻居丹麦（7），这两个国家的各个年龄组都取得了不俗的成绩。

荷兰（8）和比利时（10）保持了各自去年的排名。这两个国家的年轻年龄组表现成绩都很突出。尽管两国55—64岁和65岁以上两个年龄组具有较高的健康和教育水平，但是其相对较低的劳动力参与度和相对较高的失业率让其他突出表现略显失色。

加拿大（9）是前十名中唯一的北美国家，由于其15—24岁年龄组多年统计数据失真，在进行了数据更新后，加拿大较去年下降了5名，但是仍然展现了强劲的实力，尤其是其在后3个年龄组上表现十分突出。加拿大55—64岁和65岁以上年龄组的高等教育程度位于世界首位。其65岁以上年龄组的劳动参与率为14%，同时还拥有高于70的健康期望寿命。在加拿大，那些选择继续就业的老年工作者们仍然可以积极地从事各项工作，在全国形成高技能和富有成效的“银发一族”劳动力队伍。

四、全球人力资本趋势

截至2016年初，世界人口数量预计达到了74亿人。结合该数值，其中只有超过2/5（41%）的人口处于主要工作年龄的25—54岁年龄组，16%处于15—24岁年龄组，26%不足15岁。在世界人口金字塔的顶端，全世界9%的人口属于55—64岁年龄段，8%属于65岁以上年龄组（参见图3）。为了尽可能地表示出每个年龄阶段的全球人口数量和权重，该图表直观地表示了以上百分比的分布情况，同时将其应用到了人力资本指数的构建之中。

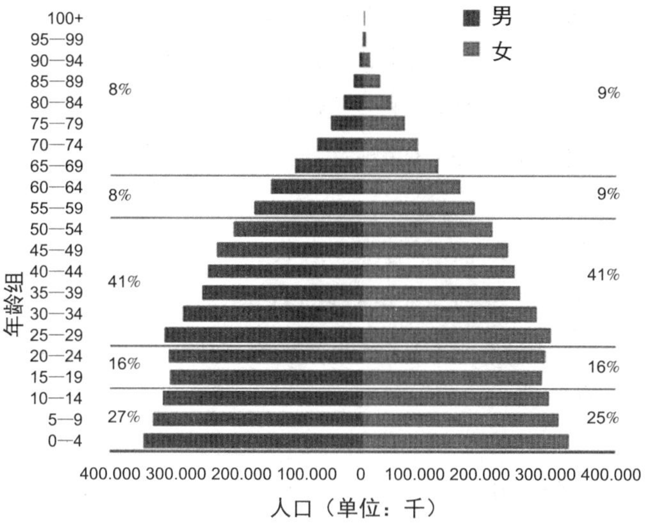

图2　世界人口金字塔

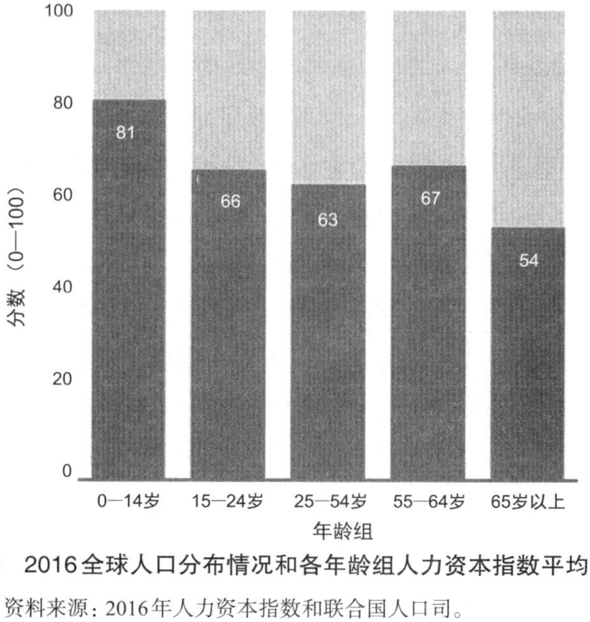

图3　2016全球人口分布情况和各年龄组人力资本指数平均分值

资料来源：2016年人力资本指数和联合国人口司。

我们的数据不仅体现了全国人口的平均水平，更突出地显现了各年龄组在人力资本发展和利用情况的不均等（参见图3）。平均而言，全世界已开发了全球人口中最年轻人群81%的人力资本潜能，对这群人来说，评估指数的最关键因素便是教育。得益于近期对年龄组所进行的大规模投资和激励措施——例如之前制定的《联合国千年发展目标》（*United Nations Millennium Development Goals*）和联合国教科文组织的《全民教育议程》（*Education for All Agenda*）——挖掘了0—14岁年龄组可实现的人力资本潜能，令其在教育上领先于其他年龄组。

然而，对于15—24岁年龄组来说，指数着重于考量与工作相关的因素，比如职场相关技能和从教育到就业的成功过渡。平均来看，所有国家只撬动了这些年轻人人力资本潜能的66%，说明在世界范围内的诸多经济体之中，学习和就业之间存在着断档。

继续来看生命历程的下一个阶段，25—54岁年龄组的人力资本分析，平均来看，所有国家只充分利用了该主要工作年龄人口人力资本潜能的63%。综上所述，在这一年龄组的人力资本产出上，世界各地的差异也比较大。对于该年龄阶段的人群来说，指数强调了他们在职场上不断学习的机会以及就业的质量。表现水平高的国家，如北欧国家和瑞士，其主要工作年龄人口的人力资本潜能开发率高达80%以上；指数排名表中有16个国家尚未跨过50%的门槛。

最后我们来看世界上年龄最大的劳动力人群——对于他们来说，指数评估了继续就业的机会、健康情况和生活质量——在全球人口投入方面它是最少的一组，55—64岁年龄组人力资本充分利用度的平均水平为67%，而65岁以上年龄组的充分利用度则平均只有54%。

我们的分析表明——除了要采取措施带动年轻人就业，以及为那些青年失业率较高国家的下一代作培养准备以外——各国必须继续进行人力资本投资，持续挖掘25岁以上人口的人力资本潜能，否则这些国家将遭受损失，占各国人才总数58%的人力资本潜能可以被忽视。特别是那些先进且老龄化的经济体，它们同那些年轻化的新兴经济体呈现了不同的人口金字塔结构。事实上，老龄化经济中青年群体的比重下降意味着，想要保持足够的竞争力，完全依靠今天的学生去满足未来第四次产业革命的技能要求是不够的。因为在将来很长的一段时间内，老龄群体将继续成为这些国家劳动力群体的主要部分。随着健康期望寿命的不断提高，终身学习和现有劳动力的再培训将变得更加重要。同样不可或缺的是，消除人们对雇用和留用老龄工作者无意识的思想偏见和抵触行为。同理，我们还要克服各年龄段女性在就业路上所受到的重重阻碍，这不仅需要制定国家政策，如改进基础保健设施，同时还需要私营部门配合和努力。

五、第四次工业革命学习和就业水平的最大化

人力资本指数由两个并列的主题组成：学习和就业。

除其他要素外，就业主题的范围涉及了经济参与、受教育过度和受教育程度不足，这些都是相对于各国可获得的工作机会、工作性质和质量而言的。学习这一主题的范围包括从小学教育过渡到职业教育和高等教育、教育的质量以及职场中学习的机会——无论是通过正式的课程，还是在一个复杂的工作环境中通过日常工作而获取专业技能隐性知识。

各国应该致力于最大化这两个主题所对应的人力资本输出。我们所面临的挑战，不仅要求我们使用及时且相关的知识和技能来打造一个国家的劳动力，还包括如何将这些技能应用于各年龄组的高质量工作中去。

人力资本指数显示，世界各地的学习和就业水平参差不齐。广义上讲，这些经济体可以分为四大类。首先是诸如芬兰（1）等国家，其已经开发和利用了学习和就业两个维度的人力资本，并且最大程度转化了其人力资本的潜能。第二类是诸如卢旺达（110）和越南（68）等经济体，它们在劳动力部署上做得还不错，但是尚且无法通过进一步提高学习效果来激发人力资本指数的表现和人力资本的潜能，同那些经济复杂程度高的先进经济体并驾齐驱。第三类是诸如沙特阿拉伯（87）和韩国（32）等一系列国家，它们的人口受过良好的教育，在学习主题各个指标中表现良好，但是他们还可以作出更多的努力，更加充分地利用积累在就业主题下的人力资本潜能。通过建设更具包容性的劳动力市场，包括妇女、年轻人和老年人，往往可以获得更多的进步。最后，是诸如印度（105）和尼日利亚（127）等经济体，这些经济体亟待作出更多的努力，并做好各年龄组在学习和就业两个维度下人力资本潜能的开发和利用。

在一系列的研究中，世界经济论坛的《未来就业报告》（*Future of Jobs Report*）凸显了这样的状况：当前正在接受小学教育的儿童，其中有60%的人群，他们未来所从事的工作类型目前可能还不存在。这将为国家创造机会，采用新颖的方式来提高就业水平，同时也为他国敲响警钟，不能单纯地依赖于昔

日的辉煌。

例如，第四次工业革命的学习和就业格局将不断发生变化，塑造这一格局的不仅包括技能型教育，还包括新兴的数字人才平台。这些力量推动人们跨越地理界限，放大开发和利用技能、经验的潜力，同时也让雇主受益，有机会雇用和融入这一分散于全球的劳动力人口。

此外，由于技能和工作的供给和需求转换到了一个数字化的背景之下，因此对学习和就业的理解也要相应地开辟新的眼界。数字人才平台的兴起以及大数据分析的进步，越发填补了标准化国际统计数据的空缺，让我们有机会了解国家技能进化的需求并实时掌握劳动力市场的变化。

基于以上内容，报告接下来的两个部分审视了人力资本指数的结果——先是重点观察了学习的情况，然后是就业，并结合独有数据真实演绎了各个主题的表现，其独有数据来自世界经济论坛和领英及其他合作伙伴的共同努力。

六、结　论

从全球范围来看，有近35%的人力资本潜能仍未得到充分的开发，这主要是由于缺乏学习或就业的机会，或两者兼而有之。人力资本指数揭示了各国之间的具体差距，并展望了主要经济体的未来发展。报告认为，当今许多教育体系同劳动力市场运作所需要的技能之间存在脱节。当前的教育体系旨在发展认知技能，而涉及个人合作、创新、个人导向和解决问题能力的非认知技能正扮演着日趋重要的角色。同时，由于不适应当前或未来劳动力市场发展的需求，教育体系的前行之路充满坎坷。在许多国家，由于失业、不充分就业或大范围地区仍处在经济不活跃的状态，其教育投资还没有为个人以及他们的家庭产生劳动力市场产生相应回报。在其他国家，不论教育水平如何，其就业情况也可能面临着众多的问题：工作可能不稳定；可能未充分挖掘现有的知识；或者没有对终身学习和再培训起到支持作用，而终身学习和再培训需要同时贯穿于整个工作的生命周期。

技术变革可能会进一步加剧挑战的难度，同时也提供了解决和转变学习及就业难题的前所未有的新机遇。这些技术发展意味着，我们需要重新思考，如何将世界人力资本禀赋投入社会和经济的繁荣以及所有人的福祉之中，并为两者所用。各国政府、商界领袖、教育机构和个人必须了解当前所发生的变化，从根本上对全球人才价值链进行重新思考。为了使我们对未来经济、社会和个人的需求做出积极的反应，我们必须重新思考学习的意义、工作的意义以及各利益相关者所扮演的角色，确保人们都能够充分发挥自己的潜力。

我们的数据已经充分证实了技术具有改变教育方式和教学质量的潜力。此外，世界上工作年龄人口的13%是自营工作者，4%是失业人口，7%是未充分就业人口，20%是非经济活动人口（除了3/4身体健朗的、多数情况下拥有高技能的65岁以上人口）——以上加在一起，约为44%的劳动年龄人口，即20亿的人口，这在全球人口中所占的份额也是相当可观的——新技术为释放和培养其人力资本潜能也提供了一个巨大的机会。一系列的研究已经通过以下几个方面向我们展示了新就业形势已有的和潜在的优点：灵活性、可访问性、透明度和规模。对于工人来说，技术降低了就业的门槛，促进新雇佣关系的形成并增加了就业的机会。对雇主来说，数字劳动力市场为应届毕业人才的招聘打开了大门。然而，抛开诸多人们所关注的问题不谈，人们仍然有理由担忧：工作分工零散以及这对收入平等的影响，收入是否有保障，以及社会稳定是否稳定。

近期关于劳动力市场相关政策的制定，其焦点大部分都围绕在管理新工作模式的挑战上。同时，最新的社会安全网络和现代化的工会相联合的新形式，譬如数字化自由工作者联盟，也已经在一些国家出现，从而完善新的工作模式。对于立法者来说，制定灵活、周到且有远见的管理方式将是他们的一项重要工作，通过新的管理方式治理和规范迅速崛起的数字化劳动力市场，应对科技对传统工作的种种冲击，最终获得最佳的社会经济效果。同时，这也是一项十分必要的任务，为了发展教育、促进终身学习，政策制定者需要联合其他利益相关者进行合作，兑现科技改变人类生活的允诺。

企业——无论是传统企业还是新型企业——需要成为新社会契约设计者中的一员，包括重新思考其所扮演的角色，将自己视为“现成”人力资本的消费者，把工作看作是捆绑了技能的包裹。企业需要对员工的终身学习、技能再培训和技能升级进行投资，并同教育体系紧密合作，促进一般性和专业性工作技能的开发。此外，鉴于商业周期难免会造成就业形势出现高峰和低谷，任何对社会负责任的企业家都应该思考，在当今这个紧密相连且透明的世界里，他们应该怎样做才能为降低失业率和提高人们的谋生能力作出贡献。

我们已经描绘了就业在当前新一轮技术变革之下的种种可能，或是积极或是消极。然而，根据这些预测如何去把握机遇、降低风险，几乎完全取决于我们自己今天所采取的行动。公私两个部门连同其他利益相关者，大家需要共同做出努力，融入新形势下的学习和工作之中。世界经济论坛所提供的人力资源指数，旨在为我们提供一个进步的平台，大家以此为契机进行对话交流并采取行动，完善报告及其他观察工具所做出的分析。对话和行动关乎我们共同的未来。

原文标题：The Human Capital Report 2016

2016年全球风险报告

节选自《世界经济论坛报告》2016年

徐　卉/译

一、摘　　要

作为第11版，《2016年全球风险报告》（*The Global Risks Report 2016*）主要关注全球风险在未来10年演变和互相影响的方向。2016年将会是不寻常的一年，在过去10年我们一直关注的各项风险开始以新的、难以预料的方式呈现，并且会对个人、机构和经济造成不利影响。与工业化前相比，全球平均地表温度已升高1℃；6 000万人口被迫背井离乡，为历史最高，这个数字相当于世界人口排名第24位国家的人口数；网络犯罪耗费全球经济约4 450亿美元，高于许多国家的国民收入。因此，报告呼吁采取行动增强抵御风险的能力，这样的抵御是刻不容缓的，同时报告列出如何抵御的实际案例。

资料：全球性风险和全球趋势的定义

全球性风险指的是一种不确定事件或状态，一旦发生就会在未来10年内对多个国家或行业造成重大的负面影响。全球趋势是指当前正在发生，且能够放大各种全球风险和/或改变其彼此关系的一种长期模式。

《全球风险认知调查》(*The Global Risks Perception Survey*)的受访者连续第二年表示地缘政治问题是一项严重的问题，因此报告深入分析了国际安全局势，并探讨了造成安全形势变化的驱动因素，尤其是剖析了第四次工业革命和气候变化对安全局势的影响。报告还提出了未来可能出现的三种情景，并在此基础上提出通过公私合作来增强风险抵御力、应对安全威胁的新途径。

报告还重点介绍了三大类重点风险，回顾和分析了气候变化、日益加深的网络依赖以及收入差距等新出现的全球风险和重大趋势，以及其正在如何影响已经面临重重压力的社会。报告指出，如果能够从特定利益相关者的角度去分析全球风险，将会有助于增强风险抵御力，因此报告也从地区和国家层面分析了全球风险对企业界的深刻影响。

二、关于《全球风险认知调查》

来自世界经济论坛多方利益相关者社区的近750位专家和决策者参与了本年度的《全球风险认知调查》。受访者来自商界、学术界、公民社会和公共部门，他们代表着不同的专业领域、地区和年龄群体。

该调查将全球风险分为五大类，分别是社会风险、技术风险、经济风险、环境风险或地缘政治风险。调查请受访者思考未来10年的29项全球风险，并请他们根据风险发生的概率及影响，对每项风险进行打分。

过去3年，气候变化减缓和适应措施不力一直属于影响力最大的五大风险之列，今年该风险已升至首位，并被认为是未来数年影响力最大的风险，超过排在第二位的大规模杀伤性武器和第三位的水资源危机。大规模非自愿的移民和严重的能源价格波动（上涨或下跌）也进入了影响力最大的五大风险之列。

发生概率最大的风险是大规模非自愿移民，而去年排名第一的具有区域影响的国家间冲突排在第四位，让位于两大环境风险——极端天气情况和气候变化减缓和适应措施的不力。重大自然灾害则排在第五位。

无论是从影响力还是发生概率来看，经济风险仍然是严重的全球风险，比如关键经济体的财政危机和严重的结构性失业或就业不足，此外还有网络攻击和严重的社会动荡。报告的评估结果反映了第四次工业革命可能会给经济和社会带来的深远影响，并强调了保护未来利益的必要性。

该调查还请受访者回答哪些风险是相互关联的，并且可能会造成风险的叠加。受访者表示有三大风险相互关联：气候变化可能会加剧水资源危机，潜在影响包括冲突以及更严重的非自愿移民，因此需要加强水资源治理，以适应气候变化并满足人口增长和经济发展的需要；需要解决全球难民危机，并补充强调了能够应对当前危机、有助于增强风险抵御力的各项政策；此外还强调了如下风险：不能充分认识到第四次工业革命所带来的风险，以及在经济持续增长持续乏力的当前背景下，这一转型将给国家、经济体和个人带来何种影响。

三、重 点 风 险

增强风险抵御力的关键在于社会稳定。有鉴于此，第一章“重点风险”分析了数字化时代各国社会复杂的动态关系，并探讨了公民获得（失去）权力的现象。这一现象是各类因素相互作用的结果：随着技术的发展，公民可以便捷地获得信息，与其他人建立联系并组织相关活动，但他们同时也觉得被高高在上的精英阶层剥夺了权力。这部分内容分析了如果政府和企业采取压制性措施，或者由于其不确定如何应对日趋透明、互联和要求更高的公民阶层而无所作为，则可能会进一步破坏双方之间的信任，并引发其中一方对另一方采取更加激进的行动，从而导致社会动荡。但是，这章内容也分析了如果政府和企业能够积极寻求方法，与公民展开互动和对话，必将从中获益良多。

气候变化背景下的粮食安全风险是第二章“重点风险”的内容。在第一章对气候与水资源关系进行讨论的基础上，本章分析气候与天气趋势的变化如何危及世界各地的粮食安全和农业生产。最容易受气候影响的国家通常严重依赖农业生产来维持经济增长与发展，但近年来的发展趋势表明，印度、俄罗斯和美国等世界主要粮食生产国（也是二十国集团成员国）以及其他工业化水平高、同时也生产大量农业大宗商品的国家，同样也很容易受到气候变化的影响。本章内容也探讨了能够适应气候变化的农作物、供应链网络以及融资和保险机制如何从社会、经济和环境等方面，缓解气候变化所带来的粮食安全风险。

第三章“重点风险”从埃博拉危机开始，探讨了全球性流行病的爆发情况，并警告称，人口增长、快速城市化和大宗商品、人员以及动物的跨国流动，增加了传染病跨地区传播的风险，同时也降低了我们相应的应对能力，因为微生物对当前高效药物的抗药性在不断增强。本章提出的应对措施既包括行为层面的措施，比如以事实为依据开展沟通和教育活动，也包括对诊断、药物和疫苗研发进行投资，并构建有利的环境，尤其是完善监管框架。本章还指出，我们要更加迫切地认识到，公共部门和私营部门必须在下列领域开展合作：数据可获得性和数据分析、合作研究、监管框架、长期融资，以及共同探寻相关途径，开展负责任的媒体沟通，从而提升危机管理和沟通的成效。

在每章内容中，报告还提供了3个行之有效的机制作为案例，这些机制能够增强对于已知威胁的抵御力。

四、企业经营风险

世界经济论坛《高管意见调查》（*The World Economic Forum's Executive Opinion Survey*）对140个经济体的私营部门领袖进行了调查，邀请他们指出未来10年企业经营面临的最大风险。这些受访者的回答结果揭示了国家和区域层面企业经营的风险，可为相关行动倡议提供信息支持，让私营部门参与进来，共同提高抵御全球风险的能力。

从全球层面来看，70个经济体的企业领袖表示，失业或就业不足和能源价格波动是最让他们担忧的两大经济风险，其次是国家治理的失败、财政危机、资产泡沫和网络攻击。

来自欧洲的受访者大多对经济风险表示担忧，其中包括财政危机、失业、资产泡沫和能源价格；加拿大的受访者表示能源价格是他们最大的担忧，而大多数受访的美国企业高管最担忧网络风险和攻击行为；俄罗斯和中亚地区的受访者对财政危机、失业问题以及通货膨胀失控和国家间冲突等风险表示担忧；东亚和太平洋地区的企业领袖除了担忧能源价格和资产泡沫以外，还担忧环境风险。

除了财政危机、失业和国家治理失败外，能源价格也是南亚地区企业领袖所担心的问题。对于拉丁美洲和加勒比海地区的受访者来说，能源价格是他们最大的担忧，其次是能源价格波动和失业；中东和北非地区的企业领袖同样担忧能源价格，也担忧失业、恐怖袭击和国家间冲突等风险；在撒哈拉以南非洲，企业界最为担心的风险包括失业、能源价格、城市规划的失败和关键基础设施的失灵。

表1　2016年全球风险

主要经济体的资产泡沫	极端天气情况（例如，洪水、风暴等）	城市规划不当
主要经济体的通货紧缩	气候变化减缓和适应措施的不力	粮食危机
主要金融机制或金融机构的失效	生物多样性丧失和生态系统崩溃	大规模非自愿性移民
关键基础设施的不足	重大自然灾害（例如，地震、海啸、火山爆发、磁暴）	严重的社会动荡
关键经济体的财政危机	人为环境灾害（例如，石油泄漏、放射性污染等）	传染性疾病迅速、大规模扩散
较多的结构性失业以及就业不足	国家治理不力（例如，腐败、非法贸易、有组织犯罪、免罪、政治僵局等）	水资源危机
走私（例如：非法资金流动，偷税漏税，贩卖人口，有组织犯罪等等）	具有区域影响力的国家间冲突	滥用技术
严重的能源价格波动（上涨或下跌）	大规模恐怖袭击	关键性信息基础设施和网络崩溃
不可控的通货膨胀	国家解体或危机（例如，国内冲突、军事政变、国家治理失败等）	大规模网络攻击
	大规模杀伤性武器	重大的数据欺诈/窃取事件

表2　2016年趋势

人口老龄化	慢性病增多
国际治理版图的变化	网络依赖加深
气候变化	地理流动性加剧
环境恶化	收入差距扩大
新兴经济体的中产阶级不断增长	权力更迭
民族情绪增长	城市化
社会两极分化加剧	

原文标题：The Global Risks Report 2016

2016年全球创新指数
——全球创新，制胜之道

节选自《2016年全球创新指数报告》2016年

康奈尔大学、英士国际商学院、世界知识产权组织联合出版

今天，创新是经济增长与发展的核心动力已经成为共识。“全球创新指数”（Global Innovation Index，GII）意在通过海量数据库展示创新的各个维度，其中数据库涵盖了128个经济体，占全球总人口的92.8%，全球GDP的97.9%。2013年联合国经济及社会理事会上，联合国主席潘基文指出，GII是“提升创新政策的独特工具，精准描述了科学、技术和创新对持续发展的作用”。

2016年GII第一章的六项主要研究结论与今年的主题“全球创新，制胜之道”密切相关。它们分为两大类：可以支持全球目标的创新战略，以及对于各地理区域的观察结果。

结论一：通过全球创新避免陷入持续低增长模式

研究与开发（研发）和创新上的投资对于经济增长至关重要。无论是创新的长期支持者——通常是那些反复进入GII前25位的国家/地区——还是如中国、韩国和新加坡等在创新领域取得了持续快速进展的国家/地区，它们都有一个共同的模式，即通过提供稳定的研发支出，保持创新处于关键的优先地位。

全球经济尚未回到正轨。人们对未来产出增长低迷和生产力水平低下存在着切实的关切。在这种情况下，寻找新的生产力源头和未来增长点成为各方优先考虑的重点。要通过加大努力，使研发增长水平恢复至危机前水平，并

克服2014年创新支出增长明显放缓所产生的影响，当时造成创新支出增长放缓的原因是中国和其他新兴经济体的增速放缓，以及高收入经济体的研发预算被紧缩。

创新界所面临的问题是，如何更为系统地将研发扩展至其他中低收入经济体，避免过于依赖有限几个国家带动全球研发的增长。即便是包括中国在内的主要新兴国家也只是将其研究预算的一部分用于基础研发；它们更侧重于应用型研发和发展。

人们迫切希望政策制定者加大对于创新的公共投资，以扩大短期需求，促进长期增长潜力。成功的创新战略不能通过“时行时停”的方式实施：如果研发支出或针对创新者的激励措施不能得到维系，过去几年来所积累的进展就会快速丧失殆尽。

结论二：有必要采用注重全球创新的思维模式，对新治理框架进行讨论

科学和创新比以往任何时期都更为国际化，更注重合作，这在今天已是众所周知的事实。所有人都有可能从全球创新中受益。第一，目前的创新投资规模高于以往任何时期。第二，随着国际开放水平的提高，全球知识溢出效应正在发挥越来越大的潜力。第三，新兴国家中的创新主体当前正为本地和全球创新发展作出有意义的贡献。

但是，创新有时并未被描绘成一种全球双赢。与之相反，所设计的大部分指标和创新政策都处于国家层面。国家经常被视为是“竞争者而非合作者”。在某些情况下，“技术民族主义政策”——对不同知识的转移设置障碍——已成为普遍存在的现象。

为了更好地强调并使人们了解全球创新和相关合作的好处，需要哪些条件？第一，缺少有关目前全球创新模型组织架构和成果的可衡量证据。尽管实证经济研究为支持国际贸易作为双赢战略以及制定适当的指标发挥了重要作用，但对于全球创新并非如此。

第二，虽然难以衡量，但看起来存在供全球企业和公共研发合作扩展的充足空间。商业战略和公共政策要将创新作为一种全球的积极因素，而不是零和博弈，并要更好地对国家创新体系进行补充。

企业长期以来一直在为全球创新开展工作。尽管存在这样一个积极的发展趋势，但根据本报告做出的分析，依然存在着尚未开发的潜力。高收入国家中的大部分公司——特别是中小企业——以及新兴经济体中几乎所有的公司，都是在公司中心进行所有的产品开发和创新活动。为了从全球创新中获益，需要树立新的企业创新文化。这涉及简化等级关系，以及在研发活动、供应链管理和营销中加强跨职能合作；能够带来新视角和技能的多元化人才库；鼓励承担风险的环境；以及对新型合作伙伴关系模型和创新平台进行尝试和试验。

对于国家政策制定来说，为加强国际合作提供便利，并通过更为外向型的方式对内进行补充，这是目前创新持续取得成功的关键因素。新的想法和点子正出现在全球各地，成功的创新战略必须确保它们得到有效利用。找出阻碍全球合作和思想交流的因素，应是新的全球创新政策重心。财政激励措施、补助和其他国家创新政策，可以更为直接地为国际合作和知识的跨境传播提供支持。多个国家共同进行项目征集是更为常见的做法，特别是针对大规模、多学科的计划，或是对大型关键研究基础设施进行规划时。

科学和创新政策中还应更多地纳入发展中国家。对官方的开发援助活动进行改进，以纳入研发和创新的部分，是受到欢迎的一大发展趋势。制定面向全球的需求侧创新政策，以支持创新的产生和传播，从而满足本地需求，这必须成为政策制定者优先考虑的工作重点。迫切需要面向以及来自低收入和中低收入经济体的适当创新。

为了完善全球创新合作，是否需要新的治理体系？这一问题应是未来创新政策辩论的核心议题。所面临的挑战是通过更具包容性的治理机制来加强全球创新合作。后者要产生更多可衡量成果，并随着时间的推移对其进行评估，并更为清晰地进行通报。

除了有助于增长，最终面向全球的智慧型创新政策和新的全球创新思维方式，能够为抵御正在抬头的民族主义和分裂化思想及时提供应对措施。

结论三：创新正在变得越来越全球化，但差距依然存在

GII排名表明，多年来，创新领先者的全球多元化水平很高。2016年，GII的最高排名仍然相对稳定。瑞士连续第六年稳居榜首。但今年位列前25位的创新国家中，不仅有来自北美（如加拿大和美国）和欧洲（如德国、瑞士和英国）的经济体，还有来自东南亚、东亚和大洋洲（如澳大利亚、日本和新加坡）以及西亚（以色列）的经济体。

如果一个经济体的表现至少高出与其处于同一GDP水平的其他经济体10%，则称其为“创新实现者”；它们包括很多非洲经济体，如肯尼亚、马达加斯加、马拉维、卢旺达和乌干达；一个来自北非和西亚（亚美尼亚）；一个来自东南亚、东亚和大洋洲（越南）；以及来自中亚和南亚的若干经济体（如印度和塔吉克斯坦）。在7个GII支柱中，很多国家/地区在至少4个支柱的表现优于它们所在的收入组别；它们包括不丹、巴西、柬埔寨、哥斯达黎加、格鲁吉亚、印度尼西亚、墨西哥、摩洛哥、菲律宾、南非和其他经济体。

在缩小发达国家和发展中国家之间差距方面，已经迈出了具有象征意义的一步：中国成为第一个跻身GII前25位的中等收入经济体，这个组别通常由高收入经济体所组成。今年，中国还在创新质量排名中升至第17位，缩小了与高收入经济体的差距。

但是，与实现创新环境的日趋平衡相反，研究和创新出现了多极化分布。大部分活动仍然集中在高收入经济体与巴西、中国、印度和南非等部分中等收入经济体。只有中国缩小了与美国等富裕国家在研发支出或其他创新投入和产出指标方面的差距。其他中等收入经济体仍然相差甚远；马来西亚今年的排名进一步下滑。中高收入经济体组别与中等收入经济体组别之间存在很大差距，特别是在制度、人力资本和研究、基础设施以及创意产出支柱方面的差距。

中低收入经济体取得了一定进展。印度就是一个通过政策改进创新环境的典范。在ICT服务出口和创意产品出口等维度，印度的突出表现开始显现。类似的情况也存在于其他中等收入经济体，即在某些领域具有显著优势。

另一个积极方面是，低收入经济体成功实现了持续缩小它们与中等收入经济体之间的差距，特别是在制度支柱和商业成熟度支柱上的差距。

结论四：对于建立完善的创新体系，不能通过刻板僵化的途径实现；激励创新的举措和“创新的空间”发挥着重要作用

对于建立完善的创新体系，不能通过机械或刻板僵化的途径实现。研发绝对支出或国内研究人员、科学和工程专业毕业生或科学出版物的绝对数量，不能保证创新体系取得成功。事实上，提高科学和工程专业毕业生占比等举措，常常被当作建立完善创新体系的万灵药。政策制定者无疑需要设定一个起点，这一要素是易于衡量的。但通过充分的创新投入、成熟的市场、蓬勃发展的商业部门和与创新主体紧密的关联建立起完善的创新体系，并对它们的表现进行评价，这项工作比试图增加一个创新投入变量要更为复杂，这已在GII模型中得到了证明。

为了避免完全采用量化方法，一种做法是对创新的质量进行研究，评估大学、科学产出和专利的价值，GII采用的正是这种方法。高水平的质量仍然是德国、日本、英国和美国等领先者的一个显著特征。中国是唯一一个创新质量不亚于领先者的中等收入国家。印度在中等收入经济体中位居第二。

但需要考虑的因素还不止于此。高质量的创新投入和产出通常反映出还存在有利于创新生态系统健康、富有活力和成效的其他因素。在理想的情况下，这些系统可实现自我维持，发展轨迹自下而上，并无须反复通过政策或政府来驱动创新。对于政府及其在未来创新政策模型中的作用来说，如何最好地创造这样一个有机的创新体系，是一个引人关注的两难问题。一方面，当前大家都接受的一点是，政府在产生创新的过程中持续发挥重要作用。产业政策和创新政策之间的界线越来越模糊，或已不复存在；两者都发挥着重要作用。特别是在过去数十年中，亚洲经济体获益于政府为创新所发挥的重要的战略性协调作用。纵观历史，北美和欧洲高收入国家的政府也为激励创新发挥了强有力的作用。

可以说，政府以及公共和配套的私人投资在今天所发挥的作用要比以往更重要。在旅游、卫生和通信等领域驱动未来创新，正在变得越来越复杂，成本越来越高。

另一方面，如果政府过犹不及，如果它们挑选技术，则可能很快会降低实现自我维持且有机的创新生态系统的可能性。为创业和创新提供足够的空间；为个人、学生、小型公司等草根力量提供正确的激励和鼓励；以及经常对现状提出质疑的一定程度的“自由使用权”，这些都是需要具备的一些要素。对于发展中国家来说，明智的做法无疑是避免过于依赖政府的力量并将其作为建立完善创新体系的唯一驱动力。

对于政府来说，在干预和放任之间取得平衡比以往任何时候都更具挑战性。

结论五：撒哈拉以南非洲，在最具潜力的地区之一保持创新的势头

在若干版本的GII中，已注意到撒哈拉以南非洲在创新领域有着较好表现。自2012年起，来自撒哈拉以南非洲的创新实现者数量要多于在其他任何地区的数量。肯尼亚、马达加斯加、马拉维、莫桑比克、卢旺达和乌干达这些通常的石油出口国家，它们的表现要优于根据其发展水平所做出的预测。重要的是，肯尼亚、马拉维、莫桑比克、卢旺达和乌干达由于在过去5年中至少4次成为创新实现者而脱颖而出。

在制度、商业成熟度、知识和技术产出这些支柱所取得的显著进步，使该地区能够作为一个整体追赶中亚和南亚在这些要素中的表现，甚至超过北非和西亚。在博茨瓦纳、毛里求斯、卢旺达和南非等经济体的带动下，撒哈拉以南非洲国家/地区今年在制度和市场成熟度领域的得分创下新高。规模较大的经济体，如博茨瓦纳和纳米比亚在普通基础设施和生态可持续性这两个分支柱的表现有所提升。

但该地区在创新领域相对突出的表现并未均衡地出现在所有经济体，也并非是未来成功的保证。的确，根据经济预测，撒哈拉以南非洲将出现经济低迷。随着经济转向低迷，保持目前的创新势头，并继续摆脱对于石油和大宗商品收入的依赖，对于非洲将是至关重要的一点。

结论六：拉丁美洲和加勒比：创新潜力尚未得到发掘，但创新活动在近期将伴随重大风险

在之前若干版本的GII中，拉丁美洲被认为具有尚未得到发掘的重要创新潜力。尽管存在巨大潜力，但相比其他地区，来自该地区的国家GII排名并未稳步上升。此外，该地区的经济体在近期没有一个成为创新实现者，即表现优于根据其GDP所做出的预期。但仍有若干经济体——如智利、哥伦比亚和墨西哥——在这一组别中脱颖而出；在以往的GII版本中已注意到了巴西的重要作用，以及秘鲁和乌拉圭开始显现的作用。今年，智利、哥伦比亚、哥斯达黎加、墨西哥和乌拉圭再次获得了地区GII最高排名。

明显的是，大部分（如果不是全部）拉丁美洲国家，特别是它们的当地政府、公司和其他各方仍然毫不动摇地将创新放在它们的议事日程上。这一点在短期内不太可能发生突变。但是，由于拉丁美洲，特别是巴西遭遇了严重的经济动荡，克服政治和经济的短期局限因素，坚持长期的创新承诺和结果，将是至关重要的一点。在拉丁美洲开展更多的研发与创新合作在这一过程中确实可能有所帮助，正如2016年GII的主题所强调的那样。

原文标题：Global Innovation Index 2016

2016年全球创新指数排名

国家/经济体	得分(0–100)	排名	收入	排名	地区	排名	效率比	排名	中位数：0.65
瑞士	66.28	1	高	1	欧洲	1	0.94	5	
瑞典	63.57	2	高	2	欧洲	2	0.86	10	
英国	61.93	3	高	3	欧洲	3	0.83	14	
美国	61.4	4	高	4	北美	1	0.79	25	
芬兰	59.9	5	高	5	欧洲	4	0.75	32	
新加坡	59.16	6	高	6	东南亚、东亚和大洋洲	1	0.62	78	
爱尔兰	59.03	7	高	7	欧洲	5	0.89	8	
丹麦	58.45	8	高	8	欧洲	6	0.74	34	
荷兰	58.29	9	高	9	欧洲	7	0.82	20	
德国	57.94	10	高	10	欧洲	8	0.87	9	
韩国	57.15	11	高	11	东南亚、东亚和大洋洲	2	0.8	24	
卢森堡	57.11	12	高	12	欧洲	9	1.02	1	
冰岛	55.99	13	高	13	欧洲	10	0.98	3	
中国香港地区	55.69	14	高	14	东南亚、东亚和大洋洲	3	0.61	83	
加拿大	54.71	15	高	15	北美	2	0.67	57	
日本	54.52	16	高	16	东南亚、东亚和大洋洲	4	0.65	65	
新西兰	54.23	17	高	17	东南亚、东亚和大洋洲	5	0.73	40	
法国	54.04	18	高	18	欧洲	11	0.73	44	
澳大利亚	53.07	19	高	19	东南亚、东亚和大洋洲	6	0.64	73	
奥地利	52.65	20	高	20	欧洲	12	0.73	43	
以色列	52.28	21	高	21	北非西亚	1	0.81	23	
挪威	52.01	22	高	22	欧洲	13	0.68	55	
比利时	51.97	23	高	23	欧洲	14	0.78	27	
爱沙尼亚	51.73	24	高	24	欧洲	15	0.91	6	
中国	50.57	25	中高	1	东南亚、东亚和大洋洲	7	0.9	7	
马耳他	50.44	26	高	25	欧洲	16	0.98	2	
捷克	49.4	27	高	26	欧洲	17	0.82	21	
西班牙	49.19	28	高	27	欧洲	18	0.72	48	
意大利	47.17	29	高	28	欧洲	19	0.74	33	
葡萄牙	46.45	30	高	29	欧洲	20	0.75	31	
塞浦路斯	46.34	31	高	30	北非西亚	2	0.79	26	
斯洛文尼亚	45.97	32	高	31	欧洲	21	0.74	39	
匈牙利	44.71	33	高	32	欧洲	22	0.83	17	
拉脱维亚	44.33	34	高	33	欧洲	23	0.78	28	
马来西亚	43.36	35	中高	2	东南亚、东亚和大洋洲	8	0.67	59	
立陶宛	41.76	36	高	34	欧洲	24	0.63	75	
斯洛伐克	41.7	37	高	35	欧洲	25	0.74	36	
保加利亚	41.42	38	中高	3	欧洲	26	0.83	16	
波兰	40.22	39	高	36	欧洲	27	0.65	66	
希腊	39.75	40	高	37	欧洲	28	0.61	84	
阿拉伯联合酋长国	39.35	41	高	38	北非西亚	3	0.44	117	
土耳其	39.03	42	中高	4	北非西亚	4	0.84	13	
俄罗斯联邦	38.5	43	高	39	欧洲	29	0.65	69	
智利	38.41	44	高	40	拉美加	1	0.59	91	
哥斯达黎加	38.4	45	中高	5	拉美加	2	0.71	50	
摩尔多瓦	38.39	46	中低	1	欧洲	30	0.94	4	
克罗地亚	38.29	47	高	41	欧洲	31	0.65	68	
罗马尼亚	37.9	48	中高	6	欧洲	32	0.72	46	
沙特阿拉伯	37.75	49	高	42	北非西亚	5	0.61	85	
卡塔尔	37.47	50	高	43	北非西亚	6	0.56	97	
黑山	37.36	51	中高	7	欧洲	33	0.62	80	
泰国	36.51	52	中高	8	东南亚、东亚和大洋洲	9	0.7	53	
毛里求斯	35.86	53	中高	9	撒南非洲	1	0.57	95	
南非	35.85	54	中高	10	撒南非洲	2	0.55	99	
蒙古	35.74	55	中高	11	东南亚、东亚和大洋洲	10	0.72	47	
乌克兰	35.72	56	中低	2	欧洲	34	0.84	12	
巴林	35.48	57	高	44	北非西亚	7	0.58	92	
马其顿	35.4	58	中高	12	欧洲	35	0.67	56	
越南	35.37	59	中低	3	东南亚、东亚和大洋洲	11	0.84	11	
亚美尼亚	35.14	60	中低	4	北非西亚	8	0.83	15	
墨西哥	34.56	61	中高	13	拉美加	3	0.63	76	
乌拉圭	34.28	62	高	45	拉美加	4	0.62	81	
哥伦比亚	34.16	63	中高	14	拉美加	5	0.56	96	
格鲁吉亚	33.86	64	中低	5	北非西亚	9	0.65	67	

国家/经济体	得分(0–100)	排名	收入	排名	地区	排名	效率比	排名	中位数：0.65
塞尔维亚	33.75	65	中高	15	欧洲	36	0.65	70	
印度	33.61	66	中低	6	中南亚	1	0.66	63	
科威特	33.61	67	高	46	北非西亚	10	0.73	42	
巴拿马	33.49	68	中高	16	拉美加	6	0.66	61	
巴西	33.19	69	中高	17	拉美加	7	0.55	100	
黎巴嫩	32.7	70	中高	18	北非西亚	11	0.73	41	
秘鲁	32.51	71	中高	19	拉美加	8	0.51	109	
摩洛哥	32.26	72	中低	7	北非西亚	12	0.66	64	
阿曼	32.21	73	高	47	北非西亚	13	0.53	103	
菲律宾	31.83	74	中低	8	东南亚、东亚和大洋洲	12	0.71	49	
哈萨克斯坦	31.51	75	中高	20	中南亚	2	0.51	108	
多米尼加	30.55	76	中高	21	拉美加	9	0.62	82	
突尼斯	30.55	77	中高	22	北非西亚	14	0.6	86	
伊朗	30.52	78	中高	23	中南亚	3	0.71	51	
白俄罗斯	30.39	79	中高	24	欧洲	37	0.45	116	
肯尼亚	30.36	80	中低	9	撒南非洲	3	0.76	30	
阿根廷	30.24	81	高	48	拉美加	10	0.56	98	
约旦	30.04	82	中高	25	北非西亚	15	0.67	58	
卢旺达	29.96	83	低	1	撒南非洲	4	0.38	123	
莫桑比克	29.84	84	低	2	撒南非洲	5	0.73	45	
阿塞拜疆	29.64	85	中高	26	北非西亚	16	0.54	101	
塔吉克斯坦	29.62	86	中低	10	中南亚	4	0.77	29	
波斯尼亚和黑塞哥维那	29.62	87	中高	27	欧洲	38	0.46	115	
印度尼西亚	29.07	88	中低	11	东南亚、东亚和大洋洲	13	0.71	52	
牙买加	28.97	89	中高	28	拉美加	11	0.53	104	
博茨瓦纳	28.96	90	中高	29	撒南非洲	6	0.42	119	
斯里兰卡	28.92	91	中低	12	中南亚	5	0.7	54	
阿尔巴尼亚	28.38	92	中高	30	欧洲	39	0.4	121	
纳米比亚	28.24	93	中高	31	撒南非洲	7	0.54	102	
巴拉圭	28.2	94	中高	32	拉美加	12	0.62	77	
柬埔寨	27.94	95	低	3	东南亚、东亚和大洋洲	14	0.59	90	
不丹	27.88	96	中低	13	中南亚	6	0.28	128	
危地马拉	27.3	97	中低	14	拉美加	13	0.62	79	
马拉维	27.26	98	低	4	撒南非洲	8	0.74	38	
乌干达	27.14	99	低	5	撒南非洲	9	0.52	106	
厄瓜多尔	27.11	100	中高	33	拉美加	14	0.6	87	
洪都拉斯	26.94	101	中低	15	拉美加	15	0.53	105	
加纳	26.66	102	中低	16	撒南非洲	10	0.6	88	
吉尔吉斯斯坦	26.62	103	中低	17	中南亚	7	0.5	110	
萨尔瓦多	26.56	104	中低	18	拉美加	16	0.48	113	
坦桑尼亚	26.35	105	低	6	撒南非洲	11	0.81	22	
塞内加尔	26.14	106	中低	19	撒南非洲	12	0.66	62	
埃及	25.96	107	中低	20	北非西亚	17	0.63	74	
科特迪瓦	25.8	108	中低	21	撒南非洲	13	0.82	19	
玻利维亚	25.24	109	中低	22	拉美加	17	0.59	89	
埃塞俄比亚	24.83	110	低	7	撒南非洲	14	0.83	18	
马达加斯加	24.79	111	低	8	撒南非洲	15	0.74	35	
马里	24.77	112	低	9	撒南非洲	16	0.74	37	
阿尔及利亚	24.46	113	中高	34	北非西亚	18	0.49	111	
尼日利亚	23.15	114	中低	23	撒南非洲	17	0.67	60	
尼泊尔	23.13	115	低	10	中南亚	8	0.58	94	
尼加拉瓜	23.06	116	中低	24	拉美加	18	0.41	120	
孟加拉国	22.86	117	中低	25	中南亚	9	0.52	107	
喀麦隆	22.82	118	中低	26	撒南非洲	18	0.58	93	
巴基斯坦	22.63	119	中低	27	中南亚	10	0.64	71	
委内瑞拉	22.32	120	高	49	拉美加	19	0.46	114	
贝宁	22.25	121	低	11	撒南非洲	19	0.43	118	
布基纳法索	21.05	122	低	12	撒南非洲	20	0.28	127	
布隆迪	20.93	123	低	13	撒南非洲	21	0.39	122	
尼日尔	20.44	124	低	14	撒南非洲	22	0.36	125	
赞比亚	19.92	125	中低	28	撒南非洲	23	0.64	72	
多哥	18.42	126	低	15	撒南非洲	24	0.36	124	
几内亚	17.24	127	低	16	撒南非洲	25	0.49	112	
也门	14.55	128	中低	29	北非西亚	19	0.34	126	

注：世界银行收入组别分类（2015年7月）：低=低收入；中低=中低收入；中高=中高收入；高=高收入。地区依据联合国分类：欧洲=欧洲；北美=北美洲；拉美加=拉丁美洲及加勒比；中南亚=中部和南部亚洲；东南亚大洋洲=东南亚、东亚和大洋洲；北非西亚=北非和西亚；撒南非洲=撒哈拉以南非洲。

2016—2017年全球竞争力报告

节选自《世界经济论坛报告》2016年

毛志遥/译

现今，全球经济持续放缓，地缘政治动荡不安，金融市场脆弱疲软，新兴市场债务畸高，在此背景下，全球经济论坛发布“2016—2017年全球竞争力报告”。报告指出，尽管各国采取了非传统货币政策，但全球GDP增速仍从2010年的4.4%跌至2015年的2.5%。这一跌落不仅反映了2015年报告中曾表明的生产率放缓现状，还预示着投资率在未来的长期下降趋势。

未来的发展前景也会受到这一长期趋势所制约。如今，世界上很多经济体都面临着生产率增速放缓及收入不均日益扩大的双重挑战，加速的人口老龄化更是雪上加霜。经济的停滞不前及收入增长的分配不平等继而又带来更加内向型的经济政策，导致保护主义压力与日俱增，引发人们对全球化前提的广泛质疑。英国公投脱欧事件就是一个最明显的例子。与此同时，对于新兴市场，消费品超级大循环的终结使其经济增长骤然放缓，这无疑暴露了其近年来在竞争力改革方面的迟缓和不足，而这些都可能加剧两极分化的风险，威胁到社会凝聚力。

从好的方面来看，经济更快发展和社会更快进步的巨大前景预示着第四次工业革命的曙光。基于数字平台，第四次工业革命以融合各种科技为主要特征，模糊了物理、数字和生物领域之间的界限。科技上的突破，如人工智能、生物技术、机器人学、物联网、3D打印技术等，将为未来的经济增长和社会发展提供新的途径，当然也会带来巨大的社会挑战。

金融危机过后，各经济体在政治及意识形态层面对其财政政策进行约束，货币政策也因此而变成发达经济体政府试图规避长期经济停滞的唯一选择。尽管这一手段在短期内成功实现了经济稳增长，但要确保未来经济更快增速，还需持续进行竞争力改革并实施供给经济改革来刺激投资，增强生产部门活力。随着第四次工业革命的快速到来，通过竞争力改革来促进创新从而支撑经济活动新兴领域的兴起将变得越来越重要。然而，从全球竞争力指数（GCI）来看，迄今为止，只有少数经济体在营造有利于创新发展的市场环境方面取得了进展。更为重要的是，未来的经济增长同样取决于各经济体维护其开放贸易及投资所获成果的能力。记录表明，最近几十年来，开放的贸易与投资政策使贫困发生率得到显著下降。

在此背景下，本报告无疑是一剂警示针，提醒人们竞争力在应对国际宏观经济挑战及开创未来经济繁荣方面的重要性。在第四次工业革命的大环境下，经济复苏的实现需要各经济体决策者在未来竞争力资源的评估和认知上达成共识。通过降低评估复杂度，本报告提出了一种识别竞争力优劣势以及追踪竞争力发展进度的方法，以期帮助政策制定者、企业管理者以及社会公民构建共同的长期愿景。

在本章下一节中，我们将首先介绍全球竞争力指数所依据的考量方法和基本构架，然后陈述本次报告的主要发现及结果概述。本章还将讨论不同地域经济体的特点以及同一地域范围内各经济体呈现的内部差异，如竞争力差异、发展趋势及其所面临的挑战等。报告选取并突出强调了排名前十的经济体、G20各经济体，以及2017年将参与世界经济论坛区域峰会的各国家和经济体。

基于《2015—2016年全球竞争力报告》，本次报告的第二章将介绍现代化全球竞争力指数的考量框架以及一些初步结果。报告突出强调了新指标、新创新概念、核算人力资本的新方法以及排列政策优先次序的新方法。报告第三章将介绍《高管意见调查》（*Executive Opinion Survey*），该项调查是我们获取当前全球竞争力指数考量指标无价及独特的数据来源。在本次报告最后的“国家 / 经济体简介”一节中，我们会详细阐述各经济体全球竞争力指数的考量结果，作为对当前章节的有益补充。

一、考 量 方 法

我们将“竞争力”定义为制度、政策以及决定经济体生产力水平的一系列要素的集合。这些要素决定了一个国家可以达到的经济繁荣水平。2005年以来，世界经济论坛每年都会发布全球竞争力指数。该指数由夏威尔·萨拉-伊-马丁教授（Xavier Sala-I-Martin）与世界经济论坛在1979年克劳斯·施瓦布教授（Klaus Schwab）提出的最初构想基础之上合作设计。指数涵盖了114项对生产率及经济长期繁荣程度起重要作用的指标。

这些指标被划分为12个支柱，即制度建设、基础设施、宏观经济环境、卫生与初等教育、高等教育和培训、商品市场效率、劳动力市场效率、金融市场发展水平、技术就绪度、市场规模、商业成熟度及创新水平。这些支柱可以被继续归类并划分为三大子指数，即基础要求指数、效率提升指数及创新和成熟度指数。在计算整体竞争力指数时，我们会根据各个经济体所处的不同发展阶段，即经济体人均GDP及原材料出口份额，给予三大子指数不同权重。本报告还介绍了对每项支柱的描述，对各经济体依据其发展阶段的分类，以及全球竞争力指数的具体结构及测算步骤，包括其数据的归一和汇总。

全球竞争力指数的统计数据均来自国际上公认的组织，主要有国际货币基金组织、世界银行，以及联合国下属的众多专门机构，如国际电信联盟、联合国教科文组织和世界卫生组织等。指数的数据来源还包括世界经济论坛开展的《高管意见调查》，这项调查可以反映竞争力的定性方面，以及那些无法获取到综合或参照数据的众多经济体的竞争力情况。

基于数据可及性，今年的报告涵盖了对138个经济体的竞争力考量。其中一些经济体已经一年或多年被排除在外，由于本次调查获取了有效数据因而又被重新收录进来。这些国家有巴巴多斯、也门共和国（上次收录是2014年）以及文莱达鲁萨兰国（上次收录是2013年）。此外，今年的调查还首次将刚果（金）列入排名范围。但是也有一些国家由于没能满足最低要求，因而未被列入此次年度报告。这些国家有几内亚共和国、圭亚那共和国、海地共和国、缅甸联邦共和国、塞舌尔共和国以及斯威士兰王国。整体而言，本次报告中所涵盖的经济体贡献了全球GDP份额的98%。

二、结果概述与主要发现

我们今天所面临的许多竞争力挑战都源自金融危机的余波。现今，发达经济体的生产率和经济增长率还未有气色，但新兴经济体的低生产率甚至负生产增长率却日益显著。经济大萧条促使很多发达经济体采取极为宽松的货币政策，给全球大宗商品市场带来一派繁荣景象，然而这种繁荣实则掩盖了新兴商品输出市场所面临的很多竞争力挑战。新兴经济体应对商品价格波动的脆弱性和第四次工业革命的萌芽发展越发凸显出创新作为竞争力资源的重要性以及依靠经济多元化促进经济复苏的必要性。

在此背景下，我们可以很清楚地看到：(1)如果一个经济体不具竞争力，那么单纯依靠货币刺激很难重新拉动其经济增长；(2)营造有利于创新的发展环境对提升竞争力至关重要；(3)创新离不开经济的高度开放和深度融合。

单靠货币政策是不够的：竞争力不足是制约全球经济复苏的瓶颈。2007—2009年金融危机余波不断，很多中央银行和政府借助于货币政策来助推经济发展。然而，近乎零甚至负的实际利率几乎已经没有给传统货币政策留下余地，量化宽松——指购买资产以扩大中央银行资产负债表规模的过程——对刺激经济增长造成的后果也莫衷一是。

在全球竞争力指数上表现不佳的经济体其中央银行资产负债表多于表现较好的经济体。此外，竞争力较高的经济体在金融危机及大萧条之后，可以更快地恢复经济，并实现更快的经济增速。对于竞争力较强的经济体，其货币刺激更有效，经济增速也更快，无论其采取何种财政政策。这一现实表明，制约经济体经济复苏的因素可能出现在供给方面。由此可见，不管是发达经济体还是新兴经济体，它们所面临的最主要的政策性挑战都是改善商业环境，促进经济繁荣，提高生产率。

在第四次工业革命到来之际，科技和创新成为驱动经济发展的两大利器。在科技汇聚、数字可视化的第四次工业革命浪潮中，创新及商业成熟度变得越来越重要，这意味着经济体要不断创造新产品和新服务，并积极寻找生产商品的新手段。

一般来讲，创新和商业成熟度与收入水平密切相关，具体说来，它们同新

2016—2017年全球竞争力报告

排名	经济体	指数	上期排名	趋势
1	瑞士	5.86	1	
2	美国	5.85	3	
3	新加坡	5.71	2	
4	荷兰	5.66	4	
5	德国	5.65	5	
6	中国香港地区	5.53	9	
7	瑞典	5.52	6	
8	英国	5.51	7	
9	日本	5.49	8	
10	芬兰	5.49	10	
11	挪威	5.40	11	
12	丹麦	5.39	12	
13	新西兰	5.37	13	
14	加拿大	5.35	15	
15	中国台湾地区	5.33	14	
16	以色列	5.31	24	
17	阿联酋	5.30	16	
18	奥地利	5.25	19	
19	卢森堡	5.23	20	
20	比利时	5.23	17	
21	澳大利亚	5.19	22	
22	法国	5.18	21	
23	马来西亚	5.17	25	
24	爱尔兰	5.16	23	
25	卡塔尔	5.11	18	
26	韩国	5.07	26	
27	中国	5.00	28	
28	冰岛	4.99	27	
29	爱沙尼亚	4.85	30	
30	沙特阿拉伯	4.83	29	
31	捷克	4.77	31	
32	泰国	4.72	34	
33	智利	4.71	33	
34	西班牙	4.70	32	
35	阿塞拜疆	4.69	37	
36	印度尼西亚	4.68	41	
37	马耳他	4.65	40	
38	俄罗斯	4.64	43	
39	波兰	4.59	36	
40	印度	4.59	39	
41	立陶宛	4.58	35	
42	葡萄牙	4.57	46	
43	意大利	4.54	44	
44	巴林	4.54	48	
45	毛里求斯	4.52	45	
46	文莱	4.52	58	
47	哥斯达黎加	4.50	54	
48	斯洛文尼亚	4.48	56	
49	保加利亚	4.46	50	
50	巴拿马	4.44	42	
51	墨西哥	4.44	51	
52	科威特	4.43	38	
53	土耳其	4.42	55	
54	拉脱维亚	4.40	49	
55	越南	4.36	60	
56	菲律宾	4.35	57	
57	哈萨克斯坦	4.35	53	
58	卢旺达	4.35	52	
59	斯洛伐克	4.33	65	
60	匈牙利	4.33	69	
61	南非	4.32	47	
62	阿曼	4.31	66	
63	博茨瓦纳	4.30	64	
64	塞浦路斯	4.30	83	
65	约旦	4.30	63	
66	哥伦比亚	4.29	61	
67	格鲁吉亚	4.28	59	
68	罗马尼亚	4.28	62	
69	伊朗	4.27	76	
70	牙买加	4.25	75	
71	摩洛哥	4.24	70	
72	秘鲁	4.22	67	
73	亚美尼亚	4.19	79	
74	克罗地亚	4.19	74	
75	阿尔巴尼亚	4.18	80	
76	乌拉圭	4.15	73	
77	黑山	4.15	82	
78	塞尔维亚	4.14	90	
79	塔吉克斯坦	4.14	77	
80	巴西	4.14	81	
81	乌克兰	4.11	85	
82	不丹	4.10	97	
83	特立尼达和多巴哥	4.09	94	
84	危地马拉	4.08	78	
85	斯里兰卡	4.08	71	
86	阿尔及利亚	4.07	87	
87	希腊	4.02	86	
88	尼泊尔	4.02	98	
89	摩尔多瓦	3.99	100	
90	纳米比亚	3.99	84	
91	肯尼亚	3.98	96	
92	阿根廷	3.95	104	
93	尼加拉瓜	3.95	103	
94	柬埔寨	3.93	89	
95	突尼斯	3.93	95	
96	洪都拉斯	3.92	88	
97	厄瓜多尔	3.91	91	
98	老挝	3.91	93	
99	孟加拉国	3.91	106	
100	埃及	3.90	115	
101	蒙古	3.90	102	
102	吉尔吉斯斯坦	3.90	111	
103	波黑	3.87	107	
104	多米尼加	3.87	92	
105	黎巴嫩	3.84	101	
106	塞内加尔	3.81	112	
107	赛尔舌	3.80	n/a	
108	埃塞尔比亚	3.78	109	
109	萨尔瓦多	3.77	105	
110	佛得角	3.76	110	
111	加纳	3.72	114	
112	巴拉圭	3.71	117	
113	坦桑尼亚	3.71	116	
114	乌干达	3.70	113	
115	巴基斯坦	3.67	122	
116	喀麦隆	3.65	119	
117	冈比亚	3.61	123	
118	赞比亚	3.52	118	
119	几内亚	3.47	n/a	
120	贝宁	3.47	124	
121	马达加斯加	3.40	128	
122	斯威士兰	3.35	n/a	
123	马里	3.33	125	
124	津巴布韦	3.32	126	
125	尼日利亚	3.30	127	
126	刚果	3.27	129	
127	委内瑞拉	3.23	130	
128	海地	3.22	n/a	
129	布隆迪	3.21	135	
130	塞拉利昂	3.20	132	
131	莱索托	3.20	120	
132	马拉维	3.11	134	
133	毛里塔尼亚	3.09	137	
134	利比里亚	3.08	131	
135	乍得	2.99	136	
136	莫桑比克	2.89	133	
137	也门	2.87	138	

东亚及太平洋　欧亚大陆　欧洲和北美　拉丁美洲和加勒比　中东和北非　南亚　撒哈拉以南非洲

兴经济体和商品输出经济体的关系已经变得比以往更加密切。2010年以来，对于这两组参数，人均GDP与全球竞争力指数中技术就绪度、商业成熟度和创新这三大支柱的联系比其与基础设施、卫生及初等教育，以及与市场相关的各项支柱（商品市场效率、金融市场发展水平和劳动力市场效率）更为密切。这些结果表明，企业和生产单元内部的生产资源将新科技融入生产过程，改变了企业及生产单元执行任务的方式，这些生产资源比投资基础物理、人力资本、完善生产要素和商品市场更为关键，尽管后者往往被认为是足以实现恢复经济的手段。结果同时还展现了价格变动在经历商品循环的终结以及更快的技术革新后如何刺激企业和政策制定者参与更多创新活动。

开放程度下降，危及未来经济增长和贸易繁荣。开放的贸易经济可以带来刺激，引发企业对新科技进行创新和投资，因为企业往往置身于竞争环境之中并持续接受新理念，能够从进口及外来投资带来的技术转让中受益。除此之外，企业还可获利于更为广阔的海外市场。然而，开放贸易的益处如今却岌岌可危，由于保护主义措施的实施，尤其是非关税壁垒的持续增加，全球贸易自金融危机后便持续放缓，一直没有得到恢复。据全球竞争力指数数据显示，2007年以来，各类收入阶层经济体的开放程度均有所下降，究其原因，这主要是由于非关税壁垒的设立，比如不断增加法律及规范性要求，限制进口等。对外来竞争保持开放的经济体（可通过全球竞争力指数的外来竞争这一负支柱进行考量）更具创新力，这同时也表明了经济开放程度对促进创新的重要作用。

原文标题：The Global Competitiveness Report 2016—2017

2017年全球风险报告*

节选自世界经济论坛《2017年全球风险报告》

一、执 行 摘 要

十几年来,《全球风险报告》一直关注全球风险演变和不同风险之间的深度联系。报告也强调了一些持续存在的长期趋势可能带来的风险,这些长期趋势包括不平等以及社会与政治的日益分化,它们可能会加剧与经济复苏疲软和快速技术变革等因素相关的风险。2016年,随着世界各国政治不满情绪的高涨,这些趋势变得更为明晰。最引人注目的混乱信号已经出现在西方国家:英国全民投票脱离欧盟,唐纳德·特朗普(Donald Trump)成功赢得美国总统选举;但在全球范围内,有证据表明人们对国内和国际现状的各方面产生了越来越强烈的抵触情绪。

二、全球风险格局

本报告分析的关键信息来源之一是《全球风险意见调查》,它汇聚了来自各个年龄群、国家和行业的各类观点,包括来自商界、政界、学术界和社会各方的意见。

---

* 此篇由原作方翻译提供简体中文版。

2017年的调查结果表明当今世界正面临着五大挑战。前两大挑战属于经济类，这与调查得到的事实一致：《全球风险意见调查》的受访者认为，收入和财富日益悬殊是决定未来10年全球发展的最重要趋势。这说明了恢复经济增长的必要性，但膨胀的民粹主义情绪表明：如果仅凭恢复经济增长，我们可能已经难以弥补社会裂缝，我们必须将改革市场资本主义也列入议程。

2016年美国大选结果出人意料，欧洲各国乃至全世界曾经边缘化的政党崛起，凸显了国家主权和传统价值观的重要性，因此两极分化加剧和民族情绪增强也被列入前五大趋势。那么下一个挑战就是：直面身份认同和社区建设的重要性。人们对于性别、性取向、种族、多元文化主义、环境保护和国际合作等方面的态度发生了急剧变化，使得许多选民感觉被自己的国家抛弃了，尤其是那些年纪较长和教育程度较低的选民。由此产生的文化分裂正在考验着社会和政治的凝聚力，如果这一问题得不到解决，就可能会放大许多其他风险。

虽然民粹主义倾向于将国内就业前景恶化归咎于全球化，但有证据显示，如何管理技术变革对劳动力市场构成了更为重大的挑战。从历史上讲，创新带来了新的工作种类，同时也摧毁了旧的工种，不过这个过程有可能放缓。现阶段技术变革具有高度颠覆性，而同时社会凝聚力和决策合法性面临多项挑战，这并非巧合。

第五个关键挑战是保护和加强我们的全球合作系统。比如，越来越多的国家正在试图退出各种国际合作机制；全球体系正持续从“外向型”转为“内向型”，这一态势将具有极大破坏性；除了持续不断的叙利亚危机及其引发的移民潮，许多领域的相互关联性共同影响着风险格局，由此可见全球合作的重要性愈加明显。

另一些需要全球共同应对的挑战属于环境类，这一类别在今年的《全球风险意见调查》中很突出。在过去10年中，一系列与环境相关的风险，尤其是极端气候事件、为减缓和适应气候变化的行动失败以及水危机，始终是风险格局中的一项核心特征，并与冲突、移民等其他许多风险密切相关。今年，环境问题比以往任何时候都更加突出，这一类别下的所有5项风险的发生概率和影响力都高于平均水平。

三、社会和政治挑战

在去年的选举冲击之后，许多人发出疑问：西方民主国家的主流政党危机是否也代表了民主本身更深层次的危机。本报告第二章思考了三项"焦点风险"，其中第一项评估了与这一想法相关的三个原因：经济和技术快速变革所产生的影响；日益加深的社会和文化两极分化；以及"后真相"政治辩论的出现。政治进程面临的这些挑战让政策问题成为关注焦点，例如如何使经济增长更具包容性，以及如何协调日益崛起的身份认同民族主义与多元化社会之间的关系。

第二项焦点风险也与社会和政治的运转有关：它关注政府如何逐步压缩社会组织和个人活动家的活动空间。从限制外国资本到监控数字活动。这些措施有可能威胁社会、政治和经济稳定。

对政治和经济现状不满的背后潜藏着一个根本问题：社会保障制度濒临崩溃。第三项焦点风险分析了国家制度资金不足如何与雇主支持的社会保障计划的衰落同时出现；这一情况正在发生，而技术变革意味着稳定的长期工作正在让位于"零工经济"的自我雇佣。如今，与失业、排外、疾病、残疾和老龄化之类的经济和社会风险相关的成本主要由个人来承担，社会保障体系因此出现了缺口，该章内容建议采取一些创新举措来填补此等缺口。

四、管理第四次工业革命

本报告的最后一章探讨了全球风险与第四次工业革命中出现的新兴技术之间的关系。为了开发和运用这些技术，我们需要制定相关的规则、规范、标准、激励机制、制度和其他机制，由此面临着一项紧迫的治理挑战。如何管理快速发展的技术是一个复杂问题：调控过严过快可能会阻碍技术发展；但缺乏治理则可能加剧风险，并且会产生不利于潜在投资者和创新者的不确定性。

目前，新兴技术的治理缺乏统一性：有些管控严格；有些不符合任何监管机构的职权范围，因而处于几乎不受监管的状态。《全球风险意见调查》的受访者认为，最需完善治理的是以下两项新兴技术：生物技术一般处于高度监管之下，但进展缓慢；而针对人工智能和机器人技术的监管则非常有限。重点讲述人工智能相关风险的一章思考了人类将更大决策权交由人工智能程序会带来的潜在风险，并讨论了是否以及如何应对智力水平高于人类的机器。

报告最后评估了技术在重建基础设施过程中产生的风险：不同基础设施网络之间的相互依存度日益加深，扩大了系统失灵的影响范围——网络攻击、软件故障、自然灾害或其他原因引起的系统失灵都可以在不同网络间扩散，并以不可预测的方式影响社会。

五、2017年全球风险、趋势及新兴技术一览

“全球风险”指的是，一旦发生便会在未来为10年对若干国家或行业产生巨大负面影响的某一不确定事件或不确定情况。

表1　2017年全球风险

全球风险		描　　述
经济风险	主要经济体中的资产泡沫	一个主要经济体或地区内，不可持续地高估资产，例如商品、住房、股票等
	主要经济体出现通货紧缩	在主要经济体或地区持续接近零通货膨胀或通货紧缩
	主要金融机制或机构的失败	金融机构崩溃和/或影响全球经济的金融体系发生故障
	关键基础设施的失败/短缺	未能充分投资，升级和/或确保基础设施网络（例如能源、运输和通信）的安全，使全系统承受压力，甚至导致崩溃
	主要经济体财政危机	导致主权债务危机和/或流动性危机的过度债务负担
	结构性失业或就业不足	失业率持续高企或未能充分利用就业人口的生产能力
	非法贸易（如非法资金流动、避税、贩卖人口、有组织犯罪等）	大规模的非法资金流动、避税、贩卖人口、仿冒和/或有组织犯罪等，破坏社会稳定，区域或国际合作以及全球增长
	严重的能源价格波动（上涨或下跌）	重大的能源价格波动对高度依赖能源的行业和消费者构成进一步的经济压力
	难以控制的通货膨胀	主要经济体货物和服务的总体价格不可控的上涨
环境风险	极端气候（如洪水、风暴等）	极端天气造成的主要财产、基础设施和/或环境破坏，以及人员伤亡
	缓解和适应气候变化影响失败	政府和企业未能采取有效措施来缓解气候变化，保护人类并帮助受气候变化影响的企业适应

（续表）

全球风险		描 述
环境风险	主要的生物多样性丧失和生态系统崩溃（陆地或海洋）	对环境造成不可逆转的后果，导致人类发展和工业生产资源严重枯竭
	重大自然灾害（如地震、海啸、火山爆发、地磁暴）	地震、火山爆发、山体滑坡、海啸或地磁暴等地球物理灾害造成的主要财产、基础设施损失，和/或环境破坏，以及人员伤亡
	人为造成的环境破坏和灾害（例如原油泄漏、放射性污染等）	未能防止重大人为损害和灾害，包括环境犯罪，对人类生命造成危害
地缘政治风险	国家治理失败（例如法治失败，腐败，政治僵局等）	由于法治薄弱，腐败或政治僵局，无法治理一个具有地缘政治重要性的国家
	区域或全球治理失败	区域或全球机构无法解决重大经济、地缘政治或环境问题
	影响区域稳定的国家冲突	国家之间的双边或多边争端升级为经济（例如贸易/货币战争）、军事、网络、社会或其他冲突
	大规模的恐怖袭击	具有政治或宗教目标的个人或非国家团体成功造成大规模的人员或财物损失
	国家崩溃或危机（例如国内冲突、军事政变等）	由于内部暴力、地区或全球动荡、军事政变、国内冲突，治理失败等原因导致地缘政治大国的崩溃
	大规模杀伤性武器	核、化学、生物及放射技术和材料的部署，造成国际危机和潜在的重大破坏
社会风险	城市规划失败	规划失败的城市、城市扩张和由此带来的基础设施扩建造成社会、环境和健康方面的挑战
	食品危机	大规模获取适当数量和质量的食物和营养面临总量不足、价格过高及渠道不可靠等问题
	大规模非自愿移民	由冲突、灾害、环境或经济原因引起的大规模非自愿迁徙
	深刻的社会不稳定	主要的社会运动或抗议活动（例如街头骚乱，社会动荡等）破坏政治或社会稳定，对人口和经济活动产生负面影响

（续表）

全球风险		描　　述
社会风险	传染病大规模迅速蔓延	由于滥用抗生素等导致传染病不受控制地传播的细菌、病毒、寄生虫或真菌，造成大规模的死亡和经济损失
	水危机	淡水质量和数量的显著下降，对人类健康和/或经济活动造成危害
技术风险	技术进步的不利后果	技术进步的有意或无意的不利后果，如人工智能，地质工程和合成生物学对人类，环境和经济造成的损害
	重要信息基础设施和网络的故障	网络依赖性增加使得重要信息基础设施（如互联网、卫星等）和网络故障将会引起大规模的停摆
	大规模的网络攻击	大规模的网络攻击或恶意软件造成巨大的经济损失、地缘政治紧张局势或互联网上信任广泛丧失
	大规模数据欺诈和数据盗窃	非法利用私人或官方数据

"趋势"指的是目前正在发展的一种长期模式，可能有助于放大全球风险和/或改变它们之间的关系。

表2　2017年新兴技术

新兴技术	描　　述
3D打印	使用各种材料进行印刷创新，超越原型设计，越来越广泛地应用于制造业和医疗，范围之广从建筑中的等高线制作到开发印刷生物材料，如器官组织，骨骼和肌肉
先进材料和纳米材料	化学和物理方面的创新带来了新材料物质、智能材料、二维材料，以及其他性能和制造方面的突破，范围之广从热电性能与形状的保持到磁性和机械功能
人工智能和机器人技术	从制造业到无人驾驶车辆等各种自动化流程的进步；超高效能的网络—物理系统支持下的自动化工作；能够替代人类完成与思维、多任务和精细动作技能相关的各种任务的机器

（续表）

新兴技术	描　　述
生物技术	基因组编辑、基因疗法以及其他形式的基因操作方面的创新；增加动物测序种类的合成生物学；创造以前不存在的生物体；对医疗、农业和工业应用的微生物和生物体进行修改，包括将它们与电子和计算技术革新相结合
能量捕获、存储和传输	能源技术的突破，包括先进电池和燃料电池，绕太阳能电池阵列，潮汐能捕获，风能和生物能源以及核聚变控制，智能电网系统，无线能量传输和燃料电池制造效率提高等
区块链和分布式账本	管理和验证公共分类账上的分布式交易数据的密码系统的发展，提高了透明度并确保应用程序不可变的记录，比如比特币等加密货币；以及验证各行业之间的各种交易，尤其是金融技术（FinTech）
地球工程	创造和发展介入地球地质和气候系统的技术，从土地开垦到大气播种，以影响天气模式或清除二氧化碳
连锁传感器的扩散与泛在	连接的传感器也称为“物联网”，它的扩散和泛在与大规模数据分析相结合，这些分析将通过广泛传送和接收数据来连接，跟踪并管理物理产品、物流系统、能源网格等数字基础设施
神经技术	发展新方法，以洞察并控制人类大脑功能和处理过程，允许通过各种高级技术，如智能药物、神经影像学、生物电子界面、机脑界面和脑波解码和操纵来理解、影响大脑活动
新的计算技术	在处理或存储数字信息的材料和集合方面的创新，如集中式云计算、量子计算、神经网络处理、生物数据存储和光学计算
空间技术	可用于太空的技术将提高公共和私人实体获得、探索和创造新价值的能力，如微型卫星、可重复使用的火箭、集成火箭喷气发动机、光学和成像技术、传感器开发、资源开发、激光和通信技术、空间探索和栖息地开发以及可转移到市场的技术科学突破
虚拟现实与增强现实技术	开发复杂的沉浸式虚拟环境，其范围从招牌显示和全息显示到完全混合的数字和物理环境，再到完整的虚拟世界和界面

原文标题：Global Risk Report 2017

2017年全球创新指数：创新助力世界（第十版）

节选自《世界知识产权组织报告》2017年
苏米特拉·杜德（Soumitra Dutta）
布鲁诺·朗万（Bruno Lanvin）
萨夏·文森特（Sacha Wunsch—Vincent）
王赛锦/译

2017年的全球创新指数主要测量全球127个经济体的创新表现，主题为“创新助力世界”（Innovation Feeding the World），传达了6个方面的信息。这些信息中很多都是关于创新驱动整体增长的。其中尤为引人关注的一点是，利用创新来解决对先进农业及食品价值链日益增长的需求。

发现之一：在全球经济处于重要转折点的时刻，努力发展创新驱动型增长

在一系列事件中，增长会随着2017年全球创新指数的发布，变得越来越突出，势头也在不断增强。为创新型的经济发展模式奠定基础便显得至关重要。维持创新投资的相关政策可帮助我们将周期性的经济增长转变为长期增长。这些积极的创新政策对于不确定性来说也是一剂良药，它能增强经济信心，从而增加对未来的投资。

尽管出现了这种新的增长势头，但是投资和生产率仍处于历史低点。除了中国以外，中等收入国家的增长率均已回落到富裕国家的水平（参见图1）。此外，如今的生产力危机超越了以往任何时候。经济衰退使富裕国家的生产率增长更加不振，同时也阻碍了技术创新和技术扩散。新兴经济体也同样受到了影响，它们追赶发达国家生产率的步伐正在放缓。

研究和开发（R&D）投资需要加强。尽管由于反周期创新政策和私人创新支出的影响，研发增长的长期停滞得以避免，但是仍然低于2011—2013年

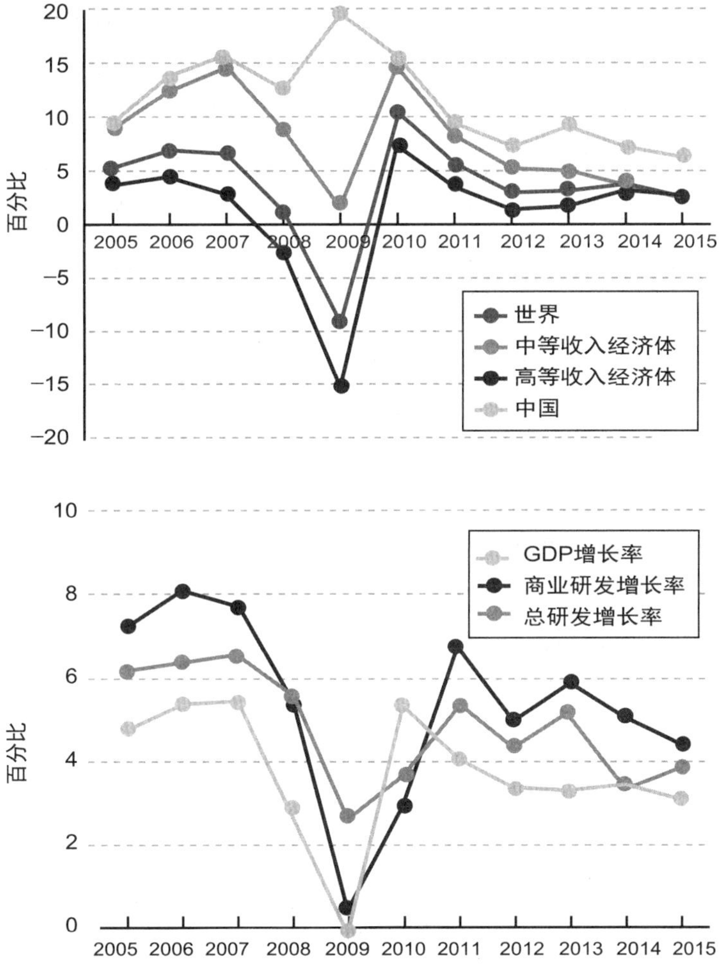

图1　全球投资和商业研发投入正在放缓投资增长率，2005—2015年

的增长率，更无法与2005—2008年的水平相提并论。部分高收入国家的政府研发预算的收紧，以及新兴国家研发支出的放缓，一定程度上解释了上述现象。然而，更加令人不安的是，除了公共研发投入的放缓，商业研发的支出似乎也在丧失动力。

发现之二：智能、数字农业的创新，以及发展中国家对创新的更好吸收，有助于克服严重的食品危机

今天，为了应对农业生产率的缓慢增长以及农业创新系统的瓶颈问题，我们需要新的创新驱动力。首先也是最重要的一点，中等收入经济体农业生产率的落后以及全球各国农业研发投入的停滞都需要逆转；其次，创新需要更有效地分散在整个农业和食品部门，尤其是发展中国家。为了满足农业系统的创新需求，一波新的农业技术和创新正在上线，以帮助克服落后的农业生产率。过去几年，农业创新的步伐不断加快，这得益于其他领域创新的外溢效应。遗传和纳米技术，以及生物科技取得的进步已经证明了它们提高产量和供给更多营养成分的能力，尽管它们对环境和健康的影响还未得到完全证实。大数据正在重塑农业世界：得益于信息技术的创新和发展——如传感器、无人机和机器人、虚拟和增强现实的应用，以及遥感和地理信息系统所带来的数据生成和分析能力，数字农业已经开始在全世界范围内传播。

然而，不幸的是，技术进步的新浪潮在世界许多地区（包括发达国家）都推广得相当缓慢。发展中国家，尤其是撒哈拉以南非洲，还没有从早期农业创新的浪潮中获得任何利益。

撇开新技术不谈，农业创新的主要动力在于对农业价值链的改进过程，而不仅仅是新的技术。无论是高收入经济体，还是低收入经济体，都是如此。就发展中国家而言，农业价值链上存在很多重大瓶颈。这些障碍主要和流动性约束、低质量的农业投入、信息和意识不足，以及收获后的分配性基础设施的缺乏有关。

公共部门在促进食品和农业价值链创新方面责任重大。农业和食品行业应该构成所有国家创新战略的一部分。但是直到今日，这种情况也并不常见。

为了克服市场失灵，政策制定者有责任开发资助机制，以刺激农业和粮食生产方面的创新。农业基金和重点研究机构需要更有效率地展开工作。发展中国家也需要在国内研发方面投入更多资金，例如，在安排研究领域的优先项目时，应与具体的资源和背景相适应。地方性的倡议也很重要：农业中的基层创新往往可以扩大规模。在此背景下，公共研究机构、公司和基层的紧密连接便至关重要。

提高粮食和农业创新系统效率，应重点减少研发投入和农业创新的实际转化之间的差距。建立明确的大学—工业互动原则在促进农业技术转让方面是个相当不错的选择，其中包括知识产权的商业化。支持农民和商业农业生产对创新的需求也同样重要。以下是5个建议：

第一，为农民提供足够的信息，确保价值链上的关键劳动者拥有足够的相关技能，鼓励采用新产品和新流程；

第二，为农民提供接触具有巨大潜力的新技术和新服务平台的机会；

第三，帮助农民认识并了解创业和风险投资方法；

第四，在为农业部门输入其他关键领域（比如信息和通信技术部门）的卓越和创新态度上，私营部门和政府都可以提供帮助；

第五，完善农业领域的国家法律和监管框架，普及精简的规章制度，减少官僚作风，尤其是在寻求传统和现代农业技术的平衡时。

发现之三：随着发展中国家不断完善其创新系统，全球需要更多的创新融合

创新正变得越来越全球化，但分歧仍然存在；排名靠前的创新领袖们无可匹敌，但是新的参与者正在不断出现。

瑞士已经连续多年领跑排行榜了。前25名中，一些经济体的排名出现了上升，如荷兰、丹麦、德国、日本、法国、以色列和中国。然而就今年来说，富裕国家依旧占据了前25中的绝大多数席位，中等收入国家与前25的差距并未缩小，反而拉大了。

中国依旧是个例外。2016年，它以首个中等收入国家的身份跻身前25；今年，它的排名再次提前，变成了世界上第22位最具有创新活力的国家。除了保加利亚和马来西亚之外，排名第11—25的国家与中等收入经济体之间的差距仍然很大，特别是在体制、人力资本和研究、基础设施和创造性产出方面。在这些国家之外，只有少数中高收入国家跻身今年的前50，如土耳其、俄罗斯和越南。同样，创新质量排名由美国、日本、英国和其他高收入国家领衔，中国是唯一一个与它们在不断缩小差距的中等收入国家。

就地区而言，同样的创新模式仍然存在：北美、欧洲、东南亚、东亚和大洋洲牵头，随后是被它们远远甩在后边的北非、西亚、拉丁美洲、加勒比海地区、中亚和南亚，以及最后垫底的撒哈拉以南非洲。

尽管如此，也仍然存在很多积极的发展。首先，2017年我们不断看到许多国家在创新方面的表现超越了现有发展水平，超出人们的预期；同时，我们也希望这能在未来几年里引发一种良性循环。今年，“创新成就者”集团的成员变成了17个，比2016年有所发展。

这些经济体中，9/10来自撒哈拉以南非洲，其次是3个欧洲东部地区的国家，表1列举了创新成就者名单。尤其值得注意的是，随着一些新的经济体的加入，比如坦桑尼亚和布隆迪，撒哈拉以南非洲地区正在取得一些持续性进展。肯尼亚、卢旺达、塞内加尔、乌干达、莫桑比克和马拉维在该团体中的过去6年里，至少5次脱颖而出。越南和印度的结果导向型活动在一些特殊的创新领域所取得的成果，也尤其引人注目。

表1　创新成就者：收入群体和成为创新成就者的年份

经 济 体	收入群体	成为创新成就者的年份（总计）
越南	中低收入	2017,2016,2015,2014,2013,2012,2011(7)
肯尼亚	中低收入	2017,2016,2015,2014,2013,2012,2011(7)
摩尔多瓦	中低收入	2017,2016,2015,2014,2013,2012,2011(7)
印度	中低收入	2017,2016,2015,2014,2013,2012,2011(7)
亚美尼亚	中低收入	2017,2016,2015,2014,2013,2012(6)
乌克兰	中低收入	2017,2016,2015,2014,2012(5)
卢旺达	低收入	2017,2016,2015,2014,2012(5)
乌干达	低收入	2017,2016,2015,2014,2013(5)
莫桑比克	低收入	2017,2016,2015,2014,2012(5)
马拉维	低收入	2017,2016,2015,2014,2012(5)
塞内加尔	低收入	2017,2015,2014,2013,2012(5)
塔吉克斯坦	中低收入	2017,2016,2013(3)
马耳他	高收入	2017,2016,2013(3)
马达加斯加	低收入	2017,2016(2)
保加利亚	中高收入	2017,2015(2)
布隆迪	低收入	2017(1)
塔桑尼亚	低收入	2017(1)

正如前几期全球创新指数不断指出的那样，低收入经济体的平均表现正在接近中等收入群体的表现。无论是在全球创新指数的得分上，还是在特定

创新变量的追赶上，表1中的创新成就者在缩小与中等收入国家的差距上都作出了贡献。

发现之四：东亚创新者的崛起催生了更加深入的区域创新网络，且可从印度的崛起中获益

在更广泛的创新发展和经济发展方面，亚洲无疑是21世纪的一个重要创新引擎，能对高收入经济体（主要北美和欧洲）的创新努力进行补充。

各个不同的创新元素正在亚洲汇聚，即将构成一个强大的创新网络。一开始，虽然在经济上经历了一些挫折，但自20世纪70年代末以来，日本一直是全球创新的驱动力。随后，到了20世纪80年代，所谓的“亚洲四小龙”开始崛起（某种程度上来说，马来西亚的创新议程也发展得相当迅速）。这些经济体与日本一同形成了该地区创新领域的领军国家。到了20世纪90年代，诸如泰国等东南亚国家兴起，如经济和创新专家所预测的那样，对老牌大国主导的创新领域是个很大的补充。亚洲金融危机短暂地阻碍了这些国家的经济增长，但是自那以后，其增长势头长盛不衰。此外，由于中国对创新发展的不断坚持和稳定投入，中国在创新活动和成果方面也取得了长足的进展。

展望未来，创新发展的新动态正在逐步形成，这可能会催生一批新的亚洲创新国家。“新亚洲四小龙”，诸如印度尼西亚、菲律宾和越南等国家也正在崛起，它们不仅越来越多地参与亚洲高科技价值链，还加入了一些诸如ICT外包的活动。亚洲的这些国家和其他一些国家也正在积极改善它们的创新绩效。尽管在规模较小或新兴的亚洲经济体中，新加坡依然无可匹敌，但是一些国家正在迅速追赶，如越南、菲律宾和泰国等。其中，越南在该地区的教育支出居首位，在ICT利用、资本形成综合和FDI净流入方面都表现良好。马来西亚在集群发展和ICT的利用上做得最好；菲律宾在ICT服务出口中遥遥领先；泰国在出版物和商标质量上居首位；柬埔寨最近才开始参与创新活动，但其FDI流入已经很高了。

随着中国、日本和韩国不断在其亚洲邻国开展制造业活动——包括那些科技密集型的行业，一个地区性的生产和创新网络正在形成，而且这个泛亚洲的创新网络潜力无限。然而，该区域内的生产活动主要还是低技能和低工资性质的组装业务，中国、日本和韩国的企业选择在越南等国开设工厂，为的是从这些国家良好的框架环境和较低的工资支出中获得更多利润。亚洲的这些领先国家（顶级创新集群，或者那些规模较小的新兴者）之间很少进行合作性质的研发项目，不论是公司层面还是国家层面都是如此。新兴的亚洲经济体，如马来西亚、菲律宾和越南，其研发水平和居民专利水平都还比较低。因此，亚洲地区的创新网络还未完全释放活力，潜力巨大。

中亚和南亚也有所发展，如伊朗、哈萨克斯坦和孟加拉国等都取得了一些重要的进展。但是最重要的是印度当下以及未来的发展，以及其对该地区和全球创新方面的贡献。正如全球创新指数所展示的那样，相对于人均GDP而言，印度在创新方面的表现持续走高。最近，它又在创新输入和输出方面取得了重要进展。如今，它位列全球创新指数排名的前半部分。印度在投资、高等教育、出版物和大学质量、ICT服务出口以及创新集群方面不断取得进展，值得一提（参见图2）。印度有望在这条轨道上继续向前，其创新投资将会培育出越来越多拥有专利、高科技生产和出口的研发密集型企业。如果印度能越来越多地将其创新体系与上述东亚的创新国家以及西方的创新强国连接起来，那么它将从真正意义上改变亚洲在全球创新体系中的角色，并推动全球创新向前发展。

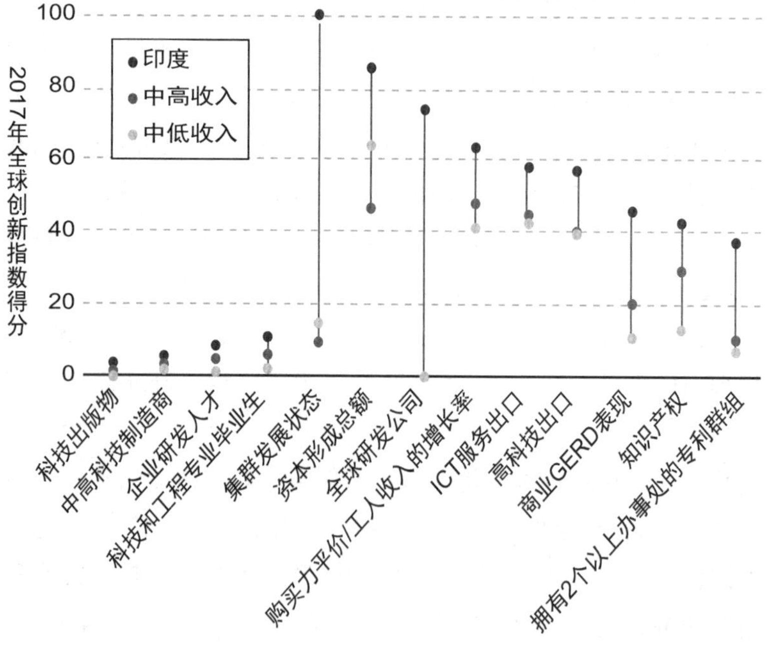

图2　印度排在中低收入经济体和中高收入经济体平均水平之前

这是很有希望的。在未来几十年中，亚洲新四小龙的出现、印度的创新能力，以及该地区创新网络的不断优化，将很有可能给世界创新体系注入巨大活力。

发现之五：保持撒哈拉以南非洲的创新势头，并开发拉丁美洲的创新潜力是接下来的优先事项

最近几期的全球创新指数表明，撒哈拉以南非洲地区的创新势头不断发展，而拉丁美洲和加勒比海地区国家也正在努力开发其创新潜力。

在过去几年的全球创新指数中，我们发现，相对于其经济发展水平而言，撒哈拉以南非洲在创新方面的表现相对较好。2012年以来，撒哈拉以南非洲国家成为创新成就者的比其他任何地区都多。在过去6年中，肯尼亚、卢旺达、塞内加尔、乌干达、莫桑比克和马拉维在成为创新成就者上至少5次脱颖而出。肯尼亚是该地区最主要的创新成就者，自2011年以来，每年都在原来的基础上不断超越，包括2017年。

由于机构和商业复杂性方面的显著改善，该地区在创新方面整体上赶上了中亚和南亚。在南非、毛里求斯、博茨瓦纳、纳米比亚、卢旺达和布基纳法索等经济体的推动下，今年撒哈拉以南非洲地区的机构和市场成熟度达到了历史新高。南非、肯尼亚、博茨瓦纳和纳米比亚等更大的经济体在促进基础设施扩张方面发挥了作用；而毛里求斯、塞内加尔和津巴布韦等其他国家在人力资本方面发挥了作用。

然而，推动该地区经济增长的活跃因素今年有所放缓。很显然，从绝对角度来看，撒哈拉以南非洲经济体和东亚一些创新新秀之间的差距依旧很大，尤其是在全球价值链和创新出口、对高科技生产和出口的参与，以及撒哈拉以南地区的专利技术方面。

而对于拉丁美洲和加勒比海地区来说，则必须采取更多行动，以充分发挥该地区的创新潜力。智利、墨西哥、巴西和其他一些国家无疑是该地区重要的创新主体。墨西哥也是全球价值链的积极贡献者，其贡献领域还包括高科技产业。但是，该地区的创新潜力还有待开发，无论是在整体创新表现上，还是在关键的创新变量上，如科学出版物、研发和专利申请等。例如，近年来，包括2017年，这一地区没有任何一个经济体成为创新成就者——它们的创新水平均未超过其经济发展水平。在过去的一年里，该地区本身也面临着很多重大的经济挑战，以目前的预测来看，虽然巴西仍然面临着高度的不确定性，但是已经开始从经济衰退中缓慢复苏了。

为了进一步支持该地区的经济增长，也为了更好地帮助该地区在创新方面取得进展，我们需要在改进创新投资和协调创新体系方面做出持续性的努力。而在全球创新指数认为的广泛性区域研发和创新合作上，该地区依然十分缺乏。

表2 前25位国家或跨境区域中的顶级集群

排名	集 聚 地	国家或地区
1	东京—横滨	日 本
2	深圳—香港（中国）	中国/中国香港地区
3	圣何塞—旧金山，加利福尼亚州	美 国
4	首 尔	韩 国
10	巴 黎	法 国
12	法兰克福—曼海姆	德 国
18	艾恩德霍芬	荷兰/比利时
21	伦 敦	英 国
22	特拉维夫	以色列
24	斯德哥尔摩	瑞 典

发现之六：以专利申请为标准，最大的创新活动集聚地是东京—横滨、中国深圳—中国香港地区和圣何塞—旧金山

今年，全球创新指数首次对地区性的创新集聚地进行评估。过去10年中，全球次国家地区和国际层面上的创新重要性一直是全球创新指数评委会的讨论重点，原因有二：首先，成功的创新集群对于国家创新绩效来说至关重要；其次，各国最常见的问题之一是，全球创新指数是否能应用于次国家层面的创新集群，从而更广泛地评估创新。

然而，从地域层面衡量创新能力依然具有挑战性。在区域或城市层面上，只有为数不多的几项指标可供参考。此外，城市集群通常不会在边境地区。就定义上来说，搜集及时的官方创新数据仍然存在挑战。2017年全球创新指数提出了一个新的测量方法，即通过专利申请过程中对专利合作条约（Patent Cooperation Treaty，PCT）的使用来确定大型创新集群。我们利用先进的制图技术和WIPO专利数据分析来鉴别创新集群地区，表2显示了主要的分析结果。基于这种分析方法，东京—横滨、中国深圳—中国香港地区和圣何塞—旧金山（加州的硅谷地区）名列前茅，是最大的几个创新集群地区。

在未来几年里，创新集群数据的搜集和使用应得到更多关注，而且有可能成为全球创新指数重要的组成部分。

原文标题：The Global Innovation Index 2017: Innovation Feeding the World

2017年全球人力资本报告
——为未来工作准备人才

节选自《世界经济论坛报告》2017年

马晶晶/译

一、重 要 发 现

对国家的长远成功而言，如何开发其人力资本是最重要的决定因素。“人力资本”是能使人们在全球经济体系中创造价值的知识与技能。人力资本不仅限于正规教育与技能，它还能终生持续积累，随着使用而增值（闲置则会贬值）。故在本报告的全球人力资本指数中，人力资本是动态变化而非一成不变的概念。

2017年全球人力资本指数从4个维度（能力、配置、开发、专业技术），分5个年龄层（0—14岁、15—24岁、25—54岁、55—64岁以及65岁以上）对130个国家的人力资本开发程度进行分级，分为0级（最差）到100级（最好），一览各国的人力资本潜力状况。该指数也可衡量各国所取得的进步，指出各国间相互交流学习的机会。

能力分项指数衡量各代人的受教育程度，配置分项指数覆盖工作中技能的应用与积累，开发分项指数反映了对学生和工作群体的教育、技能以及技能提升的投入，专业技术分项指数涉及专业技能在工作中使用的广度与深度。

本报告的重要发现如下：

（1）全球人力资本平均开发利用率仅为62%。或者反过来说，平均来看，各国忽视或浪费了38%的人才。该指数中仅有25个国家的人力资本利用率超过70%,利用率为60%—70%的有50个国家,利用率为50%—60%的则有41个国家，还有14个国家低于50%,也就是说这些国家当前人力资本利用率还不到一半。

（2）领跑今年人力资本指数前10强的是挪威（1）、芬兰（2）、瑞士（3）等欧洲小国,以及美国（4）、德国（6）这样的大型经济体。东亚和太平洋地区、东欧和中亚地区,中东与北非地区各有4国、3国、1国跻身20强。

（3）在指数榜领跑的经济体普遍长期致力于提高人民受教育水平,各行各业广布技能密集型职业劳动力。这些经济体不出意料成为当今的高收入经济体。创建这样的良性循环应当是每个国家的目标。

（4）从地区分布来看,人力资本开发利用差距最小的当属北美,然后是西欧、东欧和中亚、东亚与太平洋、拉丁美洲、中东和北非。差距最大的为南亚以及撒哈拉以南非洲地区。

（5）就北美而言,美国（4）进入前10,加拿大（14）上榜20强。西欧地区,挪威（1）、芬兰（2）、丹麦（5）、瑞典（8）北欧四国加上瑞士（3）和德国（6）联手占据了该地区榜单前十。人力资本开发利用率在70%以上的有12个国家。荷兰（13）与比利时（15）领先英国（23）与法国（26）成为该地区中间阶层,而葡萄牙（43）、西班牙（44）、希腊（48）等地中海国家垫底。

（6）至于东欧与中亚地区,斯洛文尼亚（9）、爱沙尼亚（12）与俄罗斯（16）上榜世界20强。而捷克（22）、乌克兰（24）、立陶宛（25）三国得分均超过70%大关。马其顿（67）与阿尔巴尼亚（85）因各个年龄层居高不下的失业率和未充分就业而处在指数榜末尾。

（7）东亚地区表现最好的新加坡（11）、日本（17）与韩国（27）则是全球人力资本成功典范大本营,而老挝、缅甸和柬埔寨等国虽然在人力资本利用的配置分项指数很高,但仍在该地区处于落后水平。

（8）拉丁美洲和加勒比共同体地区分数最高与最低国家之间的差距最小。阿根廷（52）和智利（53）雄霸该地区榜首,两个最大的经济体墨西哥（69）和巴西（77）以及秘鲁（66）、哥伦比亚（68）则处于中下游水平。垫底的则是委内瑞拉（94）、洪都拉斯（101）这样的中美洲国家。

（9）中东与北非地区仅有以色列（18）进入世界20强。阿联酋（45）、巴林

（47）、卡塔尔（55）三个海湾国家跑赢其他阿拉伯语国家，总体指数位于中游水平。土耳其（75）人力资本开发率达到60%。本地区最大的经济体沙特阿拉伯（82）胜过人口最多的埃及（97）。阿尔及利亚（112）、突尼斯（115）与摩洛哥（118）位居下游，毛里塔尼亚（129）和也门（130）紧随其后。

（10）在南亚地区，斯里兰卡（70）独占鳌头，而尼泊尔（98）、印度（103）、孟加拉国（111）和巴基斯坦（125）等国滞后。除了斯里兰卡，其余诸国人力资本开发利用率尚需突破60%关卡。

（11）撒哈拉沙漠以南非洲地区指数排名最后。卢旺达（71）、加纳（72）、喀麦隆（73）与毛里求斯（74）等国人力资本开发利用率已超过60%。本地区第二大经济体南非（87）接近中游水平。尼日利亚（114）位于中下游，埃塞俄比亚（127）在本地区垫底，指数总榜倒数第四。

（12）对人才能力与开发水平已经很高的经济体（如法国、希腊、意大利与阿联酋）而言，通过关注专业技术分项指数高人力资本利用率，这样的机会很重要，包括中高技能工作机会以及通过行业投资拓宽上述经济体复杂性的机会。在北美、西欧、中东与北非以及东欧和中亚地区，改进国家高素质人才的配置大有可为。撒哈拉以南非洲和南亚地区需改善投资，开发其当下和以后的劳动力，以便扩展其目前相对较低的能力。

（13）指数的指导意义在于，促进各国在整个生命周期内通过教育和就业对培养人才进行投资，增加人力资本。前期教育投入、在职学习对初期投资

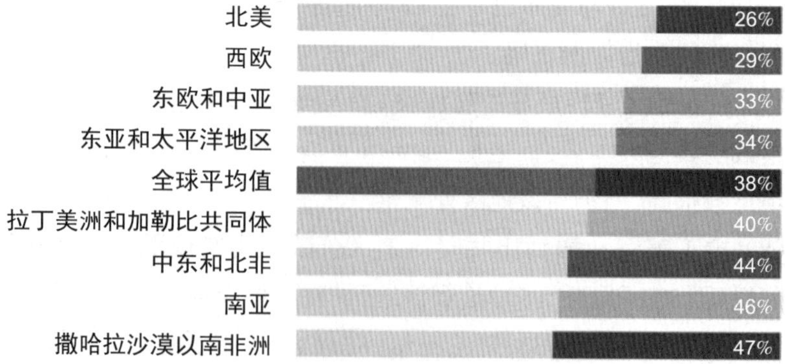

图1 2017年各地区人力资本开发利用率差距

资料来源：2017年全球人力资本指数。

产生回报至关重要，也能保证人们技能的增长与升值。而来自合作研究机构领英（LinkedIn）的数据证实，个人在踏入劳动力市场后，其专长与能力得到拓展，这为识别与分析人才库指明了新机遇，并为新技能习得与技能提升设计指明机会。更广泛地说，这独一无二的数据也表明，决策者可以利用劳动力市场的动态信息改善其人力规划与决策。

（14）人力资本不仅对社会生产力至关重要，对政治、社会和市民机构运转而言也很重要，了解目前社会状态与职责同样对各个利益攸关者很关键。我们希望本报告能对政府、企业、教育机构和市民社会机构确定应关注与投入哪些关键领域有所帮助。

二、全 球 概 况

在今年报告中上榜的130个国家，拥有93%的全球人口，贡献了超过95%的全球国内生产总值（GDP）。这些国家人力资本平均开发利用率只有62%，或者反过来看，各国平均忽视或浪费了38%的人才。从地区来看，人力资本开发差距最小的当属北美和西欧，差距最大的则是南亚和撒哈拉沙漠以南的非洲。不过各个地区内人力资源成绩各异，人力资本的各个方面也不相同。

全球人力资本指数表明在培养并全面开发人力资本方面，各国均大有可为。指数榜上，仅有25个国家的人力资本开发利用率达到了70%以上，利用率为60%—70%的有50个国家，利用率为50%—60%的有41个国家，还有14个国家低于50%，也就是说这些国家人力资本开发都不到一半。

今年全球人力资本指数前十强，北欧国家和瑞士名列前茅，经济大国美国和德国名次较高。另外，东亚和太平洋地区4国，东欧和中亚地区3国，以及中东和北非地区1国也同样跻身指数20强。指数领跑的经济体普遍长期致力于提高人民受教育水平，相应地高度重视培养其人力资本潜力，在各行各业广布技能密集型职业劳动力。

今年指数榜单前三强国家中挪威（1）与芬兰（2）旗鼓相当，瑞士（3）紧随其后，这三个国家遥遥领先于其他排名靠前的国家。这三国人力资本开发利用率已超过理想水平的75%，实属难得。

挪威（1）成绩最为亮眼。尽管在单项指数得分没有夺冠，但该国在能力、配置、开发与专业技术等各个专项维度以及所有年龄层都表现突出。挪威的熟练技术工人数量全球第一。其北欧邻国情况也大致一样，不过挪威在配置分项指数上更胜一筹，失业率尤其低。

芬兰（2）在培养人力资本潜力方面的得分令人瞩目。该国小学与整体教育体系质量高，职业教育和高等教育入学率高，在开发分项指数上夺冠。能力与专业技术分项指数得分也同样分列单项前十，老一代接受高等教育方面分数达到最高，近半数的劳动力从事高技能职业。不过在配置分项指数上，芬兰也面临挑战，目前青年失业率超过20%。

瑞士（3）占据前三甲最后一席，得益于其高质量的教育体系与员工培训（这两项今年都独占鳌头）以及强有力的职业培训。瑞士在专业技术分项指数方面也是冠军，技能密集型就业比例很高，经济体系复杂多维。至于配置分项指数，主力工龄阶层与老一代工作族中劳动力性别差距依然存在。

美国（4）在指数榜上名列第四，是除了西欧外排名最高的国家。其开发分项指数得分不错，这主要归功于年轻一代高等教育入学率高且技能多元化，该国已接受高等教育的老一代劳动力比例保持在较高的水平。美国在配置分项指数方面成败参半，失业率相对较低，但失业率相对低是因为主力工龄阶层多不从事生产。

丹麦（5）和瑞典（8）所有专项维度有和挪威接近的成绩，在借助于教育体系优化未来人力资本潜力这点上稍有不及。瑞典的专有技术分项指数同样出色，该项位于全球第三。

同样，德国（6）开发与配置专项均衡发展，专有技术分项指数最为出众。德国人口结构逐渐老龄化，要利用好教育程度高的老一代，不过要将这些成功复制到各个年龄层也颇具挑战。东亚和太平洋地区以及东欧和中亚地区的国家中，新西兰（7）和斯洛文尼亚（9）在各自地区排名最高。新西兰培养人力资本潜力方面尤其成功，教育体系质量得分较高；而斯洛文尼亚能力分项指数表现不错，老一代教育程度较高。今年前十强最后一席是奥地利（10），其健全的职业培训体系与毕业生技能多样化功不可没。

三、按地区划分

全球范围内，只有北美和西欧两个地区人力资本开发利用率达到了理想的70%以上。东欧和中亚、东亚和太平洋、拉丁美洲和加勒比共同体这三个地区的得分在60%—70%之间，而中东和北非，南亚以及撒哈拉沙漠以南非洲地区尚未迈过60%的门槛。不过正如图2所示，各个地区的人力资本有效利用率不尽相同，成绩出色与表现不佳皆有。

（一）中东和太平洋

中东和太平洋与全球人口最多的南亚一起位居全球人力资本指数成绩单中游，总体平均得分为65.77。地区内表现优劣差距全球最大，反映出16个上榜国家经济发展都处于不同阶段，收入差不多的国家间人力资本开发程度也不一。该地区过半国家小学教育入学率接近100%。不过。该地区0—14岁年龄组中，平均超过20%的学童没有接受中等教育。尽管如此，该地区更年轻一代的能力分项指数得分普遍要高得多，说明取得了显著的代际进步。

该地区成绩最好的国家，如新加坡（11）、日本（17）和韩国（27）堪称全球人力资本成功典范。而老挝（84）、缅甸（89）和柬埔寨（92）尽管在配置分项指数上人力资本利用率高，但在本地区仍然落后。东盟经济体，比如泰国（40）在专业技术分项指数成绩突出，借助于技能密集型的人力资本潜力弥补配置分项得分。越南（64）和印尼（65）在年轻一代的受教育程度上取得了显著进步，在开发分项指数上也相应地树立了培养未来人力资本潜力的牢固理念。马来西亚（33）超越除新加坡以外的其他东盟国家，能力、开发与专业技术等分项指数得分都不错，唯独因为就业性别差异惊人而在配置分项指数上表现不佳。

中国（34）做得最好的当属配置分项指数，在开发与专业技术分项指数上也相对不错，遥遥领先于其他金砖国家（俄罗斯除外）。中国年轻一代的受教育程度迅猛提升，成为未来劳动力储备的资产。反之，正经历快速老龄化的日本（17）与韩国（27）因上一代人的教育成就突出，在能力分项指数做到了高度利用人力资本。然而日本与韩国两国都因就业性别差异问题，各年龄层劳动参与率相对较低。新加坡（11）高技能就业比例全球第二，其教育体系与员工培训质量过硬，可能是解决了就业性别差异，充分实现人力资本倍增。

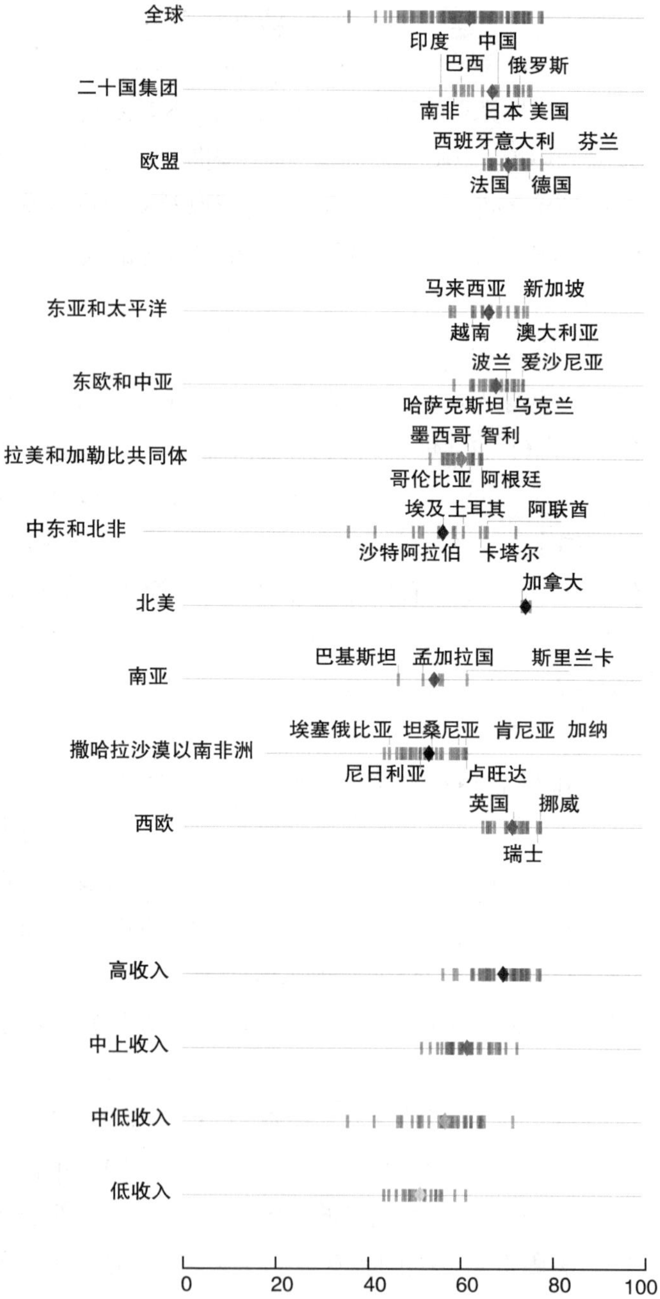

图2　2017年全球人力资本指数（按地区、收入和国家划分）

资料来源：2017年全球人力资本指数。

同时，新西兰（7）和澳大利亚（20）一直人尽其才，其人力资本转向东亚和太平洋地区大人才库。澳大利亚努力减少（尤其是年轻一代）失业和未充分就业，并从中受益。

（二）东欧和中亚

本年度指数涵盖了东欧与中亚21国。该地区以67.36的平均分位列全球第三，仅次于北美和西欧。该地区各国的人力资本开发也是颇有建树，斯洛文尼亚（9）和爱沙尼亚（12）双双闯入全球指数15强，而俄罗斯（16）、捷克（22）、乌克兰（24）和立陶宛（25）纷纷跨过70%开发利用率的门槛。对于人均国内生产总值，乌克兰的表现格外出众。

该地区大部分国家接近实现全民接受基础教育。不过部分国家，如摩尔多瓦（62）与罗马尼亚（42）依旧落后。马其顿（67）和阿尔巴尼亚（85）等垫底国家也因各个年龄层一直受到居高不下的失业率和未充分就业拖累，配置分项指数得分很低。

俄罗斯（16）的能力和配置两项分项指数表现都不错，因为该国各个年龄层的小学、中等和高等教育程度都很高。不过，如此成就却与其当前教学体系、员工培训或专业技术分项指数的成绩质量并不同步，这说明在未来劳动力开发以及第四次工业革命的人才储备等方面仍需努力。

总体来看，本地区排行榜名次靠后的吉尔吉斯（46）和塔吉克斯坦（57）上一代接受过良好的正规教育（该地区以前公立教育体系比重大），能力分项指数表现出众，不过在劳动力参与率以及技能密集型工作环境的人才库配置方面表现逊色。

（三）拉美和加勒比共同体

拉美和加勒比共同体22个上榜国家得分均在中下游水平，低于全球平均水平，居于东亚和太平洋地区之后，总体平均得分为59.86分。与东亚和太平洋地区诸国的成绩相比，本地区上一代人力资本成绩还高一点，25—54岁年龄组不分上下，年轻一代则稍有落后。在某种意义上，这暗示着东亚崛起，拉美和加勒比共同体部分国家则错失良机。

本地区成绩优劣差距最小。地区佼佼者阿根廷（52）和智利（53）配置和专业技术两项分项指数实力相仿，在人力资本能力实现方面则大相径庭。智利所有年龄组的受教育程度都高，在能力维度领先。而阿根廷青年接受高等教育的人数多，技能多元化，其未来人力资本潜力开发在该地区拔得头筹。这两个国家若能提升教育体系质量，减少青年失业和未充分就业，就可进一步提升人力资本利用率。

相形之下，本地区最大的两个经济体——墨西哥（69）和巴西（77）则处在全球中游水平。墨西哥失业率相对较低，年轻一代亦是如此。两国工作环境都复杂多样。可惜在将这种工作环境转化为民众的技能密集型就业机会，以及为下一代的教育质量、技能多元化和员工培训而培养人力资本潜力方面做得不够好。因此若想在第四次工业革命中的新兴经济体与劳动力市场环境下有所成就，两国就必须更加努力。秘鲁（66）与哥伦比亚（68）同样处在本地区中间层次。因劳动参与率高，秘鲁在配置分项指数上表现出色，成为本地区此类冠军。

委内瑞拉（94）则是本地区最后一名，从能力分项指数来看，人力资本开发面临长期挑战。而中美洲国家，如洪都拉斯（101），基础教育仍不完善，此类问题依旧是人力资本发展道路上的阻碍。

本地区有几个国家目前还未实现100%的小学入学率，而且该地区20%的学童甚至都未完成基础教育。乐观地看，该地区没有明显的教育性别差异。尽管该地区诸多国家15—24岁青年失业率很高，25—54岁主力工作大军失业率维持在个位数，且高技能就业率为20%。这表明该地区年轻一代要想站在上一代的成功肩膀上仍需努力。本地区55—64岁人群劳动参与率大幅下滑，同时，继续工作直到超过本国健康预期寿命的65岁以上人群的比例较大，表明该地区社会福利体系面临挑战。

（四）中东和北非

中东和北非地区的15个国家的指数数据充足。唯有以色列（18）成功跻身全球指数20强。在人力资本开发利用方面，阿联酋（45）、巴林（47）以及卡塔尔（55）这三个海湾国家因教育质量高而领先于该地区其他阿拉伯国家，在全球指数榜上名列中游。不过论及收入水平，三国技能多元化得分、高等和职业入学率在指数排名中垫底，有机会应进一步改善人力资本表现。土耳其（75）年轻一代高等和职业教育入学率高，这一强项跨过了60%利用率关卡。不过和该地区其他经济体一样，因就业性别差异大这一主要原因，在人力资本配置分项指数上得分不高。

北非国家阿尔及利亚（112）、突尼斯（115）以及摩洛哥（118）都在地区榜榜尾，其后还有毛里塔尼亚（129）和也门（129）。许多国家的中等教育入学和青年失业性别差异仍然十分普遍，会长久影响下一代劳动力。

中东和北非最大的经济体沙特阿拉伯（82），将地区人口最多的埃及（97）甩在身后。尽管埃及在专业技术分项指数遥遥领先，但沙特阿拉伯的经济和劳动力市场最为多元化，在拓展未来人力资本潜力方面（教育质量和员工培训）更为出色，而埃及这两方面则双双近乎垫底。不过两国年轻一代的失业率都很高，就业性别差异也很大，都要进一步开发本国人力资本潜力。

中东和北非在指数榜上可算是表现最为迥异的地区之一：有三种收入水平，既有与西欧等高收入经济体看齐的得分，也有如撒哈拉沙漠以南非洲垫底国家一般的成绩，例如科威特（96）的人均国内生产总值增长了近8倍，与埃及旗鼓相当。这强调了一点：光凭经济不足以衡量一个国家充分开发其人力资本的能力。尽管该地区总体平均55.91分掩盖了部分国家之间天差地别的情况，但这也为各国取长补短提供了机会。

（五）北美

北美地区以73.95的平均得分成为人力资本指数榜单中最强的地区。其中美国（4）名列前10，加拿大进了前20。两国25—54岁人群高技能职业就业率双双超过40%，美国在专业技术分项指数相较于加拿大更胜一筹，尤其是经济复杂性方面。不过美国也有相对大面积的低技能行业，说明其人力资本分配不均，呈现分化。在小学教育质量方面，美国也不如其邻国加拿大，在下一代劳动力的人力资本潜力培养方面也没有很大优势。

两国在能力分项指数上成绩出众，其上一代的受教育程度全球最高，在配置分项指数上充分利用这种人力资本仍大有可为，因为两国的主力工龄人群的劳动参与率相对较低。但是，65岁及以上人群劳动参与率分别为19%和14%，健康预期寿命70岁以上，美国和加拿大能让工人主动继续工作，说明开发高技能和高效“银发”劳动力的潜力裨益何其之多。

（六）南亚

指数榜中包含5个南亚地区国家：斯里兰卡（70）、尼泊尔（98）、印度（103）、孟加拉国（111）和巴基斯坦（125）。该地区平均分为54.10，不如中东和北非地区，却胜过撒哈拉沙漠以南非洲地区，除了几个佼佼者，该地区其他国家在人力资本开发利用率尚未达到60%。

斯里兰卡（70）成为地区亮点，这得益于其教育入学率高，且小学和教学体系总体工作相对出色，这些都是培养未来人力资本的根本要素。可惜在将年轻一代潜力转化为劳动力方面尚有不足，超过1/5的15—24岁人群目前处于失业状态。

印度（103）在指数榜后1/4中处于领先。即便与过去几代相比，印度当前受教育率进步极大，但其青年识字率仍仅有89%，大大落后于其他领军的新兴市场和中低收入人群的平均水平。其劳动参与率排名也很落后，一部分原因是印度就业性别差异是全世界最大的国家之一。好在印度的教育质量、员工培训以及经济复杂性名次不错，说明想要更好挖掘该国人力资本潜力，关键在于提高包容性并拓展大量的学习和就业机会，从而创造良性循环。

本地区人口最多的孟加拉国（111）和巴基斯坦（125），因教育入学率低，小学教育质量差，人力资本潜力被遏制。两国高等教育的工作反而比小学教育做得更好，不过大学毕业生的技能不够多元化，只在寥寥几个学术科目上实力突出。另外，两国的就业性别差异都很大。

（七）撒哈拉沙漠以南非洲

本地区包括卢旺达（71）、加纳（72）、喀麦隆（73）和毛里求斯（74）在内的几个国家人力资本开发利用率均超过了60%，领先于拉美和加勒比共同体、中东和北非以及南亚地区的平均水平，与东亚和太平洋地区排名后半部分国家以及全球指数平均水平不相上下。但是其他经济体，如尼日利亚（114）与埃塞俄比亚（127）在人力资本上面临种种挑战，如识字率和基础教育水平低。该地区总体平均得分为52.97，在全世界的地区排名中最低。

总体来说，该地区29个国家上榜，包含5个中上收入水平国家，8个中低收入水平国家，还有16个低收入水平国家。尽管地区收入水平迥异，但所有年龄人群以及人力资本潜力模式都差不多。由于劳动参与率高，撒哈拉以南非洲地区配置分项指数得分不错，全球10强便有5个来自该地区。可是该地区整体能力与专业技术分项指数低于平均值，若能提升在常规职业外的人力资本配置比例，将受益无穷。

本地区前两名卢旺达（71）和加纳（72）分别在封闭式教育、就业性别差异以及大幅提高新一代受教育程度方面表现出众。肯尼亚（78）也是如此，受益于大量中等技能就业领域的专业技术储备，以及相对较强的教育质量和员工培训。这为培养未来人力资本潜力奠定了基础。然而，这三个国家的中等教育入学率仍有待提高，以确保发展红利可以尽可能地惠及全国民众。

博茨瓦纳（91）、赞比亚（80）、南非（87）以及纳米比亚（99）这几个非洲南部国家，在培养未来人力资本潜力这一点上尤为成功，开发分项指数胜过该地区其他国家。不过在现有劳动力配置这一点上，它们低于地区平均水平。本地区第二大经济体南非（87），高技能职业劳动力比例在地区最高，员工培训也不错，不过学校质量较为逊色。

尼日利亚（114）是撒哈拉沙漠以南非洲地区人口最多的国家，也是最大的经济体，地区排名中游后半段，接受过高等教育的比例（尤其是上一代的工人）相对较大，员工培训相对较强。但是，所有年龄组的小学和中等受教育程度很低，目前小学教育入学率处于全球最低水平之一。这表明其人力资本分配极度不均衡，追求更加包容的人力资本开发手段尚待挖掘。

埃塞俄比亚（127）人口多，地区排名低，总榜倒数第四——塞内加尔、毛里塔尼亚和也门为倒数三甲——因为失业率和未充分就业率很高，能力和配置两项分项指数表现都不佳。

（八）西欧

北欧国家——挪威（1）、芬兰（2）、丹麦（5）、与瑞典（8）占据了西欧排行榜的前几名，另外还有瑞士（3）与德国（6）。

荷兰（13）与比利时（15），还有紧随其后的英国（23）和法国（26），组成本地区中游联盟，而葡萄牙（43）、西班牙（44）和希腊（48）三个地中海国家垫底。

该地区的平均分为71.10，这是仅次于北美的第二高成绩，指数榜单中20个西欧国家中有12个国家的有效人力资本开发利用率在70%以上。与其他地区（如东亚和太平洋地区，或中东和北非地区）相比，西欧地区人力资本高度统一。

总体来看，该地区年轻一代劳动参与率较低，失业率和未充分就业率较高，其人力资本配置低于全球平均水平，说明该地区面临一些结构性调整。尽管与过去相比，地中海国家有所改善，但继续受到青年高失业率的困扰——希腊48%，西班牙43%。乐观地看，整个西欧上一代人受教育程度高，该地区55—64岁年龄组仍然活跃，而且高等教育入学率很高，整体开发分项指数表现亮眼。此外，专业技术分项指数全球前30强中，西欧就贡献了17个席位，深入开发该地区的人力资本或许能促进第四次工业革命。

资料：二十国集团

目前在二十国集团国家当中，美国（4）人力资本成绩最好，其次为德国（6）、加拿大（14）、俄罗斯（16）与日本（17）。沙特阿拉伯（82）、南非（87）和印度（103）则排名靠后。二十国集团整体平均得分为66.52，其中7个国家人力资本开发利用率达到或超过70%，8个国家在60%—70%，另有4国处于50%—60%。美国人力资本开发利用率高出集团排名最低的印度20个百分点。二十国集团将继续高度重视，并推进包括私营部门在内的全球人力资本开发。

该地区包括英国（23）、法国（26）和意大利（35）在内的部分最大经济体，还有机会实现更大份额的未被开发的人力资本。英国跻身专业技术分项指数全球前10，高技能就业比重高达48%，却在能力分项指数不尽如人意，有望通过有针对性的技能再习得或技能提升（特别是现有劳动力以及上一代人）更好地开发利用人力资本。相比之下，法国失业率较高，25—54岁以及55—64岁年龄组劳动参与率下降了35%，配置分项指数不理想。不过其他几项得分倒是不错，该国在毕业生的技能多元化方面也大有可为。类似的是，意大利（35）由于性别差异大且青年失业率高，导致劳动参与率低，发展受阻，而且在职培训质量得分也不高。不过，意大利在能力分项指数以及毕业生技能多元化方面有很大发展空间。

原文标题：Human Capital Report 2017

全球竞争力报告
（2017—2018年）

节选自《世界经济论坛报告》2017年

游 忆/译

一、引 言

距离上一次全球金融危机已过10年，当前世界经济显示出复苏的迹象，2017年全球GDP增长3.5%。虽然全球经济发展良好，但是各国领导人在制定经济政策方面依然面临严峻考验。经济发展利益分配不均、年龄层分化、发达国家收入不均、环境恶化，这些问题都反映了过去几年的经济政策并没有很好地服务社会。加上经济增长率持续走低，让人们不禁怀疑目前世界上多数经济发展模式和相关政策是否正确。科技的负面影响、全球经济和政治秩序的断层让人们对当前经济政策失去信心，看不到长远的效果。所有这些都在给国家领导人压力，迫使他们推进经济改革进程。

人们逐渐达成一致，认为经济发展的关键需要再次回到人们的民生问题上。以人为本的经济发展进程本质上是多方面的同时发展，其基本要义是：造福广大人民、可持续发展、创造公平和平等的机会、造福子孙后代。在这种新背景下，要通过提供资源改善民生，广泛达成以人为本的经济发展进程，国家竞争力依然是一个重要部分，这就包括提供更好的教育、医疗，保障社会安全，提高人均收入。

《全球竞争力指告》（The Global Competitiveness Report）记录了近140个国

家12个方面的竞争力，通过实证研究和理论分析的方法，对生产力提高的主要因素和经济体系进行评估。这些因素和经济体系决定了经济长期发展的方向，也是经济发展和繁荣的重要指标。《全球竞争力报告》旨在帮助决策者了解其国家发展过程面临的挑战，通过公私合作制定更好的经济政策，以及采取措施恢复经济持续发展的信心。

根据全球竞争力指数给出的国家竞争力的12个重要方面，要在这些方面做出改善，需要政府、工商界和人民协同合作。所有的力量一起参与其中，全方位推进竞争力整体发展，才能达成长远的效果。2017年全球竞争力指数组织提出了经济发展进程、公私合作和政治行动的三大挑战和经验：第一，脆弱的金融体系威胁到国家竞争力以及国家为创新和技术运用融资的能力；第二，新兴经济体在创新方面的表现渐入佳境，但是将创新带来的利益惠及人民方面还有待加强；第三，在工业改革的第四阶段，国家要提高竞争力，达到共同繁荣，必须改善劳动力市场灵活性和加强工人保障制度。

《全球竞争力报告》在第一章列明了目前经济发展进程的局势和未来几大重要挑战。第二章基于全球竞争力指数就所选话题深入探讨。第三章分析了这些调查结果为所选地区和国家带来的影响。最后，本报告提出了一个经济概况，提供了所有经济体各项指标和整体全球竞争力指数的详细数据和排名。报告还就相关团体进行了比较。附录部分列出了具体的研究方法，以及世界经济论坛以国家竞争力新概念和措施为话题的最新报告。

二、全球竞争力指数主要发现

《全球竞争力报告》评估各国竞争力已超过40年。全球金融危机爆发后第10年之际，经济不确定性因素增加，全球经济体快速转变。目前世界经济增长缓慢，充满了不确定性，商品经济增长停滞，政治经济变化，全球发展不平衡，经济体不平等，所以充分了解经济增长的决定因素是全世界面临的紧迫任务。

本章将会阐述竞争力指数研究方法、指数排名和《全球竞争力指数2017—2018年》三大发现。

（一）研究方法

“竞争力”指的是决定一个经济体生产力水平的经济体系、政策和因素，而这生产力水平决定了这个经济体能够达到的经济水平。

1979年，克劳斯·施瓦布（Klaus Schwab）创建了世界经济论坛的雏形，在2005年和泽维尔·萨拉·马丁（Xavier Sala—i—Martin）共同研究并采用了全球竞争力指数这一衡量指标。指数涵盖了生产力和长期经济发展水平等114个指标。

这些指标分为12类（参见图1）：经济体系、基础建设、宏观经济环境、医疗和初等教育、高等教育和培训、商品市场效益、劳动力市场效益、金融市场发展、科技准备度、市场规模、商业成熟度、创新。这12类又归为三类：基本要求、效益增进项、创新和成熟度因素。这三类指标在不同经济阶段的整体指数计算中所占权重不同，因为人均GDP和原材料出口比例不同。

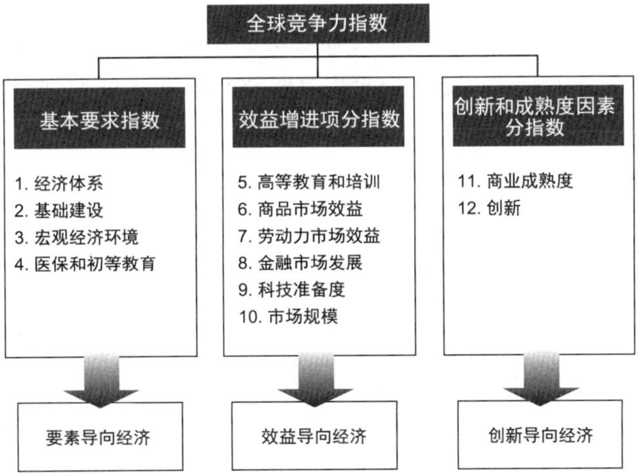

图1 全球竞争力指数框架

指数的计算数据来自国际认可的各大组织机构，其中有著名的国际货币基金组织（IMF）和世界银行（World Bank）；还有联合国专门机构，如国际电信联盟（International Telecommunication Union）、联合国教科文组织（UNESCO）和世界卫生组织（World Health Organization）。该报告涵盖的指数有的来自世界经济论坛《专家意见调查》，体现竞争力本质，有的因经济数据过于庞大而无法获得全面数据的指标。

今年的报告数据涵盖137个经济体。今年因为数据不足而无法上榜的国家有巴巴多斯、玻利维亚、科特迪瓦、加蓬、马其顿。重新上榜的国家有几内亚、海地、塞舌尔、斯威士兰。报告涵盖国家的GDP总量占全球GDP总量的98%。

（二）成果综述和主要发现

金融危机已过10年，如今什么才是关乎全球经济健康和可持续发展的迫切问题？全球竞争力指数分析报告指出有关经济进程、公私合作和政治行动的三个主要挑战和经验教训。

首先，虽然金融危机已过10年，当下的金融部门依然脆弱。全球竞争力指数中有关银行稳定性的指数未恢复到危机之前的水平，新的不稳定因素浮出水面——例如新兴经济体中私人债务比例增加，非正规资本市场增长——政府也没有足够的能力来应对另一场金融危机。维持金融部门稳定不仅对生产力和经济增长有深远的影响，还能维持创新能力。事实上，为生产性的、有创造力的想法提供足够的资金和金融工具在第四次工业革命阶段非常重要。

其次，越来越多的国家有创新能力，但是它们在分配创新带来的红利方面需要做的还有很多。主要新兴市场追赶发达经济体成为主要的创新力量，如中国、印度、印度尼西亚。这些国家采用新的科技，企业的科技准备度快速增长，国家的经济发展和社会福利也从中获益。

再次，劳动力市场弹性和工人保护政策需要跟上，保证第四次工业革命阶段各阶层人民都能享受到经济繁荣所带来的好处。全球化和快速发展的科技进程持续考验劳动力市场分配劳动力的能力，全球竞争力指数指出这一考验呈现三个趋势。第一，发达经济体和新兴经济体的劳动力市场弹性指数趋于同一水平；第二，随着劳动力市场弹性增加，经济体更加开放，经济越来越一体化；第三，与大家所认为的相反，劳动力市场弹性增加还能保证工人权利，减少收入不平等。

总而言之，这些问题不仅是对发达经济体的挑战，也是对新兴经济体的挑战：在适应阶段保障人民生活的同时，重新分配生产要素，使其更具弹性并能应对科技发展新趋势。

1. 金融危机已过10年，金融部门依然脆弱

金融稳定关乎经济发展进程。2007年发达经济体陷入金融危机，花了很长一段时间才恢复生产力。10年前，一些国家的银行部门影响实体经济，继而引发了金融危机，波及其他国家。之后银行借贷受限，影响了生产强度高的行业投资，还限制了人们对创新企业和新兴公司等高风险高回报企业的投资欲望。

虽然目前的经济发展进程加强了金融稳定，但是一些问题依然存在。第一，

金融危机之后虽然各国都采取了措施——经济重组、经济政策和宏观调控政策，增加银行资本要求，清理资产账目——但银行部门依然没有完全恢复。第二，新兴经济体呈现出新的潜在风险。第三，越来越多的不正规的金融分支机构也是一个潜在的风险。第四，公共部门能够干预的领域越来越狭窄。

全球竞争力指数分析报告指出，虽然资产权益比例越来越稳定，银行部门相比危机发生之前依然脆弱。总的来说，部分私营部门债务依然很多，而全球几大银行依然“因为影响范围大而不能让其倒下”。世界前30的银行拥有近43万亿美元的全球资产，2006年不到30万亿美元，资产比例越来越向美国、中国和一些欧洲国家集中。全球竞争力指数中虽然国家和地区的各项指标各有不同，但银行稳健度各项指标还未恢复危机前的平均水平。

在危机爆发点美国，政府貌似在进行新一轮去监管：政府正考虑减少《多德—弗兰克法案》(*Dodd–Frank Act*)的规定，审视金融顾问的利益冲突现象。这些可能导致危机善后措施旨在应对的问题再度出现。在欧洲，银行依然在10年低增长和多国不良贷款的泥潭中挣扎。

此次金融危机对亚洲经济冲击相对较小，但是它们也面临一些自己的问题。印度私营部门信贷增长快速，不良贷款的比例在2年内从4%上升至9%；在中国，企业信贷上涨速度就像美国危机爆发之前一样疯狂，可能会导致新的风险。非洲的银行虽然10年前免遭重创，但近期由于全球金融体系脆弱和商品价格下跌受到拖累。这些因素同时也影响了拉丁美洲的银行。

银行部门在危机后采取的应对政策影响了一些监管较松的非银行部门的经济活动，造成了潜在的新风险。对于非银行体系来说，一旦资本市场风向变化，资本流通性是一个问题。新兴的、监管相对较少的金融技术的潜在风险仍未完全显现。

综合这些因素，公共部门比起危机前应对危机的能力更差了。非传统货币政策对新危机的应对能力有限，几乎每个国家公共债务和赤字都有所上涨（参见图2），公共部门能够干预的空间更小了。在这种情况下，政府相比10年前更够干预的空间也更小了。

维持金融部门稳定不仅对公司生产力有重要影响，还能够刺激创新部门的投资。此次金融危机影响了传统借贷和创投资本借贷，导致整个非金融资产投资长达10年的停滞（参见图3）。需要强调的是，第四次工业革命的技术发展依赖银行部门的稳定。

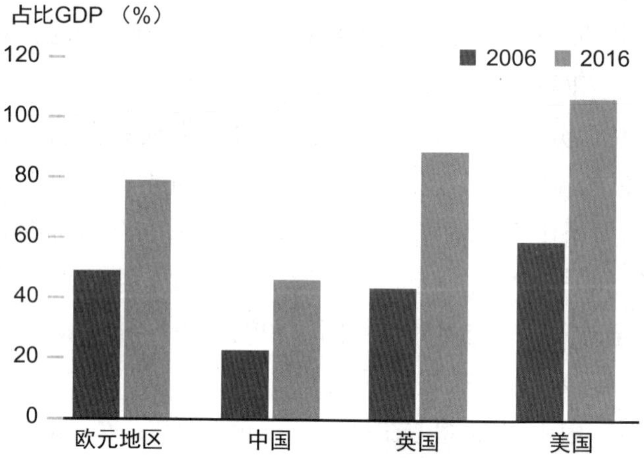

图2　政府总债务

资料来源：国际货币基金组织。

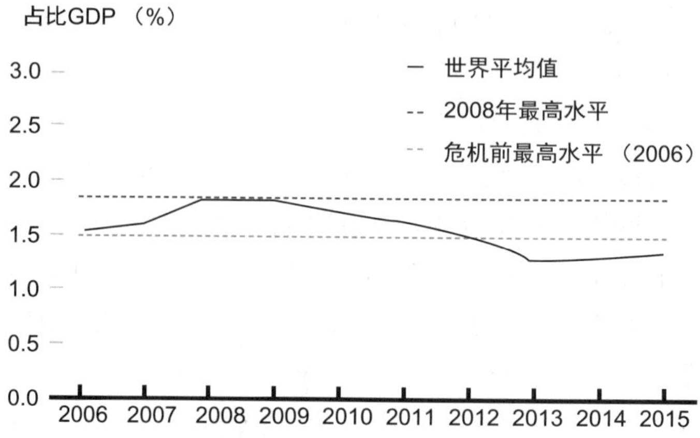

图3　非金融资产净投资（2006—2015年）

资料来源：世界银行《世界发展指标》。
注：非金融资产包括固定资产、库存资产、贵重物品和非生产资产。

2. 越来越多的国家能够创新，但是在分配创新带来的福利方面要做的还有很多

过去10年，一些重要新兴市场越来越接近科技前沿，但与领先发达国家之间还有一段差距，这些发达国家的创新生态系统仍在持续为它们带来利益。

在全球竞争力指数中，创新环境方面的表现包括：创新能力、科研机构质量、企业在研发方面的支出、校企合作、政府对先进科技的引进、科学家和工程师的专利申请。在这方面，日本和韩国依旧领先，但是已表现出力不从心。新兴市场中，巴西和土耳其在21世纪初期表现出巨大潜力，但在2013年失去活力，不过中国、印度和印度尼西亚仍然保持良好势头。

其他资料也显示中国和印度正逐渐成为创新的中心。近期一份有关城市创新成果的研究表明：东京—横滨排名第一，中国深圳—中国香港地区第二，圣何塞—旧金山第三，北京第七。创新集中在数字通信行业。印度3个城市挤进前100名：班加罗尔排名第43（专利主要为计算机技术），孟买排名第94，普纳排名第96（专利主要为精细有机化学）。

过去10年，创新发生了质的变化：创新从一个明确领域的公司或大学实验室里的个人研究转变为全球共同智慧。麦凯菲（McAfee）和布林约尔弗森（Brynjolfsson）将其称为三大主流趋势之一，另两个趋势分别为：生产转向平台、大脑转向机器。人工智能（AI）的巨大成功，例如阿法狗（AlphaGo）战胜了顶尖的围棋棋手，证明了机器智能通过大数据学习可以改善自我推算的能力。

当前新一轮的创新对经济带来的影响仍然难以测量。创新本应该改善竞争力，提高生产力，但是实际上并未如此。有两个可以解释的原因。一个是当前体系需要一段时间才能适应新的秩序体现出创新带来的进步。就好比当年电气化形成的生产线重组等创新花了几十年才体现出生产力增长。另一个原因是许多数字服务带来的利益（包括使用搜索引擎、邮件、数字地图、社交媒体）没有市场价格，GDP并没有计算在内或者反映在生产力计算里，即便这些事物给人们带来很多价值。

创新转变为广泛的经济和社会效益需要一个重要条件，就是人民和企业必须应用这些创新。全球竞争力指数中的科技准备度包括：最新科技应用、企业水平技术应用、外商直接投资（FDI）和技术转移、民众网络使用、固定宽带网使用、国际网络带宽和移动宽带使用。科技准备度也反映了创新能力，因为它反映了普通民众转变为职业研究人员的程度。

虽然全球的科技准备度都在上升，但一些在创新方面表现优秀的大型新兴市场的部分人口跟不上节奏。中国、印度、印度尼西亚的个人和企业科技准备度仍然很低，这表明在这些国家，创新带来的利益并没有大范围普及。创新突破并不会自动给社会带来利益，还需要采取一些对应措施来保证更多的企业和民众能够接触并使用新科技。

3. 劳动力市场流动性和工人权利可以两手抓

20世纪90年代，许多高收入国家——尤其是西欧国家开始讨论改革，旨在提高劳动力市场流动性。技术变革带来的金融危机和重组又引发新一轮的变革。2013年后，欧洲、北美、东亚、中东和北非的劳动力市场流动性加快（从三个方面测量：企业与工会成员合作程度、灵活聘用和解聘规则、薪资生产力挂钩程度）。而其他地区，特别是欧亚大陆、拉丁美洲和加勒比海地区，反而加强了劳动监管。国际劳工组织（International Labour Organization）的数据也证实了这一点。

虽然原因尚不明确，国际开放程度和劳动力市场流动性之间的正相关显示，经济一体化增加了劳动力市场的压力。过去10年里，欧盟创始成员国的劳动力市场流动性显著增加，与2004—2007年加入的新成员水平一致。许多成员国因此保证了低失业率，但是这也严重破坏了经济一体化进程：这也强化了一些国家对欧盟的观点，认为欧盟对工人保护不够重视。

全球竞争力指数和工人保护数据显示，流动劳动力市场和工人权利保护可以两手抓。国际工会联合会（ITUC）的全球工人权益指数代表了许多劳动力市场的决策。数据显示，2/3的高度不平等的国家工人权益保障低于中等水平，2/3的不平等水平较低的国家工人权益保障较强。

更重要的是，在权益保障较好和劳动力市场流动性较高的国家，就业率和平等水平都很高。这些国家有丹麦、挪威、瑞典、瑞士、荷兰和德国。这也证明了保证劳动力市场流动性的同时也可以保障工人权益，能够做到两手抓的政府可以提高劳动力市场效益、降低不平等水平。这样的政府一般都实施了积极的劳动力市场政策。因此，政府也应该在社会环境恶化的情况下，做到不抵制劳动力市场变革和经济一体化。此外，政府应该相应地采取积极措施帮助失业人口学习新技能。

原文标题：The Global Competitiveness Report 2017—2018

图书在版编目（CIP）数据

巨变中的理论迭代：国外社会科学研究集萃：2015—2017/《国外社会科学文摘》编辑部编．—上海：上海社会科学院出版社，2018
（上海社会科学院院庆60周年暨信息研究所所庆40周年系列丛书）
ISBN 978-7-5520-2335-0

Ⅰ．①巨…　Ⅱ．①国…　Ⅲ．①社会科学—文集　Ⅳ．①C53

中国版本图书馆CIP数据核字（2018）第096500号

巨变中的理论迭代：国外社会科学研究集萃（2015—2017）

编　　者：《国外社会科学文摘》编辑部
责任编辑：熊　艳
封面设计：周清华
出版发行：上海社会科学院出版社
上海顺昌路622号　邮编200025
电话总机021-63315900　销售热线021-53063735
http://www.sassp.org.cn　E-mail: sassp@sass.org.cn
排　　版：南京展望文化发展有限公司
印　　刷：上海颛辉印刷厂
开　　本：710×1010毫米　1/16开
印　　张：37
字　　数：563千字
版　　次：2018年6月第1版　　2018年6月第1次印刷

ISBN 978-7-5520-2335-0/C·167　　定价：158.00元
